Kompendium til studiet af kult og ofringer i det antikke Grækenland
Tekster, oversættelser, kommentarer

Jens Peter Jensen

Kompendium til studiet af kult og ofringer i det antikke Grækenland

Tekster, oversættelser, kommentarer

Forside:

(Origo: Rockefeller Center Prometheus – Prometheus (Manship) – Wikipedia): "Prometheus is a 1934 gilded, cast bronze sculpture by Paul Manship, located above the lower plaza at Rockefeller Center in Manhattan, New York City."

Bagside:

Forf.'s egen skitse til Jakobsons kommunikationsmodel, se Roman Jakobson: "Linguistics and Poetics", in: Thomas A. Seboek (ed.): Style in Language, Cambridge, Mass., MIT Press, 1960, pp. 62–94; opr. præsenteret på en konference på Indiana University i foråret 1958, derefter revideret og udgivet 1960.)

Forlag: BoD · Books on Demand, Strandvejen 100, 2900 Hellerup · bod@bod.dk

Tryk: Libri Plureos GmbH, Friedensallee 273, 22763 Hamborg, Tyskland

ISBN: 978-87-4306-919-5

Indhold

Forord

Den foreliggende udgivelse er et resultat af forfatterens undervisning i græsk religion på Syddansk Universitet i ca. 8 år. Bogen forsøger gennem et nøje overvejet udvalg af emner og tekster til græske ritualer og kulter at formidle et billede af, hvad forskningen har publiceret af fortolkninger af de fænomener, man støder på i studiet af græsk religion. Den er tænkt som en sproglig indføring og kommentar til de valgte tekster, som forhåbentlig forekommer læseren relevante i studiet. Næsten alle tekster er oversat, og ønsker man at se flere tekster og gloser til studiet af græsk religion, kan man gå til forfatterens *Religion i Grækenland. Om kult og ofringer i det antikke Grækenland. Bind 1: Græske tekster med oversættelser*, og *Bind 2: Gloser og oversigter*, Books on Demand, København 2022. Alt i alt er bogen her et forsøg på at skabe et grundlag for fortolkninger af græsk kult- og religionsudøvelse for de studerende og interesserede læsere.

Græsk religion er et sammensat fænomen, hvad læserne kan se af de mange forskellige emner, der behandles i bogen. Mangfoldigheden kan virke forvirrende og uoverskuelig, og det er ganske naturligt, når der ikke er én bestemt kanon, der følges i de religiøse ritualer. Hver by, polis, havde sit eget pantheon og havde specielle ritualer til forskellige tidspunkter af året, men når det alligevel er muligt at tale om græsk religion som et emneområde, skyldes det, at der trods alt er mange fællestræk i de over 750 poleis i det område, vi kalder Hellas, og i de lige så mange udvandrerkolonier rundt om Middel- og Sortehavet. En anden udfordring er det tidsmæssige aspekt, idet der ved siden af de mange traditioner også er et stort spænd af århundreder, der skal dækkes, fra mykensk tid til hellenistisk tid. Dette giver også fortolkningsmæssige problemer, da tidspunktet for kultudøvelsen ofte ligger flere århundreder før man finder skriftlige optegnelser om ritualerne.

Odense i januar 2025

Jens Peter Jensen

Forskningshistorien – Et overblik

(Jan N. Bremmer: *Greek Religion*, 2. ed., Greece and Rome, New Surveys in the Classics no. 46, Cambridge Univ. Press 2021)

Op til slutningen af det 19. årh. interesserede man sig mest for myter, dvs. fortællingerne om guderne. Sådan havde det været siden antikken; det var fortællingen, der var i fokus. Efter år 1900 begyndte interessen så at vende sig mod ritualerne, idet man opfattede myter som resultatet af ritualer. Hermed startede ritualforskningen med Martin P. Nilsson: Geschichte der griechischen Religion, og frugtbarhedsritualer fik en særlig plads her med J. Frazer: The Golden Bough, fra 1890'erne. Der var også en anden tendens, hvor man betragtede stat og religion som to sider af samfundet; det skete med Fustel de Coulanges, 1864, og med Emile Durkheim.

I det 20. årh. vandt det historiske aspekt frem, hvordan kult og ritualer havde udviklet sig i løbet af tiderne; her var Theodor Mommsen foregangsmand, og nu skrev man religionshistorie. Men Mommsen betragtede oldtidens religioner fra et kristent synspunkt, altså fra et monoteistisk standpunkt, der slet ikke kan forliges med en oldtidspolyteisme. Han så også græsk og romersk religion som én religion, men da der er stor forskel i gudernes funktioner og karakter, er denne betragtningsmåde også fejlagtig. Derudover skelnede han mellem originale kulter, indigetes, altså græske og romerske, og fremmede, dvs. orientalske kulter, novensides, men den skelnen er også forældet, for nogen orientalske kulter kom i gammel tid til Grækenland og Rom og fik stor udbredelse og værdige pladser i Athen eller Rom.

Så op til 1960 har vi en myteforskning, en ritualforskning, et arbejde med at konstruere en historisk tidslinje for kulterne samt opbygningen af et begrebsmæssigt betydningsapparat til semantiske analyser af de termer, vi finder i teksterne. Disse termer blev samlet sammen med det store ordbogsarbejde, der blev sat i gang i 1800-tallet, og etableringen af leksika om oldtiden; uden dem havde vi ingen videnskab i dag.

Så starter strukturalismen i 1960'erne, der sætter struktur, tankestruktur, sprogstruktur, fortællestruktur i højsædet, og med Jean-Pierre Vernant, Marcel Detienne og P. Vidal-Naquet vinder den indpas på religionsforskningen, og med Georges Dumézil kommer antropologien ind som ekstrastuderet område. Fransk humanistisk forskning har domineret videnskaben i 40 år før 2000, og undertiden er strukturen sat højere end empirien, hvad der presser analyserne; fordelen ved strukturalisme er, at den forsøger at finde en tværvidenskabelig metode og at få ordnet fakta i et system; mennesket kan jo godt huske et system, mens det er langt vanskeligere med tusindvis af fakta.

Walter Burkert foretager sine analyser af offerritualer i slut-70'erne og 80'erne på baggrund af de retninger, der har været før ham, og som nu integreres i et samlet metodekompleks inden for religionsforskningen.

Omkring år 2000, to år før faktisk, opstod synspunktet om civitas-religion eller polis-religion, dvs. man begyndte at betragte de enkelte bysamfund med hver deres særtræk, fx inden for et gudepantheon, hvor Dumèzil endnu havde forsøgt at lægge én struktur over indoeuropæisk religion. Han så på det indoeuropæiske gudesystem som en tidsløs, ahistorisk, trefunktionel ideologi med herskere, soldater og producenter, men det svarer ikke til de græske og romerske guders funktioner. Dumézil søgte efter én ren oprindelse til græsk og romersk religion på indoeuropæisk eller etruskisk basis. Derfor er det godt, at nuancerne i de enkelte bysamfund træder frem, og empirien får sin fortjente plads igen. Det har John Scheid og Mary Beard bidraget til. Sigtet er, at myterne skal analyseres i deres historiske kontekst, dér, hvor de er skabt, på det tidspunkt, hvornår de er skabt.

Så må vi heller ikke glemme, at studiet af indskrifter og artefakter, altså arkæologien, vinder frem siden 1960'erne, og det er jo her, at de egentlige fremskridt kan ses, fordi de kommer fra dagligdagen. Teksterne fortæller jo kun om ekstraordinære ting, der er værd at skrive om, ikke om hverdagens detaljer. Derfor mangler vi i virkeligheden yderst mange ting af ritualerne i teksterne, og her hjælper indskrifter og arkæologiske fund meget, og de diskuteres meget i det ny millennium, bl. a. af Gunnel Ekroth og Eva Johanne Haalund, hvor den første studerer knoglefund ved altrene for at finde ud af, hvordan offeret egentligt er foregået, mens den anden studerer kvindernes rolle på det religiøse domæne.

Vi skal også huske på, at afstanden mellem den religiøse begivenhed, orakel, varsel, naturfænomen og deres skriftlige optegning kan være hundreder af år, så der er jo ingen øjenvidner. De skriftlige kilder er svage; derfor hjælper indskrifter og arkæologien meget. Og hvad det angår, så ved vi mest om Athen og Rom, fordi de var centre i oldtidens politiske og religiøse liv. Alle andre steder har vi brug for arkæologien og indskrifter for at få noget at vide.

Det sidste skud på den religionsforskningsmæssige front er studiet af kultiske tekster som kommunikationstekster, hvor den ene part er menneskene og den anden part guderne, hvis svar skal aflæses på uvante måder, set med menneskenes øjne. Her er Jörg Rüpke og Armin W. Geertz væsentlige inspirationskilder fra 2010 og fremefter.

Græsk religion som primær og sekundær religion

Græsk religion dækker over mange elementer, der stammer fra forskellige perioder og fra vidt forskellige regioner, som giver en diversitet i kultskikke og -former, hvilket betyder, at begrebet 'græsk religion' i ental er misvisende; derfor ville det være mere hensigtsmæssigt at tale om græske kultformer og -praksisser, selv om det samtidig må indrømmes, at der er mange fællestræk i de forskellige poleis' dyrkelse af guderne, måske netop fordi polis var grundlaget for kult og gudedyrkelse i arkaisk og klassisk tid, dvs. at bystaternes samfundsmæssige indretning lagde grunden til udformningen af det religiøse liv; de religiøse begivenheder var offentlige og sociale, hvor blodige og ublodige offerhandlinger spillede en stor rolle, og formålet var ofte at skabe frugtbarhed i marken, for dyrene og ikke mindst for menneskene, så at der var mad nok til alle og børn til at føre slægten videre, altså materiel velsignelse, se Jensen og Tvergaard: *"Græsk religion"*, in: T. Jensen/J. Podemann Sørensen/M. Rothstein: *Gyldendals Religionshistorie. Ritualer, mytologi, ikonografi*, Gyldendal, Kbh. 2011, s. 104, og J.

Assman: *"Monotheism and Polytheism"*, in: Sarah I. Johnston (Ed.): *Ancient Religions*, Harvard University Press, Belknap Press, Cambridge MA 2007, 17-31.

Jan Assmann arbejder med begreber som primær- og sekundærreligion, hvor primærreligion fokuserer på frugtbarhed og materiel velstand i det hersidige liv, mens sekundærreligion dækker over en religion eller snarere en tankegang, der fokuserer på individets lykke i efterlivet, altså efter døden. Hvad skal individet gøre for at få et så godt som muligt ophold i underverdenen, når døden har skilt det fra det hersidige liv. Dette kan anvendes på mysteriereligionerne, som også var en stor del af det græske kultiske liv. Orficismen er en af mysteriereligionerne i oldtiden, som var meget fokuseret på efterlivet, hvad der fx ses på de guldlameller, der er fundet på meget specielle lokaliteter, fx Petelia i Kalabrien i Syditalien, ofte i rige individers grave, og tavlerne anviser, hvad den døde skal gøre for at få et godt efterliv.

Antik religion som polyteistisk religion

Religion er et komplekst kulturelt fænomen, der omfatter en fortolkning af verden på basis af en kollektiv verdensopfattelse, samt kommunikationsformer med sakrale magter og søgen efter individuelle meningsfulde verdener.

1800-tallets fortolkning skelnede mellem primitiv religion, som man kaldte hedensk, over for bogbaserede religioner som jødedom, kristendom og islam.

Da europæisk kulturtradition opfattede sig selv som arvtager af antikkens intellektualisme, ville man tage afstand fra de primitive strukturer i oldtidens samfund. Man henviste til de intellektuelle tanker i oldtiden og distancerede sig fra de såkaldte primitive verdensopfattelser.

Siden 1980'erne er dette billede blevet vendt. Kulten har været et væsentligt element i grækerens og romerens liv, har hjulpet med at overvinde kollektive krise- og angstsituationer. De religiøse fester strukturerede året og kalenderen. I byrummet var der processioner til de hellige steder, hvor borgerne følte et fællesskab i kraft af at være grækere og romere. Deltagelse i offerritualerne viste et tilhørsforhold til et politisk fællesskab og bekræftede den sociale identitet. Udelukkelse fra kulten var udelukkelse fra samfundet. Kultudøvelse og strukturering af det menneskelige samfund var en enhed.

Mennesker stod over for et stort antal guddommelige magter, idet deres magt viste sig som realiseringskompetence, - de kunne gøre, hvad de ville, - de havde viden, fordi de kunne se ting, mennesker ikke kunne se, og dermed havde de en omfattende planlægningsevne, (hvis de kunne planlægge; Zeus havde et problem dermed), og de havde en vilje, en mægtig intentionalitet.

Men mennesker og guder lever ikke i to verdener, en jordisk og en transcendent; tværtimod var begge parter tæt forbundet med hinanden og verden i modsætning til en monoteistisk religion. Menneskene havde også en antropomorf forestilling om guderne. Gudernes væsen reflekteredes ikke, men deres handlinger var vigtige for menneskene. Guder kendtes individuelt, dvs. de havde mange forskellige funktioner, hvilket viser sig i epiteterne, tilnavnene; godt nok havde Grækenland sit officielle panteon, men der var mange variationer; fx havde Zeus ca. 450 tilnavne, Dionysos ca. 120, og i Rom er det ligesådan, så bare fordi man hedder Jupiter eller Zeus, udfylder man ikke den samme funktion.

Guderne dyrkedes på bestemte tidspunkter, reguleret af kalenderen, der omfattede religiøse ritualer, strukturerede årets gang og indbød borgerne til deltagelse på faste tidspunkter. På disse tidspunkter afholdtes der ritualer, som er standardiserede gentagelser af handlingsforløb i fastlagte kontekster; det skulle skabe en kollektiv identitet og dermed en stabilisering af sociale sammenhænge. Ritualer foretoges af mænd eller kvinder. Der ofredes blodigt og ublodigt, med og uden offerdyr. Disse selekteredes efter alder, køn, hudfarve, seksuel formåen (ukastreret/kastreret), diende, drægtig eller voksen (= havende født), toårig. Indvoldene blev undersøgt for fejl og mangler, især leveren; hvis præsten accepterede indvoldene, var der håb om, at ofret blev accepteret af guddommen; den sakrale kommunikation var nu oprettet. Kontrollen af indvoldene brugtes altså ikke til forudsigelse af fremtiden. Ved ofringen skulle der bruges brænde fra et lykkebringende træ; der var forskellige arter af det; andre var ulykkesbringende og kunne bruges til ofringer for de chthoniske, underjordiske, guder.

Guder var altså sakrale medborgere; sakral betyder her tabupræget, dvs. man skulle opføre sig korrekt, efter reglerne og med respekt for deres magt i samværet med dem. Dette indebar et krav om ortopraksi, korrekt udførelse af ritualerne.

Problemet for en polyteistisk religion er, at guderne skal afklare deres indbyrdes forhold. Det betyder, at guderne komplementerer hinanden og samarbejder eller er i opposition til hinanden. Guderne i et polyteistisk univers dækker kun dele af livet; derfor er der så mange guder, der indgår i et hierarki i forhold til hinanden; alle tilsammen dækker hele livet set fra menneskenes synspunkt.

Det indoeuropæiske ord for gud, *deiwos = lat. deus, blev på græsk erstattet af 'theos', af verbet 'tithêmi', at placere, at sætte; det samme træk finder vi på armensk og frygisk (Robert C. T. Parker: *On Greek Religion*, Cornell Univ. Press 2011: 64-102). Guderne er handlekraftige, usynlige, antropomorfe, udødelige, har deres eget sprog, ikke elskværdige, men almægtige, allestedsnærværende, jaloux, uordentlige, rædselsvækkende og amoralske. Antropomorfismen skyldes Homer, jf. Hom. hymne til Demeter v. 275-280, hvor guderne er høje, smukke og dufter godt, de er superpersoner, og derfor er forskellen mellem dødelig og udødelig vigtig, for trods deres menneskelige egenskaber og svagheder er gabet mellem mennesker og guder umuligt at lukke. Deres tilnavne, epikleser eller epiteter, viser deres stedstilhørighed, deres funktioner og styrke. Heroer er en mellemting mellem guder og mennesker, en slags supermennesker, der får en kult knyttet til sig efter deres død, fordi de har bidraget med noget væsentligt til byen eller lokaliteten; heroskulten opstår fra ca. 550 f.Kr.

Græsk religion som en homogen størrelse har aldrig eksisteret; efter 800 f.Kr. udviklede polis-strukturen sig og med den hele den græske verden i sin mangfoldighed. Hver by havde sit eget pantheon, sin egen kalender, sin egen mytologi og sine egne festivaler. Selv om der var store forskelle, var der også mange ligheder, som har gjort, at mange taler om græsk religion i ental. Hesiod og

Homer har så samlet disse forskellige traditioner og skabt et fælles billede af de mange forskellige religiøse traditioner, et billede, der blev spredt til de adelige hoffer og til lokale og panhellenske festivaler (se Graf 1985, Parker 1996, 2005).

Der var mere end 1500 poleis fra Sortehavet til Spanien, hvilket forårsagede en stor forskellighed i traditioner og kulter, men denne forskellighed blev efterhånden ensrettet, da Sparta og Athen konstituerede sig som indflydelsesrige magter med mange forbundsfæller, og denne ensretning blev endnu stærkere, da Philip og makedonerne overtog magten i det 4. årh. f.Kr. Vægten lægges her på den arkaiske og den klassiske periode, hvor Athen får en væsentlig plads, fordi de fleste kilder beretter om livet i Attika.

Man taler om en indlejret eller måske bedre, integreret, religion, 'embedded religion', hvor 'embedded' betyder offentlig og kommunal, og netop ikke privat og individuel; der var intet skarpt skel mellem helligt og profant, fordi det religiøse domæne var integreret i polis' offentlige liv, det var polyteistisk og tværforbundet med samfundets institutioner og opretholdt orden og struktur i samfundet. Guderne levede ikke i et transcendentalt univers, men i menneskenes her og nu, den præsente verden. Og traditionerne gik fra mund til mund, ikke via skrevne tekster og slet ikke via én autoritativ bog som Biblen, Koranen eller Toraen. Derudover var dette domæne domineret af mænd, men ikke mere af slægter som i arkaisk tid; det religiøse establishment var i demokratisk tid demen (= kommunen), eller polis (= bystaten), der ville styre kulterne så meget som muligt.

Det religiøse liv, udtrykt gennem ritualerne, var integreret i samfundet, idet fødsel, pubertetens slut, bryllup, død, krig, fred, landbrug, handel og politik altid blev ledsaget af ritualer efter bestemte regler; helligdomme, gudestatuer, ofringer lå og foregik overalt. Ordet 'religion' findes ikke på græsk, 'at være religiøs' hedder hos Herodot 'sebesthai tous theous', 'at tilbede guderne', og det, der bandt folk sammen, var ifølge ham 'det fælles blod, sprog, de fælles templer og ofre' (Hdt. 8, 144, 2). Ateisme var utænkelig; 'atheos' betyder 'manglende relation til guderne', og ordet opstår først i 5. årh. f.Kr. Gudsdyrkelse og kult fandt sted i familien, i slægten, demen (= kommunen), stammen (= fylen), og i byen (= polis); individuel religionsudøvelse blev ikke respekteret før i det 4. årh. f.Kr.

Frie mænd dominerede det sociale og politiske og religiøse liv og satte restriktioner for kvinder, metøker og slaver, med undtagelse af de festivaler, hvor den sociale orden var ophævet og de tre nævnte grupper kunne markere sig i et meget begrænset tidsrum, oftest tre dage. Mændenes religiøse autoritet ses i Athen, hvor der i demokratiets tid opstod nye præsteskaber i byens tjeneste ved siden af de præsteskaber, der var kontrolleret af de fine familier, aristokratiet.

Litteratur til forskningshistorien

Bremmer, Jan N.: *Greek Religion*, 2. ed., Greece and Rome, New Surveys in the Classics no. 46, Cambridge Univ. Press 2021

Burkert, Walter: *Greek Religion, Archaic and Classical*, Oxford 1987, tysk udg. *Griechische Religion der archaischen und klassischen Epoche*, 2. überarb. und erw. Aufl., Kohlhammer, Stuttgart 2010, 1. Aufl 1977

Burkert, Walter: *Homo Necans. Interpretations of Ancient Greek Sacrificial Ritual and Myth*, Univ. of Calif. Press 1983, tysk udg. de Gruyter, Berlin 1997

Burkert, Walter: *Kleine Schriften*, 8 Bände, Vandenhoeck & Ruprecht, Göttingen 2001-2011

Detienne, Marcel: *Le jardins d'Adonis*, Gallimard, Paris 1972, eng. overs. The Gardens of Adonis

Detienne, M. & J.-P. Vernant (eds.): *La cuisine du sacrifice en pays grec*, Editions Gallimard, Paris 1979, transl. by P. Wissing: *The cuisine of sacrifice among the Greeks*, University of Chicago Press, Chicago 1989

Detienne, M.: *Les Grecs et nous: une. Anthropologie comparée de la Gréce ancienne*, Éditions Perrin, Paris 2005, transl. by J. Lloyd: *The Greeks and us. A Comparative Anthropology of Ancient Greece*, Polity Press, Malden (MA) 2007

Dumézil, Georges: *L'Idéologie tripartie des Indo-Européens,* Paris 1958

Dumézil, Georges: *Les Dieux des Germain,* Paris 1959

Dumézil, Georges: *Mythe et épopée,* Paris 1968-73

Durkheim, Émile: *De la division du travail social*, 1893

Durkheim, Émile: *Les regles de la méthode sociologique*, Paris 1895

Durkheim, Émile: *Le suicide*, Paris 1897

Durkheim, Émile: *Les formes elementaires de la vie religieuse*, Paris 1912

Ekroth, Gunnel: *The Sacrificial Rituals of Greek hero-Cults in the Archaic to the Early Hellenistic Period*, Presses universitaires de Liège, 2002 Liège

Faraone, C./Naiden, F. S.: 2012. *Greek and Roman Animal Sacrifice. Ancient Victims, Modern Observers*, Cambridge University Press, Cambridge 2012

Frazer, James George: *The Golden Bough, A Study in Comparative Religion* Macmillan and Co., London 1890; (retitled The Golden Bough: *A Study in Magic and Religion*, 2. ed. 1900 and *The Golden Bough. A Study in Magic and Religion*, 3. ed. MacMillan and Co., New York-London 1890-1915

Fustel de Coulanges, Numa Denis: *La Cité antique, Étude sur Le Culte, Le Droit, Les Institutions de la Grèce et de Rome*, Paris 1864, eng. overs. *The Ancient City, A Study on the Religion, Laws, and Institutions of Greece and Rome*, Johns Hopkins Univ. Press 1980

Geertz, A. W. 2010. *"Brain, Body, and Culture: a Biocultural Theory of Religion"* in: Method and Theory in the Study of Religion, 22: 304-21

Graf, Fritz: *Eleusis und die orphische Dichtung Athens in vorhellenistischer Zeit*, de Gruyter, Berlin 1974

Graf, Fritz: *Nordionische Kulte. Religionsgeschichtliche und epigraphische Untersuchungen zu den Kulten von Chios, Erythrai, Klazomena iund Phokaia*, Rom, Schweizerisches Institut in Rom 1985

Graf, Fritz:.*"What is new about Greek Sacrifice?"*, in: H. F. J. Horstmanshoff, Singor, H. W., F. T. van Straten & J. H. M. Strubbe (eds.): *Kykeon. Studies in Honour of H. S. Versnel*, Brill, Leiden 2002, 113-26

Haalund, Evy Johanne: *Greske fester, moderne og antikke: en sammenlignende undersøkelse av kvinnelige og mannlige verdier*, Høyskoleforlaget, Oslo 2007

Haalund, Evy Johanne: *Greek Festivals, Modern and Ancient: A Comparison of Female and Male Values*, 2 bind, Cambridge Scholars Publishing, Newcastle upon Tyne 2017

Haalund, Evy Johanne: *Rituals of Death and Dying in Modern and Ancient Greece: Writing History from a Female Perspective*, Cambridge Scholars Publishing, Newcastle upon Tyne 2014

Hägg, R./Alroth, B. (eds.): *Greek Sacrificial Ritual. Olympian and Chthonian*, Svenska Institutet i Athen, Stockholm 2005

Konaris, Michael D.: *"The Greek Gods in Late Nineteenth- and Early Twentieth-Century German and British Scholarship"*, in: Erskine, A./Bremmer, J. N. (eds.): *The Gods of Ancient Greece. Identities and Transformations*, Edinburgh 2010

Konaris, Michael D.: *The Greek Gods in Modern Scholarship. Interpretation and Belief in Nineteenth and Early Twentieth Century Germany and Britain*, Oxford Univ. Press 2016

Mommsen, Theodor: *Römische Geschichte*, Weidmann, Berlin 1854-1885

Nilsson, Martin P.: *Geschichte der griechischen Religion*, C. H. Beck, München 1941, engl. udg. *A History of Greek Religion,* Oxford University Press, London, 1949.

Parker, Robert W.: *Athenian Religion. A History*, Clarendon Press, Oxford 1995

Parker, Robert W.: *Polytheism and society at Athens*, Oxford Univ. Press, Oxford 2005

Parker, Robert W.: *On Greek Religion*, Cornell Univ. Press, Ithaca (NY) and London 2011

Rüpke, Jörg: *On Roman Religion: Lived Religion and the Individual in Ancient Rome* (Cornell Studies in Classical Philology Book 67), Cornell Univ. Press 2016

Rüpke, Jörg: *Pantheon. Geschichte der antiken Religionen*, C. H. Beck, München 2016, eng. Ausg. *Pantheon: A New History of Roman Religion*, Princeton Univ. Press, Princeton 2020

Rüpke, Jörg: *Religion and its History. A Critical Inquiry*, Routledge, Taylor and Francis Group, London 2021
van Straten, F.: *Hiera kala. Images of Animal Sacrifice in Archaic and Classical Greece*, Brill, Leiden 1995
Vernant, Jean-Pierre: *Mythe et société en Grèce ancienne*, Maspero, Paris 1974, eng. overs. *Myth and Society in Ancient Greece*, Zone Books, New York 1990
Vernant, Jean-Pierre: *Mythe et pensée chez les Grecs*, Paris 1965, eng. overs. *Myth and Thought among the Greeks*, MIT Press, 2006
Vernant, Jean-Pierre: *Mortals and Immortals. Collected Essays*, ed. by F. I. Zeitlin, Princeton Univ. Press, Princeton (NJ) 1991
Vernant, Jean-Pierre/ Vidal-Naquet, P.: *La Grèce ancienne*, Seuil, Paris 1992
Vidal-Naquet, P.: *Le chasseur noir. Formes de pensées et formes de´société dans le monde grec*, 2. ed., Maspero, Paris 1992

Litteratur til græsk religion ordnet efter emner

Introduktion

Bremmer, Jan Nicolaas: *Götter, Mythen und Heiligtümer im antiken Griechenland*, Darmstadt 1996

Bruit Zaidman, Louise/Schmitt Pantel, Pauline: *Religion in the Ancient Greek City*, Cambridge 1992

Burkert, Walter: Structure and History in Greek Mythology and Ritual, Berkely/Los Angeles/London 1979

Burkert, Walter: *Greek Religion, Archaic and Classical*, Oxford 1987

Buxton, Richard G.A. (eds.): *Oxford Readings in Greek Religion*, Oxford 2000

Easterling, Patricia E./Muir, John V. (eds.): *Greek Religion and Society*, Cambridge 1987

Eliade, Mircea: *De religiøse ideers historie*, bind 1: *Fra stenalderen til de eleusinske mysterier*, Kbh. 1983, fr.orig.udg. Paris 1976, heri: Zeus og den græske religion, 217-230; Den olympiske gudeslægt og heroerne, 231-252; De eleusinske mysterier, 253-263; Dionysos eller de genfundne lyksaligheder, 309-322

Garland, Robert: *Religion and the Greeks*, London 1994

Graf, Fritz: *Griechische Religion*, in: Nesselrath, Heinz-Günther (ed.): *Einleitung in die griechische Philologie*, Stuttgart/Leipzig 1997, 457-504

Jensen, Tim/Tvergaard, Rasmus S.: *Græsk religion*, in: *Gyldendals religionshistorie. Ritualer, mytologi, ikonografi*, udg. af Jensen, Tim/Rothstein, Mikael/Sørensen, Jørgen Podemann, København (Gyldendal) 2011, 2. udg., 101-129

Johnston, Sarah Iles (ed.): *Religions of the Ancient world*, The Belknap Press of Harvard Univ. Press, Cambridge, MA. and London, Engl. 2004 med litteratur

Mikalson, Jon: *Ancient Greek Religion*, Oxford 2005

Ogden, Daniel (ed.): *A Companion to Greek Religion*, Oxford 2007

Parker, Robert: *Polytheism and Society at Athens*, Oxford 2005, korr. optryk Oxford 2006

Rudhardt, Jean: *Notions fondamentales de la pensée religieuse et actes constitutifs du culte dans la Grèce classique*, Genève 1958, genoptrykt Paris 1992
Sourvinou-Inwood, Christiane: *What is Polis Religion?,* in: Buxton, Richard G.A. (eds.): *Oxford Readings in Greek Religion*, Oxford 2000, 13-37
Sourvinou-Inwood, Christiane: *Further Aspects of Polis Religion?,* in: Buxton, Richard G.A. (eds.): *Oxford Readings in Greek Religion*, Oxford 2000, 38-55
Vernant, Jean-Pierre: *Myth and Society in Ancient Greece*, 1978, (Zone Books) 1990, fr. orig. 1974
Vernant, Jean-Pierre: *Myte og religion i det antikke Grækenland*, Forlaget Skovlænge 1992

De sakrale magter – guderne og heroerne

Bremmer, Jan Nicolaas/Erskine, Andrew (eds.): *The Gods of Ancient Greece. Identities and Transformations*, Edinburgh 2010
Burkert, Walter: *Die orientalisierende Epoche in der griechischen Religion und Literatur*, Heidelberg 1984
Hägg, Robin (ed.): *Ancient Greek Hero Cult*, Stockholm 1999
Kearns, Emily: *Between God and Man. Status and Function of Heroes and their Sanctuaries*, in: Reverdin, Olivier/Grange, Bernard (eds.): *Le sanctuaire grec*, Vandoeuvres/Genève 1992, 65-99
Larson, Jennifer: *Ancient Greek Cults. A Guide*, London 2007

Sakrale ritualer

Arens, W.: *An anthropological approach to ritual: Evidence, context and interpretation*, in: Hägg, Robin/Marinatos, Nanno/Nordquist, Gullög C.: *Early Greek Cult Practice*, Proceedings of the Fifth International Symposion 26.-29. June 1986, Stockholm 1988
Bendlin, Andreas: *Purity and Pollution*, in: Ogden, Daniel (ed.): *The Blackwell Companion to Greek Religion*, Oxford 2007, 178-189

Bonnechere, Pierre: *Divination*, in: Ogden, Daniel (ed.): *The Blackwell Companion to Greek Religion*, Oxford 2007, 145-159

Bremmer, Jan: *'Religion', 'Ritual' and the Opposition 'Sacred vs. Profane'. Notes towards a Terminological 'Genealogy'*, in: Graf, Fritz (ed.): *Ansichten griechischer Rituale, Geburtstags-Symposium für Walter Burkert*, Castelen bei Basel 15. bis 18. März 1996, Stuttgart/Leipzig 1998, 9-32

Bremmer, Jan N.: *Scapegoat Rituals in Ancient Greece*, in: Buxton, Richard G.A. (eds.): *Oxford Readings in Greek Religion*, Oxford 2000, 271-293

Bruit Zaidman, Louise: *Die Töchter der Pandora. Die Frauen in den Kulten der Polis*, in: Duby, Georges/Perrot, Michelle (eds.): *Geschichte der Frauen*, Band 1: *Antike*, hrsg. v. Schmitt Pantel, Pauline, Frankfurt a.M./New York 1993, 375-415 (fr. udg. 1991)

Dahl, Katrin: *Thesmophoria. En græsk kvindefest*, København 1976

Hedrick Jr., Charles W.: *Religion and Society in Classical Greece*, in: Ogden, Daniel (ed.): *The Blackwell Companion to Greek Religion*, Oxford 2007, 283-296

Hurley, William D.: *Prayers and Hymns*, in: Ogden, Daniel (ed.): *The Blackwell Companion to Greek Religion*, Oxford 2007, 117-131

Johnston, Sarah Iles: *Oracles and Divination*, in: Eidinow, Esther/Kindt, Julia (eds.): *The Oxford Handbook of Ancient Greek Religion*, Oxford 2017, 477-489

Morgan, Jeanett: *Women, Religion, and the Home*, in: Ogden, Daniel (ed.): *The Blackwell Companion to Greek Religion*, Oxford 2007, 297-310

Parker, Robert: *Miasma. Pollution and Purification in Early Greek Religion*, med et nyt forord genoptrykt Oxford 2003 efter orig.udg. Oxford 1983

Religiøse fester

Burkert, Walter: *Athenian Cults and Festivals*, in: CAH (Cambridge Ancient History) V^2 1992, 245-267

Deubner, Ludwig: *Attische Feste*, Berlin 1966, orig.udg. Berlin 1932

Dignas, Beate: *A Day in the Life of a Greek Sanctuary*, in: Ogden, Daniel (ed.): *The Blackwell Companion to Greek Religion*, Oxford 2007, 163-177

Parke, Herbert William: *Festivals of the Athenians*, Cornell Univ. Press 1986, orig.udg. 1977

Scullion, Scott: *Festivals*, in: Ogden, Daniel (ed.): *The Blackwell Companion to Greek Religion*, Oxford 2007, 190-203

Ofringer

Bowie, Angus M.: *Greek Sacrifice. Forms and Functions*, in: Powell, Anton (ed.): *The Greek World*, London/New York 1995, 463-482

Bremmer, Jan N.: *Greek Normative Animal Sacrifice*, in: Ogden, Daniel (ed.): *The Blackwell Companion to Greek Religion*, Oxford 2007, 132-144

Burkert, Walter: *Glaube und Verhalten: Zeichengehalt und Wirkungsmacht von Opferritualen*, in: Rudhardt, Jean/Reverdin, Olivier: *Le sacrifice dans l'antiquité*, Vandoeuvres/Genève 1981, 91-133

Burkert, Walter: *Homo necans. The Anthropology of Ancient Greek Sacrificial Ritual and Myth*, Berkeley/Los Angeles/London (Univ. Of California Press) 1986, heri: *Sacrifice, Hunting, and Funerary Rituals*, 1-82

Burkert, Walter: *Offerings in Perspective. Surrender, distribution, exchange*, in: Linders, Tullia/Nordquist, Gullög (eds.): *Gifts to the Gods*. Proceedings of the Uppsala symposium 1985, Uppsala 1987, 43-50

Detienne, Marcel/Vernant, Jean-Pierre (eds.): *The Cuisine of Sacrifice among the Greeks*, Univ. of Chicago Press, 2. ed. 1998

Hägg, Robin/Alroth, Brita (eds.): *Greek Sacrificial ritual, Olympian and Chthonian*, Proceedings of the Sixth International Seminar on Ancient Greek Cult, Göteborg University 25.-27. April 1997, Stockholm 2005, heri Auffarth, Christoph: *How to Sacrifice correctly – Without a Manual?*, 11-21; Bremmer, Jan N.: *The sacrifice of pregnant animals*, 155-165

Meuli, Karl: *Gesammelte Schriften*, Band II, hrsg. v. Thomas Gelzer, Basel/Stuttgart 1975, heri: Griechische Opferbräuche, 907-1021
Naiden, Fred: *Sacrifice*, in: Eidinow, Esther/Kindt, Julia (eds.): *The Oxford Handbook of Ancient Greek Religion*, Oxford 2017, 463-475
Osborne, Robin: *Women and Sacrifice in Classical Greece*, in: Buxton, Richard G.A. (eds.): *Oxford Readings in Greek Religion*, Oxford 2000, 294-313
Stengel, Paul: *Opferbräuche der Griechen*, Darmstadt 1972, genoptryk af Leipzig/Berlin 1910

Præster

Beard, Mary/North, John A. (eds.): *Pagan Priests – Religion and Power in the Ancient World*, London 1990
Garland, Robert: *"Priests and Power in Classical Athens"*, in: Beard, Mary/North, John A. (eds.): *Pagan Priests – Religion and Power in the Ancient World*, London 1990, 73-91
Bremmer, Jan Nikolaas: *"Prophets, Seers, and Politics in Greece, Israel, and Early Modern Europe"*, in: Numen 40, 1993, 150-183

Delphi

Fontenrose, Joseph: *The Delphic Oracle. Its Responses and Operations with a Catalogue of Responses*, Berkely/Los Angeles/London 1978, heri: The Conventions and Structure of Traditional Oracles in Verse, 166-195
Oberlin, Gerhard: *Delphi – das Orakel. Zentrum der antiken Welt*, Würzburg 2015
Roux, Georges: *Delphi. Orakel und Kultstätten*, München 1971, heri: Nabel der Erde, 9-24; Gaia Protomantis, 25-38; Phoibos Apollon, 39-54; Die Diener des Orakels, 55-70
Parker, Robert: *Greek States and Greek Oracles*, in: Buxton, Richard G.A. (eds.): *Oxford Readings in Greek Religion*, Oxford 2000, 76-108

Hesiod og Homer

Clay, Jenny Strauss: *The Wrath of Athena: Gods and Men in Homer's Odyssey*, Princeton 1983

Clay, Jenny Strauss: *The Politics of Olympus: Form and Meaning in the Major Homeric Hymns*, Princeton 1989

Clay, Jenny Strauss: *Hesiod's Cosmos*, Cambridge 2003

Foley, Helene P.: *The Homeric Hymn to Demeter. Translation, Commentary, and Interpretive Essays*, Princeton 1994

Gordon, R. L. (ed.): *Myth, Religion and Society. Structuralist essays by M. Detienne, L. Gernet, J.-P. Vernant and P. Vidal-Naquet*, Cambridge 1981, heri: The human condition, 43- 109

Schnaufer, Albrecht: *Frühgriechischer Totenglaube. Untersuchungen zum Totenglauben der mykenischen und homerischen Zeit*, Inaug.-Diss., Tübingen 1970, heri: Der homerische Totenglaube, 58-124; Rudimente eines älteren Totenglaubens im Brauchtum, 125-176; Anhang: Thymos und Psyche, 180-205

Mysterier

Burkert, Walter: *Homo necans. The Anthropology of Ancient Greek Sacrificial Ritual and Myth*, Berkeley/Los Angeles/London (Univ. Of California Press) 1986, heri: Eleusis, 248-297

Clinton, Kevin: *"The Mysteries of Demeter and Kore"*, in: Ogden, Daniel (ed.): *The Blackwell Companion to Greek Religion*, Oxford 2007, 342-356

Cole, Susan Guettel: *"Finding Dionysos"*, in: Ogden, Daniel (ed.): *The Blackwell Companion to Greek Religion*, Oxford 2007, 327-341

Foley, Helene P.: *The Homeric Hymn to Demeter. Translation, Commentary, and Interpretive Essays*, Princeton 1994

Mylonas, George E.: *Eleusis and the Eleusinian Mysteries*, Princeton, N.J. 1961, heri: The Eleusinian Mysteries, 224-285

Bønner og magi

Engelmann, Helmut/Merkelbach, Reinhold: *Die Inschriften von Erythrai und Klazomenai*, Teil II (Nr. 201-536), Bonn 1973

Merkelbach, Reinhold/Totti, Maria: *Abrasax. Ausgewählte Papyri religiösen und magischen Inhalts*, Band 1: *Gebete*, Sonderreihe: Papyrologia Coloniensia, Vol. XVII.1, Opladen 1990

Merkelbach, Reinhold/Totti, Maria: *Abrasax. Ausgewählte Papyri religiösen und magischen Inhalts*, Band 2: *Gebete (Fortsetzung)*, Sonderreihe: Papyrologia Coloniensia, Vol. XVII.2, Opladen 1991

Versnel, Hendrik S.: *Prayer and Curse*, in: Eidinow, Esther/Kindt, Julia (eds.): *The Oxford Handbook of Ancient Greek Religion*, Oxford 2017, 447-461

Metoder – Et meget kort overblik

Det er jo ikke nemt, videnskabsteoretisk, at remse alle metoder op, som man kunne bruge til et projekt, som fortolkningen af græske religiøse tekster er, men et kort overblik skal skitseres her.

Da vi har at gøre med græske tekster, skal vi bruge ordbog og grammatik for overhovedet at forstå, hvad der står. Dem har vi heldigvis mange af, takket være 1800-tallets positivisme, indsamlingstrang, og dette kalder vi så **filologisk metode**. Vi lærer og arbejder med sproget.

Hvis vi skal arbejde med enkelte begreber, fx ἱερωςύνη, ἱερός, ὕβρις, etc., skal vi ned i hvert tekststed for at se nuancerne i begreberne, og det kræver en analyse af hvert tekststed; det kalder vi **semantisk analyse**.

Så skal vi finde ud af, hvad det er for en tekst, vi arbejder med og fra hvilken periode den stammer, dvs. hvad opfattelsen af religion var på det tidspunkt og hvad forfatteren mener om det emne; det er **tekstfortolkning** og i vores sag **historisk-kritisk metode**, fordi vi jo skal tage hensyn til det sproglige. Hvis man skal oversætte teksterne, skal man gøre sig overvejelser over, hvilken **oversættelsesstrategi** eller hvilken **oversættelsesteori** man vælger.

Så nærmer vi os en religionsfaglig diskurs, nemlig **ritualteori og offerteori**. Her kan man prøve på at vise, hvilke trin der indgår i et græsk ritual, samt hvilke trin et blodigt eller ublodigt offer udføres efter. Derefter kan man prøve på at finde ud af, hvad disse trin betyder i en teoretisk ramme.

Til sidst kan man se på bøn og hymner ud fra en **kommunikationsteori**, fordi bøn og ofring jo er en kommunikationsakt med en partner, der svarer igen på ret usædvanlige måder. Og fortolkningen af de måder er jo også et menneskeligt anliggende.

Tidstavle over Grækenlands historie

År f.Kr.	Historisk begivenhed
3000-2100/2000	Tidlig helladisk tid, tidlig bronzetid
Ca. 2500-2000	Minoisk højkultur udvikles på Kreta, Linear A-skrift, 1. højdepunkt i kretisk kunst
2100/2000-1600	Middelhelladisk tid, mellemste bronzetid
Ca. 1900	Indogermanerne indvandrer til Grækenland
Ca. 1700	Kreta-højkulturen går under, måske pga. jordskælv
Ca. 1600-1400	(Senhelladisk tid, sen bronzetid) Mykensk højkultur udvikles omkring Mykene, Linear B 2. højkultur på Kreta i Knossos, Mallia og Phaistos
Ca. 1400-1200	Mykensk højkultur, 'paladstiden', Mykensk kultur breder sig i det østlige Middelhavsområde, Ras Shamra, Beïda, Byblos og Kreta
Ca. 1200	Ægæisk eller dorisk indvandring i Grækenland Troja VII A går under
1125/110-1050	Submykensk periode i vasemaleri
Ca. 1220-1190	Paladskulturen går under
Ca. 1100	Jernalderen begynder
1050-900	Protogeometrisk periode i vasemaleriet
Ca. 1050-800	De 'mørke' århundreder uden skrift
Ca. 900 eller 800	Grækerne modtager den fønikiske skrift
Ca. 800-700 Ca. 700	Homers digte bliver til Hesiod fra Askra skriver sine værker
900-700	Geometrisk periode i vasemaleriet
Ca. 800-500	Arkaisk tid

Ca. 750-550	Den såkaldte 'Store kolonisation'
Ca. 650	Ældre tyrantid
594/3	Solons reformer i Athen, timokrati, bondereformer
Ca. 545-510 528/7	Peisistratidernes tyranni i Athen De joniske grækere er under persisk overherredømme Peisistratos dør; Hippias og Hipparchos overtager tyranniet
514	Hipparchos myrdes under Panathenæer-festen i Athen
510	Hippias styrtes
508/507	Kleisthenes' reformer
Ca. 500-330	Klassisk tid
500/499-494	Det joniske oprør: græske bystater i Lilleasien gør oprør mod perserne
490-479 480 479 478	Perserkrigene Grækerne ødelægger persernes flåde Grækerne sejrer over persernes hær Det første attiske søforbund oprettes med base på Delos
Ca. 460 461—429 455 449 446 446-431	Demokratiet indføres i Athen Perikles er den ledende archon i Athen Det attiske søforbund får base i Athen Kallias-freden 30-årig fred med Sparta Akropolis i Athen ombygges
431-404 412 411-410	Den Peloponnesiske krig mellem Athens og Spartas forbundsfæller Persien hjælper Sparta Oligarki i Athen

404 404-403 400-394	Athen besejres af Sparta De tredive tyranners styre i Athen Sparta kæmper mod Persien
400-338	Athen, Sparta og Theben kæmper om magten i Grækenland
371 sommer	Fred mellem Athen og Sparta
371-362	Slaget ved Leuktra: Thebanerne får overmagten
359-336 336	Philipp II. Konge af Makedonien overtager styret i Grækenland Phillipp II. myrdes
334-323 334-331 323	Alexander den Store Alexander erobrer perserriget Alexander dør
323-31	Hellenismen
323-283/2	Ptolemaios I. hersker i Ægypten
146	Makedonien bliver romersk provins, hele Grækenland styres af Rom

Introduktion til græsk religion

(Origo: Lars Albinus: *"Ancient Greek Religion"*, in: L. B. Christensen/O. Hammer/D. A. Warburton (eds.): *The Handbook of Religions in Ancient Europe*, Acumen, Durham 2013)

Græsk religion er ikke en homogen kulturel størrelse, men er præget af stor kulturel diversitet med mange forskellige manifestationer. Kultpraksisser og ritualer afviger fra sted til sted, men det, der trods alt binder de forskellige udtryk sammen, er sproget; det er den forenende faktor.

Herodots definition af græsk identitet: '<u>τὸ Ἑλληνικὸν</u>' (Herodot 8, 144, 2)

... αὖτις δὲ τὸ Ἑλληνικὸν ἐὸν ὅμαιμόν τε καὶ ὁμόγλωσσον καὶ θεῶν ἱδρύματά τε κοινὰ καὶ θυσίαι ἤθεά τε ὁμότροπα, τῶν προδότας γενέσθαι Ἀθηναίους οὐκ ἂν εὖ ἔχοι.
"vort hellenske fællesskab i blod og sprog og gudernes fælles templer og ofringer og de beslægtede sæder og skikke, som det ville være vanærende for athenerne at forråde."

ὅμαιμόν, af same blod
ὁμόγλωσσον, af samme sprog
ἱδρύματά, templer, bygninger
κοινὰ, fælles
θυσίαι, ofringer
ἤθεά, sædvaner, skikke
ὁμότροπα, med de samme vaner, det samme liv, beslægtede
προδότας, προδότης, forræder
γενέσθαι, γίγνομαι, bliver, aor. inf. med.

Herodot lægger i det ovenstående citat vægt på det stammemæssige slægtskab mellem grækerne samt deres fælles sprog, som trods mange dialekter binder hellenerne sammen. Derudover fremhæver han de fælles ritualer i det religiøse domæne samt de øvrige fælles kulturelle traditioner, der binder grækerne sammen og som athenerne ikke skal bryde sig om at slå skår i.

Ud fra Herodots definition kunne man sammenfattende sige, at græsk civilisation bygger på 3 institutioner:

a) De olympiske ofringer, der regulerer forholdet mellem guder og mennesker, mennesker og dyr, regler for indtagelse af kød;
b) Agerbruget regulerer forholdet til mennesker og guder mht. naturen og dens udbytning;
c) Ægteskabet, som regulerer forholdet mellem mand og kvinde og sikrer legitime børn.

Th. Heine Nielsen resumerer det i sin artikel *"Religion i den græske bystat"*, in: Aigis 15,1, Kbh. 2015, og lister følgende fællesskabende elementer op:

1. en fælles oprindelsesmyte
2. et fælles sprog
3. fælles kultsteder
4. fælles livsstil

Sproget og de værker, der er skrevet på det, nemlig Iliaden og Odysseen, måske allerede i det 8. årh. f.Kr., binder alle grækere sammen og er en kulturel basis for dem. Men da de lokale stammer fra ca. 750 f.Kr. kæmpede mod hinanden og rivaliserede mod hinanden om jord, handelsveje eller om ressourcer og derfor var forskellige i sociale, politiske og kulturelle henseender, var der også store forskelle i deres kultritualer; derfor kan man ikke tale om én græsk religion. De episke værker afspejler disse forskelle, både sprogligt i form af forskellige dialekter, og i de kulturelle traditioner, der videregives i dem, og konklusionen må være, at de er et konglomerat af forskellige kulturelle inputs fra forskellige dele af den græske verden. Iliaden og Odysseen er individuelle udtryk for en fælles græsk tradition af unavngiven oprindelse. Krigen mellem Europa og Asien, achaierne (= hellenerne) og trojanerne, er den grundlæggende identitetsskabende myte for den panhellenske kultur. Den udgør én vigtig del af det kompleks af μύθοι, historiefortællinger, hvis oprindelse ikke kan spores præcist. Og i løbet af 8. årh. til

6. årh. er disse fortællinger så blevet personaliserede, udviklet omkring bestemte personer og guder.

Omkring 700 f.Kr. skabte Hesiod et hierarki blandt gudernes pantheon med sin Theogoni, og med sine Værker og Dage, hvis ramme er en retsstridighed mellem Hesiod og broderen Perses, beskriver han det skisma, der er opstået mellem den gyldne fortid, guldalderen, og den nuværende jernalder, hvor der skal slides og slæbes, for at man kan opretholde sit eget og familiens liv. Mytefortællingen var ikke længere reel, men er nu blevet et minde om forgangne tider, hvor alt ideelt set var bedre. Myten kan ikke længere forene bruddet mellem fortiden og nutiden, så nu bliver historiefortællingen et billede på eller en allegori på den gyldne tid; mytologien er skabt. Og både ophavsmanden til de homeriske eposser og Hesiod påberåber sig inspirationen fra muserne for at kunne opfylde deres digteriske opgaver, og dermed kobles litterær produktion og religiøs identifikation sammen, idet digteren taler med en garanti fra guddommens side, hvorved recitationen af værkerne bliver et ritual i navnet af guddommelig viden.

Parmenides flytter markant fokus fra digternes gudeverden og gudernes væsen til naturens væsen, φύσις, som menneskene bebor og derfor forstår dens kræfter. Parmenides opløser den mytologiske fortælling, mythos, μύθος, til fordel for en fortælling om sandheden, ἀλήθεια.

En anden form for kritik kommer fra Xenophanes, der kritiserer grækernes antropomorfe opfattelse af guderne og siger, at dyrene ville opfatte guder i dyreskikkelse. Han peger mod en opfattelse af gud, som ikke styrer verden i kraft af sin fysiske magt, men gennem sin tankes kraft, (se frg. 15+24+25 Lescher). Og Thales, også i det 6. årh. f.Kr., taler om verden, κόσμος, som et besjælet (εμψυχόν) element og gennemsyret af en guds sind, νοῦς.

Orfikerne

Siden det 5. årh. f.Kr. var der beretninger om esoteriske indvielser, τελεταί, der viste hen til Orpheus og den orfiske tradition. Der er beretninger om mange bøger, hellige bøger, hieroi lógoi, ἵεροί λόγοι (Platon: Epinomis 335a), πόλλα γράμματα (Euripides: Hippolytos 954), βίβλων ὁμάδος (Platon: Staten 364e).

Orficisme med centrum omkring Orpheus og hans efterfølgere, Musaeus og Linus, bliver koblet sammen med Dionysos, der af orfikerne betragtes som protógonos, den førstefødte, eller som lysets gud og den oprindelige tilsynekomst, Phanes. Han bliver sat sammen med sin far, Zeus, som symbol på det mandlige element, hvor Demeter og hendes datter Kore sammen symboliserer det kvindelige element. Dionysos var også frelseren, Lysios, der sammen med Kore alias Persefone som dronning af underverdenen spiller en betydelig rolle i orficismens opfattelse af frelse eller forløsning fra det jordiske liv. Således danner orficismens eskatologiske tanker en modvægt til Homers og Hesiods poesi.

Olympiske og khthoniske guder

Homers og Hesiods gudeverden er olympisk, mens Hades, underverdenens hersker, aldrig hørte til de tolv olympiske guder pga. af hans forbindelse til det underjordiske. De olympiske guder delte verden med mindre betydelige guder, mennesker og forskellige væsener som kykloper, satyrer, kentaurer, nymfer. Gaias og Uranos' børn, titanerne, kæmpede mod olympierne; titanerne tabte og blev fordømt til Tartaros. Så kom der en ny kamp, før Zeus indtog herredømmet, nemlig mod Kronos' og Rheas børn, giganterne, der også tabte mod olympierne, og de endte også i Tartaros.

Men selv om Zeus blev gudernes konge, blev hans førerskab ofte udfordret, bl.a. af Prometheus, en af titanerne, der fornærmer Zeus ved at lade ham vælge mellem uspiselige knogler og værdifuldt kød som offermåltid. Som straf fjerner Zeus ilden fra menneskene, som Prometheus stjæler og giver tilbage til menneskene mod Zeus' vilje, Δίος βουλή. Prometheus bliver selvfølgelig straffet, men hans ageren som trickster, der udfordrer Zeus, og som kulturel heros, der skaffer ilden tilbage, bevirker, at forholdet mellem guder og mennesker forandres grundlæggende, at der etableres en fast offertradition med offerdyr og at dødelige kommunikerer med guderne gennem bønner (se Hesiod: Theogonien 535-616 og Værker og Dage 42-89).

Naturfilosofferne fra Milet i det 6. årh.

Teogonierne og kosmogonierne beretter om en udvikling fra kaos til kosmos sammen med en fortælling om suverænitet = magt. Myten fejrer en gud, der hersker suverænt, jf. Zeus' sejr over titanerne og over Typhon, se Hesiod Theog. 700-740. Det ses også i vindforholdene, idet Notos, søndenvind, Boreas, nordenvind, og Zephyr, vestenvind, altid blæser fra den samme retning, mens et kaotisk stormvejr betyder uorden. Denne oprettelse af suveræn magt og etablering af en verdensorden findes også i den babylonske skabelsesmyte om Enuma Elish og i fønikiske lertavler fra Ras Shamra (14. årh. f.Kr.) samt i hittittiske kileskriftekster (15. årh. f.Kr.) med hurritiske sagn. Den guddommelige magthaver står øverst i hierarkiet og styrer naturfænomenerne. I mytisk tænkning findes der ingen forestilling om en autonom natur eller en forestilling om en naturlov for universet. Det gør der så i en logos-tænkning hos naturfilosofferne, fx Thales, Anaximander, Anaximenes, Pherekydes fra Syros og deres efterfølgere. Universet er i den mytiske fortælling et hierarki af magter og magtpersoner = guder, og dets orden er bestemt af relationer mellem handlende guder, der adskilles mht. rang, autoritet og værdighed. Orden er skabt og opretholdes af én gud, Zeus. Uranos, Gaia, Pontos er guder, men også elementer: himmel, jord og vand, men de handler som mennesker, jf. Hesiod Værker og Dage 225 ff. og Theogonien 116-133. Myten spørger, hvem der er suveræn, hvem der hersker, ἀνάσσειν, og hvem der er den første rent tidsmæssigt, ἄρχειν?

Naturfilosofferne tænker over undersøgelsen af naturen, som de kalder historia, Ἱστορία, undersøgelsen af meteorologiske fænomener, verdens opståen, dens sammensætning og indre orden; der er ingen overnaturlige fænomener, skabelsesmyter eller guder. Deres sammenfatning af resultaterne kalder de theoria, θεωρία. Physis, φύσις, naturen, er en enhed af guder, mennesker og verden, der tilhører samme orden, = kosmos, og har samme tidslighed; der findes ingen urtid. De joniske naturfilosoffer forklarer fænomenerne ud fra dagligdagsfænomener, mens den mytiske fortælling forklarer dem ud fra gudernes handlinger i urtiden, i begyndelsen af kosmos' eksistens. Jonisk filosofi er tæt på mytiske konstruktioner uden metodisk bevidsthed og uden eksperimental metode; i starten tænker begge ens, og urtiden betegner den udifferentierede materie = chaos, χάος. Anaximander kalder det ápeiron, det ubegrænsede, ἄπειρον. De bruger de samme ord, men betydningen begynder at skifte, fx phyein, φύειν: hos Hesiod = avle, hos Anaximander = frembringe; genesis: hos Hesiod = fødsel, hos Anaximander = oprindelse. Naturfilosofferne i Milet ignorerer bevidst det religiøse domæne og bruger de samme begreber, men føjer nye betydninger til. De gør universet til et rummeligt system og ordner det efter en geometrisk model. På denne måde bliver himmel, jord, luft, vand i den mytiske fortælling til modsætningerne lys – mørke, varme – kulde, tørhed – væde, tæthed – porøsitet og oppe – nede.

De olympiske guder har deres hjem på Olympen i Thessalien og indånder den klare luft, æteren, αἰθήρ, mens menneskene lever på jordens overflade og må nøjes med den fugtige aér, ἀήρ. Der er et tydeligt skel mellem gudernes liv og menneskenes liv, præget af hårdt arbejde og sygdom. En mellemgruppe udgør heroerne, som efter døden transporteres til særlige eskatologiske steder, hvor de lever et liv, der ligner gudernes. Menneskene ender efter døden i Hades, underverdenen, som skygger, σκιαί, eller som erindringsbilleder, fantomer, εἴδωλα. Herskeren er Hades eller Pluto, der hersker over jordens dyb, underverdenen, Khthón, χθών, der skal holdes adskilt fra Gé, Γῆ, jordens overflade. Modsætningen består mellem de epikhthoniske guder på Olympen og de hypokhthoniske guder i underverdenen, der både er dødsriget, men også rum for frugtbarheden, der kommer op af jorden, symboliseret ved slangen. Dette er symboliseret i den homeriske hymne til Demeter, der står i den homeriske epikhthoniske tradition, og her inkorporerer det khthoniske element i den olympiske tradition. Fortællingen om datteren Kore ser først dagens lys i det 6. årh., hvor det khthoniske element er med i fortællingen, men dog spiller en underordnet rolle. Udødelighed spiller ingen rolle i den fortælling; det gør den derimod i den orfiske hymnesamling, hvor Dionysos/Bakchos spiller en vigtig rolle ved at vise vejen til frelse gennem de tre livsstadier 'liv-død-liv', der symboliserer mystens/initiandens opnåelse af udødelighed. Derfor findes der mange ritualer ved grave for de døde forfædre og heroer. Forskellen i offerritualer viser også forskellen mellem ofringer til de olympiske og de underjordiske guder, idet de olympiske guder får røgen fra det brændte offerdyr som tribut, mens de underjordiske guder får blodet fra offerdyret hældt ned i et hult alter, eskhara, ἐσχάρα, der leder det ned til de dødes rige ad en khthonisk kanal.

Hvad der også bidrager til en fællesgræsk identitetsfølelse, er de festivaller eller højtider, der blev afholdt af forskellige poleis, men for de samme guder, fx for Dionysos under Anthesteria-højtiden, Forårsblomster-festen, eller Thesmophorie-højtiden, der var forbeholdt kvinderne, eller de panhellenske Eleusinske mysterier, hvor de Store Mysterier, ta makra, τὰ μάκρα, fandt sted hvert fjerde år under stor bevågenhed af hele det græske folk fra alle egne af Hellas.

Myte og religion

Forholdet mellem myte og religion har været omdiskuteret; fra at være betragtet som et litterært fænomen, adskilt fra religionen, betragtes myten nu som en del af den, en holdning, der går tilbage til ritualisterne i det sene 19. århundrede og til Walter F. Ottos billede af græsk religion. Til ritualisterne hører 'Cambridge Ritualists', nemlig Robertson Smith, Jane E. Harrison, Sir James Frazer samt tyskerne W. Mannhardt og Hermann Usener; ifølge dem er riter ældgamle religiøse konstanter, som forklares gennem myter. Derved løses myterne fra ritualer og bliver selvstændige fortællinger; bindingen mellem ritual og myte svækkes.

Definitionen af en myte er, at den er en traditionel fortælling, oprindelig i mundtlig form. 'traditionel' betyder, at der ikke er en speciel ophavsmand, og at den fortælles videre af en gruppe. Myten har en relation til den gruppe, der overleverer den, fordi den videregiver værdier og institutioner i det samfund, som genfortæller den; en myte skal accepteres af det samfund, der genfortæller den. Den fortælles ved fester og institutionaliserede højtider, festmåltider, lokale og panhellenske gudefester. Hos Homer var det ἀοιδοί, sangerne, der fortalte den, derefter kom de korlyriske digtere som Stesichoros, og i det 5. årh. overtager den attiske tragedie den offentlige mytefortælling i teatrets sakrale rum som kultsted for Dionysos.

Hvis myten skal videreføre samfundets værdier og disse forandrer sig, må myten forandre sig, og den er fleksibel, fordi den er mundtlig. Men da de senere tider efter Homer nedskriver myterne i værkerne, bliver muligheden for variationer mindre. De bliver låst fast på en vis måde.

Græsk har intet ord for myte indtil det 5. årh. med Herodot. Oprindeligt var myte en fortælling logos, λόγος, mens μύθος, mytos, bliver en løgnehistorie, en ulogisk fortælling, der starter hos Herodot 2, 2, 3. Hos Thukydid 1, 22, 4 bliver den utroværdige fortælling kaldt τὸ μυθῶδες, det mytosagtige. Platon modstiller så den rationelle fortælling, logos, med mytos, den irrationelle fortælling. Moderne forskning opfatter myter som fortællinger, der begrunder nutiden med en fortalt fortid og forklarer både dens specialiteter og legitimerer dens egenart.

Kategorier af myter

Der er a) teogoniske myter, der forklarer gudernes oprindelse, b) kosmogoniske, der forklarer verdens oprindelse; der findes c) genealogiske myter, der forklarer slægtskabsforhold mellem guder og heroer; og til sidst er der d) aitiologiske myter, der legitimerer institutioner i nutiden gennem en legitimering af handlinger i fortiden. Disse er lokale, fortalt af digtere og relateret til specielle kulter.

Myte og ritual

Relationen mellem myte og ritual er dog sikker; aitiologiske myter forklarer lokale ritualer, selvom relationen mellem ritual (explanandum) og myte (explanans) er kompleks. Aitiologien forklarer aldrig hele ritualet, men kun specielle dele; fx forklarer Prometheus' bedrag ikke dyreofferet, men kun, hvorfor guderne får de værdiløse dele og menneskene det værdifulde kød. Man kan ikke rekonstruere et tabt ritual ud fra en aitiologisk myte. Der skal foreligge en strukturoverensstemmelse mellem myte og ritual, for at man kan relatere dem til hinanden. Et godt eksempel på en sådan overensstemmelse er initiationsriter, der forekommer i mange myter.

Litteratur

Graf, Fritz (Hrsg.): *Mythos in mythenloser Gesellschaft. Das Paradigma Roms*, B. G. Teubner, Stuttgart-Leipzig 1993, 284-294

Kirk, G.S.: *Myth. Its Meaning and Function in Ancient and other Culture*, Berkeley-Los Angeles 1970

Philipson, P.: *Genealogie der mythischen Form. Studien zur Theogonie des Hesiod*, Oslo 1936

West, M. L.: *Theogony*, Oxford 1966

Myte-begrebet

Definition

1. mundtligt overleveret fortælling, der har betydning for et samfunds eller en kulturs kollektive selvforståelse; sekundært en litterær genre; den fortæller om begivenheder, handlinger i billeder, metaforisk, ikke konkret.

2. deltager er numinøse væsener, guddomme, helte eller også mennesker; guddommen tænker, handler og taler som et menneske.

3. handlingsforløbet forløber fra forandringsmulighed, labilitet, til en positiv eller negativ tilstand af stabilitet.

4. begivenhederne fortælles som enestående begivenheder, selv om de henviser til tilbagevendende forløb i naturen og menneskeverden.

5.handlingstiden i en myte ligger uden for eller hinsides den historiske eller aktuelle menneketid, i en urtid eller fortid eller en prototypisk tid, hvor den nuværende menneketilstand grundlægges.

Fortælle- og traditionsfællesskabet, som fortæller myten, forbinder urtid med den nuværende, aktuelle samfundstid. Myten begrunder nutiden, og derfor indeholder myten den stadige genkomst af urtiden i nutiden.

6. handlingsrummet er ikke begrænset af den menneskelige forestilling, har numinøs kvalitet, gudebjerg, gudehave, tempel, og ligger uden for menneskelig erfaring, himmel, underverden, og kan indvirke på det menneskelige livsområde.

7. funktionelt drejer myten sig om at gøre menneskelige grunderfaringer i en hemmelighedsfuld og truende omverden åbenlyse og forståelige; myten beskriver en konstituerende orden i verden og i samfundet; den er tale, der konstituerer, grundlægger, begrunder, legitimerer og tyder den aktuelle virkelighed. Den søger ikke en årsagsforklaring, causa, aitía, som sådan, men søger en urbegivenhed,

urgrund, en uroprindelse, arché, principium. De prototypisk fortalte begivenheder tjener som eksemplariske modeller for den menneskelige eksistens og aktiviteter.

Myte defineres forskelligt; hos Homer er den en autoritativ mundtlig fortælling; i tidlig klassisk tid blev det en fantasihistorie.
Platon skaber en modsætning til mythos = irrationel tale ved at fokusere på logos = rationel tale; den kristne bibel definerer mythos som fabula vana, falsk tale;
De første mytografer, Hekataios og Akousilaos fra ca. 500 f.Kr. fokuserede på historien, ikke på guder eller theogoni. Myter blev betragtet som historier og blev fortalt som varierende fortællinger. Derudover havde de en fornuftsmæssig tilgang til myterne, en rationalisering.

Myte i forhold til andre fortællegenrer:
Myte: fortælling om urtid og fortid;
Sagn: fortælling om begivenheder og personer i historisk rum og tid;
Eventyr: en fortælling, der ikke er fikseret i tid og rum og sigter mod at opfylde menneskers forventninger om lykke og retfærdighed;
Legende: fremhæver det religiøse aspekt i fortællingen om en persons liv og virke.

Litteratur

Holger Kuße: *Kulturwissenschaftliche Linguistik. Eine Einführung*, Vandenhoeck & Ruprecht, Göttingen 2012, Kap. 5.13: *Die Diskurstypologie von Charles Morris*, pp.118-120, + Kap. 7: *Der religiöse Diskurs*, pp. 151-170

Myte og ritual

(Origo: Jan N. Bremmer: Greek Religion, 2. ed., Greece and Rome, New Surveys in the Classics no. 46, Cambridge Univ. Press 2021)

Myter eksisterer uden ritualer og ritualer uden myter. Tre relationer diskuteres i dag: 1. ritualet følger mytens skema; 2. ritualet skaber myten; 3. ritual og myte opstår på samme tid, pari passu. Et eksempel på det første punkt er Athens oprettelse af en kult for Ødipus, og Argos grundlagde et heroon for de Syv mod Theben. Som eksempel på punkt 2 kan nævnes myten om Perseus, helten fra Mykene, der hugger hovedet af Medusa med en segl og ud springer Chrysaor og hesten Pegasus (Hesiod: Theogoni 281). Siddende på Pegasus redder Perseus Andromeda fra et søuhyre i Joppa/Jaffa. Perseus bliver rollemodel for de drenge, der skal initieres til manddom. I helligdommen for den spartanske gudinde Ortheia, også en initiationsgudinde, er der fundet masker af gamle kvinder og af en smuk ung mand; derudover konkurrerede de i sportskampe og dedikerede jernsegl til gudinden. Dette ritual udgør den rituelle modpart til Perseus-myten: mykenske drenge tager afstand fra kvindeverdenen i en kamp, hvor maskerne af frygtindbydende kvinder spillede en vigtig rolle. Theseus' sejr over Minotaurus med hjælp fra Ariadne er også en initiationsrite, idet Minotaurus afbildes som mand med tyrehoved. Mens Perseus' kamp viser bruddet med kvindeverdenen, betyder Theseus' sejr hans indtræden i mandeverdenen, og nogle af hans krigere bar tyrehjelme.

Perseus-myten og og det tilsvarende ritual viser fire forskellige træk i de to systemer: 1. mens det sker med drenge og mænd med masker i ritualet, taler myten om en rigtig kamp mellem en ung mand og en gammel heks, Medusa; det symbolske og reversible (omvendelige) i ritualet bliver realistisk og irreversibelt (uomvendeligt) i myten; 2. myten er selektiv, det er ritualet ikke, og et ritual kan ikke rekonstrueres ud fra en myte alene; 3. myter tillægger ritualer betydning og mening; 4. Pegasus stammer fra Nærorienten, ligesom Andromeda stammer fra Joppa/Jaffa; myten kan integrere elementer og motiver fra andre myter og kan fjerne sig fra sin rituelle basis; myter kan i deres helhed vandre fra en kult til en anden. Og man må ikke glemme, hvad den visuelle kunst kan bidrage med i studiet af myter. Pindar beskriver i den 1. nemeiske ode, hvordan Herakles kvæler slangerne. Omkring 560 f.Kr. steg interessen i Athen for attiske myter på vasemalerierne, fx Theseus og Minotaurus, Herakles, og dette faldt sammen med rekonstruktionen af Panathenaia-festen. Interessen for mytologiske emner dalede efter 480 f.Kr. hos vasemalerne, og i løbet af den klassiske periode begyndte digterne at miste interessen for mytologiske emner, og filosoffer og historikere tog over i hellenistisk tid. Mytefortællingen mistede derfor sin status tilsvarende, og myter blev i 4. årh.f.Kr. kaldt 'gamle kvinders fortællinger', og mytografiske samlinger, fx Apollodorus, blev til. Det blev en stivnet kulturel kapital.

Tegnkoncepter i de antikke græske og romerske kulter

(Origo: Fritz Graf: *"Zeichenkonzeptionen in der Religion der griechischen und römischen Antike"*, in: Posner, Roland/Robering, Klaus/Sebeok, Thomas A.: *Semio ik/Semio ics*, 1. Teilband / Volume 1, Walter de Gruyter, Berlin-New York 2008, pp.939-958)

Der er tale om en antropomorf religionsforestilling, idet guderne ligner mennesker og reagerer som mennesker. Udtryksformen stammer fra myterne, som bestemmer ikonografien; i Rom er det en idealiseret menneskeskikkelse og modsat Grækenland er der ingen kosmogoniske myter, men kun oprindelsesmyter; i Grækenland hedder det en polisreligion, som er rettet mod den enkelte bystat.

Tegn på det guddommelige kan være

1. materielle objekter: gudebilleder, bygninger, klædningsstykker,
2. rituelle handlinger, gestus og gebærder,
3. sproglige tegn: gudenavne, verbale riter som bønner, forbandelser, trylleformularer, hymner, udråb

Det sakrales tegn

Kult finder sted i det sakrale rum med bestemte sakrale objekter: træer, kilder, grotter eller artefakter: sten, stenbunker, altre, templer, statuer; det sakrale rum hedder 'témenos', 'hieron', 'adyton', 'anaktoron'; på græsk hedder et alter 'bomos' som stationært offersted i højden, mens alteret i jordhøjde hedder 'eschara'. Helligheden markeres med bestemte tegn, bånd, olie. Det sakrale rum afgrænses fra det profane rum med grænsesten, horai.

Et tempel, naós, neós, aedes sacra, det hellige værelse, bliver først med tiden vigtig, fordi det skal indeholde votivgaverne til guden, anathémata, donaria votiva. Disse votivgaver, som er dagligdagsting, får en bestemt betydning, konnotation, når de vies til guden.

Også personer kan vies til guden, så de bliver sakrale, og det gælder især præsterne, se Mary Beard and John A. North: *Pagan Priests, Religion and Power in the Ancient World*, Cornell Univ. Press 1990. I Grækenland udøves præsteskabet, hierosyne, sammen med andre embeder af en fuldborger (se Beard/North: pp. 19-48; John Scheid: *Religion et piété a Rome*, Éditions La Découverte, Paris 1985, pp. 36-57, 66-74).

Gudebilledet

Det er antropomorft, men kan også vær anikonisk, fx en sten eller en stenblok; billedet forholder sig til guddommen og viser dens identitet eller bolig, hédos, eller er bare et rent tegn, signum, eller et simulacrum, et billede af guddommen, og man finder votivrelieffer, vasebilleder og mønter med afbildninger af guddommen.

I ritualet er kultbilledet objekt for en række riter, fx theoxénia, lectisternia, som er et gudemåltid, hvor billedet får mad; undertiden vaskes det, får nye klæder, bekranses, parfumeres, får røgelse, bliver kysset, dvs. billedet betragtes som et fuldt ækvivalent til guddommen.

Ritualet som tegn

Der er binære differentieringer: frie borgere over for slaver, mænd over for kvinder, mandlige over kvindelige attributter, hvid over for sort eller andre farver, fx rød, vinholdig over for vinløs libation, spisning af kødet i helligdommen eller muligheden for at tage det med hjem, valg af offerdyr, okse, får, ged, høne, specifikke dyr til specifikke guddomme. Det græske offer er en æresgave til guden, som får knogler, fedt, hud, mens det romerske offer er et måltid for guden, der også får spiselige dele af offerdyret. Ublodige eller blodløse ofre er der visse krav om; de består af korn, frugter, vin.

Gestus

Til gestikken hører bestemte hånd- og fingerbevægelser, se Lactantius: Institutiones divinae 4, 3, 9; under bønnen strækkes armene ud til siden, løftes og håndfladerne vendes mod guden; undertiden kysser man foden af gudestøtten.

Et votum er et løfte om en gave til guddommen; når man lægger den, berører man sit bryst og inddrager på den måde sig selv, eller man løfter den åbne hånd, som om den indeholder noget. Selve gaven løfter man og viser til guddommen.

Offergenstande

Hertil hører alle instrumenter til brug for slagtning og partering af offerdyret, klædedragten, fallos-symboler, grene, træer, skjolde.

Forbandelser

En speciel form for ritual er den magi, man bruger ved forbandelser, nemlig dukker med nåle sat i forskellige lemmer og kastet i en grav; nålene skal på analog vis ramme den forbandede persons lemmer, som den, der forbander, vil have indflydelse på, se fx Auguste Audollent: *Defixionum tabellae*, Fontemoing, Paris 1904, nr. CXXII f.

Ordet som ritual

Verbale ytringer forekommer ofte som led i et ritual. Gudenavne kan være svære at udrede etymologisk; nogle kan vi bringe klarhed over, fx Zeus og Iup-piter, der går tilbage til *diw = lys daghimmel, Hestia og Vesta, der både betyder arnested, hjem fra *uēs- = leve, opholde sig, eller *ues- = brænde, jf. uro; det er dog meget omstridt, om Hestia og Vesta har samme etymologi. Venus er samme stamme som venustus, smuk, eller venustas, skønhed, Apollon kunne komme fra 'apelos, kraft, eller fra hettitisk ap-pa-li-u-na-aš, men det er usikkert. De-meter indeholder mētēr = moder, Iup-piter indeholder -pater, fader, og Poseidon indeholder måske posi-, ægtemand.

Bønnen er et vigtigt verbalt ritual. Gudenavne følges oftest af et tilnavn for at man kan identificere modtageren helt specifikt. Kultråb er der en del af, fx io trumpe, og kvindernes ololygē, klageråb, når offerdyret dræbes.

Minoisk kultur og Mykene

Indledning

I perioden SM II (= senminoisk II, = 1450 f.Kr.) til SM III B (= 1100 f.Kr.) i den græske bronzetid brugtes der en stavelsesskrift i den mykenske kultur, som opdageren af Knossos på Kreta, Sir Arthur Evans, kaldte linear B, fordi den lignede en ældre skriftform, som han havde kaldt linear A, der var en hieroglyfskrift, hvis sprog er ukendt. Denne er endnu ikke tydet i modsætning til linear B, også en hieroglyfskrift, men nu en græsk dialekt, som man finder på Kreta og det græske fastland, og den blev brugt fra det 15. århundrede til det 12. århundrede f. Kr. Skrifttegnene er indridset på ca. 4000 lertavler, som nok blev brændt, da paladserne blev ødelagt enten af fjender eller af naturkatastrofer, men da tegnene er ret komplicerede at ridse i ler, går man i dag ud fra, at man dengang oftest skrev på papyrus eller pergament, altså gedeskind. Men disse artefakter brændte jo sammen med paladserne; så videnskaben er heldig, at lertavler blev brændt i en ulykke og således blev bevaret for eftertiden. Tavlerne stammer fra paladsarkiverne i Knossos, Pylos, Iklaina, Hagios Vasilios, Mykene, Tiryns, Theben, Volos og Khania. Når vi i dag kan tyde skriften, skyldes det den amerikanske filolog Alice Kobers indledende undersøgelser, der blev overtaget af den engelske arkitekt Michael Ventris efter hendes tidlige død, og sammen med den klassiske filolog og lingvist John Chadwick udgav han i 1952 den første tolkning af linear B. Man har identificeret ca. 90 stavelsestegn med en fonetisk værdi, og ca. 160 ideogrammer med en semantisk værdi samt adskillige taltegn. Indholdet viser forvaltningsregnskaber, som fyrsten lod opstille for at have styr på, hvem der havde betalt hvor meget i skat i form af naturalier.

De græske guder i mykensk tid

Da de første indoeuropæere vandrede ind i Grækenland i de første århundreder af det andet årtusind, havde de guder med. Det kan vi læse ud af de mykenske linear B-tavler, der især stammer fra Pylos, Knossos, Khania og Theben. Det er vanskeligt at sige, hvem de havde med og hvad de hed. Det ser ud til, at de tidligt havde droppet den proto-indo-europæiske term *deiwos, 'gud', som vi finder inden for hele den indoeuropæiske familie, i betydningen 'hørende til himlen', afledt af *dyeus, 'klar himmel, øverste gud', på græsk bibeholdt i 'Zeus'. I stedet for valgte de 'theos', som vi finder i armensk og frygisk, og som har at gøre med 'τίθημι', 'sætter, stiller, etablerer'; dvs. 'noget, der er sat ind på et helligt område af en guddom, af en indviet'. Dette semantiske valg af term er allerede sket i mykenske tider, fordi vi på linear B finder 'te-o'.

Indoeuropæerne placerede guderne i himlen, og det gjorde grækerne også. Guderne er 'de himmelske' eller dem, 'der bebor den brede himmel', mens de dødelige bor på jorden. De har et andet sprog end menneskene (Hom. Iliade 14, 290-1).

Fire hovedkendetegn, der karakteriserer guder over for mennesker, er udødelighed, antropomorfisme, magt, og handlekraft. Det ved vi fra andre indoeuropæiske folk, men desværre er de mykenske tavler jo kun administrative dokumenter, så de tier fuldkommen om gudernes natur. Men det ser ud til, at guderne har været usynlige. Der er talrige beviser på kultsteder, ofringer, dog næppe blodige ofre, men snarere ublodige vin-, mælk-, vand-, kornofre. Der findes et udtryk i linear B, som viser, at der er flere guder, 'pa-si te-oi'.

Der er ca. 40 navne på guder i tavlerne: Afrodite, Apollon og Demeter optræder ikke på tavlerne, måske Athene, men navnene er omstridte.

Der var et hierarki blandt de mykenske guder, idet visse af dem nævnes meget oftere end andre og har koner. Og de ser også ud til at have haft epiteter, tilnavne, karakteristisk for deres personlighed eller funktion.

Fra Homer og fremad får disse guddomme individuelle karakterer gennem deres navne, epiteter, kulter, statuer og myter, og ud af denne samling guddomme krystalliserer der sig efterhånden et dodekatheon, de tolv guder, der repræsenterer det græske panteon, selv om der er mange græske panthea med modifikationer. Der går en linje til de tolv guder i hittitisk religion via de tolv titaner, som stammer fra hittitterne. Alkaios fra Lesbos, (7./6. årh. f.Kr.) beskriver Dionysos' optagelse blandt de olympiske guder med Hefaistos' hjælp og bruger udtrykket 'en af de tolv'. Lesbos har jo været i tæt kontakt med hittitterriget, og de tolv guder vandrer nu mod fastlandet, Athen og Olympia, hvor de er etableret omkring 520 f.Kr. Samtidig opstår der herokulter, idet heros fungerer som et overnaturligt mellemtrin mellem guder og mennesker, jf. Herakles. Så på dette tidspunkt finder vi græsk religions struktur med guder, heroer og mennesker.

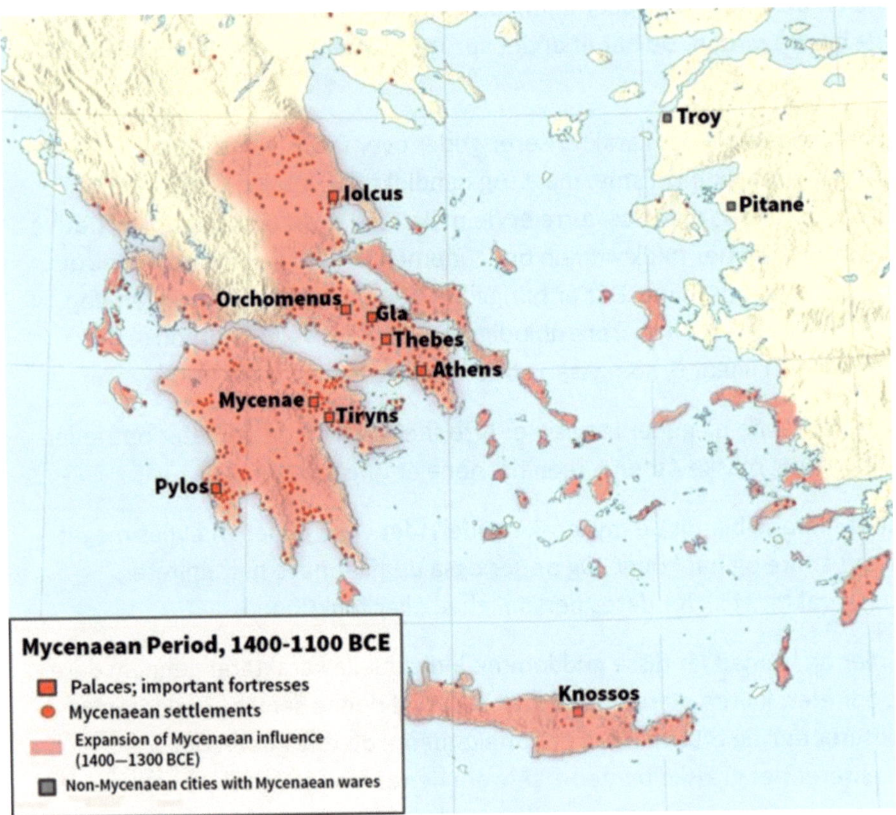

(Origo: https://de.maps-greece.com/das-antike-griechenland-karte-knossos)

Tabulae Mycenaeae

BA = Bartonek, Antonin: Handbuch des mykenischen Griechisch, Carl Winter, Heidelberg 2003

DU = Duhoux, Yves/Davies, Anna Morpurgo: A Companion til Linear B. Mycenaean Greek Texts and their World, vol. 1, Peters, Louvain-La-Neuve 2008

ME = Melena, J. L.: Textos griegos micénicos comentados, Vitoria-Gasteiz 2001
Chadwick, John: The Mycenaean World, CUP, Cambridge 1976

V-C = Ventris, M./Chadwick, J.: Documents in Mycenaean Greek, 1. ed., Cambridge 1956, repr. w. corr. 1959, 2. ed. by J. Chadwick, Cambridge 1973

1. BA 22 = Fpl (A xix) – Zeus, Vindene (= BA 22: KN Fp 1 + 31 = V-C 200 (s. 305-6), DU 05, ME, p.46f.)

1a. me-no	
1b. de-u-ki-jo-jo	
2. ḍị-ka-ta-jo / ḍị-we	OLEum S 1
3. da-da-re-jo-de	OLEum S 2
4. pa-de	OLEum S 1
5. pa-si-te-o-i	OLEum 1
6. qe-ra-si-ja	OLEum S 1[
7. a-mi-ni-so / pa-si-te-o-i	S 1[
8. e-ri-nu	OLEum V 3
9. *47-da-de	OLEum V 1
10. a-ne-mo /i-je-re-ja	V 4
11. *vacat*	
12. to-so	OLEum 3 S 2 V 2

Transskription til mykensk græsk:

1a. mēn(n)os	
1b. Deukiojjo	
2. Diktajjōi Diwei	*OLEum S 1*
3. Dadalejjonde	*OLEum S 2*
4. Pa-dei ?	*OLEum S 1*
5. pansi the(hoi(h)i	*OLEum 1*
6. Qe-ra-siāi ?	*OLEum S 1[*
7. Amnīsōi ? pansi the(hoi(h)I	*S 1[*
8. Er-ĭin(n)u- ?	*OLEum V 3*
*9. *47-da-de*	*OLEum V 1*
10. Anemōn (h) ierejjāi	*V 4*
11. vacat	
12. tos(s)on	*OLEum 3 S 2 V 2*

1. BA 22 = Fpl (A xix) - Zeus, Vindene (= BA 22: KN Fp 1 + 31 = V-C 200 (s. 305-6), DU 05, ME, p.46f.)

1a. I måneden		
1b. Deukios		
2. Til Zeus fra Dikte-bjerget (Hes.Th.477ff.):	Olie S 1	12 l olie
3. Til Daidaleion, Daidalos' helligdom	Olie S 2	24 l olie
4. Til Pa-de- ?	Olie S 1	12 l olie
5. Til alle guder:	Olie 1	36 l olie
6. Til Q. ?	Olie S 1	[12 l olie

7. I Amnisos, til alle guder	S 1	24 l olie
8. Til Erinys ?	Olie V 3	6 l olie
9. Til ?	Olie V 1	2 l olie
10. Til vindenes gudinde	V 4	8 l olie
11. *vacat*		
Alt i alt (tilsammen)	Olie 3 S 2 V 2	136 l olie

Kommentar

Tavlen beskriver oliegaver til forskellige guddomme, kultsteder og præsteskaber.

me-no: gr. μήν, måned

qe-re-si-ja: gr. θήρ, offerpræst?

A-mi-ni-so: gr. Αμνίσος, Amnisos, havnen for Knossos by

*47-da-: lakune; tallene henviser til Emmett L. Bennetts numeriske systematisering af tegnene.

to-so: gr. τόσος, al, hel, her: ialt

2. V-C 201 = Fp14 (s. 307) - Ares

1. a-ma-ko-to 'me-no' / jo-te-ṛẹ-pa-to 'ỌLEum' / e-ke-se-si 1
2. ...
3. qe-ra-si-ja (symbol) 1
4. a-mi-ni-so-de / pa-si -te-o-i (symbol) 2
5. a-re (symbol) [

2. V-C 201 = Fp14 (s. 307) - Ares

I A-ma-ko-to-måneden:

. . . 2 l (olie)

Til auguren (?): 12 liter

Til Amnisos, til alle guder: 24 liter

Til A-re (Ares?) [ ]

Kommentar

jo-te-re-pa-to e-ke-se-si: et forslag lyder: ὅ τράπετο ἔξεσι: 'hvad der var rettet mod guddommene Eksesi (eller i Eksesi)' (??) Der findes et stednavn E-ko-so, adj. E-ke-si-jo, men formen kan ikke være en lokativ, men måske en dativ?

Qe-ra-si-ja: ikke tydet; måske er der en forbindelse til θήρ, dyr, altså den præst, der kontrollerer dyrenes tilstand i forhold til offeret.

a-re: man forventer egentlig en anden form, nemlig *a-re-we

3. V-C 204 = Gg704 (D 1) (s. 309) – Jordrysteren(?)

1. [ ] me-no
2. [?e-ne-si-da]-o-ne me-ri Amphora 1

3. V-C 204 = Gg704 (D 1) (s. 309) – Jordrysteren (?)

I ...-måneden:

1 kande honning til Jordrysteren.

Kommentar

me-ri: gr. μέλι, honning

[ ]-o-ne kunne være Po-se-da-ne, men V-C foreslår e-ne-si-da-o-ne som tilnavn til Poseidon.

4. BA 24 = Gg702 (D 1) – Alle guder (BA 24: KN Gg 702 = V-C 205, DU 07, ME, p. 47)

1. pa-si-te-o-i	me-ri	*209 VAS 1
2a.	me-ri	
2b. da-pu$_2$ -ri-to-jo /po-ti-ni-ja		*209 VAS 1

Transskription til mykensk græsk

1. pansi the(h)oi(h)I	*meli*	**209 VAS 1*
2a.	*meli*	
2b. daburinthojjo Potniāi		**209 VAS 1*

4. BA 24 = Gg702 (D 1) – Alle guder (BA 24: KN Gg 702 = V-C 205, DU 07, ME, p. 47)

1. Til alle guder	honning	*209 kar 1
2a.	honning	
2b.Til Labyrintens herskerinde		*209 kar 1

Kommentar

Tavle med honninggaver til guddomme

da-pu$_2$-ri-to-jo: gr. λαβύρινθος, labyrint

5. V-C 206 = Gg705 (D 1) - Eileithyia

1.]a-mi-ni-so / e-re-u-ti-ja ME+RI Amphora 1
2.]pa-si-te-o-i ME+RI Amphora 1
3.]-ḳẹ-ṇẹ ME+RI Amphora 1

5. V-C 206 = Gg705 (D 1) - Eileithyia

Amnisos: 1 kande honning til Eleuthyia

1 kande honning til alle guder

1 kande honning [...]

Kommentar

Tavle med honninggaver til guddommene

a-mi-ni-so er havnen, der hører til Knossos, 7 km øst for det nuværende Iraklion;

e-re-u-ti-ja er identificeret som fødselsgudinden Εἰλειθυίᾳ; formen Ἐλευθία kendes fra Messenien og Lakonien.

6. BA 45 = V 52 (?)– Athene, Paian, Poseidon (BA 45: KN V 52 + 52bis + 8285 = V-C 208 (s. 311), DU 17, ME, p.74)

1. a-ta-na-po-ti-ni-ja 1 u[
2. e-nu-wa-ri-jo 1 pa-ja-wo-ne 1 po-se-da-[o-ne

Transskription til mykensk græsk

1. Athānāi Potniāi (eller Athānās Potniāi) 1 u[

2. Enualiōi 1 Pajjāwonei 1 Posseidā[(h)ōnei

6. BA 45 = V 52 (?)– Athene, Paian, Poseidon (BA 45: KN V 52 + 52bis + 8285 = V-C 208 (s. 311), DU 17, ME, p.74)

1. Til herskerinden Athana (eller af Athana) 1 ?{

2. Til Enualios (senere tilnavn til Ares) 1, til Pajjawon (senere tilnavn til Apollon) [1], til Poseida(h)on 1

Kommentar

Tavle med navn på 5 guddomme. Der står e-ri-nu-we *Erin(n)uwei*, 'til Erinys' på den nederste kant. Alle guddomme følges af tegnet 1 for størrelsen af et uspecificeret offer

Enualios er et gudenavn, og senere tilnavn til Ares hos Homer.

Paijawon = Παιήων, se Hom. Il. V. 401, gudernes læge

7. DU 41 = V-C 171 = Un718 (s. 282-3) - Poseidon

1. ṣạ̥-ra-pe-da, po-se-da-o-ni, do-so-mo
2. o-wi-de-ta-i, do-so-mo, to-so, e-ke-ra$_2$-wo
3. do-se, GRAnum 4 VINum 3 Bos^m 1 *vacat*
4. tu-ro$_2$ TURO$_2$ 10, ko-wo, *153 1 *vacat*
5. me-ri-to, v 3 *vacat*
6. *vacat*
7. o-da-a$_2$, da-mo, GRAnum 2 Vinum 2 *vacat*
8. OVIS^m 2 TURO$_2$ 5 a-re-(ro) A+RE+ṖḀ v 2 *153 1
9. to-so-de, ra-wa-ke-ta, do-se, *vacat*
10. OVIS^m 2 me-re-u-ro, FAR T 6 *vacat*
11. VINum S 2 o-da-da$_2$, wo-ro-ki -jo-ne-jo, ka-ma
12. GRAnum T 6 VINum S 1 TURO$_2$ 5 me-ri[ ]
13. *vacat* [me]ṛị-ṭọ V 1

Transskription til mykensk græsk

1. *sa-ra-peda, Poseīdāhōni dosmos:*
2. *owide®tāhi dosmon tos(s)on e-ke-ra$_2$-wōn*
3. *dōsei GRAnum 4 VINum 3 Bos^m 1 vacat*
4. *tūrjoi TŪRJOI 10 – kōwos 1 –*
5. *melitos 3 vacat*
6. *vacat*
7. *hō(s) d'ar hāi (?), dāmos: GRAnum 2 Vinum 2 vacat*
8. *OVIS^m 2 – TŪRJOI 5 – alei<phar> ALEIPHAR v 2 – 1*
9. *tos(s)on de lāwāgetās dōsei:*
10. *OVIS^m 2 – meleuron FAR T 6*
11. *VINum S 2; hōs(s) d'ar hāi (?), wo-ro-k-ijōnejon (?) ka-mas:*
12. *GRAnum T 6 - VINum S 1 – TŪRJOI 5 – meli[ ]*
13. *[me]ḷịṭọṣ v 1*

7. DU 41 = V-C 171 = Un718 (s. 282-3) - Poseidon

1. Sarapeda, afgift til Poseidon:

2. e-ke-ra_2-won

3. vil betale så høj en afgift til fårebinderne/kornbinderne/skatteopsynsmændene:

3. 384 l hvede, 86.4 l vin, 1 tyr,

4. 10 oste, OSTE, et lammeskind *153,

5. 4.8 l honning

6.

7. og på samme vis vil landsbyen give: 192 l hvede, 57.6 l vin,

8. 2 bukke, 5 oste, 3.2 l parfumeret olie, 1 lammeskind *153

9. og 'folkets leder' vil give så meget:

10. 2 bukke, 57.6 l speltmel,

11. 19.2 l vin, og ligeledes vil wo-ro-k-ijons (?) ka-ma (kultforeningens ejendom (??)) give:

12 57.6 l hvede, 9.6 l vin, 5 OSTE, [honning ...]?

13. l.6 l [hon]ṇịṇg.

Kommentar

Skattevæsenets optegnelse over et festmåltid for Poseidon.

Sa-ra-pe-da: gr. stednavn
do-so-mo: gr. δίδωμι, giver
o-wi-de-ta-i: gr. ιδεΐ//ιΐ ιδειν, ser
to-so: gr. τόσος, så meget
e-ke-ra$_2$-wo: højtstående funktionær i Pylos, som står kongen nær
do-se, gr. δίδωμι, vil give
tu-ro: gr. τυρός, ost
ko-wo: gr. κῶας, lammeskind
o-da-a: gr. ὡς, på samme vis
da-mo: gr. δῆμος, landsby
a-re-ro/a-re-ra: gr. ἀλείφαρ, fedt, olie
ko = ko-wo: gr. κῶας, lammeskind
to-so-de: gr. τόσο δε, og så meget
ra-wa-ke-ta: gr. λαός, hærchefen?, indbyggerne
wo-ro-ki-jo-ne-jo: gr. ἔργον, ὄργια, arbejde, kultforening
ka-ma: gr. χαμαί, på jorden?, jord, ejendom

8. DU 37 = Kn02 [Tn316] – Poseidon, Zeus (BA 41: PY Tn 316 = V-C 172, DU 37, ME p. 68ff.)

Forside (recto):

PU-RO

1. Po-ro-wi-to-jo, *vacat*

2a. i-je-to-qe, pa-ki-ja-si, do-ra-qe,pe-re, po-re-na-qe

2b. a-ke, po-ti-ni-ja AURum *215 VAS 1 MULier 1 *vacat*

3. ma-na-sa AURum *213 VAS 1 MULier 1 po-si-da-e-ja AURum *213 VAS 1 MULier 1 *vacat*

4. ti-ri-se-ro-e AURum *216 VAS 1 do-po-ta AURum *215 VAS 1 *vacat*

5. *vacat*

PU-RO 6a-d. *vacat*

Transskription til mykensk græsk

1. Phlowi(s)tojo (?)

2. hijetoi k^{w}e pa-k-ijansi, dōra k^{w}e pherei, phorenas (?) k^{w}e agei

*Potnijāi AURum *215 VAS 1 MULier 1 vacat*

*PULOS 3. ma-na-s-āi AURum *213 VAS 1 MULier 1*

*4. Trishērōhei (?) AURum *216 VAS 1*

*Do(n)spotāi AURum *215 VAS 1 vacat*

Bagside (verso)

PU-RO

0. *vacat*

1. i-je-to-qe po-si-da-si-jo a-ke-qe wa-tu, *vacat*
2. do-ra-qe pe-re po-re-na-qe a-ke, *vacat*
3. AURum *215 VAS 1 MULier 2 qo-wi-ja ṇạ̊[...] ko-mawe-te-ja

PU-RO

4. i-je-to-qe pe-ṛẹ-’82-jo i-pe-me-de-ja-<jo->-qe di-u-ja-jo-qe, *vac.*
5. do-ṛạ̊-qe pe-re-po-re-na-qe a<-ke> pe-re-*82 AURum *213 VAS 1 MULier 1 *vacat*
6. i-pe-me-ḍẹ -ja AURum *213 VAS 1 di-u-ja AURum *213 VAS 1 MULier 1 *vacat*
7. e-ma-a^{2} / ạ̊-re-ja AURum *216 VAS 1 VIR 1 *vacat*

PU-RO

8. i-je-to-qe di-u-jo do-ra-qe pe-re po-re-na-qe aḳẹ, *vacat*
9. di-we AURum *213 VAS 1 VIR 1 e-ra AURum *213 VAS 1 MULier 1, *vacat*
10. di-ri-mi-jo [ ] di-wo i-je-we AURum *213 VAS 1 [ ] *vacat*

PU-RO 11-16. *vacant*

Transskription til mykensk græsk

1. hIjetoi k^{w}e Posidāhiōi (?) hagei (??) k^{w}e wastu

Pulōi *2. dōra k^{w}e pherei, phorenas(?) k^{w}e agei*

*3. AURum *215 VAS 1 MULier 2 G^{w}owijāi – (?)? ṇọ̊- [ ] – (?)*

Komāwentejāi

*4. hietoi k^{w}e pe-ŗę-*82-joi i-pe-me-deja<joi> (?) k^{w}e Diwjajoi (?) k^{w}e*

Pulōi *5. dōŗḁ k^{w}e pherei, phorenas (?) k^{w}e a<gei>, pe-re-*82 AURum *213 VAS 1 MULier 1, vacat*

*6. i-pe-me-ḍęjāi AURum *213 VAS 1 Diwjāi AURum *215 VAS 1 MULier 1*

*7. Hermāhāi Arejāi AURum *215 VAS 1 VIR 1*

8. hietoi k^{w}e Diwjoi (?) dōra k^{w}e pherei phorenas? k^{w}e agęį

Pulōi *9. Diwei AURum *213 VAS 1 VIR 1 Hērāi AURum *213 VAS 1 MULier 1*

*10. Drimijōi (?) Diwos (h)ijewei AURum*213 VAS 1 [ ]*

Pulōi *11.-16. vacant*

8. DU 37 = Kn02 [Tn316] – Poseidon, Zeus (BA 41: PY Tn 316 = V-C 172, DU 37, ME p. 68ff.)

Forside (recto):

1. I blomstermåneden (?)

2. udfører et ritual (??) ved *pa-k*-ianes og bringer ofre og fører offermennesker (?) frem

til herskerinden 1 gylden vase, stor, 1 kvinde

3. til (gudinden) *ma-na-sa*	1 gyldent kar, 1 kvinde
til (gudinden) Posidaeia	1 gyldent kar, 1 kvinde
4. til den trefoldige helt	1 gylden vase, lille
5. til husherren	1 gylden vase, medium

Bagside (verso):

1. Pylos:

Udfører et ritual (??) i Poseidons helligdom, og byen udfører en indvielse/renselse (??) og (Pylos) bringer ofre og fører offermennesker frem

1 guldkar, 2 kvinder, til (gudinden) Boia, til (gudinden) (?) *na-* [...] til (gudinden) Komawenteja

2. Pylos:

Udfører et ritual (??) i (gudinden) *pe-re-*82'*s helligdom og i (gudinden) *I-pe-me-*deias helligdom og i (gudinden) Diwias helligdom og bringer ofre og fører offermennesker frem

Til (gudinden) *pe-re-*82*	1 gyldent kar, 1 kvinde
Til (gudinden) *I-pe-me-*deja	1 gyldens kar
Til gudinden Diwia	1 gyldent kar, 1 kvinde
Til Hermes Areias	1 gyldent kar, 1 mand

3. Pylos

Udfører et ritual i Zeus' helligdom og bringer ofre og fører offermennesker frem

Til Zeus	1 gyldens kar, 1 mand
til Hera	1 gyldent kar, 1 kvinde
Til (guden) Drimios (?), Zeus' søn	1 gyldent kar [...]

4. Pylos *blank*

Kommentar

Tavlen indeholder angivelser af gaver og menneskeofre til forskellige guder.

a-ke-qe: gr. ἄγε τε, og udfør
wa-tu: gr. ἄστυ, by
do-ra-qe: gr. δῶρα τε, af δίδωμι, giver, og δῶρον, gave, og gaver
pe-re: gr. φέρε, af φέρω, bringer, bring
po-re-na-qe: gr. φόρους τε, af φόρος, bærerske
di-we, gr. Δίι, af Ζέυς, til Zeus
qo-wi-ja: gr. βοῦς, okse, ko
ko-ma-we-te: gr. κόμη, hår, pels?

Linear B

Af Michael Ventris og John Chadwick i 1956 dechiffrerede stavelsestegn samt Emmett L. Bennett Jr.'s numeriske koder fra 1961, også kaldt The Wingspread Convention, efterfølgende overtaget af CIPEM, Permanent International Committee of Mycenean Studies)

	-a		*-e*		*-i*		*-o*		*-u*	
	𐀀 𐀀	*a* *08	𐀁 𐀁	*e* *38	𐀂 𐀂	*i* *28	𐀃 𐀃	*o* *61	𐀄 𐀄	*u* *10
d-	𐀅 𐀅	*da* *01	𐀆 𐀆	*de* *45	𐀇 𐀇	*di* *07	𐀈 𐀈	*do* *14	𐀉 𐀉	*du* *51
j-	𐀊 𐀊	*ja* *57	𐀋 𐀋	*je* *46			𐀍 𐀍	*jo* *36		
k-	𐀏 𐀏	*ka* *77	𐀐 𐀐	*ke* *44	𐀑 𐀑	*ki* *67	𐀒 𐀒	*ko* *70	𐀓 𐀓	*ku* *81
m-	𐀔 𐀔	*ma* *80	𐀕 𐀕	*me* *13	𐀖 𐀖	*mi* *73	𐀗 𐀗	*mo* *15	𐀘 𐀘	*mu* *23

n-		*na* *06		*ne* *24		*ni* *30		*no* *52		*nu* *55
p-		*pa* *03		*pe* *72		*pi* *39		*po* *11		*pu* *50
q-		*qa* *16		*qe* *78		*qi* *21		*qo* *32		
r-		*ra* *60		*re* *27		*ri* *53		*ro* *02		*ru* *26
s-		*sa* *31		*se* *09		*si* *41		*so* *12		*su* *58
t-		*ta* *59		*te* *04		*ti* *37		*to* *05		*tu* *69
w-		*wa* *54		*we* *75		*wi* *40		*wo* *42		

z-	𐀼 𐀼	*za* **17*	𐀽 𐀽	*ze* **74*		𐀾 𐀾	*zo* **20*	

(Origo: Linear B - Wikipedia)

Mykenske guddomme

Gudens mykenske navn	Linear B	Fund-sted	Navnets betydning	Parallel i klassisk mytologi
Anemohie-reia	*a-ne-m o-i-je-re-jo*			Vindenes præstinde
Apeljōn / Huperjōn	*[a/u?]-pe-ro$_2$-ne* Dat.	Knos-sos		Apollon eller Hyperion
Arēs	*a-re* Dat.	Knos-sos		Ares
Artemis Artimis	*a-te-mi-to* Gen., *a-ti-mi-te* Dat.	Pylos		Artemis
Athānās Potnia	*a-ta-na po-ti-ni-ja* Dat.	Knos-sos	„Athens Herskerinde"	Athene
Daidalos	*da-da-re-jo-de* Allativ (tempelnav n)	Knos-sos	Daidaleion	Daidalos
Diwia	*di-u-ja, di-wi-ja* Gen., Dat.	Pylos	Zeus' feminine modstykke	Dia, tilnavn til flere gudinder

Diwonūsos	*di-wo-nu-so-jo* Gen., *di-wo-nu-so* Dat.	Chania Pylos		Dionysos
Domspo-tās (?)	*do-po-ta* Dat.	Pylos	„Husets herre“	
Drīmios	*di-ri-mi-jo* Dat.	Pylos	Søn af Zeus	Måske tilnavn til Ares
Dzēus	*di-wo* Gen., *di-wo* Dat.	Chania Knos-sos, Pylos		Zeus
Eleuthia	*e-re-u-ti-ja* Dat.	Knos-sos	Fødsel	Eileithyia
Enesidā-hōn	*e-ne-si-da-o-ne* Dat.	Knos-sos		Ennosidas (Poseidon)
Enūwalios	*e-nu-wa-ri-jo* Dat.	Knos-sos	Krig	Enyalios, (Søn af Ares)
Gwowia	*qo-wi-ja* Dat.	Pylos	„Ko“	
Erīnnūs	*e-ri-nu, e-ri-nu-we* Dat.	Knos-sos		Erinys, tilnavn til Aphrodite og Demeter

*Hāphai-stos	*a-pa-i-ti-jo* (teonym)	Knos-sos		Hephaistos
Hērā	*e-ra* Dat.	Pylos		Hera
Hermahās	*e-ma-a-o$_2$* Gen., *e-ma$_2$* Dat.	Knos-sos, Pylos, Theben		Hermes
Hikkwō (*Dual*)	*i-ku-wo-i-pi* Dat.Dual	Knos-sos	„De to hopper"	Demeter og Kore?
Iphemede-hia	. *i-pe-me-de-ja* Dat.	Pylos		Iphimedeia
Komāwen-teia	*ko-ma-we-te-ja* Dat.	Pylos, Theben	„Den langhårede"	
Kwhērasia	*qe-ra-si-ja* Dat.	Knos-sos	Minoisk gudinde eller relateret til thêr	
Mallinēus (?)	*ma-ri-ne-wo* Gen. *ma-ri-ne-we* Dat.	Knos-sos, The-ben	Har at gøre med uld (gr. mallós)	Uldens gud?
Mnāsā	*ma-na-sa* Dat.	Pylos		

Mātēr Thehiā	*ma-te-re te-i-ja* Dat.	Pylos	„Den guddomme-lige mor“	
Paiāwōn	*pa-ja-wo-ne* Dat.	Knos-sos	„Frelser“; Lægekunst	Paieon (Apol -lon)
Pāntes Thehoi	*pa-si-te-o-i* Dat.Plural	Knos-sos	„Alle guddomme“ gudekollektiv	
Pereswā (?)	*pe-re-82* Dat.	Pylos	Duegudinde eller Persefone	
Posidāhe-hia	*po-si-da-e-ja* Dat.	Pylos	"Bisidder", hjælper for Poseidon	
Poseidā-hōn	*po-se-da-o* Nom., *po-se-da-o-no* Gen., *po-se-da-o-ne* Dat.	Knossos Pylos	„Vandenes hersker“; Hovedgud i Pylos	Poseidon
Potnia	*po-ti-ni-ja* Gen., Dat.	Knos-sos, Myke-ne, Pylos, Theben	„Hersker-inde“; Hovedgud-inde i Pylos; måske navn på flere gudinder	

Potnia Aswia	*po-ti-ni-ja a-si-wi-ja* Dat.	Pylos	„Herskerinde over Aswia“ (= Lilleasien?)	
Potnia Daburinthohio	*da-pu$_2$-ri-to-jo po-ti-ni-ja* Dat.	Knos-sos	„Herskerinde over Labyrinten“	Ariadne ?
Potnia Hikkweia	*[po]-ti-ni-ja i-qe-ja* Dat.	Pylos	„Herskerinde over heste“	
Sītōn Potnia	*si-to-po-ti-ni-ja* Dat.	Mykene	„Herskerinde over korn“	Demeter
Trīshērōs	*ti-ri-se-ro-e* Dat.	Pylos	„Trefoldighe-dens helt“	Måske forfædrenes gud
Wanax	*wa-na-ka-te* Dat.		”Kongen”	Tilnavn til Poseidon
Wanasso	*wa-na-so-l* Dat. Dual.		“De to dronninger	Måske Demeter og Persefone

Mykenske gudenavne (theonyma) efter Bartonek 2003

Der findes ca. 50 navne, der kan tydes som gudenavne enten fordi man kender dem fra det alfabetiske græsk eller fordi konteksten lægger op til, at det er et gudenavn. Kendte navne fra det 1. årtusind er følgende:

(N: nominativ, A: akkusativ, G: genitiv, D: dativ)

a-re – Arēi (D) - Ἄρης

a-ta-na po-ti-ni-ja – Athānāi potniāi (D) – Ἀθήνη + Πότνια – herskerinden Athana eller Athene

di-wo – Diwos (G) – Ζέυς, Διός, Διί - Zeus

di-we – Diwei (D) - Διί - Zeus

di-u-jo – Diwjon (N) – Zeus' helligdom

di-wi-jo-de – Diwion-de (A + de) – "til Diw(i)jon"

di-wo-nu-so – Diwōn(n)usos < *Diwossūnus (?) – Δι(F)όνυσος – Dionysos

di-wo-nu-jo-so – Diwōn(n)ūsojjo (G)

e-ma-a_2 – (H)ermā(h)āi (D) - Ἑρμῆς, Ἑρμείας – Hermes

e-ma-a_2-o – (H)ermahā(h)ā(h)o (G)

e-nu-wa-ri-jo = e-nwa-ri-jo – Enuwaliōi (D) - Ἐνυάλιος, tilnavn til Ἄρης – Ares

e-ra – (H)ērāi (D) - Ἥρα – Hera

e-re-u-ti-ja – Eleuthiāi (D) - Ἐλεύθυια – Eileithyia, kretisk gudinde

e-ri-nu – Erīn(n)us - 'Ερινῦς – Erinye

e-ri-nu-we – Erīn(n)uwei (D) - Ἐρινύι - til Erynien

pa-ja-wo-ne – Pajjāwonei (D) – Παιήων, Παιάν, tilnavn til Ἀπόλλων

po-se-da-o – Poseidā(h)ōn (N) – Ποσειδάων, Ποσειδῶν

po-se-da-o-no – Poseidā(h)ōnos (G)

po-se-da-o-ne - Poseidā(h)ōnei (D)

po-se-da-o-ni - Poseidā(h)ōni (D)

po-si-da-i-jo - Poseidā(h)ion – Poseidons helligdom

Vanskeligt dechifrerbare navne eller ikke-græske navne

e-ne-]ṣị-da-o-ne - ? (D)

i-pe-me-de-ja – Iphemedajjāi (D) – sammenlign med Ἰφιμέδεια hos Homer

pi-pi-tu-na - -unna (?) (D) – måske ikke-græsk guddom

pe-re-*82 (= swa?) – Presg^{w}ai ? (D) – måske Πέρση, Περσεφόνη

Litteratur

(Origo: Mykenische Religion – Wikipedia; https://en.wikipedia.org/wiki/list_of_Mycenaean_deities)

Badisches Landesmuseum Karlsruhe: *Zeit der Helden: Die „dunklen Jahrhunderte" Griechenlands 1200 – 700 v.Chr.* Primus-Verlag, Darmstadt 2008
Bartonek, Antonin: *Handbuch des mykenischen Griechisch*, Indogermanische Bibliothek, Reihe 1, Carl Winter Verlag, Heidelberg 2003
Chadwick, John/Baumbach, Lydia: *"The Mycenaean Greek Vocabulary"*, in: Glotta, 41. Bd., 3./4. H. (1963), pp. 157-271
Chadwick, John: *Linear B and related scripts*, 3. ed., British Museum Press, London 1995
Chadwick, John: *The Mycenaean World*, Cambridge UP, Cambridge 1976
Chaniotis, Angelos: *Das antike Kreta*. C.H.Beck, München 2004

Duhoux, Yves/Davies, Anna Morpurgo (eds.): *A Companion to Linear B. Mycenaean Greek Texts and their World*, Volume 1, Bibliothéque des Cahiers de l'Institut de linguistique de Louvain, Louvain-la-Neuve-Warpole 2008
Duhoux, Yves/Davies, Anna Morpurgo (eds.): *A Companion to Linear B. Mycenaean Greek Texts and their World*, Bibliothéque des Cahiers de l'Institut de linguistique de Louvain, Volume 2, Peeters, Louvain-la-Neuve-Warpole 2011
Hawkes, Jaquetta: *Geburt der Götter – An den Quellen griechischer Kultur,* Hallwag AG Bern, Bern, 1972, s. 226 f.
Hiller, Stefan: *Mycenaean Religion and Cult,* in: Duhoux, Y./Morpurgo Davies, Anna: *A Companion to Linear B: Mycenaean Greek Texts and their World.* Volume 2, Peeters, Louvain-la-Neuve-Warpole 2011.
Hooker, James Thomas: *Linear B. An Introduction*, Bristol Classical Press, Bristol 1980
Palaima, Thomas G.: *"Sacrificial Feasting in the Linear B Documents"*, in: Hesperia 73, 2004, p. 217-246
Ramón, José Luis Garcia: *Mycenaean Omomastics,* in: Duhoux, Y./Morpurgo Davies, Anna: *A Companion to Linear B: Mycenaean Greek Texts and their World.* Volume 2, Peeters, Louvain-la-Neuve-Warpole 2011.
Schofield, Louise: *Mykene, Geschichte und Mythos*. Verlag Philipp von Zabern, Mainz, 2009, S. 144–169.

Tholos- og kammergrave I mykensk tid: en arkitektur, der åbner for liminalitetsritualer

(Origo: C. Gallou: *"The Abode of the Ancestors: tomb design, ritual and symbolism In Late Helladic IIIA-B Greece"*, in: D.C. Naoum, G. Muskett and M. Georgiadis (eds), *Cult and Death*. Proceedings of the 3rd Annual Meeting of PG Researchers, Liverpool, May 2002, BAR International Series 1282, 2004, 17-28)

Spørgsmålet er her, om de mykenske gravtyper kan udsige noget om de ritualer, der har været afholdt ved den dødes begravelse. Gravene fra denne periode, senhelladisk IIIA-B, udviser en vis standardisering, hvad der kunne tyde på en dødekult med faste ritualer og ofringer. "Graven er et hjem for de døde, og efterkommerne må betragte sig selv som besøgende i forfædrenes hjem", skriver Parker Pearson: "Tombs may be the houses of the dead and, alternatively, the living may consider themselves to dwell within the houses of the ancestors." (Parker Pearson: *The Archaeology of Death and Burial*, Somerset 1999, 21).

For de mykenske grave gælder, at der blev brugt mange kræfter på at indrette dem, så de blev et 'levende' hjem for de døde. Graven var et helligt sted, hvor man ærede og forsonede forfædrene med ritualer og ofringer. Renfrew fremhæver i *Archaeology of Cult. The Sanctuary of Phylakopi*, BSA Suppl. 18, London 1985:18, at det var nødvendigt med en hellig liminal zone mellem stedet for de levende ritualdeltagere og stedet for guddommens tilstedeværelse, dvs. den dødes gravsted, når der skal ske handlinger til ære for og til forsoning over for den døde fra de levendes side.

Det liminale rum eller den liminale fase blev udforsket af van Gennep i 1909 og indebærer en tredeling i overgangen fra en social position til en anden, nemlig præliminale riter = separationsriter, "rites de separation", liminale og tærskelriter = marginalitets- eller transitionsriter, "rites de marge", og postliminale riter = inkorporations- eller reintegrationsriter, "rites d'aggrégation". Van Gennep fremhævede transformationseffekten, kaldt liminalitet. V. Turner definerer begrebet på følgende måde: (Liminality) "the institutionalised categorisation of certain moments in time and specific locations in the landscape as sacred, both outside of ordinary time and betwixt and between the world of the 'here and now' and the other world of the supernatural", se Victor Turner: *The Forest of Symbols: Aspects of Ndembu Ritual*, Cornell Univ. Press 1967:94. Murphy siger det på denne måde: "the basic function of funerary rituals is a rite of passage between life and death", se J. M. Murphy: *"Ideology, Rites and Rituals: A view of prepalatial Minoan tholoi"*, in: Branigan, K. (ed.): *Cemetery and Society in the Aegean Bronze Age*, Sheffield 1998: 27-40.

Overgangsritualets første fase er den dødes løsrivelse fra det levende samfund og placeringen af den døde på et sted, der som lit de parade er tabu og dermed inden for den liminale zone. I denne overgangsfase finder der renselses-, dødemåltids- og drikkeritualer sted, og den døde befinder sig midt imellem det hersidige og det hinsidige, mellem de levende efterkommere og de døde forfædre. Når denne fase er slut, går den døde ind i re-aggregationsfasen og den døde er nu helt integreret i de afdøde forfædres verden, hvad der fejres med et slægts- eller fællesmåltid og ritualer for de døde forfædre.

Den typiske mykenske tholos, θόλος, og kammergrav har en tredelt rumdeling, som omfatter dromos, δρόμος, korridoren, op til stomion, στόμιον, indgangen, der åbner ind til thalamos, gravkammeret. Dromos fører dagslyset ind til gravkammerets mørke, og i dromos er der fundet potteskår, smykker, dyreknogler og rester af begravelsesceremonier og fællesmåltider. Her er der altså afholdt dødefester af de levende for den døde. Der er også fundet gaver til de døde her; dromos var altså de levendes opholdssted, når de fejrede den afdøde eller de khthoniske guder i det mørke gravkammer. Stomion er forbindelsesleddet mellem liv og død, tærskelelementet eller barrieren mellem de levende og døde, det egentlige liminale element. Dette styrkes også af de mange terracotta figuriner, der symboliserer døre og tærskler, se K. Kilian: *"Mycenaeans up to Date, Trends and Changes in Recent Research"*, in: French, F. B./Wardle, K. A. (eds.): *Problems in Greek Prehistory.* Papers presented at the Centenary Conference of the British School at Athens, Manchester April 1986, Bristol 1988: 115-52, især 148.

En typisk mykensk grav har en dromos, der udvider sig hen ad vejen, og det kan betyde, at man skabte mere plads for at afholde begravelsesriterne. De mange fund af potteskår kunne tyde på, at disse kar blev ødelagt, så at de blev ubrugelige og dermed tabu for de levende, men netop derfor kunne ledsage de døde i deres efterliv. Samtidig viser det, at mad til fællesmåltidet blev forberedt og spist ved graven. Der er desuden fundet furer i dromos i jorden, altså kanaler, som man mener, er brugt til libationsofre af de levende for de døde, efter at stomion var blevet lukket.

Dromos, stomion og thalamos havde altså to funktioner: dels skulle de være et hjem for den afdøde og forfædrene, og dels skulle de give plads til, at de levende efterkommere kunne afholde ritualerne for de døde med nok plads og med muligheder for tilberedelse af fællesmåltidet. Og dette kan jo være sket med faste tidsrum, fx årligt. Mykenske grave med deres tredelte ruminddeling var altså grave for de levende, hvor disse kunne udføre deres ritualer på stedet. Stomion var centrum for ritualet, liminalitetselementet i mykensk gravarkitektur og dannede grænsen mellem gravkammeret, de afdødes rum og mørkets rum, og dromos, dagslysets og livets rum.

Tegninger på næste side:

Øverst: typisk mykensk tholos grav, se G. E. Mylonas: *Mycenae and the Mycenaean Age*, Princeton 1966:119, fig. 24.

Nederst: typisk mykensk kammergrav, se A. J. B. Wace: *Chamber Tombs at Mycenae* (Arcaeologia 82) Oxford 1932:87, fig. 36

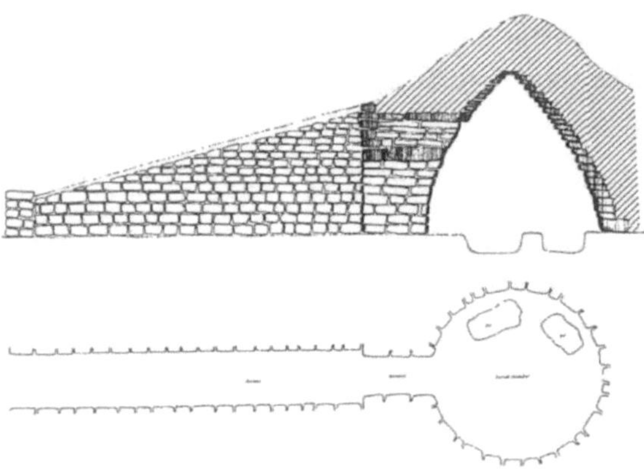

Fig. 1. Plan and section of a typical Mycenaean tholos tomb (redrawn after Mylonas 1966: 119, fig. 24)

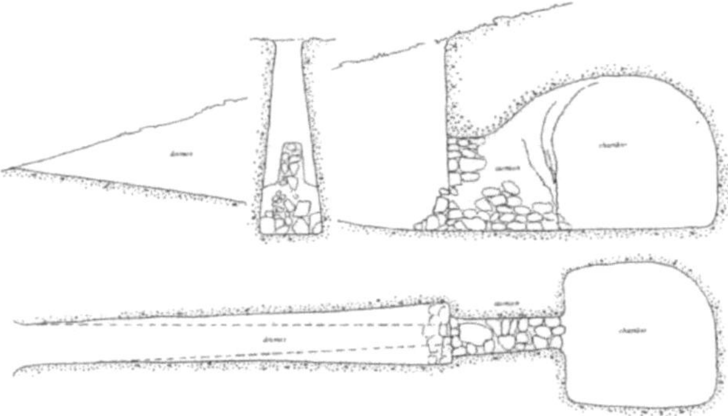

Fig. 2. Plan and section of a typical Mycenaean chamber tomb (redrawn after Wace 1932: 87, fig. 36)

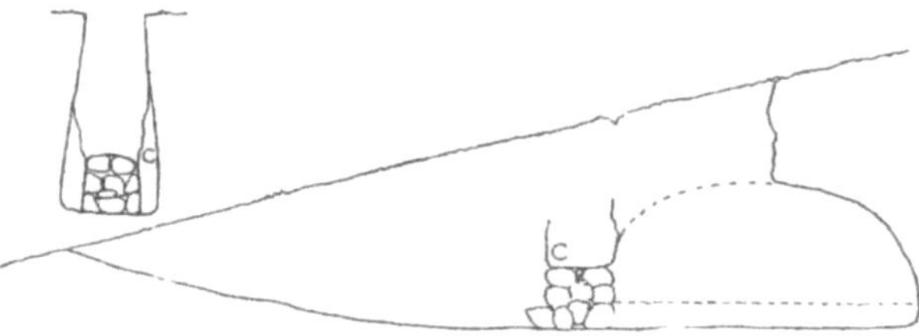

Fig. 3. Chamber tomb 523 at Mycenae (letter *c* marks the position of the recess in the *istomion* containing kylix stems) (redrawn after Wace 1932: 35, fig. 18)

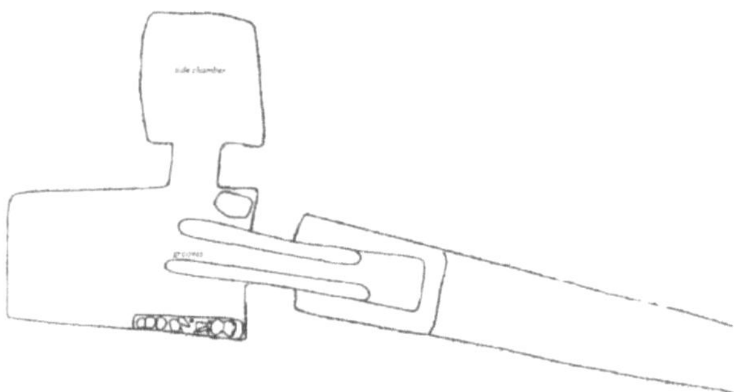

Fig. 4. Plan of the chamber tomb 6 at Dendra; note the grooves and the side chamber (redrawn after Persson 1942: 21, fig. 20)

Øverst: Kammergrav 523 I Mykene; c markerer et rum med kylix-skår, se A. J. B. Wace: *Chamber Tombs at Mycenae* (Arcaeologia 82) Oxford 1932:35, fig. 18

Nederst: kammergrav 6 i Dendra; bemærk furerne og sidekammeret, se A. W. Persson: *The Royal Tombs at Dendra near Midea*, Lund 1942:21, fig. 20

Hesiod

Hesiods Theogonien og beretning om gudernes skabelse

Da de første guder i græsk mytologi er personifikationer af verdens elementer eller grundlæggende principper, kan man ikke skelne mellem verdens skabelse og gudernes skabelse. Der er mange myter om deres skabelse, men ingen kan betragtes som værende almengyldig. Den mest udbredte skabelseshistorie er Hesiods Theogonien, hvor der for første gang bliver forsøgt at skabe en omfattende gudegenealogi på basis af forskellige myter. De fleste mytografer bygger på Hesiods Theogonien, men adskiller sig stærkt fra den, når man ser på detaljerne. Et kanonisk stamtræ over de græske guder blev aldrig dannet.

I Theogonien sættes Chaos i begyndelsen. Verden skabes hos Hesiod ikke ud af ingenting; der findes allerede materie, men ingen form eller orden. Ud af Chaos opstår som den første gudegeneration Jorden Gaia (først i 'jordskikkelse', senere i 'menneskeskikkelse', antropomorficeret), Underverdenen Tartaros, Kærligheden Eros, Mørket Erebos og Natten Nyx. Af forbindelsen mellem Nyx og Erebos opstår Dagen Hemera og Luften Aither. Nyx skaber ud af sig selv en række guddomme, som enten er personifikationer af fænomener, der har forbindelse til Natten, eller udtryk for menneskelige onder. Den største del af den græske gudeverden føres tilbage til Gaia, som ud af sig selv skaber Havet Pontos, Bjergene Ourea og Himlen Uranos, og som især med Uranos får et utal af efterkommere.

Ved siden af gudernes skabelse berettes der i Theogonien om sukcessionen af magten over jorden, som spiller en stor rolle i de fleste græske skabelsesmyter. Den første hersker over jorden, Uranos, bliver kastreret af sin søn, titanen Kronos, som tager magten fra sin far, hvorefter titanerne hersker over jorden. Titanerne bliver så berøvet magten af Kronos' søn Zeus, hvorefter de olympiske guder hersker over jorden. Zeus sikrer sig magten, idet han sluger sin gravide kone Metis, fordi deres ufødte søn ville være forudbestemt til at overtage magten efter Zeus.

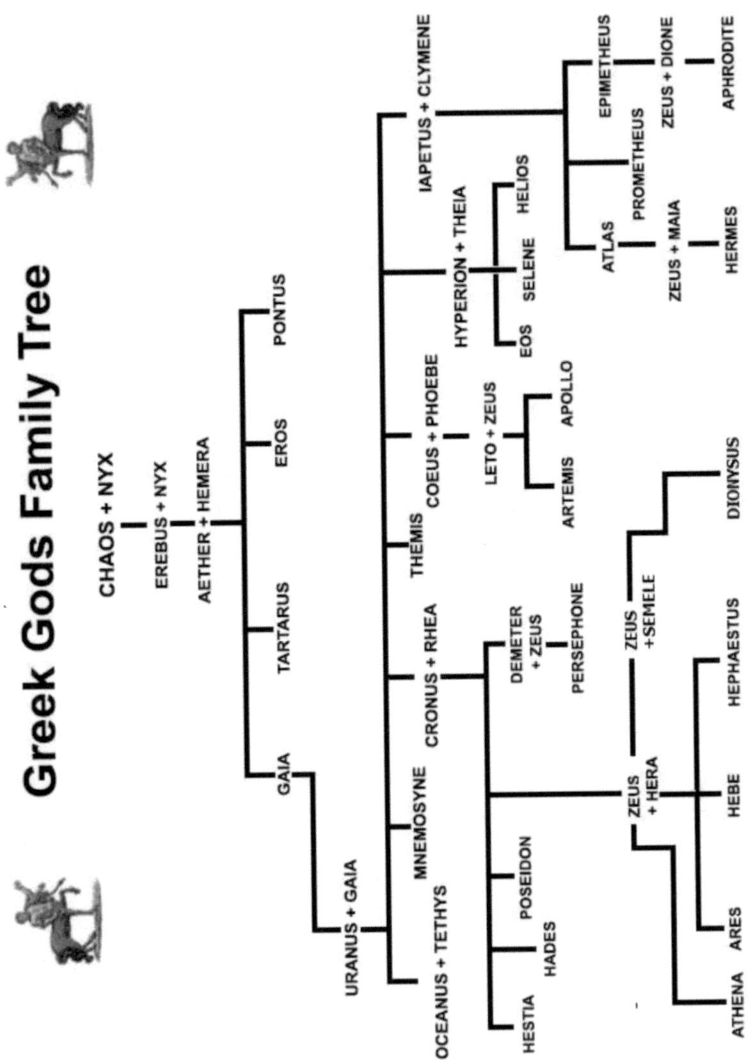

(Origo: https://www.facebook.com/FullOfMysteriesOfficial/photos/greek-gods-and-goddesses-family-treethere-it-is-guys-since-many-of-you-here-are-/796278934043681/?_rdr)

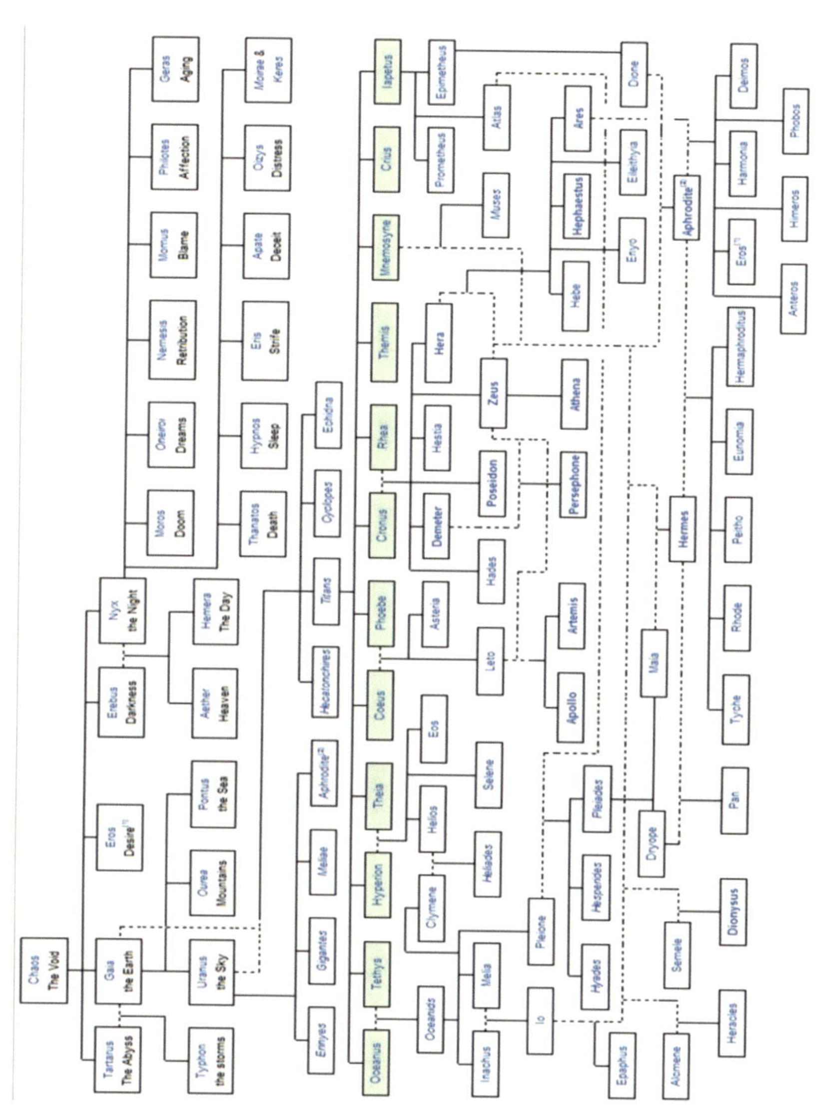

(Origo:https://www.reddit.com/r/coolguides/comments/bmfai1/in_case_you_ever_wanted_a_comprehensive_family/)

Oversigt over Hesiods Theogoni

O. 1-115: Musepåkaldelse

A. Successionsmyten

Fase 1. 154-210: Uranos mod Kronos

157-210: Kampen mellem Uranos og hans søn Kronos

180-181: Kronos kastrerer sin far

191-206: Uranos' lem kastes i havet, af skummet opstår Afrodite

207-208: Uranos' børn kaldes titaner

Fase 2. 459-500: Kronos mod Zeus

Fase 3. 617-735: Zeus' kamp mod titanerne

Fase 4. 820-885: Zeus' kamp mod Tyfoeus

820: Gaia føder en søn Tyfoeus

B. Myten om Prometheus og Pandora

1. 535-569: Offeret og ilden

2. 570-612: Kvinden Pandora

3. 613-616: Hesiods konklusion

Hesiod: Theogoni 116-210 – Gudernes tilblivelse

ἦ τοι μὲν πρώτιστα Χάος γένετ', αὐτὰρ ἔπειτα
Γαῖ' εὐρύστερνος, πάντων ἕδος ἀσφαλὲς αἰεὶ
ἀθανάτων, οἳ ἔχουσι κάρη νιφόεντος Ὀλύμπου,
Τάρταρά τ' ἠερόεντα μυχῷ χθονὸς εὐρυοδείης,
ἠδ' Ἔρος, ὃς κάλλιστος ἐν ἀθανάτοισι θεοῖσι,
Λυσιμελής, πάντων δὲ θεῶν πάντων τ' ἀνθρώπων
δαμναταί ἐν στήθεσσι νόον καὶ ἐπίφρονα βουλήν.
ἐκ Χάεος δ' Ἔρεβός τε μέλαινά τε Νὺξ ἐγένοντο:
Νυκτὸς δ' αὖτ' Αἰθήρ τε καὶ Ἡμέρη ἐξεγένοντο,
οὓς τέκε κυσαμένη Ἐρέβει φιλότητι μιγεῖσα.
Γαῖα δέ τοι πρῶτον μὲν ἐγείνατο ἶσον ἑαυτῇ
Οὐρανὸν ἀστερόενθ', ἵνα μιν περὶ πάντα καλύπτοι,
ὄφρ' εἴη μακάρεσσι θεοῖς ἕδος ἀσφαλὲς αἰεί.
Γείνατο δ' Οὔρεα μακρά, θεῶν χαρίεντας ἐναύλους,
Νυμφέων, αἳ ναίουσιν ἀν' οὔρεα βησσήεντα.
ἣ δὲ καὶ ἀτρύγετον πέλαγος τέκεν, οἴδματι θυῖον,
Πόντον, ἄτερ φιλότητος ἐφιμέρου: αὐτὰρ ἔπειτα
Οὐρανῷ εὐνηθεῖσα τέκ' Ὠκεανὸν βαθυδίνην,
Κοῖόν τε Κρῖόν θ' Ὑπερίονά τ' Ἰαπετόν τε
Θείαν τε Ῥείαν τε Θέμιν τε Μνημοσύνην τε
Φοίβην τε χρυσοστέφανον Τηθύν τ' ἐρατεινήν.
τοὺς δὲ μέθ' ὁπλότατος γένετο Κρόνος ἀγκυλομήτης,
δεινότατος παίδων: θαλερὸν δ' ἤχθηρε τοκῆα.
γείνατο δ' αὖ Κύκλωπας ὑπέρβιον ἦτορ ἔχοντας,
Βρόντην τε Στερόπην τε καὶ Ἄργην ὀβριμόθυμον,
οἳ Ζηνὶ βροντήν τε δόσαν τεῦξάν τε κεραυνόν.
οἳ δή τοι τὰ μὲν ἄλλα θεοῖς ἐναλίγκιοι ἦσαν,

μοῦνος δ᾽ ὀφθαλμὸς μέσσῳ ἐνέκειτο μετώπῳ.
Κύκλςπες δ᾽ ὄνομ᾽ ἦσαν ἐπώνυμον, οὕνεκ᾽ ἄρα σφέων
κυκλοτερὴς ὀφθαλμὸς ἔεις ἐνέκειτο μετώπῳ:
ἰσχὺς δ᾽ ἠδὲ βίη καὶ μηχαναὶ ἦσαν ἐπ᾽ ἔργοις.
ἄλλοι δ᾽ αὖ Γαίης τε καὶ Οὐρανοῦ ἐξεγένοντο
Τρεῖς παῖδες μεγάλοι τε καὶ ὄβριμοι, οὐκ ὀνομαστοί,
Κόττος τε Βριάρεώς τε Γύης θ᾽, ὑπερήφανα τέκνα.
τῶν ἑκατὸν μὲν χεῖρες ἀπ᾽ ὤμων ἀίσσοντο,
ἄπλαστοι, κεφαλαὶ δὲ ἑκάστῳ πεντήκοντα
ἐξ ὤμων ἐπέφυκον ἐπὶ στιβαροῖσι μέλεσσιν:
ἰσχὺς δ᾽ ἄπλητος κρατερὴ μεγάλῳ ἐπὶ εἴδει.
ὅσσοι γὰρ Γαίης τε καὶ Οὐρανοῦ ἐξεγένοντο,
δεινότατοι παίδων, σφετέρῳ δ᾽ ἤχθοντο τοκῆι
ἐξ ἀρχῆς: καὶ τῶν μὲν ὅπως τις πρῶτα γένοιτο,
πάντας ἀποκρύπτασκε, καὶ ἐς φάος οὐκ ἀνίεσκε,
Γαίης ἐν κευθμῶνι, κακῷ δ᾽ ἐπετέρπετο ἔργῳ
Οὐρανός. ἣ δ᾽ ἐντὸς στοναχίζετο Γαῖα πελώρη
στεινομένη: δολίην δὲ κακήν τ᾽ ἐφράσσατο τέχνην.
αἶψα δὲ ποιήσασα γένος πολιοῦ ἀδάμαντος
τεῦξε μέγα δρέπανον καὶ ἐπέφραδε παισὶ φίλοισιν:
εἶπε δὲ θαρσύνουσα, φίλον τετιημένη ἦτορ:
παῖδες ἐμοὶ καὶ πατρὸς ἀτασθάλου, αἴ κ᾽ ἐθέλητε
πείθεσθαι, πατρός κε κακὴν τισαίμεθα λώβην
ὑμετέρου: πρότερος γὰρ ἀεικέα μήσατο ἔργα.
ὣς φάτο: τοὺς δ᾽ ἄρα πάντας ἕλεν δέος, οὐδέ τις αὐτῶν
φθεγξατο. θαρσήσας δὲ μέγας Κρόνος ἀγκυλομήτης
ἂψ αὖτις μύθοισι προσηύδα μητέρα κεδνήν:
μῆτερ, ἐγώ κεν τοῦτό γ᾽ ὑποσχόμενος τελέσαιμι
ἔργον, ἐπεὶ πατρός γε δυσωνύμου οὐκ ἀλεγίζω

ἡμετέρου: πρότερος γὰρ ἀεικέα μήσατο ἔργα
ὣς φάτο: γήθησεν δὲ μέγα φρεσὶ Γαῖα πελώρη:
εἷσε δέ μιν κρύψασα λόχῳ: ἐνέθηκε δὲ χερσὶν
ἅρπην καρχαρόδοντα: δόλον δ᾽ ὑπεθήκατο πάντα.
ἦλθε δὲ νύκτ᾽ ἐπάγων μέγας Οὐρανός, ἀμφὶ δὲ Γαίῃ
ἱμείρων φιλότητος ἐπέσχετο καί ῥ᾽ ἐτανύσθη
πάντῃ: ὃ δ᾽ ἐκ λοχέοιο πάις ὠρέξατο χειρὶ
σκαιῇ, δεξιτερῇ δὲ πελώριον ἔλλαβεν ἅρπην
μακρὴν καρχαρόδοντα, φίλου δ᾽ ἀπὸ μήδεα πατρὸς
ἐσσυμένως ἤμησε, πάλιν δ᾽ ἔρριψε φέρεσθαι
ἐξοπίσω: τὰ μὲν οὔ τι ἐτώσια ἔκφυγε χειρός:
ὅσσαι γὰρ ῥαθάμιγγες ἀπέσσυθεν αἱματόεσσαι,
πάσας δέξατο Γαῖα: περιπλομένων δ᾽ ἐνιαυτῶν
γείνατ᾽ Ἐρινῦς τε κρατερὰς μεγάλους τε Γίγαντας,
τεύχεσι λαμπομένους, δολίχ᾽ ἔγχεα χερσὶν ἔχοντας,
Νύμφας θ᾽ ἃς Μελίας καλέουσ᾽ ἐπ᾽ ἀπείρονα γαῖαν.
Μήδεα δ᾽ ὡς τὸ πρῶτον ἀποτμήξας ἀδάμαντι
Καββαλ᾽ ἀπ᾽ ἠπείροιο πολυκλύστῳ ἐνὶ πόντῳ,
ὣς φέρετ᾽ ἂμ πέλαγος πουλὺν χρόνον, ἀμφὶ δὲ λευκὸς
ἀφρὸς ἀπ᾽ ἀθανάτου χροὸς ὤρνυτο: τῷ δ᾽ ἔνι κούρη
ἐθρέφθη: πρῶτον δὲ Κυθήροισιν ζαθέοισιν
ἔπλητ᾽, ἔνθεν ἔπειτα περίρρυτον ἵκετο Κύπρον.
ἐκ δ᾽ ἔβη αἰδοίη καλὴ θεός, ἀμφὶ δὲ ποίη
ποσσὶν ὕπο ῥαδινοῖσιν ἀέξετο: τὴν δ᾽ Ἀφροδίτην
ἀφρογενέα τε θεὰν καὶ ἐυστέφανον Κυθέρειαν
κικλήσκουσι θεοί τε καὶ ἀνέρες, οὕνεκ᾽ ἐν ἀφρῷ
θρέφθη: ἀτὰρ Κυθέρειαν, ὅτι προσέκυρσε Κυθήροις:
Κυπρογενέα δ᾽, ὅτι γέντο πολυκλύστῳ ἐνὶ Κύπρῳ:
ἠδὲ φιλομμηδέα, ὅτι μηδέων ἐξεφαάνθη.

τῇ δ᾽ Ἔρος ὡμάρτησε καὶ Ἵμερος ἕσπετο καλὸς
γεινομένῃ τὰ πρῶτα θεῶν τ᾽ ἐς φῦλον ἰούσῃ.
Ταύτην δ᾽ ἐξ ἀρχῆς τιμὴν ἔχει ἠδὲ λέλογχε
μοῖραν ἐν ἀνθρώποισι καὶ ἀθανάτοισι θεοῖσι,
παρθενίους τ᾽ ὀάρους μειδήματά τ᾽ ἐξαπάτας τε
τέρψιν τε γλυκερὴν φιλότητά τε μειλιχίην τε.
τοὺς δὲ πατὴρ Τιτῆνας ἐπίκλησιν καλέεσκε
παῖδας νεικείων μέγας Οὐρανός, οὓς τέκεν αὐτός:
φάσκε δὲ τιταίνοντας ἀτασθαλίῃ μέγα ῥέξαι
ἔργον, τοῖο δ᾽ ἔπειτα τίσιν μετόπισθεν ἔσεσθαι.
(Origo:
http://www.perseus.tufts.edu/hopper/text?doc=Perseus%3Atext%3A1999.01.0129%3Acard%3D207

Hesiod: Theogoni 116-210

Chaos er visselig opstået først, men siden derefter
Gaia, bred over bringen, et urokket sæde for alle
evige guder, der bor på den sneklædte top af Olympos,
tågede Tartara dybt i vor jord med de vidtstrakte veje,
derefter Eros, skønnest af vækst blandt de evige guder,
han, der lemmerne løser og udøver magt over alle
guders og menneskers sind og hjerternes kløgtige forsæt.
Erebos fødtes af Chaos og dertil Natten, den sorte,
men af Natten igen er Dagen og Æteren rundet,
født af hende, da svanger hun blev ved Erebos' favntag.
Først bragte Gaia til verden et væsen, der var hendes lige,
Uranos, stjernebestrøet, der helt skulle tildække hende,
skabt til at være et urokket bo for de salige guder.
Vældige bjerge hun fødte til dejligt bosted for nymfer,

hine gudinder, der bor blandt bjerge med skovklædte dale;
videre fødte hun havet, det golde, der svulmende syder,
Pontos, som undfanget blev uden frydelig elskov, men derpå
favnet af Uranos fik hun Okeanos' hvirvlende floddyb
dertil Koios og Kreios og Japetos og Hyperion,
Theia og Rheia og Themis og næst efter dem Mnemosyne,
Foibe med gylden krans og den længselsforvoldende Tethys;
men efter dem som den yngste kom Kronos med krogede tanker,
rædsomst af samtlige børn, og han fyldtes af had til sin fader.
Også hun bragte til verden de grænseløst stærke kykloper
Steropes, Brontes og Arges, urokkeligt modig af hjerte,
tordenen skænked de Zeus og tordenkilen ham smeded.
Gudernes lige de var i de øvrige træk, men de havde
bare et eneste øje, som sad i midten af panden;
og når de kaldtes kykloper af tilnavn, skyldtes det netop,
at der i panden dem sad et eneste ringformet øje;
kraft og styrke og snildhed de lagde for dagen i handling.
Endnu der fødtes et kuld af Gaia og Uranos: trende
store og kraftige børn, man ikke er tryg ved at nævne:
Kottos, Briareos næst og Gyges, et selvbevidst afkom;
hundrede arme skød truende frem fra skuldrene på dem,
mageløse de var, hos enhver var halvtredsindstyve
hoveder vokset af skuldrene frem på de kraftige kroppe;
voldsom, unærmelig kraft deres mægtige skikkelser hused.
Samtlige børn, som blev født af Gaia og Uranos, indgød
overvældende skræk, deres fader fik de til fjende
straks fra begyndelsen af, og så såre de fødtes til verden,
én efter én, han gemte dem bort og formente dem lyset
nede i Gaias skød, og Uranos frydedes højligt

over sin onde bedrift; men i trængsel den vældige Gaia
stønnede tungt, og hun lagde en plan, der var ond og forslagen.
Straks lod hun opstå det hvidgrå metal, der ikke kan kues,
gjorde en drabelig segl og forklarede sønnerne planen;
sorgfuld i sind, men med ildnende ord, tog hun fat på sin tale:
"Børn af mig selv og en fader, der gjorde formastelig udåd,
hvis I vil lytte til mig, kan vi hævne os for jeres faders
skændige overgreb; han greb jo først til usømmelig handling".
Alle blev grebet af frygt ved Gaias ytring, og ingen
mælte et ord; dog Kronos, den store, med krogede tanker,
fattede mod, tog til orde og svared sin trofaste moder:
"Moder, jeg tror, jeg tør love, at jeg vil fuldbyrde dette
værk, og det ængster mig ej, for hvor meget han end er vor fader,
er han forhadt, for han greb først til usømmelig handling".
Ordene vakte en inderlig fryd hos den vældige Gaia;
derpå hun satte ham skjult i et baghold og gav ham i hænde
seglen med skarpsleben tand og røbede hele sit anslag.
Siden den vældige Uranos kom med natten ifølge,
opfyldt af kærlighedstrang han bredte sig ud over hele
Gaia, da strakte hans søn fra det listige baghold sin venstre
hånd, men i højre han tog den enorme segl med de skarpe
vældige tænder; med drabeligt hug han afskar sin faders
manddom, men kasted den fra sig igen, så den fløj gennem luften
over hans skulder; forgæves dog ej den fór ham af hænde:
alle de blodige dråber, der faldt fra den afskårne manddom,
fangede Gaia, og siden, da årets kredsløb var slutted,
fødtes de stærke erinyer og dertil de store giganter,
våbenstrålende kæmper med mægtige lanser i hænde,
samt de gudinder, man vidt over jord kalder meliske nymfer.

Men da han først med ukueligt malm havde afskåret lemmet
og havde slynget det ned i det brusende havdyb fra landet,
førtes det længe omkring på havdybets flade, og rundtom
opstod et hvidligt skum af det evige lem, og en pige
fostredes der; og først til Kythera, opfyldt af guder,
nærmed hun sig, men derfra hun kom til det havkranste Kypros;
der gik gudinden i land, den ærværdige, skønne, og urter
for hendes strålende fødder skød frem; og som Afrodite
og som den skumfødte guddom og som Kythereia med kransen
nævnes hun nu blandt guder og mænd, fordi hun i skummet
fostredes op; Kythereia, fordi hun drev nær til Kythera;
Kyprogeneia, fordi hun er født på det havslagne Kypros;
manddomselsker dertil, da hun fremstod af Uranos' manddom.
Eros og Himeros begge på stand slog følge med hende,
straks da hun fødtes og gav sig på vej til gudernes skare.
Helt fra begyndelsen af har hun haft som sin værdighed denne
lod mellem menneskers børn såvel som blandt salige guder:
både jomfruelig hvisken, bedrag og smilende miner,
sødmefuld nydelse, elskovens fryd og inderlig ømhed.
Efter den tid deres fader, den mægtige Uranos, kaldte
dem, som var børn af ham selv, med det skræmmende tilnavn, titaner:
thi mens de strakte sig frem i formastelighed de forbrød sig
højligt, og senere hen ville straffen dem ramme til gengæld.

(Origo: Lene Andersen: Hesiod: Theogonien/Værker og Dage/Skjoldet, København (Gyldendal) 1973, 20-22)

C. Gudernes genealogi

v. 116-155

1. generation = verdens skabelse: Gaia, Tartara, Eros, Erebos, Nyx (Natten) = ur-guder

v. 156-

2. generation = guder født af Natten og Erebos, af Gaia, af Gaia og Uranos, Gaia + blod fra Uranos' kønsdele, af Uranos' lem, af Natten alene, Gaia og Pontos, Gaia og Tartara

3. generation = guder født af 2. generations guder, nemlig Pontos, Keto og Porkys, Okeanos og Thetys, Hyperion og Theia, Eurybia og Kreios, Phoibe og Koios, Rhea og Kronos, Japetos og Klymene (barn af Okeanos)

v. 480-481: Zeus reddes af Gaia

v. 507: Prometheus og Epimetheus fødes af Japetos og Klymene

v. 869: Tyfeus fødes af Gaia

4. generation = guder født af 3. generations guder; Nereus og Doris (barn af Okeanos) (= Nereiderne), Thaumas og Elektra (barn af Okeanos), Medusa, Kallirhoe og Chrysaor, Eos og Astraios (v.378), Pallas og Styx, Perses og Asteria, Zeus, Zeus og Themis, Zeus og Eurynome, Zeus og Demeter, Zeus og Mnemosyne, Zeus og Leto, Zeus og Hera, Zeus og Maia, Zeus og Semele, Zeus og Alkmene, Hera alene, Ennosigaios og Amphitrite, Helios og Perseis, Demeter og Iason, Eos og Tithonos, Eos og Kephalos, Kalypso (datter af Okeanos) og Odysseus

v. 383: Kratos og Bia af Pallas og Styx

v. 572: Pandora af Zeus

v. 886-944: Zeus' børn med forskellige gudinder

v. 886: Athene af Zeus og Metis, som han havde slugt

v. 901: Moirerne (Klotho, Lachesis, Atropos) af Zeus og Themis, men nævnes i v. 217 som børn af Natten

v. 912: Persefone af Zeus og Demeter

v. 940: Dionysos af Zeus og Semele

D. Afslutning på Theogonien: v. 962

Ny musepåkaldelse: v. 963

De efterfølgende vers er måske et nyt værk af Hesiod; Kvindekatalogen (Ehoiai), der er sagn om kvinder, der har avlet børn med guder

5. generation = guder af 4. generations guder, Echidna og Tyfaon, Echidna og Orthos, Triton og Kythereia, Aietes og Idyia, Psamathe og Aiakos, Thetis (datter af Nereus) og Peleus, Kythereia (Afrodite) og Anchises, Kirke og Odysseus

v. 1006: Achilleus af Thetis og Peleus

v. 1008: Aineias (Roms grundlægger ifølge Vergil) af Afrodite og Anchises

6. generation = guder af 5. generations guder, Harmonia, Kadmos og Harmonia, Medea og Jason

Hesiod: Erga 106-201 – Myten om verdensaldrene

εἰ δ᾽ ἐθέλεις, ἕτερόν τοι ἐγὼ λόγον ἐκκορυφώσω
εὖ καὶ ἐπισταμένως: σὺ δ᾽ ἐνὶ φρεσὶ βάλλεο σῇσιν.
ὡς ὁμόθεν γεγάασι θεοὶ θνητοί τ᾽ ἄνθρωποι.
χρυσεον μὲν πρώτιστα γένος μερόπων ἀνθρώπων
ἀθάνατοι ποίησαν Ὀλύμπια δώματ᾽ ἔχοντες.
οἳ μὲν ἐπὶ Κρόνου ἦσαν, ὅτ᾽ οὐρανῷ ἐμβασίλευεν:
ὥστε θεοὶ δ᾽ ἔζωον ἀκηδέα θυμὸν ἔχοντες
νόσφιν ἄτερ τε πόνων καὶ ὀιζύος: οὐδέ τι δειλὸν
γῆρας ἐπῆν, αἰεὶ δὲ πόδας καὶ χεῖρας ὁμοῖοι
τέρποντ᾽ ἐν θαλίῃσι κακῶν ἔκτοσθεν ἁπάντων:
θνῇσκον δ᾽ ὥσθ᾽ ὕπνῳ δεδμημένοι: ἐσθλὰ δὲ πάντα
τοῖσιν ἔην: καρπὸν δ᾽ ἔφερε ζείδωρος ἄρουρα
αὐτομάτη πολλόν τε καὶ ἄφθονον: οἳ δ᾽ ἐθελημοὶ
ἥσυχοι ἔργ᾽ ἐνέμοντο σὺν ἐσθλοῖσιν πολέεσσιν.
ἀφνειοὶ μήλοισι, φίλοι μακάρεσσι θεοῖσιν.
αὐτὰρ ἐπεὶ δὴ τοῦτο γένος κατὰ γαῖ᾽ ἐκάλυψε,—
τοὶ μὲν δαίμονες ἁγνοὶ ἐπιχθόνιοι καλέονται
ἐσθλοί, ἀλεξίκακοι, φύλακες θνητῶν ἀνθρώπων,
οἵ ῥα φυλάσσουσίν τε δίκας καὶ σχέτλια ἔργα
ἠέρα ἑσσάμενοι πάντη φοιτῶντες ἐπ᾽ αἶαν,
πλουτοδόται: καὶ τοῦτο γέρας βασιλήιον ἔσχον—,
δεύτερον αὖτε γένος πολὺ χειρότερον μετόπισθεν
ἀργύρεον ποίησαν Ὀλύμπια δώματ᾽ ἔχοντες,
χρυσέῳ οὔτε φυὴν ἐναλίγκιον οὔτε νόημα.
ἀλλ᾽ ἑκατὸν μὲν παῖς ἔτεα παρὰ μητέρι κεδνῇ
ἐτρέφετ᾽ ἀτάλλων, μέγα νήπιος, ᾧ ἐνὶ οἴκῳ.
ἀλλ᾽ ὅτ᾽ ἄρ᾽ ἡβήσαι τε καὶ ἥβης μέτρον ἵκοιτο,

παυρίδιον ζώεσκον ἐπὶ χρόνον, ἄλγε᾽ ἔχοντες
ἀφραδίῃς: ὕβριν γὰρ ἀτάσθαλον οὐκ ἐδύναντο
ἀλλήλων ἀπέχειν, οὐδ᾽ ἀθανάτους θεραπεύειν
ἤθελον οὐδ᾽ ἔρδειν μακάρων ἱεροῖς ἐπὶ βωμοῖς,
ἣ θέμις ἀνθρώποις κατὰ ἤθεα. τοὺς μὲν ἔπειτα
Ζεὺς Κρονίδης ἔκρυψε χολούμενος, οὕνεκα τιμὰς
οὐκ ἔδιδον μακάρεσσι θεοῖς, οἳ Ὄλυμπον ἔχουσιν.
αὐτὰρ ἐπεὶ καὶ τοῦτο γένος κατὰ γαῖ᾽ ἐκάλυψε,—
τοὶ μὲν ὑποχθόνιοι μάκαρες θνητοῖς καλέονται,
δεύτεροι, ἀλλ᾽ ἔμπης τιμὴ καὶ τοῖσιν ὀπηδεῖ—,
Ζεὺς δὲ πατὴρ τρίτον ἄλλο γένος μερόπων ἀνθρώπων
χάλκειον ποίησ᾽, οὐκ ἀργυρέῳ οὐδὲν ὁμοῖον,
ἐκ μελιᾶν, δεινόν τε καὶ ὄβριμον: οἷσιν Ἄρηος
ἔργ᾽ ἔμελεν στονόεντα καὶ ὕβριες: οὐδέ τι σῖτον
ἤσθιον, ἀλλ᾽ ἀδάμαντος ἔχον κρατερόφρονα θυμόν,
ἄπλαστοι: μεγάλη δὲ βίη καὶ χεῖρες ἄαπτοι
ἐξ ὤμων ἐπέφυκον ἐπὶ στιβαροῖσι μέλεσσιν.
ὧν δ᾽ ἦν χάλκεα μὲν τεύχεα, χάλκεοι δέ τε οἶκοι
χαλκῷ δ᾽ εἰργάζοντο: μέλας δ᾽ οὐκ ἔσκε σίδηρος.
καὶ τοὶ μὲν χείρεσσιν ὕπο σφετέρῃσι δαμέντες
βῆσαν ἐς εὐρώεντα δόμον κρυεροῦ Αίδαο
νώνυμνοι: θάνατος δὲ καὶ ἐκπάγλους περ ἐόντας
εἷλε μέλας, λαμπρὸν δ᾽ ἔλιπον φάος ἠελίοιο.
αὐτὰρ ἐπεὶ καὶ τοῦτο γένος κατὰ γαῖ᾽ ἐκάλυψεν,
αὖτις ἔτ᾽ ἄλλο τέταρτον ἐπὶ χθονὶ πουλυβοτείρῃ
Ζεὺς Κρονίδης ποίησε, δικαιότερον καὶ ἄρειον,
ἀνδρῶν ἡρώων θεῖον γένος, οἳ καλέονται
ἡμίθεοι, προτέρη γενεὴ κατ᾽ ἀπείρονα γαῖαν.
καὶ τοὺς μὲν πόλεμός τε κακὸς καὶ φύλοπις αἰνή,

τοὺς μὲν ὑφ᾽ ἑπταπύλῳ Θήβῃ, Καδμηίδι γαίῃ,
ὤλεσε μαρναμένους μήλων ἕνεκ᾽ Οἰδιπόδαο,
τοὺς δὲ καὶ ἐν νήεσσιν ὑπὲρ μέγα λαῖτμα θαλάσσης
ἐς Τροίην ἀγαγὼν Ἑλένης ἕνεκ᾽ ἠυκόμοιο.
ἔνθ᾽ ἤτοι τοὺς μὲν θανάτου τέλος ἀμφεκάλυψε,
τοῖς δὲ δίχ᾽ ἀνθρώπων βίοτον καὶ ἤθε᾽ ὀπάσσας
Ζεὺς Κρονίδης κατένασσε πατὴρ ἐς πείρατα γαίης.
καὶ τοὶ μὲν ναίουσιν ἀκηδέα θυμὸν ἔχοντες
ἐν μακάρων νήσοισι παρ᾽ Ὠκεανὸν βαθυδίνην,
ὄλβιοι ἥρωες, τοῖσιν μελιηδέα καρπὸν
Τρὶς ἔτεος θάλλοντα φέρει ζείδωρος ἄρουρα.
(τηλοῦ ἀπ᾽ ἀθανάτων: τοῖσιν Κρόνος ἐμβασιλεύει.)
(τοῦ γὰρ δεσμὸν ἔλυσε πατὴρ ἀνδρῶν τε θεῶν τε.
τοῖσι δ᾽ ὁμῶς νεάτοις τιμὴ καὶ κῦδος ὀπηδεῖ.
Πέμπτον δ᾽ αὖτις ἔτ᾽ ἄλλο γένος θῆκ᾽ εὐρύοπα Ζεὺς
ἀνδρῶν, οἳ γεγάασιν ἐπὶ χθονὶ πουλυβοτείρῃ.)
μηκετ᾽ ἔπειτ᾽ ὤφελλον ἐγὼ πέμπτοισι μετεῖναι
ἀνδράσιν, ἀλλ᾽ ἢ πρόσθε θανεῖν ἢ ἔπειτα γενέσθαι.
νῦν γὰρ δὴ γένος ἐστὶ σιδήρεον: οὐδέ ποτ᾽ ἦμαρ
παύονται καμάτου καὶ ὀιζύος, οὐδέ τι νύκτωρ
φθειρόμενοι. χαλεπὰς δὲ θεοὶ δώσουσι μερίμνας:
ἀλλ᾽ ἔμπης καὶ τοῖσι μεμείξεται ἐσθλὰ κακοῖσιν.
Ζεὺς δ᾽ ὀλέσει καὶ τοῦτο γένος μερόπων ἀνθρώπων,
εὖτ᾽ ἂν γεινόμενοι πολιοκρόταφοι τελέθωσιν.
οὐδὲ πατὴρ παίδεσσιν ὁμοίιος οὐδέ τι παῖδες,
οὐδὲ ξεῖνος ξεινοδόκῳ καὶ ἑταῖρος ἑταίρῳ,
οὐδὲ κασίγνητος φίλος ἔσσεται, ὡς τὸ πάρος περ.
αἶψα δὲ γηράσκοντας ἀτιμήσουσι τοκῆας:
μέμψονται δ᾽ ἄρα τοὺς χαλεποῖς βάζοντες ἔπεσσι

σχέτλιοι οὐδὲ θεῶν ὄπιν εἰδότες: οὐδέ κεν οἵ γε
γηράντεσσι τοκεῦσιν ἀπὸ θρεπτήρια δοῖεν
χειροδίκαι: ἕτερος δ᾽ ἑτέρου πόλιν ἐξαλαπάξει.
οὐδέ τις εὐόρκου χάρις ἔσσεται οὔτε δικαίου
οὔτ᾽ ἀγαθοῦ, μᾶλλον δὲ κακῶν ῥεκτῆρα καὶ ὕβριν
ἀνέρες αἰνήσουσι: δίκη δ᾽ ἐν χερσί, καὶ αἰδὼς
οὐκ ἔσται: βλάψει δ᾽ ὁ κακὸς τὸν ἀρείονα φῶτα
μύθοισιν σκολιοῖς ἐνέπων, ἐπὶ δ᾽ ὅρκον ὀμεῖται.
ζῆλος δ᾽ ἀνθρώποισιν ὀιζυροῖσιν ἅπασι
δυσκέλαδος κακόχαρτος ὁμαρτήσει, στυγερώπης.
καὶ τότε δὴ πρὸς Ὄλυμπον ἀπὸ χθονὸς εὐρυοδείης
λευκοῖσιν φάρεσσι καλυψαμένα χρόα καλὸν
ἀθανάτων μετὰ φῦλον ἴτον προλιπόντ᾽ ἀνθρώπους
Αἰδὼς καὶ Νέμεσις: τὰ δὲ λείψεται ἄλγεα λυγρὰ
θνήτοις ἀνθρώποισι: κακοῦ δ᾽ οὐκ ἔσσεται ἀλκή.
(Origo:
http://www.perseus.tufts.edu/hopper/text?doc=Perseus%3Atext%3A1999.01.0131%3Acard%3D174

Hesiod: Værker og dage 106-201

Vil du det, da skal jeg kort fortælle endnu en beretning
godt og forstandigt; og du skal åbne dit sind for den tanke,
at i de selvsamme kår har guder og mennesker levet.
Først nu en guldalderslægt af mennesker bragtes til verden,
skabt af de evige guder, der har deres bo på Olympos.
Det var på Kronos' tid, dengang han var konge i himlen;
ganske som guder de leved med hjerterne urørt af jammer
ukendt med møje og nød, og alderens tyngende byrder
fandtes ikke blandt dem, men ungdomsfriske af lemmer

fryded de sig i festlige lag forskånet for sorger;
døden dem traf som en søvn, og alle velsignede goder
var dem i livet beredt; af sig selv den kornrige ager
skænked dem gavmildt en rigelig høst; i ro og tilfredshed
leved de på deres jord beskærmet af talrige goder.
(rige på småkvæg og elskede højt af de salige guder).
Men da nu jordens dyb havde omsluttet guldalderslægten,
blev de på bud af den mægtige Zeus dæmoner på jorden,
venligtsindede vogtere her af menneskeætten,
det er jo dem, der vogter på ret og skændige værker,
hyllet i tåge og dunst overalt de færdes på jorden,
skænkende rigdom, thi dette de fik som et kongeligt fortrin.
Derpå blev endnu en slægt, langt ringere, sat her i verden,
sølvalderslægten, som skabtes af dem, der bor på Olympos,
hverken i vækst eller tanke på højde med guldalderslægten;
nej, vel i hundrede år blev en søn hos sin kærlige moder
fostret og tullede om som et mægtigt spædbarn i hjemmet;
men når de derpå omsider var nået til skelsår og alder
havde de for sig en ynkelig kort og pinefuld livstid
for deres dårskabs skyld; thi formasteligt overmod hersked
i deres liv med hinanden; de evige tjente de ikke,
heller ej bragte de ofre på gudernes hellige altre,
sådan som mennesker bør efter hjemstavns skik. Og omsider
harmedes Zeus Kroniden og lod dem forsvinde fra jorden,
siden de undlod at ære Olympens salige guder.
Men da nu jordens dyb havde omsluttet sølvalderslægten,
fik de blandt mennesker navn af "de salige hist under jorden",
vist af en lavere rang, men alligevel nyder de ære.
Men fader Zeus lod en tredje slægt af mennesker opstå,

gjort af bronze, i ingenting lig det sølverne slægtled;
rundet af asketræer1, rædsom og stærk, den hyldede Ares'
sorgforvoldende værker og voldsdåd; føde af brødkorn
spiste de ej, deres hjerte var hårdt og kraftigt som stålet,
skræmmende var de og stærke, de kraftige legemers skuldre
bar nogle arme, som ingen på jord havde mod til at møde;
bronze de brugte til våben, af bronze var husene bygget,
bronze blev anvendt til værktøj, for jernet, det sorte, var ukendt.
Dog gik de også til grunde, betvunget af indbyrdes tvedragt,
og måtte gå til det skimlede bo hos den isnende Hades
navnløse; trods deres kraft blev de hentet af døden, den dunkle,
så at de måtte forlade det strålende sollys heroppe.
Men da nu jordens dyb havde omsluttet slægten af bronze,
atter engang på den nærende jord den høje Kronide
skabte en slægt, den fjerde, langt bedre og mere retfærdig,
nu en guddommelig æt af heroer, dem, som man kalder
halvguder, slægtleddet forud for os på jorden, den vide.
Også disse gik til i krig og rasende kampgny,
nogle på Kadmos' jord foran Thebe, syvportestaden,
under en rasende strid om Oidipus' flokke af småkvæg,
andre på færden mod Troja, da over det vældige havdyb
krigen dem stævnede ud til kamp for den skønne Helene;
nogle da fandt deres endeligt der og blev favnet af døden,
andre forundte Kroniden Zeus at leve og dvæle
fjernt fra menneskers kreds ved jordens yderste grænser.
Hist ved Okeanos' hvirvlende dyb på de saliges øer
bor de velsignede heroer nu med sorgfrie hjerter;
yppig og sødmefuld afgrøde dér tre gange om året
lader den kornrige ager for dem fremspire og modnes

(fjernt fra de evige guder; og Kronos er konge iblandt dem,)
(thi han blev løst fra sin lænke af guders og menneskers fader;
hæder og ry forundte han dem ved de yderste strande,
ja, ingen anden slægt har Zeus, der skuer så vide,
gjort så navnkundig som den på jordens frugtbare flade).
Var det blot ikke min lod at leve blandt mænd af det femte
slægtled; gid jeg dog forud var død eller fødtes herefter.
Nu er det jernslægtens tid, og aldrig ved dag skal de finde
frihed for møje og nød, og aldrig ved nat skal de løses
ud af de hårde bekymringers greb, som guderne sender;
dog vil også for dem det onde med godt være blandet.
Men det vil hænde, at Zeus også lader vor slægt gå til grunde,
når de nyfødte børn gråhærdede kommer til verden;
da er en fader ej sønnerne lig og sønner ej fader,
gæsten vil ej være huld mod sin vært, ej vennen mod vennen,
heller ej broder mod broder som stedse i fortidens dage;
straks når forældrene ældes, vil børnene agte dem ringe,
hårdt vil de tale dem til med skældsord, og i deres ondskab
frygter de end ikke gudernes straf, så de nægter at yde
dem, som har fostret dem op, det brød, de har krav på til gengæld;
magt vil da gælde for ret, hver stad bliver offer for plyndring;
ingen vil takke en mand, som er ordholden, god og retfærdig,
nej, hvem der udøver ondt, og den overmodige slyngel
vil de bedække med hæder; og ingen vil sky at benytte
nævernes ret; den ringere mand vil skade den bedre
med sine krogede ord, som han underbygger med mened;
skadefro skinsyge vil med sit hæslige åsyn og stemme
følge hvert menneskebarn i dets ynksomme færden på jorden.
Da til det høje Olympos fra jorden med vidstrakte veje

vandrer Aidos og Nemesis bort med de yndige lemmer
hyllet i snehvide slør: når de går til de eviges skare,
200. vender de mennesker ryggen; og sørgelig smerte vil blive
jordiske menneskers lod: der vil ej være værn mod det onde.

145. asketræer[1]: kildens 'egetræer' er rettet til 'asketræer' af Lene Andersen; personlig meddelelse okt. 2019

(Origo: Lene Andersen: Hesiod: Theogonien/Værker og Dage/Skjoldet, København (Gyldendal) 1973, 47-49)

Verdensaldrene hos Hesiod i Værker og Dage (VoD) 106-201

Hesiod ville skabe en kohærens mellem tidsmæssig genese og fast struktur; genese og struktur er to sider af samme sag: i Theogonien tjener gudegenerationen og de kosmogoniske myter til at grundlægge kosmos' organisation. Det forklarer opdelingen af de kosmiske niveauer i himmelsk – underjordisk – jordisk niveau samt fordeling af og ligevægt mellem universets elementer.

Verdensaldermyten følger samme mønster. Ordenen er ikke kronologisk, men generationerne står over for hinanden i tid, natur, livsmåder, aktiviteter, positive og negative træk, og principielt viser overgangen fra guldalder til jernalder en nedgang i moral og holdning, altså et forfald. Hesiod tilføjer helteæraen, herosalderen, mellem bronze- og jernalder, se VoD 158: herosalderen overgår bronzealderen; der er ingen ækvivalent til et metal. Nedtursordningen brydes for en alder. Hesiods intention er at vise: a) menneskehedens moralske forfald, b) generationernes skæbne efter døden; for heroerne er dette det vigtigste aspekt. Guldalderen er først, fordi de gode egenskaber i den alder ligesom guldet inkorporerer de bedste tidløse værdier. Generationernes tidsmæssige følge reproducerer en hierarkisk ordning af universet.

Generationerne får en forskellig skæbne: med transformation: menneskene i guld- og sølvalderen bliver til ånder, δαίμονες, i bronzealderen går de døde ned i

Hades; uden transformation: heroerne er og bliver heroer før og efter døden, hvilket kan udlægges sådan, at Hesiod på den ene side ønsker at give en genealogisk mytos af verdensaldrene, symboliseret ved metallerne og det moralske forfald, og på den anden side ønsker at opstille en struktur i gudeverdenens opdeling, hvor heroerne skulle indplaceres.

Hesiods tidssystem er ikke lineært, men cyklisk; herosalderen passer som sådan ikke ind i en kontinuerlig nedgang, se VoD 175: Han klager over ikke at være død tidligere eller født senere, dvs. cyklussen gentager sig, og han er medlem af den 5. generation, måske den sidste; måske er der en 6., som er den fremtidige generation.

Moralens forfald viser sig ved, at i VoD 134ff. er sølvalderen præget af umådehold og forsømmelse af respekt over for guderne. Sølvaldermennesker bliver straffet af Zeus, og bronzealdermennesker dør i krig ligesom heroerne, se VoD 145 f.

Modsætninger defineres som Hybris over for Dike af Hesiod. Sådan udtrykker han værdiforestillinger mellem aldrene: kontrast mellem 1. og 2. generation, 3. og 4. generation, og 1. generation forholder sig til den 2. generation som den 3. i forhold til den 4. generation mht. værdier, se VoD 127, 144, 158. Så man kunne tale om to niveauer: a) guld- og sølvalder og b) bronze- og herosalder; a) og b) adskiller sig gennem funktionerne: typer af forskellige aktører, handlingsformer, sociale og psykologiske positioner i opposition til hinanden:

guld + sølv: a) Dike ----- Hybris >>>> forfremmelse til daimoner, ἐπιχθόνιοι (123)

bronze + heros: b) Hybris ---- Dike >>>> ὑποχθόνιοι (141)

Menneskene viser niveau a) respekt, mens niveau b) ikke får nogen forfremmelse, men tværtimod anonymitet i døden. Heroer lever på De saliges øer, men har ingen dyrkelse fra menneskenes side. De har ingen magt over menneskene.

Der er én jernalder, men to typer af menneskelig eksistens, den ene hylder Dike, den anden Hybris – to modsatrettede tendenser. I VoD 184 skal menneskene vælge mellem Dike og Hybris, og prognosen fra Hesiods side er totalt kaos og ulykke i fremtiden.

Guldalderen

Man lever som konger, βασιλέες, der er ingen krig, man lever stille, ἤσυχοι, VoD 119, der er intet arbejde nødvendigt, VoD 118, maden kommer ἀυτομάτη, modsat jernalderen, VoD 76-8, 42-48, 94-105. Tiden, Kronos, hersker, VoD 111.

Efter deres død bliver de levende til epikhthoniske ånder, VoD 126. Daimonerne bliver phylakes, φύλακες, VoD 123, vogtere for menneskene, de våger over, at man følger lovene. Som ploutodotai, πλουτοδόται, rigdomsgivere, forventer de frugtbarhed af jorden og dyreflokkene, VoD 126. Hesiod bruger de samme ord om guldaldermennesker som om de retfærdige konger i nutidens verden. Guldaldermenneskene lever som guder, VoD 112, Theog. 91.: ren jord, fred og måltider VoD 114 ff., 225 ff. Hvor basileus til gengæld glemmer den funktion at ære guderne, lider byen sult og ulykke, VoD 238 ff.

Sølvalderen

Den bliver defineret i forhold til guldalderen.

Ingen respekt over for guderne, hybris hersker, mådesløshed, ὕβριν ἀτάσθαλον, uden fornuft, VoD 134, men ikke en krigerisk hybris, ingen krig, intet markarbejde, men ἀδικία, frækhed i det religiøse domæne, idet man ikke anerkender Zeus' overherredømme; Zeus er Dikes herre. Fordi kongen ikke frygter/respekterer guderne, bøjer han retten og undertrykker menneskene, VoD 261. Zeus ødelægger sølvaldermenneskene, men efter døden har de samme status som guldaldermenneskene.

Der er paralleller med titanernes egenskaber; titaner er Hybris' guddomme. Hesiod betegner dem som frække, ὑπερθύμοι, Theog. 209, de rivaliserer med Zeus om αρχή og δυναστία, Theog. 881, 885; de er kongelige og repræsenterer chaos, uorden, og hybris. De skal forlade lyset efter døden og bliver ὑποχθόνιοι, Theog. 717.

Bronzealder

Beboerne er opstået af asketræer, vilde, kraftfulde, VoD 144-150, udfører grusomme handlinger for Ares, hvis tilnavn også er χάλκεος; de er uden mådehold og præget af en krigerisk hybris, og de har intet at gøre med sølvaldermennesker; det er et krigerfolk, der er præget af brutalitet, fysisk styrke og rædsel; der er ingen retfærdighed, ingen respekt for guderne, intet agerbrug, da de ikke spiser brød, og ingen æresbevisninger efter døden, idet de forbliver anonyme i døden; de fokuserer på død i krigen, men ikke på Zeus' bud. Bronzen er et forsvarsvåben mod fjender, de bærer brynje, hjelm, skjold, lanse og spyd af asketræ = μελία, VoD 157. Μελίαι er asketræsnymfer, som er lanseformede og symboliserer krigerens figur. Giganten Talos er født af et asketræ, og giganterne står i relation til Melíai, se Theog. 185-187 og Kallimachos' hymne til Zeus, v. 47; δικταιαὶ μελίαι = κορυβάντων ἑταίραι; de står omkring Zeus' vugge ved siden af Koureterne og danser krigsdans og slår på våben og rustninger, se også Kallimachos' hymne til Zeus, v. 65.

Asketræer og asketræsnymfer er autokhthone og hører til de første indigene mennesker. Niobe føder 7 meliader, der som hetairai og hustruer svarer til de første indigene/indfødte mennesker. Denne autokhtoni er del af et mytisk ensemble, som vedrører krigerfunktionen og rituelle scener, som opføres af unge krigere under våben.

<table>
<tr><td>Overordnet plan</td><td>scepter</td><td>lanse</td><td rowspan="2">Værdi: lansen betyder alt for krigeren = hybris; krigere tænker kun militært, ikke juridisk, ikke religiøst. Når de dør, er de anonyme.</td></tr>
<tr><td>Symbol på</td><td>Dike</td><td>Hybris</td></tr>
</table>

Herosalderen

Den er komplementær til bronzealderen i samme funktionelle sfære: de er også krigere, men heroer dyrker Dike, mens bronzealdermennesker dyrker Hybris; derfor er de δικαιότερον καὶ ἄρειον, VoD 158. Efter døden tager de til De Saliges øer ligesom de olympiske guder, Theog. 385 ff.

Zeus kan ikke undvære lansen, styrken og kraften, og derfor får han hjælp af hekatoncheirerne, som er φύλακες πιστοὶ Διός. Når de hjælper Zeus, bliver de halvguder på De Saliges øer ligesom heroerne, de får ambrosia og nektar (Theog. 639 f.) og bliver udødelige ligesom giganterne, se VoD 145 ff., Theog. 149 ff., 617-664, 649, 651, 656-8, 661, 735.

Jernalderen

Sygdom, alderdom, død, angst for fremtiden, Pandora og hårdt arbejde, lykke og ulykke præger den menneskelige eksistens, se VoD 57 f., 90 ff., 179, Theog. 585, jf. Prometheus og Pandora-myten: manden både hader og elsker kvinden, Pandora, som er et frugtbarhedselement. Manden skal lægge sæd i kvindens skød, ligesom han skal lægge kim og sædekorn i jorden, og alt det gøres med arbejde; jorden og kvinden er årsag til arbejdet og frugtbarhed, og de tager mandens energi (VoD 703 f.), frugten af hans arbejde er i kvindens mave og i jorden (Theog. 599). Dike er, at bonden udfører sit arbejde, VoD 309, og der er to former for Eris, Stridens gudinde: den, der hører til Dike, og den, der hører til Hybris, VoD 14, 192-194.

Guld- og sølvalder	Ungdom med positive og negative træk
Bronze- og herosalder	Moden alder, ingen ungdom
Jernalder	Alderdom med træthed, slid, sygdom, angst

Hesiod: Theogonia 535-616 – Prometheus' bedrag – aitiologisk fortælling om fordelingen af spiseofferet

καὶ γὰρ ὅτ᾽ ἐκρίνοντο θεοὶ θνητοί τ᾽ ἄνθρωποι
Μηκώνῃ, τότ᾽ ἔπειτα μέγαν βοῦν πρόφρονι θυμῷ
δασσάμενος προέθηκε, Διὸς νόον ἐξαπαφίσκων.
τοῖς μὲν γὰρ σάρκας τε καὶ ἔγκατα πίονα δημῷ
ἐν ῥινῷ κατέθηκε καλύψας γαστρὶ βοείῃ,
τοῖς δ᾽ αὖτ᾽ ὀστέα λευκὰ βοὸς δολίῃ ἐπὶ τέχνῃ
εὐθετίσας κατέθηκε καλύψας ἀργέτι δημῷ.
δὴ τότε μιν προσέειπε πατὴρ ἀνδρῶν τε θεῶν τε:
"Ἰαπετιονίδη, πάντων ἀριδείκετ᾽ ἀνάκτων,
ὦ πέπον, ὡς ἑτεροζήλως διεδάσσαο μοίρας."
ὣς φάτο κερτομέων Ζεὺς ἄφθιτα μήδεα εἰδώς.
τὸν δ᾽ αὖτε προσέειπε Προμηθεὺς ἀγκυλομήτης
ἦκ᾽ ἐπιμειδήσας, δολίης δ᾽ οὐ λήθετο τέχνης:
ζεῦ κύδιστε μέγιστε θεῶν αἰειγενετάων,
τῶν δ᾽ ἕλε᾽, ὁππότέρην σε ἐνὶ φρεσὶ θυμὸς ἀνώγει.
Φῆ ῥα δολοφρονέων: Ζεὺς δ᾽ ἄφθιτα μήδεα εἰδὼς
γνῶ ῥ᾽ οὐδ᾽ ἠγνοίησε δόλον: κακὰ δ᾽ ὄσσετο θυμῷ
θνητοῖς ἀνθρώποισι, τὰ καὶ τελέεσθαι ἔμελλεν.
χερσὶ δ᾽ ὅ γ᾽ ἀμφοτέρῃσιν ἀνείλετο λευκὸν ἄλειφαρ.
χώσατο δὲ φρένας ἀμφί, χόλος δέ μιν ἵκετο θυμόν,
ὡς ἴδεν ὀστέα λευκὰ βοὸς δολίῃ ἐπὶ τέχνῃ.
ἐκ τοῦ δ᾽ ἀθανάτοισιν ἐπὶ χθονὶ φῦλ᾽ ἀνθρώπων
καίουσ᾽ ὀστέα λευκὰ θυηέντων ἐπὶ βωμῶν.
τὸν δὲ μέγ᾽ ὀχθήσας προσέφη νεφεληγερέτα Ζεύς:
Ἰαπετιονίδη, πάντων πέρι μήδεα εἰδώς,

ὦ πέπον, οὐκ ἄρα πω δολίης ἐπιλήθεο τέχνης.
ὣς φάτο χωόμενος Ζεὺς ἄφθιτα μήδεα εἰδώς:
ἐκ τούτου δὴ ἔπειτα δόλου μεμνημένος αἰεὶ
οὐκ ἐδίδου Μελίῃσι πυρὸς μένος ἀκαμάτοιο
θνητοῖς ἀνθρώποις, οἳ ἐπὶ χθονὶ ναιετάουσιν.
ἀλλά μιν ἐξαπάτησεν ἐὺς πάις Ἰαπετοῖο
κλέψας ἀκαμάτοιο πυρὸς τηλέσκοπον. αὐγὴν
ἐν κοΐλῳ νάρθηκι: δάκεν δέ ἑ νειόθι θυμόν,
Ζῆν᾽ ὑψιβρεμέτην, ἐχόλωσε δέ μιν φίλον ἦτορ,
ὡς ἴδ᾽ ἐν ἀνθρώποισι πυρὸς τηλέσκοπον αὐγήν.
αὐτίκα δ᾽ ἀντὶ πυρὸς τεῦξεν κακὸν ἀνθρώποισιν:
γαίης γὰρ σύμπλασσε περικλυτὸς Ἀμφιγυήεις
παρθένῳ αἰδοίῃ ἴκελον Κρονίδεω διὰ βουλάς.
ζῶσε δὲ καὶ κόσμησε θεὰ γλαυκῶπις Ἀθήνη
ἀργυφέῃ ἐσθῆτι: κατὰ κρῆθεν δὲ καλύπτρην
δαιδαλέην χείρεσσι κατέσχεθε, θαῦμα ἰδέσθαι:
ἀμφὶ δέ οἱ στεφάνους, νεοθηλέος ἄνθεα ποίης,
ἱμερτοὺς περίθηκε καρήατι Παλλὰς Ἀθήνη.
ἀμφὶ δέ οἱ στεφάνην χρυσέην κεφαλῆφιν ἔθηκε,
τὴν αὐτὸς ποίησε περικλυτὸς Ἀμφιγυήεις
ἀσκήσας παλάμῃσι, χαριζόμενος Διὶ πατρί.
τῇ δ᾽ ἐνὶ δαίδαλα πολλὰ τετεύχατο, θαῦμα ἰδέσθαι,
κνώδαλ᾽, ὅσ᾽ ἤπειρος πολλὰ τρέφει ἠδὲ θάλασσα,
τῶν ὅ γε πόλλ᾽ ἐνέθηκε,—χάρις δ᾽ ἀπελάμπετο πολλή,—
θαυμάσια, ζῴοισιν ἐοικότα φωνήεσσιν.
αὐτὰρ ἐπεὶ δὴ τεῦξε καλὸν κακὸν ἀντ᾽ ἀγαθοῖο.
ἐξάγαγ᾽, ἔνθα περ ἄλλοι ἔσαν θεοὶ ἠδ᾽ ἄνθρωποι,
κόσμῳ ἀγαλλομένην γλαυκώπιδος ὀβριμοπάτρης.
θαῦμα δ᾽ ἔχ᾽ ἀθανάτους τε θεοὺς θνητούς τ᾽ ἀνθρώπους,

ὡς εἶδον δόλον αἰπύν, ἀμήχανον ἀνθρώποισιν.
ἐκ τῆς γὰρ γένος ἐστὶ γυναικῶν θηλυτεράων,
τῆς γὰρ ὀλώιόν ἐστι γένος καὶ φῦλα γυναικῶν,
πῆμα μέγ᾽ αἳ θνητοῖσι μετ᾽ ἀνδράσι ναιετάουσιν
οὐλομένης πενίης οὐ σύμφοροι, ἀλλὰ κόροιο.
ὡς δ᾽ ὁπότ᾽ ἐν σμήνεσσι κατηρεφέεσσι μέλισσαι
κηφῆνας βόσκωσι, κακῶν ξυνήονας ἔργων—
αἳ μέν τε πρόπαν ἦμαρ ἐς ἠέλιον καταδύντα
ἠμάτιαι σπεύδουσι τιθεῖσί τε κηρία λευκά,
οἳ δ᾽ ἔντοσθε μένοντες ἐπηρεφέας κατὰ σίμβλους
ἀλλότριον κάματον σφετέρην ἐς γαστέρ᾽ ἀμῶνται—
ὣς δ᾽ αὔτως ἄνδρεσσι κακὸν θνητοῖσι γυναῖκας
Ζεὺς ὑψιβρεμέτης θῆκεν, ξυνήονας ἔργων
ἀργαλέων: ἕτερον δὲ πόρεν κακὸν ἀντ᾽ ἀγαθοῖο:
ὅς κε γάμον φεύγων καὶ μέρμερα ἔργα γυναικῶν
μὴ γῆμαι ἐθέλῃ, ὀλοὸν δ᾽ ἐπὶ γῆρας ἵκοιτο
χήτεϊ γηροκόμοιο: ὅ γ᾽ οὐ βιότου ἐπιδευὴς
ζώει, ἀποφθιμένου δὲ διὰ κτῆσιν δατέονται
χηρωσταί: ᾧ δ᾽ αὖτε γάμου μετὰ μοῖρα γένηται,
κεδνὴν δ᾽ ἔσχεν ἄκοιτιν ἀρηρυῖαν πραπίδεσσι,
τῷ δέ τ᾽ ἀπ᾽ αἰῶνος κακὸν ἐσθλῷ ἀντιφερίζει
ἐμμενές: ὃς δέ κε τέτμῃ ἀταρτηροῖο γενέθλης,
ζώει ἐνὶ στήθεσσιν ἔχων ἀλίαστον ἀνίην
θυμῷ καὶ κραδίῃ, καὶ ἀνήκεστον κακόν ἐστιν.
ὣς οὐκ ἔστι Διὸς κλέψαι νόον οὐδὲ παρελθεῖν.
οὐδὲ γὰρ Ἰαπετιονίδης ἀκάκητα Προμηθεὺς
τοῖό γ᾽ ὑπεξήλυξε βαρὺν χόλον, ἀλλ᾽ ὑπ᾽
ἀνάγκης καὶ πολύιδριν ἐόντα μέγας κατὰ δεσμὸς
ἐρύκει.

(Origo: http://www.perseus.tufts.edu/hopper/text?doc=Perseus %3Atext%3A1999.01.0129%3Acard%3D585

Hesiod: Theogonien 535-616 – Prometheus' bedrag

Thi da det hændte tilforn, at guder og mennesker skiltes
hist i Mekone, med iver han tog en drabelig okse,
delte og satte den frem for at prøve, om Zeus kunne narres;
thi i den ene portion han de fedtrige indvolde skjulte
sammen med kødet i oksens bug og trak huden derover,
men i den anden med kløgtigt bedrag han lagde de hvide
knogler til rette og skjulte dem helt af et skinnende fedtlag;
da tog til orde mod ham både guders og menneskers fader:
"Japetos' søn, glorværdig er du blandt alle, som hersker,
kære, hvor ubilligt dog du her har goderne uddelt".
Spottende ordene lød fra Zeus med den evige visdom,
men med et hjerteligt smil ham svarede derpå Prometheus,
kroget af sind, og sin kløgtige list forglemte han ikke:
"Zeus, både herligst og størst af de evigt levende guder,
vælg blot af det, som du ser, hvad dit hjerte i brystet dig byder".
Det var hans listige ord, men Zeus i sin evige visdom
så og forstod hans bedrag og forudså straks i sit hjerte
trængsel for menneskers slægt, som vist ville rammes af ufærd.
Dermed han løftede op med hænderne fedtet, det hvide:
harmen slog op om hans sind, og vrede tog bolig i hjertet,
da han de blottede knogler blev vár og det listige anslag.
Siden den tid er det skik, at menneskeskarer på jorden
brænder på duftende altre til guderne knogler alene.
Harmfuld talte nu Zeus, som samler skyerne om sig:

"Japetos' søn med det kløgtige vid, som overgår alles,
kære, jeg ser, at endnu har du ikke forglemt dine rænker".
Harmfulde ordene lød fra Zeus med den evige visdom;
siden den stund han rugede tungt over svigen bestandigt,
aldrig til gavn for menneskers slægt, som jorden befolker,
sendte han mere en gnist til askene ned af sin flamme.
Men han blev narret endda af Japetos-sønnen, den brave,
thi den fortærende ilds vidt synlige lue han røved,
skjult i en udhulet narthex, og tordneren Zeus måtte mærke
krænkelsens brod i sit bryst, for han harmedes dybt i sit hjerte,
da han blandt mennesker så sin ilds vidt synlige lue.
Derfor til modvægt for ilden han straks dem beredte en plage;
altså danned af jord den berømte Hefaistos et væsen
lig en blufærdig mø efter Zeus', Kronidens, beslutning.
På hendes strålende dragt Athene med funklende øjne
fæstede bælte og smykke; med hænderne satte hun kyndigt
på hendes hoved det brogede slør, et under for øjet.
Pallas Athene dernæst af nyligt spirede blomster
bandt en fortryllende krans og satte den på hendes hoved,
og hendes isse til slut med et gulddiadem hun besmykked,
et, som den halte, navnkundige gud behændigt og dygtigt
selv havde virket med kunst for at tækkes sin fader Kronion;
mange kunstfærdige ting var der udført, et under for øjet,
thi af de talrige vilddyr, som havet og fastlandet fostrer,
havde han afbildet mange, forunderligt levende var de,
ganske som mælende dyr – helt yndefuldt strålede værket.
Og da han nu havde skabt til fordelens modvægt en fager
ulykkesfugl, lod han pigen stå frem blandt mænd og blandt guder
herligt af alfaders datter, den stråleøjede, prydet;

undren betog både jordiske mænd og evige guder:
menneskers visse fordærv de så jo i svigen, den dybe.
(Thi fra hende nedstammer alt, som til kvindekøn regnes;)
Thi hun blev ophav til kvindernes slægt, som undergang bringer;
siden blandt jordiske mænd til grænseløs jammer de dvæler,
ej vil de dele den sviende nød, men velstanden stedse;
ret som i hvælvede kuber de flittige bier må skaffe
dronerne føde, mens de sætter huen til lastefuld gerning;
bierne slider den udslagne dag til solnedgangstide
flittigt med dagens dont at opdynge vokskager hvide.
Dronerne dvæler derinde i ly af de skyggende kuber,
mætter imens deres bug med hvad andre møjsommeligt høsted;
sådan har tordneren Zeus i mændenes verden sat kvinder
som en forbandelse ind, for plagsomt er alt deres væsen,
ja, han har visselig skabt en trængsel til gengæld for fordel.
Den, der fra ægteskab afstår og byrdefuld omgang med kvinder,
flyende brylluppets bånd, må savne i fremrykket alder
passende pleje, på gods det skorter ham derimod ikke
her i livet, men når han går bort skal fjernere frænder
dele hans eje; men han, hvis skæbne en ægtemands bliver:
får han en trohjertet viv, som alting er efter hans hjerte,
opvejes ondet vel nok af det gode, betragtet i livets
fulde forløb; men kommer han i med en ondsindet type,
da vil hans hjerte, hans sjæl og hans sind uophørligt besværes
livet igennem, der er ikke bod at få for hans vånde.
Altså, hvad Zeus har bestemt, kan man ikke forrykke og omgå,
selv ikke Japetos' søn, den kløgtigt-forslagne Prometheus,
undgik hans knugende vrede, på trods af hans vældige visdom
holder nødvendigheds mægtige bånd ham ligefuldt fangen.

(Origo: Lene Andersen: Hesiod: Theogonien/Værker og Dage/Skjoldet, København (Gyldendal) 1973, 31-33)

Hesiod: Erga 42-105 – Pandora-myten og arbejdets og nødens opståen i menneskenes verden

Κρύφαντες γὰρ ἔχουσι θεοὶ βίον ἀνθρώποισιν:
ῥηιδίως γάρ κεν καὶ ἐπ᾽ ἤματι ἐργάσσαιο,
ὥστε σε κεἰς ἐνιαυτὸν ἔχειν καὶ ἀεργὸν ἐόντα:
αἶψά κε πηδάλιον μὲν ὑπὲρ καπνοῦ καταθεῖο,
ἔργα βοῶν δ᾽ ἀπόλοιτο καὶ ἡμιόνων ταλαεργῶν.
ἀλλὰ Ζεὺς ἔκρυψε χολωσάμενος φρεσὶν ᾗσιν,
ὅττι μιν ἐξαπάτησε Προμηθεὺς ἀγκυλομήτης:
τοὔνεκ᾽ ἄρ᾽ ἀνθρώποισιν ἐμήσατο κήδεα λυγρά.
κρύψε δὲ πῦρ: τὸ μὲν αὖτις ἐὺς πάις Ἰαπετοῖο
ἔκλεψ᾽ ἀνθρώποισι Διὸς πάρα μητιόεντος
ἐν κοΐλῳ νάρθηκι λαθὼν Δία τερπικέραυνον.
τὸν δὲ χολωσάμενος προσέφη νεφεληγερέτα Ζευς:
Ἰαπετιονίδη, πάντων πέρι μήδεα εἰδώς,
χαίρεις πῦρ κλέψας καὶ ἐμὰς φρένας ἠπεροπεύσας,
σοί τ᾽ αὐτῷ μέγα πῆμα καὶ ἀνδράσιν ἐσσομένοισιν.
τοῖς δ᾽ ἐγὼ ἀντὶ πυρὸς δώσω κακόν, ᾧ κεν ἅπαντες
τέρπωνται κατὰ θυμὸν ἑὸν κακὸν ἀμφαγαπῶντες.
ὣς ἔφατ᾽: ἐκ δ᾽ ἐγέλασσε πατὴρ ἀνδρῶν τε θεῶν τε.
Ἥφαιστον δ᾽ ἐκέλευσε περικλυτὸν ὅττι τάχιστα
γαῖαν ὕδει φύρειν, ἐν δ᾽ ἀνθρώπου θέμεν αὐδὴν
καὶ σθένος, ἀθανάτῃς δὲ θεῇς εἰς ὦπα ἐίσκειν
παρθενικῆς καλὸν εἶδος ἐπήρατον: αὐτὰρ Ἀθήνην
ἔργα διδασκῆσαι, πολυδαίδαλον ἱστὸν ὑφαίνειν:

καὶ χάριν ἀμφιχέαι κεφαλῇ χρυσέην Ἀφροδίτην
καὶ πόθον ἀργαλέον καὶ γυιοβόρους μελεδῶνας:
ἐν δὲ θέμεν κύνεόν τε νόον καὶ ἐπίκλοπον ἦθος
Ἑρμείην ἥνωγε, διάκτορον Ἀργεϊφόντην.
ὣς ἔφαθ᾽: οἳ δ᾽ ἐπίθοντο Διὶ Κρονίωνι ἄνακτι.
αὐτίκα δ᾽ ἐκ γαίης πλάσσεν κλυτὸς Ἀμφιγυήεις
παρθένῳ αἰδοίῃ ἴκελον Κρονίδεω διὰ βουλάς:
ζῶσε δὲ καὶ κόσμησε θεὰ γλαυκῶπις Ἀθήνη:
ἀμφὶ δέ οἱ Χάριτές τε θεαὶ καὶ πότνια Πειθὼ
ὅρμους χρυσείους ἔθεσαν χροΐ: ἀμφὶ δὲ τήν γε
Ὧραι καλλίκομοι στέφον ἄνθεσιν εἰαρινοῖσιν:
πάντα δέ οἱ χροῒ κόσμον ἐφήρμοσε Παλλὰς Ἀθήνη.
ἐν δ᾽ ἄρα οἱ στήθεσσι διάκτορος Ἀργεϊφόντης
ψεύδεά θ᾽ αἱμυλίους τε λόγους καὶ ἐπίκλοπον ἦθος
τεῦξε Διὸς βουλῇσι βαρυκτύπου: ἐν δ᾽ ἄρα φωνὴν
θῆκε θεῶν κῆρυξ, ὀνόμηνε δὲ τήνδε γυναῖκα
Πανδώρην, ὅτι πάντες Ὀλύμπια δώματ᾽ ἔχοντες
δῶρον ἐδώρησαν, πῆμ᾽ ἀνδράσιν ἀλφηστῇσιν.
αὐτὰρ ἐπεὶ δόλον αἰπὺν ἀμήχανον ἐξετέλεσσεν,
εἰς Ἐπιμηθέα πέμπε πατὴρ κλυτὸν Ἀργεϊφόντην
δῶρον ἄγοντα, θεῶν ταχὺν ἄγγελον: οὐδ᾽ Ἐπιμηθεὺς
ἐφράσαθ᾽, ὥς οἱ ἔειπε Προμηθεὺς μή ποτε δῶρον
δέξασθαι πὰρ Ζηνὸς Ὀλυμπίου, ἀλλ᾽ ἀποπέμπειν
ἐξοπίσω, μή πού τι κακὸν θνητοῖσι γένηται.
αὐτὰρ ὃ δεξάμενος, ὅτε δὴ κακὸν εἶχ᾽, ἐνόησεν.
Πρὶν μὲν γὰρ ζώεσκον ἐπὶ χθονὶ φῦλ᾽ ἀνθρώπων
νόσφιν ἄτερ τε κακῶν καὶ ἄτερ χαλεποῖο πόνοιο
νούσων τ᾽ ἀργαλέων, αἵ τ᾽ ἀνδράσι Κῆρας ἔδωκαν.
αἶψα γὰρ ἐν κακότητι βροτοὶ καταγηράσκουσιν.

ἀλλὰ γυνὴ χείρεσσι πίθου μέγα πῶμ᾽ ἀφελοῦσα
ἐσκέδασ᾽: ἀνθρώποισι δ᾽ ἐμήσατο κήδεα λυγρά.
Μούνη δ᾽ αὐτόθι Ἐλπὶς ἐν ἀρρήκτοισι δόμοισιν
ἔνδον ἔμιμνε πίθου ὑπὸ χείλεσιν, οὐδὲ θύραζε
ἐξέπτη: πρόσθεν γὰρ ἐπέλλαβε πῶμα πίθοιο
αἰγιόχου βουλῇσι Διὸς νεφεληγερέταο.
ἄλλα δὲ μυρία λυγρὰ κατ᾽ ἀνθρώπους ἀλάληται:
πλείη μὲν γὰρ γαῖα κακῶν, πλείη δὲ θάλασσα:
νοῦσοι δ᾽ ἀνθρώποισιν ἐφ᾽ ἡμέρῃ, αἳ δ᾽ ἐπὶ νυκτὶ
αὐτόματοι φοιτῶσι κακὰ θνητοῖσι φέρουσαι
σιγῇ, ἐπεὶ φωνὴν ἐξείλετο μητίετα Ζεύς.
οὕτως οὔτι πη ἔστι Διὸς νόον ἐξαλέασθαι.

(Origo: http://www.perseus.tufts.edu/hopper/text?doc=Perseus%3Atext%3A1999.01.0131%3Acard%3D42)

Hesiod: Værker og dage 42-105

Menneskers daglige brød har jo guderne skjult under dække;
ellers kunne du let ved et enkelt dagsværk erhverve
nok til det udslagne år, om også du ellers var ledig;
straks kunne skibsroret hænges på plads over røgen fra arnen,
oksers og flittige muldyrs værk kunne gerne forsømmes.
Men det har Zeus os foreholdt, betagen af harme i hjertet,
da han bedragen sig så af den kløgtigt-forslagne Prometheus;
derfor bestemte da Zeus for mennesker sørgelig jammer:
ilden gemte han bort, men Japetos-sønnen, den brave,
stjal den igen fra den rådvise Zeus til menneskeslægten,
skjult for den lynglade Zeus, gemt bort i en udhulet narthex;
harmfuld talte da Zeus, som samler skyerne om sig:
"Japetos' søn med det kløgtige vid, som overgår alles,

nu er du glad, at ilden du stjal og narred min tanke,
men det skal blive til ve for dig selv og for kommende slægter;
dem vil for ilden, de fik, jeg sende en plage på halsen,
som de skal fryde sig ved, så selv de ulykken favner".
Guders og menneskers fader lo, da han endte sin tale;
derpå bød han Hefaistos i hast at gøre en skabning
blandet af vand og jord; og kraft og menneskestemme
lod han ham lægge deri: en dejlig, bedårende pige
skulle han forme så skøn som gudinderne selv; men Athene
bød han at oplære pigen i kunstrige sysler ved væven.
Elskovs gyldne gudinde lod Zeus over hovedet gyde
ynde og smertelig attrå og lemmefortærende kummer;
tævehjerte og tyvemanér befaled han Hermes,
Argos' banemand, guders kurer, at indgive pigen.
Dette befalede herskeren Zeus, og de adlød ham alle;
straks da danned af jord den halte Hefaistos et væsen,
lig en blufærdig mø, efter Zeus', Kronidens, beslutning;
bælte og smykke hun fik af Athene med funklende øjne,
og hendes hals chariterne selv og den værdige Peitho
pryded med kæder af guld, og de yndige årstidsgudinder
kransede skønt hendes hoved med forårets dejlige blomster;
Pallas Athene gav agt på det hele vidtløftige udstyr.
Argos' banemand, guders kurer, i jomfruens hjerte
indgød løgne, forførende ord og tyvagtige vaner,
alt som den tordnende Zeus havde budt, og herolden blandt guder
gav hende talens brug og benævnede kvinden Pandora,
eftersom alle de guder, der har deres bo på Olympos,
sammen har skænket den gave til stræbsomme menneskers kummer.
Men da alfader nu havde udspændt sin listige snare,

til Epimetheus han sendte det hurtige sendebud Hermes,
bringende gudernes skænk; Epimetheus betænkte da ikke
det, som var sagt af Prometheus, at aldrig han måtte annamme
gave fra Zeus, den olympiske gud, men sende den atter
bort, for at intet fordærv skulle hjemsøge menneskeslægten;
men da han tog den i favn, da skaden var sket, så forstod han.
Thi i den forrige tid havde mennesker levet på jorden
ganske forskånet for ondt, i frihed for byrdefuld møje,
ukendt med smertelig sot, som påfører mennesker døden.
(Det er jo menneskers lod, at de hurtigt ældes i modgang).
Men da nu kvindens hånd havde borttaget låget af karret,
spredtes de ud, så hun blev årsag til sørgelig jammer.
Håbet alene forblev i sin faste og ubrudte bolig
inden for lerkarrets rand, og det flygtede ikke af gårde,
thi i det sidste sekund fik hun atter lagt låg over karret
efter beslutning af Zeus, som samler skyerne om sig.
Men myriader af ulykker nu blandt mennesker færdes
jorden tillige med havet er fyldt med en vrimmel af plager;
sygdomme hjemsøger mænd ved dag, og andre om natten
vandrer omkring af sig selv med fordærv til menneskeslægten
stille og tyst, da den rådvise Zeus har nægtet dem stemme.
Således er det umuligt at undgå, hvad Zeus har besluttet.

(Origo: Lene Andersen: Hesiod: Theogonien/Værker og Dage/Skjoldet, København (Gyldendal) 1973, 45-46)

Modstilling af Hesiods Theogoni 535-616 og Hesiods Værker og Dage (Erga kai Hemerai) 45-105 - to beretninger om Prometheus-myten

Theog. 535-616

1. sekvens: 535-561

Prometheus adskiller, ἐκρίνοντο, guder og mennesker ved at skjule (539-541) de to portioner af oksen, som han har lagt foran guder og mennesker (537), efter at have slagtet og parteret den. Han tilbyder Zeus den tilsyneladende bedste, men i realiteten ikke spiselige del af oksen. Zeus vælger helt bevidst den forkerte del for at styrte menneskene i ulykke. Dermed er offerskikken fastlagt.

2. sekvens: 562-569

Zeus vægrer sig ved at give lynet til menneskene, som de hidtil har kunnet råde over. Prometheus hugger ilden og giver den til menneskene, som nu skal koge deres føde.

3. sekvens: 570-584

Zeus skaber et onde, kvinden Pandora, og Hefaistos og Athene gør ligesom Prometheus i 1. sekvens.

4. sekvens: 585-613

Gaven føres frem, ligesom Prometheus lagde okseportionerne frem. Kvinder er som droner, sultne maver, der skyer alt arbejde (599).

For menneskene (= mændene), er der nu 2 muligheder: ikke at gifte sig og have mad nok, men ingen børn, eller at gifte sig med en hustru og få børn (609).

5. Slutning: 613-616

Fra nu af er godt og ondt forbundet i menneskelivet.

Erga 45-105

Indledning 42-48

Guderne har skjult kornet for menneskene, da Prometheus snød Zeus.

1. sekvens 49-59

Zeus skjulte også ilden, men Prometheus stjal den.

2. sekvens 59-82
Guderne skaber ondet (= Pandora), alle guders gave til menneskene, som spiser kornet, som manden har høstet i sit ansigts sved (82), se også Theog. 512.
3. sekvens 83-89
Hermes bringer gaven til Epimetheus, der accepterer den trods Prometheus' protest.
4. sekvens 90-104
Før var livet fri for onder, alderdom, sygdom og arbejde; Pandora løfter låget, og de usynlige og lydløse onder flyver ud, modsat kvinden, der med sit udseende skjuler sin onde kerne og bruger sin stemme til at lyve med.
Slutmaksime: Det er ikke muligt at undgå Zeus' hensigter.

Prometheusmyten hos Hesiod: En kommentar til Theog. 535-616 og Værker og Dage 45-105

Rent fortælleteknisk kan der skelnes mellem handlingsbærere og handlinger:

1. handlingsbærere = agenter

I Theogonien står Prometheus over for Zeus, Athene og Hephaistos; alle besidder de metis, μῆτις, visdom, snuhed, rådsnarhed, se Theog. 511, 520, 521, 545, 546, 550, 559, forbundet med list, se Theog. 540, 551, 555, 560, 574

I Værker og Dage står Prometheus og Epimetheus over for Zeus og Hephaistos og Chariterne, Peitho, Aphrodite, Athene og Hermes, hvor de to første repræsenterer menneskene, de øvrige guderne; Prometheus har metis, Epimetheus har ikke; dvs. nogle mennesker har metis, andre har ikke; det er livets grundvilkår.

2. handlinger: funktioner og performanser

Prometheus, en titan med metis, står over for Zeus, gudekonge, der er metioeis, μητιόεις, og altså også har metis.

I Theogonien er guder og mennesker endnu forenet; først tvekampen vil vise, hvordan deres timai, τιμᾶι, egenskaber, og moirai, μοῖραι, skæbner vil være, mens guder og mennesker er adskilt i Værker og Dage, og Prometheus og Epimetheus står over for Zeus og hans fæller. Begge parter rivaliserer og de arrangerer sig hver især, tithemi, τίθημι (Prometheus: Theog. 537-9, 541, Zeus: Theog. 577-8, 583, 601, VoD 61, 74, 80), i at narre modstanderen, apatan, ἀπατᾶν, hvor bedraget, ἀπάτη, består i dels at skjule noget: kalyptein, καλύπτειν, kryptein, κρύπτειν, og hos Prometheus i at stjæle uden at blive set, kleptein, κλέπτειν.

Fortællelogik

Inden for denne form for logik kan man ud fra den af Hesiod fortalte konflikt skelne imellem
1. forberedende handlinger: at arrangere noget ved at skjule det
2. handlinger, der relaterer til andre: at give <<< >>> ikke at give
at modtage <<< >>> ikke at modtage (= afvise gaven), se fx Theog. 563: ikke at give er her identisk med at skjule ilden, kornet, næringsmidler, over for VoD 50, 116f. hvor der skal arbejdes for at få korn (ponos, πόνος), hvor det før voksede af sig selv; kornet er skjult i jorden, skal høstes og behandles og derefter koges for at kunne blive brugt.

Den nuværende tilstand = menneskenes situation

Oprindeligt var ilden lagt på asketræerne, idet Zeus lagde det frit frem, men nu, hvor ilden er skjult, skal den puttes ind i en narthex-stengel og gemmes under asken som ildkim, sperma, σπέρμα, jf. 5, 490: sperma pyros, σπέρμα πυρός, og den skal have næring, jf. Herodot 3, 16. Før blev menneskene født op og ud af jorden selv, autokhthoni-tanken, men nu må man have sex med kvinder for at befrugte deres skød, der skal have næring som ilden og bearbejdes som jorden med sædekim, sperma.

Enhver guddommelig gave er nu dolos, δόλος, en fælde, eller et trick, et bedrag, apaté, ἀπάτη, og gaven hindrer i virkeligheden det, som den ser ud til at give; under et fint skin skjuler sig et onde, jf. Pandora.

Bedraget består i
1. at give = at skjule et onde under dække af et gode;
2. ikke at give = at skjule et gode, så at det kun kan opnås gennem de onder, der omgiver godet;
Goder og onder er fra nu af knyttet sammen; det er betingelsen for menneskelivets vilkår.
Mennesker står mellem guder og dyr, og det kendetegnes ved:
1. offeret af dyret til guderne;
2. ilden, der bruges til madlavning og håndværk modsat gudernes og dyrenes føde;
3. kvinden, som er hustru og skaber børn;
4. korn, som er føde og dermed liv og som menneskene er nødt til at arbejde med for at kunne bruge;
5. agerbrug, som er hårdt arbejde i menneskets tilværelse for at tjene til føden modsat gudernes og dyrenes livsvilkår.

Analyse af det semantiske indhold

1. Pandora svarer til offerdyrenes indvolde. Hun er en forførerisk gave, tilbudt menneskene af Zeus, ligesom Prometheus tilbød Zeus det forføreriske, men dårlige offer.

2. som dolos: fin overflade, men ondt indhold: i tilfældet af oksen skjules de spiselige dele af huden (rinos, ῥινός) og maven (gaster, γαστήρ), to hæslige indpakninger, mens de uspiselige dele skjules under et lag af hvidt skinnende fedt (Theog. 541).

Pandora har indvendig (VoD 67, 77, 79) en hundenatur, en svindlernatur med en stemme, der er egnet til bedrag, v. 67+68, og dette onde skjules af et tofold forførerisk skin: hun har krop som en jomfru og bærer klæder og smykker: hvid kjole (Theog. 574) samt sløret, som skjuler hende. Hun bliver et lokkemiddel, dolos, Theog. 589, VoD 83, ligesom det hvide fedt var lokkemiddel for Zeus, Theog. 544, 547, 551, 555, 560, 562, fordi det skjulte de ikke spiselige knogler.

3. som gastér (Theog. 599) er hun en umættelig mave, der spiser maden, som mændene skaffer sig gennem arbejde, se VoD 374 + 704 om det kvindelige begær. Den spiselige del af offerdyret, som Prometheus har bestemt for mennesket, er indhyllet, skjult i gaster. Derfor skal menneskene spise, hylde gastér, som skjuler deres mad; de bliver slaver af den, Theog. 26.

Pandora repræsenterer denne hundenatur af maven, se Odysseen 7, 216, hun har en kyneos noos, κύνεος νοός. Men begæret går ikke kun efter mad, men også efter sex. I hundedagene (Sirius) er kvinderne løsslupne og opgejlede, VoD 586 f. De er ramt af liderlighed, machlosyne, μαχλοσύνη.

4. Pandora er modstykket til prometheusilden, Theog. 570, 585, 602, VoD 57:
a. som dolos: skjult i en narthexstengel Theog. 567, VoD 53. Ilden er sulten, den skal have næring som kvinden, den skal have et sædekorn for at tænde, et ildsperma. Sådan gemmer bonden kornfrøet i jorden eller manden sin sæd i kvinden;
b. Pandora er som ild og brænder manden op og tørrer ham ud pga. sine begær og sine lidelser, hun påfører ham;
c. Pandora er livet = kornet, som skal gemmes i jorden gennem bonden, ligesom sæden skal gemmes i kvinden for at få børn. Ægteskabet er som feltarbejde, kvinden er en plovfure, aroura, ἄρουρα, mens manden er den, der pløjer, arotér, ἀροτήρ. Seksualitet og ernæring er homologe størrelser.

Den socio-kulturelle kontekst

Prometheus' bedrag får følgende konsekvenser:

1. adskillelsen af guder og mennesker mht. ild, kvinder, ægteskab, fødsel, sex, korndyrkning og agerbrug. Mennesket bliver forskelligt fra guder og dyr;
2. offerritualer, ild, bryllupsriter, agerbrug;
Husdyr ofres, vilde dyr jages, kulturplanter koges, vilde planter betragtes som rå, uden for kulturen, byg bliver en kulturplante, og vin ligeledes gennem gæring; ægteskab betragtes som et agerbrug;
3. offermad bliver stegt eller kogt, mennesket bliver noget særligt gennem ilden og adskiller sig derfor fra guderne og dyrene;
4. onder er forbundet med goder, Theog. 603-610, VoD 178 + 102, derfor er håbet, elpis, ἐλπίς, nødvendigt, VoD 96 f., 115 f. De dødelige har brug for elpis, det har guderne ikke og heller ikke dyrene.

Prometheus i Hans Jørgen Lundagers fortolkning

Prometheus er en kulturheros, der bringer ilden til menneskene, pyrphóros; han grundlægger kulturen ved at bringe ilden til menneskene. Køkkenet bliver dermed kulturens centrale punkt, og offeret hænger tæt sammen med køkkenet. Enhver slagtning er en sakral handling, og som del af et ritual bliver det del af det guddommelige domæne, mens køkkenet og dets funktioner er uden for ritualet i det profane domæne. På den måde er der en kulturafgrænsning mellem de to områder. I Værker og dage v. 278-280 betegnes Diké som typisk for menneskene modsat dyrene, der ikke har Diké og æder hinanden. Og menneskene skilles fra guderne, jf. Theogoni v. 535, flyttes ned til ilden; adskillelsen fra guderne betyder, at man skal arbejde for føden; man går fra guldalderens fylde til jernalderens mangel og tab. I Athen er der et fakkelstafetløb, lampaplédromia, der bringer ilden fra Prometheus-alteret til Athen (Jeppe Sinding Jensen: Rel.vid. Tidsskr. 2, 1983).

Der er tre elementer i myten:

A. Offerets indførelse pga. Zeus' bedrag gennem Prometheus
B. Ildens overførelse til menneskene gennem Prometheus – straf og list

C. Kvindens skabelse - straf

En analyse bør derfor fokusere på følgende tre elementer:

1. selve det formelle narrative forløb;
2. analysen af de semantiske komponenter: den stjålne ild, korndyrkning, kvinden;
3. den kontekstuelle analyse, hvor temaet i fortællingen sættes i relation til samfundets elementer: landbrug, offer, ægteskab (efter J.-P. Vernant: *"Raisons du mythe"*, in: *Mythe et société en Grèce ancienne*, Paris 2004, p. 201-258, tidligere Jean-Pierre Vernant: *"Du mythe à la raison: La formation de la pensée positive dans la Grèce archaïque"*, in: Annales. Histoire, Sciences Sociales, 12e Année, No. 2 (Apr. - Jun., 1957), pp. 183-206).

Bevægelsen går fra guldalderens fylde med guders og menneskers samvær til jernalderens mangel og adskillelsen af guder og mennesker med krig og ufred til følge. Resultatet af Prometheus' offerbedrag er menneskets ringere status i forhold til guderne, og med offeret får guderne de uforgængelige dele af offerdyret, knogler og ben, mens menneskene får de forgængelige dele, kødet, fordi guderne er uforgængelige, ἀθάνατοι, menneskene forgængelige, θνητοί. I guldalderen skulle maden ikke tilberedes, men nu skal der laves mad og ilden skal fodres, den er sulten og skal holdes i gang, ligesom menneskene er sultne og skal fodres på en tom mave. Kvindens stilling er tvetydig hos Hesiod; hun skal fodres og betragtes som en drone, mens manden skal arbejde på marken, samtidig skal hun dog føde børn og dermed sikre slægtens eksistens.

Tilberedelsen af maden i ilden er samtidig et symbol på, at mennesket ikke er et dyr, som spiser sin mad rå. Maven er symbol på den evige sult, og i sit forsøg på at narre Zeus gemmer Prometheus kødet i maven; normalt omgiver kødet jo maven, så det er den omvendte verden her.

Offer og begravelse

Kød og ben skilles ad både ved offeret og ved begravelsen; under offeret brændes benene helt, og røgen stiger op til guderne, mens kødet ristes for de levende deltagere i ritualet; under begravelsen brændes kødet helt til Hades, mens benene begraves, så at den døde lægges i graven, som han/hun så ud i live. Der er altså en modsætning mellem offerritual og begravelsesritual, idet offeret viser det spiselige køkken med offerdyrets mad som føde for deltagerne, mens begravelsen viser det uspiselige menneske, et antikøkken, hvor kun benene er tilbage.

Der er altså tre former for tilværelse:

Natur -------------------------	Kultur -------------------------------------	Gudesfære
vilde dyr	mennesker + husdyr (= offerdyr)	guddomme
råt kød	tilberedt kød, ristet og kogt	røgen fra ofret,
		nektar og ambrosia

Ikke alle fulgte dette standardmønster. Orfikerne nægtede at ofre dyr og ofrede kun ublodige ofre, dvs. afgrøder, frugter, vin, og planter; pythagoræerne delte sig i to grupper, de radikale og de moderate; førstnævnte gruppe holdt sig som orfikerne til ublodige ofre, mens sidstnævnte gruppe ikke ofrede okser eller får, men godt nok grise og geder; der var altså forskel i husdyrenes status.

Hesiods teologi

Selv om Theogonien (700-650 f.Kr.) måtte være yngre end Værker og Dage (750-700 f.Kr.), så er det religiøse fundament i den ældre; det er en kosmogoni og en theogoni, der fremstilles, og de primitive kosmologiske elementer Chaos, gabet, Gaia, jorden, og Eros, kærligheden, bliver guddommeliggjort til en theogoni, mens genealogierne og legenderne stammer fra tidligere kilder, jf. Mykene og gudernes tilnavne. Hesiod prøver på at systematisere de mytologiske detaljer til et koordineret system; han beskriver en generationsproces, der går fra anarki og vildskab til orden og lov med vægt på det narrative element, fortællingen. Dynastiskiftene er det vigtigste element i Theogonien; Uranos (154 ff.) efterfølges af Kronos (459 ff.), der efterfølges af Zeus (617 ff.), og Hesiod er den første til at beskrive disse dynastier systematisk. Homer siger lidt i Iliaden 14. 204 om Kronos, der bliver overvundet af Zeus og fængslet i Tartaros, men siger ikke noget om generationen før Kronos under Uranos. Hesiods teologi er barskere end Homers, da guderne ikke er moralske væsener, og Zeus' hjælpere er Vold og Magt, snarere end Retfærdighed, v. 385 ff. De eneste moralske væsener er Moirai, v. 220 ff. og 793 ff.

I Værker og dage åbnes der for et nyt tema, nemlig at menneskene er afhængige af guderne i alle livets relationer, og Zeus styrer både guder og mennesker, v. 669 + 267, og måske kan vi finde ud af hans tanker, v. 484. Blandt Zeus' attributter insisterer Hesiod på retfærd, díkaios v. 36, Dike, retfærdens gudinde v. 256 ff., og Zeus betjenes af dæmoner, når han skal vogte over retfærden, v. 252 ff. Hesiod er den første, der skaber dæmoner eller væsener, der står mellem guderne og menneskene, v. 484 og Plat. Symp. 202 E, og dermed er guderne altså fjernere fra menneskene. Hos Homer er det guderne, der agerer, se Hom. Od. 17. 485 ff. Dæmonerne er Zeus' usynlige politi. Zeus' retfærdighed viser sig ved, at han straffer menneskene, når de er ulydige eller begår onde gerninger, se v. 238 ff., 242 ff., 284 ff., 320 ff. og 327 ff. Til sidst kommer retfærdigheden, v. 213-218 og 333-334. og flere kan involveres, se 240 f., 261 f., 284 f. Lykken går over til efterkommerne, v. 285, hvis der hersker retfærdighed. Freden kommer til de retfærdiges hjem. Og retfærdighed er forskellen mellem dyr og mennesker, v. 275 ff. Menneskets mål er at kæmpe mod den rå vold, imod 'magt er ret'- mentaliteten, v. 189, 192, 203 ff. Menneskene skal også kæmpe imod rigdommen, v. 321-332, 342, 313. 40 f., 686. Man skal være eftergivende over for sin modstander, v. 709 ff.

Værker og dages fem aldre ser en modsatrettet tendens i forhold til Theogonien, der arbejder sig henimod kosmos, mens Værker og Dage bevæger sig mod kaos; misogynien starter med Pandora hos Hesiod, og der skal arbejdes i jernalderen, v. 298-316, 388 ff., 410-413, 498 f. Håbet snyder, og arbejde, slid og retfærdighed skal følges som en guddommelig ordre, v. 287 ff. Og det er Zeus, der uddeler retfærdighed.

Kultpladser i Grækenland

Kultpladsen er et helligt område, som kaldes hieron, ἱερόν. Som helligt område, der er indviet, kaldes det også temenos, τέμενος, der er afgrænset fra det profane område gennem en mur, peribolos, περίβολος, forsynet med grænsesten, horoi, ὅροι. Ved indgangen til det hellige område står der vievandsfad til rituel håndvask, χέρνιψ, og området er også asylon, ἄσῦλον, et ukrænkeligt område, hvor man ikke må pågribe nogen eller forvolde vedkommende ondt. Det bliver et tilflugtssted for forfulgte, slaver, politikere o.lign. At dræbe nogen her er at fremkalde en epidemi. Der må ikke fødes, være sex på stedet, ejheller må man lægge sig til at dø her, og personer med legemlige fejl må ikke færdes her.

Placeringen af temenos falder normalt ved kommunegrænsen, dvs. mellem byens indviede område og den vilde natur, og hellige veje, hvor processioner kan foregå, forbinder byen med dens templer. Akropolis med sine helligdomme i Athen er faktisk en undtagelse mht. placering. Ofte dannes der så byer omkring det hellige område, fx i Delphi og Olympia. I Athen og Korinth opstår der forvaltnings-, rets- og forsamlingsbygninger.

Altret, bomós, βωμός, er det væsentlige element i temenos, men ligger uden for templet i det fri, fordi det er et offersted, der bliver ret blodigt tilredt under offeret. Eschára, ἐσχᾰρα, er et ildsted på en stensokkel, hvor man brænder theomoria, θεομορία, kødet til guderne, og rister kødet til deltagerne, eller et jordalter, en grube, hvori der ofres til de khthoniske guder. Mest berømt er askehoben ved Zeusalteret i Olympia. Den ofrende vender sig mod øst, og ritualet sker omkring altret, slet ikke i templet. Templets funktion er at indeholde gudebilledet, er lukket det meste af året undtagen til højtiderne for guden og danner rammen om de gaver, som de troende giver til guden. Der finder ingen ritualer sted i templet, undtagen i Delphi, hvor Pythia sidder ved jordrevnen i adyton, ἄδυτον, templets inderste rum, og fremsiger sine orakler. Templer rejses fra det 8. årh. og bygges i sten fra ca. 600 f.Kr.

Akropolis

Pausanias: Graeciae descriptio 1,26,5 - 27,1 – De hellige bygninger på Athens Akropolis

26. [5] —ἔστι δὲ καὶ οἴκημα Ἐρέχθειον καλούμενον: πρὸ δὲ τῆς ἐσόδου Διός ἐστι βωμὸς Ὑπάτου, ἔνθα ἔμψυχον θύουσιν οὐδέν, πέμματα δὲ θέντες οὐδὲν ἔτι οἴνῳ χρήσασθαι νομίζουσιν. ἐσελθοῦσι δέ εἰσι βωμοί, Ποσειδῶνος, ἐφ᾽ οὗ καὶ Ἐρεχθεῖ θύουσιν ἔκ του μαντεύματος, καὶ ἥρωος Βούτου, τρίτος δὲ Ἡφαίστου: γραφαὶ δὲ ἐπὶ τῶν τοίχων τοῦ γένους εἰσὶ τοῦ Βουταδῶν καὶ—διπλοῦν γάρ ἐστι τὸ οἴκημα—καὶ ὕδωρ ἐστὶν ἔνδον θαλάσσιον ἐν φρέατι. ...: ἀλλὰ τόδε τὸ φρέαρ ἐς συγγραφὴν παρέχεται κυμάτων ἦχον ἐπὶ νότῳ πνεύσαντι. καὶ τριαίνης ἐστὶν ἐν τῇ πέτρᾳ σχῆμα: ταῦτα δὲ λέγεται Ποσειδῶνι μαρτύρια ἐς τὴν ἀμφισβήτησιν τῆς χώρας φανῆναι.

[6] ἱερὰ μὲν τῆς Ἀθηνᾶς ἐστιν ἥ τε ἄλλη πόλις καὶ ἡ πᾶσα ὁμοίως γῆ—καὶ γὰρ ὅσοις θεοὺς καθέστηκεν ἄλλους ἐν τοῖς δήμοις σέβειν, οὐδέν τι ἧσσον τὴν Ἀθηνᾶν ἄγουσιν ἐν τιμῇ—, τὸ δὲ ἁγιώτατον ἐν κοινῷ πολλοῖς πρότερον νομισθὲν ἔτεσιν ἢ συνῆλθον ἀπὸ τῶν δήμων ἐστὶν Ἀθηνᾶς ἄγαλμα ἐν τῇ νῦν ἀκροπόλει, τότε δὲ ὀνομαζομένῃ πόλει: φήμη δὲ ἐς αὐτὸ ἔχει πεσεῖν ἐκ τοῦ οὐρανοῦ. καὶ τοῦτο μὲν οὐκ ἐπέξειμι εἴτε οὕτως εἴτε ἄλλως ἔχει, λύχνον δὲ τῇ θεῷ χρυσοῦν Καλλίμαχος ἐποίησεν:

[7] ἐμπλήσαντες δὲ ἐλαίου τὸν λύχνον τὴν αὐτὴν τοῦ μέλλοντος ἔτους ἀναμένουσιν ἡμέραν, ἔλαιον δὲ ἐκεῖνο τὸν μεταξὺ ἐπαρκεῖ χρόνον τῷ λύχνῳ κατὰ τὰ αὐτὰ ἐν ἡμέρᾳ καὶ νυκτὶ φαίνοντι. ...

27. [1] κεῖται δὲ ἐν τῷ ναῷ τῆς Πολιάδος Ἑρμῆς ξύλου, Κέκροπος εἶναι λεγόμενον ἀνάθημα, ὑπὸ κλάδων μυρσίνης οὐ σύνοπτον.

(Origo: http://www.perseus.tufts.edu/hopper/text?doc=Perseus%3Atext%3A1999.01.0159%3Abook%3D1%3Achapter%3D26%3Asection%3D5)

Pausanias: Grækenlands beskrivelse 1, 26, 5 - 27, 1

26. 5. Videre er der en bygning, som kaldes Erechtheion. Foran indgangen er der et alter for Zeus den Højeste [Hypatos], hvor man ikke ofrer noget levende, men lægger offerkager [pemmata]. Heller ikke vin er det skik at anvende. Når man kommer indenfor er der altre, et for Poseidon, og på det ofrer man også til Erechtheus som følge af et orakelsvar, et andet for heroen Boutos, og et tredje for Hefaistos. Der er billeder rundt om på væggene af Bautadai-slægten, og idet bygningen er todelt er der også derinde havvand i en brønd ... Når vinden blæser sydfra kommer der lyd af bølger fra brønden. I klippen er der et mærke af en trefork. Man fortæller at disse ting blev til som Poseidons vidnesbyrd i striden om landet.

6. Men hele den øvrige by og ligeledes al landet er helliget Athene. Thi hvilke andre guder det end er skik at dyrke rundt om i demerne, så ærer man dog Athene i ikke ringere grad. Og det, som i almindelighed og mange år før folket samledes fra demerne blev æret som det helligste, var Athenes statue oppe på det nuværende Akropolis, som dengang blev kaldt polis. Rygtet vil vide om den, at den faldt ned fra himlen. Kallimachos lavede en lampe af guld til gudinden.

7. Den fylder man med olie og venter så til samme dag i det næste år, og i hele denne tid er der olie nok i lampen til at holde den brændende uafbrudt nat og dag ...

27. 1. I Athene Polias' tempel er der en herme af træ, som siges at være opstillet af Kekrops. Den er helt skjult af myrtegrene.

(Origo: Vagn Duekilde: Hellas i klassisk tid. Tekster til græsk religion, København (Spektrum) 1997, 98-99)

Pausanias: Graeciae descriptio 1, 22, 4+8 + 24, 5+7 – Akropolis

22. [4] ἐς δὲ τὴν ἀκρόπολίν ἐστιν ἔσοδος μία: ἑτέραν δὲ οὐ παρέχεται, πᾶσα ἀπότομος οὖσα καὶ τεῖχος ἔχουσα ἐχυρόν. τὰ δὲ προπύλαια λίθου λευκοῦ τὴν ὀροφὴν ἔχει καὶ κόσμῳ καὶ μεγέθει τῶν λίθων μέχρι γε καὶ ἐμοῦ προεῖχε. τὰς μὲν οὖν εἰκόνας τῶν ἱππέων οὐκ ἔχω σαφῶς εἰπεῖν, εἴτε οἱ παῖδές εἰσιν οἱ Ξενοφῶντος εἴτε ἄλλως ἐς εὐπρέπειαν πεποιημέναι: τῶν δὲ προπυλαίων ἐν δεξιᾷ Νίκης ἐστὶν Ἀπτέρου ναός. ἐντεῦθεν ἡ θάλασσά ἐστι σύνοπτος, καὶ ταύτῃ ῥίψας Αἰγεὺς ἑαυτὸν ὡς λέγουσιν ἐτελεύτησεν.

[8] κατὰ δὲ τὴν ἔσοδον αὐτὴν ἤδη τὴν ἐς ἀκρόπολιν Ἑρμῆν ὃν Προπύλαιον ὀνομάζουσι καὶ Χάριτας Σωκράτην ποιῆσαι τὸν Σωφρονίσκου λέγουσιν, ᾧ σοφῷ γενέσθαι μάλιστα ἀνθρώπων ἐστὶν ἡ Πυθία μάρτυς, ὃ μηδὲ Ἀνάχαρσιν ἐθέλοντα ὅμως καὶ δι᾽ αὐτὸ ἐς Δελφοὺς ἀφικόμενον προσεῖπεν.

24 [5] … ἐς δὲ τὸν ναὸν ὃν Παρθενῶνα ὀνομάζουσιν, ἐς τοῦτον ἐσιοῦσιν,

ὁπόσα ἐν τοῖς καλουμένοις ἀετοῖς κεῖται, πάντα ἐς τὴν Ἀθηνᾶς ἔχει γένεσιν, τὰ δὲ ὄπισθεν ἡ Ποσειδῶνος πρὸς Ἀθηνᾶν ἐστιν ἔρις ὑπὲρ τῆς γῆς: αὐτὸ δὲ ἔκ τε ἐλέφαντος τὸ ἄγαλμα καὶ χρησμοῦ πεποίηται. μέσῳ μὲν οὖν ἐπίκειταί οἱ τῷ κράνει Σφιγγὸς εἰκών—ἃ δὲ ἐς τὴ ν Σφίγγα λέγεται, γράψω προελθόντος ἐς τὰ Βοιώτιά μοι τοῦ λόγου—, καθ᾽ ἑκάτερον δὲ τοῦ κράνους γρῦπές εἰσιν ἐπειργασμένοι …

[7] τὸ δὲ ἄγαλμα τῆς Ἀθηνᾶς ὀρθόν ἐστιν ἐν χιτῶνι ποδήρει καί οἱ κατὰ τὸ στέρνον ἡ κεφαλὴ Μεδούσης ἐλέφαντός ἐστιν ἐμπεποιημένη: καὶ Νίκην τε ὅσον τεσσάρων πηχῶν, ἐν δὲ τῇ χειρί δόρυ ἔχει, καί οἱ πρὸς τοῖς ποσὶν ἀσπίς τε κεῖται καὶ πλησίον τοῦ δόρατος δράκ ω ν ἐστίν: εἴη δ᾽ ἂν Ἐριχθόνιος οὗτος ὁ δράκων. ἔστι δὲ τῷ βάθρῳ τοῦ ἀγάλματος ἐπειργασμένη Πανδώρας γένεσις. …

(Origo:
http://www.perseus.tufts.edu/hopper/text?doc=Perseus%3Atext%3A1999.01.0159%3Abook%3D1%3Achapter%3D24%3Asection%3D5)

Pausanias: Graeciae descriptio 1, 22, 4+8 + 24, 5+7

22. [4] Til Akropolis findes der kun én indgang, den har ikke en anden, fordi den er ganske stejl og har en fast mur. Propylæerne har et tag af marmor og stak indtil i dag langt op pga. konstruktionen og størrelsen af blokkene. Om rytterstatuerne kan jeg ikke sikkert sige, om de virkeligt forestiller Xenophons sønner eller bare er stillet op til pryd. Til højre for Propylæerne befinder sig Nike Apteros' tempel. Herfra er havet synligt, og her kastede Aigeus sig efter savnet ned og døde.

[8] Ved indgangen til Akropolis selv skal Sokrates, søn af Sophroniskos, have skabt Hermes og Chariterne, den Sokrates, som Pythia er vidne på, at han var den klogeste af menneskene, med hvilket udtryk hun ikke engang omtalte Anacharsis, som ville være det og netop derfor kom til Delphi.

24. [5] Hvis man træder ind i det tempel, som man kalder Parthenon, så relaterer hele fremstillingen på gavlen til Athenes fødsel, bagside-gavlen derimod viser Poseidons strid med Athene om ejerskab til landet. Kultbilledet selv er lavet af guld og elfenben. Midt på hjelmen sidder en sfinx-figur; hvad man fortæller om sfinxen, vil jeg beskrive, når min beskrivelse er nået frem til Boiotien; på begge sider af hjelmen derimod er der anbragt griffe. ...

7. Kultbilledet af Athene står oprejst med en chiton til fødderne, og på hendes bryst er sat Medusas hoved af elfenben. Og en sejrsgudinde på ca. 4 alen har hun i hånden og en lanse, og ved hendes fødder står skjoldet, og ved siden af lansen er der en slange, og denne slange kan vel forestille Erichthonios. Ved foden af kultbilledet ser man Pandoras fødsel. ...

Akropolis

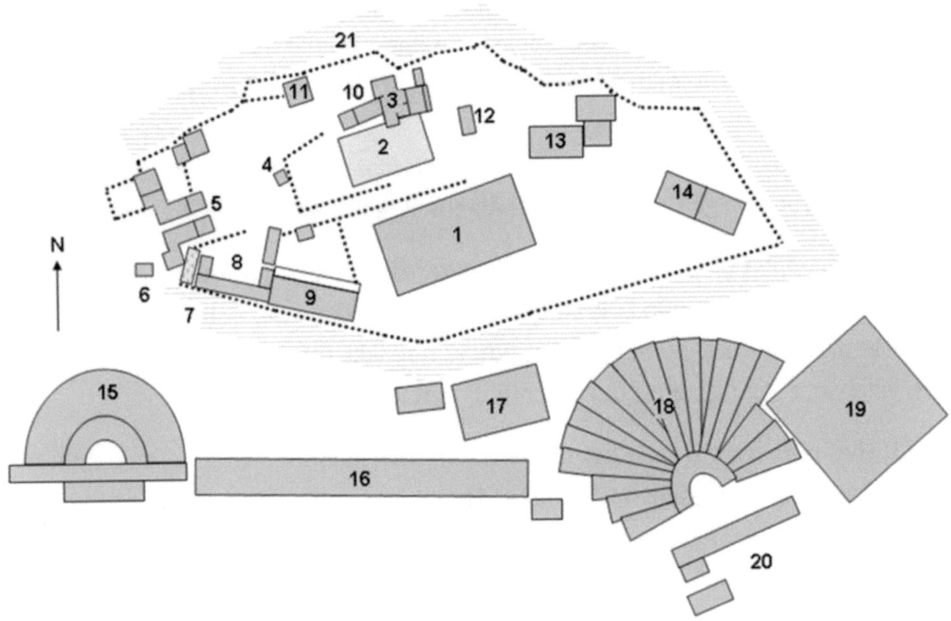

1. Parthenon
2. Gamle Athena-tempel
3. Erechteion
4. Statue af Athena Promachos
5. Propylæa
6. Athena Nike-templet
7. Eleusinion
8. Helligdommen for Artemis Brauronia, kaldet Brauroneion
9. Kalkotheke
10. Pandroseion
11. Arreforion
12. Alter for Athena
13. Helligdommen for Zeus Polieus
14. Helligdommen for Pandion
15. Herodes Attikus' odeon
16. Eumenes' stoa
17. Helligdommen for Asklepius, kaldet Asklepieion
18. Dionysos-teateret
19. Perikles' odeon
20. Dionysos Eleuthereus' temenos
21. Aglaureion

(Origo: https://da.wikipedia.org/wiki/Akropolis_(Athen))

Delphi

Suidas: s.v. Pytho

Πυθώ: Φωκὶς χώρα ἐστὶ τῆς Ἑλλάδος, περὶ ἣν πόλις ἡ καλουμένη Δελφοί˙ περὶ ἣν πόλιν ἦν ἱερὸν τοῦ Ἀπόλλωνος, ὃ ἐκαλεῖτο Πυθώ˙ ἐν ᾧ χαλκοῦς τρίπους ἵδρυτο καὶ ὕπερθεν φιάλη, ἣ τὰς μαντικὰς εἶχε ψήφους, αἵτινες ἐρομένων τῶν μαντευομένων ἥλλοντο, καὶ ἡ Πυθία ἐμφορουμένη, ἤτοι ἐνθουσιῶσα, ἔλεγεν ἃ ἐξέφερεν ὁ Ἀπόλλων.

(Origo: Svend Aage Pallis: Greek Religious Texts, København (Povl Branner) 1948, 62)

Suidas: s.v. Pytho

Pytho: Phokis er et landskab i Hellas, og i dette ligger den by, som kaldes Delfi. I denne by var Apollons helligdom, som blev kaldt Pytho. Her stod en trefod af bronze, og oven på den en skål, som indeholdt orakellodderne, som hoppede, når de der søgte oraklet spurgte, og Pythia, som var henrykket, dvs. besat af guden, sagde det, som Apollon indgav.

(Origo: Vagn Duekilde: Hellas i klassisk tid. Tekster til græsk religion, København (Spektrum) 1997, 136)

Strabon: Geographica 9, 3, 5 (p. 419) – Om den berusende damp i Delphi

Φασι δ' εἶναι τὸ μαντεῖον ἄντρον κοῖλον κατὰ βάθους, οὐ μάλα εὐρύστομον, ἀναφέρεσθαι δ' ἐξ αὐτοῦ πνεῦμα ἐνθουσιαστικόν, ὑπερκεῖσθαι δὲ τοῦ στομίου τρίποδα ὑψηλόν, ἐφ' ὃν τὴν Πυθίαν ἀναβαίνουσαν, δεχομένην τὸ πνεῦμα, ἀποθεσπίζειν ἔμμετρά τε καὶ ἄμετρα˙ ἐντείνειν δὲ καὶ ταῦτα εἰς μέτρον ποιητάς τινας ὑπουργοῦντας τῷ ἱερῷ. πρώτην δὲ Φημονόην γενέσθαι φασὶ Πυθίαν...

(Origo: Svend Aage Pallis: Greek Religious Texts, København (Povl Branner) 1948, 63)

Strabon: Geographica 9, 3, 5 (p. 419)

Man siger, at oraklet er en hule, som går i dybden, men med en ikke ret bred munding, og op af denne stiger en berusende damp [pneuma enthusiastikon], og over mundingen står en høj trefod. På den stiger Pythia op, og når hun har indåndet dampen, giver hun orakelsvar både i vers og prosa. Men også disse sidste sættes på vers af nogle versemagere, som gør tjeneste ved helligdommen. Man siger, at Phemonoe var den første Pythia.

(Origo: Vagn Duekilde: Hellas i klassisk tid. Tekster til græsk religion, København (Spektrum) 1997, 136)

Diodorus Siculus: Bibliotheke 16, 26 - Om gederne i Delphi

[1] ...λέγεται γὰρ τὸ παλαιὸν αἶγας εὑρεῖν τὸ μαντεῖον: οὗ χάριν αἰξὶ μάλιστα χρηστηριάζονται μέχρι τοῦ νῦν οἱ Δελφοί.

[2] τὸν δὲ τρόπον τῆς εὑρέσεως γενέσθαι φασὶ τοιοῦτον. ὄντος χάσματος ἐν τούτῳ τῷ τόπῳ, καθ᾽ ὅν ἐστι νῦν τοῦ ἱεροῦ τὸ καλούμενον ἄδυτον, καὶ περὶ τοῦτο νενομένων αἰγῶν διὰ τὸ μήπω κατοικεῖσθαι τοὺς Δελφοὺς αἰεὶ τὴν προσιοῦσαν τῷ χάσματι καὶ προσβλέψασαν αὐτῷ σκιρτᾶν θαυμαστῶς καὶ προΐεσθαι φωνὴν διάφορον ἢ πρότερον εἰώθει φθέγγεσθαι.

[3] τὸν δ᾽ ἐπιστατοῦντα ταῖς αἰξὶ θαυμάσαι τὸ παράδοξον καὶ προσελθόντα τῷ χάσματι καὶ κατιδόντα οἷόνπερ ἦν ταὐτὸ παθεῖν ταῖς αἰξίν:ἐκείνας τε γὰρ ὅμοια ποιεῖν τοῖς ἐνθουσιάζουσι καὶ τοῦτον προλέγειν τὰ μέλλοντα γίνεσθαι. μετὰ δὲ ταῦτα τῆς φήμης παρὰ τοῖς ἐγχωρίοις διαδοθείσης περὶ τοῦ πάθους τῶν προσιόντων τῷ χάσματι πλείους ἀπαντᾶν ἐπὶ τὸν τόπον: διὰ δὲ τὸ παράδοξον πάντων ἀποπειρωμένων τοὺς αἰεὶ πλησιάζοντας ἐνθουσιάζειν. δι᾽ ἃς αἰτίας θαυμαστωθῆναί τε τὸ μαντεῖον καὶ νομισθῆναι τῆς Γῆς εἶναι τὸ χρηστήριον.

[4] καὶ χρόνον μέν τινα τοὺς βουλομένους μαντεύεσθαι προσιόντας τῷ χάσματι ποιεῖσθαι τὰς μαντείας ἀλλήλοις: μετὰ δὲ ταῦτα πολλῶν καθαλλομένων εἰς τὸ χάσμα διὰ τὸν ἐνθουσιασμὸν καὶ πάντων ἀφανιζομένων δόξαι τοῖς κατοικοῦσι περὶ τὸν τόπον, ἵνα μηδεὶς κινδυνεύῃ, προφῆτίν τε μίαν πᾶσι καταστῆσαι γυναῖκα καὶ διὰ ταύτης γίνεσθαι τὴν χρησμολογίαν. ταύτῃ δὲ κατασκευασθῆναι μηχανὴν, ἐφ᾽ ἣν ἀναβαίνουσαν ἀσφαλῶς ἐνθουσιάζειν καὶ μαντεύεσθαι τοῖς βουλομένοις. [5] εἶναι δὲ τὴν μηχανὴν τρεῖς ἔχουσαν βάσεις, ἀφ᾽ ὧν αὐτὴν τρίποδα κληθῆναι:...

(Origo: http://www.perseus.tufts.edu/hopper/text?doc=Perseus%3Atext%3A1999.01.0083%3Abook%3D16%3Achapter%3D26%3Asection%3D5)

Diodorus Siculus: Biblioteket 16, 26

1. ... Det fortælles, at engang for længe siden blev oraklet opdaget af geder. Det er derfor, man i Delfi endnu den dag i dag fortrinsvis bruger geder, når man rådspørger oraklet.

2. Om måden opdagelsen blev gjort på fortæller man følgende: Der var en åbning i jorden der, hvor nu helligstedets adyton er. Omkring dette hul græssede gederne, for Delfi var endnu ikke beboet, og så snart en ged nærmede sig hullet i jorden og kiggede ned i det, gav den sig til at springe omkring på den besynderligste måde og udstødte lyde, som var helt anderledes end dem, den normalt gav fra sig.

3. Hyrden, som vogtede gederne, undrede sig over denne mærkværdige adfærd. Han gik hen til hullet for at undersøge det, og da gik det med ham ligesom med gederne: de opførte sig som besatte, han gav sig til at forudsige kommende begivenheder. Da rygtet herom spredtes blandt folk på egnen, indfandt de sig i stadigt stigende antal. Alle ville prøve dette mærkværdige, og alle blev besatte, så snart de kom hen til hullet. Af den grund blev oraklet betragtet som et vidunder, og man mente at det var Jordens orakelsæde.

4. I nogen tid var det sådan, at de, der ønskede orakelsvar, blot gik hen til jordåbningen og gav orakelsvar til hinanden. Men senere, efter at mange i deres besatte tilstand var sprunget ned i hullet og var forsvundet, besluttede de omkringboende, for at ingen skulle blive bragt i fare, at indsætte en kvinde som eneste profetinde for alle, så al orakeltale skete ved hende ... Og man konstruerede en indretning, som hun kunne stige op på, så hun uden risiko kunne lade sig inspirere og give orakelsvar til dem, der ønskede det.

5. Denne indretning havde tre ben og blev derfor kaldt en trefod.

(Origo: Vagn Duekilde: Hellas i klassisk tid. Tekster til græsk religion, København (Spektrum) 1997, 133-134)

Delfi

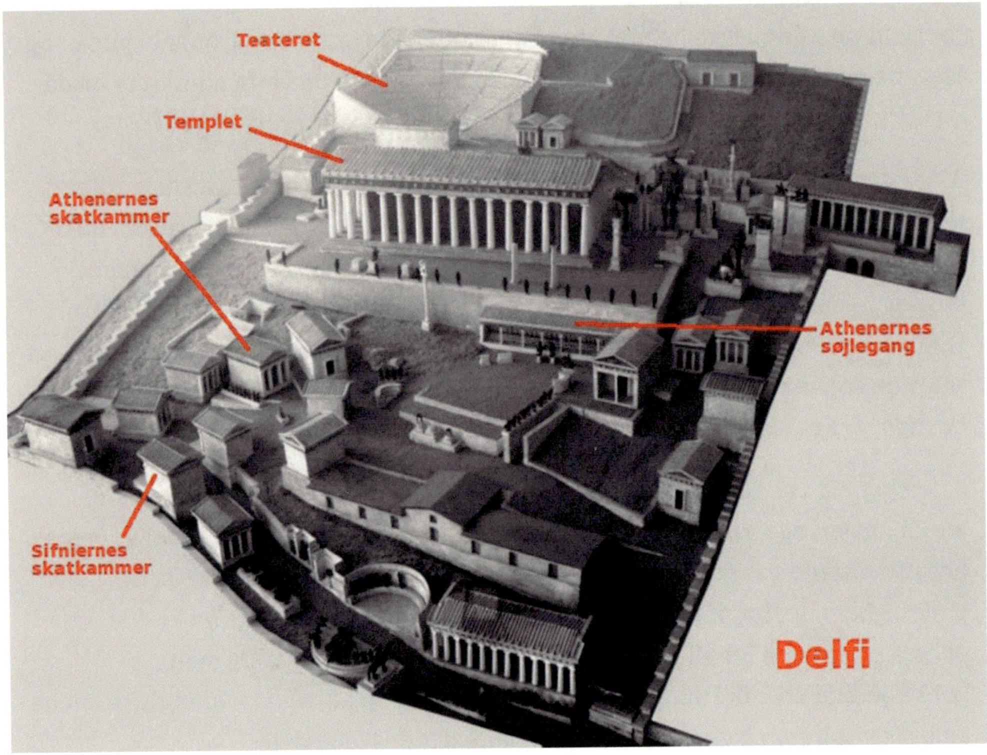

(Origo: http://klassisk.ribekatedralskole.dk/steder/delfi/delfi.htm)

Olympia

Pausanias: Graeciae descriptio 5, 13, 8-11 + 14. 1 – Zeus' askealter i Olympia

13. [8] ἔστι δὲ ὁ τοῦ Διὸς τοῦ Ὀλυμπίου βωμὸς ἴσον μὲν μάλιστα τοῦ Πελοπίου τε καὶ τοῦ ἱεροῦ τῆς Ἥρας ἀπέχων, προκείμενος μέντοι καὶ πρὸ ἀμφοτέρων: κατασκευασθῆναι δὲ αὐτὸν οἱ μὲν ὑπὸ Ἡρακλέους τοῦ Ἰδαίου λέγουσιν, οἱ δὲ ὑπὸ ἡρώων τῶν ἐπιχωρίων γενεαῖς δύο ὕστερον τοῦ Ἡρακλέους. πεποίηται δὲ ἱερείων τῶν θυομένων τῷ Διὶ ἀπὸ τῆς τέφρας τῶν μηρῶν, καθάπερ γε καὶ ἐν Περγάμῳ: τέφρας γὰρ δή ἐστι καὶ τῇ Ἥρᾳ τῇ Σαμίᾳ βωμὸς οὐδέν τι ἐπιφανέστερος ἢ ἐν τῇ χώρᾳ τῇ Ἀττικῇ ἃς αὐτοσχεδίας

[9] τοῦ βωμοῦ δὲ τοῦ ἐν Ὀλυμπίᾳ κρηπῖδος μὲν τῆς πρώτης, προθύσεως καλουμένης, πόδες πέντε καὶ εἴκοσι καὶ ἑκατόν ἐστι περίοδος, τοῦ δὲ ἐπὶ τῇ προθύσει περίμετρος ἐπακτοῦ πόδες δύο καὶ τριάκοντα: τὸ δὲ ὕψος τοῦ βωμοῦ τὸ σύμπαν ἐς δύο καὶ εἴκοσιν ἀνήκει πόδας. αὐτὰ μὲν δὴ τὰ ἱερεῖα ἐν μέρει τῷ κάτω, τῇ προθύσει, καθέστηκεν αὐτοῖς θύειν: τοὺς μηροὺς δὲ ἀναφέροντες ἐς τοῦ βωμοῦ τὸ ὑψηλέστατον καθαγίζουσιν ἐνταῦθα.

[10] ἀναβασμοὶ δὲ ἐς μὲν τὴν πρόθυσιν ἀνάγουσιν ἐξ ἑκατέρας τῆς πλευρᾶς λίθου πεποιημένοι: τὸ δὲ ἀπὸ τῆς προθύσεως ἐς τὸ ἄνω τοῦ βωμοῦ τέφρας παρέχεται καὶ ἀναβασμούς. ἄχρι μὲν δὴ τῆς προθύσεως ἔστιν ἀναβῆναι καὶ παρθένοις καὶ ὡσαύτως γυναιξίν, ἐπειδὰν τῆς Ὀλυμπίας μὴ ἐξείργωνται: ἀπὸ τούτου δὲ ἐς τὸ ἀνωτάτω τοῦ βωμοῦ μόνοις ἔστιν ἀνδράσιν ἀνελθεῖν. θύεται δὲ τῷ Διὶ καὶ ἄνευ τῆς πανηγύρεως ὑπό τε ἰδιωτῶν καὶ ἀνὰ πᾶσαν ἡμέραν ὑπὸ Ἠλείων.

[11] κατ᾽ ἔτος δὲ ἕκαστον φυλάξαντες οἱ μάντεις τὴν ἐνάτην ἐπὶ δέκα τοῦ Ἐλαφίου μηνὸς κομίζουσιν ἐκ τοῦ πρυτανείου τὴν τέφραν, φυράσαντες δὲ τῷ ὕδατι τοῦ Ἀλφειοῦ κονιῶσιν οὕτω τὸν βωμόν. ὑπὸ δὲ ἄλλου τὴν τέφραν ὕδατος ποιηθῆναι πηλὸν οὐ μή ποτε ἐγγένηται: καὶ τοῦδε ἕνεκα ὁ Ἀλφειὸς νενόμισται τῷ Ὀλυμπίῳ Διὶ ποταμῶν δὴ μάλιστα εἶναι φίλος. ...

14. [1] ὁ δὲ ἐν Ὀλυμπίᾳ βωμὸς παρέχεται καὶ ἄλλο τοιόνδε ἐς θαῦμα: οἱ γὰρ ἰκτῖνες πεφυκότες ἁρπάζειν μάλιστα ὀρνίθων ἀδικοῦσιν οὐδὲν ἐν Ὀλυμπίᾳ τοὺς θύοντας: ἢν δὲ ἁρπάσῃ ποτὲ ἰκτῖνος ἤτοι σπλάγχνα ἢ τῶν κρεῶν, νενόμισται τῷ θύοντι οὐκ αἴσιον εἶναι τὸ σημεῖον.

(Origo: http://www.perseus.tufts.edu/hopper/text?doc=Perseus%3Atext%3A1999.01.0159%3Abook%3D5%3Achapter%3D13%3Asection%3D11)

Pausanias: Grækenlands beskrivelse 5, 13, 8-11 + 14, 1

13.8. Alteret for den olympiske Zeus ligger nogenlunde lige langt fra Pelopion og Hera-helligdommen, men foran dem begge. Nogle siger, at det blev anlagt af Herakles, andre af lokale heroer to generationer efter Herakles. Det er opbygget af asken fra lårstykkerne af de dyr, som blev ofret til Zeus, ganske ligesom alteret i Pergamon. Der er også et alter af aske for den samiske Hera, men det er ikke spor mere prangende end de offer-ildsteder ude på landet i Attika, som athenæerne kalder »improviserede«.

9. På alteret i Olympia har det underste fundament, som kaldes prothysis, en omkreds af 125 fod. Og det næste trin efter prothysis måler 32 fod. Den samlede højde på alteret er ikke mindre end 22 fod. De har for skik at foretage slagtningen af offerdyrene på alterets nederste del, prothysis.

10. Så bærer de lårstykkerne op på alterets øverste del og brænder dem her. Der fører stentrin op til prothysis fra begge sider, og fra prothysis og til den øvre del af alteret er der trin af aske. Så langt som til prothysis er det tilladt at gå for unge piger og ligeledes for kvinder, når de da ikke er udelukket fra Olympia, men herfra og til det øverste af alteret må kun mænd komme. Også uden for festtiden ofres der til Zeus af private, og dagligt af eleerne.

11. Og hvert år, på den nittende dag i måneden Elaphios, kommer sandsigerne [manteis] med asken fra rådhuset, blander den med vand fra Alpheios og smører

den på alteret. Men asken må aldrig blandes med noget andet vand, og af den grund mener man, at den olympiske Zeus af alle floder har Alpheios mest kær...

14.1. Der er endnu et mærkværdigt træk ved alteret i Olympia. Glenterne, som jo er de mest rovgriske af alle fugle, forulemper ikke dem, der ofrer i Olympia. Hvis det skulle ske at en glente røver noget enten af indvolde eller af kød, betragtes det som et ugunstigt tegn for den ofrende.

(Origo: Vagn Duekilde: Hellas i klassisk tid. Tekster til græsk religion, København (Spektrum) 1997, 88-89)

På modstående side:

(Origo: https://commons.wikimedia.org/wiki/File:Plan_Olympia_sanctuary.svg)

Olympia

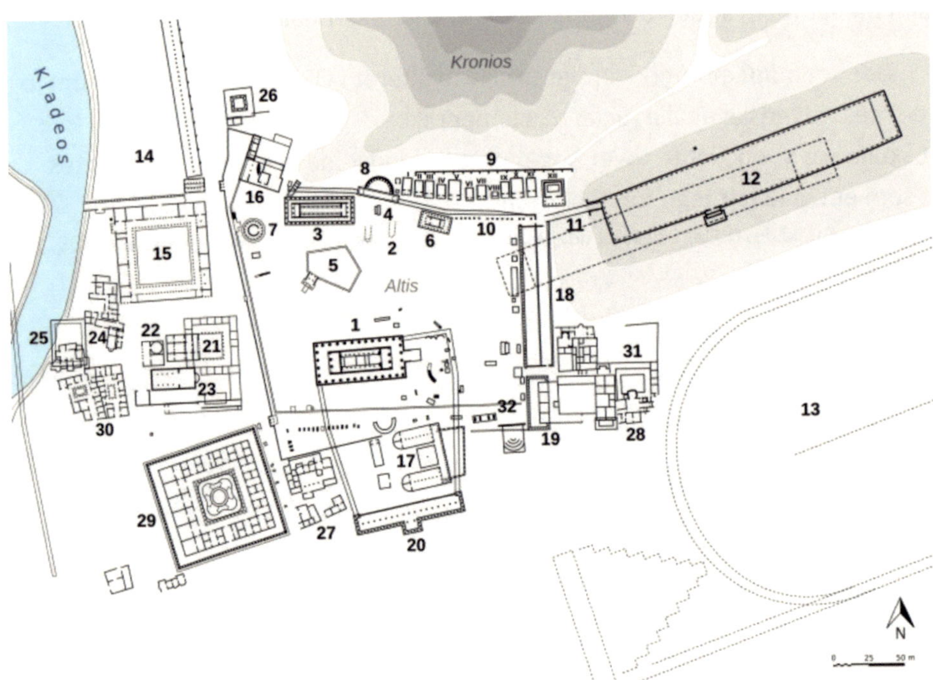

1, Temple of Zeus 2. Altar of Zeus 3. Temple of Hera 4. Altar of Hera 5. Pelopeion 6. Metroon 7. Philippeion 8. Nymphaeum 9. Traesures 10. Zanes statues	11. Krypte i.e. entrance to the stadium 12. Stadium 13. Hippodrome 14. Gymnasium 15. Palaestra 16. Prytaneum 17. Bouleuterion 18. Echo Stoa 19. SE building 20. South Stoa	21. Theokoleon 22. Heroon 23. Workshop of Pheidias 24. Greek Baths 25. Kladeos Baths 26. Kronios Baths 27. South baths 28. East baths 29. Leonidaion 30. Roman inn 31. Villa of Nero	32. Roman triumphal arc (Origo: https://commons.wikimedia.org/wiki/File:Plan_ Olympia_sanctuary.svg)

Eleusis

Pausanias: Graeciae descriptio 1, 38, 1-3 + 5-7 - En historisk-topografisk beskrivelse af Eleusis

[1] οἱ δὲ Ῥειτοὶ καλούμενοι ῥεῦμα μόνον παρέχονται ποταμῶν, ἐπεὶ τό γε ὕδωρ θάλασσά ἐστί σφισι: ... λέγονται δὲ οἱ Ῥειτοὶ Κόρης ἱεροὶ καὶ Δήμητρος εἶναι, καὶ τοὺς ἰχθῦς ἐξ αὐτῶν τοῖς ἱερεῦσιν ἔστιν αἱρεῖν μόνοις. οὗτοι τὸ ἀρχαῖον, ὡς ἐγὼ πυνθάνομαι, πρὸς Ἀθηναίους τοὺς ἄλλους ὅροι τῆς γῆς Ἐλευσινίοις ἦσαν, ...

[2] ... τὸ δὲ Εὐμόλπου μνῆμα κατὰ ταὐτὰ Ἐλευσινίοις ἀπέφαινον καὶ Ἀθηναῖοι. ...

[3] γενομένης δὲ Ἐλευσινίοις μάχης πρὸς Ἀθηναίους ἀπέθανε μὲν Ἐρεχθεὺς Ἀθηναίων βασιλεύς, ἀπέθανε δὲ Ἰμμάραδος Εὐμόλπου: καταλύονται δὲ ἐπὶ τοῖσδε τὸν πόλεμον, ὡς Ἐλευσινίους ἐς τὰ ἄλλα Ἀθηναίων κατηκόους ὄντας ἰδίᾳ τελεῖν τὴν τελετήν. τὰ δὲ ἱερὰ τοῖν θεοῖν Εὔμολπος καὶ αἱ θυγατέρες δρῶσιν αἱ Κελεοῦ, ...: τελευτήσαντος δὲ Εὐμόλπου Κῆρυξ νεώτερος λείπεται τῶν παίδων, ὃν αὐτοὶ Κήρυκες θυγατρὸς Κέκροπος Ἀγλαύρου καὶ Ἑρμοῦ παῖδα εἶναι λέγουσιν, ἀλλ᾽ οὐκ Εὐμόλπου.

[5] —ῥεῖ δὲ Κηφισὸς πρὸς Ἐλευσῖνι ... καὶ παρ᾽ αὐτῷ καλοῦσιν Ἐρινεόν, λέγοντες τὸν Πλούτωνα ὅτε ἥρπασε τὴν Κόρην καταβῆναι ταύτῃ. ...

[6] Ἐλευσινίοις δὲ ἔστι μὲν Τριπτολέμου ναός, ἔστι δὲ Προπυλαίας Ἀρτέμιδος καὶ Ποσειδῶνος Πατρός, φρέαρ τε καλούμενον Καλλίχορον, ἔνθα πρῶτον Ἐλευσινίων αἱ γυναῖκες χορὸν ἔστησαν καὶ ᾖσαν ἐς τὴν θεόν. τὸ δὲ πεδίον τὸ Ῥάριον σπαρῆναι πρῶτον λέγουσι καὶ πρῶτον αὐξῆσαι καρπούς, καὶ διὰ τοῦτο οὐλαῖς ἐξ αὐτοῦ χρῆσθαί σφισι καὶ ποιεῖσθαι πέμματα ἐς τὰς θυσίας καθέστηκεν. ἐνταῦθα ἅλως καλουμένη Τριπτολέμου καὶ βωμὸς δείκνυται:

[7] τὰ δὲ ἐντὸς τοῦ τείχους τοῦ ἱεροῦ τό τε ὄνειρον ἀπεῖπε γράφειν, καὶ τοῖς οὐ τελεσθεῖσιν, ὁπόσων θέας εἴργονται, δῆλα δήπου μηδὲ πυθέσθαι μετεῖναί σφισιν. ...
(Origo: http://www.perseus.tufts.edu/hopper/text?doc=Perseus%3Atext%3A1999.01.0159%3Abook%3D1%3Achapter%3D38%3Asection%3D1)

Pausanias: Grækenlands beskrivelse 1, 38, 1-3 + 5-7

1. De vandløb, som kaldes Rheitoi, er kun floder derved at vandet strømmer, vandet i dem er nemlig havvand ... Man siger, at Rheitoi er helliget Kore og Demeter, og kun for præsterne er det tilladt at fange fiskene i dem. I gamle dage var Rheitoi, efter hvad jeg erfarer, grænsen mellem eleusiniernes land og de øvrige athenæeres

2. ... Athenæere og eleusiniere er enige om at udpege Eumolpos' grav ...

3. I kampen mellem athenæerne og eleusinierne faldt Erechtheus, athenæernes konge, og Immarados, Eumolpos' søn. Freden blev sluttet på disse betingelser: Eleusinierne skulle være undergivet athenæerne i alt andet, men afholde mysterierne på egen hånd. De hellige riter for de to gudinder blev udført af Eumolpos og af Keleos' døtre ... En yngre søn af Eumolpos, Keryks, overlevede ham. Kerykerne selv siger, at han var søn af Kekrops' datter Aglauros og Hermes, og ikke af Eumolpos...

5. Floden Kephisos løber forbi Eleusis ... og ved dens bred ligger det såkaldte Erineos. Man fortæller, at dengang Pluton røvede Kore, steg han ned i underverdenen på dette sted ...

6. I Eleusis er der et tempel for Triptolemos, for Artemis Propylaia og for Poseidon Pater, og der er den brønd, som kaldes Kallichoros [»de smukke danses brønd«], hvor de eleusinske kvinder først dansede og sang til gudindens ære. Og man

fortæller, at den rhariske slette var den første, som blev tilsået, og den første, der frembragte korn; derfor er det skik hos dem at benytte dens afgrøde til offerbyg og til at fremstille kager til ofringerne. Her fremvises en tærskeplads, som kaldes Triptolemos', og et alter.

7. Men om det der er inden for helligdommens mure, har drømmen forbudt mig at skrive, og det er jo klart nok, at de uindviede, som er udelukket fra beskuelsen af disse ting, heller ikke må få noget at vide herom.

(Origo: Vagn Duekilde: Hellas i klassisk tid. Tekster til græsk religion, København (Spektrum) 1997, 170-171)

Eleusis

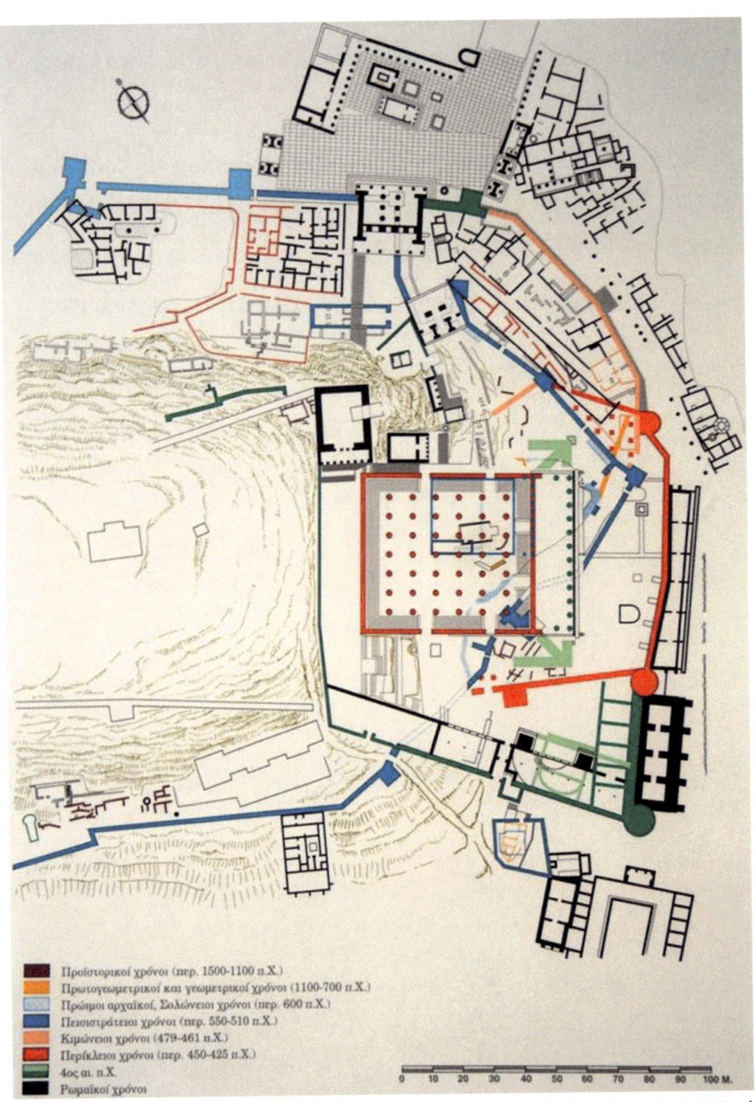

(Origo: https://commons.wikimedia.org/wiki/File:Plan_of_Eleusis,_081170.jpg)

Epidauros

Asklepios-templet i Epidauros

Pausanias 2.27.1-7 + 28.1 - Asklepios' hellige lund

[1] τὸ δὲ ἱερὸν ἄλσος τοῦ Ἀσκληπιοῦ περιέχουσιν ὅροι πανταχόθεν: οὐδὲ ἀποθνήσκουσιν ἄνθρωποι οὐδὲ τίκτουσιν αἱ γυναῖκές σφισιν ἐντὸς τοῦ περιβόλου, καθὰ καὶ ἐπὶ Δήλῳ τῇ νήσῳ τὸν αὐτὸν νόμον. τὰ δὲ θυόμενα, ἤν τέ τις Ἐπιδαυρίων αὐτῶν ἤν τε ξένος ὁ θύων ᾖ, καταναλίσκουσιν ἐντὸς τῶν ὅρων: τὸ δὲ αὐτὸ γινόμενον οἶδα καὶ ἐν Τιτάνῃ

[2] τοῦ δὲ Ἀσκληπιοῦ τὸ ἄγαλμα μεγέθει μὲν τοῦ Ἀθήνῃσιν Ὀλυμπίου Διὸς ἥμισυ ἀποδεῖ, πεποίηται δὲ ἐλέφαντος καὶ χρυσοῦ: ... τοῦ ναοῦ δέ ἐστι πέραν ἔνθα οἱ ἱκέται τοῦ θεοῦ καθεύδουσιν.

[3] οἴκημα δὲ περιφερὲς λίθου λευκοῦ καλούμενον Θόλος ᾠκοδόμηται πλησίον, θέας ἄξιον: ... στῆλαι δὲ εἱστήκεσαν ἐντὸς τοῦ περιβόλου τὸ μὲν ἀρχαῖον καὶ πλέονες, ἐπ᾽ ἐμοῦ δὲ ἓξ λοιπαί: ταύταις ἐγγεγραμμένα καὶ ἀνδρῶν καὶ γυναικῶν ἐστιν ὀνόματα ἀκεσθέντων ὑπὸ τοῦ Ἀσκληπιοῦ, προσέτι δὲ καὶ νόσημα ὅ τι ἕκαστος ἐνόσησε καὶ ὅπως ἰάθη:

[5] Ἐπιδαυρίοις δέ ἐστι θέατρον ἐν τῷ ἱερῷ μάλιστα ἐμοὶ δοκεῖν θέας ἄξιον ... ἐντὸς δὲ τοῦ ἄλσους ναός τέ ἐστιν Ἀρτέμιδος καὶ ἄγαλμα Ἠπιόνης καὶ Ἀφροδίτης ἱερὸν καὶ Θέμιδος καὶ στάδιον, οἷα Ἕλλησι τὰ πολλὰ γῆς χῶμα, καὶ κρήνη τῷ τε ὀρόφῳ καὶ κόσμῳ τῷ λοιπῷ θέας ἀξία.

[6] ὁπόσα δὲ Ἀντωνῖνος ἀνὴρ τῆς συγκλήτου βουλῆς ἐφ᾽ ἡμῶν ἐποίησεν, ἔστι μὲν Ἀσκληπιοῦ λουτρόν, ἔστι δὲ ἱερὸν θεῶν οὓς Ἐπιδώτας ὀνομάζουσιν: ἐποίησε δὲ καὶ Ὑγείᾳ ναὸν καὶ Ἀσκληπιῷ καὶ Ἀπόλλωνι ἐπίκλησιν Αἰγυπτίοις. καὶ ἦν γὰρ στοὰ καλουμένη Κότυος, καταρρυέντος δέ οἱ τοῦ ὀρόφου διέφθαρτο ἤδη πᾶσα ἅτε

ὠμῆς τῆς πλίνθου ποιηθεῖσα: ἀνῳκοδόμησε καὶ ταύτην. Ἐπιδαυρίων δὲ οἱ περὶ τὸ ἱερὸν μάλιστα ἐταλαιπώρουν, ὅτι μήτε αἱ γυναῖκες ἐν σκέπῃ σφίσιν ἔτικτον καὶ ἡ τελευτὴ τοῖς κάμνουσιν ὑπαίθριος ἐγίνετο: ὁ δὲ καὶ ταῦτα ἐπανορθούμενος κατεσκευάσατο οἴκησιν: ἐνταῦθα ἤδη καὶ ἀποθανεῖν ἀνθρώπῳ καὶ τεκεῖν γυναικὶ ὅσιον.

2.28.1
δράκοντες δὲ—οἱ λοιποὶ καὶ ἕτερον γένος—ἐς τὸ ξανθότερον ῥέποντες χρόας ἱεροὶ μὲν τοῦ Ἀσκληπιοῦ νομίζονται καὶ εἰσὶν ἀνθρώποις ἥμεροι, τρέφει δὲ μόνη σφᾶς ἡ τῶν Ἐπιδαυρίων γῆ. ...

Pausanias 2. 27. 1-7 + 28.1

1. Asklepios' hellige lund er på alle sider omgivet af grænsesten. Ingen mennesker dør, og ingen kvinder føder her – nøjagtig som loven er på øen Delos. Hvad der ofres enten af en epidaurer eller en fremmed, skal fortæres inden for grænserne. Jeg ved, at det samme gælder i Titane.

2. Statuen af Asklepios er i størrelse halvdelen af den olympiske Zeus i Athen. Den er af elfenben og guld. ... Lige over for templet er det sted, hvor de, der søger hjælp hos guden, lægger sig til at sove.

3. Nær ved er opført en rund bygning af hvidt marmor. Den hedder Tholos og er et besøg værd. ... I indhegningen står der steler; i sin tid var der flere, men da jeg besøgte stedet, var der seks tilbage. På dem står navnene på de mænd og kvinder, der er helbredt af Asklepios, hvilken sygdom hver enkelt led af, og hvordan de blev helbredt. Indskrifterne er skrevet i dorisk dialekt[1].

5. I helligdommen i Epidauros er et teater, som jeg finder særlig seværdigt. ... Inde i den hellige lund finder vi endvidere et Artemistempel, en statue af Epione, en helligdom for Afrodite og Themis, et stadion – som de fleste græske blot en jordvold – og et bassin, hvis udsmykning er en seværdighed, især loftet.

6. I min levetid har et medlem af Senatet, Antoninus, bygget en del (*138 el. 161 e.Kr.*): Et Asklepiosbad, en helligdom for de guder, de kalder Epidotai (*De gavmilde*), et tempel for Hygieia (*Sundhed*), Asklepios og Apollon med tilnavnet de ægyptiske. Der var også en søjlegang kaldet Kotys', ... De epidaurere, der bor omkring helligdommen, var særlig generet af, at deres hustruer måtte føde uden for hjemmet og de syge dø under åben himmel; dette rådede Antoninus bod på. Han opførte en bygning, hvor mennesker kan dø og kvinder føde uden at krænke det guddommelige.

2. 28. 1. Slangerne – inklusive en særlig art, hvis farve er gullig – regnes for at være hellige og tilhøre Asklepios. De er tamme, og den epidauriske jord er den eneste, der frembringer den slags.

[1] Indskrifterne er bevaret og oversat af Christian Blinkenberg: *Miraklerne i Epidauros*, Gyldendal, Kbh. 1917

(Origo: Pausanias: *Beskrivelse af Grækenland*, Selskabet til Historiske Kildeskrifters Oversættelse, oversat af Erik Worm og Carsten Weber-Nielsen, red. af Thomas Heine Nielsen og Christian Gorm Tortzen. Museum Tusculanums Forlag, Kbh. 2022)

Asklepios-templet i Epidauros

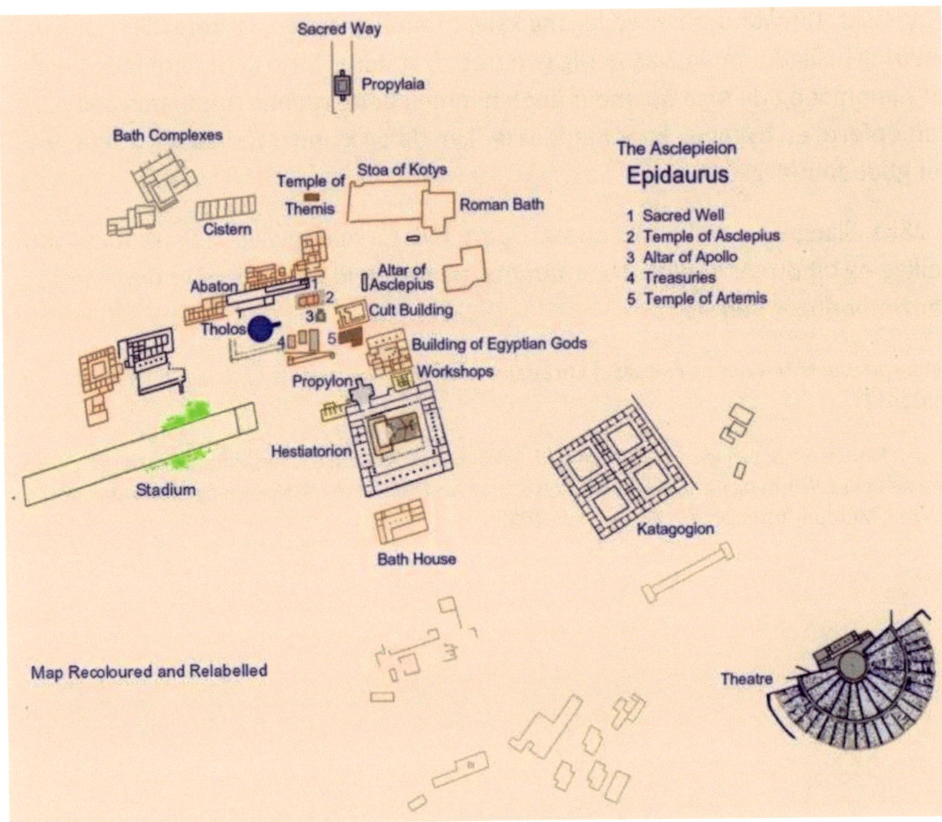

(Origo: https://euscentia.com/epidaurus-ancient-healing-sanctuary-asclepius/)

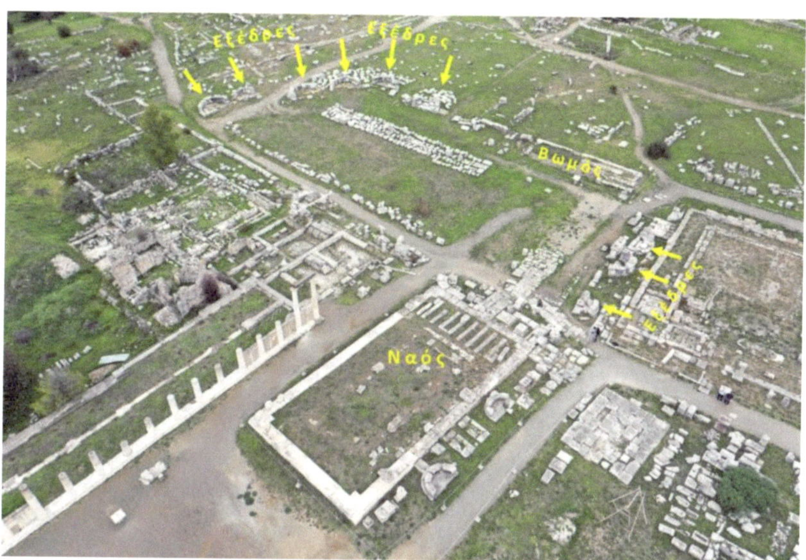

(Origo: https://www.labrujulaverde.com/en/2024/01/asclepius-temenos-at-epidaurus-whose-location-is-mentioned-by-pausanias-found-by-archaeologists/ (Origo: The central square of Asclepeion, in front of the temple of the god | photo Ministry of Culture of Greece)

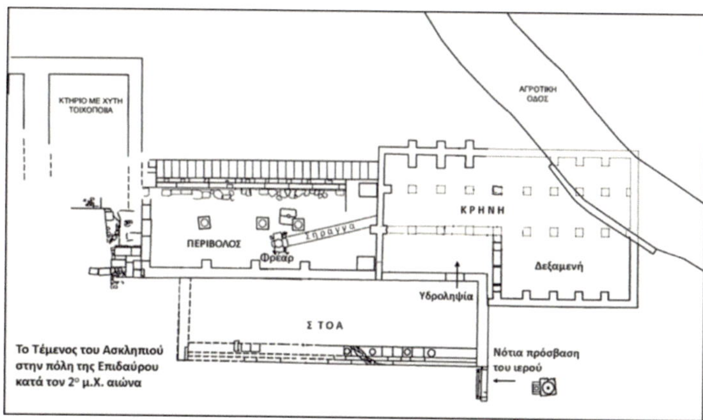

(Origo: https://www.labrujulaverde.com/en/2024/01/asclepius-temenos-at-epidaurus-whose-location-is-mentioned-by-pausanias-found-by-archaeologists/) (Origo: Plan of the Asclepius' temenos enclosure, in the city of Epidaurus | photo: Ministry of Culture of Greece)

Kultbilledet i templet

Kultbilledet hedder ἕδος, hedos, sidddeplads eller hjem, og det betyder, at guden bor i sit træbillede. At guden gør det, viser sig ved, at de ofrende lægger splanchna, σπλάγχνα, indvoldene, som er gudens andel af offeret, på billedstøttens knæ eller i hånden på den. Gudebilledet er en statue, der kan skiftes ud, hvis det bliver beskadiget, eller hvis moden skifter. Det symboliserer guddommen og bekranses med blomster og poleres med olie, som φαιδρυντής eller i indskrifter φαιδυντής, renseren (se Pausanias 5, 14, 5), sørger for. Pausanias kalder disse billeder for xoana, ξόανα. Der findes også anikoniske kultbilleder i form af stenstøtter, fx af Apollon agreus, Ἀπόλλων ἀγρεύς, som stod foran indgangen til hjemmet.

Votivgaver, τὰ ἀναθήματα, er ting, der er unddraget menneskelig brug, og det kan være bly- og lerstatuetter, smykker, vinkar af guld og sølv, som bliver givet til guden som en gave, fordi et ønske er blevet opfyldt, κατ' εὐχήν, eller fordi donoren har haft en helbredende drøm, κατ' ὄναρ. Således vier de unge mænd ved overgangen til voksenalderen, hvor de bliver efeber, deres hår til Apollon, til nymferne eller den lokale flodgud, mens pigerne vier deres bolde og dukker til Artemis, når de når den giftemodne alder, og håndværkerne vier deres værktøj til guden, når de har opnået et godt resultat; fjendens våben vies til den gud, der har hjulpet den sejrende part. Hertil hører også bemalede træ- og lertavler eller stenrelieffer, der afbilder den ofrende i færd med at ofre til den gud, der har hjulpet vedkommende. Det er det afbildede offer, der tæller, og det kan sammenlignes med de oksekranier, der hænges op på eller ved templet, som beviser for, at man har ofret dyrene til guden.

Templet har som sådan kun én funktion, nemlig at give kultbilledet et hjem; på denne måde bliver templet gudens hus. Offer og bøn fandt sted udenfor ved altret. Den bedende kunne dog bede under gudebilledet i templet; der findes spor efter afspærringer foran gudebilledet, der viser, at der har været meget publikum i templet for at bede til guden. Det viser måske også, at de fleste templer var tilgængelige hver dag og at indskrænkninger i besøgstiden var sjældne. Νεωκόροι, neokoroi, pedellerne, sørgede for vedligeholdelse af det hellige område og tempelbygningen.

Temenos – Det hellige område

(Origo: Gunnel Ekroth: A room of one's own? Exploring the temenos concept as divine property, in: Matthew Haysom/maria Mili/Jenny Wallenstein (eds.): The stuff of the gods, Skrifter utgivna af Svenska Institutet I Athen, 4, 59, Stockholm 2024)

Det sted, som er reserveret guderne og hvor højtideligholdelsen af dem finder sted, kaldes temenos, 'det stykke, som er skåret af'; statuer, altre og templer bliver givet til guderne af menneskene, og for hver gud bliver der reserveret en temenos, τέμενος, Hom. hym. til Apollon 87; Platon: Lovene 738c; guderne ejer deres temenos; derfor bliver det markeret tydeligt i landskabet med en mur eller andet, en peribolos, περίβολος, og der gjaldt specielle regler for at kunne færdes på det område. Faktisk er det jo de besøgende mennesker, der bruger området mest, når de fejrer guden, og samtidig administrerer de templets jord og ejendom og leder ritualerne. Spørgsmålet er, hvis interesser, behov og fornødenheder der vejer tungest i en helligdom mht. planlægning, bygning og udstyr.

'temenos' kommer af verbet 'temnó', τέμνω, τέμνειν, 'at skære af' eller 'separere'; det betyder et stykke land, der er markeret til officiel brug; i linear B i mykensk tid dækker det fyrstens, wanax', ἄναξ (ϝάναξ), jord, hos Homer er det et stykke jord, der er bestemt for et menneske, fx en konge, eller en gud. Fra arkaisk tid og i klassisk tid betegner det en guds område; i hellenistisk tid udvides begrebet til at kunne dække en begravelsesplads i forbindelse med en hero-kult.

Derudover er der abaton, ἄβατον, der betegner et indviet område, der ikke må betrædes uden særlige beføjelser; sekos, σηκός, betegner et indhegnet område; peribolos er et rækværk eller en jordvold, der omslutter et indviet område; det kunne også være grænsesten, horoi, ὅροι, eller perirrhanteria, περιρραντήρια, vievandskar, eller statuer, monumenter eller buske, der fungerede som grænse; til sidst er der hieron, ἱερόν, som er det bredeste udtryk for et helligt område og kan betyde hele helligdommen med jord og bygninger, men også et tempel eller en del af et tempel; selv temenos kan betegne en hel helligdom.

Hvis man overtræder bestemte forbud og træder ind på temenos, skal hele helligdommen renses rituelt. Således findes der en indskrift fra Ialysos på Rhodos vedr. helligdommen for Alektrona; l. 24 handler om, at heste, æsler, muldyr og andre hovdyr ikke må betræde temenos, ejheller folk med sandaler af svinelæder, se CGRN 90 = IG XII 1, 677.

Formålet med at omgærde temenos er altså dels at vise, at det er et helligt og indviet område for en gud, dels at afholde bestemte folk fra at betræde det, fx fremmede, eller som det ses i indskriften fra Rhodos, at begrænse besøget af dyr og bestemte beklædningsgenstande; til sidst kunne det også være formålstjenligt at sikre gudens ejendom, offergaver og værdigenstande med en vold.

Temenos kan forpagtes med henblik på agerdyrkning, men deltagerne i kulten skal have lov til at fejre deres gud på det indviede område, se IG II^2 2501 (ikke som angivet hos G. Ekroth IG II^2 2502).

Forskrifter for Alektrona-templet i Ialysos på Rhodos, dateret til 4./3. årh. f.Kr. (i uddrag)

(Origo: IG XII,1 677 - PHI Greek Inscriptions (packhum.org) (= Sylloge Inscriptionum Graecarum nr. 338)

νόμος ἃ οὐχ ὅσιον ἐσίμειν οὐδὲ
ἐσφέρειν ἐς τὸ ἱερὸν καὶ τὸ τέ-
μενος τᾶς Ἀλεκτρώνας· μὴ ἐσί-
τω ἵππος ὄνος ἡμίονος γῖνος
μηδὲ ἄλλο λόφουρον μηθὲν μη-
δὲ ἐσαγέτω ἐς τὸ τέμενος μη-
θεὶς τούτων μηθὲν μηδὲ ὑποδή-
ματα ἐσφερέτω μηδὲ ὕειον μη-

θέν, ὅ,τι δέ κά τις παρὰ τὸν νόμον ποιήσηι, τό τε ἱερὸν καὶ τὸ τέμενος καθαιρέτω καὶ ἐπιρεζέτω, ἢ ἔνοχος ἔστω τᾶι ἀσεβείαι· εἰ δέ κα πρόβατα ἐσβάληι, ἀποτεισάτω ὑπὲρ ἑκάστου προβάτου ὀβολὸν ὁ ἐσβαλών· ποταγγελλέτω δὲ τὸν τούτων τι ποιεῦντα ὁ χρήιζων ἐς τοὺς μαστρούς.

19. Dette er loven om de ting, som det er uhelligt at gå ind med eller
20. bringe ind i Alektronas tempel eller hellige område; ingen hest, intet æsel, muldyr, mulæsel eller andet pakdyr må gå ind, ejheller må nogen føre nogen af dem ind i det hellige område;
25. ingen må bære sandaler ind eller noget lavet af svineskind. Hvis nogen skulle overtræde denne forskrift, skal vedkommende rense templet og det hellige område samt forrette et offer, i modsat fald 30. er han skyldig i ugudelighed. Hvis nogen bringer forbudte dyr ind, skal han betale 1 obol per forbudt dyr; enhver, der ønsker det, må melde den, der overtræder disse forskrifter
35. til mastroi (ansvarshavende embedsmænd).

Rituel renhed og besmittelse (= rituel urenhed)

De betydeligste former for rituel urenhed er død, fødsel og seksuel aktivitet, se fx IG II^2 1035 (=AIO 2439), dateret til 75-50 eller 30-10 f.Kr., der handler om forskrifter til renselse af indviede og offentlige bygninger:

[- - - ἀκολούθως τοῖς] κιμ[έν]ο̣ι̣ς νόμοις· ἐπεὶ δὲ πάτριόν ἐστιν ἐν μηδενὶ τῶν τεμενῶν μήτ’ ἐντίκτειν μήτ’ ἐναπο-[θνήσκειν - - -]ους ...
(Origo: https://www.atticinscriptions.com/inscription/IGII2/1035)

10. [- - - I overensstemmelse med de] etablerede love; og da det er fædrene skik ikke at føde eller [dø - - -] i nogen af de indviede områder, ...

Renselsen, hvis der er sket en besmittelse, kan bestå i ofringen af en tyr, en vædder og en orne, se fx IG XI.2 199, A 70, hvor det handler om fundet af et lig på et helligt område på Delos, dateret til 273 f.Kr.:

A 70: ψηφισαμένου τ[οῦ] δήμου καθάρασθαι τὸ ἱερόν, ἐπριάμεθα ταῦ-
ρον παρὰ Προξένου 𐅄 · κριὸν παρὰ Ἑ[ρμά]κου [Δ]Γ I. κάπρον παρὰ Ἡρακλείδου
ΔΓ I· ξύλων τάλαντα ἑπτά ·[ΔΙ]ΙΙ· Καλλ<ί>αι? καὶ Στρομβίχωι καὶ Ἀπολλωνίωι τοῖς
[τοῦ ἔργ]ου συλλαβομέ[νοις ...
(Origo: https://epigraphy.packhum.org/text/62661?&bookid=16&location=1671)
(IG XI,2 199 - PHI Greek Inscriptions) (De akrofoniske talsymboler er sat ind af forf.)

A 70: Da folket har besluttet, at templet skulle være renset, har vi købt en tyr af Proxenos for 50 drakmer, en vædder af Hermakos for [1}6 drakmer, en orne af Heraklides for 16 drakmer, idet Kallias, Strombichos og Apollonios har samlet brænde med en vægt af 7 talenter (= 140-210 kg) for 13 drakmer.

Herodot 2. 64 taler om et generelt forbud mod seksuel aktivitet på hellige områder. Derudover havde de forskellige helligdomme individuelle bestemmelser for, hvad der kunne føre til rituel urenhed, og det kan dreje sig om fødevarer, påklædning, dyr, værdiobjekter, fx sandaler af svinelæder i Alektryona på Rhodos eller, eller udenlandske besøgende i Archegesion på Delos. En overtrædelse ville medføre en bøde mod pågældende og en renselse af helligdommen. Især dyrs afføring, kopros, κόπρος, og gylp, onthos, ὄνθος, var et stort problem, fordi det skulle fjernes fra helligdommens jord, se fx IG I^3 4, B, 8-11, IG XI, 2 146, 76-77, IG XI, 2 203, IG XII, 8 265, LSS 53, 3-30. På Delos solgte man dueguano som gødning for at komme af med deres afføring, se IG XI.2 135, 142, 144, 158, 161, 162, 287. Også afføringen fra deltagerne under festivaler må have været et stort problem for helligdommene, se generelt Athenaios 1.17 c-e. Der var også regler for at bortskaffe asken fra offerdyrene og alterbålene og for at skåne bygningerne for røg og sod og ildebrand, se IG I[3] 4, B, 4-8.

Hjemmet som sted for det religiøse liv i Attika

Det religiøse liv finder sted i oikos, husfællesskabet eller husholdet. Det består af familien, slægtninge, slaver og fremmede på gården. Zeus Herkeios (herkos = grænsehegn) har sit alter på gården og beskytter oikos og xenia, gæstevenskabet. Zeus Ktesios (ktema = κτῆμα, κτέανον = ejendom) beskytter husets materielle værdier. Hestia symboliserer oikos' ildsted: her samles alle til fællesmåltid, her modtages de nyfødte børn, den nygifte brud og nye slaver. Agathon Daimon (= Den gode ånd), er ligeledes beskytter af oikos sammen med Dioskurerne. De æres normalt med almindelige ofre som drikofre, libationer og bønner. Ved indgangen til ejendommen står Apollon Agyieus og Hermes Propylaios, den sidste som stenstøtte, samt Hekate. Ved udgang til markerne og jorden står en stendynge, hermeion, hvor man lægger en sten som offer til Hermes, der beskytter ejendommens jord.

Ritualer og tempelbygninger

(Origo: Joannis Mylonopoulos: *"Buildings, Images, and Rituals in the Greek World"*, in: Clemente Marcone (ed.): *The Oxford Handbook of Greek and Roman Art and Architecture*, Oxford Univ. Press 2015, pp. 326-351)

Græsk kultpraksis har aldrig været afhængig af tilstedeværelsen af en tempelbygning, og et tempel var ifølge Hans Sedlmayr 1948, 229 en indviet bygning, men fri for symbolsk betydning i teologisk eller allegorisk forstand. Templer var brugsbygninger.

Et ritual er ikke en dagligdagshandling som fx den daglige tandbørstning, men ritualisering skal forstås ud fra Victor Turner 1991 og Catherine Bell's definition: "A way of acting that is designed and orchestrated to distinguish and privilege what is being done in comparison to other, usually more quotidian, activities. As such, ritualisation is a matter of various culturally specific strategies for setting some activities off from others, for creating and privileging a qualitative distinction between the "sacred" and the "profane", and for ascribing such distinctions to realities thought to transcend the powers of human actors. (Bell 1992, 74)

Formaliteter, fastlåsthed (fixity) og gentagelse er vigtige elementer, men ikke "intrinsic qualities" af ritualer ifølge Bell (Bell 1992, 92), og selv om hun ikke forklarer oprindelsen af ritualer eller de processer, der fører til transformationen af en gentagen dagligdagsaktivitet til et ritual, kan den bruges til at adskille slagtningen af et dyr i en slagterbutik, hvad der sker dagligt, hvis forretningen går godt, fra slagtningen af et dyr, der efter en procession er ført til et alter og udsmykket med bånd, hvilket må betragtes som et ritual. Det samme gælder det daglige bad om morgenen, der skal adskilles fra et bad, udført før en bryllupsceremoni.

Ritualer og riter er parametre, der påvirker hellige bygninger og religiøs billeddannelse/religiøse forestillinger: "Ritual as a performative medium for social change emphasizes human creativity and physicality: ritual does not mold people, people fashion rituals that mold their world", (Bell 1997, 73).

Ifølge Jan Snoek bør man skelne mellem en rite ("the performance of an indivisible unit of ritual behavior") og et ritual ("a sequence of one or more rites, together framed by transitions form common to ritual"), (Snoek 2006).

I de fleste tilfælde var helligdommens centrum alteret, og derfor bestod mange helligdomme af et afgrænset indviet område med et alter. Alteret som midtpunkt i det indviede areal bevises af de utallige afbildninger af det i græsk kunst (Aktseli 1996; Kossatz-Deissmann 2005, pp. 381-392). Enten afbildes alteret med gudens andel af offerdyret på alteret, mens det brændes (Straten 1988) eller også bruges alteret som symbol på den indviede helligdom (Gebauer 2002, pp. 515-524).

Det græske tempel var ikke bare et hjem for det vigtigste kultbillede af guden, men også stedet for yderlige, om end sekundære – i forhold til offeret ved alteret – rituelle handlinger. Placeringen af borde, trapezai, i tempelrummet er et bevis på, at de blodløse ofre blev lagt på bordene foran gudestøtten (Gill 1991, 7-11; Mattern 2006, pp. 174-175; Mattern 2007, p. 158). Her blev også lagt offerkød, der ikke var blevet brændt på alteret (Gill 1991, 11-15). I sjældne tilfælde blev alteret placeret i templet, iflg. Pausanias 1.26.5 om altrene for Zeus og Erekhteus, Boutes og Hephaistos i Erekhteion, og 10.24.4 om altret for Zeus i Apollons tempel i Delphi. Hvad der blev ofret og hvordan i forhold til ild og røg og rester i et lukket rum, ved man ikke noget om.

Bøn kan ligeledes relateres til et tempelrums indre; bønnen er som sådan ikke bundet til et indviet areal, men finder selvfølgelig ofte sted på et sådant. Ifølge Snoeks definition af rite og ritual ville den være en rite, altså del af et ritual. De bedende søgte at fremføre deres bønner i nærheden af gudestøtten (Straten 1974, Klöckner 2006, 146-149).

Derudover blev det indre rum som sagt brugt til at lagre offergaver og votivgaver. De havde stor økonomisk, men også betydningsfuld rituel værdi, fx klæder. Det viser inventarlister fra templerne.

Litteratur

Aktseli, D.: *Altäre in der archaischen und klassischen Kunst: Untersuchungen zu Typologie und Ikonographie,* Espelkamp, Leidorf 1996

Bell, Catherine M.: *Ritual Theory, Ritual Practice*, Oxford Univ. Press, New York 1992

Bell, Catherine: *Ritual: Perspectives and Dimensions*, Oxford Univ. Press, New York 1997

Klöckner, A: *"Votive als Gegenstände des Rituals – Votive als Bilder von Ritualen. Das Beispiel des griechischen Weihreliefs."*, in: Mylonopoulos und Rieder 2006, pp.139-152, her: pp. 146-149

Kossatz-Deissmann, A.: *"Darstellungen von Kultorten: Zur Ikonographie sakraler Stätten in der antiken Bildkunst."* in: ThesCRA 4:363-408, 2005

Mattern, T.: *"Architektur und Ritual. Architektur als funktionaler Rahmen antiker Kultpraxis"*, in: Mylonopoulos und Roeder 2006, pp. 167-183

Mattern, T.: *"Griechische Kultbildschranken"*, in: Athenische Mitteilungen 122, 2007, pp. 139-159

Mylonopoulos, J. und Rieder, H. (Eds.): *Archäologie und Ritual. Auf der Suche nach der rituellen Handlung in den antiken Kulturen Ägyptens und Griechenlands*, Phoibos, Wien 2006

Sedlmayr, H.: *Architektur als abbildende Kunst*. Sitzungsberichte. Akad. D. Wiss. In Wien, Philos.-Hist. Klasse 225.3, R. M. Rohrer, Wien 1948, genoptrykt i Sedlmayr, H.: *Epochen und Werke*, Vol. 2, Herold, Wien 1960, pp. 211-234

Snoek, Jan A. M.: *"Defining Rituals"*, in: J. Kreinath et al. (eds.): *Theorizing Rituals: Issues, Topics, Approaches, Concepts*, Brill, Leiden 2006, p. 3-14

Straten, F. T. van: *"Did the Greeks Kneel before their Gods?"*, in: Bulletin Antieke Beschaving 49, 1974, pp.159-189

ThesCRA = Thesaurus Cultus et Rituum Antiquorum, J. Paul Getty Museum, Los Angeles 2004-2012

Turner, Victor: *The Ritual Process: Structure and Anti-Structure*, 7th ed., Cornell Univ. Press, Ithaca, New York 1991, orig. udg. 1969

Athens politiske institutioner

Samfundsklasser

Man antager, at 2-3% af hele befolkningen hørte til overklassen, der bestod af storbønder, mineforpagtere, fabrikanter med 20-50 slaver, pengeudlånere, skibsredere, ejendomsudlejere samt større købmænd. Mellemlaget uden særlig meget ejendom bestod af bønder, især husmænd, håndværkere, småhandlende og metøkerne. Til underklassen hørte lønarbejdere, dvs. ufaglærte i byggeriet og firmaerne, soldater, ejere af 1 æsel, 1 kærre, 1 muldyr, 1 okse, 1 pram, etc., samt tvangsarbejderne, dvs. slaver og livegne som heloterne i Sparta.

Det athenske demokrati

Athen var ikke den eneste demokratiske polis, men det er den, vi har flest kilder til. De vigtigste institutioner i Athen er de regelmæssige folkeforsamlinger af mandlige voksne borgere, som vedtog beslutninger, som også gjaldt for embedsmænd og rådsorganerne; det skal fremhæves, at det drejer sig om et eksklusivt demokrati, idet det kun var voksne mandlige borgere over 18 år med aftjent to-årig værnepligt, der kunne indgå i beslutningsprocesserne, og man regner med, at der var ca. 30.000 af dem i det 5. årh. f.Kr.; kvinder, slaver og tilflyttere, metøker, havde ingen beslutningsmyndighed. Dertil kom et eller to råd med faste, forberedende, administrative og kontrollerende funktioner, og for det tredje myndigheder med faste, differentierede funktioner, hvis indehavere blev valgt for et fastsat tidsrum efter bestemte regler. Dertil kom folkedomstolen som juridisk institution. Disse institutioner fik deres endelige form ca. 450 f.Kr. efter en ændringsperiode på 150 år.

Folkeforsamlingen - Ekklesia

Den var hovedinstitutionen i det athenske demokrati; deltagelses-, forslags-, tale- og stemmeret havde i klassisk tid enhver mandlig 20-årig fuldborger, og forsamlingen havde uindskrænkede kompetencer og traf alle beslutninger vedr.

lovgivning, krigserklæringer og fredsslutninger, internationale aftaler, offentlig orden og valget af strateger og skattemestre samt de embedsmænd, der ikke blev valgt gennem lodtrækning. Permanente love kaldtes nomoi, νόμοι, og midlertidige dekreter kaldtes psephismata, ψηφίσματα. Skulle der formuleres nye love, blev der udpeget lovgivere, nomothetai, νομοθέται. Rådet fastlagde dagsordenen, og forslag skulle forberedes af rådet først. Men enhver mandlig borger kunne stille forslag om forberedelse af et afstemningspunkt. Rådet var også ansvarligt for indkaldelse, forløb og ledelse af forsamlingen, som blev indkaldt 40 gange om året; afstemning skete ved håndsoprækning eller hemmeligt med afstemningssedler; et flertal vandt over et mindretal. Fra 400 f.Kr. blev der betalt diæter til alle deltagere, hvoraf de fjernestboende boede 70 km væk fra Athen. Fundamentale beslutninger krævede, at 20% af alle stemmeberettigede, ca. 6.000, var til stede.

De 500's råd - Boulé

Rådet var skabt af Solon som De 400's råd, og blev videreudviklet af Kleisthenes i 508/507 f.Kr. som De 500's råd, og siden Kleisthenes var de mandlige fuldborgere i hele Attika proportionalt ligeligt fordelt, så at alle 30 regioner blev ligeligt repræsenteret. Disse regioner kaldtes trittyes, tredjedele, idet Kleisthenes inddelte Attika i 10 byområder, 10 landområder og 10 kystområder, som blev samlet til 10 fyler, opr. et stammeområde, idet hver fyle nu bestod af 1 by-, 1 land- og 1 kystområde, altså af tre dele. På denne måde blev ingen områder forsømt politisk. Og hver fyle valgte altså 50 mand til rådet gennem lodtrækning. Medlemmerne, bouleutai, sad 1 år i embedet, og rådet mødtes i rådhuset, bouleuterion, for at forberede folkeforsamlingerne, dens forslag og dagsorden, da folkeforsamlingen kun måtte stemme om de af rådet forberedte forslag, probouleumata. Hver fyles repræsentanter ledede rådet som forretningsudvalg, prytani, og regering 1/10 af året med en formand, epistates. I det 4. århundrede blev denne ledelse dog erstattet af kollegium på 9 formænd, prohedroi, fra de prytanier, der ikke lige stod for tilrettelæggelsen. Andre opgaver for rådet var kontrollen med finanserne og overvågningen af embedsmændene, arkonterne.

Embedsposter - archai, og embedsmænd - arkonter

Alle opgaver, der vedrørte hele det athenske borgerskab, skulle derfor varetages af borgere. De offentlige embedsposter, archai, blev fordelt ved lodtrækning, og man varetog embedet 1 år. Embedsmændene, arkonterne, fik løn; der var 600 embedsmænd, udtrukket ved loddet, 100 embedsmænd, der var valgt, de 500 rådsmedlemmer, samt ad hoc opslåede embedsposter, fx de 700 embedsmænd til forvaltning af det Delisk-Attiske Søforbund. Opgaverne var nøje beskrevet, og dertil hørte forvaltningen af kulterne, af hæren, finanserne, retsplejen, politimyndighed og opsynet med torvene og markeder. Rådet og folkeforsamlingen kontrollerede embedsmændene med henblik på embedsmisbrug. Folkeforsamlingen valgte desuden ti generaler, strategoi, στρατηγοί, en for hver fyle, med militær myndighed over hæren og flåden, og de kunne genvælges.

Folkedomstolen - Heliaia

Der fandtes ingen professionelle dommere, men en folkedomstol, heliaia. Siden Solon blev nævningene udpeget gennem lodtrækning. De skulle aflægge ed, heliast-eden, på, at de overholdt lovene, beslutningerne fra folkeforsamling og råd og dømte retfærdigt og upartisk. Siden 450 f.Kr. blev der hvert år udpeget 6000 lønnede nævninge, heliastai, blandt de mandlige, mindst 30-årige fuldborgere, og disse udgjorde folkedomstolen. Afhængig af sagens alvor blev der udpeget 201, 501 eller 1501 og i særdeles vigtige sager alle 6000 nævninge. Efter at partierne havde fremført deres argumenter, fulgte domsafgørelsen ved hemmelig afstemning uden debat.

Potteskårsdomstol - Ostrakismos

Denne form for retspleje var en rest fra tyrantiden. Éngang om året skrev hvert medlem af folkeforsamlingen navnet på en mand, som kunne udvikle sig til en tyran eller som var blevet upopulær, på et potteskår, ostrakon. Den, der fik flest potteskår med sit navn på, måtte forlade polis i op til ti år og gå i eksil.

Det øverste råd – Areopagos

Dette ældgamle magtinstrument af den gamle athenske elite fungerede kun som domstol over liv og død i ekstremt alvorlige sager.

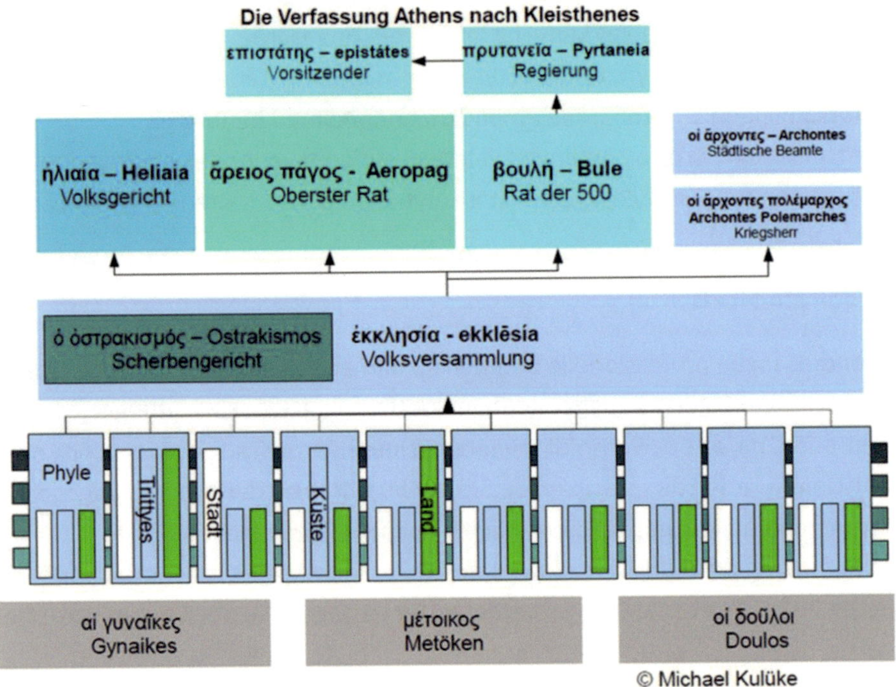

(Origo: https://www.imperium-romanum.info/wiki/index.php?title=Datei:Athen_verfassung_kleisthenes.png). For en god oversigt se også https://da.wikipedia.org/wiki/Det_athenske_demokrati.

Grækenlands officielle religiøse instanser

Præster og præstinder - Hvad er en præst i græsk religion?

(Origo: Robert Garland: *"Priests and Power in Classical Athens"*, in: Mary Beard/John North (eds.): *Pagan Priests*, Duckworth, London 1990, p. 75-91)

En præst, ἱερεύς, var reelt en religiøs embedsmand, en kommunal myndighed, der fulgte offentlighedens regler. Han var en polis-magistrat ligesom en embedsmand inden for lov, ret, finanser og militær. Embedet var 1-årigt, og man blev valgt ved lodtrækning. Når året var gået, skulle man aflægge regnskab og afgive rapport over året over for rådet. Embedet var forbeholdt borgere, ikke slaver eller metøker (= medbeboere, grækere, der kom fra en anden kommune, men havde lov til at arbejde i bopælskommunen mod at betale skat) eller fremmede (= indvandrere). Visse præsteembeder var knyttet til bestemte slægter, i Athen fx Eteoboutaderne, i Eleusis Eumolpiderne og Kerykerne, mens man i Delphi blev udnævnt på livstid. Præsterne, som vi altså snarere skulle kalde religiøse embedsmænd, var uden for deres embede almindelige borgere, der var underkastet rådets og folkeforsamlingens beslutninger.

Opgaver

Den liturgiske rolle under ritualet bestod i, at han var til stede ved ofringer, indviede offerdyrene, påkaldte guden, fremsagde bønner, dræbte dyret, hvis ikke medhjælperen gjorde det; oftest er det dog tempelslagteren, μάγειρος, der gjorde det. Medhjælperne, νεωκόροι, var, som navnet siger, en slags pedeller, der passede tempelbygningen og det hellige område, temenos – τέμενος.
Præsten havde desuden ansvaret for forvaltningen af tempeltjenesten, opsynet med regnskaberne, templets indtægter og udgifter, samt ansvaret for, at de religiøse bestemmelser blev overholdt. Han/hun havde ikke noget ansvar for menigheden, deltagerne, og deres kultiske velbefindende, og der var heller ikke et

krav om, at en præst skulle være til stede ved rites de passage som fødsel, indtræden i de voksnes rækker, bryllup og død. Præsten var ikke moralsk eller åndelig leder for en menighed, men skulle sørge for at overholde den rituelle respekt over for guden ved at varetage de foreskrevne offerhandlinger, der var knyttet til guddommen.
Præsten har aldrig haft en politisk indflydelse på demos' afgørelser, og en præstestilling afholdt ikke bæreren af at deltage i krigshandlinger eller politiske embeder.

Kort oversigt over termini

Hieropoioi - ἱεροποιοί: offerledere, 10 mand i Athen, havde ansvar for 4-års-festerne på Delos og i Brauron; de ledede Eleusis-festerne og de Mindre Panathenaia-fester med ansvar for ofring, offerdyr, festens forløb og opretholdelse af orden under ritualet;
Epimeletai - ἐπιμεληταί: opsynsmænd over visse festers økonomi;
Epistatai - ἐπιστάται: forstandere med finansiel kontrol med kulterne;
Archon basileus - ἄρχων βασιλεύς: denne embedsmand havde overtaget kongens funktion efter kongetidens slut; han ledede de traditionelle riter for ofrene til forfædrene, τὰ πάτρια, mysterierne og Lenaia-festivalen. Han ledede processer om religionsforbrydelser, konflikter om præsteembeder, var ansvarlig for den religiøse kalender.
Archon eponymos - ἄρχων ἐπώνυμος: året benævntes efter ham, han var ansvarlig for byens fester, de store Dionysia, festgesandtskabet til Delos, = theoria, θεωρία, processionen til ære for Asklepios og Zeus Soter samt Thargelia-festen for Apollon Pythios.
Festgesandtskaber var officielle udsendinge fra en polis, der meddelte, hvornår polis afholdt religiøs fest, hvilket åbnede for en våbenstilstandsperiode; derfor disse officielle gesandtskaber. Lederen hed architheoros, ἀρχιθέωρος, og betalte selv omkostningerne, stod altså for en liturgi, leitourgia, λειτουργία. I andre

kommuner hed theoroi pythioi, πύθιοι, demiourgoi, δημιουργοί, theopropoi, θεοπρόποι.
Polemarchos – πολέμαρχος: var ansvarlig for Marathon-festen, afholdt ligfærden for de faldne krigere og offeret for Artemis Agrotera og Enyalios.

Stilling

Præsten formidlede mellem polis og guderne gennem konkrete handlinger; han skulle følge folkeforsamlingens, ἐκκλησία, og rådets, βουλῆ, beslutninger, var altså underlagt folkets kontrol mht. de religiøse bestemmelser, finanser, indførelse af nye kulter samt straf mod religiøse forbrydere; alt dette var et anliggende for rådet og folket.
Han havde lov til at leve ganske normalt, skulle ikke overholde kyskhedskravet, undtagen under den religiøse festlighed, han måtte gerne være gift og skulle ikke bo i helligdommen. Som særlig æresbevisning havde han en særlig plads i teatret på de forreste rækker.
Lønnen bestod i en del af offerdyrenes kød, låret, hovedet, trapezomata, τραπεζώματα, = særligt udvalgte kødstykker, der blev lagt på bordet, τράπεζα, ved siden af alteret samt theomoria, θεομορία, som er gudens del, (men som jo ikke blev spist af guden). Det kød, han ikke kunne spise selv, kunne han sælge på markedet, og det indkomne beløb kunne han lægge til sin indtægt eller lade det indgå i templets pengekasse. Derudover fik han også skindet som en del af sin løn. Lønnen varierede fra naturalier til penge, i Milet fik præsten fx en lille løn, 12 drachmer.

Særlige grupper

Modsat de valgte præster havde eksegeterne viden og kompetence til at afgøre problemer i ritualpraksis. På grund af deres viden om gamle ritualer kunne de afgøre, hvordan en kultpraksis skulle gennemføres korrekt. Om de blev spurgt officielt af demos, er tvivlsomt, så det ser ud til, at de mest blev brugt af private.

Især når det drejede sig om sager vedr. renselse efter et mord, blev de spurgt til råds. Demos havde ingen forpligtigelse til at følge eksegétai's responsa. Chresmologerne – χρησμολόγοι, var fortolkere af orakler, χρησμοί, og varsler, som blev tolket som tegn fra guderne.
En fortolker i Delphi hedder pythochrestos eksegetes, πυθόχρηστος ἐξηγητής. Seere, manteis, μάντεις, tog sig også af orakelsvar, de havde samlinger af dem, og foretog varsler om fremtiden, divination. De blev brugt af private, men også af kommunen, og i militære sammenhænge var det pligt at rådspørge en seer før enhver militær operation. Man skulle bede en seer om at afgive en profeti; hvis han gjorde det, uden at være bedt om det, var det et særtilfælde, som endda skabte et særligt verbum, automatizein, αὐτοματίζειν, uopfordret at afgive en profeti.

Orakler

Ændringer i demos' magt eller autoritet skulle komme udefra, nemlig fra orakler. Således siger Platon, at al religiøs lovgivning står under den delfiske Apollons opsyn, som han beskriver som "fortolker af vore fædres religion" (patrios exegétes, Staten 4, 427bc; Lovene 6, 759c). Manteiai, orakelsvar, blev opbevaret og kunne bruges i sager om brud på patrios nomos, den traditionelle skik og sædvane. Kunne man ikke rådspørge Delphi, var der Dodona med Zeus-oraklet og Ammon, ligeledes et Zeus-orakel, i den libyske ørken. Det var således Dodona-oraklet, der stadfæstede Bendis-kulten i Athen.

Præstens stilling i samfundet

Der var ingen kirke, kun folket, demos, δῆμος, religion i vores forstand fandtes ikke. Der var ingen dogmer, kun en praksis, en korrekt opførsel, ortopraksi, og en individuel attitude.
Det religiøse liv var ikke centraliseret, men delt ud blandt specialister og ikke-specialister. Institution og individ var gensidigt afhængig af hinanden.

Præsten tager sig af hiera, ἱερά, de hellige objekter i helligdommen, de hellige ritualer i kulten, hvor offeret var det vigtigste. Mandlige præster tager sig af mandlige guder, kvindelige præster, ἱέρεια, af kvindelige guder.
Kulterne var ofte slægtsbaserede, idet de blev varetaget af et medlem af en speciel aristokratisk slægt eller klan, genos, γένος. Athene Polias' præstinder kom fra Eteoboutaderne.
Ca. 450 f.Kr. blev det i demokratiets navn muligt for alle borgere at blive religiøse funktionærer eller embedsmænd, og man skulle være i hel stand og ved godt helbred, holokleros, ὁλόκληρος. De var forpligtet på én gud og én helligdom, og præstens autoritet var bundet til den aktuelle kult. Han/hun stod isoleret, ikke forenet i kollegier, som det var tilfældet i Rom.

Demos

Den demokratiske revolution fra ca. 462 f.Kr. i Athen søgte og fik mere og mere kontrol med kulterne, hvad enten de var baseret på slægter, eller phratrier (= loger, broderskaber, interessegrupper). De gamle aristokratiske klaner eller grupperinger mistede mere og mere magt til demos, folket.
Det offentlige kontrollerede også det religiøse domæne på tre områder:
1. når en ny kult skulle optages i byen, fx den thrakiske gudinde Bendis 420 f.Kr. og Asklepios i Epidaurus 420 f.Kr. Ekklesia afgav et psephisma, ψήφισμα, en byrådsbeslutning om den;
Bendis-kulten blev autoriseret gennem et orakel fra Zeus i Dodona, egetræsoraklet. Her er det vigtigt at lægge mærke til, at
a) orakler havde forskellig autoritativ status,
b) orakler blev kun givet efter en forespørgsel,
c) polis havde fuld kontrol med udførelsen af orakelsvaret;

2. kontrol med kultens finanser, løn til præsterne og opsyn med helligdommens rigdom. I den 2. halvdel af 5. årh. blandede staten sig mere og mere i kultens

finanser. Det ser ud til, at ekklesia, folkeforsamlingen, havde mere autoritet end rådet i religiøse sager.

3. Religiøse forbrydelser af 4 slags:
a) dårlig opførsel på religiøse festivaler,
b) tyveri af templets ejendomme,
c) asebi - ἀσέβεια – krænkelse af etableret religiøs skik og brug,
d) ateisme.

Kvindelige præsteskaber

Der er en modsætning mellem kvindens almindelige status og hendes deltagelse i visse præsteskaber. Sådan havde Athena Polias' præstinde den vigtigste præstestilling i byen. Hun informeredes om ankomsten af de hellige objekter, τὰ ἵερα, til byen fra Eleusis under de Store Mysterier. Hun havde opsyn med arrephorerne, med ritualerne til Kallynteria og Plynteria og valgtes af Eteoboutade-slægten på livstid i Athen. I Eleusis var hun Demeters og Kores præstinde og ved siden af hierophanten den vigtigste person i templet. Her valgtes hun af Philleide-slægten, stod for den økonomiske forvaltning, ledede Haloa og spillede også en rolle ved Thesmophoria.

Præstinder havde samme rettigheder og pligter som præster: de blev valgt årligt eller gennem lodtrækning og skal aflægge regnskab for embedsåret og kunne være eponyme, dvs. lægge navn til året; de havde prohedria, en æresplads på stadion og i teatret; Demeters præstinde i Eleusis og Athena Polias' præstinde i Athen var dog valgt for livstid; se IG II 4704, 3586, 3559.

Tekster

Platon: Leges 759a-760a – Love om præster

[759α] Ἀθηναῖος:

λέγωμεν δὴ τοῖς μὲν ἱεροῖς νεωκόρους τε καὶ ἱερέας καὶ ἱερείας δεῖν γίγνεσθαι: ὁδῶν δὲ καὶ οἰκοδομιῶν καὶ κόσμου τοῦ περὶ τὰ τοιαῦτα, ἀνθρώπων τε, ἵνα μὴ ἀδικῶσιν, καὶ τῶν ἄλλων θηρίων, ἐν αὐτῷ τε τῷ τῆς πόλεως περιβόλῳ καὶ προαστείῳ ὅπως ἂν τὰ προσήκοντα πόλεσιν γίγνηται, ἑλέσθαι δεῖ τρία μὲν ἀρχόντων εἴδη, περὶ μὲν τὸ νυνδὴ λεχθὲν ἀστυνόμους ἐπονομάζοντα, τὸ δὲ περὶ ἀγορᾶς κόσμον ἀγορανόμους. ἱερῶν δὲ ἱερέας, οἷς μέν εἰσιν πάτριαι [759β] ἱερωσύναι καὶ αἷς, μὴ κινεῖν: εἰ δέ, οἷον τὸ πρῶτον κατοικιζομένοις εἰκὸς γίγνεσθαι περὶ τὰ τοιαῦτα, ἢ μηδενὶ ἤ τισιν ὀλίγοις, οἷς μὴ καθεστήκοι καταστατέον ἱερέας τε καὶ ἱερείας νεωκόρους γίγνεσθαι τοῖς θεοῖς. τούτων δὴ πάντων τὰ μὲν αἱρετὰ χρή, τὰ δὲ κληρωτὰ ἐν ταῖς καταστάσεσι γίγνεσθαι, μειγνύντας πρὸς φιλίαν ἀλλήλοις δῆμον καὶ μὴ δῆμον ἐν ἑκάστῃ χώρᾳ καὶ πόλει, ὅπως ἂν μάλιστα ὁμονοῶν εἴη. τὰ μὲν οὖν τῶν ἱερέων, τῷ θεῷ ἐπιτρέποντα αὐτῷ τὸ κεχαρισμένον [759ξ] γίγνεσθαι, κληροῦν οὕτω τῇ θείᾳ τύχῃ ἀποδιδόντα, δοκιμάζειν δὲ τὸν ἀεὶ λαγχάνοντα πρῶτον μὲν ὁλόκληρον καὶ γνήσιον, ἔπειτα ὡς ὅτι μάλιστα ἐκ καθαρευουσῶν οἰκήσεων, φόνου δὲ ἁγνὸν καὶ πάντων τῶν περὶ τὰ τοιαῦτα εἰς τὰ θεῖα ἁμαρτανομένων αὐτὸν καὶ πατέρα καὶ μητέρα κατὰ ταὐτὰ βεβιωκότας. ἐκ Δελφῶν δὲ χρὴ νόμους περὶ τὰ θεῖα πάντα κομισαμένους καὶ καταστήσαντας ἐπ᾽ αὐτοῖς ἐξηγητάς, [759δ] τούτοις χρῆσθαι. κατ᾽ ἐνιαυτὸν δὲ εἶναι καὶ μὴ μακρότερον τὴν ἱερωσύνην ἑκάστην, ἔτη δὲ μὴ ἔλαττον ἑξήκοντα ἡμῖν εἴη γεγονὼς ὁ μέλλων καθ᾽ ἱεροὺς νόμους περὶ τὰ θεῖα ἱκανῶς ἁγιστεύσειν: ταὐτὰ δὲ καὶ περὶ τῶν ἱερειῶν ἔστω τὰ νόμιμα. τοὺς δὲ ἐξηγητὰς τρὶς φερέτωσαν μὲν αἱ τέτταρες φυλαὶ τέτταρας, ἕκαστον ἐξ αὑτῶν, τρεῖς δέ, οἷς ἂν πλείστη γένηται ψῆφος, δοκιμάσαντας, ἐννέα πέμπειν εἰς Δελφοὺς ἀνελεῖν ἐξ ἑκάστης τριάδος ἕνα: τὴν δὲ δοκιμασίαν αὐτῶν [759ε] καὶ τοῦ χρόνου τὴν ἡλικίαν εἶναι καθάπερ τῶν ἱερέων. οὗτοι δὲ ἔστων ἐξηγηταὶ διὰ βίου: τὸν δέ γε λιπόντα

προαιρείσθωσαν αἱ τέτταρες φυλαὶ ὅθεν ἂν ἐκλίπῃ. ταμίας δὲ δὴ τῶν τε ἱερῶν χρημάτων ἑκάστοις τοῖς ἱεροῖς καὶ τεμενῶν καὶ καρπῶν τούτων καὶ μισθώσεων κυρίους αἱρεῖσθαι μὲν
[760α] ἐκ τῶν μεγίστων τιμημάτων τρεῖς εἰς τὰ μέγιστα ἱερά, δύο δ᾽ εἰς τὰ σμικρότερα, πρὸς δὲ τὰ ἐμμελέστατα ἕνα: τὴν δὲ αἵρεσιν τούτων καὶ τὴν δοκιμασίαν γίγνεσθαι καθάπερ ἡ τῶν στρατηγῶν ἐγίγνετο. καὶ τὰ μὲν αὖ περὶ τὰ ἱερὰ ταῦτα γιγνέσθω.
(Origo: http://www.perseus.tufts.edu/hopper/text?doc=Perseus%3Atext%3A1999.01.0165%3Abook%3D6%3Apage%3D759)

Platon: Lovene 759a-760a

759a. Lad os altså bestemme, at tempeltjenere, præster og præstinder skal udnævnes til varetagelse af tempeltjenesterne. For gaderne og de offentlige bygninger og varetagelsen af dem, for menneskene, for at de ikke begår uret, og også for de andre skabninger, og for at der kan bestå passende ordninger mht. selve byens areal og forstaden, skal man udnævne tre slags myndigheder, idet man kalder dem, der har ansvar for det lige nævnte, for byopsynsmænd (astynomos), og dem, der har ansvaret for markedspladserne, for markedsopsynsmænd (agoranomos).

759b. Men hvad angår tempelpræsterne, skal man ikke lave forandringer, når det drejer sig om arvelige præsteskaber for præster og præstinder; men når det, hvad der er sandsynligt, er tilfældet i ny grundlagte byer, at der ikke findes nogen eller kun få, så gælder det om for de templer, hvor der ikke er nogen (arvelige præsteskaber), at ansætte præster og præstinder som opsynsmænd for guderne. Ansættelserne af alle disse personer skal dels ske gennem valg, dels gennem lodtrækning, hvorved man i hver del af landet og byen blander kommunens borgere og ikke-borgere for velviljens skyld, for at der kan herske den største enighed. Mht. tempeltjeneste sømmer det sig at overlade det til guden selv, at det, der er ham kært, sker,

759c. og at overlade det til det guddommelige forsyn gennem lodtrækningen, men så hver gang at undersøge den, der bliver udvalgt gennem loddet, for det første om han er ramt af en lidelse og er af ægte afstamning, dernæst at undersøge, om hans bolig ikke er blevet krænket af en forbrydelse eller han selv gennem et mord eller en lignende forbrydelse mod gudernes love har besmittet sig selv, og til sidst at hans far og mor har ført et pletfrit liv. Man må desuden hente alle love fra Delphi, der relaterer til det guddommelige, etablere fortolkere af dem og bruge dem.

759d. Varigheden af hvert præsteembede skal strække sig over et år og ikke længere; men ikke under 60 år må den være, som er bestemt til ifølge de hellige love i tilstrækkeligt omfang at udføre de ritualer, som relaterer til det guddommelige. De samme lovforskrifter skal også gælde for præstinderne. Men fire fyler kan, hver for sig ud af deres midte, vælge tre gange fire fortolkere, og efter at de har undersøgt de tre, som flertallet har bestemt sig for, skal de sende ni til Delphi, for at ud af hver tre en kan blive udpeget af oraklet. Men undersøgelsen af dem og deres alder skal være den samme som for præsterne.

759e. Men disse forbliver fortolkere på livstid, og de fire fyler, som han, der blev fravalgt, stammer fra, skal foretrække ham. Til forvaltere, som skal råde over de hellige summer for hvert tempel, de hellige områder, frugthøsten, og pagtafgifterne af de samme, skal man vælge fra den første formueklasse

760a. for de største templer tre, for de mindre to og en for de mest beskedne. Valget og undersøgelsen af dem skal ske, sådan som den fandt sted for generalerne. Lad dette blive fulgt med hensyn til de religiøse ritualer.

Aristoteles: Politeia Athenaion 57 – Embedsmændenes funktioner

[1] καὶ ὁ μὲν ἄρχων ἐπιμελεῖται τούτων. ὁ δὲ βασιλεὺς πρῶτον μὲν μυστηρίων ἐπιμελεῖται μετὰ τῶν ἐπιμελητῶν ὧν ὁ δῆμος χειροτονεῖ, δύο μὲν ἐξ Ἀθηναίων ἁπάντων, ἕνα δ᾽ ἐξ Εὐμολπιδῶν, ἕνα δ᾽ ἐκ Κηρύκων. ἔπειτα Διονυσίων τῶν ἐπὶ Ληναίῳ: ταῦτα δέ ἐστι πομπή τε καὶ ἀγών. τὴν μὲν οὖν πομπὴν κοινῇ πέμπουσιν ὅ τε βασιλεὺς καὶ οἱ ἐπιμεληταί, τὸν δὲ ἀγῶνα διατίθησιν ὁ βασιλεύς. τίθησι δὲ καὶ τοὺς τῶν λαμπάδων ἀγῶνας ἅπαντας: ὡς δ᾽ ἔπος εἰπεῖν καὶ τὰς πατρίους θυσίας διοικεῖ οὗτος πάσας.
[2] γραφαὶ δὲ λαγχάνονται πρὸς αὐτὸν ἀσεβείας, κἄν τις ἱερωσύνης ἀμφισβητῇ πρός τινα. διαδικάζει δὲ καὶ τοῖς γένεσι καὶ τοῖς ἱερεῦσι τὰς ἀμφισβητήσεις τὰς ὑπὲρ τῶν ἱερῶν ἁπάσας οὗτος. λαγχάνονται δὲ καὶ αἱ τοῦ φόνου δίκαι πᾶσαι πρὸς τοῦτον, καὶ ὁ προαγορεύων εἴργεσθαι τῶν νομίμων οὗτός ἐστιν.
[3] εἰσὶ δὲ φόνου δίκαι καὶ τραύματος, ἂν μὲν ἐκ προνοίας ἀποκτείνῃ ἢ τρώσῃ, ἐν Ἀρείῳ πάγῳ, καὶ φαρμάκων, ἐὰν ἀποκτείνῃ δούς, καὶ πυρκαϊᾶς: ταῦτα γὰρ ἡ βουλὴ μόνα δικάζει. τῶν δ᾽ ἀκουσίων καὶ βουλεύσεως, κἂν οἰκέτην ἀποκτείνῃ τις ἢ μέτοικον ἢ ξένον, οἱ ἐπὶ Παλλαδίῳ. ἐὰν δ᾽ ἀποκτεῖναι μέν τις ὁμολογῇ, φῇ δὲ κατὰ τοὺς νόμους, οἷον μοιχὸν λαβών, ἢ ἐν πολέμῳ ἀγνοήσας, ἢ ἐν ἄθλῳ ἀγωνιζόμενος, τούτῳ ἐπὶ Δελφινίῳ δικάζουσιν: ἐὰν δὲ φεύγων φυγὴν ὧν αἴδεσίς ἐστιν, αἰτίαν ἔχῃ ἀποκτεῖναι ἢ τρῶσαί τινα, τούτῳ δ᾽ ἐν Φρεάτου δικάζουσιν, ὁ δ᾽ ἀπολογεῖται προσορμισάμενος ἐν πλοίῳ.
[4] δικάζουσι δ᾽ οἱ λαχόντες ταῦτ᾽ ἐφέται πλὴν τῶν ἐν Ἀρείῳ πάγῳ γιγνομένων, εἰσάγει δ᾽ ὁ βασιλεύς, καὶ δικάζουσιν ἐν ἱερῷ καὶ ὑπαίθριοι, καὶ ὁ βασιλεὺς ὅταν δικάζῃ περιαιρεῖται τὸν στέφανον. ὁ δὲ τὴν αἰτίαν ἔχων τὸν μὲν ἄλλον χρόνον εἴργεται τῶν ἱερῶν, καὶ οὐδ᾽ εἰς τὴν ἀγορὰν νόμος ἐμβαλεῖν αὐτῷ. τότε δ᾽ εἰς τὸ ἱερὸν εἰσελθὼν ἀπολογεῖται. ὅταν δὲ μὴ εἰδῇ τὸν ποιήσαντα, τῷ δράσαντι λαγχάνει, δικάζει δ᾽ ὁ βασιλεὺς καὶ οἱ φυλοβασιλεῖς, καὶ τὰς τῶν ἀψύχων καὶ τῶν ἄλλων ζῴων.

(Origo: http://www.perseus.tufts.edu/hopper/text?doc=Perseus%3Atext%3A1999.01.0045%3Achapter%3D57%3Asection%3D4)

Aristoteles: Athenæernes stat 57

1. Archonten tager sig altså af disse anliggender. Basileus er først ansvarlig for mysterierne sammen med opsynsmændene, som folket vælger gennem håndsoprækning, to mand som repræsentanter for alle Athens borgere, en fra Eumolpiderne og en fra Kerykerne. Derudover er han ansvarlig for den lenæiske dionysosfest, hvor der finder en procession og en (dramatisk) konkurrence sted. Basileus og opsynsmændene sætter sammen processionen i gang, mens basileus leder konkurrencen alene. Han organiserer også alle fakkelløb. Så at sige forvalter han også alle traditionelle offerritualer.

2. Anmeldelser af religiøse forseelser bliver forelagt ham i en rækkefølge, betinget af loddet, og også anmeldelser, når nogen konkurrerer med en anden om et præsteembede. Han afgør også alle stridigheder om de religiøse rettigheder mellem slægterne og præsterne. Alle mordsager tilfalder ham i en rækkefølge, betinget af loddet, og det er ham, der udelukker anklagede fra borgerrettighederne.

3. Processer vedr. mord og vold, når nogen med forsæt har dræbt eller såret en anden, foregår for Areopagos-domstolen, ligeledes processer vedr. giftmord og brandstiftelse; kun sådanne sager forhandler rådet (på Areopagos). Processer vedr. uforsætligt drab, mordforsøg eller drab på en slave eller en metøk eller en udlænding (afgør) dommerne på Palladion. Hvis nogen indrømmer et drab, men påstår at have handlet efter lovene, når han har grebet en horkarl in flagranti eller ikke har genkendt (en medborger) i krig, eller har deltaget i en sportskonkurrence, forhandler man sagen i Delphinion; hvis nogen lever i eksil pga. forbrydelser, der er soningsmulige, og han bliver anklaget for at have dræbt eller såret en anden,

afgør man sagen i Phreatos' helligdom; han forsvarer sig fra en båd, der ligger for anker.

4. De mænd, som får tildelt disse sager ved lod, forhandler dem, undtagen de sager, som bliver forhandlet foran Areopagos-domstolen; basileus bringer sagerne for retten, og (nævningene sidder) på et helligt sted og under åben himmel; og når basileus leder en proces, lægger han sin krans. Anklagede bliver, mens sagen står på, holdt borte fra helligdommene og må ikke engang betræde markedspladsen. Men så (under forhandlingen) betræder han alligevel helligdommen og forsvarer sig. Hvis (anklageren) ikke kender gerningsmanden, rejser han en dag, bestemt ved loddet, anklage mod en (ukendt) gerningsmand. Basileus og phylekongerne afgør processerne om livløse genstande og dyr.

Dittenberger: Sylloge[3] nr. 1157 - Lov om Demetrias Poliorketes ved den pagasaeiske golf, fra 1. årh. f.Kr.

I a

ἱερέως Κρίνωνος τοῦ Παρμενίωνος, μηνὸς Ἀρείου δεκάτηι, Κρίνων Παρμενίωνος Ὁμολιεὺς ὁ ἱερεὺς τοῦ Διὸς τοῦ Ἀκραίου καὶ Διονυσόδωρος Εὐφραίου Αἰολεὺς ὁ στρατηγὸς τῶν Μαγνήτων καὶ οἱ στρατηγοὶ Αἰτωλίων Δημητρίου Παγασίτης, Κλεογένης Ἀμύντου Ἀλεύς, Μένης Ἱππίου Αἰολεύς, καὶ οἱ νομοφύλακες Μενέλαος Φιλίππου Ἰώλκιος, Αἰνίας Νικασιβούλου, Ἀλέξανδρος Μενίσκου Σπαλαυθρεῖς καὶ Μένανδρος Νικίου Κοροπαῖος εἶπαν· ἐπεὶ τῆς πόλεως ἡμῶν καὶ πρὸς τοὺς ἄλλους μὲν θεοὺς εὐσεβῶς διακειμένης, οὐχ ἥκιστα δὲ καὶ πρὸς τὸν Ἀπόλλωνα τὸν Κοροπαῖον, καὶ τιμώσης ταῖς ἐπιφανεστάταις τιμαῖς διὰ τὰς εὐεργεσίας τὰς ὑπὸ τοῦ θεοῦ, προδηλοῦντος διὰ τοῦ μαντείου καὶ κατὰ κοινὸν καὶ κατ' ἰδίαν ἑκάστῳ περὶ τῶν πρὸς ὑγίεια[ν] καὶ σωτηρίαν ἀνηκόντω(ν), δίκαιον δέ ἐστιν καὶ καλῶς ἔχον, ὄντος ἀρχαίου τοῦ μαντείου καὶ προτετιμημένου διὰ προγόνων, παραγινομένων δὲ καὶ ξένων πλείονων ἐπὶ τὸ χρηστήριον, ποιήσασθαί τινα πρόνοιαν ἐπιμελεστέραν τὴν πόλιν περὶ τῆς κατὰ τὸ μαντῆον εὐκοσμίας, δεδόχθαι τῇ βουλῇ καὶ τῶι δήμωι, ὅταν συντελῆται τὸ μαντῆον πορεύεσθαι τόν τε ἱερέα τοῦ Ἀπόλλωνος τὸν εἱρημένον ὑπὸ τῆς πόλεως, καὶ τῶν στρατηγῶν καὶ νομοφυλάκων ἀφ' ἑκατέρας ἀρχῆς ἕνα, καὶ πρύτανιν ἕνα καὶ ταμίαν, καὶ τὸν γραμματέα τοῦ θεοῦ καὶ τὸν προφήτην˙ ἐὰν δέ τις τῶν προγεγραμμένων ἀρρωστῇ ἢι ἐγδημῇ, ἕτερον πεμψάτω˙ καταγραψάτωσαν δὲ οἱ στρατηγοὶ καὶ οἱ νομοφύλακες καὶ ῥαβδούχους ἐκ τῶν πολιτῶν ἄνδρας τρεῖς (μὴ) νεωτέρους ἐτῶν τριάκοντα, οἵ καὶ ἐχέτωσαν ἐξουσίαν κωλύειν τὸν ἀκοσμοῦντα˙ διδόσθω δὲ τῷ ῥαωδούχωι ἐκ τῶν λογευθησομένων χρημάτων ὀψώνιον ἡμερῶν δύο, τῆς ἡμέρας ἑκάστης δραχμὴ μ(ί)α. ἐὰν δέ τις (τῶν) καταγραφέντων εἰδὼς μὴ παραγένηται, ἀποτεισάτω τῆι πόλει δραχμὰς παραγραψάντων αὐτὸν τῶν στρατηγῶν καὶ νομοφυλάκων. ὅταν δὲ παραγένωνται οἱ προειρημένοι ἐπὶ τὸ μαντεῖον καὶ τὴν θυσίαν ἐπιτελέσωσι κατὰ τὰ πάτρια καὶ καλλιερήσωσιν, ὁ γραμματεὺς τοῦ θεοῦ ἀποδεξάσθω ἐξ αὐτῆς τὰς ἀπογραφὰς τῶν βουλεμένων χρηστηριασθῆναι καὶ πάντα<ς> ἀναγράψας τὰ ὀνόματα εἰς λεύκωμα παραχρῆμα προθέτω τὸ λεύκωμα πρὸ τοῦ ναοῦ καὶ εἰσαγέτω κατὰ τὸ ἑξῆς ἑκάστης ἀναγραφῆς ἀνακαλούμενος, εἰ μή τισιν συγκεχώρηται πρώτοις εἰσιέναι. ἐὰν δὲ ὁ ἀνακληθεὶς μὴ παρῇ, τὸν ἐχόμενον εἰσαγέτω, ἕως ἂν παραγένηται ὁ ἀνακληθείς. καθήσθωσαν δὲ οἱ προγεγραμμένοι ἐν τῶι ἱερῶι κοσμίως ἐν ἐσθῆσιν λαμπραῖς, ἐστεφανωμένοι στεφάνοις δαφνίνοις, ἁγνεύοντες καὶ νήφοντες καὶ ἀποδεχόμενοι τὰ πινάκια παρὰ τῶν μαντευομένων˙ ὅταν δὲ συντελεσθῇ τὸ μαντεῖον, ἐμβαλόντες εἰς ἀγγεῖον κατασφραγισάσθωσαν τῇ τε τῶν στρατηγῶν καὶ νομοφυλάκων σφραγῖδι, ὁμοίως δὲ καὶ τῆι τοῦ ἱερέως, καὶ ἐάτωσαν μένειν ἐν τῶι ἱερῶι˙ ἅμα δὲ τῆι ἡμέραι ὁ γραμματεὺς τοῦ θεοῦ προσενέγκας τὸ ἀγγεῖον καὶ ἐπιδείξας τοῖς προειρημένοις τὰς σφραγῖδας ἀνοιξάτω καὶ ἐκ τῆς ἀναγραφῆς ἀνακαλῶν ἑκάστοις ἀποδιδότω τὰ πινά[κια- -τοὺ]ς χρησμοὺς Λ--_ _

Dittenberger: Sylloge[3] nr. 1157 - Lov om Demetrias Poliorketes ved den pagasaeiske golf, fra 1. årh. f.Kr.

1 a

I året for præsten Krinon, søn af Parmenion, på den 10. dag i måneden Areios stillede Krinon, Parmenions søn, fra Homolion, præst for Zeus Akraios, og Dionysodoros, søn af Euphraios fra Aiolien, strateg for Magneterne samt strategerne Aitolion, Demetrios' søn fra Pagasai, Kleogenes, Amyntas' søn fra Hale, Menes, Hippios' søn fra Aiole, og lovvogterne Menelaos, Philippos's søn fra Iolkos, Ainias, Nikasiboulos' søn, Aleksandros, Meniskos' søn fra Spalauthrai og Mendros, Nikias' søn fra Korope følgende forslag:
Da vores by respekterer både andre guder og ikke mindst Apollon fra Korope og har vist ham den største respekt på grund af de velgerninger, som guden viser byen, idet han gennem sit orakel såvel i offentlige anliggender som i private viser hver enkelt den rette vej, hvad angår hans sundhed og velstand; da det altså er retfærdiggjort og passende, især da oraklet er gammelt og holdt højt i ære gennem vores forfædre og der også er mange fremmede, der henvender sig til oraklet, at byen udviser større forudseenhed med en værdig vedligeholdelse af oraklet; at det må blive besluttet af rådet og folket, at, hver gang der finder en økonomisk tildeling til oraklet sted, den af folket valgte Apollonpræst og af strategerne og lovvogterne en hver af disse to myndigheder samt en af prytanerne og skattemesteren og gudens sekretær og fortolkeren begiver sig derhen. Hvis en af de førnævnte er syg eller bortrejst, skal han sende en anden. Strategerne og lovvogterne skal også bestille stokkebærere, tre mænd af borgerne under 30 år, som skal have ret til at straffe den, der ikke opfører sig ordentligt. Der skal gives stokkebæreren af de penge, der skal samles ind, løn for to dage, for hver dag 1 drachme. Hvis en af de bestilte stokkebærere ikke dukker op forsætligt, skal han betale det antal drachmer, som strategerne og lovvogterne pålægger ham. Når de førnævnte er til stede ved oraklet og har foretaget offeret efter de

fædrene traditioner og det er sket med positivt resultat, så skal gudens sekretær efter offeret udfærdige en liste over de personer, der vil spørge oraklet til råds, og når han har skrevet alles navne på en hvid tavle, skal han stille tavlen foran templet og kalde dem op i rækkefølge efter listen og sende dem ind, medmindre det er tilladt nogen at træde ind som de første. Hvis den, der er kaldt op, ikke er til stede, skal han føre den næste ind, indtil den, der er kaldt op, møder frem. I helligdommen skal de førnævnte sidde værdigt i festlige klæder, bekranset med laurbærkranse, rene og ædru, og skal modtage tavlerne med spørgsmål fra dem, der spørger oraklet til råds. Såsnart besvarelsen fra oraklets side begynder, skal de kaste tavlerne i en krukke og forsegle det med strategernes og lovvogternes segl, og ligeledes med præstens segl, og lade de spørgende være i templet; ved daggry skal gudens sekretær bringe krukken, vise de førnævnte seglene, åbne den og efter at have kaldt navnet op efter etiketten, give hver enkelt tavlen tilbage. ...

I b c

_ ασε[_ _˙ οἱ δὲ ῥαβδοῦ]χοι προνοείσθωσαν τῆς εὐκοσμίας ὅταν δὲ ἡ̣ ἔν[ν]ομ[ος ἐκκλη]σία ἐν τῶι Ἀφροδισιῶνι μηνί, πάντων πρῶτον οἱ ἐξετασταὶ ὁρκιζ[έτω]σαν ἐναντίον τοῦ δήμου τοὺς προειρημένους ἄνδρας τὸ[ν ὑπογε]γραμμένον ὅρκον˙ ὀμνύω Δία Ἀκραῖον καὶ τὸν Ἀπόλλω[να] τὸν Κοροπαῖον καὶ τὴν Ἄρτεμιν τὴν Ἰωλκίαν καὶ τοὺς ἄλ[λου]ς θεοὺς πάντας καὶ πάσας ἐπιτετελεκέναι ἕξαστα καθά[περ] ἐν τῶι ψηφίσματι διασαφεῖται τῶι κεκυρωμένωι περὶ τοῦ [μα]ντείου ἐφ' ἱερέως Κρίνωνος τοῦ Παρμενίωνος'. καὶ ἐὰν ὀμόσ[ω]σιν, ἔστωσαν ἀθῶιοι˙ ἐὰν δέ τις μὴ ὀμόσηι, ὑπόδικος ἔσ[τ]ω τοῖς ἐξε[τασ]ταῖς καὶ ἄλλωι τῶι βουλομένῳ τῶν πολιτῶν [καὶ π]ερὶ τούτου (τοῦ) ἀδικήματος, καὶ ἐὰν οἱ ἐξετασταὶ δὲ μὴ ποιή[σωσί]ν τι τῶν προγεγραμμένων, ὑπεύθυνοι ἔστωσαν τοῖς μετ[ὰ τ]αῦτα ἐξετασταῖς καὶ ἄλλωι τῶι βουλομένωι. ἵνα δὲ ἐπιτελῆται διὰ παντὸς τὰ δεδογμένα, διαπαραδιδόναι τόδε τὸ ψήφισμα τοὺς <δε> κατ' ἐνιαυτὸν αἱρουμένους στατηγοὺς καὶ νομοφύλακας τοῖς μετὰ ταῦτα κατασταθησομένοις ἄρχ[ο]υσιν. ἀναγραφῆναι δὲ καὶ τοῦ ψηφίσματος τὸ ἀντίγραφον εἰς [κί]ονα λιθίνην γενομένης τῆς ἐγδόσεως διὰ τῶν τειχοπ[οιῶ]ν, ἣν καὶ ἀνατεθῆναι ἐν τῶι ἱερῶι τοῦ Ἀπόλλωνος τοῦ [Κ]οροπαίου.

(Origo: W. Dittenberger: Sylloge inscriptionum graecarum, nunc quartum edita, vol. 1-3, Hildesheim (Olms) 1960, unveränd. Nachdr. der 3. Aufl., Leipzig 1915)

1 b c

Stokkebærerne skal drage omsorg for ro og orden; når den lovmæssige folkeforsamling finder sted i måneden Aphrodision, skal først af alt undersøgerne i tilstedeværelse af folket tage de førnævnte mænd i ed med følgende ord: " Jeg sværger ved Zeus fra Akra og ved Apollon fra Korope og ved Artemis fra Iolkos og ved alle andre guder og gudinder, at jeg har fuldført alt sådan som det er bestemt i beslutningen, som gennem oraklet er trådt i kraft i året for præsten Krinon, søn af Parmenion." Når de har aflagt denne ed, skal de være fritaget for ansvar. Hvis der er nogen, der ikke sværger, skal undersøgerne og enhver borger, som ønsker det, være berettiget til at rejse anklage mod ham pga. denne uretmæssighed. Hvis undersøgerne undlader at gøre noget af de foreskrevne bestemmelser, skal de stå til ansvar over for deres efterfølgere i embedet og enhver anden, der ønsker det. For at beslutningerne skal blive fuldført til alle tider, skal de ti strateger, der bliver valgt hvert år, og lovvogterne stedse overdrage denne beslutning til de embedsmænd, der er udnævnt efter dem. Og så skal, når licitationen af anlægsarbejderne udføres af de byggesagkyndige, kopien af denne ed indskrives på en stensøjle, som skal opstilles i Apollons helligdom i Korope.

Festkalenderen

Byens religion viser sig tydeligst i festerne; her mødes myte og ritual. Funktionerne er mangfoldige; det kunne være en definition af en selv; athenienserne definerer sig gennem Panathenaia, ionierne gennem Apatouria, grækerne gennem Olympia; derudover strukturerer højtiderne tiden, år og måned, nytår og årets afslutning. Fuldmåne er et vigtigt skel midt i måneden: før den ligger glade fester, efter den sørgmodige fester. Fester former billedet af guddommen; bestemte myter aktiveres, ritualer farver bestemte træk ved højtiden, fx valg af offerdyr og udvalg af deltagere. Navne på fester nedstammer ofte fra ritualer, fx Plynteria, Thargelia og Skira, Πλυντήρια, Θαργήλια, Σκίρα, eller fra gudenavne.

Festerne relaterer ofte til hinanden og kan ikke ses isoleret; der er struktursløgtskab mellem dem; den attiske nytårscyklus finder vi i månederne Thargelion, Skirophorion og Hekatombaion; de fire attiske Dionysos-fester danner ligeledes en cyklus: i Posideon har man de landlige Dionysia, i Gamelion er der Lenaia, i Anthesterion er der Anthesteria, og i Elaphebolion finder vi de Store Dionysia, byfesten. Polis' fester giver månederne navne, ikke guderne. Allerede i mykensk tid havde man dette system. Placeringen af nytår er specifik for hver polis. Udformningen af kalenderen hører til tidlig arkaisk tid ligesom alle andre offentlige institutioner (se Catherine Trümpy: *Untersuchungen zu den altgriechischen Monatsnamen und Monatsfolgen*, Heidelberg 1997). Ud over polis som ophav til fester er der fratrierne, slægtsforbund, γένη, der senere bliver til politiske forbund samt landsbyerne, κῶμαι, og landdistrikter, δῆμοι; i Athen er det bydistrikter, der afholder deres egne fester. Således er der attiske deme-fester i offerkalenderne, fx Demos Erchia LSCG 18; offerkalenderne giver et indblik i, hvilke offerdyr der må indkøbes til hvilken pris og hvad der ellers er af udgifter.

Typer af fester

Offerhøjtid

Det er en fest til ære for byens skytsgud/-gudinde med et offer til guddommen, der indledes med en procession og afsluttes med et festmåltid og måske en konkurrence, en agon. Borgerne præsenterer sig som et fællesskab, et bysamfund.

Opløsningshøjtid

Opløsning skal her forstås metaforisk, idet der ved sådan en højtid gennemspilles en midlertidig omvending og opløsning af polis' orden og samfundsstruktur. Det er i Grækenland de dionysiske fester med gudens indtog og ekstatiske følgere, satyrer og mænader, der symboliserer samfundsordenens modstruktur i nogle dage; tegn på det er fremhævelse af dødeverdenen, fx Anthesteria-højtiden, af seksualiteten, fx gennem phallophori, en kæmpefallos bæres med under processionen, af refleksionen over livets vilkår, fx gennem tragedieopførelser (se Victor Turner: *The Ritual Proces. Structure and Antistructure*, Ithaca-London 1969). Et andet eksempel er Hyakinthia, en af Spartas hovedhøjtider, som opløsnings- og nytårsfest (se Athenaios: Bibliotheke 4, 139 D-F), der varer tre dage og er et sørgeritual for Hyakinthos, en heros, som Apollon elskede; selve myten er ny i historisk tid og stammer fra 400-tallet f.Kr., men selve Hyakinthos er opr. en vegetationsgud, der symboliserer årstidernes vekslen.

Renselsesfest

En renselseshøjtid består i afklædning, vask og fornyet påklædning af kultstatuen og dens klædedragt; renselsen er fornyelsen og klargøring til et nyt år, fx Plynteria. Den mest radikale form for renselsesritual er farmakos-ritualet, hvor samfundets forurening af den ene eller anden slags pålægges en person, der betragtes som outsider, som derefter drives ud af polis symbolsk, fx Thargelia.

Fornyelsesfest

Denne højtid indgår i en nytårscyklus, hvor ilden fra det gamle år slukkes, og den nye ild tændes for det nye år; den symboliserer en fornyelse af samfundsordenen.

Kvindefester

Højtiden ledes af kvinder og sigter mod at fremme frugtbarheden for kvinder og for kornet. Den gælder kvinderne, fordi den biologiske kontinuitet i samfundet og af madforsyningerne skal sikres. Fx er Thesmoforiefesten i Athen forbeholdt gifte kvinder, der bor i løvhytter, σκηναί, og sover på lejer af grene, στιβάδες, og der ofres pattegrise som takoffer, χαριστήριον, der begraves under jorden; de bliver ikke spist eller brændt. Højtiden bringer et tidligere kulturtrin tilbage, ophæver nutiden for tre dage; man starter så at sige forfra. (Se H.S. Versnel: *"The festival for Bona Dea and the Thesmophoria"*, in: Versnel, H.S.: *Inconsistencies in Greek and Roman Religion. Transition and Reversal in Myth and Ritual*, Leiden 1993, 228-288).

Mandefester

Her er polis' kontinuitet gennem optagelse af drengene central, og dermed er initiationsriter på spil; således er Apatouria-højtiden i Pyanopsion måneden en fest af fratrierne, slægtsforbundene, der bliver til politiske forbund, der varer i tre dage og indeholder ikke en faste, men et overdådigt måltid. Der ofres til Zeus Phratrios og Athene Phratria som garanter for den sociale orden. På tredjedagen indskrives drengene i fratrielisterne, og ofre bringes for den nygifte kvinde, γαμηλία, og for den nu voksne søn, efeben, der har ofret sit hår til Artemis, κούρειον, (af κείρω, skærer af), samt ofre for de små piger og drenge, μεῖον, det mindre offer eller offer for de mindre. (Se Vidal-Naquet, P.: *Le chasseur noir. Formes de pensée et formes de société dans le monde grec*, Paris 1991; Burkert, W.: *"Kekropidensage und Arrhephoria. Vom Initiationsritus zum Panathenäerfest"*, in: Burkert, W.: *Wilder Ursprung. Opferritual und Mythos bei den Griechen*, Berlin 1990, opr. 1966, 40-59).

Den attiske kalender

(Origo: Attischer Kalender – Wikipedia)

Året begyndte med første nymåne efter sommersolhverv; hver af årets tolv måneder havde 29 eller 30 dage, hvor månedens dage deltes i tre dekader á 10 dage. Selve dagen begyndte efter solnedgang, hvorved den første dag i måneden altid faldt på den første aften efter nymåne. Nymåne faldt altså på den sidste eller næstsidste dag i måneden. Ved måneder med 29 dage blev der i den tredje dekade udeladt en dag; tællingen gik fra 1 til 30, idet den sidste dag altid kaldtes den 30., også i månederne med 29 dage. I den tredje dekade blev dagene også ofte talt baglæns.

Skudår

Da et måneår med 12 måneder kun har en længde på 354 dage og det alligevel skulle svare til et solår på 365 dage, blev der oftest om vinteren indsat en skudmåned efter Poseideon, kaldt den anden Poseideon, = kat' archonta, κατ' ἄρχοντα, ifølge embedsmanden, modsat kata theon, κατὰ θεόν, ifølge den naturlige kalender. Derfor mener man, at nytår oprindeligt lå om vinteren og at den anden Poseideon blev tilføjet ved årets slutning.

Månedsnavne

1. Hekatombaion (Ἑκατομβαιών, juli–august)
2. Metageitnion (Μεταγειτνιών, august–september)
3. Boëdromion (Βοηδρομιών, september–oktober)
4. Pyanopsion (Πυανοψιών, oktober–november)
5. Maimakterion (Μαιμακτηριών, november–december)
6. Poseideon (Ποσειδεών, december–januar), også som skudmåned
7. Gamelion (Γαμηλιών, januar–februar)
8. Anthesterion (Ἀνθεστηριών, februar–marts)
9. Elaphebolion (Ἑλαφηβολιών, marts–april)
10. Munichion (Μουνυχιών, april–maj)

11. Thargelion (Θαργηλιών, maj–juni)
12. Skirophorion (Σκιροφοριών, juni–juli)

Datoangivelse

Når man skulle angive, hvilket år det var, nævnte man navnet på den fungerende archon eponymos, ἄρχων ἐπόνυμος, den navngivende embedsmand: 'i det år, hvor NN var embedsmand'. Da listen over atheniensiske arkonter er overleveret, er det muligt at datere tekster nøjagtigt.

Da kalenderne kun blev brugt lokalt i Athen, var det ikke muligt at angive datoer for hele Grækenland. Derfor indførte Timaios fra Tauromenion i 310 f.Kr. olympiaden som fællesgræsk tidsregning; olympiaden er et tidsrum på fire år, som startede i 776 f.Kr.

Oktaeteris

Allerede fra ca. 800 f.Kr. blev oktaeteris, en 8-års-cyklus, anvendt. I løbet af denne periode blev der i det tredje, femte og ottende år indsat en skudmåned på 30 dage. Denne cyklus på 99 måneder = 2922 dage svarer til et månedsgennemsnit på 29,51515 dage og et årsgennemsnit på 365,25 dage. Dette svarede meget godt til den reelle længde af året. Månecyklussen kom dog med 1½ dag ud af takt, så at der jævnligt måtte indsættes skuddage, hvad der forstørrede afvigelsen fra den reelle længde af året. Oktaeteris kaldtes også ennaeteris, fordi årenes cyklus fornyede sig i det niende år og i den inklusive tælling blev talt med.

Attiske fester, ordnet efter måneder

1. Hekatombaion (juli/august)
Panathenaia
2. Metageitnion (august/september)
Metageitnia
3. Boedromion (september/oktober)
Boedromia
Genesia
Eleusinske mysterier
4. Pyanopsion (oktober/november)
Proeriosia
Pyanopsia
Theseia
Thesmophoria
Apatouria
Chalkeia
5. Maimakterion (november/december)
Maimakteria
6. Poseidion (december/januar)
Poseidea
Haloa
Landlige Dionysia
7. Gamelion (januar/februar)
Gamelia
Lenaia
8. Anthesterion (februar/marts)
Anthesteria
Diasia
9. Elaphebolion (marts/april)
Elaphebolia
Byens Dionysia
Asklepiaeia

Pandia
10. Munichion (april/maj)
6. Procession
Munichia
Olympieia
11. Thargelion (maj/juni)
Thargelia
Bendideia
Kallynteria
Plynteria
12. Skirophorion (juni/juli)
Skira
Dipolieia
Diisoteria

Attiske fester

<table>
<tr><th>navn</th><th>måned</th><th>gud</th><th colspan="2">højtider</th><th>dato</th></tr>
<tr><td rowspan="3">Hekatom-baion</td><td rowspan="3">Juli-august</td><td>Kronos</td><td colspan="2">Kronia</td><td>12.</td></tr>
<tr><td rowspan="2">Athene</td><td colspan="2">Synoikia</td><td>15./16.</td></tr>
<tr><td colspan="2">Panathenaia</td><td>28.</td></tr>
<tr><td rowspan="2">Metageit-nion</td><td rowspan="2">August-septem-ber</td><td>Demeter</td><td>Eleusinia</td><td>4-årig</td><td>7.</td></tr>
<tr><td>Herakles</td><td colspan="2">Herakleia i Kynosarges</td><td>?</td></tr>
<tr><td rowspan="14">Boëdrom-ion</td><td rowspan="14">Septem-ber-okto-ber</td><td>???</td><td colspan="2">Niketeria</td><td>2.</td></tr>
<tr><td></td><td colspan="2">Plataia</td><td>3.</td></tr>
<tr><td>Gaia</td><td colspan="2">Genesia</td><td>5.</td></tr>
<tr><td rowspan="2">Artemis Agrotera</td><td colspan="2">Offer til Artemis Agrotera</td><td>6.</td></tr>
<tr><td colspan="2">Boëdromia</td><td>7.</td></tr>
<tr><td></td><td colspan="2">Demokratia</td><td>12.</td></tr>
<tr><td rowspan="8">Demeter</td><td colspan="2">Forberedelse til mysterier</td><td>13./14.</td></tr>
<tr><td colspan="2">Agyrmos</td><td>15.</td></tr>
<tr><td colspan="2">'Til havet, I myster!'</td><td>16.</td></tr>
<tr><td colspan="2">'Offerdyr, kom her!'</td><td>17.</td></tr>
<tr><td colspan="2">Epidauria</td><td>18.</td></tr>
<tr><td colspan="2">Procession til Eleusis</td><td>19.</td></tr>
<tr><td colspan="2">Initiation</td><td>20.
21.</td></tr>
<tr><td colspan="2">Plemochai</td><td>22.</td></tr>
<tr><td rowspan="7">Pyanopsi-on</td><td rowspan="7">Oktober-novem-ber</td><td>Demeter</td><td colspan="2">Proërosia</td><td>5.</td></tr>
<tr><td>Apollon</td><td colspan="2">Pyanopsia, Oschophoria</td><td>7.</td></tr>
<tr><td>Theseus</td><td colspan="2">Theseia</td><td>8.</td></tr>
<tr><td rowspan="4">Demeter</td><td colspan="2">Stenia</td><td>9.</td></tr>
<tr><td colspan="2">Thesmophoria In Halimus</td><td>10.</td></tr>
<tr><td>opstigning</td><td rowspan="2">Thesmopho-ria</td><td>11.</td></tr>
<tr><td>'faste'</td><td>12.</td></tr>
</table>

			Kallige-neia		13.
		Athena	Chalkeia		30.
		Athena	Oschophoria		?
			Dorpia	Apatouria	?
			Anarrhysis		?
			Koureotis		?
			Epibda		?
Maimakte-rion	Novem-ber-decem-ber		Maimakteria Pompaia		?
Poseideon	Decem-ber-januar	Poseidon	Poseidea		8.
		Demeter	Haloa		26.
		Dionysos	De landlige Dionysia		?
Gamelion	Januar-februar	Hera	Theogamia		2.
		Dionysos	Lenaia		12./13./14.
Antheste-rion	Februar-marts	Dionysos	Pitholgia	Anthesteria	11.
			Choës		12.
			Chytroi		13.
		Zeus	Diasia		23.
			Mysterier i Agrai		?
Elaphebo-lion	Marts-april		Elaphebolia		6.
		Asklepios	Asklepieia Proagon		8.
		Dionysos Eleuthereus (= fra Eleutherai)	De store Dionysia i byerne		10.–14.
			Pandia		?
Mounichion			Fest for Eros		4.

	April-maj	Apollon	Delphinia, optog til Delphinion	6.
		Artemis	Mounichia	16.
		Zeus	Olympieia	19.
Thargelion	Maj-juni	Apollon	Thargelia	6.-7.
		Bendis	Bendideia	19.
		Athena	Plynteria	25.
			Kallynteria	?
Skiropho-rion	Juni-juli	Demeter	Skira	12.
		Zeus Polios	Dipolieia/ Bouphonia	14.
			Diisoteria	29.

De i **hver måned** fejrede fester falder på den 1., 2., 3., 4., 6., 7. og 8. dag i måneden, se nedenstående eksempel fra måneden Hekatombaion i Athen:

Dag	Aktivitet
1.	**Noumenia – Nymånefest med marked, konkurrencer i palaistra, festmåltider**
2.	**Agathos Daimon: fest for den gode ånd**
3.	**Athenes fødselsdag**
4.	**Herakles', Hermes', Aphrodite' fødselsdag samt fest for Eros**
6.	**Artemis' fødselsdag**
7.	**Hekatombaia, højtid for Apollon Hekatombaios; Apollons fødselsdag, som fejres over hele den græske verden**
8.	**Poseidons og Theseus' festdag**
11.	Folkeforsamling møder op
12.	Kronia
15.	Offerhøjtid hvertandet år
16.	Synoikia-højtid i Athen med offer
17.-18.	Orgeonernes phratria afholder offerfest
21.	Efter Demos Erchias kalender afholdes der offerfest for kourotrophos-tjenerinden og Artemis; ikke en højtid for hele Athen

22.	Boule, byrådet, samles
23.	En privat forening holder møde
21.- 29./30.	Panathenæer-højtiden
28.	Vigtigste festdag for Panathenæer-højtiden: den natlige fest, processionen fra Kerameikos, overrækkelsen af peplos til gudinden Athene, de vigtigste ofringer

Fødselsdagsfest for Apollon og Artemis - Thargelia

Thargelia var en af de vigtige atheniensiske højtider, som blev afholdt for Apollon og Artemis på deres fødselsdag, hhv. den 6. og 7. Thargelion, omtrent 24. og 25. maj. Det var en renselses- og forsoningsfest samt en takkefest for, at høsten var startet godt, samt en bønfaldelse om, at guden ikke skulle ødelægge den videre høst.

Den 6. Thargelion blev der ofret en gris til Demeter Chloe, gudinde for det spirende korn. Det vigtigste element på denne dag i højtiden var, at to personer, en mand og en kvinde, som var marginaliseret i polis, blev udvalgt af embedsmændene til at være bærere af årets onder, de såkaldte pharmakoi, φαρμακοί, som blev pisket og stenet, men ikke dræbt, og derefter fordrevet fra byen for at bære onderne væk fra den.

Den 7. Thargelion blev alle slags frugter af første afgrøde bragt i procession til Apollon, og eiresione-grene blev anbragt på husdørene for at afværge en dårlig høst; senere blev det opfattet som et forsoningsritual, fordi man ved at høste tager noget fra jorden, som guderne hersker over.

Tekster

Etymologicum Magnum: s.v. Thargelia

Θαργηλία: Ἑορτὴ Ἀθήνῃσιν, (ὀνομάζεται ἀπὸ τῶν θαργηλίων˙ θαργήλια δὲ εἰσι πάντες οἱ ἀπὸ γῆς καρποί˙ ἄγεται δὲ μηνὶ Θαργηλιῶνι,) Ἀρτέμιδος καὶ Ἀπόλλωνος. Θαργηλιὼν δὲ, ὁ ἑνδέκατος μὴν ὀνομάζεται˙ ἐπεὶ τότε ὁ ἥλιος πυρώδης ἐστὶ, καὶ ἐν τούτῳ τῷ μηνὶ τὰ τῆς γῆς ἄνθη ἀνεξηραίνετο. Ἀπὸ τοῦ θέρειν οὖν τὴν γῆν˙ τὸ δὲ θερμὸν, θάργηλον ὠνόμασται. ...

(Origo: Svend Aage Pallis: Greek Religious Texts, København (Povl Branner) 1948, 15)

Etymologicum Magnum: s.v. Thargelia

Thargelia: En fest i Athen, som har navn efter thargelia – thargelia er al jordens afgrøde – og som fejredes i måneden Thargelion for Artemis og Apollon. Thargelion kaldes den ellevte måned, eftersom solen på dette tidspunkt er stærkt brændende, og i denne måned udtørredes blomsterne. [Navnet kommer] altså af »at opvarme jorden« [therein ten gen]; varmen har man kaldt thargelon. ...
(Origo: Vagn Duekilde: Hellas i klassisk tid. Tekster til græsk religion, København (Spektrum) 1997, 114)

Photius: s.v. Thargelia

(Θαργελος) ὁ τῶν σπερμάτων μεςὸς χύτρος ἱεροῦ ἑψήματος. ἥψουν δὲ ἐν αὐτῇ ἀπαρχὰς τῷ θεῷ τῶν πεφηνότων καρπῶν ...
(Origo: Photii Patriarchae Lexicon, rec., adn. instr. et prol. add. S. A. Naber, Amsterdam (Adolf M. Hakkert) 1965)

Photius: s.v. Thargelia

··· thargelos er kogekarret [chytros] fyldt med korn som noget helligt kogt [?]. Man kogte heri høstens førstegrøde for guden...
(Origo: Vagn Duekilde: Hellas i klassisk tid. Tekster til græsk religion, København (Spektrum) 1997, 115)

Scholia Aristophanica: Equites 729 – Om eiresione

τὴν εἰρεσιώνην μου κατεσπαράξατε: ... Πυανεψίοις καὶ Θαργηλίοις Ἡλίῳ καὶ Ὥραις ἑορτάζουσιν Ἀθηναῖοι. φέρουσι δὲ οἱ παῖδες τούς τε θαλλοὺς ἐρίοις περιειλημένους, ὅθεν εἰρεσιῶναι λέγονται καὶ τούτους πρὸ τῶν θυρῶν κρεμῶσιν...
(Origo: Svend Aage Pallis: Greek Religious Texts, København (Povl Branner) 1948, 14)

Scholia Aristophanica: Equites 729

»I har revet min eiresione i stykker«: ... Ved Pyanepsia og Thargelia fejrede athenerne Solen og Horai. Drengene bærer grene omviklet med uld [erion] – heraf benævnelsen eiresionai – og disse bliver hængt op foran dørene.
(Origo: Vagn Duekilde: Hellas i klassisk tid. Tekster til græsk religion, København (Spektrum) 1997, 115)

Eustathius: Commentarii ad Homeri Iliadem p. 1283 (Ilias XXII, 496) – Om amphitales og eiresione

Ἀμφιθαλὴς δὲ παῖς ὁ ἀμφοτέρωθεν θάλλων ἤτοι εὐδαιμονῶν, ἤγουν ᾧ πατὴρ καὶ μήτηρ περίεισιν... οἱ δὲ παλαιοὶ, λέγοντες ὅτι ἀμφιθαλεῖς οἱ ἔχοντες ζῶντας τοὺς δύο γονεῖς, προστιθέασι καὶ ὅτι οἱ τοιοῦτοι τὰς τότε εἰρεσιώνας διεκόσμουν. ἐν δὲ τοῖς Παυσανίου κεῖται ταῦτα˙ εἰρεσιώνη, θαλλὸς ἐλαίας, ἐστεμμένος ἐρίῳ, προσκρεμαμένους ἔχων διαφόρους ἐκ γῆς καρπούς. τοῦτον ἐκφέρει παῖς ἀμφιθαλὴς καὶ τίθησι πρὸ θυρῶν τοῦ Ἀπόλλωνος ἱεροῦ ἐν τοῖς πυανεψίοις... ᾖδον δὲ παῖδες οὕτω˙ εἰρεσιώνη σῦκα φέρει καὶ πίονας ἄρτους, καὶ μέλιτος κοτύλην, καὶ ἔλαιον ἐπικρήσασθαι, καὶ κύλικα εὔζωρον, ἵνα μεθύουσα καθεύδῃ. μετὰ δὲ τὴν ἑορτὴν ἔξω ἀργῶν τιθέασι παρὰ τὰς θύρας...
(Origo: Svend Aage Pallis: Greek Religious Texts, København (Povl Branner) 1948, 14)

Eustathius: Kommentar til Homers Iliade, p. 1283 (Iliade 22, 496)

Dobbeltblomstrende [amphithales] er den dreng, som blomstrer eller er lykkelig til begge sider, det vil sige som stadig har sin far og mor i live... Og de gamle, som siger at amphithaleis er dem, som har to levende forældre, tillægger at det var sådanne som dengang ordnede eiresionai. I Pausanias' værk står følgende: eiresione er en olivengren, smykket med uld, og påhængt forskellige af jordens frugter. Den bliver båret omkring af en dreng, som er amphithales, og sat foran Apollontemplets dør ved Pyanepsia. ... Drengene synger således: »eiresione bærer figner og lækre kager, honning i en krukke og olivenolie til at salve med, og et bæger ublandet vin, så du kan sove i en rus«. Efter festen uden for markerne

sætter de [eiresionai] ved dørene …
(Origo: Vagn Duekilde: Hellas i klassisk tid. Tekster til græsk religion, København (Spektrum) 1997, 115-116)

Harpokration: s.v. ΦΑΡΜΑΚΟΣ – Pharmakos
… δύο ἄνδρας Ἀθήνησιν ἐξῆγον καθάρσια ἐσομένους τῆς πόλεως ἐν τοῖς Θαργηλίοις, ἕνα μὲν ὑπὲρ τῶν ἀνδρῶν, ἕνα δὲ ὑπὲρ τῶν γυναικῶν.
(Origo: http://www.perseus.tufts.edu/hopper/text?doc=Perseus%3Atext%3A2013.01.0002%3Aletter%3Df%3Aentry%3Dfarmakos)

Harpokration: s.v. Pharmakos
pharmakos: … i Athen uddriver man to mænd ved Thargelia, idet de skal være renselse (*katharsia: »renselse, sonoffer«*) for byen, den ene for mændene, den anden for kvinderne …
(Origo: Vagn Duekilde: Hellas i klassisk tid. Tekster til græsk religion, København (Spektrum) 1997, 116)

Hesychius: s.v. κραδίης νόμος – Om figenmelodien
<κραδίης νόμος>· νόμον τινὰ ἐπαυλοῦσι τοῖς ἐκπεμπομένοις φαρμάκοις, κράδαις καὶ θρίοις ἐπιραβδιζομένοις.
(Origo: Hesychii Alexandrini Lexicon, edit. min. cur. Mauricius Schmidt, ed. altera, Jena (Hermann Dufft) 1867)

Hesychius: s.v. Kradies nomos

kradies nomos [*»figen-melodien«*]: en melodi som man spillede på fløjte for pharmakoi der blev sendt bort, mens man slog dem med kviste og løv af figentræet.

(Origo: Vagn Duekilde: Hellas i klassisk tid. Tekster til græsk religion, København (Spektrum) 1997, 116)

Kallimachos, Aetia IV, frg. 90 – Om pharmakos

... φαρμακὸν
ἁγινεῖ Αβδήροις ὠνητὸς ἄνθρω-
πος καθάρσιον τῆς πόλεως, ἐπί πλίν-
θου ἑστὼς φαιᾶς, θοίνης ἀπολαύων
δαψιλοῦς, ἐπειδὰν διάπλεως γένηται,
προάγεται ἐπὶ τὰς Προυρίδας καλου-
μένας πύλας˚ εἶτ' ἔξω τοῦ τείχους
περίεισι κύκλῳ περικαθαίρων (?)
αὐτῷ τὴν πόλιν, καὶ τότε ὑπὸ
τοῦ βασιλέως καὶ τῶν ἄλλων λι-
θοβολεῖται, ἕως ἐξελασθῇ τῶν
ὁρίων.

(Origo: Callimachus: Fragmenta I, edidit Rudolfus Pfeiffer, Oxonii 1965, ed. pr. 1949, 97)

Kallimachos, Aetia IV, frg. 90

··· hos Abdera-borgerne bliver en købt person til renselse af byen bespist rigeligt ... Når han er stopmæt bliver han ført til byporten ... Derefter går han rundgang uden for bymuren ... og renser således byen hvert år, og så bliver han stenet af kongen og de andre, indtil han er blevet drevet over grænserne.

(Origo: Vagn Duekilde: Hellas i klassisk tid. Tekster til græsk religion, København (Spektrum) 1997, 116)

Eiresione

Betegnelsen kommer af ordet for uld, εἶρος, og betegner en gren af oliventræet eller laurbærbusken, behængt med uld, frugter, kager og små olivenoliekrukker, som er viet til Apollon og båret rundt af drenge under Pyanopsia- og Thargelia-højtiden; derefter blev grenen hængt op ved indgangen til huset. Den måtte kun blive båret af drenge, hvis forældre begge var i live, ἀμφιθαλής. De sang en sang som symboliserede en god høst:

Plutarch: Theseus 22.5

[5] τὴν δὲ εἰρεσιώνην ἐκφέρουσι κλάδον ἐλαίας ἐρίῳ μὲν ἀνεστεμμένον, ὥσπερ τότε τὴν ἱκετηρίαν, παντοδαπῶν δὲ ἀνάπλεων καταργμάτων διὰ τὸ λῆξαι τὴν ἀφορίαν, ἐπᾴδοντες:

εἰρεσιώνη σῦκα φέρει καὶ πίονας ἄρτους
καὶ μέλι ἐν κοτύλῃ καὶ ἔλαιον ἀποψήσασθαι
καὶ κύλικ᾽ εὔζωρον, ὡς ἂν μεθύουσα καθεύδῃ. ...
(Origo:
https://www.perseus.tufts.edu/hopper/text?doc=Perseus%3Atext%3A2008.01.0075%3Achapter%3D22%3Asection%3D5)

Plutarch: Theseus 22.5

De bærer rundt på en olivengren, omviklet med uld, ligesom (Theseus brugte) dengang som tegn på bønfaldelse, fyldt med alle slags førsteafgrødeofre for at vise at nøden var ophørt, mens de synger:

Eiresione bringer os figner og dejlige kager
samt honning i krukke og olie til at smøre sig med
samt ublandet vin i et bæger, så at man går halvfuld i seng. ...

Ritualkalender i Erchia, ca. 374-350 f.Kr.

(Origo: Anders Holm Rasmussen:"Festskrift til Thomas Heine Nielsen", in Aigis suppl. VII, København 2023; https://www.igl.ku.dk/aigis/THN60/AHR.pdf)

Erchia er en lille attisk deme, der hvert år sendte 6, måske 7, gesandter til 500-mands-rådet i Athen i det 4. årh. f.Kr., og ritualkalenderen er den eneste bevarede indskrift fra denne deme. Et demarki er en embedsperiode på 1 år, og her kaldes den 'et større demarki'; hvad det udtryk betyder, er forskningen i tvivl om; en af hypoteserne er, at der forekommer flere ofringer i det år. Indskriften fylder fem kolonner, og man går ud fra, at hver kolonne i virkeligheden er en regnskabsopstilling for hver af de fem forskellige instanser, der havde ansvaret for ofringerne. Den totale sum står sidst i hver kolonne. Det er altså ikke en kalender over årets ofringer, men snarere en revision af et regnskab over de afholdte ofringer. A. H. Rasmussen bemærker, at offerdyrene til mandlige guddomme er to drachmer dyrere end offerdyrene til de kvindelige guddomme. Han nævner også, at ydelser til præsterne kun nævnes sporadisk, og her kun l. 17-22, hvor præstinden får offerdyrets hud som ydelse. At give huden til præsten eller præstinden er en ganske almindelig foreteelse i græsk offerskik.

Søjle A

[θ]εοί.
δημαρχία ἡ μέζων.
Μεταγειτνιῶ-
v νος δωδεκάτε-
v ι, Ἀπόλλωνι v Λ-
v υκείωι, ἐν ἄστ-
v ει, οἶς, οὐ φο(ρά), Δ I I
v δεκάτει προτ-
v έραι, Ἥραι Θελ-
v χινίαι, ἐμ Πάγ-
v ωι Ἐρχι(ᾶσιν), ἄρνα π-
v αμμέλαιναν, ο-
v ὐ φορά, Γ I I
Βοηδρομιῶνος
v τετράδι φθίν-
v οντος, Νύμφαι-
v ς, ἐμ Πάγωι Ἐρχ-
v ιᾶ(σιν), οἶς, Δ
Πυανοψιῶνος τ-
v ετράδι ἐπὶ δέ-
v κα, Ἡρωΐναις, ἐ-
v ν
Αὐλῶνι Ἐρχι(ᾶσιν),
v οἶς, οὐ φορά, ἱε-
v ρείαι τὸ δέρ(μα), Δ
Γαμηλιῶνος ἑβ-
v δόμηι ἱσταμέ-
v νο, Κουροτρόφ-

v ωι, ἐν Δελφινί-
v ωι Ἐρχ(ιᾶσιν): χοῖρ(ος),
I I I
v Ἀπόλλωνι Δελ-
v φινίωι, Ἐρχιᾶ(σιν),
v οἶς, Δ I I
v ὀγδόηι ἱσταμ-
v ένου, Ἀπόλλων-
v ι Ἀποτροπαίω-
v ι, Ἐρχιᾶσι, πρὸ-
v [ς] Παιανιέων, v
v αἴξ, Δ I I
Ἀνθεστηριῶνο-
v ς, Διασίοις, ἐν
v ἄστε⟨ι⟩ ἐν Ἄγρας
v Διὶ Μιλιχίωι,
v οἶς, νηφάλιος
v μέχρι σπλάγχ-
v [ν]ων, Δ I I
[Ἐ]λαφηβολιῶνο-
v ς ἕκτηι ἐπὶ δέ-
v κα, Σεμέληι, ἐπ-
v ὶ τοῦ αὐτοῦ βω-
v μοῦ, αἴξ, γυναι-
v ξὶ παραδόσιμ-
v ος, ἱερέας τὸ δ-
v έρμα, οὐ φορά, Δ

[Θ]αργηλιῶνος τ- v ετράδι ἱσταμ- v ένο, Λητοῖ, ἐμ Π- v [υ]θίο Ἐρχιᾶσι(ν), v [α]ἴξ : Δ [Σ]κιροφοριῶνο- v ς τρίτη⟨ι⟩ ἱσταμ- v ένου Κουροτρ- v όφωι, ἐμ πόλει	v Ἐρχ(ιᾶσιν) : χοῖρος, ΙΙΙ v Ἀθηνάαι Πολι- v άδι, ἐμ πόλει Ἐ- v ρχιᾶσι, οἶς, ἀν- v [τ]ίβους, Δ vvvv v [κε]φάλαιον vv [ΗΔ Ι]

(Origo: https://www.atticinscriptions.com/inscription/AIO/593?text_type=greek; https://www.atticinscriptions.com/inscription/AIO/593)

Ritualkalender i Erchia

Guder

Den større demarkiperiode ('demark': borgmester for et år; 'større': med flere ofringer?)

I Metageitnion, på den 12. dag, for Apollon Lykeios, i byen, [5.] et får, som ikke må tages med hjem, 12 drakmer.
På den 20. dag for Hera Thelchinia, på højen ved Erchia et lam, sort, [10.] må ikke tages med hjem, 7 drakmer.
I Boedromion, på den 27. dag, for nymferne [15.] på højen ved Erchia, et får, 10 drakmer.
I Pyanopsion, på den 14. dag, for heroinerne, i [20.] dalen ved Erchia, et får, som ikke må tages med hjem, for præstinden et skind 10 drakmer.
I Gamelion, på den 7. dag, for [25.] Kourotrophos i Delphinion i Erchia en pattegris, 3 drakmer.
For Apollon Delphinios i Erchia [30.] et får, 12 drakmer.

På den 8. dag for Apollo Apotropaios i Erchia på vej mod [35.] Paiania, en ged, 12 drakmer.
I Anthesterion, på Diasia, i byen ved Agrai, til [40.] Zeus Meilichios, et får, uden vin indtil indvoldene (er ristede), 12 drakmer.

I Elaphebolion, på [45.] den 6. dag for Semele, på det samme alter, en ged, som skal gives til kvinderne, [50.] til præstinden skindet, intet må tages med hjem, 10 drakmer.
I Thargelion, på den fjerde dag, for Leto, ved Pythion i [55.] Erchia, en ged, 10 drakmer.
I Skirophorion på den 3. dag, for Kourotrophos, [60.] på Akropolis i Erchia, en pattegris, 3 drakmer.
For Athena Polias, på Akropolis i Erchia, et får i stedet for en okse, [65.] 10 drakmer.
I alt: 111 drakmer

Kalenderen fra Demos Thorikos, slutn. af 5. årh., ca. 430 f.Kr.

(Origo: G. Dunst: *"Der Opferkalender des attischen Demos Thorikos"*, in: Zeitschrift für Papyrologie und Epigraphik, Bd. 25 (1977), pp. 243-264; Anders Holm Rasmussen:"Festskrift til Thomas Heine Nielsen", in Aigis suppl. VII, København 2023; https://www.igl.ku.dk/aigis/THN60/AHR.pdf) Selve teksten: (Origo: G. Daux:"Le calendrier de Thorikos au Musée J. Paul Getty", in: Antiquité Classique 52 (1983), 150-174, esp. 153; (Udgave: CGRN 32 med engelsk og fransk oversættelse samt litteraturhenvisinger: http://cgrn.ulg.ac.be/file/32/; CGRN = Collection of Greek Ritual Norms)

Indskriften stammer fra tiden efter 402/2 f.Kr., altså første halvdel af 4. årh. f.Kr., og regnes for at stamme fra området omkring Thorikos i det sydlige Attika. Teksten blev bearbejdet i 1960, forsvandt så i små 20 år og blev så opkøbt af J. Paul Getty Museum i Malibu, Californien, hvorfra den nævnte tekstversion stammer.

Demen Thorikos er en lille deme i Attika, der kun sendte 5 gesandter til 500-mands-rådet i Athen. Derfor vækker det undren, når der sker 66 ofringer i løbet af et år uden angivelse af dags dato, kun per måned. Det er altså som sådan ingen kalender, men en liste over planlagte ofringer, som revisor, euthynos, εὔθυνος, skulle kontrollere efter embedsmændenes tjenesteperiode.

Kalenderen fra Demos Thorikos ca. 430 f.Kr.
AIO 847

Forside A
[. . . . . 19 . . . . Ἑκ]ατομβαιῶν-
[ος . . . . 19 . . . .]ΑΚΙ καὶ τοῖ-
[ς . . . . 18 . . . . ἄ]ριστομ παρέ-
[χεν . . . . 14 . . . . δρα]χμὴν ἑκατέρ-
[ο . . . . 19 . . . .]ΑΙ τὴν πρηρο[σ]-
[ίαν . . . . 14 . . . . Δελ]φίνιον αἶγ[α]
[. . . . . 20 . . . .]ΕΑΙ Ἑκάτηι

[. . . . . 22 . . . .]ΗΝΟΣΑΤΗ[.]_
[. . . . . 20 . . . .] τέλεομ πρατό[ν].
[Μεταγειτνιῶνος, Διὶ Κατ]αιβάτηι ἐν τ-
ῶι σηκῶι π[αρ]ὰ τὸ [Δελφίνι?]ον τέλεον πρ-
_ ατόν ⁝ ὁρκωμόσιον πα[ρέ]χεν ἐς εὐθύνας.
Βοηδρομιῶνος, Πρηρόσια ⁝ Διὶ
Πολιεῖ κριτὸν οἶν ⁝ χοῖρον κριτόν, ἐπ᾽ Αὐτομενας (?),
χοῖρον ὠνητὸν ὁλόκαυτον, τῶι ἀκολου
-θôντι ἄριστομ παρέχεν τὸν ἱερέα ⁝ Κεφ-άλωι
οἶν κριτόν ⁝ Πρόκριδι τράπεζαν·
^{v}Θορίκωι κριτὸν οἶν ⁝ Ἡρωΐνησι Θορίκο
τράπεζαν ⁝ ἐπὶ Σούνιον Ποσειδῶνι ἀμν-
ὸν κριτόν ⁝ Ἀπόλλωνι χίμαρον κριτόν, Κ-
οροτρόφωι χοῖρον κριτήν ⁝ Δήμητρι τέλ[εο]-[ν],
Διὶ Ἑρκείωι τέλεον, Κοροτρόφωι χοῖρ[ον],
⟦Ἀθηναίαι οἶν πρατὸν⟧ ἐφ᾽ ἁλῆι ⁝ Ποσ[ειδῶνι]_
τέλεον, Ἀπόλλωνι χοῖρον. *Vacat*
Πυανοψιῶνος, Διὶ Καταιβάτηι ἐμ [Φιλομ]-
η⟨λ⟩ιδῶν τέλεον πρατόν, ἕκτηι ἐ[πὶ δέκα]·
_ Νεανίαι τέλεον, Πυανοψίοις, π[ρατὸν *or* -ύανα]
Μαιμακτηριῶνος, Θορίκωι βοῦ[ν μῆλατ]-
τον ἢ τετταράκοντα δραχμῶν [μέχρι πε]-
_ ντήκοντα, Ἡρωΐνησι Θορίκο τ[ράπεζαν].
_ Ποσιδειῶνος, Διονύσια. *Vacat*
_ Γαμηλιῶνος, Ἥραι, Ἱερῶι Γάμωι [. . . . 7 . . .].
Ἀνθεστηριῶνος, Διονύσωι, δω[δεκάτηι],
αἶγα λειπεγνώμονα πυρρὸν ἢ [μέλανα, Δ]-
_ ιασίοις, Διὶ Μιλιχίωι οἶν πρα[τόν *vacat*]
Ἐλαφηβολιῶνος, Ἡρακλείδα[ις τέλεον]

Ἀλκμήνηι τέλεον, Ἀνάκοιν τ[έλεον, Ἑλέ?]-
νηι τέλεον, Δήμητρι, τὴν χλο[ΐαν, οἶν κρ]-
_ ιτὴν κυôσαν, Διὶ ἄρνα κριτόν. *Vacat*
Μονυχιῶνος, Ἀρτέμιδι Μονυχ[ίασι? τέλε]-
ον, ἐς Πυθίο Ἀπόλλωνος τρίτ[τοαν, Κορ]-
οτρόφωι χοῖρον, Λητοῖ αἶγα, Ἀ[ρτέμιδι]
αἶγα, Ἀπόλλωνι αἶγα λειπογνώ[μονα, Δή]-
μητρι : οἶν κυôσαν ἄνθειαν, Φιλ[ωνίδι τρ]-
άπεζαν, Διονύσωι, ἐπὶ Μυκηνον, [τράγον]
_ πυρρὸν ἢ μέλανα. *Vacat*
Θαργηλιῶνος, Διὶ ἐπ᾽ Αὐτομενας (?), [κριτὸν]
ἄρνα, Ὑπερπεδίωι οἶν, Ἡρωΐνησι[ν Ὑπερ]
-πεδίο τράπεζαν, Νίσωι οἶν, Θρασ[. . . 5 . .]
οἶν, Σωσινέωι οἶν, Ῥογίωι οἶν, Πυ[λόχωι]
_ χοῖρον, Ἡρωΐνησι Πυλοχίσι τρά[πεζαν]
Σκιροφοριῶνος, ὁρκωμόσιον ⟨π⟩αρ[έχεν, Π]-
λυντηρίοις Ἀθηναίαι οἶν κρι[τόν, Ἀγλ]-
αύρωι οἶν, Ἀθηναίαι ἄρνα κριτ[όν, Κεφά]-
λωι βοῦν μὴλάττονος ἢ τεττα[ράκοντα]
δραχμῶν μέχρι πεντήκοντα, Π[ρόκριδι]
οἶΔΔν : τὸν δ᾽ εὔθυνον ὀμόσαι καὶ τ[ὸς παρέδ]
-ρος εὐθυνῶ τὴν ἀρχὴν ἣν ἔλαχ[ον εὐθύν]-
εν κατὰ τὰ ψηφίσματα ἐφ᾽ οἷς ἐ[γκαθέστ?]-
[ηκ?]εν ἡ ἀρχή, ὀμνύναι Δία, Ἀπόλλ[ω,
Δήμητρ]-α ἐξώλειαν ἐπαρώμενον, καὶ τ[ὸς παρέδ]-
ρος κατὰ ταὐτά, ἀναγρά{ι}ψαι [δὲ τὸν ὅρκ]-
[ο]ν ἐστήληι καὶ καταθêναι π[αρὰ . . . 5 . .]-
[.]ιον, ὅσαι δ᾽ ἂν ἀρχαὶ αἱρεθῶ[σιν ἢ λάχω]-
σιν ὑπευθύνος êναι ἁπάσα[ς]. *Vacat*
vacat

Højre side af stenen B:
4 Μυκηνω[ι] τέ[λεον - - -]
5 [.]/αν οἶν Παναθ[ηναί]-
6 οις θύεν πρατ[όν]
12 Φοίνικι τέλ[εον]
44 [Διὶ Ἑ]ρκείωι ⁝ οἶν

Venstre side af stenen C:
[Ἀπόλ]-
31 λωνι τέλεον Πυ-
32 ανοψίοις
42 [Δι]ὶ Ἑρκείωι ⁝ οἶν
58 [Ἡ]ρωΐνησιν Κορωνέων ⁝ οἶν

(Origo: AIO 847 Sacrificial calendar of Thorikos; engelsk oversættelse: AIO 847 Sacrificial calendar of Thorikos)

Forside A

... Hekatombaion:
... og for de ...
... at forberede frokost ...
... en drachme til hver ...
5. ... Proerosia-offeret ...
... Delphinion en ged
... for Hekate ...
... ??? ...
... et udvokset offerdyr til salg.
10. [I Metageitnion: Til Zeus Kat]aibates i
det hellige område ved [Delphini]on et udvokset offerdyr
til salg. Der skal forberedes et edsaflæggelsesoffer for revisorerne/ved revisionen.
13. I måneden Boedromion, festen for Proerosia; til Zeus
Polieus en udvalgt vædder; en udvalgt hangris ved Automenai (?);
15. en købt pattegris, som skal brændes helt; medhjælperen skal
præsten give morgenmad; til Kephalos
en udvalgt vædder; til Prokris en platte,
til Thorikos en udvalgt vædder; til Heroinerne i Thorikos
en platte; til Poseidon i Sounion
20. et udvalgt lam; til Apollon en udvalgt ungvædder,
til Kourotrophos en udvalgt pattegris; til Demeter et udvokset offerdyr,
til Zeus Herkeios et udvokset offerdyr, til Kourotrophos en pattegris,
[til Athene et får til salg] ved saltkilden; til Pos[eidon]
et udvokset offerdyr, til Apollon en pattegris. ...lakune
25. I Pyanopsion, for Zeus Kataibates i [Philom]-
elidai et udvokset offerdyr, til salg på den 16.
Til Den Unge Mand et udvokset offerdyr til Pyanopsia-højtiden; til s[alg *eller* kogt
bønneret}

i Maimakterion, for Thorikos en okse til en pris af [ikke min]dre end 40 og [op til] 50 drachmer; til Heroinerne i Thorikos en platte; i Posideion, Dionysia; ... lakune i Gamelion, til Hera, til det Hellige Bryllup ... i Anthesterion, til Dionysos på den 12. en ged, uden mælketænder, gyldenbrun eller [sort; under D]iasia-højtiden til Zeus Meilichios et får til salg; i Elaphebolion, til Herakliderne et udvokset offerdyr, til Alkmene et udvokset offerdyr, til de to Anakes et ud[vokset offerdyr, til Hel}ene et udvokset offerdyr, til Demeter under Chloia-højtiden et udvalgt drægtigt [får], til Zeus et udvalgt lam. I Mounichion, til Artemis i Mounichia et udvokset offerdyr, til templet for den pythiske Apollon et tredobbelt offer, til Kourotrophos en pattegris, til Leto en ged, til A[rtemis] en ged, til Apollon en ged uden mælketænder, til Demeter et drægtigt får under Antheia-højtiden, til Phil[onis en] platte, til Dionysos ved Mykenos eller Mykenon {en vædder] - gyldenbrun eller sort ... lakune I Thargelion, til Zeus ved Automenai(?) et udvalgt lam, til Hyperpedios et får, til Hyperpedios' Heroiner en platte, til Nisos et får, til Thras[...] et får, til Sosineos et får, til Rogios et får, til Py[lochos] - en pattegris, til de pylochiske Heroiner en platte; i Skirophorion, der skal afholdes et edsaflæggelsesoffer under Plyntheria-højtiden, til Athene et udvalgt får, til Aglauros et får, til Athene et udvalgt lam, til Kephalos en okse til en pris af ikke mindre end 40 og op til 50 drachmer, til P[rokris]

et får, værdi 20 drachmer (?); revisoren og hans assistenter skal sværge:
"Jeg skal udføre den opgave, som blev tildelt mig gennem loddet, ved at revidere
I overensstemmelse med de dekreter, på grund af hvilke dette embede [blev
nedsat]."
60. Der skal sværges til Zeus, Apollon og Demeter,
og nedkalde sig total ødelæggelse, og assisten-
terne ligeledes, og eden skal indskrives
på en stele og opstilles ved [...]ion.
Alle embeder, som man er blevet valgt til [eller udtrukket ved lod til]-
65. skal underkastes revision. ... lakune

På højre side ud for linje:

4. Ved Mykenos *eller* Mykenon et ud[vokset offerdyr ...]
5. under Panathenaia-højtiden skal der ofres
6. et får, der skal sælges,
12. til Phoinix *eller* Fønikeren et ud[vokset offerdyr],
44. til Zeus Herkeios et får

På venstre side ud for linje:

til [Apol-]
31. lon et udvokset offerdyr under Py-
32. nopsion-højtiden;
42. til Zeus Herkeios et får;
58. til Heroinerne i Koroneia et får.

Kommentar til kalenderen fra demos Thorikos

Ofre til guderne

Der ofres til følgende guddomme i følgende måneder:

Hekatombaion: Athene, Hekate
Boedromion: Zeus Polieus, Kephalos og Prokris, Thorikos og hans heroiner, Poseidon i Sunion, Apollon, Kourotrophos og Demeter og Zeus Herkeios, Kourotrophos og Athene, Hekate Ohosohoros, Apollon
Pyanepsion: Kataibates på den 1. dag, Neania på den 6. dag
Maimakterion: Thorikos og hans heroiner
Poseideon: ingen
Gamelion: Hera
Anthesterion: Dionysos på den 12. dag, Zeus Milichios
Elaphebolion: Herakles og Amphitryon og Alkmene, Dioskurerne, Helena, Demeter Eleusinia og Zeus
Munychion: Artemis Munychia, Kourotropos og Leto og Artemis og Apollon, Demeter og Dionysys Epimykenos og en gudinde
Thargelion: Zeus, Hyperpedios og hans heroiner, Nisos, Poseidon? og Sosineos og Rogios, Pylochos og hans heroiner
Skirophorion: Athene, Aglauros, Athene, Thorikos?, P---
Derudover nævnes horkomósion, Ὁρκομόσιον, l. 12 og l. 52, måske også l. 63-64, som har noget at gøre med euthynoi, εὔθυνοι, der påbegyndte deres embede i årets første måned og aflagde ed på, at de ville kontrollere de øvrige embedsmænds regnskaber fra det indeværende år (se også IG II/III^2 1174 (367/6 f.Kr.).

Guderne

Ἄγλαυρος (l. 54): gudinde for den frie natur, for efeberne og for festglæden; højtiden afholdes i Skirophorion.

Ἀθηνᾶ (l. 23; 53; 54): efeberne i Athen ofrede et får til Athene Polias og til Kourotrofos under Plynteria-højtiden.

Ἄρτεμις (l. 42): Artemis er herskerinde over Mounychia-højen og højtideligholdes af den grund.

Δημήτηρ og Ζεὺς Ἑρκεῖος (l. 21, l. 22): Demeter er bondegudinden, der skal sørge for de fornødne afgrøder til indbyggerne; hun sættes sammen med Zeus Herkeios, fordi han er husguden i Attika og sikrer familiens ejendom, og deltagelse i hans kult viser ens tilhørsforhold til det atheniensiske borgerskab. Da Demeter blev bortført af sørøvere fra Kreta, blev hun bragt i land i Thorikos, og herfra har hendes kult bredt sig til Attika.

Διόνυσος (l. 33) og Διόνυσος 'Επιμύκηνος (l. 45): Når Dionysos er nævnt uden tilnavn, hører han til Thorikos. Og tilnavnet Epimykenos kan stamme fra det kendte Mykene, men mere sandsynlig er afledningen af μυκή, 'brøl', idet der hentydes til Dionysos i tyreskikkelse. Man formoder, at der har været et Dionysos-tempel i Thorikos.

Ἑκάτη (l. 7): som gudinde for hekseri og trolddom kan hun også afværge onde ånder; derfor havde hun et lille alter foran huset.

Ἥρα (l. 32): Heras bryllup med Zeus fejredes den 24. Gamelion.

Ἡρωῖναι Θορικῶ (l. 18, l. 30): der ofres også til heroens elskerinder eller hustruer.

Ἡρωῖναι Κορωνε[ιίδες)? (II l. 58): Måske hører disse heroiner til en heros ved navn Κορωνεύς, ligesom heroinerne af Thorikos. Men navnet kan også stamme fra den nærliggende halvø Κορώνεια, i dag Koroni.

Θορικός (l. 18, l. 28): denne heros får offer to gange, måske tre gange, hvad der viser hans vigtige position i denne deme, hvis eponymos han var. Ud over denne indskrift nævnes han kun hos Hesych, s. v. Θορικός.

Κέφαλος (l. 16-17) og Πρόκρις (l. 17): Kefalide-slægten havde tætte forbindelser til demen Thorikos; derfor bliver de to nævnte heroer æret her.

Κουροτρόφος (l. 21, l. 22, l. 42): hun var oprindelig en selvstændig gudinde, men med tiden bliver hun et tilnavn til andre gudinder; her er offeret til hende måske indledningen til offerritualet for Demeter og Athene (l. 21-22) og til Leto, Artemis og Apollon (l. 42-44).

Νεανίας (l. 27): man kender en berømt heros fra Marathons offerkalender.

Νῖσος (l. 49): en attisk og megarisk heros, der havde sin grav i nærheden af Lykeion; højtiden for ham blev nok afholdt ved graven, altså uden for Thorikos, ligesom højtiden for Poseidon, Ποσειδών, fra Sounion (l.24; 49?).

Πυλῶχος (l. 50) og Ἡρωῖνες Πυλοχίδες (l. 51): ud fra navnet hører disse væsener til de guder, der beskytter byens porte.

Σώσινεως (l. 50), 'Skibsredderen', og Ρόγιος (l. 50): disse to er havdæmoner, som er vigtige for skibsfarten, og det kunne tyde på, at navnet Poseidon gemmer sig i l. 49.

Τὼ Ἄνακε (l. 37) og Ἑλένη (l. 37-38): dioskurerne kaldtes Τὼ Ἄνακε i Attika, og i Athen fandtes et Ἀνάκειον for dem, og der blev afholdt en højtid, τὰ Ἀνάκεια, for dem; højtiden afholdes for dem som havguder, og da Thorikos ligger ved havet, er det naturligt at ofre til dem. Søsteren Helene æres sammen med dem.

Ζεὺς Πολιεύς (l. 14): som en bys skytsgud holder han til på Thorikos' Akropolis.

Fester

Διάσια (l. 35): den 23. Anthesterion blev Zeus Milichios æret med et offer.

Διονύσια (l. 31): Det er de såkaldte Mindre eller Landlige Dionysier

Πλυντήρια (l. 53): Athenes kultbillede blev vasket på denne dag; Photios lægger festen på den 29., Plutarch på den 25. Thargelion; da denne indskrift har større beviskraft pga. sit oprindelsestidspunkt i forhold til Photios og Plutarch, formodes Plynteria-festen at være afholdt måneden efter Thargelion, og at Kallynteria-højtiden er afholdt i Thargelion.

Προηροσία (l.5-6) eller Πρηροσία (l.13): I det første tilfælde er ordet femininum, i det andet kan det være femininum og neutrum plural. I femininum kan man medtænke θυσία, offer, i det andet en højtid, ligesom de andre festbetegnelser. Måske betegner det et offer til Zeus på den 5. dag af en vilkårlig måned. (Se også IG II/III^2 1183, 32-33).

Πυανόψια (l. 27; II l. 31-32): Der afholdtes fødselsdagsfest for Apollon på den 7. dag i måneden.

Spiseofre = platter = trapezai

τράπεζα (l. 17; 19; 30; 44-45; 49; 51): alle seks ofringer gælder kvindelige guddomme. Tre gange bliver offerhandlingen ledsaget af forskriften τῷ ἀκολοθούντι ἄριστον παρέχειν (l. 3-4; 15-16).

Offerdyr

Følgende offerdyr nævnes:

αἴξ (l. 6; 34; 42; 43): ged
ἀμνός (l. 19-20): gimmerlam
ἀρήν (l. 39; 48; 54): lam under et år gammelt, får
βούς (l. 28; 55): okse
ὄις (l. 14, 17; 18, 23; 27, 35; 44, 48; 49, 50; 53, 54; II 22; 43): får
τράγος (l. 45): gedebuk
ὗς (l. 21; 38?): svin, orne, so
χίμαρος: (l. 20): etårig ged
χοῖρος (l. 14; 21; 24; 42; 51): gris

κρίτος (l. 13-14; 14; 17; 18; 20; 21; 38-39; 39; 53): betyder udvalgt, i betydningen opfedet, og ὄις κρίτος kan både være en vædder eller et hunfår;

λειπογνώμων (l. 34; 43): betegner, at fåret er ved at miste sine mælketænder, idet γνώμονες betegner dyrets første tænder;
ὁλόκαυστος (l. 15): offerkødet bliver brændt helt; samme betydning som σφάγιον.
πρατός (l. 9-10; 11-12; 23; 26; 35): betegner et salgbart offerdyr, hvis kød må bæres ud af helligdommen og blive solgt til fordel for kulten;
τέλεον (l. 11; 22; 23-24; 26; 27; 37; 38; II l. 4, l. 12, l. 31): betegner et udvokset dyr.
ὠνητός (l. 15; 28-30; 55-56): betyder, at kødet kan købes; mindsteprisen er angivet;
dyrenes farve (l. 34; 46): to steder er der tale om dyrenes farve, dels en hunged, dels en gedebuk, og farven er enten rød eller sort;
drægtige dyr til Demeter (l. 39; 44): et drægtigt får ofres til Demeter.

L. 57: ordlyden af den ed, som euthynos afgiver til demos mht. de embeder, der er givet via loddet. Teksten standser midt i formuleringen af en bestemmelse vedr. de embeder, som man bliver valgt til.

2. kolonne indeholder tillæg til bestemmelserne.

Athenes rituelle år

Panathenaia

Panathenaia var den vigtigste festival for Athene. Midt i august (Hekatombaion = juli-august), altså den første måned i Athens politiske liv. De Store Panathenaia blev holdt hvert fjerde år, De Mindre Panathenaia hvert år. Der er procession og agon til begge festivaler. Processionen kan ses i Parthenontemplet. Til De Store Panathenaia er der et skib på hjul i processionen med Athenes nye peplos som sejl; man fejrer det nye års ankomst; 100 okser og får bliver slagtet, ikke væddere, tyre eller geder. Der er et vognvæddeløb, hvor apobates, ἀποβάτης, den væbnede kriger, springer ned fra vognen og indtager sit land; han symboliserer kongen, der genindtager sin jord. 'Erekhtheus er død, Erichthonios længe leve!' Man fejrede bystatens, polis' fødsel, men vigtigheden af agerdyrkningen hører med. Athene er jo også olivenfrugtens gudinde. Festivalen viser kvinders daglige aktiviteter samt unge pigers rites de passage til at blive gifteklare kvinder. Kvinderitualer er ritualer for Athene i relation til landbrugsåret. Frugtbarhed er vigtig i ritualerne, og kvinderne spiller en vigtig rolle i frugtbarhedskulten. Oldtidssamfund var afhængig af markens afgrøder.

Panathenaia-pompé

Processionen bevæger sig ad en fastlagt rute igennem byen til gudens helligdom, nemlig fra Dipylon-porten via Kerameikos og Agorá, op til Akropolis gennem Propylæerne, langs med Parthenon-templet til østfronten af det og standser foran det store alter; de vigtigste steder i byen Agorá, det politiske centrum, og Kerameikos, kirkegården, er således blevet berørt.

Ud fra frisen på Parthenon-templet på ydersiden af den inderste mur (sekos) ses unge mænd i hoplitudrustning eller som ryttere, ældre mænd, ergastiner, arbejdersker, og kanefórer, kurvebærersker, dvs. borgernes døtre, metøker, μέτοικοι, indvandrere fra forbundsbyerne, hvis sønner bærer skåle med votivgaver og døtre krukker med vand, dvs. fremmede, og derefter offerdyrene.

Processionen bringer Athenes nye peplos, vævet af ergastinerne, til archon basileus, for at han kan beklæde den i Erechtheion stående træstatue, xoanon, ξόανον, af Athene med den; den er safranfarvet og forsynet med billeder af Athenes gerninger i kamp mod giganterne. Det sker hvert år til De Mindre Panathenaia den 28. Hekatombaion, dvs. omkring den 12. august.

De Store Panathenaia finder sted hvert 4. år også på den 28. Hekatombaión, og formålet med højtiden er ud over at ære byens gudinde at vise Athens magtstilling over for forbundsfællerne samt fremme borgernes sammenhold. Fra 566 f.Kr. var det tilladt for alle grækere at deltage i De Store Panathenaia, og der var både musiske og sportslige agones, hvor Homers sange blev fremført af rhapsoder og hvor unge og voksne mænd kappedes om førsteprisen, en amfora med olivenolie; desuden var der dans i våbendragt, pyrriche, πυρρίχη.

Den athenske festival for Athene
Athena Polias, Byens gudinde, fik en ny peplos til den Lille Panathenaia-højtid, som fandt sted hvert år, og Athena Polias-statuen stod i Erechteion. Men til den Store Panathenaia-højtid, som blev fejret hvert fjerde år, blev der vævet en langt prægtigere peplos til Athene i Parthenon. Begge peploi blev vævet af unge piger, ergastinai, ἐργαστῖναι, arbejdersker, udvalgt blandt de aristokratiske familier i Athen. Tråden blev sat på væven den sidste dag i måneden Pyanopsion (okt.-nov.), tiden for såning og for plukning af olivenhøsten, under festivalen Chalkeia, der fejrede Athene som håndværkets gudinde. Rendegarnet blev sat på vævestolen af Athens præstinde sammen med arrephóroi, ἀρρηφόροι, to piger mellem 7 og 10-12 år. Når ergastinai var færdige, fik Athene overrakt peplosen til den årlige sommerfestival Panathenaia. Den blev båret til Akropolis og præsenteret for gudinden af Praxiergidai, en athensk slægt, hvis privilegier bestod

i at vaske kultstatuen og dens klæder. 2 måneder før Panathenaia, i den sidste uge af Thargelion (maj-juni) blev det mest hellige af alle Athenes gudebilleder renset; det stod i Erechtheion. Festligheden hedder Kallynteria, afholdt på den 19. Thargelion og er en udsmykningsfestival; men før Kallynteria fandt Plynteria-festivalen sted, vaskefesten. Kvinderne fra Praxiergidai-slægten fjernede smykkerne fra gudebilledet, tilslørede det og udførte hemmelige ritualer. Måske slukkede de olielampen, rensede den og tændte den igen. De fejede også templet. Udsmykningen siges at gå tilbage til Aglauros, datter af Athens mytiske konge Kekrops, da hun blev præstinde for Athene. Ved hendes død gik der 1 år, før gudebilledets klæder blev vasket, og det gjaldt også for de athenske kvinders tøj. Så blev Plynteria etableret for at vaske Athenes og kvindernes egne klæder.

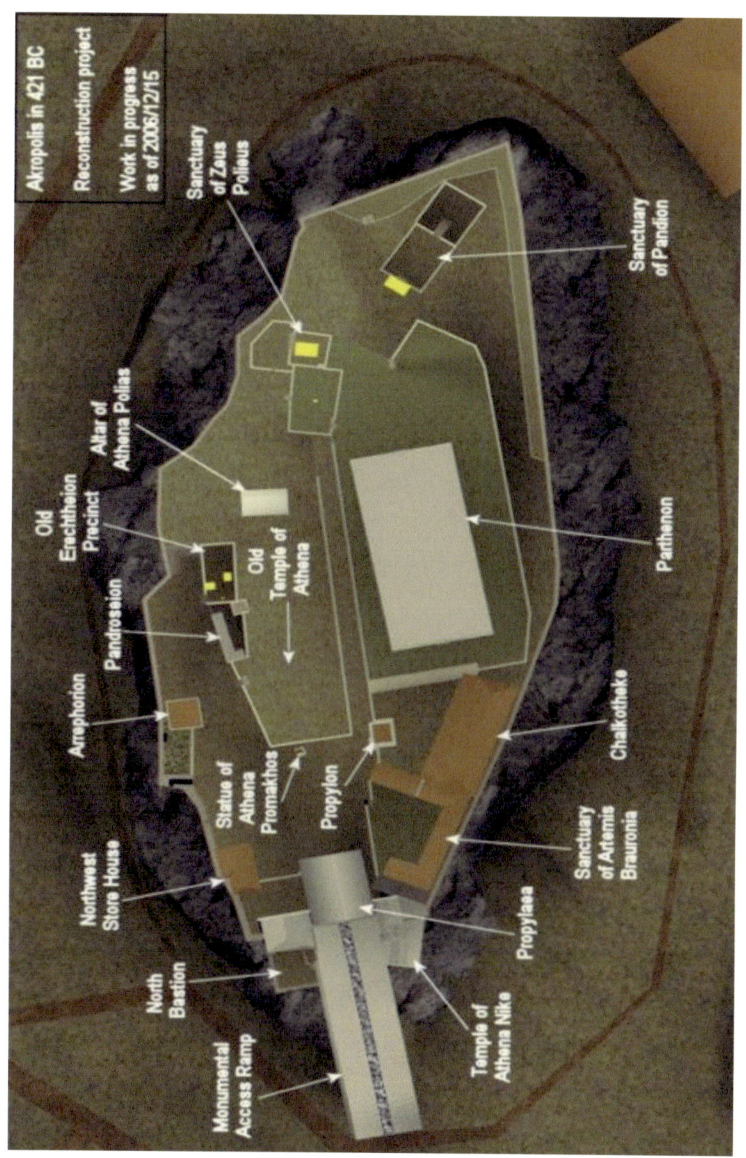
Akropolis in 421 BC
Reconstruction project
Work in progress as of 2006/12/15
Sanctuary of Zeus Polieus
Sanctuary of Pandion
Altar of Athena Polias
Old Erechtheion Precinct
Old Temple of Athena
Parthenon
Pandroseion
Arrephorion
Chalkotheke
Statue of Athena Promakhos
Propylon
Sanctuary of Artemis Brauronia
Northwest Store House
Propylaea
North Bastion
Temple of Athena Nike
Monumental Access Ramp

Foregående side

Reconstruction of the Akropolis in 421 BC by Kronoskaf. This image illustrates the current status of the project. Yellow blocks are just place holders for planned 3D buildings.
(Origo: File:Akropolis Plan.jpg - Project Athinai (kronoskaf.com))

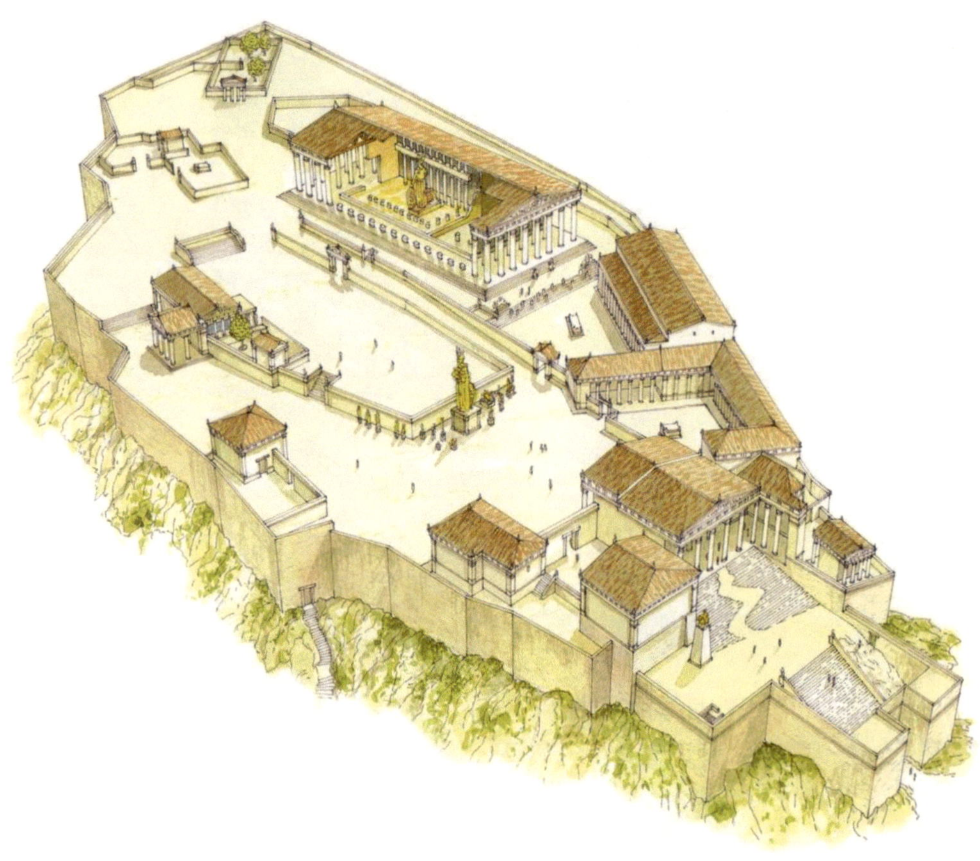

(Origo: Acropolis, Athens by Fernando Aznar Cenamor (meisterdrucke.ie))

Den 25. Thargelion blev statuen afklædt og hyllet i et klæde som tegn på sorgen over Aglauros. To aristokratiske piger, loutrides – λουτρίδες, (vaskepiger, som vasker personer) eller plyntrides – πλυντρίδες, (vaskepiger, som vasker tøj) vaskede Athens klæder og statuen selv. Gudinden blev tilsløret og dagen var en ulykkesdag; helligdommen var lukket, og ingen ofringer fandt sted. Den 26. el. 29. Thargelion blev statuen af-sløret, svampet af og badet, derefter påklædt med de rensede klæder.

Der er problemer med at fastslå, hvornår Plynteria fandt sted og hvad Kallynteria helt konkret bestod i. Den logiske rækkefølge ville jo være, at man vaskede det hele af først og så udsmykkede det, men det kan jo være at Kallynteria angår rummet, templet og Plynteria gudestatuen og klæderne; så kan rækkefølgen jo godt være som angivet.
Nogle dage efter vaskefestivalen fandt Arrephoria sted, en natlig festival, den 3. Skirophorion (juni-juli)(se Pausanias 1, 27, 3).
Ritualet fandt sted ved 'Aphrodite i haverne', Ἀφροδίτη ἐν Κήποις, og dermed sluttede året for arrephoroi.
Kvinders deltagelse i festivalen ses hos Aristophanes: Lysistrate 641-7:

641-2 ἑπτὰ μὲν ἔτη γεγῶσ᾽ εὐθὺς ἠρρηφόρουν:
643-4 εἶτ᾽ ἀλετρὶς ἦ δεκέτις οὖσα τἀρχηγέτι:
645 κᾆτ᾽ ἔχουσα τὸν κροκωτὸν ἄρκτος ἦ Βραυρωνίοις:
646 κἀκανηφόρουν ποτ᾽ οὖσα παῖς καλὴ 'χουσ᾽
647 ἰσχάδων ὁρμαθόν:
(Origo:Aristophanes, Lysistrata, line 636 (tufts.edu))

"Arrephoros var jeg allerede, da jeg lige var fyldt syv år;
da jeg var ti, malede jeg korn for Athene;
kort efter tjente jeg i safranfarvet dragt som bjørn Artemis Brauronia,
så pyntet med figner om halsen, vokset mig stor og smuk
bar jeg kurven."

Arrephoros, ἀρρηφόρος, som syvårig (2 eller 4 piger); arrephoroi var 2 eller 4 små piger fra aristokratiske familier, udvalgt af archon basileus, for at de kunne bo 1 år på Akropolis i nærheden af Erekhtheion for at tjene Athene. Navnet betyder 'bærerske' eller 'pige, der bærer Athene Polias' symboler i procession', de bar nemlig de kurve, kistai, som indeholdt de hemmelige objekter under ritualet;
aletris, ἀλετρίς, 'den, der maler korn' som tiårig; de skulle male korn til mel, som skulle bruges til Athenes hellige kager;
kanephoros, κανήφορος, kurvebærerske, som 12-13-årig; i kurven var de hellige og hemmelige objekter, som præsten skulle bruge til ofringerne;
arktos, ἄρκτος, hunbjørn: små piger i gule dragter gjorde tjeneste for Artemis i Brauron i hendes helligdom et stykke tid og sluttede tjenesteperioden med at spille bjørn på den festival, der var helliget Artemis.

Tekster

Pausanias: Graeciae descriptio 8, 2, 1 – Om navnet Panathenaia

... τούτῳ γὰρ τῷ ἀγῶνι Ἀθήναια ὄνομα ἦν, Παναθήναια δὲ κληθῆναί φασιν ἐπὶ Θησέως, ὅτι ὑπὸ Ἀθηναίων ἐτέθη συνειλεγμένων ἐς μίαν ἁπάντων πόλιν.

(Origo: http://www.perseus.tufts.edu/hopper/text?doc=Perseus%3Atext%3A1999.01.0159%3Abook%3D8%3Achapter%3D2%3Asection%3D1)

Pausanias: Grækenlands beskrivelse 8, 2, 1

... navnet på denne fest var Athenaia, og først på Theseus' tid blev den kaldt Panathenaia, fordi den blev fejret af athenienserne, da de alle var blevet samlet til én by.

(Origo: Vagn Duekilde: Hellas i klassisk tid. Tekster til græsk religion, København (Spektrum) 1997, 101)

Harpokration: s.v. ΚΑΝΗΦΟΡΟΙ

Λυκοῦργος ἐν τῷ κατὰ Λυκόφρονος. περὶ τῶν κανηφόρων Φιλόχορος ἐν β Ἀτθίδος φησὶν ὡς Ἐριχθονίου βασιλεύοντος πρῶτον κατέστησαν αἱ ἐν ἀξιώματι παρθένοι φέρειν τὰ κανᾶ τῇ θεῷ, ἐφ᾽ οἷς ἐπέκειτο τὰ πρὸς τὴν θυσίαν, τοῖς τε Παναθηναίοις καὶ ταῖς ἄλλαις πομπαῖς.

(Origo: http://www.perseus.tufts.edu/hopper/text?doc=Perseus%3Atext%3A2013.01.0002%3Aletter%3Dk%3Aentry%3Dkaneforoi)

Harpokration: s.v. Kanephoroi

Kanephorer... Philochoros siger i 2. bog om Attika, at det var da Erichthonios var konge, at det først blev skik at unge piger, som var værdige dertil, bar kurve for gudinden, hvori lå hvad der skulle bruges ved ofringen, både ved Panathenæerne og ved de andre processioner.

(Origo: Vagn Duekilde: Hellas i klassisk tid. Tekster til græsk religion, København (Spektrum) 1997, 104)

Harpokration: s.v. ΠΑΝΑΘΗΝΑΙΑ

Δημοσθένης Φιλιππικοῖς. διττὰ Παναθήναια ἤγετο Ἀθήνησι, τὰ μὲν καθ᾽ ἕκαστον ἐνιαυτὸν, τὰ δὲ διὰ πεντετηρίδος, ἅπερ καὶ μεγάλα ἐκάλουν.

(Origo: http://www.perseus.tufts.edu/hopper/text?doc=Perseus%3Atext%3A2013.01.0002%3Aletter%3Dp%3Aentry%3Dpanathenaia)

Harpokration: s.v. Panathenaia

Panathenaia: ... To slags Panathenaia fejredes i Athen, den ene hvert år, den anden hvert fjerde år, sidstnævnte kaldtes også den store.

(Origo: Vagn Duekilde: Hellas i klassisk tid. Tekster til græsk religion, København (Spektrum) 1997, 101)

Beslutning om festerne ved De Mindre Panathenaia år 335-4 f.Kr.
Inscriptiones Graecae II² nr. 334

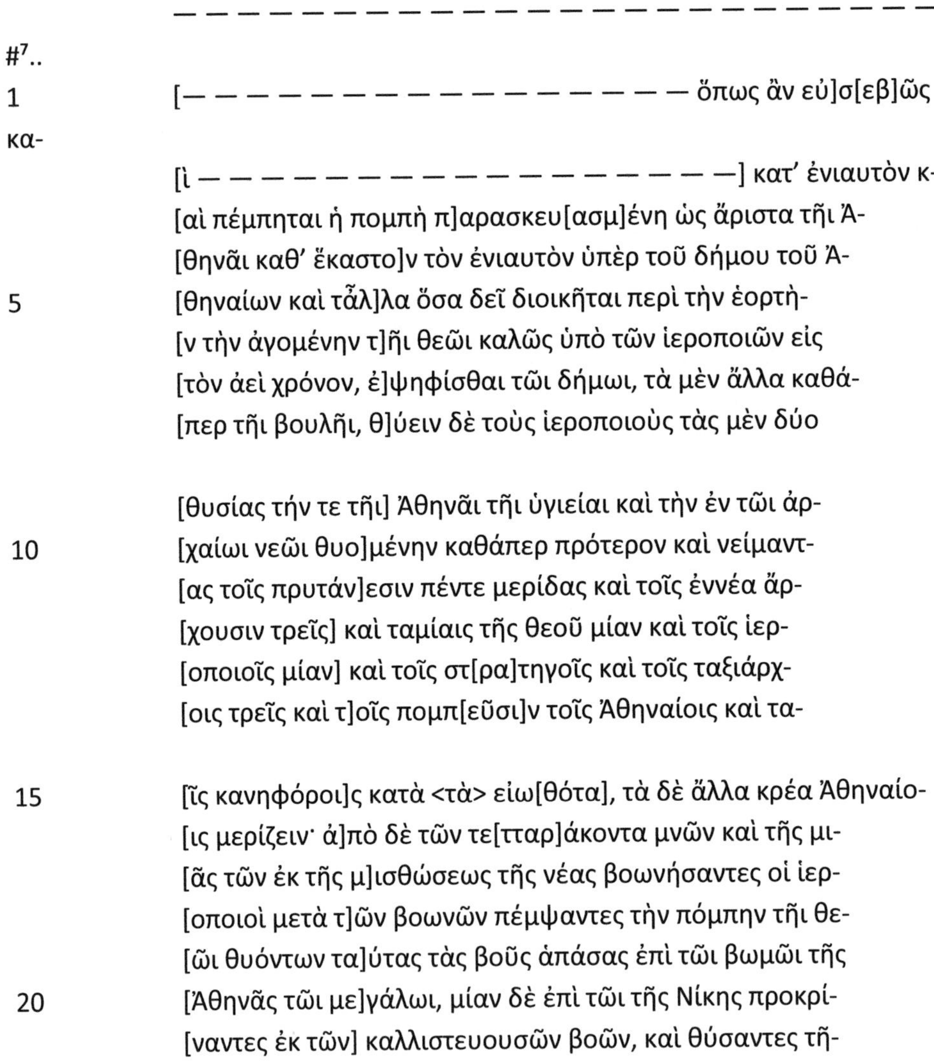

— —

#⁷..

[— ὅπως ἂν εὐ]σ[εβ]ῶς κα-
[ὶ —] κατ' ἐνιαυτὸν κ-
[αὶ πέμπηται ἡ πομπὴ π]αρασκευ[ασμ]ένη ὡς ἄριστα τῆι Ἀ-
[θηνᾶι καθ' ἕκαστο]ν τὸν ἐνιαυτὸν ὑπὲρ τοῦ δήμου τοῦ Ἀ-
[θηναίων καὶ τἆλ]λα ὅσα δεῖ διοικῆται περὶ τὴν ἑορτὴ-
[ν τὴν ἀγομένην τ]ῆι θεῶι καλῶς ὑπὸ τῶν ἱεροποιῶν εἰς
[τὸν ἀεὶ χρόνον, ἐ]ψηφίσθαι τῶι δήμωι, τὰ μὲν ἄλλα καθά-
[περ τῆι βουλῆι, θ]ύειν δὲ τοὺς ἱεροποιοὺς τὰς μὲν δύο
[θυσίας τήν τε τῆι] Ἀθηνᾶι τῆι ὑγιείαι καὶ τὴν ἐν τῶι ἀρ-
[χαίωι νεῶι θυο]μένην καθάπερ πρότερον καὶ νείμαντ-
[ας τοῖς πρυτάν]εσιν πέντε μερίδας καὶ τοῖς ἐννέα ἄρ-
[χουσιν τρεῖς] καὶ ταμίαις τῆς θεοῦ μίαν καὶ τοῖς ἱερ-
[οποιοῖς μίαν] καὶ τοῖς στ[ρα]τηγοῖς καὶ τοῖς ταξιάρχ-
[οις τρεῖς καὶ τ]οῖς πομπ[εῦσι]ν τοῖς Ἀθηναίοις καὶ τα-
[ῖς κανηφόροι]ς κατὰ <τὰ> εἰω[θότα], τὰ δὲ ἄλλα κρέα Ἀθηναίο-
[ις μερίζειν· ἀ]πὸ δὲ τῶν τε[τταρ]άκοντα μνῶν καὶ τῆς μι-
[ᾶς τῶν ἐκ τῆς μ]ισθώσεως τῆς νέας βοωνήσαντες οἱ ἱερ-
[οποιοὶ μετὰ τ]ῶν βοωνῶν πέμψαντες τὴν πόμπην τῆι θε-
[ῶι θυόντων τα]ύτας τὰς βοῦς ἁπάσας ἐπὶ τῶι βωμῶι τῆς
[Ἀθηνᾶς τῶι με]γάλωι, μίαν δὲ ἐπὶ τῶι τῆς Νίκης προκρί-
[ναντες ἐκ τῶν] καλλιστευουσῶν βοῶν, καὶ θύσαντες τῆ-

[ι Ἀθηνᾶι τῆι] Πολιάδι καὶ τῆι Ἀθηνᾶι τῆι Νίκηι ἀπασῶ-
[ν τῶν βοῶν τῶ]ν ἀπὸ τῶν τετταράκοντα μνῶν καὶ μιᾶς ἐω-
[νημένην νε]μόντων τὰ κρέα τῶι δήμωι τῶι Ἀθηναίων ἐν
[Κεραμεικῶ]ι καθάπερ ἐν ταῖς ἄλλαις κρεανομίαις· ἀ[π]-
[ονέμειν δὲ] τὰς μερίδας εἰς τὸν δῆμον ἕκαστον κατὰ [τ]-
[οὺς πέμπον]τας ὁπόσους ἂν παρέχηι ὁ δῆμος ἕκαστος· [ε]-
[ὶς δὲ τὰ μι]σθώματα τῆς πομπῆς καὶ τὸ μαγειρικὸν κα[ὶ]
[κόσμησιν] τοῦ βωμοῦ τοῦ μεγάλου καὶ τἆλλα ὅσα προσ-
...8....εῖσθαι περὶ τὴν ἑορτὴν καὶ εἰς παννυχίδα
[διδόναι] :⍰: δραχμὰς· τοὺς δὲ ἱεροποιοὺς τοὺς διοι[κ]-
[οῦντας τ]ὰ Παναθήναια τὰ κατ’ ἐνιαυτὸν ποεῖν τὴν πα[ν]-
[νυχίδα] ὡς καλλίστην τῆι θεῶι καὶ τὴν πομπὴν πέμπε[ι]-
[ν ἅμα ἡ]λίωι ἀνιόντι, ζημιοῦντας τὸν μὴ πειθαρχο[ῦντ]-
[α ταῖς ἐκ] τῶν νόμων ζημίαις·
ἐλέσθαι δὲ τὸν δῆμ[ον ...]
[........18........ ἄ]ν[δ]ρας ἐξ Ἀθηναίων ἀπ[άντων ο]-
[ἵτινες —
— —]

(Origo: https://epigraphy.packhum.org/text/2551?&bookid=5&location=7)

Beslutning om festerne ved De Mindre Panathenaia år 335-4 f.Kr.

[... for at på en respektfuld måde (...) hvert år, og for at processionen for Athene i det atheniensiske folks navn hvert år bliver organiseret på bedste vis og for at alt, hvad der er nødvendigt for den fest, der afholdes til ære for gudinden, for altid bliver ordnet på bedste vis af hieropoioi, har folket besluttet følgende: Alle andre ting skal ske som foreslået af rådet, men hieropoioi skal som tidligere forrette de to ofre, det ene til Athena Hygieia og det andet, som skal udføres i det gamle tempel;

og de skal tildele prytanerne fem kødstykker og de ni archonter tre, og gudindens kassemestre et kødstykke, og hieropoioi et, og strategerne og taxiarcherne tre, og de atheniensiske processionsdeltagere og kanephoroi ifølge traditionen; de resterende kødstykker skal de fordele blandt athenienserne. Når hieropoioi af de 41 miner fra den nye forpagtning sammen med oksehandlerne har købt okserne og har afholdt processionen, skal de ofre alle disse okser til gudinden på Athenes store alter, men dog udvælge en af de smukkeste okser til Athena Nike's alter; og når de har ofret til Athena Polias og til Athena Nike, skal de fordele kødet af alle de okser, der er blevet købt for de 41 miner, til athenienseernes folk på Kerameikos-pladsen som på de andre kødfordelingsaktioner; de skal tildele hver demos det antal kødstykker i forhold til det deltagerantal, som hver demos har stillet til processionen. For omkostningerne ved processionen og ved tilberedelsen af kødet og udsmykningen af det store alter og alle andre ... ... nødvendige ting ved højtideligheden og den natlige fest skal man betale 50 drakmer. De hieropoioi, som arrangerer de årlige Panathenaia, skal arrangere den natlige fest så smukt som muligt for gudinden og sende processionen af sted ved daggry, idet de straffer den, der ikke adlyder, med de i loven fastsatte straffe. ...

Scholia Aristophanica: Aves 827 – Athenes peplos

τῷ ξανοῦμεν τὸν πέπλον: Τῇ Ἀθηνᾷ πολιάδι οὔσῃ πέπλος ἐγίνετο παμποίκιλος, ὃν ἀνέφερον ἐν τῇ πομπῇ τῶν Παναθηναίων.
(Origo: Svend Aage Pallis: Greek Religious Texts, København (Povl Branner) 1948, 6)

Scholia Aristophanica: Fuglene 827
... Til Athene, byens beskytter, fremstilledes en kunstfærdig peplos, som de bar op [til hende] i processionen ved Panathenæerne.

(Origo: Vagn Duekilde: Hellas i klassisk tid. Tekster til græsk religion, København (Spektrum) 1997, 105)

Scholia Aristophanica: Equites 566 – Athenes peplos

En kommentar til Aristofanes' »Ridderne« fortæller, at et skib (en skibskærre) blev ført med i processionen, med den omtalte peplos hængt op som sejl.

ἄξιοι καὶ τοῦ πέπλου: Ἰδίᾳ παρὰ τοῖς Ἀθηναίοις πέπλος τὸ ἄρμενον τῆς Παναθηναϊκῆς νεὼς, ἣν οἱ Ἀθηναῖοι κατασκευάζουσι τῇ θεῷ διὰ τετραετηρίδος...

(Origo: Svend Aage Pallis: Greek Religious Texts, København (Povl Branner) 1948, 7)

Scholia Aristophanica: Rytteriet 566

... Som noget specielt for athenæerne er peplos sejlet på Panathenæerfestens skib, som athenæerne udruster for gudinden hvert fjerde år...

(Origo: Vagn Duekilde: Hellas i klassisk tid. Tekster til græsk religion, København (Spektrum) 1997, 105)

Aristoteles: Atheniensium respublica 49, 3 – Athenes peplos

Aristoteles (4. årh. f.v.t.) fortæller i sit værk »Athenæernes Statsforfatning« om proceduren ved fremstillingen af Athenes peplos.

[3] ἔκρινεν δέ ποτε καὶ τὰ παραδείγματα καὶ τὸν πέπλον ἡ βουλή, νῦν δὲ τὸ δικαστήριον τὸ λαχόν: ἐδόκουν γὰρ οὗτοι καταχαρίζεσθαι τὴν κρίσιν. καὶ τῆς ποιήσεως τῶν Νικῶν καὶ τῶν ἄθλων τῶν εἰς τὰ Παναθήναια συνεπιμελεῖται μετὰ τοῦ ταμίου τῶν στρατιωτικῶν.

(Origo: Svend Aage Pallis: Greek Religious Texts, København (Povl Branner) 1948, 7)

Aristoteles: Athenienserne s Statsforfatning 49, 3

Engang var det også rådet, der valgte mønstrene på peplos'en. Nu er det en særlig valgt domstol. Det viste sig nemlig, at disse plejede private interesser. Og

fremstillingen af Nike-statuetterne og sejrspriserne ved Panathenæerfesten skulle den sørge for sammen med hærens skatmester.
(Origo: Vagn Duekilde: Hellas i klassisk tid. Tekster til græsk religion, København (Spektrum) 1997, 105)

Formål

Der er flere formål med Panathenaia:
Årlig fejring af det guddommelige barn, Erekhthonius, den attiske konge, høstfest, nytårsfest, optagelsen af nye athenske borgere, antænding af den nye ild som indledning til nytåret.
Det er en fest for mænd og kvinder, for polis-fællesskabet i alle sociale lag, identitetsskabende elementer for de unge piger og de unge mænd; derudover er der ideologiske/politiske elementer: Perikles byggede Odeion til musikagoner og gav vælgerne gaver ligesom de romerske kejsere; derudover er 'Gudernes kamp mod giganterne og gudernes sejr' vævet ind i peplos'en, som symboliserer athensk civilisations sejr over de vilde samt grækernes sejr over perserne.
Mænd og kvinder er fælles om festen, da kvinder har vævet peplos'en og dermed bidraget væsentligt til festligholdelsen af Athene.
Selve vævningen symboliserer en af Athenes vigtigste færdigheder, og derfor er det ganske naturligt, at der væves en peplos til hende. Og hvis vi tænker på moiraerne, skæbnegudinderne, så spinder Klotho livets tråd for det enkelte individ, Lachesis afmåler længden af tråden med sin målepind, og Atropos skærer tråden over, hvorved individets liv ender.

(© The Trustees of the British Museum / Art Resource, NY) Arrephoroi, Parthenon, østfrisen

Athenes festivaler i relation til det rituelle år bekræftes af, at den sociale og økonomiske kalender havde stort fokus på frugtbarheden for afgrøder, dyr og kvinder i relation til årstiderne, landbrug og guddomme: naturens orden – det naturlige år, varme – kulde, regn – tørke, spiring, udbytte, landbrugets cyklus: såning, harvning, podning, høst, frugtplukning; avl: fåreklipning, opfostring af de unge dyr, malkning, græsning. Landbruget er basis for den antikke økonomi; derfor har ritualerne også altid en relation til den; korn, vin og oliven var hovedprodukterne i landbruget.

Produktion af oliven

Plukningen starter i oktober/november og varer til det tidlige forår. Om sommeren er der brug for kunstvanding (se S. Isager/J.E. Skydsgaard: Ancient Greek Agriculture (Routledge) London 1992).

Athenes festivaler blev jo holdt i den kritiske sommerfase, Thargelia, mens træerne blomstrede, og til høsten af frugterne på det tidspunkt, hvor Chalkeia blev afholdt. Festerne i Skirophorion om sommeren var vigtige. Pandrosion

hedder området, hvor de gror, og det er jo Dug-gudinden, der bringer fugtighed. Festerne var til for at skabe fugtighed for træerne. Arrephorernes ritual kunne være et fertilitetsritual.
Rites de passage for mennesker: fødsel, pubertet, ægteskab og død, svarer til naturens gang: såning, spiring, vækst, modning og høst. Der er 2 sæsonskift for hyrder, fiskere og sømænd, mens der er 3 eller 4 sæsoner for bønder. Fakkelløb kunne symbolisere den nye sæson, faklen bringer den nye ild. Traditionelt inddeles året i mandens og kvindens periode, som svarer til naturens sæsoner:

mand	**kvinde**
tør sæson	våd sæson
sommer	vinter
lys, ild, tørke: mandlige værdier	frugtbarhed, svangerskab, drægtighed, jord, væde: kvindelige værdier

Synoikia – Synoikesia

Den 16. Hekatombaion (juli-august) fejrede man synoikismos, συνοικισμός, samlingen af Attikas folk til ét samfund. Hovedfesten var De Mindre Panathenaia, der var årlige, og De Store Panathenaia, der blev fejret hvert 4. år; de varede 8 dage og går tilbage til 566 f.Kr. Under de Små Panathenaia blev de unge mænd gjort til borgere. Natten før, under pannychis, παννυχίς, (hele-natten-festival), svor de den efebiske ed, militærisk faneed om loyalitet over for polis i Aglauros' helligdom; derefter sang de paianen på Akropolis. Aglauros-præstinden var ansvarlig for madofre og de hemmelige ritualer for Aglauros og Pandrosos. Ved de Store Panathenaia bar de så våben som fuldborgere.

Kvindernes vigtigste ritual blev udført den 28. Hekatombaion, dagen, der repræsenterer festivalens originale version: processionen med den nye peplos og det efterfølgende offer. Processionsdagen er Athens fødselsdag og kaldes 'Præsentation af peplos'. Hvis vi betragter Parthenon-frisen: Ergastinai fører an, nu de er færdig med arbejdet. Nogle bar olivengrene fra Athenes hellige træer. De afbildede matroner kunne være hustruer til de eponyme heroer. På Akropolis blev peplos præsenteret for Athene-statuen. En af arrephoroi sammen med archon basileus præsenterer den; gudinden får den på. Konkurrencer, agones, bliver udført, og sejrherrerne i atletik og musik modtager amforaer med olivenolie. Olien kommer fra de 12 hellige oliventræer i Akademiet, haven, og de symboliserer de 12 fratrier (= broderskaber, klaner), der var fordelt over hele Athens territorium. Træerne siges at stamme fra Athenes første oliventræ efter kampen mod Poseidons saltkilde.

Panathenaia som højtideligholdelse af tyranmorderne Harmodios og Aristogeiton

(Origo:Julia L. Shear (2012). The Tyrannicides, their Cult and the Panathenaia: A Note. The Journal of Hellenic Studies, 132, pp 107-119 doi:10.1017/S0075426912000080)

Under Panathenaia-festen i 514 f.Kr. dræbte Harmodios og Aristogeiton Hipparchos, søn af Peisistratos og bror til tyrannen Hippias. Derfor kaldes de tyrannociderne af athenienserne, og der blev rejst bronzestatuer af dem på Agora og afholdt kultfestligheder for dem. Beviset for denne kult finder vi hos Aristoteles i Athenernes Statsforfatning og i Philostratos' Vita Apollonii, som placerer ritualerne under Panathenaia-festivalen. Aristoteles skriver i kap. 58.1:

ὁ δὲ πολέμαρχος θύει μὲν θυσίας τῇ τε Ἀρτέμιδι τῇ ἀγροτέρᾳ καὶ τῷ Ἐνυαλίῳ, διατίθησι δ᾽ ἀγῶνα τὸν ἐπιτάφιον, καὶ τοῖς τετελευτηκόσιν ἐν τῷ πολέμῳ καὶ Ἁρμοδίῳ καὶ Ἀριστογείτονι ἐναγίσματα ποιεῖ.

"Polemarken udfører ofringerne til Artemis Agrotera og Enyalios, og han arrangerer sørgelegene, og for dem, der er faldet i krig og for Harmodios og Aristogeiton afholder han enagismata, dødeofre."

Derudover har Gunnel Ekroth vist, at døde athenske krigere fik thysia, standardofre, og ikke enagismata, dødeofre, hvor alt kødet blev brændt eller ødelagt, så at deltagerne ikke fik noget til fællesmåltidet.
Harmodios' og Aristogeitons bedrift var altså et emne for hymnerne under festivalen, som blev afholdt regelmæssigt. Festivalen var en oplagt mulighed for at dyrke de to heltes kult netop på årsdagen for deres bedrift, den 28. Hekatombaion. Og teksten viser, at de modtog enagismata og hymner på dagen for bedriften og for Harmodios' død.
Festivalen får altså to hovedtemaer: dels som festival for Athene og hendes bedrifter, kampen mod giganterne, og Erichthonios, der grundlagde festivalen til ære for hende, dels tyrannicide-kulten, der fremhæver modstanden mod tyranner og etableringen af demokratiet; på den ene side kunne alle grækere fejre Athene, men på den anden side pga. inddragelsen af de to helte blev det også en festival for athenienserne specielt og for deres demokrati.

Initiationsriter til voksenstatus - phratrien og Apatouria

Phratrien – definition

En phratrie, φράτρα, φρατρία, var en gruppe i et samfund på en bestemt lokalitet, der oprindeligt nedstammede fra den samme forfader, jf. oprindelsen af betegnelsen 'apatouria' nedenfor; medlemmerne var phrateres, brødre, der indgik i et arveligt medlemskab. I Ionien fandtes mange phratrier, men bedst kendt er de athenske; man regner med ca. 30 forskellige, hvoraf ni er kendt ved navn. Før Kleisthenes tilhørte hver atheniensisk mand en phratrie, der støttede familierne indbyrdes. Selv om Kleisthenes indførte en ny inddeling af polis' institutioner, phylai, trittyes og demer, spillede phratrien stadigvæk en stor rolle for selvforståelsen som atheniensisk borger, og adgangen til statsborgerskab og spørgsmål om mandens legitime afstamning og om arv gik gennem phratrien. Denne kunne agere hele året med fælles aktiviteter, men optagelsen af nye medlemmer, dvs. drengebørn og efeber, skete under Apatouria-festivalen. Selv om det kun var drengebørn, der fik borgerrettigheder, blev kvinder introduceret til deres fædres phratrier og blev præsenteret for deres mænds phratrier under gamelia-højtiden.

Apatouria

Kun drengebørn og unge mænd havde adgang til borgerret; derfor skulle de indvies til samfundet, og denne indvielse blev foretaget af phratrierne under Apatouria-festen i Athen, afholdt i Pyanopsion (okt.-nov.) i løbet af 3 dage; navnet kommer af ὁμοπατόρια og betyder 'af en fælles stamfader': 1. dag, Dorpeia, Festmåltid, hvor phratriens medlemmer holdt et festmåltid, dorpon; 2. dag, Anarrhysis, Offerdag, af ἀναρρύειν, 'at trække offerets hoved tilbage' (før kniven stikkes ind): der ofredes en okse til Zeus Phratrios og Athene Phratria. Der var altså både et vigtigt socialt og et religiøst sigte med festivalen; drengebørnene skulle registreres i borgerlisten og der skulle ofres til de to skytsguder.

Når barnet var indviet i phratrien, stod det under stamme-/slægtsgudernes beskyttelse; indvielsen skete med et offer, meion, μεῖον, af et lam eller et får til faderens phratrie; når barnet var blevet teenager, blev det fuldgyldigt medlem af kultfællesskabet, og der fandt en ny indvielsesceremoni sted. Begge indvielser skete på 3.dagen af apatoúriefesten, på κουρεῶτις, se Suda 1, 538 τὴν δε τρίτην κουρεῶτιν ἀπὸ τοῦ τοὺς κούρους καὶ τὰς κόρας ἐγγράφειν εἰς τὰς φρατρίας; Etym. Magn. 533, 41; Pollux VIII 107. Der ofredes et dyr, κούρειον, og vin, οἰνιστήρια. Grækerne troede, at ordet κούρειον og κουρεῶτις kom af κοῦρος, ung mand, men Wilamowitz-Moellendorff antog, at det hang sammen med κείρειν, at klippe håret af, altså et offer med en tot afskåret hår. Efeberne afleverede ligeledes et håroffer ved den anden indvielse. Håret ofredes til Artemis, jf. Hesych s. v. κουρεῶτις, eller til Herakles sammen med vinofferet, se Hesych s. v. οἰνιστήρια. Måske blev der ofret til forskellige guder afhængig af de forskellige phratrier. Når drengene blev efeber, altså ved den anden indvielse, hængtes der en laurbærgren på dørkarmen, jf. Etym. Magn. 532, 54 s. v. κορυθάλη. Det samme skete på bryllupsdagen for datteren.

Tekster

Herodot 1. 147. 2

[2] εἰσὶ δὲ πάντες Ἴωνες ὅσοι ἀπ᾽ Ἀθηνέων γεγόνασι καὶ Ἀπατούρια ἄγουσι ὁρτήν. ἄγουσι δὲ πάντες πλὴν Ἐφεσίων καὶ Κολοφωνίων: οὗτοι γὰρ μοῦνοι Ἰώνων οὐκ ἄγουσι Ἀπατούρια, καὶ οὗτοι κατὰ φόνου τινὰ σκῆψιν.

(Origo: https://www.perseus.tufts.edu/hopper/text?doc=Perseus%3Atext%3A1999.01.0125%3Abook%3D1%3Achapter%3D147%3Asection%3D2)

Herodot 1. 147. 2

Og alle er jonere, som nedstammer fra atheniensere og afholder Apatouria-festen. Alle afholder den undtagen folk i Ephesos og Kolophon; disse er de eneste jonere, der ikke festligholder Apatouria, og de gør det ikke pga. en skeptisk holdning til et (forhistorisk) mord[1].

[1] Denne skepsis skyldes den antikke græske opfattelse, at festen i virkeligheden betyder 'bedrag' eller 'svig', ἀπάτη, og hentyder til en fortælling fra ca. 1100 f.Kr. (?) om en duel mellem Melanthos fra Atiika og kong Xanthos fra Boiotien, der endte med den sidstes død; se Etym. Magn. 533 l. 42 ff. (n621) nedenfor.

Hesych s. v. <κουρεῶτις>

μηνὸς τοῦ Πυανεψιῶνος ἡμέρα, ἐν ᾗ τὰς ἀπὸ τῆς κεφαλῆς τῶν παίδων ἀποκείροντες τρίχας Ἀρτέμιδι θύουσιν
(Origo:
https://el.wikisource.org/wiki/%CE%93%CE%BB%CF%8E%CF%83%CF%83%CE%B1%CE%B9/%CE%9A)

Hesych s. v. <κουρεῶτις>

Koureotis er den dag i Pyanopsion-måneden, hvor man ofrer til Artemis de hår, der er klippet af drengenes hoved.

Hesych s. v. <οἰνιστήρια>

Ἀθήνησιν οἱ μέλλοντες ἐφηβεύειν, πρὶν ἀποκεί- ρασθαι τὸν μαλλόν, εἰσέφερον Ἡρακλεῖ μέτρον οἴνου, καὶ σπείσαντες τοῖς συνελθοῦσιν ἐπεδίδουν πίνειν. ἡ δὲ σπονδὴ ἐκαλεῖτο οἰνιστήρια (Eupol. fr. 135)
(Origo: Γλώσσαι/Ο - Βικιθήκη)

Hesych s. v. <οἰνιστήρια>

I Athen bragte de, der ville være efeber, førend de fik en hårlok klippet af, et bæger vin til Herakles, og efter at have bragt vinofferet til guden gav de deltagerne at drikke. Dette vinoffer kaldtes oinisteria.

Suda s. v. κουρεώτης (p. 622)

κουρεώτης ὁ κουρεύς, καὶ κουρεῖς πληθυντικῶς. κουρεῶτις δὲ ἑορτὴ τῶν ἅπατουρίων ἡ τρίτη ἐν ᾗ οἱ κοῦροι ἀποχειρόμενοι εἶς τοὺς φράτορας ἐγγράφονται. καὶ ζήτει τὴν πρωτην κάὶ τὴν δευτέρα ἐν τῷ ἀπατούρια.
(Origo: https://archive.org/details/suidaelexicon01bekkgoog/page/622/mode/1up)

Suda s. v. κουρεώτης (p. 622)

Koureotes: frisøren og I flertal frisører. Koureotes-højtiden falder på den tredje dag af Apatouria, hvor de unge mænd indskrives i phratrielisterne. Og den følger efter den første og den anden dag under Apatouria.

Etym. Magn. 532 l. 52 ff. (n260)

Κορυθάλη: ἡ πρὸ τῶν θυρῶν τιθεμένη δάφνη; ὅτι οἱ κλάδοι οὓς κόρους κάλουσι θάλλοθσιν, ὡς καὶ Χρύσιππος. ...
(Origo: https://archive.org/details/etymologikontome00etymuoft/page/n260/mode/1up)

Etym. Magn. 532 l. 52 ff. (n260)

Korythale: en laurbærgren over døren, for at de unge skud, som man kalder de unge drenge, kan blomstre, således også Chrysippos. ...

Etym. Magn. 533 l. 42 ff. (n621)

Κουρεῶτις: ἑορτή ἐστιν ἐπὶ τρεῖς ἡμέρας τελουμένη. Ἀθηναίων πρός Βοιωτοὺς πόλεμον ἐχόντων περὶ Οἰνοής καὶ Μελαίνης, Ξάνθος ὁ τῶν Βοιοτῶν βασιλεύς, Θυμοίτην τὸν τῶν Ἀθηναίων δυνάστην εἰς μονομαχίαν προσεκαλέσατο. τοῦ δ' οὐχ ὑποστάντος, Μελάνθιος ὁ Κόδρου πατὴρ ἐμονομάχησε. καὶ νικήσας, ἐνομοθέτησε τὴν ἑορτήν. τῇ μὲν οὖν πρώτῃ ἡμέρᾳ δειπνοῦσι, καὶ καλοῦσιν ἀναρρυσία, διὰ το τοῦς ἄρχοντας ἀνακλῶντας τὰ ἱεραῖα καὶ ἄνω ἐρύοντας, θύειν. ... τῇ δὲ τρίτῇ, τοὺς κούρους εἰσάγουσιν εἰς τὴν ἑορτήν, καὶ συνιστῶσι τοῖς συγγενέσι καὶ γνωρίμοις, καὶ ἐγγράφευσιν εἰς τὴν πολιτείαν. ἡ δὲ ἑορτὴ καλεῖται κουρεῶτις.

(Origo: Etymologikon tomega : Etymologicum magnum : Free Download, Borrow, and Streaming : Internet Archive; https://archive.org/details/etymologikontome00etymuoft/page/n261/mode/1up)

Etym. Magn. 533 l. 42 ff. (n621)

Koureotis: Det er en fest, der bliver afholdt over tre dage; da athenerne førte krig mod boioterne om Oinoe og Melaine, udfordrede Xanthos, boioternes konge, athenernes hersker Thymoites til duel. Da han ikke blev valgt, gik Melanthios, Kodros' far, ind i duellen. Og efter at han havde sejret, indstiftede han højtiden per lov. På den første dag spiser man et festmåltid, og man kalder (andendagen) anarrhysia, offerdag (egl. 'opadtrækning'), fordi de ledende embedsmænd bøjede offerdyrene(s hals) tilbage og rev den opad og ofrede dem. ... På tredjedagen fører man de unge drenge ind til højtiden, og man introducerer dem for slægtninge og notabiliteter og indskriver dem i statens borgerliste. Denne fest kaldes koureotis.

Pollux: Onomastikon VIII 107

Φράτορες: εἰς τούτους τούς/τε κόρους καὶ τὰς κόρας εισήγον, καὶ εἰς ἡλικίαν προελθόντων ἐν τῇ καλουμένῃ κουρεώτιδι ἡμέρᾳ ὑπὲρ μὲν τῶν ἀρρένων τὸ κούρειον ἔθυον, ὑπὲρ δὲ τῶν θηλειῶν τὴν γαμηλίαν.

(Origo: https://archive.org/details/pollucisonomasti02polluoft/page/134/mode/1up)

Pollux: Onomastikon VIII 107

Phratrielister: man indskrev drenge og piger i disse lister, og blandt dem, der var blevet teenagere, ofrede man på den såkaldte koureotes-dag for mændenes vedkommende et koureion-offer (*får eller lam*), for kvindernes vedkommende et gamelia-offer (*bryllupsoffer*).

Arrephoria - Ekskurs om arrephoroi

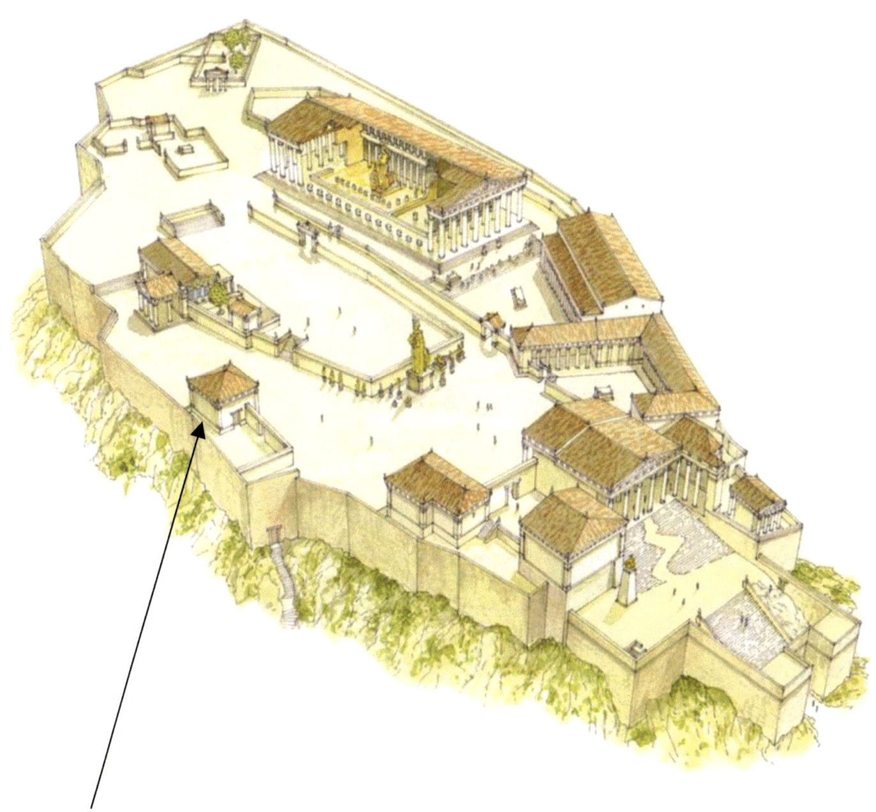

Arrephorernes hus = Arrephorion

(Origo: Acropolis, Athens by Fernando Aznar Cenamor (meisterdrucke.ie))

Tekster

Pausanias: Graciae descriptio 1, 27, 2-3 – Om arrephorerne

... [2] τῷ ναῷ δὲ τῆς Ἀθηνᾶς Πανδρόσου ναὸς συνεχής ἐστι: καὶ ἔστι Πάνδροσος ἐς τὴν παρακαταθήκην ἀναίτιος τῶν ἀδελφῶν μόνη.

[3] ἃ δέ μοι θαυμάσαι μάλιστα παρέσχεν, ἔστι μὲν οὐκ ἐς ἅπαντας γνώριμα, γράψω δὲ οἷα συμβαίνει. παρθένοι δύο τοῦ ναοῦ τῆς Πολιάδος οἰκοῦσιν οὐ πόρρω, καλοῦσι δὲ Ἀθηναῖοι σφᾶς ἀρρηφόρους: αὗται χρόνον μέν τινα δίαιταν ἔχουσι παρὰ τῇ θεῷ, παραγενομένης δὲ τῆς ἑορτῆς δρῶσιν ἐν νυκτὶ τοιάδε. ἀναθεῖσαί σφισιν ἐπὶ τὰς κεφαλὰς ἃ ἡ τῆς Ἀθηνᾶς ἱέρεια δίδωσι φέρειν, οὔτε ἡ διδοῦσα ὁποῖόν τι δίδωσιν εἰδυῖα οὔτε ταῖς φερούσαις ἐπισταμέναις—ἔστι δὲ περίβολος ἐν τῇ πόλει τῆς καλουμένης ἐν Κήποις Ἀφροδίτης οὐ πόρρω καὶ δι᾽ αὐτοῦ κάθοδος ὑπόγαιος αὐτομάτη—, ταύτῃ κατίασιν αἱ παρθένοι. κάτω μὲν δὴ τὰ φερόμενα λείπουσιν, λαβοῦσαι δὲ ἄλλο τι κομίζουσιν ἐγκεκαλυμμένον: καὶ τὰς μὲν ἀφιᾶσιν ἤδη τὸ ἐντεῦθεν, ἑτέρας δὲ ἐς τὴν ἀκρόπολιν παρθένους ἄγουσιν ἀντ᾽ αὐτῶν.

(Origo: http://www.perseus.tufts.edu/hopper/text?doc=Perseus%3Atext%3A1999.01.0159%3Abook%3D1%3Achapter%3D27%3Asection%3D3)

Pausanias: Grækenlands beskrivelse 1, 27, 2-3

... [2. Templet for Pandrosos støder op til Athenes tempel. Pandrosos var den eneste af søstrene som ikke brød sit løfte.

[3. Det der gjorde mig mest forundret, er noget, som ikke alle og enhver ved besked om. Jeg vil beskrive det, som det foregår. To piger, som skal være jomfruer, bor ikke langt fra bygudindens tempel, og athenæerne kalder dem arrephorer. De har for en vis tid deres underhold hos gudinden, og når festen kommer, gør de om natten følgende: De anbringer på deres hoveder det, som Athenes præstinde giver dem at bære. Men hverken hun som giver, eller de som bærer, ved, hvad det er hun giver. Der er et helligt område i byen ikke langt fra det der kaldes Afrodite i

Haverne, og igennem det løber en naturlig underjordisk gang. Her går pigerne ned. Dernede efterlader de det, som de bar, og de tager noget andet, tilhyllet, som de bringer op. Straks herefter sender man dem bort, og andre piger bliver bragt til Akropolis i stedet for dem.

(Origo: Vagn Duekilde: Hellas i klassisk tid. Tekster til græsk religion, København (Spektrum) 1997, 108-109)

Pausanias: Graeciae descriptio 1, 18, 2 - Om Erichthonios

... Ἀγλαύρῳ δὲ καὶ ταῖς ἀδελφαῖς Ἕρσῃ καὶ Πανδρόσῳ δοῦναί φασιν Ἀθηνᾶν Ἐριχθόνιον καταθεῖσαν ἐς κιβωτόν, ἀπειποῦσαν ἐς τὴν παρακαταθήκην μὴ πολυπραγμονεῖν: Πάνδροσον μὲν δὴ λέγουσι πείθεσθαι, τὰς δὲ δύο—ἀνοῖξαι γὰρ σφᾶς τὴν κιβωτόν—μαίνεσθαί τε, ὡς εἶδον τὸν Ἐριχθόνιον, καὶ κατὰ τῆς ἀκροπόλεως, ἔνθα ἦν μάλιστα ἀπότομον, αὑτὰς ῥῖψαι. ...

(Origo: http://www.perseus.tufts.edu/hopper/text?doc=Perseus%3Atext%3A1999.01.0159%3Abook%3D1%3Achapter%3D18%3Asection%3D2)

Pausanias: Grækenlands beskrivelse 1, 18, 2

Man fortæller, at Athene gav Erichthonios, som hun havde lagt ned i et skrin, til Aglauros og hendes søstre Herse og Pandrosos, idet hun forbød dem at være nysgerrige med hensyn til det, hun havde betroet dem. Pandrosos, siger man, adlød, men de to andre åbnede skrinet og blev vanvittige, da de så Erichthonios, og de styrtede sig ned fra Akropolis, der hvor klippen er stejlest.

(Origo: Vagn Duekilde: Hellas i klassisk tid. Tekster til græsk religion, København (Spektrum) 1997, 108)

Apollodorus: Bibliotheke 3, 14, 6

[6]

Κραναὸν δὲ ἐκβαλὼν Ἀμφικτύων ἐβασίλευσε: τοῦτον ἔνιοι μὲν Δευκαλίωνος, ἔνιοι δὲ αὐτόχθονα λέγουσι. βασιλεύσαντα δὲ αὐτὸν ἔτη δώδεκα Ἐριχθόνιος ἐκβάλλει. τοῦτον οἱ μὲν Ἡφαίστου καὶ τῆς Κραναοῦ θυγατρὸς Ἀτθίδος εἶναι λέγουσιν, οἱ δὲ Ἡφαίστου καὶ Ἀθηνᾶς, οὕτως: Ἀθηνᾶ παρεγένετο πρὸς Ἥφαιστον, ὅπλα κατασκευάσαι θέλουσα. ὁ δὲ ἐγκαταλελειμμένος ὑπὸ Ἀφροδίτης εἰς ἐπιθυμίαν ὤλισθε τῆς Ἀθηνᾶς, καὶ διώκειν αὐτὴν ἤρξατο: ἡ δὲ ἔφευγεν. ὡς δὲ ἐγγὺς αὐτῆς ἐγένετο πολλῇ ἀνάγκῃ (ἦν γὰρ χωλός) , ἐπειρᾶτο συνελθεῖν. ἡ δὲ ὡς σώφρων καὶ παρθένος οὖσα οὐκ ἠνέσχετο: ὁ δὲ ἀπεσπέρμηνεν εἰς τὸ σκέλος τῆς θεᾶς. ἐκείνη δὲ μυσαχθεῖσα ἐρίῳ ἀπομάξασα τὸν γόνον εἰς γῆν ἔρριψε. φευγούσης δὲ αὐτῆς καὶ τῆς γονῆς εἰς γῆν πεσούσης Ἐριχθόνιος γίνεται. τοῦτον Ἀθηνᾶ κρύφα τῶν ἄλλων θεῶν ἔτρεφεν, ἀθάνατον θέλουσα ποιῆσαι: καὶ καταθεῖσα αὐτὸν εἰς κίστην Πανδρόσῳ τῇ Κέκροπος παρακατέθετο, ἀπειποῦσα τὴν κίστην ἀνοίγειν. αἱ δὲ ἀδελφαὶ τῆς Πανδρόσου ἀνοίγουσιν ὑπὸ περιεργίας, καὶ θεῶνται τῷ βρέφει παρεσπειραμένον δράκοντα: καὶ ὡς μὲν ἔνιοι λέγουσιν, ὑπ᾽ α ὐτοῦ διεφθάρησαν τοῦ δράκοντος, ὡς δὲ ἔνιοι, δι᾽ ὀργὴν Ἀθηνᾶς ἐμμανεῖς γενόμεναι κατὰ τῆς ἀκροπόλεως αὑτὰς ἔρριψαν. ἐν δὲ τῷ τεμένει τραφεὶς Ἐριχθόνιος ὑπ᾽ αὐτῆς Ἀθηνᾶς, ἐκβαλὼν Ἀμφικτύονα ἐβασίλευσεν Ἀθηνῶν, καὶ τὸ ἐν ἀκροπόλει ξόανον τῆς Ἀθηνᾶς ἱδρύσατο, καὶ τῶν Παναθηναίων τὴν ἑορτὴν συνεστήσατο, καὶ Πραξιθέαν νηίδα νύμφην ἔγημεν, ἐξ ἧς αὐτῷ παῖς Πανδίων ἐγεννήθη.

(Origo: https://www.perseus.tufts.edu/hopper/text?doc=Perseus%3Atext%3A1999.01.0021%3Atext%3DLibrary%3Abook%3D3%3Achapter%3D14%3Asection%3D6)

Apollodorus, Bibliotheke, 3, 14, 6

Efter at Amfiktýon havde drevet Kranaos fra tronen, blev han hersker; nogle siger, at Amfiktýon var søn af Deukalion, andre, at han var jordfødt (autochthon). Da han havde hersket i 12 år, fordrev Erichthonios ham. Nogle fortæller, at han var søn af Hefaistos og Atthis, datter af Kranaos, andre, at han var søn af Hefaistos og Athene, på følgende måde: Athene kom til Hefaistos, fordi hun ville designe våben sammen med ham. Han, der var blevet droppet af Afrodite, blev forelsket i Athene

og begyndte at stalke hende; men hun flygtede fra ham. Da han nærmede sig hende med stor møje (han var nemlig lam), forsøgte han at omfavne hende, men hun ville som fornuftig (= kysk) jomfru ikke give efter for ham, så han tømte sin sæd ud over gudindens lår. I væmmelse tørrede hun sæden af med en uldklud (erion) og kastede den på jorden. Da hun var flygtet og sæden var faldet på jorden, blev Erichthonios til.
Ham opfostrede Athene i dølgsmål for de andre guder, idet hun ville gøre ham udødelig. Og efter at have lagt ham i en kiste gav hun den til Pandrosos, Kekrops' datter, og forbød hende at åbne den. Men Pandrosos' søstre (Aglauros og Herse) åbnede den af nysgerrighed og så en slange viklet rundt om spædbarnet. Som nogle siger, blev de dræbt af slangen, men ifølge andre blev de sindssyge pga. Athenes vrede og kastede sig ned fra Akropolis. Da Erichthonios var blevet opfostret af Athene selv i det hellige område (Erechtheion), fordrev han Amfiktýon og blev konge i Athen; og han stillede træstatuen af Athene op på Akropolis og grundlagde Panathenaia-festivalen, samt giftede sig med Praxithea, en naiade (ferskvandsnymfe), med hvem han fik sønnen Pandion.

Abb. 2 Athen, Nordabhang der Akropolis. Ansicht des Eros- und Aphroditeheiligtums von Osten (aus: Broneer 1933, 336 Abb. 7)

(Origo: Helga Bumke: ”Griechische Gärten im sakralen Kontext”, in: Katja Sporn/Sabine Ladstätter/MichaeL Kerschner (Hrsg.): NATUR – KULT – RAUM, Akten des internationalen Kolloquiums, Paris-Lodron-Universität Salzburg, 20.–22. Jänner 2012, p. 51)

Arrephoria-ritualet

Arrephoria var en højtid for athenerne, der var indstiftet til ære for Athene, og ordet er afledt af det græske Ἀρρηφόρια, som er sammensat af ἄρρητον, 'det uudsigelige', og φέρω, 'jeg bærer'. Denne højtid blev også kaldt Hersiphoria, opkaldt efter Herse, datter af Kekrops, som havde indstiftet højtiden.

På den athenske Akropolis blev to piger i alderen mellem syv og elleve valgt til at leve et år ad gangen som arrephoroi og plejede Athenes hellige oliventræ og vævede med hjælp fra andre kvinder den nye peplos, kappe, til Athene. Ved den årlige Arrephoria-højtid satte pigerne på deres hoveder, hvad Athenes præstinde gav dem at bære. Hverken præstinden eller pigerne vidste, hvad det var, hun gav dem. I byen var der et helligt område ikke langt fra Afrodite i haverne, Ἀφροδιτε ἐν κήποις, og gennem det område løb der en naturlig underjordisk passage. Her kom de unge piger ned og efterlod, hvad de havde medbragt, og tog noget andet med op, som var tildækket. Kommet op fra passagen blev de to unge piger sendt hjem med det samme, og to andre blev ført op til Akropolis i deres sted.

Fortolkningen af festivalen er vanskelig pga. manglen på kilder, men det er klart, at de jomfruelige arrephoroi er udvalgt fra byens fornemste familier og er indsat i en sammenhæng med befrugtning (dug), seksuel magt (Afrodite og Eros) og fødsel (Erichthonios). Ordet 'arrephoros' betyder etymologisk nok 'dugbærer', hvilket ved første øjekast ikke hjælper, da arrephorerne vævede peplosen til Athene. Arkæologiske beviser afslører, at nær Erechtheion førte en hemmelig trappe fra Akropolis forbi en lille klippeudskåret helligdom for Eros og Afrodite, og i nærheden af den var der det område, som pigerne skulle hen til. De mytiske associationer til arrephoroi har altså deres udgangspunkt i Erechtheion.

Selve ritualet er baseret på en mytologisk historie om Athene og hendes straf af to unge piger. Kekrops, den første konge af Athen, havde tre døtre, Aglauros, Herse og Pandrosos. Mysteriet kredser om uskyld, lydighed og frugtbarhed. De fik en lukket kurv af Athene, som forbød dem at åbne den. En nat gav Aglauros og Herse efter for deres nysgerrighed, åbnede kurven og så Erichthonios, Hefaistos' mytiske barn. Athene, der straffede pigerne for at bryde hendes tillid, fik slanger til at dukke op af kurven, og i rædsel sprang de to piger ud fra Akropolis og døde. Helligdommen Aglauros ligger ved foden af klippen, og det kan have været det område, hvor arrephorerne kom ned. Pandrosos, som ikke bukkede under for sin nysgerrighed, har en helligdom ved siden af det hellige oliventræ på selve Akropolis. Meningen er nu at fejre Pandrosos og at få to unge piger til at opfylde pligten i stedet for de to, der havde svigtet Athene.

Kallynteria og Plynteria var to ritualer, der var forbundet med Arrephoria på den måde, at de begge var ritualer som forberedelser til Arrephoria. Kallynteria var en højtid, hvor athenerne rensede Athenes helligdom og sørgede for, at Athenes evige flamme blev tændt igen. Plynteria gik ud på at tage klæderne og smykkerne af Athenes kultstatue for at rense dem i havet ved Phaleron. De skyllede tøjet og smykkerne i saltvand og tog dem tilbage til statuen, som nu blev iført de rensede smykker og tøjet.

Navne og begivenheder til arrephoroi og Erikhthonios' fødsel

Arrephoroi betyder 'de, der bærer hemmelige ting' (= ἄρρητα'), måske også i slægt med ἔρρεφοροι, 'dugbærere'. De to, måske fire piger, arbejdede i 9 måneder med at væve Athenes nye peplos, og de står altså som symboler på Pandrosos´ og Aglauros´ og Herses vævekultur; de var døtre af Kekrops, Attikas første konge. Disse er mytologiske prototyper for arrephorerne. Væven blev sat op 9 måneder før Panathenaia i måneden Pyanopsion (oktober/november) og arbejdet for arrephorerne sluttede i årets sidste måned Skirophorion (juni/juli). Peplos hedder festdragten for Athene, som hun fik overrakt hvert år under De Mindre Panathenaia; den blev hængt på hendes oliventræs-statue i Erechtheion. Pandrosos og hendes søstre Aglauros og Herse var de første, der opfandt vævningens kunst, med Pandrosos i spidsen; de er altså kulturelle initiatorer. Aglauros var præstinde for Athene og var den første til at give hende en peplos på, den festdragt, som Athene får overrakt på Panathenaia-festivalen. Kekrops, kongen, der forenede Attikas 12 byer, indførte kult og love, var halvt slange, halvt menneske, og blev dyrket som hero i Erechtheion. Kekropiderne er efterkommere af Kekrops = det attiske folk, der betragtede sig som jordfødt og ikke som indvandret. Pandrosos betyder 'den, der gyder dug overalt', idet 'drosos' betyder 'dug' og 'nyfødt dyr', og dug er et symbol for sæd. Herse betyder 'dug' og 'nyfødt lam'. Erichthonios: kan betyde a) eris + khthonios = strid + jordfødt, b) erion + khthonios = uld + jordfødt; Eratostenes kalder ham en dreng, Apollodoros kalder ham det samme med en slange viklet om kroppen for at beskytte barnet, men Nonnos, Etymologicum Magnum og Hyginus lader hans ben ende som slanger. Pausanias beskriver ham også som dreng, og når han beskriver Athenes statue på Akropolis med en slange omkring hendes fødder bag skjoldet, skriver han, at slangen kunne være Erichthonios (Paus. 1.24.7). Der levede en slange i Erechtheion, som blev ernæret med honningkager én gang om måneden, og den kan jo være et symbol på den første Erichthonios som hel slange eller halvt slange og halvt menneske. Athenienserne lagde gyldne slanger (i form af stof eller kager) rundt om de nyfødte børn som fremtidig beskyttelse, altså som amulet, måske fordi Athene gjorde det samme med Erichthonios. Erichthonios har senere udviklet sig til Erechtheus, idet kilderne siger, at det var Erichthonios, der blev begravet i Erechtheion.

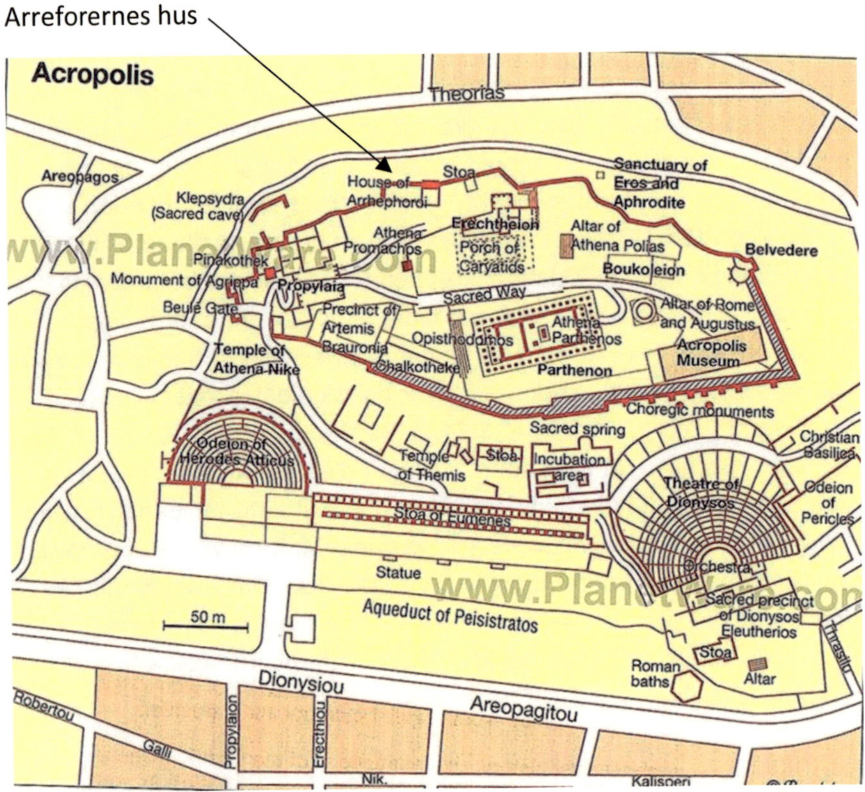

(Origo: https://lt.theplanetsworld.com/1565-acropolis-gr-ath-acrop-lt)

I det følgende skema modstilles mytens elementer med ritualet for at se, om der er en korrespondens mellem narrativ og handlingsperformans. Det er tydeligt, at der ikke er en 1:1-korrespondance mellem de to områder.

Mytemer = mytens mursten, dvs. de fundamentale elementer i mytefortællingen

Myte	Ritual
Athene	Athenes præstinde
Kekrops' døtre: Pandrosos, Aglauros, Herse	Arreforer – arbejde med vævning i 9 måneder
Kiste, der ikke må åbnes	Kiste x 2 (underjordisk gang + Afrodites Haver)
Kendt objekt: Erichthonios Athene ved, hvad der i kisten Barneoverdragelse + opfostring	Ukendte objekter, hverken præstinde eller arreforer ved, hvad der i den, og 2. gang ved vi slet ikke noget
Forbud mod at åbne kisten	Implicit forbud??? (tilhyllede objekter)
Overtrædelse af forbuddet	Ingen overtrædelse af forbuddet = lovlydighed
Straf: Vanviddet rammer Aglauros og Herse og de begår selvmord ved at springe ned af klippen	Myten reaktiveres i korrekt form

De tre overgangsfaser for arreforerne i sammenligning med de tre stadier for kvinder i Athen

Adskillelsesfase - segregation	7-12 års piger tages ud af familien og bliver arreforer
Overgangsfase - liminalfase	Arreforer arbejder 9 måneder og bliver ergastinai
Indlemmelsesfase - aggregation	Ergastinai – giftefærdige kvinder, klar til at arbejde og bliver gift
Athenes præstinde	Den gifte kvinde

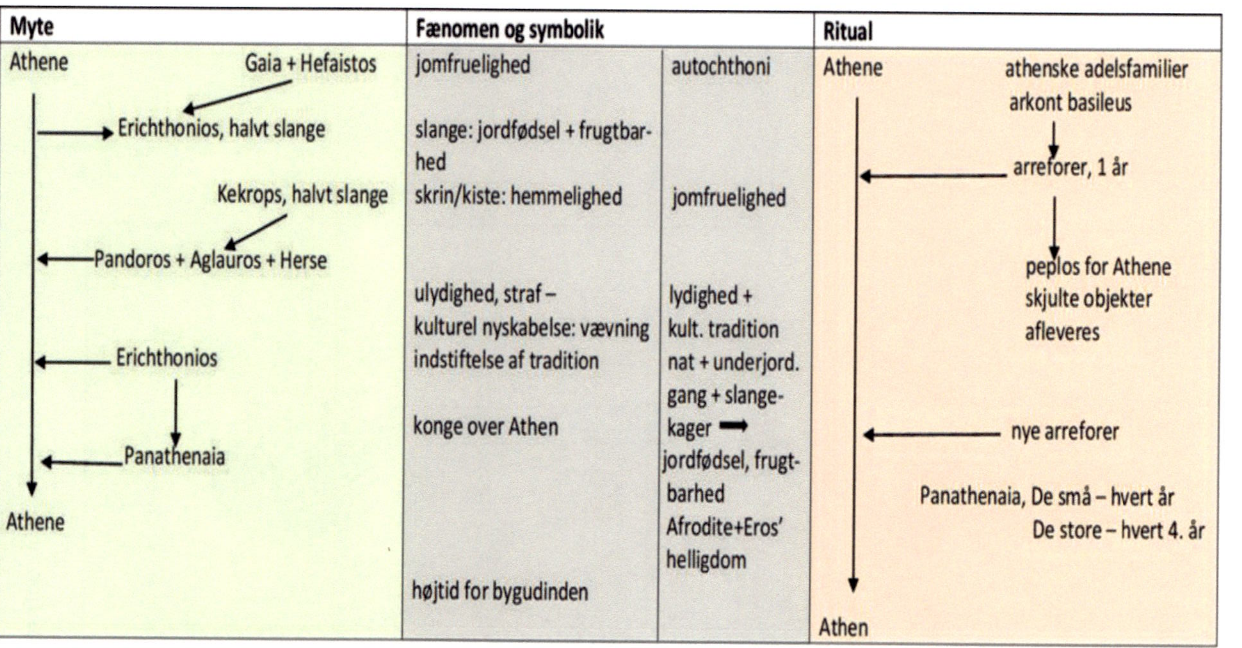
Myte
Fænomen og symbolik
Ritual
Athene
Gaia + Hefaistos
Erichthonios, halvt slange
Kekrops, halvt slange
Pandoros + Aglauros + Herse
Erichthonios
Panathenaia
Athene
jomfruelighed
slange: jordfødsel + frugtbar-hed
skrin/kiste: hemmelighed
ulydighed, straf –
kulturel nyskabelse: vævning
indstiftelse af tradition
konge over Athen
højtid for bygudinden
autochthoni
jomfruelighed
lydighed +
kult. tradition
nat + underjord.
gang + slange-
kager
jordfødsel, frugt-
barhed
Afrodite+Eros'
helligdom
Athene
athenske adelsfamilier
arkont basileus
arreforer, 1 år
peplos for Athene
skjulte objekter
afleveres
nye arreforer
Panathenaia, De små – hvert år
De store – hvert 4. år
Athen

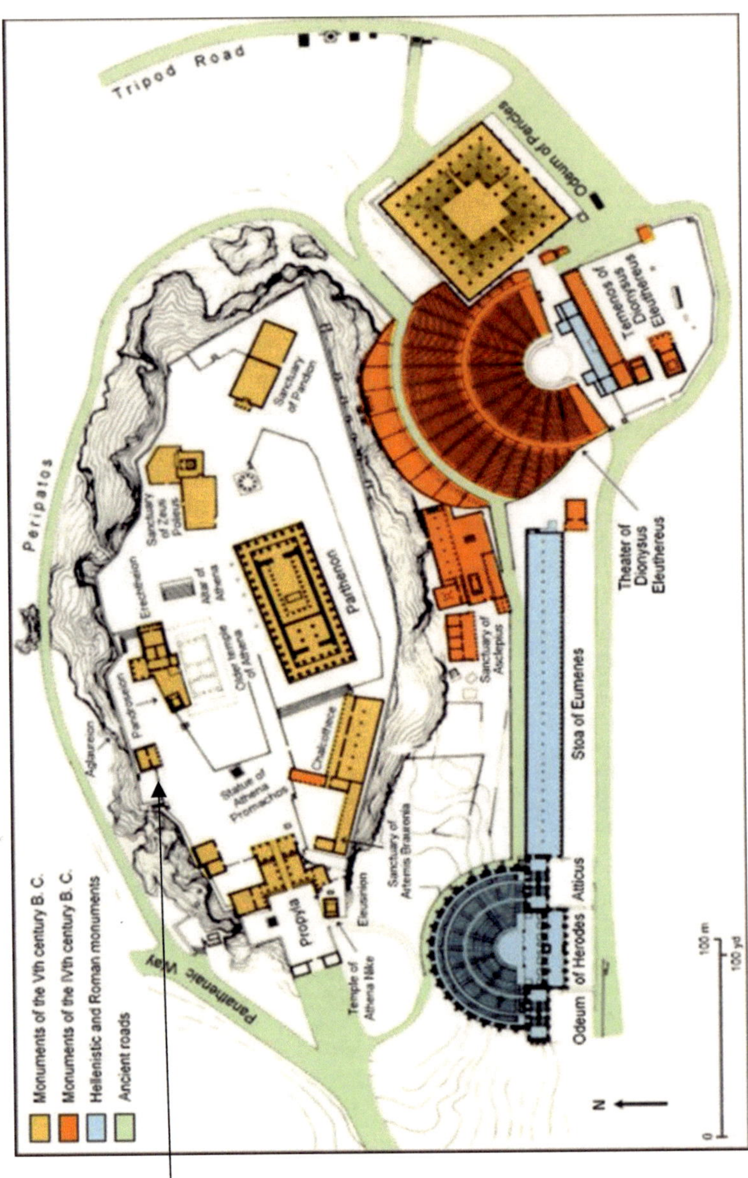

Arrephorernes hus (Origo: https://one-million-places.com/griechenland/athen-akropolis)

Græske fester uden for Athen

Hyakinthia

Denne fest nød vid udbredelse, men blev kun udført af én etnisk gruppe, én stamme, nemlig dorerne i Amyklai nær Sparta, Knossos og Tylisos, to kolonier fra Argos. Kulten har fundet sted siden 13. årh. f.Kr. og er en kult for Apollon Hyakinthos og for Artemis Hyakinthotróphos. Navnet Hyakinthos er et månedsnavn i doriske byer, på Kreta og i det doriske Ægæerhav, nemlig øerne Thera, Rhodos, Kalymna, Kos, og i de doriske kolonier Knidos og Byzantion. Festivalen må stamme fra en tid, hvor dorerne slog sig ned på de ægæiske øer.

Kulter i Amyklai

De stammer fra det 13.-11. årh. f.Kr., altså senmykensk tid, lige før dorerne kom til Sparta. Amyklai var den sidste by, der blev erobret af dorerne og fik mange privilegier tilbudt af erobrerne. Apollon blev tilbedt i Amyklai, hans trone står på Hyakinthos' grav. Kulten gik videre til Taras ca. 700 f.Kr., hvor man rejste en grav for Hyakinthos og tilbad Apollon Hyakinthos. Kulten vedrører Sparta og den festligholdes i Hekatombeion, indviet til Apollon Hekatombeios; andre steder blev den afholdt i Hyakinthios-måneden. Da der herskede våbenstilstand, må den være faldet mellem maj og oktober, måske midt om sommeren (se Athenaios 4, 139 c–f).

Tekster

Pausanias: Graeciae descriptio 3, 1, 3 – Om Hyakinthos

[3] Ἀμύκλας δὲ ὁ Λακεδαίμονος, βουλόμενος ὑπολιπέσθαι τι καὶ αὐτὸς ἐς μνήμην, πόλισμα ἔκτισεν ἐν τῇ Λακωνικῇ.

Γενομένων δέ οἱ παίδων Ὑάκινθον μὲν νεώτατον ὄντα καὶ τὸ εἶδος κάλλιστον κατέλαβεν ἡ πεπρωμένη πρότερον τοῦ πατρός, καὶ Ὑακίνθου μνῆμά ἐστιν ἐν Ἀμύκλαις ὑπὸ τὸ ἄγαλμα τοῦ Ἀπόλλωνος.

(Origo: http://www.perseus.tufts.edu/hopper/text?doc=Perseus%3Atext%3A1999.01.0159%3Abook%3D3%3Achapter%3D1%3Asection%3D3)

Pausanias: Graeciae descriptio 3, 1, 3

Lakedaimons søn Amyklas, som også ville efterlade sig noget til minde, grundlagde en by i Lakonien. Den yngste og smukkeste af hans sønner var Hyakinthos, hvis lod det var at dø førend sin far, og Hyakinthos' grav er i Amyklai under Apollons statue.

(Origo: Vagn Duekilde: Hellas i klassisk tid. Tekster til græsk religion, København (Spektrum) 1997, 125)

Den fyldigste beskrivelse af festen findes hos Athenaios (2./3. årh. e.v.t.)

Athenaios: Deipnosophistae 4, 17 – Om Hyakinthia-festen i Sparta

... Πολυκράτης φησί, ἐν τοῖς Λακωνικοῖς ἱστορεῖ 'FHG IV 480' 'ὅτι τὴν μὲν τῶν Ὑακινθίων θυσίαν οἱ Λάκωνες ἐπὶ τρεῖς ἡμέρας συντελοῦσι καὶ διὰ τὸ πένθος τὸ γενόμενον περὶ τὸν Ὑάκινθον οὔτε στεφανοῦνται ἐπὶ τοῖς δείπνοις οὔτε ἄρτον εἰσφέρουσιν <οὔτε> ἄλλα πέμ μ α τ α καὶ τὰ τούτοις ἀκόλουθα διδόασι καὶ τὸν εἰς τὸν θεὸν παιᾶνα οὐκ ᾄδουσιν οὐδ' ἄλλο τι τοιοῦτον [εἰσάγουσιν] οὐδὲν καθάπερ ἐν ταῖς ἄλλαις θυσίαις ποιοῦσιν, ἀλλὰ μετ' εὐταξίας πολλῆς δειπνήσαντες ἀπέρχονται. τῇ δὲ μέσῃ τῶν τριῶν ἡμερῶν γίνεται θέα ποικίλ η καὶ πανήγυρις ἀξιόλογος καὶ μεγάλη: παῖδές τε γὰρ κιθαρίζουσιν ἐν χιτῶσιν ἀνεζωσμένοις καὶ πρὸς αὐλὸν ᾄδοντες πάσας ἅμα τῷ πλήκτρῳ τὰς χορδὰς ἐπιτρέχοντες ἐν ῥυθμῷ μὲν ἀναπαίστῳ, μετ' ὀξέος δὲ τόνου τὸν θεὸν ᾄδουσιν: ἄλλοι δ' ἐφ' ἵππων κεκοσμημένων τὸ θέατρον διεξέρχονται: χοροί τε νεανίσκων παμπληθεῖς εἰσέρχονται καὶ τῶν ἐπιχωρίων τινὰ ποιημάτων ᾄδουσιν, ὀρχησταί τε [ἐν] τούτοις ἀναμεμιγμένοι τὴν κίνησιν ἀρχαικὴν ὑπὸ τὸν αὐλὸν καὶ τὴν ᾠδὴν

ποιοῦνται. τῶν δὲ παρθένων αἳ μὲν ἐπὶ καννάθρων [καμαρωτῶν ξυλίνω ν ἁρμάτων] φέρονται πολυτελῶς κατεσκευασμένων, αἳ δ᾽ ἐφ᾽ ἁμίλλαις ἁρμάτων ἐζευγμένων πομπεύουσιν, ἅπασα δ᾽ ἐν κινήσει καὶ χαρᾷ τῆς θεωρίας ἡ πόλις καθέστηκεν. ἱερεῖά τε παμπληθῆ θύουσι τὴν ἡμέραν ταύτην καὶ δειπνίζουσιν οἱ πολῖται πάντας τοὺς γνωρίμους καὶ τοὺς δούλους τοὺς ἰδίους: οὐδεὶς δ᾽ ἀπολείπει τὴν θυσίαν, ἀλλὰ κενοῦσθαι συμβαίνει τὴν πόλιν πρὸς τὴν θέαν.
(Origo:
http://www.perseus.tufts.edu/hopper/text?doc=Perseus%3Atext%3A2013.01.0001%3Abook%3D4%3Achapter%3D17)

Athenaios: De lærdes gæstebud 4, 17

··· Polykrates fortæller i sit værk Spartas Historie, at spartanerne fejrer ofringen ved Hyakinthia i tre dage, og at de på grund af sorgen i anledning af Hyakinthos' død hverken er bekransede ved måltiderne eller bringer brød ind, ejheller giver de kager med det der hører til, og de synger ikke paianen for guden eller gør noget andet af alt det som hører til ved andre offerhandlinger. De spiser derimod i største ro og orden og begiver sig derpå hjem. Men på den midterste af de tre dage er der et broget skue ved en stor og bemærkelsesværdig folkefest. Drenge i opkiltet chiton spiller på lyre og synger til fløjtespil, idet de med plektret anslår samtlige strenge i anapæstisk rytme og besynger guden i højt toneleje. Andre rider i procession gennem teatret på udsmykkede heste. Fuldtallige kor af unge mænd kommer ind og synger en og anden af de lokale sange, mens dansere blander sig med dem og udfører de traditionelle bevægelser, akkompagneret af fløjter og af sangen. Af de unge piger er der nogle som kører af sted i overdådigt udsmykkede kurvevogne, andre kappes ved at paradere i vogne med to heste forspændt. Hele byen er i bevægelse af glæde over festlighederne. På denne dag ofrer man mængder af offerdyr, og borgerne byder alle deres bekendte på middag tillige med deres egne slaver. Ingen vil gå glip af festen; det hænder, at hele byen ligger øde hen på grund af alt det der er at se.

(Origo: Vagn Duekilde: Hellas i klassisk tid. Tekster til græsk religion, København (Spektrum) 1997, 126)

Athenaios: Deipnosophistae 4, 139 c

τὰ αὐτὰ εἴρηκε καὶ ἐν Περιάλλῳ. 'ἐν δὲ τῇ Λακεδαίμονι τοῖς εἰσιοῦσιν εἰς τὸ φιδίτιον μετὰ δεῖπνον τὸ καλούμενον ἄικλον εἰσφέρουσιν ἄρτους ἐν ἀρριχίδι καὶ κρέας ἑκάστῳ, καὶ τῷ νέμοντι τὰς μοίρας ἀκολουθῶν ὁ διάκονος κηρύττει τὸ ἄικλον προστιθεὶς τοῦ πέμψαντος τὴν ὀνομασίαν.'

Athenaios: De lærdes gæstebud 4, 139 c

c. Han, Epikarm, siger det samme i Periallus: "Men i Sparta følger det såkaldte aiklon, hovedmåltidet, efter måltidet; de serverer det for dem, som har adgang til gudstjenesten, bestående af brød i kurve og et stykke kød til hver. Tjeneren, som ledsager uddeleren af kødet, forkynder måltidet og føjer donorens navn til.

Beskrivelse

Festens første dag

Spartanerne og fremmede forsamlede sig i Amyklaion, rejste telte og senge af grene. Et offer, ἐναγισμός, blev ofret til Hyakinthos; det var forbudt at bære kranse, synge paianen, spise brød eller bagte madvarer. I stedet for blev der tilberedt et κωπίς, et måltid af gedekød, friske og tørrede bønner, grøn ost, tørrede og friske figner, en suppe, en kage, men intet brød; det skal symbolisere sorg over Hyakinthos' død. Det kunne også være som ved Thesmophoria-festen, at brødforbuddet og teltene viste tilbage til en primitiv kultur før agerdyrkningen. De to dages fest med forbuddet af agerbrugsprodukter skulle så bagefter styrke værdien af agerbruget.

Anden dag = Glædens dag

Den startede med en procession ad ὁδὸς 'Υακινθίς fra Sparta til Amyklai, og pigerne blev kørt på udsmykkede vogne, κάναθρα, og de havde vævet en kåbe, χιτών, til Apollon. Drengene i lange khitoner med bælte sang hymner til Apollon med kithara-ledsagelse. Unge mænd lavede lokale produkter, ἐπιχώρια ποιήματα, der var danse med aulos-ledsagelse, og et mandekor under ledelse af en χοροποιός sang paianen til Apollon. Kongerne deltog i festlighederne, der blev ofret utallige dyr, og det hele sluttede med et festmåltid med κωπίς, dog denne gang med brød. Deltagerne bar efeukranse, deriblandt slaver. Kvindekor sang glædessange.

Tredje dag

Den kender vi ikke ritualerne for.

Fortolkninger

Udlægning 1

Navnet Hyakinthos er førgræsk ud fra endelsen -nthos, men er senere blevet identificeret med en heros med sin grav i Amyklai nær Sparta, se Pausanias 3, 19, 1-5. Hyakinthos er en smuk dreng, som Apollon og Zephyr forelskede sig i, og da Apollon og Hyakinthos dystede i diskoskast, fik Zephyr, vestenvinden, diskosen til at dreje og dræbe Hyakinthos; blomsten opstod så fra hans blod. De homoerotiske elementer spillede en rolle i opdragelsen af de unge mænd i Sparta og i de doriske områder, især på Kreta. Denne version kan tolkes som en rite de passage, i hvilken den unge efeb skal dø, før han kan genopstå som voksen borger.

Udlægning 2

Hyakinthos var en voksen spartaner, der levede i Athen med sine fire døtre. Da der opstod pest, ofrede de fire døtre sig efter et orakelsvar. Det samme fortælles om Erekhtheus' døtre, der kaldte sig Hyakinthides. På Knidos og i Taras (= Tarentum) var der en kult for Artemis Hyakinthotrophos, og hyacinter sættes i forbindelse med unge drenge og piger, ikke med voksne mænd. Hyakinthidai kan stamme fra den omstændighed, at Erekhtheus' døtre blev ofret på Hyakinthos Pagos, den mørkeblå klippe. Om der er en præhellensk guddom med relation til Hyacinthus orientalis, selve planten, er uvis.

Sammenfatning

Der er både patriotiske elementer med militære overtoner, jf. Apollon som kriger, alterets militære ikonografi, samt hentydninger til køn, pigers og drenges rolle i festlighederne. Intet tyder på en frugtbarhedskult. Krigere var jo også det centrale element i Sparta, og kvinderne var mødre til soldater. Lanse og skjold havde den samme betydning for krigeren som plov og segl havde for landmanden. Kunne det være en initiationsfest for unge mænd, idet deres død i ceremonien er en rite de passage til at blive en voksen kriger? De homoerotiske elementer, telte, den militære atmosfære og det midlertidige ophold på et afgrænset område taler for det. Problemer ved denne fortolkning er, at hele befolkningen deltager, mænd og kvinder, unge og gamle, frie og slaver samt fremmede, dog ordnet efter alder, stand og funktion. Konkluderende kan man måske sige, at hele samfundet gav Apollon hans nye dragt, et tegn på lokale traditioner og lokal patriotisme.

Daidala

Daidala-kultens version

Hera skjulte sig efter et skældsmål med Zeus. Alalkomenes rådede Zeus til at narre hende ved at foregive et bryllup med en anden kvinde. Zeus skar et egetræ til og kaldte det Daidale, bryllupssangen blev sunget, og Triton gav hende et bryllupsbad. Hera kom ned fra Kithairon-bjerget fuld af vrede og jalousi. Da hun indså, at Daidale var en dukke, skjulte hun sig med Zeus og legede brudepige. Hun kaldte festen Daidala, men brændte dukken af jalousi, jf. Pausanias (2. årh. e.v.t.) 9, 2, 7-9; 3, 3.

Denne fest foregår i Boiotien i nærheden af byen Plataia. Pausanias giver en fyldig beskrivelse af festens legende og ritual. Måske har han selv overværet festen, i hvert fald kan det virke som om han har set festens imponerende bål blusse fra bjerget Kithairons top.

Tekster

Pausanias: Grækenlands beskrivelse 9, 2, 7 + 3, 1-9 – Daidala-festen på Kithairon 9.2.7

... Πλαταιεῦσι δὲ ναός ἐστιν Ἥρας, θέας ἄξιος μεγέθει τε καὶ ἐς τῶν ἀγαλμάτων τὸν κόσμον. ἐσελθοῦσι μὲν Ῥέα τὸν πέτρον κατειλημένον σπαργάνοις, οἷα δὴ τὸν παῖδα ὃν ἔτεκε, Κρόνῳ κομίζουσά ἐστι: τὴν δὲ Ἥραν Τελείαν καλοῦσι, πεποίηται δὲ ὀρθὸν μεγέθει ἄγαλμα μέγα: λίθου δὲ ἀμφότερα τοῦ Πεντελησίου, Πραξιτέλους δέ ἐστιν ἔργα.

ἐνταῦθα καὶ ἄλλο Ἥρας ἄγαλμα καθήμενον Καλλίμαχος ἐποίησε: Νυμφευομένην δὲ τὴν θεὸν ἐπὶ λόγῳ τοιῷδε ὀνομάζουσιν

9.3.1.
Ἥραν ἐφ᾽ ὅτῳ δὴ πρὸς τὸν Δία ὠργισμένην ἐς Εὔβοιάν φασιν ἀναχωρῆσαι, Δία δέ, ὡς οὐκ ἔπειθεν αὐτήν, παρὰ Κιθαιρῶνα λέγουσιν ἐλθεῖν δυναστεύοντα ἐν Πλαταιαῖς τότε: εἶναι γὰρ τὸν Κιθαιρῶνα οὐδενὸς σοφίαν ὕστερον. οὗτος οὖν κελεύει τὸν Δία ἄγαλμα ξύλου ποιησάμενον ἄγειν ἐπὶ βοῶν ζεύγους ἐγκεκαλυμμένον, λέγειν δὲ ὡς ἄγοιτο γυναῖκα Πλάταιαν τὴν Ἀσωποῦ.

9.3.2.
[2] καὶ ὁ μὲν ἔπρασσε κατὰ τὴν παραίνεσιν τοῦ Κιθαιρῶνος: Ἥρα δὲ ἐπέπυστό τε αὐτίκα καὶ αὐτίκα ἀφίκετο. ὡς δὲ ἐπλησίαζε τῇ ἁμάξῃ καὶ τοῦ ἀγάλματος τὴν ἐσθῆτα περιέρρηξεν, ἥσθη τε τῇ ἀπάτῃ ξόανον εὑροῦσα ἀντὶ νύμφης γυναικὸς καὶ διαλλαγὰς ποιεῖται πρὸς τὸν Δία. ἐπὶ ταύταις ταῖς διαλλαγαῖς Δαίδαλα ἑορτὴν ἄγουσιν, ὅτι οἱ πάλαι τὰ ξόανα ἐκάλουν δαίδαλα: ἐκάλουν δὲ ἐμοὶ δοκεῖν πρότερον ἔτι ἢ Δαίδαλος ὁ Παλαμάονος ἐγένετο Ἀθήνῃσι, τούτῳ δὲ ὕστερον ἀπὸ τῶν δαιδάλων ἐπίκλησιν γενέσθαι δοκῶ καὶ οὐκ ἐκ γενετῆς τεθῆναι τὸ ὄνομα.

9.3.3.
[3] Δαίδαλα οὖν ἄγουσιν οἱ Πλαταιεῖς ἑορτὴν δι᾽ ἔτους ἑβδόμου μέν, ὡς ἔφασκεν ὁ τῶν ἐπιχωρίων ἐξηγητής, ἀληθεῖ μέντοι λόγῳ δι᾽ ἐλάσσονος καὶ οὐ τοσούτου χρόνου: ἐθελήσαντες δὲ ἀπὸ Δαιδάλων ἐς Δαίδαλα ἕτερα ἀναριθμῆσαι τὸν μεταξὺ χρόνον ἐς τὸ ἀκριβέστατον οὐκ ἐγενόμεθα οἷοί τε. ἄγουσι δὲ οὕτω τὴν ἑορτήν.

9.3.4.
[4] δρυμός ἐστιν Ἀλαλκομενῶν οὐ πόρρω: μέγιστα τῶν ἐν Βοιωτίᾳ στελέχη δρυῶν ἐστιν ἐνταῦθα. ἐς τοῦτον οἱ Πλαταιεῖς ἀφικόμενοι τὸν δρυμὸν προτίθενται μοίρας κρεῶν ἑφθῶν. ὄρνιθες δὲ οἱ μὲν ἄλλοι σφίσιν ἥκιστά εἰσι δι᾽ ὄχλου, τῶν κοράκων δὲ—οὗτοι γάρ σφισιν ἐπιφοιτῶσιν—ἔχουσιν ἀκριβῆ τὴν φρουράν. τὸν δὲ αὐτῶν ἁρπάσαντα κρέας, ἐφ᾽ ὅτῳ τῶν δένδρων καθεδεῖται, φυλάσσουσιν. ἐφ᾽ οὗ δ᾽ ἂν

καθεσθῇ, τεμόντες ποιοῦσιν ἀπὸ τούτου τὸ δαίδαλον: δαίδαλον γὰρ δὴ καὶ τὸ ξόανον αὐτὸ ὀνομάζουσι.

9.3.5.
[5] ταύτην μὲν ἰδίᾳ οἱ Πλαταιεῖς ἑορτὴν ἄγουσι, Δαίδαλα μικρὰ ὀνομάζοντες: Δαιδάλων δὲ ἑορτὴν τῶν μεγάλων καὶ Βοιωτοί σφισι συνεορτάζουσι, δι᾽ ἑξηκοστοῦ δὲ ἄγουσιν ἔτους: ἐκλιπεῖν γὰρ τοσοῦτον χρόνον τὴν ἑορτήν φασιν, ἡνίκα οἱ Πλαταιεῖς ἔφευγον. ξόανα δὲ τεσσαρεσκαίδεκα ἕτοιμά σφισίν ἐστι κατ᾽ ἐνιαυτὸν ἕκαστον παρασκευασθέντα ἐν Δαιδάλοις τοῖς μικροῖς.

9.3.6.
[6] ταῦτα ἀναιροῦνται κλήρῳ Πλαταιεῖς Κορωναῖοι Θεσπιεῖς Ταναγραῖοι Χαιρωνεῖς Ὀρχομένιοι Λεβαδεῖς Θηβαῖοι: διαλλαγῆναι γὰρ καὶ οὗτοι Πλαταιεῦσιν ἠξίωσαν καὶ συλλόγου μετασχεῖν κοινοῦ καὶ ἐς Δαίδαλα θυσίαν ἀποστέλλειν, ὅτε Κάσσανδρος ὁ Ἀντιπάτρου τὰς Θήβας ἀνῴκισε. τῶν δὲ πολισμάτων ὁπόσα ἐστὶν ἐλάσσονος λόγου, συντέλειαν αἱροῦνται.

9.3.7.
[7] τὸ δὲ ἄγαλμα κομίσαντες παρὰ τὸν Ἀσωπὸν καὶ ἀναθέντες ἐπὶ ἅμαξαν, γυναῖκα ἐφιστᾶσι νυμφεύτριαν: οἱ δὲ αὖθις κληροῦνται καθ᾽ ἥντινα τάξιν τὴν πομπὴν ἀνάξουσι: τὸ δὲ ἐντεῦθεν τὰς ἁμάξας ἀπὸ τοῦ ποταμοῦ πρὸς ἄκρον τὸν Κιθαιρῶνα ἐλαύνουσιν. εὐτρέπισται δέ σφισιν ἐπὶ τῇ κορυφῇ τοῦ ὄρους βωμός, ποιοῦσι δὲ τρόπῳ τοιῷδε τὸν βωμόν: ξύλα τετράγωνα ἁρμόζοντες πρὸς ἄλληλα συντιθέασι κατὰ ταὐτὰ καὶ εἰ λίθων ἐποιοῦντο οἰκοδομίαν, ἐξάραντες δὲ ἐς ὕψος φρύγανα ἐπιφέρουσιν.

9.3.8.
[8] αἱ μὲν δὴ πόλεις καὶ τὰ τέλη θήλειαν θύσαντες τῇ Ἥρᾳ βοῦν ἕκαστοι καὶ ταῦρον τῷ Διὶ τὰ ἱερεῖα οἴνου καὶ θυμιαμάτων πλήρη καὶ τὰ δαίδαλα ὁμοῦ καθαγίζουσιν ἐπὶ τοῦ βωμοῦ, ἰδιῶται δὲ ὁπόσα δὴ θύουσιν οἱ πλούσιοι: τοῖς δὲ οὐχ ὁμοίως δυναμένοις τὰ λεπτότερα τῶν προβάτων θύειν καθέστηκε, καθαγίζειν

δὲ τὰ ἱερεῖα ὁμοίως πάντα. σὺν δέ σφισι καὶ αὐτὸν τὸν βωμὸν ἐπιλαβὸν τὸ πῦρ ἐξανήλωσε: μεγίστην δὲ ταύτην φλόγα καὶ ἐκ μακροτάτου σύνοπτον οἶδα ἀρθεῖσαν.

9.3.9.
[9] ὑπὸ δὲ τῆς κορυφῆς, ἐφ᾽ ᾗ τὸν βωμὸν ποιοῦνται, πέντε που μάλιστα καὶ δέκα ὑποκαταβάντι σταδίους νυμφῶν ἐστιν ἄντρον Κιθαιρωνίδων, Σφραγίδιον μὲν ὀνομαζόμενον, μαντεύεσθαι δὲ τὰς νύμφας τὸ ἀρχαῖον αὐτόθι ἔχει λόγος.
(Origo: https://www.perseus.tufts.edu/hopper/text?doc=Perseus%3Atext%3A1999.01.0159%3Abook%3D9%3Achapter%3D2%3Asection%3D7 et seqq.)

Pausanias: Grækenlands beskrivelse 9, 2, 7 + 3, 1-9

9.2. [7] ... Der er et Hera-tempel i Plataia, som er værd at se på grund af dets størrelse og de smukke gudebilleder. Der er en statue af Rhea, som rækker Kronos stenen svøbt i linned som om den var det barn, hun lige har født. Videre er der Hera Teleia, den Voksne, som står oprejst i imponerende højde. Begge statuer er af pentelisk marmor og af Praxiteles. Kallimachos har lavet en anden statue af Hera, hvor hun sidder. Man kalder gudinden Bruden [Nympheuomene], og her er historien:

9.3. [1] Det fortælles, at Hera var vred på Zeus af en eller anden årsag og havde trukket sig tilbage til Euboia. Og da Zeus ikke var i stand til at overtale hende, gik han til Kithairon, som dengang herskede i Plataia. Ingen var nemlig mere viis end Kithairon. Han opfordrede nu Zeus til at lave en træfigur, hylle den ind i gevandter og køre den af sted på en oksekærre, idet han sagde at han tog Asopos' datter Plataia til ægte.

[2] Zeus gjorde som Kithairon tilrådede ham. Men Hera bemærkede det straks og kom øjeblikkeligt til stede. Da hun kom hen til vognen og sønderrev skikkelsens klædedragt, så hun at det var en træfigur og ikke en brud. Hun morede sig over Zeus' list og forsonede sig med ham. Det er denne forsoning man fejrer med

Daidala-festen, for i gamle dage kaldte man træfigurer for daidala. Jeg tror man sagde sådan før end Daidalos, Palamons søn, blev født i Athen, og at denne først senere fik sit navn efter daidala'erne og ikke fik det ved fødslen.

[3] Ifølge den lokale guide afholder plataierne Daidala hvert sjette år, men i virkeligheden gør de det hyppigere, egentlig ville jeg gerne udregne tiden mellem den ene og den anden fest så præcist som muligt, men det har jeg været ude af stand til. De fejrer festen på følgende måde:

[4] Der er en egeskov ikke langt fra Alalkomenai. Træstammerne her er de største i Boiotien. I denne skov udlægger folk fra Plataia stykker af kogt kød. De fleste andre fugle flyver kun i ringe grad hen til dem, men kragerne flyver om dem hele tiden, og folkene fra Plataia holder nøje øje med dem. Når en af kragerne har taget af kødet, mærker de sig hvilket træ den sætter sig på. Dette træ fælder de, og heraf laver de daidalon. For også selve træfiguren kalder de for daidalon.

[5] Denne fest fejres kun af borgerne i Plataia og de kalder den Lille Daidala. Den store Daidala-fest fejrer alle boiotere sammen med dem, og den afholdes med 59 års mellemrum. For i så lang tid siger man at festen blev forsømt, fordi indbyggerne i Plataia var i landflygtighed. Så har de fjorten træfigurer parat, en fra hver af de små Daidala-fester.

[6] Disse bliver fordelt ved lodkastning mellem Plataia, Koronai, Thespis, Tanagra, Chaironeia, Orchomenos, Lebadeia og Theben; de ønskede nemlig at blive forsonet med plataierne og tage del i det fælles forbund og sende et offer til Daidala, dengang da Antipatros' søn Kassandros havde genopbygget Theben. De mindre betydningsfulde byer betaler på sammenskudsbasis.
(Afsn. 3.6: Origo: Erik Worm/Carsten Weber-Nielsen: Pausanias. Beskrivelse af Grækenland, Udg. af Th. Heine Nielsen og Chr. Gorm Tortzen, Museum Tusc. Forl. KBH. 2022)

[7] De bringer statuen til Asopos og anbringer den på en vogn, med en kvinde som brudepige. Så kaster de igen lod, [nu] om den orden optoget skal føres frem i, og derpå kører de vognene fra floden og op på toppen af Kithairon. På bjergets top

står et alter parat, som de laver således: de tilpasser firkantede træstykker og føjer dem sammen på samme måde, som hvis de byggede et hus af sten. Når det er rejst i højden, lægger de kvas på.

[8] Byerne og regeringerne ofrer hver især en ko til Hera og en tyr til Zeus. Dyrene dænges til med vin og røgelse, og sammen med Daidala-figurerne opbrændes de på alteret. Velstående privatpersoner giver samme slags ofre, mens det er skik, at de, der ikke har råd til så meget, giver af de mindre husdyr. Men alle offerdyrene bliver brændt på samme måde. Og ikke dem alene, ilden tager også fat i selve alteret og udsletter alt. Jeg kender ingen anden brand, som blusser så højt og ses så vidt omkring.

[9] Neden for den top, hvor de bygger alteret, vel omkring femten stadier længere nede, er der en grotte for de kithaironidiske nymfer. Den kaldes Sphragidion, Lille segl, og man fortæller, at nymferne i gamle dage gav orakelsvar her.
(Origo: Vagn Duekilde: Hellas i klassisk tid. Tekster til græsk religion, København (Spektrum) 1997, 120-122)

Fortolkning

Afbrændingen af dukken er det centrale element i festivalen, og det har ført til en sammenligning med Skt. Hans-ilden om sommeren.

Forskningen er enig om, at festivalen er et konglomerat af forskellige komponenter, hvis oprindelse er uklar. Frazer tror på en vegetationsfest, fordi Heras tilbagetrækning til Kithairon betyder, at høsten fejler og der kommer misvækst. M. P. Nilsson antog, at trædukken repræsenterede en vegetationsdæmon, der skulle gå igennem ild for at solen igen kunne bringe varme til væksten af afgrøder; pga. frugtbarhedsformålet blev Hera knyttet til den. W. Burkert anser Daidala for en højtid, hvor frugtbarheden for en tid forsvinder fra jorden og derefter kommer tilbage i sammenligning med Persephone-myten, naturens årlige cyklus. Men Persephones periodiske død har ingen analogi i Heras kult. Der er flere fortolkninger, men alle er hypotetiske. Forskellen mellem ritual og myte viser en sammenblanding af flere førklassiske kilder til ritualerne, som blev sammenfattet i et festivalritual. Der blev fejret et hieros gamos mellem Zeus og Hera i Plataiai, hvor en trædukke kan have været brugt til ceremonien. Desuden kan Heras skjul og fravær af frugtbarhed være føjet til myten. Som andet element kan brændingen af dukken være forbundet med frugtbarhedsritualer, der har forbindelse til ildritualer. For det tredje kan et ildritual, hvor dukken bliver brændt, være et forsoningsoffer over for en gud. Ovennævnte viser tydeligt vanskeligheden ved at vise et rituals formål, når man kun har den narrative myte hos forskellige forfattere at holde sig til.

Konkluderende må man sige, at uoverensstemmelserne mellem myte og ritual er tydelige; den manglende sammenhæng mellem de forskellige ritualer tyder på en sammenblanding af mange aitia, årsagskæder. Som eksempel kunne man nævne tre førklassiske kilder, der nævner ritualer, som smelter sammen til en festival:

1. Plataiai – her sker et hieros gamos mellem Zeus og Hera, jf. Heras tilnavne Teleia og Gamelios samt et offer til Zeus og Hera på Kithairon-bjerget og et træbillede; ægteskab og Heras forsvinden og genkomst tyder på en frugtbarhedsgudindes bevægelser;

2. Et separat ritual bestod i udformning og afbrænding af et træbillede, ildritualer, der har en sammenhæng med frugtbarhed;

3. Et separat ildritual som forsonings-/udsoningsoffer, og et træbillede, et daidalon, blev brugt her. En konges datter bliver ofret i et ritual, klædt ud som brud, for at forsone en gudindes vrede.

I historisk tid havde festen en politisk karakter. Ønsket om et forlig med en fjendtlig part har overskygget de andre motiver, frugtbarhed, helligt bryllup og forsoning med gudinden; alt blev forenet i én fest.

Kvindefestivaler i Grækenland

(Origo: Ioanna Patera: *"When "women gather in accordance with tradition". IG II^2 1177 and women-only festivals"*, in: D. Sterbenc Erker (Ed.): *Gender Studies in den Altertumswissenschaften. Frauenbild im Wandel*, Trier 2015, 101-118)

Traditionelt siger man, at kvinder som unge piger ærer Athene, som teenager Artemis, som halvvoksen Demeter og som kommende brud Afrodite. Kvinder tog del i 85% af alle religiøse højtider. Der er fire vigtige kvindefestivaler: Thesmophoria, Plerosia, Kalameia, Skira, se indskrift fra 350 f.Kr. IG II^2 1177 (= LSCG 36):

IG II^2 1177, 350 f.Kr.

[..?..]
[ἐπιμελεῖσθαι ..?.. τὸν δήμαρχον]
[μετὰ] τῆς ἱερείας τὸν [ἀεὶ δημαρχ]-
[οῦ]ντα τοῦ Θεσμοφορίου, [ὅπως ἂν μ]-
[ηδ]εὶς ἀφέτους ἀφιεῖ μηδὲ θιά[σο]-
[υς] συνάγει μηδὲ ἱερὰ ἐνιδρεύω[ν]-
[τα]ι μηδὲ καθαρμοὺς ποιῶσιν μηδ-
[ὲ] πρὸς τοὺς βωμοὺς μηδὲ τὸ μέγαρ-
ον προσίωσιν ἄνευ τῆς ἱερέας [ἀ]λ-
λ' ἢ ὅταν ἡ ἑορτὴ τῶν Θεσμοφορίων
καὶ Πληροσίαι καὶ Καλαμαίοις κ-
αὶ τὰ Σκίρα καὶ εἴ τινα ἄλλην ἡμε-
ραν συνέρχονται αἱ γυναῖκες κα-
τὰ τὰ πάτρια· ᵛ ἐψηφίσθαι Πειραι-
εῦσιν, ειάν τίς τι τούτων παρὰ τα-
ῦτα ποεῖ ἐπιβολὴν ἐπ[ι]βαλόντα τ-
ὸν δήμαρχον εἰσάγει[ν] εἰσστὸ δι-
καστήριον χρώμενον τοῖς νόμοι-

ς οἱ κεῖνται περὶ τούτων· v περὶ δ-
ὲ τῆς ὑλασίας τ[ῶ]ν ἱερῶν εἰάν τις
ὑλάζηται, κυρίους εἶναι τοὺς ἀρ-
χαίους νόμους οἱ κεῖ⟨ν⟩ται περὶ το-
ύτων· ἀναγρ[ά]ψαι δὲ τόδε τὸ ψήφισ-
μα τοὺς ὁριστὰς μετὰ τοῦ δημάρχ-
ου καὶ στῆσαι πρὸς τῆι ἀναβάσει
τοῦ Θεσμοφορίου.

(Origo: http://cgrn.ulg.ac.be/file/78/) (eng. overs. origo: https://www.atticinscriptions.com/inscription/IGII2/1177)

IG II^2 1177

… at demarchen, borgmesteren, sammen med præstinden, der forvalter Thesmophorion, er ansvarlig for, at ingen frigiver slaver eller

5. holder thiasoi, broderskabsfester, eller opstiller kultobjekter, udfører renselsesakter eller nærmer sig altrene og megaron uden præstinden, med undtagelse af Thesmophoria,

10. Plerosia, Kalamaia, Skira og enhver anden dag, hvor kvinderne mødes ifølge traditionen. At folkeforsamlingen i Piraeus har vedtaget følgende: Hvis nogen

15. overtræder nogen af de ovenstående forskrifter, skal demarken udstede en bøde og føre sagen for domstolen ifølge de eksisterende love. Mht. brændet fra de hellige træer, hvis nogen

20. samler det, skal de eksisterende love for området gælde. At horistai, skelkontrollørerne, sammen med demarken indgraverer beslutningen og opstiller den foran opgangen til

25. Thesmophorion.

Indskriften viser præstindens autoritet i sin helligdom og hendes rettigheder i forbindelse med afholdelsen af festlighederne for Demeter Themophoros under Thesmophoria, Plerosia, Kalameia og Skira og 'de andre dage, hvor kvinder mødes'; dog er det en mand, den lokale demark, dvs. byens borgmester, som fastsætter bøder over for dem, der overtræder reglerne, og det er horistai, der sammen med demarken rejser indskriften med reglementet. En ὀρέστης er en mand, som sætter grænsesten op, dvs. adskiller hellige områder fra almindelig trafik eller som i indskriften annoncerer dekreter.

Stenia

Dagen før denne højtid, den 9. Pyanopsion, finder Stenia sted, en kvindefestival, der på en eller anden måde er forbundet med Thesmophoria, men oprindeligt har været en selvstændig højtid. Det er denne dags nat, som Photios kalder anodos, ἄνοδος. Kvinderne spotter og driller hinanden, hvis oprindelse er Iambe, en gammel kvinde, der fik Demeter til at le under sin sorg.

Men Demeter har også højtider, kun afholdt af mænd, nemlig Kabarnoi, Demeter Thesmophóros' mandlige præster, ærer hende på Paros, se Hesych s. v. Κάβαρνοι og IG XII 5, 292.

Tekster

l. 1-3 : ψ(ήφισμα) β(ουλῆς) δ(ήμου). | Τὴν ἀξιολογωτάτην καὶ πάντα ἀρίστην Αὐρ(ηλίαν) Λεΐτην Θεοδότου, γυναῖκα δὲ τοῦ πρώτου τῆς πό|λεως Μ. Αὐρ(ηλίου) Φαύστου ἀρχιερέως ἐκ προγόνων διὰ βίου τῶν Σεββ(αστῶν) καὶ Καισάρων, καὶ Καβάρνου καὶ γυμνα|σιάρχου.
(Origo: IG XII,5 292 - PHI Greek Inscriptions)

Rådets og folkets beslutning. (For) den højt ansete og udmærkede Aurelia Leite, Theodotos' datter, hustru til borgmester M. Aurelius Faustus, ledende præst efter forfædrene livsvarigt for kejserne og medkejserne, Demeterpræst og gymnasiark.
Gymnasiark: leder af sportstræningen i et gymnasion
Hesych, se
https://ia801600.us.archive.org/24/items/hesychiialexand00schmgoog/hesychiialexand00schmgoog.pdf , p. 787

Hædersbevisning til en Demeter-præstinde, ca. 215 f.Kr. – IG II^2 863/IG II^3 1 1189

[— — καὶ στ]εφαν[ῶσαι θαλλοῦ στεφ]-
[άνωι] εὐσεβείας [ἕνεκα τῆς εἰς τοὺς]
[θ]εο[ὺ]ς καὶ φιλοτιμίας· v [ἀ]ν[αγράψαι δ]-
[ὲ] τόδε τὸ ψήφισμα τὸν γ[ρ]αμμα[τέα τ]-
[ὸ]ν κατὰ πρυτανείαν ἐν στή[ληι λ]-
[ι]θίνει καὶ στῆσαι πα[ρὰ] τὸν ν[εὼν τῆ]-
[ς] Δήμητρος· εἰς δὲ τὴν ἀναγρα[φὴν]
[κα]ὶ τὴν ἀνάθεσιν τ[ῆς στ]ήλη[ς μερίσα]-
[ι τὸ]ν ταμίαν τὸ [γ]εν[ό]μ[ε]ν[ο]ν [ἀ]νά[λωμα].
9a vacat 0.07
ἡ βουλὴ [τὴ]ν ἱερείαν.
(Origo: IG II^2 863 – PHI Greek Inscriptions (packhum.org)

Hædersbevisning til en Demeter-præstinde – IG II2 863/IG II^3 1 1189

1. ... [og [be]kranse [hende] med en myrtekrone] [for dyrkelsen af g]uder og ærekærhed; og sekretæren for forretningsudvalget skal lade dette dekret [indskrive]
5. på en stenstele og stille den ved siden af Demeter-[templet], og kassemesteren skal [bogføre] den opståede udgift for indskrivningen og opstillingen.

9a. lakune
10. Rådet [bekranser] præstinden.

Fire fester for kornets gudinde Demeter

Plerosia

Plerosia: = førpløjningsoffer, πληροσία, = Prerosia, πρηροσία, Proerosia, προηρόσια; navn, dato og den fejrede guddom for denne festival varierer i kilderne; den finder sted i demen Thorikos i Boedromión (sept.-okt.) for Zeus Polieus; 2 måneder før i Hekatombeión (juli-aug.) nævnes Proerosia også som en forberedelse til den egentlige fejring to måneder senere, se SEG 33, 147, A 5; i Eleusis finder den sted den 5. Pyanopsión (okt.-nov.) og i Myrrhinous den 5. Poseideón (dec.-jan.) for Demeter, se SEG 33, 147 (Thorikos, ca. 380-375 f.Kr.) og IG II[2] 1183 (efter 340 f.Kr.); når terminen er forskellig, skyldes det, at tidspunktet for pløjning falder forskelligt fra landsdel til landsdel og fra kommune til kommune. Almindeligvis er det Demeter, der fejres, men i Paiania er det Daeira, og i Myrrhinous ofres der til Zeus af demarken og i Thorikos til Zeus Polieus. Under alle omstændigheder er det en gammel tradition i Attikas landområder og tæt forbundet med pløjningen. Suda, s.v. eiresione, sætter højtiden før pløjningen som takoffer for de frugter, der vil komme ud af det. Den fornemste fejring blev holdt i Eleusis, hvor hierofanten den 5. Pyanopsion gik til Athen og proklamerede Proerosia i Eleusinion i Athen, hvorefter højtiden blev afholdt dagen efter, på den 6. P. lige før den næste festival, Pyanopsion, der faldt på den 7. P.

Chloia, χλόεια, χλοία

Specifik festival for Demeter Chloé til fremme af spiringen af det nye korn.

Antheia, ἀνθεία

Denne festival er kendt fra demerne Thorikos og Paiania og afholdes for at fremme blomstringen af hveden.

Kalamaia

Kalamaia: 16. Skirophorión (juni-juli) i Piræus og Eleusis i Attika; i Ionien falder den nok på Kalamaion, der svarer til den attiske Hekatombaion; kalamé betyder kornstængel, men da festivalen falder om sommeren, gælder den sandsynligvis sankningen af kornet, mens andre forskere foreslår tærskning eller sigtning, dvs. rensning af kornet for avner. Den indgår i de fire fester (Proerosia, Chloaia, Antheia og Kalamaia) for Demeter Chloé som kornets gudinde, og her gælder det beskyttelsen af de nyhøstede kornaks. Hvad vi ved, er, at højtideligholdelsen indebar et offer, foretaget af demarken, samt en procession sammen med hierofanten, lederen af Mysterierne, og præstinderne, se IG II^2 949, 5-10.

Dekret af det athenske råd og den athenske folkeforsamling og demen Eleusis til ære for Pamphilos, borgmesteren, 150/149 f.Kr. (I Eleusis 229; II^2 949, 5-10)

IG II^2 949, 5-10

ἔδοξεν τεῖ βουλεῖ καὶ τῶι δήμωι· Ἄρχιππος Ἀρχίου Βατῆθεν εἶπεν· v ὑπὲρ ὧν ἀπαγγέλλει ὁ δήμαρχος ὁ Ἐλευσινίων ὑπὲρ τῶν θυσιῶν ὧν ἔθυσεν τοῖς τε Ἀλώιοις καὶ τοῖς Χλοίοις τεῖ τε Δήμητρι καὶ τεῖ Κόρει καὶ τοῖς ἄλλοις θεοῖς οἷς πάτριον ἦν, συνετέλεσεν δὲ καὶ τὴν τῶν Καλαμαίων θυσίαν καὶ τὴν πομπὴν ἔστειλεν κατὰ τὰ πάτρια μετὰ τοῦ ἱεροφάντου καὶ τῶν ἱερειῶν

(Origo: https://epigraphy.packhum.org/text/3169)

IG II^2 949, 5-10

Rådet og folket har besluttet, Archippos, søn af Archias, fra Bate har fremsat følgende lovforslag: mht. den rapport, som demarken i Eleusis fremlægger mht. de ofringer, som han foretog under Haloa- og Chloia-festivalen til både Demeter og Kore og de andre guder, som det var sædvane, og fuldførte Kalamaia-offeret og sendte processionen af sted på traditionel vis med hierofanten og præstinden ..

Vi ser altså fire forskellige højtider i forbindelse med kornets vækst, nemlig Proerosia, προηρόσια, førpløjningsfest, Chloia, χλόεια, χλοία, de grønne spirers fest, og Antheia, ἀνθεία, blomstringsfesten samt Kalamaia, καλαμαία. Det viser, hvor vigtigt kornet var for befolkningen. Modtagerne er under alle omstændigheder theoi proerosioi, θεοί προηρόσιοι. Og mænd var ikke udelukket fra disse festivaler.

Skira-festival – Skirophoria, Σκιροφόρια

Den 12. Skirophorion (juni-juli) fejres der for Athene Skiras, Poseidon-Erekhtheus og Helios. Processionen går fra Akropolis til Skiron ved bygrænsen på vej mod Eleusis. Athens hovedguder Athene, Poseidon-Erekhtheus forlader Athen og deres tempel Erekhtheion. Solen, Helios, står lavere, fordi der har været sommersolhverv, året hælder mod vinter; derfor er Helios-præsten med. Ved Skiron er der et tempel for Demeter og Kore og et for Athene; festen er også knyttet til korngudinderne, fordi det er tærsketid, eller den er snarere overstået, og hovedingredienserne i maden er spelt, hvede (Demeter) og oliven (Athene); der afholdes et vædderoffer og et karneval, dvs. alle værdier vendes om med terningespil og løjer. Skiron, σκῖρον, er den parasol, som bæres af Athenes præstinder under festivalen. Kvinderne må forlade deres kvindegemakker og forsamle sig i kvindehelligdomme: De spiser masser af hvidløg, for at mændene holder sig væk, ægteskabet er afbrudt, familie og normal husordning er vendt om.

Måske betyder skiron her hvid jord, nemlig gips, idet Theseus bar en Athenestatue af gips, da han forlod Athen.

Athene og Erekhtheus hører til Athen, Eumolpos, stamfar til hierofanterne, hører til Eleusis, og de to byer var i den mytiske fortid fjender og rivaler; det fører til krig, som Athen vinder, men Erechtheus bliver dræbt af Athenes rival Poseidon; Erechtheus farer til underverdenen, hvor han tager gudens navn og på denne måde tilgiver ham; ødelæggelsen bliver til forsoning, de to har de samme præster og de samme ofre. Men Athene vandt jo, derfor bærer byen hendes navn, pga. oliventræerne, hun bragte til byen, mens Poseidon tabte trods hans saltkilde.

Eteoboutadai-slægten organiserede en officiel procession med Athene-præstinden, Poseidon-præsten og Sol/Helios-præsten og gik fra Akropolis i Athen til Skiron og gentog således kong Erechtheus' rute mod Eleusis, hvor han blev dræbt.

Under festivalen løb unge mænd med vinranker fra Dionysos-helligdommen til Athene Skiras' tempel i Phaleron, Athens havneby. Vinderen fik en drink, lavet på fem ingredienser: vin, honning, ost, spelt og olivenolie. Det er nemlig de fem afgrøder, Athene Skiras skulle velsigne.

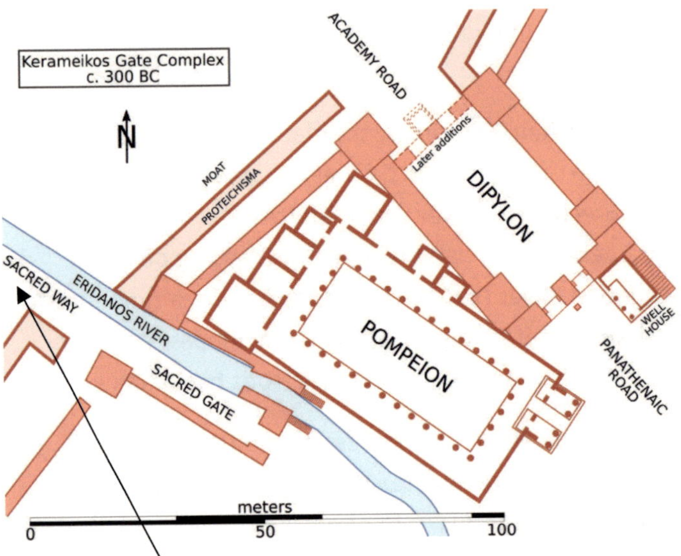

Layout of the gate complex of Kerameikos in c. 300 BC, including the Dipylon, the Sacred Gate, and the Pompeion (Origo: Kerameikos gate complex - Sacred Gate - Wikipedia)

Skiron, Σκίρον, eller Skira, Σκίρα, var en lille by lige uden for Athens mure på den hellige vej Hiera Hodos, Ἱερὰ Ὁδός, til Eleusis.

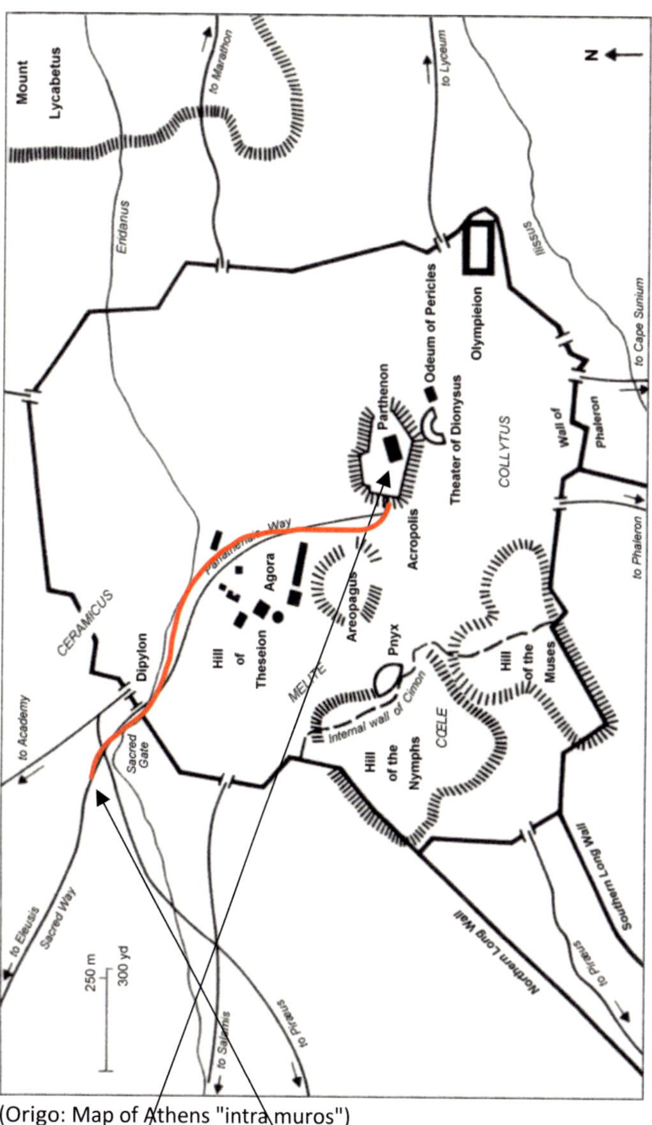

(Origo: Map of Athens "intra muros")

Vejen fra Akropolis til Skiron eller Skira ad Processionsvejen, den Hellige Vej

Tekst

Athenaios: Deipnosophistae 11, 495f-496a

(92) **ΠΕΝΤΑΠΛΟΑ**. Μνημονεύει αὐτῆς Φιλόχορος ἐν δευτέρᾳ Ἀτθίδος. [495f] Ἀριστόδημος δ´ ἐν τρίτῳ περὶ Πινδάρου τοῖς Σκίροις φησὶν Ἀθήναζε ἀγῶνα ἐπιτελεῖσθαι τῶν ἐφήβων δρόμου· τρέχειν δ´ αὐτοὺς ἔχοντας ἀμπέλου κλάδον κατάκαρπον τὸν καλούμενον ὦσχον. Τρέχουσι δ´ ἐκ τοῦ ἱεροῦ τοῦ Διονύσου μέχρι τοῦ τῆς Σκιράδος Ἀθηνᾶς ἱεροῦ, καὶ ὁ νικήσας λαμβάνει κύλικα τὴν λεγομένην πενταπλόαν καὶ κωμάζει μετὰ χοροῦ. [496] Πενταπλόα δ´ ἡ κύλιξ καλεῖται καθ´ ὅσον οἶνον ἔχει καὶ μέλι καὶ τυρὸν καὶ ἀλφίτων καὶ ἐλαίου βραχύ.
(Origo: Athénée de Naucratis: Deipnosophistes : livre X : traduction (remacle.org)) (Engelsk oversættelse: (Origo: Athenaeus: Deipnosophists - Book 11 (c) (attalus.org))

Athenaios: De lærdes gæstebud 11, 495f – 496a

92. G. Pentaploa. Philochorus nævner den I sin anden bog af hans Attikas historie. Nu fortæller Aristodemus i sin tredje bog Om Pindar, at der under Skira-festivalen i Athen blev afholdt et væddeløb blandt efeberne; og mens de løb, bar de en vinranke fyldt med vindruer; ranken blev kaldt oschos. Løbet strækker sig fra Dionysos-templet til Athena Skiras-templet, og sejrherren modtager en pokal, den såkaldte pentaploa, og løber gennem gaderne med et kor af sangere og dansere.

496. Nu bliver pokalen kaldt pentaploa, fordi den indeholder vin, honning, ost samt lidt byg og olivenolie.

Kvindens stilling i det klassiske Athen

(Origo: Mogens H. Hansen: Kvindens stilling i polis, Aigis 8.2, KU, Kbh. 2008)

Et hushold består af mand, hustru, børn, slaver og husdyr og udgør oikia, οἰκία; og husholdet skal sørge for produktion af madvarer og reproduktion af afkom; det er et økonomisk fællesskab, der binder alle hushold i en polis sammen, og derfra kommer ordet økonomi, οἰκονομία; det er læren om husholdet. De er alle medlemmer af polis, men det er kun husholdets mandlige overhoved, der kan deltage i bystatens politiske afgørelser; han er medlem af polis, mens kvinder, børn, slaver og husdyr ikke er. Hverken kvinder eller husdyr har politisk indflydelse; på det punkt står de lige. Ifølge Aristoteles agerer manden som hersker og kvinden som undersåt, fordi hun ikke har del i fornuft, retfærdighed og tapperhed. Børn er ufuldkomne, og derfor har de heller ikke del i polis og dens realisering. Kun mænd har ifølge Aristoteles phronesis, φρονήσις, fornuft, kan planlægge, to bouleutikon, τὸ βουλεύτικον, og har et herskergen, to archon, τὸ ἄρχον, tre ting, der er nødvendige for at være et rigtigt menneske.

Polis skal altså opfattes både som et samfund, bestående af hushold, οἰκίαι, hvor polis er lig med 'by', samt en stat, et politisk fællesskab, der består af mandlige borgere, politai, πολῖται, hvor polis er lig med 'bystat'. Byen er opstået gennem synoikismos, συνοικισμός, sammenflytning, og sammenlægning af komai, κώμαι, landsbyer. Kvindens plads er i hjemmet, oikos, οἴκος, mens mandens er på agora, ἀγορά, torvet for at deltage i politik.

Men kvinderne var jo nødvendige i produktionen af mad og børn sammen med slavernes indsats, så at mændene havde fritid til at kunne deltage i de demokratiske institutioner. Alle var nødvendige, for at polis kunne bestå. Men kun manden havde mulighed for at udøve sit borgerskab, han havde borgerrettigheder, mens kvinden havde status som borger, men ingen borgerrettigheder. I 451 f.Kr. fik Perikles vedtaget en lov om, at begge forældre skulle være athenske borgere, for at barnet kunne være athener. Kvinderne formidler altså et aktivt borgerskab til deres sønner og passivt borgerskab til deres døtre, selv om de ikke fungerer som borgere. Det viser sig i sproget: πόλις betegner bystaten, ἄστυ betegner bysamfundet; en fungerende borger af hankøn hedder πολίτης, og dette ord findes næsten ikke i femininum, mens en almindelig samfundsborger hedder ἀστός, og det findes så også i hunkøn, ἀστή, fordi kvinder jo var medlemmer af samfundet. De måtte ikke deltage i folkeforsamlinger, femhundredemandsrådet, et embedskollegium, være dommer eller vidne eller part i en retssag, hverken som sagsøger eller sagsøgt eller som anklager eller anklaget. Livet igennem stod hun i formynderskab og havde sin far, sin mand eller en af sine mandlige slægtninge som formynder, kyrios, κύριος. Denne repræsenterede hende i en retssag. Så hun var aldrig med i den politiske sfære, men kun i den økonomiske og den sociale sfære.

Men på et område havde kvinderne adgang og deltog aktivt, og det var den religiøse sfære. Her var kvinderne deltagere og præstinder og arbejdede for de kvindelige gudinder; der var højtider kun for kvinder, fx Thesmophoriefesten, der var forbudt for mænd, til ære for Demeter. Indskrift Inscriptiones Graecae 1^3 35 viser, at en kvinde, der skal være præstinde for Athena Nike, skal vælges blandt alle athenske kvinder, og ikke fra en bestemt slægt, som det var kutyme for andre guddomme; her har hun en officiel rolle og har en fuldgyldig borgerstatus som præstinde, og det er særdeles bemærkelsesværdigt.

Tekster

Bestemmelse vedr. Athena Nikes præstinde og tempel, ca. 450 eller 438 f.Kr.
***AIO* 314 - IG I[3] 35**

[ἔδοχσεν τε͂ι βολε͂ι καὶ τε͂?]ι̣ [δέ]μ̣ο̣[ι·? . . .]
[. . . . . 17 . . . .]α̣ι̣κος εἶπε· [τε͂ι]
[Ἀθεναίαι τε͂ι Νί]κ̣ει *h*ιέρεαν *h*ὲ ἂγ [κλ]-
[ερομένε λάχε?]ι ἐχς Ἀθεναίον *h*απα[σο͂]-
[ν καθίστα]σθαι, καὶ τὸ *h*ιερὸν θυρο͂σα-
ι καθότι ἂν Καλλικράτες χσυγγράφσ-
ει· ἀπομισθο͂σαι δὲ τὸς πολετὰς ἐπὶ τ-
ε͂ς Λεοντίδος πρυτανείας· φέρεν δὲ τ-
ὲν *h*ιέρεαν πεντέκοντα δραχμὰς καὶ
τὰ σκέλε καὶ τὰ δέρματα φέρεν το͂ν δε-
μοσίον· νεὸν δὲ οἰκοδομε͂σαι καθότι
ἂν Καλλικράτες χσυγγράφσει καὶ βο-
μὸν λίθινον. *vac.*
*h*εστιαῖος εἶπε· τρε͂ς ἄνδρας *h*ελέσθ-
αι ἐγ βολε͂ς· τούτος δὲ μετ[ὰ] Καλλικρά-
[το]ς χσυγγράφσαντας ἐπ[ιδεῖχσαι τε͂?]-
[ι βολ?]ε͂ι καθ’ ὅ τι ἀπομ[ισθοθέσεται? . .]
[. . . 6 . . .]ει τοσ[. . . . . 18 . . . .]

Bestemmelse vedr. Athena Nikes præstinde og tempel

[Rådet og folket har besluttet], ...kos fremsatte (følgende lovforslag): [at indsætte] en præstinde for Athena Nike [som skal vælges} blandt alle Athenske [kvinder] og at helligdommen bliver forsynet med porte sådan som Kallikrates måtte skitsere dem; og de officielle sælgere skal holde aftalen inden for Leontis prytani; præstinden skal modtage 50 drakmer og baglårene og skindene af de offentlige offerdyr; og at et tempel skal bygges, sådan som Kallikrates skitserer det og et stenalter. *lakune* Hestiaios fremsatte (som forslag): at tre mænd blev udvalgt fra Rådet; og de skal samarbejde med Kallikrates om skitserne og [vise dem til] {Rådet] i overensstemmelserne med [aftalerne]...

Athena Nike-kulten eksisterede allerede i arkaisk tid, men fik nu en selvstændig præstinde udnævnt for første gang. Det er det tidligst kendte polis præsteembede, der blev udpeget ikke bland genê, men blandt alle medlemmer af det relevante køn. Før var det genë, slægterne eller klanerne, der supplerede og valgte præsteembederne.

Litteratur

M. Laughy, Historia 67, 2018, 418-33 (SEG 68.29)

Gravsten for Myrrhine, Athena Nikes første præstinde, ca. 410 f.Kr.
IG I^3 1330 – CEG I no. 93 - Attika, Hymettos, Gravepigram, marmorstele, ca. 430-400?

1 Καλλιμάχο θυγ-	1.(Dette er) det videnom lysende
2 ατρὸς τηλαυγὲ-	2.mindesmærke for Kallimachos'
3 ς μνῆμα, / ἣ πρώτη	3. datter, der som den første
4 Νίκης ἀμφεπόλ-	4. præstinde forvaltede
5 ευσε νεών. / εὐλο-	5. Nikes tempel. Hendes
6 γίαι δ' ὄνομ' ἔσχ-	6. navn var ledsaget
7 ε συνέμπορον, ὠ-	7. af hendes gode ry, fordi
8 ς ἀπὸ θείας / Μυρ-	8. hun blev kaldt
9 ρίν<η ἐ>κλήθη συ-	9. Myrrhine (= myrte), sandelig efter
10 ντυχίας ἐτύμω-	10. guddommeligt forsyn. –
11 ς : / πρώτε Ἀθηναί-	11. Som den første havde hun forvaltet den athenske
12 ας Νίκες ἕδος ἀ-	12. Nikes tempel/statue
13 μφεπόλευσεν / ἐ-	13. som præstinde,
14 κ πάντων κλήρω-	14. (valgt) blandt alle gennem lodtrækning
15 ι Μυρρίνη εὐτυ-	15. Myrrhine, med
16 χίαι.	16. held og lykke.

v. 5: se IG I^3 35 = AIO 314

v. 12: hedos kan betyde statue, i så fald Athena Nikes træstatue, men også tempel

v. 15: Navnet Myrrhine kommer af planten myrte, som blev brugt i kranse, der blev båret under ofringer og symposier. Græske navne havde ofte sakrale hentydninger, og navnet passer godt til en præstinde, som folk kun har godt at sige om. Da det er første gang, at der vælges en præstinde blandt alle Athens kvinder, er det forståeligt, at hendes gode egenskaber fremhæves, og at hendes far også nævnes, der viser, at slægten er nobel og at hun derfor er lige så god som en præstinde valgt af genê.

Kvindekulter i Attika - De gifte kvinders rolle i Athen

Kvinder er udelukket fra det politiske liv og fra offerkulterne, men alligevel inddrages de i det religiøse liv i en sådan grad, at man kan tale om en 'kultisk borgerret'. I privathjemmet styrer de en del af det rituelle liv, især hvad angår fødsel og død. Mændene er på den ene side fascineret af kvindernes evne til at føde, men samtidig indtager de en afværgeposition over for det andet køn. Kvinderne er udelukket fra det blodige offer og den følgende fordeling af kødet. Offeret er forbindelsen mellem guder og mennesker, mellem menneskene indbyrdes og mellem mennesker og det politiske liv. Der findes ingen kvindelige borgere, kun mødre, ægtehustruer til mandlige borgere eller døtre af borgere. De hører til det udvidede fællesskab i polis, som er nødvendigt, for at polis kan eksistere. De store religiøse fester er kvindernes mulighed for at deltage i samfundslivet, in casu Panathenaia, Dionysia, de eleusinske mysterier og Thesmophoria.

Athen er specielt kvindefjendligt, hvad der ses af love og edikter. Ved indskrivningen af den unge mand i sin phratría, det mandlige forbund af gamle slægter (hver fyle bestod af 3 phratríai, der igen bestod af 30 adelsslægter), registreres faderens og morfars navn, men ikke mors navn. Under Gamelia-ritualet, hvor ægtemanden præsenterer sin nygifte kone for phratríen, siger han: "Hun er datter af en borger". Det er altså det patrilineære princip, der gælder.

Der afholdes ca. 30 højtider årligt, og mange af dem varer 2-3 dage. Ved halvdelen af dem er der brug for kvindernes hjælp og deltagelse; der er både brug for piger og unge kvinder, fx til Arrephoria og Plynteria, for de gifte kvinder, fx

Thesmophoria og Haloa, for kvinder af en bestemt alder, der hjælper basilinna, den rituelle dronning under Anthesteria-højtiden for Dionysos; alle aldersklasser holder årsfest for Athene under Panathenaia-festivalen.

En kvindes aldersfaser består af fire perioder:

1. fødslen;
2. ungdom = tiden før brylluppet;
3. voksenliv, som starter med brylluppet og fortsætter med livet som hustru og som moder; at kunne føde børn er det vigtigste;
4. med overgangsalderen bortfalder kvindens privilegier og de forbud, der gælder i den fødedygtige alder.

Familieritualer

Overgangsritualer finder sted ved fødsel, overgangen fra barn til voksen, bryllup og død (se Ernst Samter: Familienfeste der Griechen und Römer, Berlin 1901)

1. Fødsel

Specielle gudinder for kvinderne og fødsel er Eileithyia, gudinden for gode fødsler, Hera, gudinde for ægteskabet, Artemis Lochia, gudinde for selve fødslen; hun får fødselslagnet, se Anthologia Graeca 6, 276; Artemis Kourótrophos, gudinde for de nyfødte børn, samt Artemis, den gudinde, der bliver ofret til, når kvinden er død i barselsseng.

Ceremonierne

Kvinden er ikke anerkendt, før hun har født manden børn. Ved fødslen hænges der for en drengs vedkommende en olivengren op over døren, for en piges en uldtråd. På den 5. eller 7. dag tager faderen barnet op fra gulvet og anerkender det som medlem af familien, og barnet bæres rundt om hestia, ἑστία, ildstedet; dette hedder amphidrómia, ἀμφιδρόμια, se Suida s. v. ἀμφιδρόμια; deltagerne løber nøgne rundt om ildstedet. Hvis faderen ikke anerkender barnet, sættes det ud i vildnisset, jf. Ødipus. I Sparta afgør geronterne, ældrerådet, om barnet skal sættes ud eller ej.

Ofte fik barnet også et navn på denne festdag, dog ikke før den 7. dag efter fødslen. Det er både en renselsesceremoni med ilden som rensende element, og en optagelsesceremoni, hvor barnet optages i familiens fællesskab, se Hesych s.v. δρομιάμφιον ἦμαρ, Platon Theaitet p. 160 E. Renselsen af moderen og huset kunne finde sted under amfdromien, men hos Euripides, se Elektra 1124-1135, sker det på den 10. dag sammen med navngivningen af barnet.

Efter selve fødslen foretages der renselsesritualer for huset og moderen, idet blodet fra fødslen er en besmittelse, et miasma; derfor må man heller ikke føde i en helligdom. Jordmoderen forretter et offer som start på renselsesritualet, se Euripides: Elektra 1124-1135. Der vaskes af med vievand, bad i havet, ofring af griseblod og afbrænding af parfumer og svovl. Der gives viegaver til fødselsgudinderne Artemis, Eileithyia og Demeter Kourotrophos. På den 10. dag efter fødslen ofres der, barnet får gaver, og familien spiser sammen i et festmåltid. Hvis moderen ikke accepterer barnet, fordi det er resultatet af en voldtægt eller en affære, sættes det ud i den vilde natur.

Barnets tur rundt om ildstedet svarer til brudens gang rundt om gommens ildsted. Også barnet får καταχύσματα, korn, dadler, figner, og ligesom på bruden, der bliver gift, og på slaven, der bliver frigiven, skæres der en tot af barnets hår. Barnet indvies efter amfidrómia i phratrien, og det sker på 3. dagen af apatoúria-festen, i hvert fald i det første leveår, se Etym. Magn. s. v. ἀπατούρια: Demosth. 43,11; Prokl. ad Plat. Tim. 21 B; Andok. Myst. 127; når barnet indføres i phratrien, afholdes der et offer, μεῖον, det mindre offer, se Suida II, 1, 820, 15 s. v. μεῖον, Harpokrat. s. v. μεῖον i modsætning til κούρειον, der afholdes senere. μεῖον bestod af et fåreoffer, et kvantum vin og kager samt en lille sum penge, se Schol. Aristoph. Ranae 798, Pollux III 52; Dittenberger Syll.[2] 439 (= CIA II 841 b).

2. Ungdom

De unge piger kaldes parthenoi og forstås billedligt som utæmmede hopper; tæmningen begynder i 7-års-alderen for et meget begrænset antal af højstatuspiger; disse står som repræsentanter for alle de øvrige parthenoi.

Arrephoroi

Under Arrephoria vælges 4 piger i alderen 7-11, som er eugeneis, velbårne, og to af dem vælges af archón basileús til at hjælpe til med vævningen af Athenes peplos; de kaldes arreforer, ἀρρηφόροι; de bor ved Athena Polias' tempel, se Paus. 1, 27, 3. I deres kurv er der kager i form af slanger og falloi; fødsel, frugtbarhed og seksualitet er her hovedemnerne.

Plyntrides og loutrides

I måneden Plynteríon under Plynteria-højtiden, som er en renselsesfest, hvor man vasker kultbillederne, har to piger, kaldt plyntriai eller plyntrídes, πλύντριαι eller πλυντρίδες, og loutrídes, λουτρίδες, til opgave at vaske Athenes peplos, mens aletrídes, ἀλετρίδες, maler melet til offerkagerne. Pigerne varetager altså i det religiøse rum de opgaver, som de voksne hustruer udfører hjemme.

Kaneforoi

Kaneforoi, κανηφόροι, er de piger, der bærer kanoun, κανοῦν, offerkurven med hellig byg, som strøs på altret og på offerdyret før slagtningen. Under byggen ligger máchaira, μάχαιρα, offerkniven. Kurven, kista, κίστη, skal være til stede ved ethvert slagtoffer. Kaneforerne have en vigtig kultisk opgave, og de findes mange steder, i Argos, Syrakus og Attika, især under Panathenaia.

Hydroforoi

Hydroforoi, ὑδροφόροι, er vandbærersker, der deltager ved mange ofringer, fx under Bouphonia for Zeus Polieus, der æres med en okse, se Porphyrios: De Abstinentia 2, 29-30.

Brauroneia

I Brauron, 37 km fra Athen, afholdes der Brauroneia for Artemis, en fest, der ledes af 10 hieropoioi, de embedsmænd, der tager sig af 5-års-festerne i Athens kalender, og 100 små piger op til 10 år gamle er udklædt som bjørne, ἄρκτοι, der betegner fasen før brylluppet, πρὸ τοῦ γαμοῦ. Det symboliserer en rituel jagt under Artemis' overvågning, idet pigerne med udslagent hår og deres udklædning symboliserer en fase af vildskab. Efter denne fase kommer de i isolation og aflægger den safrangule dragt, krokotós, κροκωτός, og bjørnetilstanden er afsluttet. De træder nu ind i puberteten, menarche, μηνάρχη, der er den sidste fase før den giftefærdige alder. Artemis Kourotróphos beskytter ungdommen. Brauroneia spiller for pigerne samme rolle som mounuchia eller mounichia, μουνυχία eller μουνιχία, for de unge mænd, som Artemis også overvåger og som betegner den mandlige initiation til de voksnes verden.

Delia

Dette er en højtid på Delos for Apollon, der afholdes hvert fjerde år siden 525 f.Kr., og Apollons tjenerinder, Deliaderne, synger en hymne til Apollon, Leto og Artemis, se Kallimachos: Hymne til Delos, 278 ff. og Platon: Phaidros 58 a-c.

Hyakinthia

Denne højtid fejres i Amyklai ved Sparta for helten Hyakinthos; alle er med, også slaver, og drengene synger korsange, paianer, til Apollon, og pigerne er klædt i dyreskind.

3. Bryllup

Brylluppet er et afgørende vendepunkt i kvindens liv, idet hun går fra parthenos, παρθένος, ung pige, til gyne, γυνή, gift kvinde; der er sket et statusskift. Hun går fra faderens oikos til ægtemandens oikos, fra et kendt miljø til et ukendt. Gámos, γάμος, er en bryllupsfest under Artemis' auspicier i to faser; afsked med parthenos-status og indtræden i en ny oikos. De unge piger vier en hårlok og legetøj til Artemis, mens de i Sparta bliver klippet skaldet, se Anthologia Graeca 6, 280 og Kallimachos, Hymne til Delos 296-298. De sidste dage for bruden går med rituelle bade, loutrophoros chlide, λουτροφόρος χλιδή.

På selve bryllupsdagen bliver bruden, nymphé, νύμφῃ, klædt i slør fra hoved til fødder, og bryllupstjenestepigen, nympheutería, νυμφευτήρια, fører hende ind i festsalen. Under måltidet, der er for alle slægtninge, skilt ad efter køn, tager alle plads efter et offer til bryllupsguderne, Artemis, Hera Teleía, Zeus Teleíos, Aphrodite og Peitho. Sløret river ægtemanden af hende om aftenen.

Indtræden i den civiliserede verden, - barndommen var jo den vilde verden -, symboliseres med brød, som et barn med to levende forældre, amphithales, ἀμφιθαλής, rækker rundt med ordene: "Jeg er sluppet væk fra det onde og har fundet det bedste." En krans med torne og agern minder om det vilde liv i barndommen, mens en pande til ristning af byg, en si, en morterkølle er symboler på den gifte kvindes arbejde.

Kvinden forlader det fædrene hjem til fods eller på vogn, yngre mænd med fakler og fløjter følger efter og synger bryllupshymner. Alt dette symboliserer overgangen fra Artemis' overvågning til Eros' åg. Ved det nye ildsted, centrum for oikos, modtager hun tragémata, τραγήματα, som strøs på hendes hoved: tørrede frugter, dadler, nødder og figner. Nu står hun under Aphrodites og Peithos beskyttelse; Peitho kan ingen modstå, og med sine kunster sikrer hun den ægteskabelige forening og dermed mange børn.

Bryllupsceremonien

Kvinden skifter fra faderens oikos til ægtemandens oikos. Der er ingen lovfæstet status for gamos, γάμος, brylluppet. På Proteleia, dagen før brylluppet, er der offer til Zeus, Hera, Artemis, Apollon og Peitho. Der ofres legetøj, hårlokker og personlige ting til Artemis. Der hentes vand fra Kallirhoes kilde til renseslsesritualer. Der er loutrophoros, λουτροφόρος, en procession til kilden for at hente vand til bryllupsbadet. På selve bryllupsdagen, gamos, er huset smykket med oliven- og laurbærgrene. I hendes fars hjem afholdes der et offer og et festmåltid, og bruden bærer slør og en krans, ledsaget af nympheutria, νυμφεύτρια, en brudepige. Den unge brudgom har en parochos, πάροχος, ledsager, ved sin side. λίκνον, en flettet kurv med korn, bruges også ved brylluppet, hvor en dreng, λικνοφόρος, bekranset med torne og agern bærer en kurv med rundstykker. Han siger ordene: "ἔφυγον κακόν, εὗρον ἄμεινον",den samme formel, som mysten siger efter sin indvielse, se Demosthenes: Peri tou stephanou 259. Bryllupsskikken er altså et indvielsesritual, se også Indvielse til de Eleusinske mysterier.

Om aftenen foregår der en procession fra brudens fædrenehjem til brudgommens hjem, vognen bliver trukket af mulæsler eller okser, der er fakler, der synges hymner, brudgommens far og mor tager imod, og bruden får en kage med sesam og honning, en kvæde og en daddel, alt sammen symboler på frugtbarhed. Bruden går omkring sit nye ildsted, hestia, og får nødder og figner hældt over hovedet, καταχύσματα, og derefter går de til bryllupsgemakket, θάλαμος. Foran thálamos, θάλᾶμος, bryllupsgemakket, synger unge piger en bryllupssang, se Theokrit: Epithalamos for Helena, v. 49-53. Nu er bruden optaget i den nye familie og skal føde børn for at opretholde familien.

Næste morgen er der ofre og festmåltid og gaver til brudeparret, og året efter giver ægtemanden et offer, γαμήλια, og et måltid til sine phratriemedlemmer under apatouria-festen; på denne måde annoncerer han modtagelsen af sin nye kone i huset.

Bryllupsritualet i Grækenland, og også i Rom, henvender sig til de khthoniske guder, jordguderne. Oprindeligt gjaldt ildstedets kult forfædrene og de døde, som hang tæt sammen med jordguderne. Eumeniderne er identiske med de dødes sjæle, og de kan sende lykke og ulykke, og man beder til τριτοπάτορες, anernes sjæle, ved brylluppet for at få børn. Bruden præsenteres for mandens φράτορες, mandens kultfællesskab, der serveres et måltid og der ofres, se Hesych s. v. γαμηλία, Pollux III 42, VIII 107 s. v. φράτορες.

I Sparta foregår brylluppet som et inversionsritual, idet kvinderne får skåret håret af, de bærer mandsdragt og venter på manden i sengen i mørke.

Bryllupsguder

Artemis er beskytter af det utæmmede liv, der endnu ikke er blevet civiliseret, i form af børnene af han- og hunkøn, se Hom. hym. nr. 27, v. 1-6. Når man ofrer til hende, forlader man barndomsstadiet, pigerne ofrer hårtotter, legetøj, dukker, mens drengene bliver hopliter og gifter sig. Man skal takke hende, når man forlader den fase. Det er ligeledes strafbart, hvis man ikke vil forlade hendes verden, for så fornærmer man Artemis.

Hera Teleia er skytsgudinde for ægteskabet og symboliserer kontrakten og forpligtigelsen til at producere legitime børn, der får borgerstatus = sikring af polis' eksistens. Men hun kan være forførerisk og lave børn uden om manden, ligesom ægtehustruen.

Afrodite

Den verden, som Afrodite behersker, er en verden uden for ægteskabet, kurtisanernes verden; gaverne til hende skal skabe en frugtbar forbindelse i ægteskabet, men utøjlet brug kan føre til uorden i polis. Det begær og den fornøjelse, der skal til i ægteskabet, står hun for, se Hom. hym. nr. 5, 2-36.

Peitho er ledsager til Afrodite som overtalelsens gudinde i ægteskabets tjeneste.

Hermes bruger sin overtalelsesevne til at få bruden, nymfé, νύμφη, til at bruge de forlokkende ord, som den kommende ægtemand skal falde for. Når det er sket, viser han vejen fra brudens fædrenehjem til brudgommens.

Demeter

Med ægteskabet træder kvinden ind i det kultiverede liv, symboliseret ved dyrkning af korn, da Demeter er gudinde for marken fra udsæd til høst og for kvindens skød fra undfangelse til fødsel. Kvinden betragtes som en mark, der er pløjet og tilsået af ægtemanden, hvor børnene symboliseres ved kornet.

Athene underviser i at spinde uld og væve, det vigtigste bidrag til polis' økonomi.

Køn

(Origo: Jan N. Bremmer: Greek Religion, sec. ed., Greece and Rome, New Surveys in the Classics no. 46, Cambridge Univ. Press 2021)

Forskellen i køn markeres fra fødslen, fordi forældrene satte et uldbånd på dørstolpen for en pige og en olivenkrans for en dreng. Vævning og spinding er nogle af de vigtigste af kvindernes aktiviteter, mens olivenkransen er sejrprisen i de Olympiske og Panathenæiske konkurrencer, altså et typisk mandligt symbol. Piger ligesom drenge blev anset for at være utæmmede føl, der skulle domestificeres, jf. Eur. Hipp. 540-547; derudover blev pigerne fremstillet som uregerlige kvier, fx Io, og mens drenge blev frie og selvstændige mænd i voksenalderen, forblev kvinder altid under åg = ægteskab. Hos thessalerne forventede en mand, at konen skulle opføre sig som en tæmmet hest. Brylluppet blev betragtet som en tæmningsproces, hvor bruden blev 'kidnappet', fanget, ligesom den kommende vestalinde hos romerne af ypperstepræsten. Spartanske piger ærede leukippiderne, = 'Hvide Hopper', som var førægteskabelige heroiner, der undertiden fremstilledes som unge piger, undertiden som nygifte. Dioskurerne var rollemodeller for unge spartanske mænd, som Alkman kalder 'tæmmere af hurtige heste' (frg.2 Calame = 2 Page/Davies) samt Aelian: NA 12.34.

Aelianus: De natura animalium 12. 34

καὶ ταῦτα μέντοι ὑπὲρ ζῴων εἰπεῖν οὐκ ἔστιν ἀπὸ μούσης. Σκύθαι ξύλων ἀπορίᾳ ἅτινα ἂν καταθύσωσι τοῖς αὐτῶν ὀστοῖς ἕψουσι. Φρύγες δὲ ἐὰν παρ᾽ αὐτοῖς τις ἀροτῆρα ἀποκτείνῃ βοῦν, ἡ ζημία θάνατος αὐτῷ. Σαγαραῖοι δὲ τῇ Ἀθηνᾷ καμήλων ἀγῶνα ὅσα ἔτη σὺν αἰδοῖ τῇ τῆς θεοῦ ἐπιτελοῦσι, γίνονται δὲ ἄρα παρ᾽ αὐτοῖς αὗται δρομικώταταί τε ἅμα καὶ ὤκισται. Σαρακόροι δὲ οὔτε ἀχθοφόρους οὔτε ἀλοῦντας ἔχουσι τοὺς ὄνους ἀλλὰ πολεμιστάς, καὶ ἐπ᾽ αὐτῶν γε τοὺς ἐνοπλίους κινδύνους ὑπομένουσιν, ὥσπερ οὖν οἱ Ἕλληνες ἐπὶ τῶν ἵππων. ὅστις δὲ ἄρα τῶν παρ᾽ αὐτοῖς ὄνων ὀγκωδέστερος εἶναι δοκεῖ, τοῦτον τῷ Ἄρει προσάγουσιν ἱερόν. λέγει δὲ Κλέαρχος ὁ ἐκ τοῦ περιπάτου μόνους Πελοποννησίων Ἀργείους ὄφιν μὴ ἀποκτείνειν: ἐν δὲ ταῖς ἡμέραις, ἃς καλοῦσιν ἀρνηίδας οἱ αὐτοί, ἐὰν κύων ἐς τὴν ἀγορὰν παραβάλῃ, ἀναιροῦσιν αὐτόν. ἐν Θετταλίᾳ δὲ ὁ μέλλων γαμεῖν θύων τὰ γαμοδαίσια ἵππον ἐσάγει πολεμιστὴν τὸν χαλινὸν περικείμενον καὶ τὴν ἐνόπλιον σκευὴν καὶ ἐκείνην πᾶσαν: εἶτα ὅταν ἀπὸ τῆς ἱερουργίας γένηται καὶ σπείσῃ, τῇ νύμφῃ τὸν ἵππον ἀπὸ τοῦ ῥυτῆρος ἀγαγὼν παραδίδωσι. τί δὲ νοεῖ τοῦτο Θετταλοὶ λεγέτωσαν. Τενέδιοι δὲ τῷ ἀνθρωπορραίστῃ Διονύσῳ τρέφουσι κύουσαν βοῦν, τεκοῦσαν δὲ ἄρα αὐτὴν οἷα δήπου λεχὼ θεραπεύουσι. τὸ δὲ ἀρτιγενὲς βρέφος καταθύουσιν ὑποδήσαντες κοθόρνους. ὅ γε μὴν πατάξας αὐτὸ τῷ πελέκει λίθοις βάλλεται δημοσίᾳ, καὶ ἔστε ἐπὶ τὴν θάλατταν φεύγει. Ἐρετριεῖς δὲ τῇ ἐν Ἀμαρύνθῳ Ἀρτέμιδι κολοβὰ θύουσιν.

Aelian: Om dyrenes natur 12. 34

[34] Det ville ikke være malplaceret at nævne disse yderligere kendsgerninger, der vedrører dyr. Skyterne koger i mangel af brænde knoglerne fra ethvert dyr, som de ofrer. Blandt frygerne straffes enhver, der dræber en plovokse, med døden. Sagaraierne afholder hvert år kamelvæddeløb til ære for gudinden Athena, og deres kameler er gode til væddeløb og meget hurtige. Sarakorierne holder æsler, ikke for at bære laster eller for at male korn, men for at ride i krig, og på dem trodser de kampens farer, ligesom grækerne gør på hesteryg. Og hvert æsel af

dem, der ser ud til at være mere tilbøjelige til at skryde end andre, giver de som et offer til krigsguden. Clearchus, den peripatetiske filosof anfører, at indbyggerne i Argos er de eneste mennesker på Peloponnes, som nægter at dræbe en slange. Og hvis en hund kommer i nærheden af markedspladsen på de dage, de kalder Arneider, så dræber de den. I Thessalien bringer en mand, der skal til at gifte sig, en krigshest, der er bidslet og endda fuldt udrustet med alt sit udstyr, ind; når han så har fuldendt offeret og hældt drikofferet ud, fører han hesten i tøjlen og rækker den til sin brud. Betydningen af dette må Thessalierne forklare. Befolkningen på Tenedos opfeder en ko, der er drægtig, til Dionysos, Mandedræberen, og så snart den har kælvet, passer de den, som om den var en kvinde i barselsseng. Men de sætter koturner på den nyfødte kalv og ofrer den derefter. Men manden, der gav den stødet med øksen, bliver bombarderet med sten af befolkningen og flygter, indtil han når havet. Befolkningen i Eretria ofrer lemlæstede dyr til Artemis i Amarynthus (*landsby på vestkysten af Euboia, 2-3 mil fra Eretria*).

I starten var det aristokratiske unge, der indgik i ritualerne, se Kretas agelai, ungdomsgrupper. Men da aristokratiets rolle blev svækket, måske pga. urbanisering, forsvandt ritualerne ikke, men blev reduceret symbolsk til få deltagere, men stadig fra aristokratiske slægter. I Athen i demokratisk tid blev dette aristokratiske privilegium forbudt, og alle atheniensiske piger skulle være 'bjørne' i Brauron, se Krateros FGrH 342 F 9.

Kvinder generelt havde en undertrykt position, men under visse religiøse højtider kunne de skifte position for en meget kort tid. Kvinder betragtedes som udsat for besmittelse og urenhed og blev forbundet med fødsel, afføring og urin, de tre tabuer på hellig grund; gudindestatuer blev vasket oftere end gudestatuer, seksuel afholdenhed gjaldt mere for præstinder end for præster, og kvinder blev oftere forment adgang til templer, især i Poseidon- og Herakles-kulten. Selv Thesmophoria-højtiden, en kvindefestival, blev overvåget af mænd.

Rollemodeller

Kvinder på vasemalerier servicerer altid mænd, spiller altså også her en underordnet rolle. Mytologien tegner også et negativt billede af kvinder, jf. Hesiods Pandora, Ariadne og Medea, altid set ud fra slægtens synspunkt. Pigerne hjalp, men svigtede deres slægt, og slægten var vigtigst i disse tider. Antigone skulle vælge mellem sin bror og polis' bestemmelser; græske mænd og deres børn var sårbare i familiens sfære, og en kvindes loyalitet kunne aldrig tages for givet. Myter tegnede kvinder som truende over for mandekønnet og placerede dem uden for den græske verden. Gudeverdenen havde ikke denne holdning over for gudinder, idet de ofte havde mandlige færdigheder: Athene symboliserede spinding, vævning, håndværk og krig, hun vises altid i våbendragt; Hera og Aphrodite symboliserer krig, mens Artemis symboliserer jagt. Græsk mytologi viser ikke mange positive feminine rollemodeller, og derfor er det vigtigt at se på kvindefestivaler, jf. Dionysos-festivalen, fordi 1. kvinderne identificerer sig med Dionysos gennem ritualet, 2. fordi kvinden møder andre kvinder her og 3. selve trancen giver kvinderne mere plads til selvudfoldelse, og Thesmophoria-festivalen (90-92) og Adonia, (95-96), hvor kvinderne ofrer på taget af helligdommen, efter den semitiske Adôn, = hersker, med et offer til Baal også på taget; han er tegnet negativt, fordi han er produkt af en incest, Afrodites elsker, fej, passiv i den seksuelle akt og forsvinder på en jagt. Konklusionen er, at græsk religionsudøvelse og græsk kultur tegnede et negativt billede af kvinder, både de aristokratiske og kvinder fra underklassen.

4. Døden

Kvinderne spiller også en vigtig rolle under døderitualerne. De vasker liget, smører det ind i parfumerede olier, klæder det i hvide klæder og synger sørgesange, mens liget ligger 1-2 dage på lit de parade i huset med fødderne vendt mod døren. De deltager også, når liget bæres til gravpladsen om natten i dybeste stilhed. De nærmeste kvindelige pårørende, mor, konen, søstre, døtre samt fem kvinder over

60 år, deltager i gravritualet, hvor choéphoroi, χοηφόροι, drikofferbærerskerne, som er slavinder, varetager drikofferet. De skal rense sig bagefter, μιαίνεσθαι.

På et helligt område må man hverken føde eller dø, da man så forurener det hellige område; og fødsel og død er urene faktorer, fordi de ikke kan kontrolleres eller forudses; kvinder er 'de andre' i mandens øjne, fordi de er formidlere, medier, mellem fødsel/død og mændene. Disse må først se kone og barn, når de er renset rituelt, og det samme gælder ved døden, idet mændene først må se liget, når det er renset og gjort i stand.

Død og begravelse i Attika

Om begravelsesriter skriver kun få digtere, fordi ritualerne er kendt af alle. Af kilder er talerne bedst at få viden af, fordi der ofte føres retssager om adoption og arvespørgsmål, se fx Ps-Demosthenes: Tale imod Makartatos (= Dem. 43) eller Plutarch: vita Solonis.

Der bringes et sonoffer til de khthoniske guder i form af uldbånd, der er dyppet i olie; navlestenen i Delphi, verdens midtpunkt i oldtiden, bliver også smurt ind i olie og omviklet med uldbånd på højtidsdage. I nogle ritualer bruges honning i stedet for olie som sonoffer til jordguderne, og de døde får en honningkage med som gave til Kerberos, der beroliger de døde, se Euripides Iphig. Taur. 159; eumeniderne og Hekate får ligeledes honning, se Sophokles Oed. Kol. 481, Apoll. Rhod. III 1035, og da slangen har en khthonisk natur, får den honning ligesom jordguderne, se Herod. VIII 41, Hesych s. v. οἰκουρὸν ὄφιν.

Den alvorligste straf, en død kunne lide, var ikke at kunne blive begravet i Attika; så de døde fra forskellige krige skulle bringes tilbage til Attika. Det var de direkte pårørende, der skulle tage sig af begravelsen, ikke nogen fremmed. Hvis der ingen familiemedlemmer var, måtte det blive en nær ven eller borgmesteren i demen, demarchen. Der var en grænse for, hvor dyr forberedelsen og afholdelsen af ceremonien måtte være, og generelt var gravens udsmykning holdt på et mindstemål.

Prothesis - πρόθεσις

Det betegner klargørelsen af den døde til begravelsen. Kvinderne skulle gøre liget klart, og de skulle være nære pårørende eller over 60 år. De bader den døde, salver vedkommende, smykker liget med bånd, blomster, kranse og smykker. Kvinderne vasker liget, Sokrates vasker sig selv, og Ødipus beder sine børn om vievand, loutra, λουτρά.

Prothesis sker én dag efter døden i den dødes hus og varer en dag. Den døde ligger med fødderne mod døren, og de kondolerende gæster kommer med løftet højre hånd med indersiden vendt udad; kvinderne sørger, synger klagesange, threnoi, θρῆνοι, slår sig på brystet og hovedet og river sig i håret.

3. dag Ekfora ta trita - ἐκφορά τὰ τρίτα

Før solopgang bæres den døde gennem sidegaderne ud til graven på nekropolis uden dødsklager, altså i stilhed; kvinderne var pålagt forskrifter mht. alder, slægtskab og klædedragt. Alt foregår i mørket på en kærre med lys. Der må gives mad til de døde for 1 obol, og kurven må højest være 30 cm i diameter. Efter at den døde er lagt i graven, er der en lille højtidelighed ved graven, eventuelt med libationer, vinofre, choai, χόαι, eller loibai, λοίβαι. Spondai, σπόνδαι er libationer til himmelguder, aspondoi, ἄσπονδοι er libationer til underverdenens guder. På tredjedagen, τὰ τρίτα, blev der afholdt en ceremoni, og måske blev der lagt sædekorn på graven for at give jorden nogle af dens frugter tilbage. Ved den dødes hus står et vievandskar ved døren med vand, som gæsterne rensede sig med, når de forlod huset. Så blev huset renset og deltagerne også, og ilden i arnen blev slukket og tændt igen.

enageis, ἐναγεῖς: person, der ofrer til de døde
enagizein, ἐναγίζειν: at ofre til de døde og til underverdenens guder
thyein, θύειν: at ofre til himmelguderne
ardanion = ardalion, ἀρδάνιον = ἀρδάλιον: vase foran huset med vievand til renselse
louterion, λουτήριον: vievandskar med vand til renselse af personer og hus
loutrophoros, λουτροφόρος: vievandsbærer

loutra, λουτρόν, pl.: vievand til renselse
perideipnon – περιδείπνον: ordet betegner et måltid i den dødes hus for slægtningene, efter at man har renset huset

9. dagen – τὰ ἔνατα

Nu afholdes der på 9.-dagen efter begravelsen ritualer ved graven, idet slægtningene forsamler sig ved graven og udfører τὰ ἔνατα, ofringer til den døde. Sørgeperiodens afslutning falder måske efter 30 dage med en ceremoni, τὰ νομιζόμενα, ritualer, til ære for den døde, afholdt af familien.

På årsdagen for den afdøde fejrede man den døde med besøg ved graven med blomster, kranse og bånd. Man udfører hiera patria, ἱερά πατριά, for theoi patrioi, θεοί πάτριοι, og fra officiel side afholdes Genesía, γενέσια, hvert år, καθ' ἐνιαυτόν, se Herodot IV 26, og højtiden falder på den 5. Boedromíon. En anden fest er Anthesteria, en Dionysosfest med integreret fest for de døde.

Tekster

Indskrifter som vidnesbyrd om det private og offentlige liv

(Origo: Gerhard Pfohl (Hrsg.): *Griechische Inschriften als Zeugnisse des privaten und öffentlichen Lebens*, (Ernst Heimeran Verlag) München 1966, spätere Ausgabe bei Walter de Gruyter GmbH, Berlin und Boston 2014)

Gravrelief for en græsk bokser, nær ved Olympia efter Kristus

(Pfohl, 32-33)

Ἀγαθὸς Δαίμων ὁ καὶ Κάμηλος, Ἀλεξανδρεύς, ἀνὴρ πύκτης Νεμεονείκης.
Ἐνθάδε πυκτεύων ἐν τῷ σταδίῳ ἐτελεύτα,
εὐξάμενος Ζηνὶ ἢ στέφος ἢ θάνατον.
Ἐτῶν ΛΕ. Χαῖρε.

Gravrelief for en græsk bokser

Den gode Daimon, også kaldet Kamelen, fra Alexandria, nævekæmper og sejrherre i Nemea.
Her døde han i en nævekamp på stadion,
efter at have bedt Zeus om sejrskransen eller døden.
I en alder af 35 år. Lev vel!

Epitaf (tavle) for Philinos, fra Megalopolis i Arkadien, 2.-3. årh. e.Kr.

(Pfohl, 30)

Φιλεῖνε ἀγαθὲ χαῖρε, φιλόφιλε καὶ φιλάνθρωπε, πᾶσιν ποθητέ, μηδένα λυπήσας, εὐβίωτε, ξένων καὶ ἐντοπίων ἀφθόνως ζήσας ἔ[τη] λα.

Epitaf (tavle) for Philinos

Gode Phileinos, vær hilset! Du elsker af venner og mennesker, savnet af alle, du har aldrig gjort nogen bekymret, levet et redeligt liv, du har levet i 31 år uden misundelse over for fremmede og naboer.

Primeros

fra Knidos, fundet på den yderste vestlige del af Gravgaden, 1.-2. årh. e.Kr.

(Origo: R. Merkelbach/Josef Stauber (Hrsgg.): Steinepigramme aus dem griechischen Osten, Bd. 1. Die Westküste Kleinasiens von Knidos bis Ilion, (B.G. Teubner) Stuttgart und Leipzig 1998) (Merkelbach/Stauber, 13)

κεῖμαι το[ῖς γενέ]τ[αισι] φιλούμε[νος ὠ]κύ[μορος] παῖς,
Πρειμέρως, δ[ισ]σὰς [τῶν] ἐτέων δεκ[ά]δας
[ε]ὐφρασίῃ χάρ[ισ]ίν τε γέλωτί τε πάντα β[ι]ώσας·
καὶ διὰ τοῦτο φίλοις πᾶσι ποθεινὸς ἔ[φυν]·

ἀλλά με Μοῖρα φ[ίλων ἀπε]νόσφισεν, ὦ γενε[τῆρες,]
εἰσάριθμον ζωῆς [δοῦσα] μίτοισι χρόνον

Primeros

Her ligger jeg, den af forældrene elskede og alt for tidligt døde søn
Primeros, der to årtier i træk
helt og holdent har levet i glæde, med fornøjelser og latter;
og derfor var jeg elsket af alle vennerne.
Men Moira har revet mig væk fra vennerne, kære forældre;
Hun gav mig livssår i samme antal som livstrådene.

Eutychos

fra Teichiussa fra romersk tid (Merkelbach/Stauber, 71)

ἡσυχίη κατέχι με τὸν Εὔτυχον, ὦ παροδεῖται,
τὸν πολλοῖς ἀρέσαντα φίλοις ἰδίοισί τε πᾶσι,
ὃς βεβίωκα καλῶς, ὢν X[1] χρήσιμος ἐν πολλοῖσ<ι>

X[1] : uforståeligt bogstav

Eutychos

Gravens ro omfavner mig, Eutychos, oh vandrere,
Mig, som har været afholdt af mange venner og alle mine slægtninge,
Som har levet på smuk vis, idet jeg var nyttig på mange områder.

En ukendt

Fra Teichiussa (Merkelbach/Stauber, 71)

κεῖμαι ΜΗ... [...] χρηστὸν βίον ἀνθ[ρώ]ποισι.
χαίρετέ μοι, πάροδ[οι,] καὶ "χαίρειν" πέμπετε πάντες

En ukendt

Her ligger jeg … […] efter at have levet et nyttigt liv for menneskene.
Vær hilset, I forbipasserende, og send mig også alle 'et goddag'.

Religion uden for polis – divination – helbredelse – mysterier - guderne

Mennesket er udsat for tilfældigheder: sygdomme, epidemier, dårlig høst, krige. Kun guderne, mener menneskene, har en viden om fremtiden, og at få kontakt til dem er divinationens opgave; guderne sender tegn, som menneskene skal tyde; menneskene bruger ritualer for at få kommunikationen i gang; divinatoriske ritualer opretter momentan kontakt med guderne. Mysteriekulterne gør det hele livet og ind i døden, idet de mener, at de døde vil få en bedre lod ved at være myste, se fx Hom. hymn. til Demeter 480-488. Selv om orakel- og mysteriehelligdomme er tilordnet bestemte poleis (Didyma til Milet, Klaros til Kolophon, Eleusis til Athen), går de ud over polis' grænser. Ikke samfundet, kun individet træder i kontakt med guden; derfor ligger helligdommene også langt fra byerne.

Divination

Divinationen er central for religionen. Hos Homer sender guderne tegn gennem drømme, fugle, lyn, nys, ytringer, κληδόντες, som seere, fugletydere og drømmetydere skulle tolke. Disse tegn kommer uventet; der er ikke blevet bedt om dem. Delfi og Dodona har som orakler den divinatoriske kommunikation som opgave. Senere kommer offerdyrskuet til, og i hellenistisk tid kommer iagttagelsen af en lampes flamme, lychnomanti, λυχνομαντεία, eller en olieplet i et vandkar, lekanomantia, λεκανομαντεία, og orakelsamlinger, som fortolkes af chresmologer, χρησμολόγοι, 'orakelgivere', jf. Herodot 7, 6, 3-5.
De berømteste orakler i senarkaisk tid er Delfi, Didyma, Abai, Dodona, Zeus Ammon i Siwa-oasen, Klaros og senere Gryneion. Apollon er ved siden af Zeus den vigtigste orakelgud, og I Delfi svarer han via Pythia, i Didyma gennem Branchiderne, et medlem af den gamle præsteslægt. Disse fortolkere kaldes προφῆται. Dodona forkynder Zeus' vilje gennem raslen af egetræernes blade eller

gennem duerne i træerne; Delfi afgør mellemstatslige religiøse konflikter, udvandring af kolonier, starten på krige og grundlæggelse af nye kulter.

Helbredelse

Epidemier og sygdomme betragtes som følger af guddommelig vrede; divinationskunsten skal finde guden, der sender ulykkerne, og forsone eller fordrive guddommen; det er en opgave for oraklerne og specialisterne. Forurening kan også medføre sygdom, så der gælder både en rensende, en kathartisk, og en divinatorisk funktion. Apollon er helbredelsesguden, senere kaldes han lægegud, ἰητρός, 'helbrederen'; sidst i det 6. årh. overtager hans søn Asklepios hans helbredende funktioner mere og mere fra Trikka i Nordgrækenland og Messene på Peloponnes og især fra Epidauros, hans hovedhelligdom. Den divinatoriske metode var i alle Asklepieia, Asklepios-helligdomme, den samme i et særligt rum, ἐγκοιμητήριον, hvor de orakelsøgende lagde sig på et fåreskind for at sove, og under søvnen helbredte guden dem eller gav råd under søvnen om ritualer og terapier mod sygdommen, se fx Aristides af Smyrna: Ἱεροὶ λόγοι IV 3, 2, 2.

Mysterier

Τὰ μυστήρια er den fest, der fejredes 19. – 22. Boedromion i Demeters helligdom i Eleusis; μύω betyder 'at lukke øjnene', måske = at holde hemmeligt, og derefter bliver substantivet mysterium navnet på en bestemt kulttype. Herodot 2, 51, 4 taler om μυστήρια i Samothrake, og mysterieriter kan også betegnes som ὄργια eller τελεταί, egentlig 'riter', derfor ender de med betydningen af ekstatiske mysterieriter. De indebar a) radikal hemmeligholdelse af de centrale riter, og b) individet kan deltage uden forbindelse til polis og uden social status, hvilket viser en individualisering af udøvelsen af tro. En af de ældste kulter er Eleusis, se Demeterhymnen, hvor de to præstefamilier, Eumolpider og Keryker, styrer den, indtil Athen tager over. Dionysoskulterne fra slutningen af det 6. årh., 510 f.Kr., viser en ny kulttype, der består af omvandrende, missionerende præster, ὀρφευτελεσταί, som mod betaling indvier alle. Der sker en dionysisk ekstase gennem dans og vin. Siden midten af 5. årh. opstår ønsket om et bedre liv efter døden, se de orfiske guldtavler med eskatologiske anvisninger og F. Graf: *"Dionysiac and Orphic Eschatology. New texts and old questions"*, in: Carpenter, Th./Faraone, Chr. (Eds.): *Masks of Dionysos*, Ithaca N. Y. 1993, 239-258; West, M. L.: *The Orphic Poems*, Oxford 1983.

Guderne

Græske guder har menneskeskikkelse modsat Ægyptens dyrehovede guder; de handler også efter menneskelige motiver og kategorier. Homer fortæller om guderne som mennesker, der reagerer efter for mennesker forståelige mål og motiver. Xenofanes og senarkaiske filosoffer skaber afstand mellem det guddommelige og det menneskelige område, bekæmper deres menneskeskikkelse som projektion og beskriver deres handlinger efter menneskelige mønstre som blasfemi, se Xenofanes VII 1, 2, 1. Vrede og kærlighed er hos guder som hos mennesker centrale motivationer og påvirker samfundet; kærligheden er hele tiden vigtig, vreden er momentan; helt igennem vrede og farlige guder kender den græske religion ikke. De enkelte guder indgår i en storfamilie med ægteparret Zeus og Hera som far og mor og deres børn og børnebørn, bedsteforældre er Kronos og Rhea, og langt tilbage finder vi Gaia.

Guderne står mellem den af Homer og Hesiod prægede panhellenske kultur og lokale kulter; de bor i princippet på Olympen, men også i deres lokale helligdom i deres kultstatue, ἕδος. Polis er grundenheden i kulten. Forskellene markeres gennem deres tilnavne, epikleser. Offeret gælder altid en guddom med et specielt tilnavn. Modsat navnenes etymologi er tilnavnenes betydning tydelig og bestemmer guddommens funktion. Tilnavnene fremhæver kultsteder og funktionsområder. Ikke-græske guddomme opfattes som identiske med de græske gennem interpretatio Graeca, og man oversætter det fremmedsproglige navn til et græsk gudenavn; kriterierne for oversættelsen er funktion og køn.

Græske fester – Thesmophoria og De eleusinske mysterier

Thesmophoria – Θεσμοφῶρια

Bortset fra Dionysia er Thesmophoria den eneste kvindefest, der bliver fejret over hele Hellas i Demeters helligdom Thesmophorion, som typisk ligger uden for byen på landet med statuer af kourotrophoi og afbildninger af grise, slanger, fallossymboler, granatæbler og kornaks, kernoí.

Navnet kommer af férein og thesmoí, ting, der bliver sat ned, dvs. etableret, grundlagt, fx institutioner; Demeter Thesmophóros betyder altså den gudinde, der bringer love og civilisation eller viden om den korrekte udførelse af ritualer. Det aitiologiske grundlag, aition, stammer fra 7. årh. f.Kr., nemlig den homeriske hymne til Demeter, der handler om bortførelsen af Demeters datter Kore/Persephone. Eubouleus, en svindehyrde, der vogtede sine dyr i nærheden, så bortførelsen, og hans svin forsvandt i samme hul, som Plouton/Hades slæbte Persephone igennem til underverdenen.

Det var en 3-dages fest i Athen, Abdera og Sparta, en 10-dages fest i Syrakusai, og fandt sted i slutningen af sommeren eller starten på efteråret, når kornet blev sået ud, tidlig oktober, 10.-13. Pyanopsión, i Athen:

1. dag: opstigning – ἄνοδος
2. dag: faste – νηστεία eller den midterste dag - μέση
3. dag: god fødsel - καλλιγένεια

Sténia

Den 9. Pyanopsión var der en natlig fest, Stenia, som optakt til Thesmophoria-festen, hvor kvinderne drillede hinanden med obskøne ord; prytanerne ofrede til Demeter og Kore. Den 10. Pyanopsión var der danse med fallossymboler for kvinder af høj status i Athen i demos Halimous nær Phaleron i Demeter og Kores tempel, og på den måde styrkes forbindelsen mellem Halimous og Athen.

Tekst

Scholia Lucianica: Dialogi meretricii II, 1 Om Thesmophoriefesten

Θεσμοφορίοις: Θεσμοφορία ἑορτὴ Ἑλλήνων μυστήρια περιέχουσα, τὰ δὲ αὐτὰ καὶ Σκιρροφορία καλεῖται. ἤγετο δὲ κατὰ τὸν μυθωδέστερον λόγον, ὅτι, <ὅτε> ἀνθολογοῦσα ἡρπάζετο ἡ Κόρη ὑπὸ τοῦ Πλούτωνος, τότε κατ' ἐκεῖνον τὸν τόπον Εὐβουλεύς τις συβώτης ἔνεμεν ὗς καὶ συγκατεπόθησαν τῷ χάσματι τῆς Κόρης˙ εἰς οὖν τιμὴν τοῦ Εὐβουλέως ῥιπτεῖσθαι τοὺς χοίρους εἰς τὰ χάσματα τῆς Δήμητρος καὶ τῆς Κόρης. τὰ δὲ σαπέντα τῶν ἐμβληθέντων εἰς τὰ μέγαρα κάτω ἀναφέρουσιν ἀντλήτριαι καλούμεναι γυναῖκες καθαρεύσασαι τριῶν ἡμερῶν καὶ καταβαίνουσιν εἰς τὰ ἄδυτα καὶ ἀνενέγκασαι ἐπιτιθέασιν ἐπὶ τῶν βωμῶν˙ ὧν νομίζουσι τὸν λαμβάνοντα καὶ τῷ σπόρῳ συγκαταβάλλοντα εὐφορίαν ἕξειν. λέγουσι δὲ καὶ δράκοντας κάτω εἶναι περὶ τὰ χάσματα, οὓς τὰ πολλὰ τῶν βληθέντων κατεσθίειν˙ διὸ καὶ κρότον γίνεσθαι, ὁπόταν ἀντλῶσιν αἱ γυναῖκες καὶ ὅταν ἀποτιθῶνται πάλιν τὰ πλάσματα ἐκεῖνα, ἵνα ἀναχωρήσωσιν οἱ δράκοντες, οὓς νομίζουσι φρουροὺς τῶν ἀδύτων. τὰ δὲ αὐτὰ καὶ ἀρρητοφόρια καλεῖται καὶ ἄγεται τὸν αὐτὸν λόγον ἔχοντα περὶ τῆς τῶν καρπῶν γενέσεως καὶ τῆς τῶν ἀνθρώπων σπορᾶς. ἀναφέρονται δὲ κἀνταῦθα ἄρρητα ἱερὰ ἐκ στέατος τοῦ σίτου κατεσκευασμένα, μιμήματα δρακόντων καὶ ἀνδρείων σχημάτων. λαμβάνουσι δὲ κώνου θαλλοὺς διὰ τὸ πολύγονον τοῦ φυτοῦ. ἐμβάλλονται δὲ καὶ εἰς τὰ μέγαρα οὕτω καλούμενα ἄδυτα ἐκεῖνά τε καὶ χοῖροι ὡς ἤδη ἔφαμεν, καὶ αὐτοὶ διὰ τὸ πολύτοκον εἰς σύνθημα τῆς γενέσεως τῶν καρπῶν καὶ τῶν ἀνθρώπων οἷον χαριστήρια τῇ Δήμητρι, ἐπειδὴ τοὺς Δημητρίους καρποὺς παρέχουσα ἐποίησεν ἥμερον τὸ τῶν ἀνθρώπων γένος. ὁ μὲν οὖν ἄνω τῆς ἑορτῆς λόγος ὁ μυθικός, ὁ δὲ προκείμενος φυσικός. Θεσμοφορία δὲ καλεῖται, καθότι θεσμοφόρος ἡ Δημήτηρ κατονομάζεται τιθεῖσα νόμους ἤτοι θεσμούς, καθ' οὓς τὴν τροφὴν πορίζεσθαί τε καὶ κατεργάζεσθαι ἀνθρώπους δέον.

(Origo: Svend Aage Pallis: Greek Religious Texts, København (Povl Branner) 1948, 9-10)

Scholia Lucianica: Hetæresamtaler II, 1

Thesmophoria er en græsk fest som indeholder hemmelige riter, og det samme[?] kaldes også Skirophoria. Ifølge den mere mytologiske forklaring blev den fejret, fordi dengang da Kore blev røvet af Pluton, mens hun plukkede blomster, da var der også en svinehyrde ved navn Eubuleus, som vogtede svin på samme sted, og de røg med ned i Kores kløft. Derfor bliver der til ære for Eubuleus kastet grise ned i Demeters og Kores kløfter. Og de forrådnede rester af hvad der blev kastet ned i grotterne [megara], hentes op af kvinder, som kaldes antletriai [»opøsere«] og som har holdt sig rene i tre dage. De stiger ned i det allerhelligste [adyta], og når de har bragt [det forrådnede?] op, anbringer de det på altrene. Man tror, at den som tager deraf og blander det med udsæden vil få en god høst. Man fortæller, at der også er slanger rundt omkring nede i grotterne, som opæder det meste af det, der bliver kastet ned. Derfor bliver der også lavet larm, når kvinderne henter op [antlosin: »øser op«] og når de sætter nogle formede ting tilbage, for at slangerne, som man tror er det allerhelligstes vogtere, skal fjerne sig. Det samme kaldes også arretophoria og fejres med den samme forklaring for frugternes trivsel og menneskenes frugtbarhed. Også her bærer man hemmelige hellige ting op som er fremstillet af dej, efterligninger af slanger og mandlige former. Og man tager fyrregrene på grund af dette træs frugtbarhed. De kastes ned i det allerhelligste, som kaldes grotterne [megara], tillige med grisene, som før fortalt, også disse på grund af deres frugtbarhed, som tegn på trivsel for frugter og mennesker, som takoffer til Demeter, fordi hun skænkede kornet og således gjorde menneskeslægten civiliseret. Det ovenstående er festens mytiske forklaring, det følgende er den naturlige: Thesmophoria kaldes den, fordi Thesmophoros er et tilnavn til Demeter, som satte de love eller regler [thesmoi], hvorefter menneskene bør skaffe sig føden og forarbejde den.

(Origo: Vagn Duekilde: Hellas i klassisk tid. Tekster til græsk religion, København (Spektrum) 1997, 109-110)

11. – 13. Pyanopsión

11. Pyanopsión: opstigning - ἄνοδος: kvinderne stiger opad til Thesmophorion på Pnyx, og det er kun gifte kvinder, idet ugifte, prostituerede og elskerinder er forment adgang. Det symbolske ligger i dels den konkrete opstigning til Pnyx, dels hjemkomsten fra Halimous til Athen, dels genetableringen af retsgrundlaget, thesmós, og last, but not least at Persephone/Kore vender tilbage fra underverdenen. Nogle kilder kalder denne dag for nedstigning, κάθοδος. Der er rejst telte til kvinderne, og de kaldes συσκηνήτριαι, de, der sover i samme telt, og de sover på senge, στιβάδες, lavet af kviste af antiafrodisiske træer, fordi der kræves seksuel afholdenhed under festen; symbolsk bliver de gifte kvinder ugifte igen, νύμφαι, så deres fødedygtighed genetableres på ny. I Milet blev der lagt grankviste under sengen; de er symbol på frugtbarhed. Kvinderne henter de rådne griserester op af indviede gruber, hvor de har ligget et år. Det skal være en gave til Hades til minde om Persefones bortførelse.

12. Pyanopsión: faste – νηστεία, eller den midterste dag - μέση: dette er en rigtig helligdag uden politik og retssager og er den vigtigste dag; det bunder i, at Demeter, mens hun søgte efter Persephone, fastede, og derfor må kvinderne kun spise Demeters gaver: brød, grøntsager og granatæbler, men ikke frø, der var faldet til jorden, og de må ikke bære blomsterkranse. Kvinderne faster og sidder på måtter, flettet af grene fra kyskhedstræet vitex agnus-castus, også kaldet Munkepeber. Træet symboliserer renhed, dvs. seksuel afholdenhed, mens festen varer; samtidig skal kvinderne være deres mænd tro og føde dem legitime børn, seksuel troskab og frugtbarhed skaber sammen legitime børn, og det er kvindens funktion. Derfor er det kun tilladt legitime hustruer til frie borgere at deltage; de skal være velbårne, eugeneís, εὐγενεῖς, og frie, eleútherai, ἐλεύθεραι. Man startede med at påkalde Thesmophóroi: Demeter og Persephone, Ploutos, Kalligéneia, Kourotróphos, Hermes og Chariterne. Der blev danset, sunget og udvekslet sjofle vittigheder, som er typiske træk ved et frugtbarhedsritual. Der blev også afholdt en natlig fest, παννυχίς, efter 2. eller 3. festdag.

Der skete så en indsamling af pattegrisenes rådne kød, der var kastet levende ned i underjordiske huler, μέγαρα, hvad der hedder μεγαρίζειν = θεσμοφιάζειν; kødet blev indsamlet af tjenerinder, ἀντλήτριαι, 'opøsersker', for at blive blandet med frø og lagt på altrene. Der ligger det, indtil det bliver taget ned og brugt til udsåningen i den følgende måned, Maimakterión, alt for at fremme frugtbarheden. De levende smågrise er også blevet kastet ned i gruberne sammen med frugtbarhedssymboler som pinjekugler, fallosser og slanger. Dette skete måske på 3. dagen af Thesmophoria, hvor de så samles op året efter til næste Thesmophoria-fest.

13. Pyanopsión: god fødsel - καλλιγένεια: en kvindelig herold, κηρύκαινα, påkaldte Demeter Kalligéneia og andre guder, og celebranterne udvalgte 2 kvinder til at være deres magistrater, ἄρχουσαι, og grise blev slagtet, χοιροσφαγείν. Kvinderne ledede offerhandlingen, men måtte ikke slagte dyret selv. Det gjorde en mágeiros, μάγειρος. Når han havde skåret halsen over på dyret, blev han sendt væk igen; han måtte ikke deltage i offerhandlingen. Dagen er viet til Kalligeneia, hun, som føder smukke børn. Festen ærer kvinderne, ikke som kvinder, men som avleinstrumenter for de børn, som fører mandens navn videre, se Aristoph. Lys. 832 f.

Et dekret fra demen Cholargos nævner også blodløse ofre af kager, lavet af byg, figner, vin, oliven, honning, sesam, løg, ost og hvidløg, se IG II^2 1184. I Eretria grillede kvinderne ofte kødet i solen uden brug af ild for at mindes de primitive tider.

Derudover var der forskellige ritualer, fx at blive slået med et barkbeklædt objekt, se Hesych s. v. μόροττον, et offerritual kaldet ζημία, se Hesych s.v., og et hemmeligt ritual kaldet δίωγμα, forfølgelse. Måske blev der også frigivet fanger som under Dionysia og Parthenaia.

Fortolkning

Kun gifte kvinder af fin stand, eugeneis, deltog, og de blev ledet af to af kvinderne udvalgte archousai; hetairai måtte ikke deltage, parthenoi, unge piger, og børn måske heller ikke; her tror man dog ikke helt på Lukians udsagn; slavinder måtte vist nok heller ikke deltage, men drengebørn måtte godt. Mænd kunne hjælpe med visse ting, fx ofringer, fløjtespil, men deltog ikke direkte i festen; deltagerindernes ægtefæller betalte festivalen, og mandlige officials var til stede på forskellige tidspunkter.

Under denne højtid indtager de gifte kvinder stederne for den politiske magtudøvelse i Athen, så mændene hverken kan afholde råd eller føre retssager i 3 dage. Kvinderne holder nemlig møde i Demeter/Kore-templet på Pnyx, folkeforsamlingspladsen, og påkalder Athene som bevarer af polis, se Aristophanes: Thesmophoriazusai v. 1136 ff. De efterligner mændenes sprog og formuleringer og fremfører bønner som til en folkeforsamling, se Ar. Thesm. 373-379. I hver demos vælger kvinderne den, der under Thesmophoria skal have magten (ἄρχειν εἰς τὰ Θεσμοφῶρια) og på de fastlagte dage ifølge traditionen (κατά τὰ πατριά) beslutter, hvad der er fastsat ifølge skik og brug (τὰ νομιζόμενα), se Isaios 8, 19-20. Der sker altså en omvending af mændenes magt og den politiske orden, og festen er den vigtigste rituelle højtid i den græske verden for Demeter Thesmophóros i hendes tempel Thesmophoríon. Det ligger lige på grænsen mellem land og by, fordi Demeter er beskytter af kvindens frugtbarhed – og dermed polis' videre beståen, og af afgrøderne – og dermed velstand og mad til alle, hvad der sikrer politisk stabilitet. Det passer med navnet på festen: θεσμοί, θέσμια betyder både offer af en pattegris og korn samt love for samfundet; ordet har altså en dobbeltbetydning.

Et andet symbol for kvinden er væven; den symboliserer hendes arbejde. Hun er ergástes, ἐργαστής, arbejderske, og udfører érgon gyneikón, ἔργον γυναικῶν, kvindearbejde, især vævning. De piger, der væver Athenes peplos, arrephorerne, ἀρρηφόροι, er ergásteis; Athene er skytsgudinde for håndværk og teknik og dermed også for vævekunsten. Ved hendes side står Pandrosos, der sammen med sine søstre, Kekrops' døtre, som de første har vævet ulddragter til menneskene, se Photios, s.v. Πανδρόσος. De er altså kulturskabere. Vævning og agerbrug står på samme niveau, da de er polisfællesskabets basis. Arkas, skaberen af Arkadien, har startet agerdyrkning, brødbagning og vævning ifølge Pausanias 8, 4, 1.

Fornyelsen af Athenes peplos er en fornyet kontraktafslutning mellem gudinden og byen. Borgerne giver en gave og forventer en garanti for fremtiden. Præstinderne og téleiai gynaíkes, τέλειαι γυναῖκες, erfarne kvinder, bistår de unge piger. Processionen med den nye peplos til Athene kan ses på Parthenonfrisen. Som parallel kan nævnes, at Apollon får en chitón under Hyakinthia-højtiden i Sparta, se Paus. 3, 16, 2.

Thesmophoriefesten – kommentar

Denne fest er tolket som en nytårsfest med hentydninger til usikkerhed og angst ved slutningen af et år, som betinger faste, seksuel afholdenhed, renselse, men også fornyelse og glæde. Den er også tolket som en overgangsfest for kvinder i tæt sammenhæng med Arrephória som en fest, der er forbundet med kvindernes menstruationscyklus og naturens frugtbarhed.

Mere konklusivt er dog fokus på kvindernes sociale funktioner, idet gifte kvinder med borgerstatus var privilegerede, fordi de tilbad en gudinde, der bragte det civiliserede bylivssamfund i stand, Demeter Thesmophóros, samt fødslen af legitime og sunde børn, Kalligéneia. Polis og det legitime ægteskab skulle styrkes i festivalen. F. Zeitlin taler om kvinders natur i forhold til mandens kultur i analogi til seksuel afholdenhed over for frugtbarhed og børnefødsler. H. S. Versnel uddyber det og siger, at kvinderne under festivalen blev jomfruer igen for at forny deres reproduktive færdigheder.

Festivalen finder sted på Pnyx, det politiske centrum for mænd, mens kvinder under festivalen påtager sig mandefunktioner, ἄρχουσαι, samt militære mandefunktioner, συσκηνήτριαι, κηρύκαιναι; der foregår en tidsmæssigt begrænset amnesti af fanger, kvinder får lov til at ofre, og de bor i hytter, telte og griller ved at tænde ild med træ, en reminiscens af det primitive liv. Det er en 3-dages-undtagelsestilstand, der slutter og genetablerer den kendte orden.

Der er mange arkaiske elementer, flere end ved andre festivaler. Hovedmodsætninger er følgende:

kvinde -	mand
jomfrudom	ægteskab
seksuel afholdenhed	obskøn sprogbrug
liv	død
verden	underverden
glæde	sorg
frygt	håb
forrådnelse	fornyelse
faste	festmåltid
fest om natten	fest om dagen
slaveri	frihed

Polariteten er hovedessensen i festligheden; erfaringen med en unormal tilstand, den omvendte verden, styrker den normale tilstand. Mændene er fysisk udelukket, men symbolsk til stede: kager i form af fallosser, obskøn sprogbrug, i ønsket om børn, i fremkaldelsen af seksuel lyst pga. seksuel afholdenhed, mændene er der i kvinderoller: ἄρχοντες - ἄρχουσαι, σύσκηνοι - συσκηνήτριαι; de militære sejre vundet af kvinderne i Athen og Sparta er mændenes militære sejre, og det hele fandt sted på mændenes politiske arena Pnyx.

En anden modsætning er maden; faste var en forberedelsesrite til rensning af kroppen; kvinder skulle undgå dårligdom, = dårlig mad, og fasten skulle lære dem sultens realitet, = frivillig oplevelse af mangel, der så ophæves, når kornet gror og afgrøden kommer, ligesom seksuel afholdenhed skal stimulere til sexlyst og dermed flere børn i legitime ægteskaber.

Festen var fuld af seksuelle symboler, selv om der hersker seksuel afholdenhed: sengene er fyldt med planter med anti-afrodisiakisk effekt, κόνυζα, κνέωρον, λυγός; der var grankviste under sengen, som var symboler på frugtbarhed; planter havde i det hele taget tæt forbindelse til jomfruer og deres bryllupsforberedelser, jf. granatæblet.

Thesmophoria som overgangsritual

Overgangsritualer betegner en overgang fra en tilstand til en anden; der skelnes mellem årstidsbestemte ritualer eller ritualer, der sikrer opretholdelsen af samfundsmæssige forhold gennem performative handlinger af religiøs karakter (Podemann Sørensen 2006:74). Dette passer på Thesmophoria-festen, fordi den viser samfundsforholdene i Athen, der vendes på hovedet under festivalen (Bowie 2006: 153). Den mytologiske forklaring, aition, for festivalen er, at Demeter indstifter mysterierne i sin søgen efter sin datter. Derfor er de Eleusinske mysterier relevante i denne forbindelse. Vandringen fra Athen til Eleusis er den præliminale forberedelse til initiationen i Demeterkulten (Burkert 1983: 277). Hele ritualet drejer sig om overgangen fra natur til kultur. Det er en kalenderfest, der skulle afholdes på præcise tidspunkter, for at de samfundsmæssige forhold kunne opretholdes (Podemann Sørensen 2006: 74-75). Cyklussen for landbruget skal fornyes (Podemann Sørensen 2013: 98), og fortolkningen af det er, at manden 'befrugter' jorden, når årstiden er til det, ligesom kvinden befrugtes af manden for at føde børn; reproduktionen skal styrkes på begge områder, og festens tema er fertilitet, der opretholder polis' religiøse identitet samtidig. Kvinder, slaver og fremmede kunne initieres i dette midlertidige samfund. Den homeriske hymne til Demeter nr. 2 danner baggrunds-myten og kan måske vise selve ritualets elementer (Burkert 1983: 274-246, 279-280, 292).

Den præliminale fase

Kvindernes vandring fra Athen til Eleusis betegner separationen fra det nuværende samfund og danner forberedelsen til initiationen, μύησις, (van Gennep 1977: 21; Bowie 2006: 148-149); initianderne efterligner Demeters færden (hom. hymne til Demeter nr. 2, v.194) (Burkert 1983:267-268).

Separationsfasen

Her skal renselsen foregå, og der ofres grise, og ilden fungerer som rensende element, idet den ødelægger det gamle stof og danner basis for ny vækst; vinden blæser avnerne fra kornet og renser på den måde kornet.

Den liminale fase

Initianden sidder på en stol ligesom Demeter, v. 195-196, (Burkert 1983: 267-268); vedkommende har en καλύπτρην over hovedet ligesom Demeter, da initianden i første omgang ikke må se kultens hemmelige objekter (Burkert 1983: 265, 269); Ritualets afslutning består i, at initianderne finder κίστη, trækassen med de hemmelige objekter, og slangen, der er symbol på frugtbarhed, ligesom Demeter fandt sin datter.

Den postliminale fase

Der bliver afholdt et konvivieoffer (Podemann Sørensen 2006, 92), og man vender tilbage til hverdagen (Burkert 1983: 292).

Sammenfatning

Det var en kvindefest uden mænd (Morgan 2007: 303), og her havde kvinderne en form for frihed og rettigheder, som de ikke havde i det politiske liv. Under festivalen udførte de ritualer, som ellers var mændenes opgaver; det er altså den omvendte verden i tre dage, idet 1. dag – anodos, opstigningen – betegner vandringen væk fra hjemmet (Morgan 2007: 110-111, 113), 2. dagen – Mese, den midterste dag, eller Nesteia, fastedag – betegner seksuel afholdenhed for at samle kræfter til 3. dagen – Kalligeneia, den gode fødsel, der skal føre til styrkelsen af kvindernes fertilitet på vegne af samfundet som helhed (Howes 2020: 2). Ofringen af pattegrise, χοίροι, og nedkastningen i gruberne, μέγαραι, var et takoffer, χαριστήρια, til Demeter, fordi hun gav menneskeheden kornet og love, hun var θεσμοφόρος; Thesmophoria var et brud på hverdagsstrukturen og symboliserede en tilbagevenden til det primitive liv (Burkert 1983: 296), hvorefter der sker en reetablering af samfundsordenen (Parke 1977: 85, Podemann Sørensen 2006: 79). Demeter indstifter agerbrug og love, altså kultur, der afløser naturtilstanden, hvad der fejres med de Eleusinske mysterier. Man møder her i løbet af de tre dage en antistruktur, hvor kvinderne styrer det religiøse liv, hvorefter alle vender tilbage til den genetablerede samfundsorden (Morgan 2007: 306, Burkert 1983: 261-262, Bowie 2006: 153, Podemann Sørensen 2006: 79)

De antikke kilder betegner Thesmophoria som en fest, der skal fremme frugtbarheden i landbruget; det kan ses ud fra de guder, der tilbedes: Ploutos = rigdom, Charites = de, der giver ynde og skønhed, Kourotróphos = den, der opdrager drengen, Zeus Eubouleus = den, der giver gode råd; der er frugtbarhedssymboler, πανσπερμία, i offerkagerne. Seksualitet, symboliseret gennem sjofelt sprog og falliske symboler, samt frugtbarhed, kendetegnet ved ønsket om sunde børn, er let forenelige størrelser. Fokus på ikke-seksualitet viser sig ved, at det kun er gifte kvinder, der deltager, der kræves seksuel afholdenhed under festen, og der er militære overtoner i ritualet, og det kunne opfattes som tegn på ønsket om styrkelse og fornyelse af de sociale roller i samfundet.

Litteratur

Bowie, Fiona: *The Anthropology of Religion. An Introduction*, 2nd ed., Blackwell, Oxford 2006

Burkert, Walter: *Homo Necans. The Anthropology of Ancient Greek Sacrificial Ritual and Myth*, Univ. of Calif. Press, Berkeley and Los Angeles1983

Howes, Ellie Massey: *"Durkheim's Anomie in a Time of Crisis"*, in: *Essay on Liberal Arts. Thinking Now and Then*, 2020. https://liberalarts.org.uk/durkheims-anomie-in-a-time-of-crisis/

Morgan, Janett: *"Women, Religion, and the Home"*, in: D. Ogden (ed.): *The Blackwell Companion to Greek Religion*, Oxford 2007, p. 297-310

Parke, Herbert William: Festivals of the Athenians, Cornell Univ. Press 1977

Podemann Sørensen, Jørgen: *Komparativ religionshistorie*, Books on Demand, København 2006

van Gennep, Arnold: *"The Territorial Passage"*, in: *The Rites of Passage*, Routledge, London 1977

Demeter og de eleusinske mysterier

Eleusis er en kult, der er afhængig af Athen, åben for alle græsktalende mennesker med fokus på individuel fromhed, men også med fokus på et fællesskab med alle de fremmødte græsktalende mennesker. Eleusis er oprindeligt en selvstændig by, men i slutningen af det 7. årh. (620-600 f.Kr.) indlemmes den i Athen. Der er helligdomme for Demeter og Persefone under archon Basileus' opsyn. Officielt beholdt kerykerne og eumolpiderne deres privilegier i at være præster for kulten, men Athen øvede større og større indflydelse på den. Siden 520-500 f.Kr. kontrollerer Athen præsternes indtægter og fastsætter regler for ofringerne; hierofanten får løn af Athen. Siden 450-425 f.Kr. udnævnes et kollegium af epistatai, forstandere, som kontrollerer gudindernes gods og gaver. Siden Solon (561 f.Kr.) forsamler boule sig efter mysterierne for at dømme eventuelle forseelser under højtideligheden, se Andokides: Om mysterierne 111-116.

Mystik og mysterium skal ikke opfattes som en individuel trosbekendelse, men snarere det modsatte, idet tusinder af deltagere fejrer indvielsen i Telesterion, indvielsessalen i Eleusis.

Indledning til Demeters rolle for Eleusis-mysterierne

Demeter

Demeter (att.: Δημήτηρ, dorisk Δαμάτηρ) var datter af Rhea og Kronos, og således søster til Hades, Poseidon, Zeus, Hera og Hestia. Med sin bror Zeus fik Demeter børnene Persefone og Dionysos. Hun var korngudinde og landbrugets beskytter. Den nære tilknytning til jorden var arvet fra hendes mor Rhea, og utvivlsomt trådte Demeter i stedet for de lokale jordgudinder, der var dyrket siden bronzealderen. Navnet Demeter er oftest tolket som *De-* = jord og *-meter* = mor. Sin plads i den græske gudekreds fik hun først i ældre religiøs digtning, dvs. hos Hesiod og i Demeterhymnen. Hun blev anset som stifter af og gudinde for de eleusinske mysterier. I kunsten kendes hun gennem sine attributter, et scepter og et kornaks, eller fra sin kult gennem en fakkel og offerdyret gris. Hun ses også med krone og med et overflødighedshorn.

Myten

Demeter fik datteren Kore med sin bror Zeus. En dag fik Hades øje på sin søsterdatter ude på en blomstereng sammen med Pallas Athene, Artemis og en gruppe piger, og forelskede sig i hende. Efterfølgende bortførte han hende i sin vogn. Kores rædselsskrig blev kun hørt af Hekate og Helios, og Demeter begav sig ud for at lede efter sin tabte datter, knust af sorg. I Eleusis satte hun sig i en gammel kones skikkelse ved brønden Parthenion (= Jomfrustedet) i skyggen af et oliventræ. Kong Keleos' fire døtre kom efter vand og opfordrede hende til at melde sig ved slottet. Her gav dronning Metaneira hende sin søn Demofon at passe. Drengen trivedes og mindede mere og mere om en gud. Demeter lagde ham om aftenen i flammerne for at gøre ham udødelig; men en aften kom dronningen til hendes kammer og skreg i forfærdelse ved synet af sin søn inde i ilden. Gudinden blev vred, opgav sit forehavende, og sønnen blev ved med at være en dødelig. Rasende røbede hun sin identitet, og forlangte et stort tempel bygget for sig ved foden af byens akropolis med et stort alter. Hun ville personligt instruere folk i de hellige riter til ære for sig og sin kult.

Kong Keleos lod templet bygge, men gudinden sank ned i fortvivlelse af savn efter sin datter, så intet levende ville spire eller gro, men i stedet begyndte at visne og dø. Til sidst indså også Zeus alvoren, og sendte Hermes for at hente Persefone op fra underverdenen. Hades ville ikke trodse sin mægtige bror på Olympen og gav efter. Men stjålent havde han givet pigen et granatæble; og da hun spiste af kernerne, var hun knyttet til ham en tredjedel af året. Snart kom Rhea med bud fra Zeus om, at Persefone skulle tilbringe en tredjedel af året i underverdenen, men de andre to tredjedele i selskab med sin mor og de andre guder. Sådan blev det, og Persefones tid i underverdenen faldt sammen med græsk vinter, inden hendes årlige opstigen til verden om foråret, når naturen vågner til liv. Ifølge Demeterhymnen deltog Hekate i Demeters søgen efter pigen, og blev senere hendes hjælper i underverdenen.

Eleusis

Ifølge Demeterhymnen indstiftede Demeter mysteriereligionen i sit tempel i Eleusis efter at have fået sin elskede datter tilbage.

Thesmophoria

Den årlige festival Thesmofória, Θεσμοφόρια blev fejret til ære for Demeter forskellige steder i Grækenland, og kun af gifte kvinder, selvom enkelte ritualer blev udført af ugifte piger. Før festivalen valgte deltagerne to fremstående kvinder, kaldt antletriai, ἀντλήτριαι, 'opøsere', der fik til opgave at gå ned i helligdommens kløfter, megara, τὰ μέγαρα, for at fjerne de hellige genstande. De hellige genstande var fyrretræskogler og rådnende grise (ofret under forrige års fejring), samt kager formet som mandlige og kvindelige kønsorganer. Grisen var ved sin frugtbarhed knyttet til dyrkelsen af Demeter, og der, hvor Persefone blev bortført af Hades, så svinedrengen Eubuleus sine grise styrte med ned i afgrunden; til minde om Eubuleus slyngede man derfor under thesmofória grise ned i "Demeters og Persefones kløfter".

Tekster

Homerisk hymne til Demeter 1-23 + 38-50 + 185-211 + 231-280 + 296-313 + 470-482 – De eleusinske mysteriers grundlæggelse

Εἲς Δημήτραν

1-23

Δήμητρ᾽ ἠύκομον, σεμνὴν θεόν, ἄρχομ᾽ ἀείδειν,
αὐτὴν ἠδὲ θύγατρα τανύσφυρον, ἣν Ἀιδωνεὺς
ἥρπαξεν, δῶκεν δὲ βαρύκτυπος εὐρύοπα Ζεύς,
νόσφιν Δήμητρος χρυσαόρου, ἀγλαοκάρπου,
παίζουσαν κούρῃσι σὺν Ὠκεανοῦ βαθυκόλποις
ἄνθεά τ᾽ αἰνυμένην, ῥόδα καὶ κρόκον ἠδ᾽ ἴα καλὰ
λειμῶν᾽ ἂμ μαλακὸν καὶ ἀγαλλίδας ἠδ᾽ ὑάκινθον

νάρκισσόν θ᾽, ὃν φῦσε δόλον καλυκώπιδι κούρῃ
Γαῖα Διὸς βουλῇσι χαριζομένη Πολυδέκτῃ,
θαυμαστὸν γανόωντα: σέβας τό γε πᾶσιν ἰδέσθαι
ἀθανάτοις τε θεοῖς ἠδὲ θνητοῖς ἀνθρώποις:
τοῦ καὶ ἀπὸ ῥίζης ἑκατὸν κάρα ἐξεπεφύκει:
κῶζ᾽ ἥδιστ᾽ ὀδμή, πᾶς τ᾽ οὐρανὸς εὐρὺς ὕπερθεν
γαῖά τε πᾶσ᾽ ἐγελάσσε καὶ ἁλμυρὸν οἶδμα θαλάσσης.
ἣ δ᾽ ἄρα θαμβήσασ᾽ ὠρέξατο χερσὶν ἅμ᾽ ἄμφω
καλὸν ἄθυρμα λαβεῖν: χάνε δὲ χθὼν εὐρυάγυια
Νύσιον ἂμ πεδίον, τῇ ὄρουσεν ἄναξ Πολυδέγμων
ἵπποις ἀθανάτοισι, Κρόνου πολυώνυμος υἱός.
ἁρπάξας δ᾽ ἀέκουσαν ἐπὶ χρυσέοισιν ὄχοισιν
ἦγ᾽ ὀλοφυρομένην: ἰάχησε δ᾽ ἄρ᾽ ὄρθια φωνῇ,
κεκλομένη πατέρα Κρονίδην ὕπατον καὶ ἄριστον.
οὐδέ τις ἀθανάτων οὐδὲ θνητῶν ἀνθρώπων
ἤκουσεν φωνῆς, οὐδ᾽ ἀγλαόκαρποι ἐλαῖαι†

38-50

... ἤχησαν δ᾽ ὀρέων κορυφαὶ καὶ βένθεα πόντου
φωνῇ ὑπ᾽ ἀθανάτῃ: τῆς δ᾽ ἔκλυε πότνια μήτηρ.
ὀξὺ δέ μιν κραδίην ἄχος ἔλλαβεν, ἀμφὶ δὲ χαίταις
ἀμβροσίαις κρήδεμνα δαΐζετο χερσὶ φίλῃσι,
κυάνεον δὲ κάλυμμα κατ᾽ ἀμφοτέρων βάλετ᾽ ὤμων,
σεύατο δ᾽ ὥστ᾽ οἰωνός, ἐπὶ τραφερήν τε καὶ ὑγρὴν
μαιομένη: τῇ δ᾽ οὔτις ἐτήτυμα μυθήσασθαι
ἤθελεν οὔτε θεῶν οὔτε θνητῶν ἀνθρώπων,
οὔτ᾽ οἰωνῶν τις τῇ ἐτήτυμος ἄγγελος ἦλθεν.
ἐννῆμαρ μὲν ἔπειτα κατὰ χθόνα πότνια Δηὼ
στρωφᾶτ᾽ αἰθομένας δαΐδας μετὰ χερσὶν ἔχουσα,

οὐδέ ποτ᾽ ἀμβροσίης καὶ νέκταρος ἡδυπότοιο
πάσσατ᾽ ἀκηχεμένη, οὐδὲ χρόα βάλλετο λουτροῖς.

185-211

... ἔνθα σφίσι πότνια μήτηρ
ἧστο παρὰ σταθμὸν τέγεος πύκα ποιητοῖο
παῖδ᾽ ὑπὸ κόλπῳ ἔχουσα, νέον θάλος: αἳ δὲ πὰρ αὐτὴν
ἔδραμον: ἣ δ᾽ ἄρ᾽ ἐπ᾽ οὐδὸν ἔβη ποσὶ καὶ ῥα μελάθρου
κῦρε κάρη, πλῆσεν δὲ θύρας σέλαος θείοιο.
τὴν δ᾽ αἰδώς τε σέβας τε ἰδὲ χλωρὸν δέος εἷλεν:
εἶξε δέ οἱ κλισμοῖο καὶ ἑδριάασθαι ἄνωγεν.
ἀλλ᾽ οὐ Δημήτηρ ὡρηφόρος, ἀγλαόδωρος,
ἤθελεν ἑδριάασθαι ἐπὶ κλισμοῖο φαεινοῦ,
ἀλλ᾽ ἀκέουσ᾽ ἀνέμιμνε κατ᾽ ὄμματα καλὰ βαλοῦσα,
πρίν γ᾽ ὅτε δή οἱ ἔθηκεν Ἰάμβη κέδν᾽ εἰδυῖα
πηκτὸν ἕδος, καθύπερθε δ᾽ ἐπ᾽ ἀργύφεον βάλε κῶας.
ἔνθα καθεζομένη προκατέσχετο χερσὶ καλύπτρην:
δηρὸν δ᾽ ἄφθογγος τετιημένη ἧστ᾽ ἐπὶ δίφρου,
οὐδέ τιν᾽ οὔτ᾽ ἔπεϊ προσπτύσσετο οὔτε τι ἔργῳ,
ἀλλ᾽ ἀγέλαστος, ἄπαστος ἐδητύος ἠδὲ ποτῆτος
ἧστο πόθῳ μινύθουσα βαθυζώνοιο θυγατρός,
πρίν γ᾽ ὅτε δὴ χλεύῃς μιν Ἰάμβη κέδν᾽ εἰδυῖα
πολλὰ παρασκώπτουσ᾽ ἐτρέψατο πότνιαν ἁγνήν,
μειδῆσαι γελάσαι τε καὶ ἵλαον σχεῖν θυμόν:
ἣ δή οἱ καὶ ἔπειτα μεθύστερον εὔαδεν ὀργαῖς.
τῇ δὲ δέπας Μετάνειρα δίδου μελιηδέος οἴνου
πλήσασ᾽: ἣ δ᾽ ἀνένευσ᾽: οὐ γὰρ θεμιτόν οἱ ἔφασκε
πίνειν οἶνον ἐρυθρόν: ἄνωγε δ᾽ ἄρ᾽ ἄλφι καὶ ὕδωρ
δοῦναι μίξασαν πιέμεν γλήχωνι τερείνῃ.

ἣ δὲ κυκεῶ τεύξασα θεᾷ πόρεν, ὡς ἐκέλευε:
δεξαμένη δ᾽ ὁσίης ἕνεκεν πολυπότνια Δηώ

231-280

ὣς ἄρα φωνήσασα θυώδεϊ δέξατο κόλπῳ
χείρεσσ᾽ ἀθανάτῃσι: γεγήθει δὲ φρένα μήτηρ.
ὣς ἣ μὲν Κελεοῖο δαΐφρονος ἀγλαὸν υἱὸν
Δημοφόωνθ᾽, ὃν ἔτικτεν ἐύζωνος Μετάνειρα,
ἔτρεφεν ἐν μεγάροις: ὃ δ᾽ ἀέξετο δαίμονι ἶσος,
οὔτ᾽ οὖν σῖτον ἔδων, οὐ θησάμενος [γάλα μητρὸς
ἠματίη μὲν γὰρ καλλιστέφανος] Δημήτηρ
χρίεσκ᾽ ἀμβροσίῃ ὡσεὶ θεοῦ ἐκγεγαῶτα
ἡδὺ καταπνείουσα καὶ ἐν κόλποισιν ἔχουσα:
νύκτας δὲ κρύπτεσκε πυρὸς μένει ἠύτε δαλὸν
λάθρα φίλων γονέων: τοῖς δὲ μέγα θαῦμ᾽ ἐτέτυκτο,
ὡς προθαλὴς τελέθεσκε: θεοῖσι γὰρ ἄντα ἐῴκει.
καί κέν μιν ποίησεν ἀγήρων τ᾽ ἀθάνατόν τε,
εἰ μὴ ἄρ᾽ ἀφραδίῃσιν ἐύζωνος Μετάνειρα
νύκτ᾽ ἐπιτηρήσασα θυώδεος ἐκ θαλάμοιο
σκέψατο: κώκυσεν δὲ καὶ ἄμφω πλήξατο μηρὼ
δείσασ᾽ ᾧ περὶ παιδὶ καὶ ἀάσθη μέγα θυμῷ
καί ῥ᾽ ὀλοφυρομένη ἔπεα πτερόεντα προσηύδα:
τέκνον Δημοφόων, ξείνη σε πυρὶ ἔνι πολλῷ
κρύπτει, ἐμοὶ δὲ γόον καὶ κήδεα λυγρὰ τίθησιν.
ὣς φάτ᾽ ὀδυρομένη: τῆς δ᾽ ἄιε δῖα θεάων.
251: τῇ δὲ χολωσαμένη καλλιστέφανος Δημήτηρ
παῖδα φίλον, τὸν ἄελπτον ἐνὶ μεγάροισιν ἔτικτε,
χείρεσσ᾽ ἀθανάτῃσιν ἀπὸ ἕθεν ἧκε πέδονδε,
ἐξανελοῦσα πυρός, θυμῷ κοτέσασα μάλ᾽ αἰνῶς,

καί ῥ᾽ ἅμυδις προσέειπεν ἐύζωνον Μετάνειραν:
νήιδες ἄνθρωποι καὶ ἀφράδμονες οὔτ᾽ ἀγαθοῖο
αἶσαν ἐπερχομένου προγνώμεναι οὔτε κακοῖο:
καὶ σὺ γὰρ ἀφραδίῃσι τεῇς νήκεστον ἀάσθης.
ἴστω γὰρ θεῶν ὅρκος, ἀμείλικτον Στυγὸς ὕδωρ,
ἀθάνατόν κέν τοι καὶ ἀγήραον ἤματα πάντα
παῖδα φίλον ποίησα καὶ ἄφθιτον ὤπασα τιμήν:
νῦν δ᾽ οὐκ ἔσθ᾽ ὥς κεν θάνατον καὶ κῆρας ἀλύξαι:
τιμὴ δ᾽ ἄφθιτος αἰὲν ἐπέσσεται, οὕνεκα γούνων
ἡμετέρων ἐπέβη καὶ ἐν ἀγκοίνῃσιν ἴαυσεν.
ὥρῃσιν δ᾽ ἄρα τῷ γε περιπλομένων ἐνιαυτῶν
παῖδες Ἐλευσινίων πόλεμον καὶ φύλοπιν αἰνὴν
αἰὲν ἐν ἀλλήλοισιν συνάξουσ᾽ ἤματα πάντα.
εἰμὶ δὲ Δημήτηρ τιμάοχος, ἥτε μέγιστον
ἀθανάτοις θνητοῖς τ᾽ ὄνεαρ καὶ χάρμα τέτυκται.
ἀλλ᾽ ἄγε μοι νηόν τε μέγαν καὶ βωμὸν ὑπ᾽ αὐτῷ
τευχόντων πᾶς δῆμος ὑπαὶ πόλιν αἰπύ τε τεῖχος
Καλλιχόρου καθύπερθεν ἐπὶ προὔχοντι κολωνῷ.
ὄργια δ᾽ αὐτὴ ἐγὼν ὑποθήσομαι, ὡς ἂν ἔπειτα
εὐαγέως ἔρδοντες ἐμὸν νόον ἱλάσκοισθε.
ὣς εἰποῦσα θεὰ μέγεθος καὶ εἶδος ἄμειψε
γῆρας ἀπωσαμένη: περί τ᾽ ἀμφί τε κάλλος ἄητο:
ὀδμὴ δ᾽ ἱμερόεσσα θυηέντων ἀπὸ πέπλων
σκίδνατο, τῆλε δὲ φέγγος ἀπὸ χροὸς ἀθανάτοιο
λάμπε θεᾶς, ξανθαὶ δὲ κόμαι κατενήνοθεν ὤμους,
αὐγῆς δ᾽ ἐπλήσθη πυκινὸς δόμος ἀστεροπῆς ὥς:

296-313

296: αὐτὰρ ὅ γ᾽ εἰς ἀγορὴν καλέσας πολυπείρονα λαὸν

ἤνωγ᾽ ἠυκόμῳ Δημήτερι πίονα νηὸν
ποιῆσαι καὶ βωμὸν ἐπὶ προὔχοντι κολωνῷ.
οἳ δὲ μάλ᾽ αἶψ᾽ ἐπίθοντο καὶ ἔκλυον αὐδήσαντος,
τεῦχον δ᾽, ὡς ἐπέτελλ᾽. ὃ δ᾽ ἀέξετο δαίμονι ἶσος.
αὐτὰρ ἐπεὶ τέλεσαν καὶ ἐρώησαν καμάτοιο,
βάν ῥ᾽ ἴμεν οἴκαδ᾽ ἕκαστος: ἀτὰρ ξανθὴ Δημήτηρ
ἔνθα καθεζομένη μακάρων ἀπὸ νόσφιν ἁπάντων
μίμνε πόθῳ μινύθουσα βαθυζώνοιο θυγατρός.
αἰνότατον δ᾽ ἐνιαυτὸν ἐπὶ χθόνα πουλυβότειραν
ποίησ᾽ ἀνθρώποις καὶ κύντατον: οὐδέ τι γαῖα
σπέρμ᾽ ἀνίει, κρύπτεν γὰρ ἐυστέφανος Δημήτηρ:
πολλὰ δὲ καμπύλ᾽ ἄροτρα μάτην βόες εἷλκον ἀρούραις:
πολλὸν δὲ κρῖ λευκὸν ἐτώσιον ἔμπεσε γαίῃ:
καί νύ κε πάμπαν ὄλεσσε γένος μερόπων ἀνθρώπων
λιμοῦ ὑπ᾽ ἀργαλέης, γεράων τ᾽ ἐρικυδέα τιμὴν
καὶ θυσιῶν ἤμερσεν Ὀλύμπια δώματ᾽ ἔχοντας,
εἰ μὴ Ζεὺς ἐνόησεν ἑῷ τ᾽ ἐφράσσατο θυμῷ.

470-482

ὣς ἔφατ᾽. οὐδ᾽ ἀπίθησεν ἐυστέφανος Δημήτηρ:
αἶψα δὲ καρπὸν ἀνῆκεν ἀρουράων ἐριβώλων:
πᾶσα δὲ φύλλοισίν τε καὶ ἄνθεσιν εὐρεῖα χθὼν
ἔβρισ᾽: ἣ δὲ κιοῦσα θεμιστοπόλοις βασιλεῦσι
δεῖξεν Τριπτολέμῳ τε Διοκλεῖ τε πληξίππῳ
Εὐμόλπου τε βίῃ Κελεῷ θ᾽ ἡγήτορι λαῶν
δρησμοσύνην θ᾽ ἱερῶν καὶ ἐπέφραδεν ὄργια πᾶσι,
Τριπτολέμῳ τε Πολυξείνῳ, ἐπὶ τοῖς δὲ Διοκλεῖ
σεμνά, τά τ᾽ οὔπως ἔστι παρεξίμεν οὔτε πυθέσθαι
οὔτ᾽ ἀχέειν: μέγα γάρ τι θεῶν σέβας ἰσχάνει αὐδήν.

ὄλβιος, ὃς τάδ᾽ ὄπωπεν ἐπιχθονίων ἀνθρώπων:
ὃς δ᾽ ἀτελὴς ἱερῶν ὅς τ᾽ ἄμμορος, οὔποθ᾽ ὁμοίων
αἶσαν ἔχει φθίμενός περ ὑπὸ ζόφῳ ἠερόεντι.
(Origo:
http://www.perseus.tufts.edu/hopper/text?doc=Perseus%3atext%3a1999.01.0137%3ahymn%3d2)

1-23

Prise vil jeg Demeter Skønlok, den ærværdige gudinde selv
og datteren med de slanke ben, som Hades røvede
og som Zeus lovede ham, den vildtlarmende tordengud.
Langt fra Demeter, den guldsmykkede og frugtskabende,
legede hun med Okeanos' yppige døtre og plukkede blomster,
roser, krokus, og smukke violer, iris og hyacinter
samt narcisser på engens bløde bolster,
og Gaia fandt på fælden for pigen med det blomstrende åsyn;
og ønsket hun opfyldte for Hades, idet Zeus gav sit samtykke.
Så vidunderlig at skue var fælden, at synet af vidunderet
ramte udødelige guder såvel som dødelige mennesker;
og dér sprang straks hundrede blomsterknopper op af én rod,
og sødeste dufte fyldte det hele, både den vidtstrakte himmel
og hele jorden samt den svulmende havstrøm.
Tryllebundet vil hun nu gribe skønheden med begge hænder,
den smukke blomst; da åbnede sig i det samme sletten ved Nysa og op
steg herskeren over dødsriget med sine udødelige heste,
Kronos' søn med de mange navne,
og røvede pigen bort på sin gyldne vogn
trods hendes jammer og modstand. Hendes skærende skrig forsøgte at
vække kroniden, den højeste og bedste far.
Men forgæves. Hverken de udødelige eller de dødelige mennesker

hørte hendes råb, ejheller et oliventræ, fyldt med herlige frugter.

38-50

Men den udødelige stemme trængte igennem til
bjergenes top og ned i havets dyb, og den mægtige mor hørte hende.
Skarp som en brod ramte smerten hende i hjertet, og med begge hænder
rev hun sit linslør på sit ambrosiske hår i stykker,
med et klæde så mørkt dækkede hun ansigt og sine skuldre to,
og fór afsted som en fugl over land og hav i sin søgen,
dog ville ingen give nøjagtige oplysninger,
hverken guder eller dødelige mennesker,
endda ikke en fugl af de mange kom til hende med troværdige spor.
I ni dage strejfede hun gennem landet, den mægtige Deo,
brændende fakler bar hun i hænderne,
og i sin lidende tilstand forsmåede hun ambrosisk næring og
nektarens honningsøde drik og badede aldrig sin krop.

185-211

... Dér sad med barnet, den mægtige mor,
ved siden af søjlen, støtten for det veltømrede tag,
og holdt sit nye afkom mod sit bryst; og pigerne løb
ved siden af hende. Men da hun trådte over tærsklen, rørte issen mod loftet,
så høj var hun blevet og fyldte dørkarmen med guddommelig glans.
Ærbødighed og respekt samt ren forskrækkelse ramte den kærlige moder,
hun tilbød sin lænestol og bad hende sætte sig.
Men årstidernes moder, den med frugter besmykkede Demeter,
ville ikke sidde ned på den pragtfulde trone,
forblev tavs og sænkede blikket mod jorden,
indtil Jambe, den ganske erfarne, skubbed' en stol hen til hende

og kastede et skind over den, strålende som var det af sølv.
Derpå satte hun sig ned, holdt linnedsløret for øjnene og
sad sådan længe på sædet fuld af sorg og ganske tavs.
Ingen hilste hun på, hverken i ord eller gebærder,
uden at smile, uden at spise, uden at drikke, fuld af længsel
og harme for den skønne datter sidder hun,
indtil den ganske erfarne Jambe med vittigheder,
ofte også med stille spot fik den mægtige hellige
til endelig at smile, grine og åbne sit forsonlige hjerte.
Også senere kunne hun lide Jambe pga. hendes agilitet.
Metaneira fyldte bægret og bød hende honningsød vin,
Men gudinden sagde nej og forkyndte, at det var forbudt at drikke
rødvin, i stedet skulle man blande byg og vand
med ung mynte som aperitif.
Dette miksede hun som befalet til en drink og gav den til gudinden,
som tog imod den af hensyn til den hellige tradition og drak den.

231-280

Sådan sagde hun og lagde ham med sine udødelige hænder
mod sit bryst; moderen glædede sig hjerteligt.
Hun opdrog nu i paladset den strålende søn
af den kloge Keleos, Demofon, som den smart klædte Metaneira havde født.
Han trivedes som et guddommeligt væsen,
men spiste intet og ville ikke amme moderens mælk.
Demeter salvede ham ganske vist ofte med ambrosia ligesom et gudebarn,
åndede ham sødt i ansigtet og lagde ham mod sit bryst:
Men hver nat stak hun ham ind i en stærk ild, som var han et stykke brænde,
hvad der forblev skjult for forældrene, selv om de undrede sig over,
hvor hurtigt han voksede; heri lignede han en gud.

Nu ville Demeter have gjort ham udødelig og evig ung,
hvis ikke den smart klædte Metaneira uden at se sig for
om natten gik ud af det velduftende soveværelse
og så barnet: hun hylede og slog sig på begge lår
og frygtede for sin lille søn; hendes sind ramtes af vild forstyrrelse,
og højt jamrende sagde hun så de bevingede ord:
"Demofon, mit barn, ind i ilden putter dig vores
fremmede kvinde; det volder mig jammer og forfærdelig sorg."
Sørgende sagde hun dette; den himmelske gudinde hørte det
og blev vred; og nu tog Demeter, den herligt bekransede,
det kære barn, som hin anden havde født mod forventning derhjemme,
hurtigt ud af ilden med sine guddommelige hænder,
lagde ham på jorden i et frygteligt humør og raseri
og sagde til den smart klædte Metaneira:
"Tåbelige mennesker, der ikke forstår at tolke skæbnen!
Lad det nu være jer til fordel eller til ulykke.
Forståelse har du ikke haft, derfor skal du for altid være formørket i sindet.
Ubarmhjertige vand af Styx, stedet, hvor guderne sværger, vid,
evig ung, udødelig ville jeg have gjort din kære søn,
viet ham uforgængelig respekt:
Men nu kan han aldrig undslippe døden eller skæbnen.
Evig respekt skal dog blive ham til del, han har jo dog
hvilet på mine knæ og har sovet i mine arme.
Ham til ære vil hvert år om foråret
Eleusis' sønner begynde på en krig og sætte en frygtelig borgerkrig
i gang.
Men jeg er Demeter, den ærefulde, der bringer glæde og lykke til
udødelige guder og dødelige mennesker.
Nuvel! Hele jeres folk skal rejse et mægtigt tempel for mig

og et alter ved siden af nær ved byen, og en stejl
mur skal bygges på Kallichoros' opadstræbende høj.
Men ritualer vil jeg selv indstifte, for at I for fremtiden uden skyld
i handel og vandel gør mit hjerte klart til forsoning."
Således talte gudinden, forandrede sig i størrelse og skikkelse
og kastede bort sin alder: skønheden bølgede omkring hende,
skøn duft strømmede fra hendes duftende klæder,
vidt og bredt strålede lyset fra hendes udødelige krop,
og hendes blonde hår faldt ned på skuldrene,
og det solide hus blev fyldt med funklende stråler, som var det lys:

296-313

Men han indkaldte sit erfarne folk til rådet
og befalede til ære for den skønlokkede Demeter at rejse
et overdådigt tempel samt et alter på en knejsende høj.
Disse hørte hans ord og adlød straks
og gjorde, som han befalede, og bygningen voksede med gudens gunst.
Da de så havde fuldført værket, undede de sig hvile
og gik hjem alle sammen. Men den blonde Demeter
blev tilbage og sad fjernt fra de øvrige guder
fuld af harme og længsel efter den skønne datter.
Hun sendte menneskene et år så grufuldt og
hundeagtigt som aldrig før på jorden, som ernærer så mange;
den lod intet frø spire, og den smukt bekransede Demeter lod dem dø:
okserne trak forgæves de krumme plove over agrene;
nytteløst faldt det hvide korn ned i jorden.
Og hun ville have udryddet de dødelige menneskers hele slægt
med frygtelig sult, og ville have fjernet fra beboerne i Olympens palads
respektfulde hædersbevisninger og offergaver,

hvis ikke Zeus havde bemærket det og overvejet situationen i sit sind.

470-482

Og sådan sagde hun. Den smukt bekransede Demeter adlød
og lod på agrenes store flader straks gro frugter igen,
så at jorden videnom struttede af blade og blomster,
gik så til kongerne hen, garanterne for retfærdighed,
og viste først Triptolemos, så Diokles, hestenes overmand,
så den tapre Eumolpos og Keleos, mændenes leder,
offerritualet og beskrev de ærværdige riter for alle,
tabuet, over for Triptolemos, for Polyxeinos, for Diokles igen.
Ingen må nogensinde bryde dem, udforske dem eller forkynde dem;
for stor ærefrygt over for guderne lader menneskestemmen forstumme.
Saligt er det på jorden boende menneske, som har set sådant!
Men den, der ikke bringer ofre eller forsømmer dem,
han får aldrig del i sådan en lykke, men går under i råddent mørke.

Demeterpræstinden Alexandra spørger oraklet, om man stadig skal fejre Demeters mysterier

Didyma ved Kariens kyst, fundet ved Milet, 2. eller 3. årh. e.Kr.

(Origo: R. Merkelbach/Josef Stauber (Hrsgg.): Steinepigramme aus dem griechischen Osten, Bd. 1. Die Westküste Kleinasiens von Knidos bis Ilion, (B.G. Teubner) Stuttgart und Leipzig 1998) (Merkelbach/Stauber, 82-83)

θεὸς ἔχρη[σε˙]
Δηώ καλλιθύγατρα φίλης μερόπεσσιν ἐδω[δῆς]
μητέρα καρποθάλειαν ἐυλλιστοῖσι θυήλαις
χρὴ δὴ πᾶν τείειν βρότεον γένος˙ ἥδε γὰρ ἔστ[ιν]
ἡ πρώτη φερέπυρον ἐπὶ χθόνα καρπὸν ἀνεῖσ[α]
θηροδίαιτον ἔπαυσε βροτῶν καὶ ἀνήμερον ἦτορ,
ἦμος ὅτ' αὐτορόφοισιν ὑπ' οὔρεσι ναιετάοντε[ς]
ὠμοβόροις γενύεσ<σ>ιν ἀδηφάγον εἶχον ἐδωδήν˙
ἔξοχα δ' αὖ Νειλῆος ἀκοντοδόκου ναετῆρας˙
τοῖσι γὰρ εὐγενίης ζαθέης ἔτι σύμβολα, ῥέζ[ειν]
Δηοῦς καὶ κούρης Δηωΐδος ὄργια τῇδε˙
τοΰνεκα δὴ σὺ μὲν ἀρρήτῳ θεραπηΐ[δι
[] τέλος εὐσταθίης βιότου μετιοῦ[σα
[Εὐ]μόλποιο [...]

Demeter-præstinden Alexandras forespørgsel

Guden spåede følgende:
Hele menneskeslægten bør ære
Demeter, med den smukke datter, mor til føden for menneskene,
som lader frugterne gro, med røgelsesofre og velklingende bønner;
for det er hende, der som den første har ladet den aksbærende frugt gro på jorden
og har standset menneskenes dyriske levevis og uciviliserede sind,

dengang de endnu levede under bjergenes naturlige huletag
og åd grådig føde med deres råt kød ædende kinder;
især gælder det for beboerne af Neileos' by, som holder stand mod spyd;
thi for dem er det et kendetegn for deres hellige, ædle afstamning at fuldføre
Deos og Deodatterens ritualer her;
derfor skal du i hemmelig tjeneste [...]
[...] idet du stræber efter det spirende livs mål [...]
Eumolpos' (...)

Dittenberger: Sylloge[3] nr. 83 – Førstegrødeofre ved den eleusinske mysteriefest

[Τιμο]τέλ[ε]ς Ἀχαρνε[ὺς] ἐγραμμάτευε.

[ἔδοχσ]εν τεῖ βολεῖ καὶ τοῖ δέμοι, Κεκροπὶς ἐπρυτάνευε, Τιμοτέ[λες ἐ]γραμμάτευε, Κυκνέας ἐπεστάτε. τάδε οἱ χσυγγραφε̃ς χσυνέ[γρ]αφσαν˙ ἀπάρχεσθαι τοῖν θεοῖν τõ καρπõ κατὰ τὰ πάτρια καὶ τὲν μαντείαν τὲν ἐγ Δελφõν Ἀθεναίος ἀπὸ τõν ἑκατὸν μεδίμνον [κ]ριθõν μὲ ἔλαττον ε̃ ἑκτέα, πυρõν δὲ ἀπὸ τõν ἑκατὸν μεδίμνον μὲ ἔλαττον (ε̃) ἑμιέκτεον˙ ἐὰν δέ τις πλείο καρπὸν ποιεῖ ε̃ τ[οσοῦτο]ν, ε̃ ὀλείζο, κατὰ τὸν αὐτὸν λόγον ἀπάρχεσθαι˙ ἐγλέγεν δὲ [τὸς δ]εμάρχος κατὰ τὸς δέμος καὶ παραδιδόναι τοῖς ἱεροποιοῖς τοῖς Ἐλευσινόθεν Ἐλευσῖνάδε˙ οἰκοδομε̃σαι δὲ σιρὸς τρε̃ς Ἐλευσῖνι κατὰ τὰ πάτρια, ὅπο ἂν δοκεῖ τοῖς ἱεροποιοῖς καὶ τοῖ ἀρ[χ]ιτέκτονι ἐπιτέδειον ε̃ναι, ἀπὸ τõ ἀργυρίο τõ τοῖν Θεοῖν, τὸ[ν δὲ κα]ρπὸν ἐνθαυθοῖ ἐμβάλλεν ὃν ἂν παραλάβοσι παρὰ τõν δεμάρ[χον]. ἀπάρχεσθαι δὲ καὶ τὸς χσυμμάχος κατὰ ταὐτά˙ τὰς δὲ πόλες [ἐγ]λ[ο]γέας ἑλέσθαι τõ καρπõ καθότι ἂν δοκεῖ αὐτε̃σι ἄριστα ὁ καρπὸ[ς] ἐγλεγέσεσθαι. ἐπειδὰν δὲ ἐγλεχθεῖ, ἀποπεμφσάντον Ἀθέναζε, τὸς δὲ ἀγαγόντας παραδιδόναι τοῖς ἱεροποιοῖς τοῖς Ἐλευσινόθεν Ἐλευσῖνάδε˙ ἐ[ὰ]ν δὲ μὲ παραδέχσονται πέντε ἑμερõν... ἐπειδὰν ἐπαγγελεῖ παραδιδόντον τõν ἐκ τε̃ς πόλεος ὅθεν ἂν [ἐ͂ι] ὁ κα[ρπ]ός, εὐθυνόσθον οἱ ἱεροποιοὶ χιλίαισιν δραχμε͂σι [ἕκασ]τος. καὶ παρὰ τον δεμάρχον κατὰ ταὐτὰ παραδέχεσθαι. [κέρ]υ[κα]ς δὲ ἑλομένε ἑ βολὲ πεμφσάτο ἐς τὰς πόλες ἀ[γ]γέλλον[τ]ας [τὰ νῦν] ἐφσεφισμένα τοῖ δέμοι, τὸ μὲν νῦν ἐ͂ναι ὁς τάχιστα, τὸ δὲ [λ]οιπὸν ὅταν δοκεῖ αὐτεῖ. κελευέτο δὲ καὶ ὁ ἱεροφάντες καὶ [ὁ] δαιδõχος μυστερίοις ἀπάρχεσθαι τὸς Ἑλλενας το καρπõ κατὰ τὰ πάτρια καὶ τὲν μαντείαν τὲν ἐγ Δελφõν. ἀναγράφσαντες δὲ ἐ[μ] πινακίοι τὸ μέτρον τõ καρπõ τό τε παρὰ τõν δεμάρχον κατὰ τὸ[ν δὲ]μον ἕκαστον καὶ τὸ παρὰ τõν πόλεον κατὰ τὲν πόλιν ἑκάσ[τεν κ]αταθέντον ἔν τε τοῖ Ἐλευσινίοι Ἐλευσῖνι καὶ ἐν τοῖ βολ[ευτ]ε[ρ]ίοι. ἐπαγγέλλεν δὲ τὲν βολὲν καὶ τε͂σι ἄλλεσι πόλεσιν [τ]ε͂[σι] Ἑ[λ]λενικε͂σιν ἁπάσεσι ὅποι ἂν δοκεῖ αὐτεῖ δυνατὸν ἐναι, λ[έγο]ντας μὲν κατὰ ἃ Ἀθεναῖοι ἀπάρχονται καὶ οἱ χσύμμαχοι, ἐκέ[νοις] δὲ μὲ ἐπιτάττοντας, κελεύοντας δὲ ἀπάρχεσθαι ἐὰν βόλονται [κ]ατὰ τὰ πάτρια καὶ τὲν μαντείαν τὲν ἐγ Δελφõν. παραδέχεσθαι δὲ καὶ παρὰ τούτον τõν πόλεον ἐάν τις ἀπάγει τὸς ἱεροποιὸς κατὰ ταὐτὰ.

θύεν δὲ ἀπὸ μὲν τõ πελανõ καθότι ἂν Εὐμολπίδαι [ἐχσhεγõ]νται, τρίττοιαν δὲ βόαρχον χρυσόκερον τοῖν Θεοῖν ἑκα[τέραι ἀ]πὸ τõν κριθõν καὶ τõν πυρõν καὶ τοῖ Τροπτολέμοι καὶ τοῖ [Θε]οῖ καὶ τεῖ Θεᾶι καὶ τοῖ Εὐβόλοι ἱερεῖον ἑκάστοι τέλεον, καὶ τεῖ Ἀθεναίαι βõν χρυσόκερον· τὰς δὲ ἄλλας κριθὰς καὶ πυρὸς ἀποδομένος τὸς ἱεροποιὸς μετὰ τε͂ς βολε͂ς ἀναθέματα ἀνατιθέναι τοῖν Θεοῖν ποιεσαμένος ἅττ' ἂν τοῖ δέμοι τοῖ Ἀθεναίον δοκεῖ, καὶ ἐπιγράφεν τοῖς ἀναθέμασιν, ὅτι ἀπὸ τõ καρπõ τε͂ς ἀπαρχε͂ς ἀνεθέθε καὶ hελλένον τὸν ἀπαρχόμενον· [τοῖ]ς δὲ ταῦτα ποῖοσι πολλὰ ἀγαθὰ ἐ͂ναι καὶ εὐκαρπίαν καὶ πολυκαρπία[ν οἵ]τινες ἂν [μ]ὲ ἀδικõσι Ἀθεναίος μεδὲ τὲν πόλιν τὲν Ἀθεναίον μεδὲ τὸ Θεό.

Dittenberger: Sylloge[3] nr. 83

Sekretær Timoteles fra Acharnal har taget følgende referat.

Rådet og folket har besluttet ... forsædet havde fylen Kekropis, sekretær var Timoteles, formand Kykneas. Følgende forslag har udvalget udarbejdet: at athenæerne skal ofre førstegrødeoffer af høsten til de to gudinder [Demeter og Kore] efter fædrenes skik og orakelsvaret fra Delfi, af hver 100 medimnoi byg ikke mindre end en hekteis, og af hvede for hver 100 medimnoi ikke mindre end 1/2 hekteis. Men hvis nogen høster mere frugt end det eller mindre, skal han bringe offergaver i forhold til det. Demarcherne skal indsamle [kornet] i demerne og levere det til de eleusinske hieropoier i Eleusis ... Man skal anlægge tre (underjordiske) kornsiloer i Eleusis efter traditionen, hvor det synes formålstjenligt for opsynsmændene og bygmesteren, for de penge, som bliver samlet ind til de to gudinder, og frugten, som man får af demarcherne, skal man lægge dér. Også forbundsfællerne skal ofre førstegrøde på samme måde. Og byerne skal vælge mænd, som indkræver afgifter på frugterne, således som det synes dem bedst at indkræve afgift på frugten på. Når afgiften er indkrævet, skal de sende den til Athen, og overbringerne skal udlevere den til Eleusis til opsynsmændene fra Eleusis. Hvis de ikke modtager den i løbet af fem dage efter fristens udmelding, selv om folkene fra den by, som frugten stammer fra, har leveret den, så skal opsynsmændene straffes med 1000 drachmer hver. Også fra demarcherne skal de overtage dem på samme måde. Og rådet skal vælge herolder og sende ud i byerne for at forkynde de aktuelle beslutninger fra folkets side, denne gang så hurtigt som muligt, og i fremtiden, når rådet bestemmer det. Og hierofanten og daduchen skal opfordre hellenerne til at ofre førstegrøde til mysterierne efter fædrenes skik og orakelsvaret fra Delfi. De skal notere på en tavle mængden af frugt, som bliver leveret af demarcherne i hver kommune (i Attika) og i byerne (af forbundsfællerne, og de skal arkivere denne tavle i templet i Eleusis og i rådhuset (i Athen). Forkynde skal rådet det også i alle de andre græske byer, overalt hvor det forekommer muligt, med henvisning til, hvordan athenienserne betaler deres tiende og forbundsfællerne, ganske vist uden at gøre det til en pligt for dem, men dog med den henstilling om at betale tiende, hvis de har lyst til det, efter tradition og anvisning fra Delphi. Opsynsmændene skal på samme måde modtage den fra de byer, der måtte levere.

Man skal ofre af pelanos efter Eumolpidernes forskrift, og et offer af tre dyr, af [pengene for] byggen og hveden, skal man ofre til hver af de to gudinder, idet man begynder med en okse med forgyldte horn, og til Triptolemos og til guden og gudinden [Hades og Persefone?] og til Eubulos et fejlfrit offerdyr til hver, og en okse med forgyldte horn til Athene. Men resten af byggen og hveden skal opsynsmændene (hieropoierne) sælge og sammen med rådet opstille votivgaver for de to gudinder, idet de lader fremstille, hvad athenæernes folk beslutter. På votivgaverne skal man skrive, at de er opstillet for indtægten fra førstegrøden, tiende, og navnet på de hellenere, der giver førstegrødeoffer. De, som gør dette, vil få medgang samt en god og rigelig høst, for så vidt som de ikke krænker athenæerne, athenæernes by eller gudinden…

(Origo: Vagn Duekilde: Hellas i klassisk tid. Tekster til græsk religion, København (Spektrum) 1997, 171-172 og forfatteren)

Pollux: Onomasticum 8, 90 – Optakten til mysteriefesten i Eleusis

ὁ δὲ βασιλεὺς μυστηρίων προέστηκε μετὰ τῶν ἐπιμελητῶν καὶ Ληναίων καὶ ἀγώνων τῶν ἐπὶ λαμπάδι, καὶ τὰ περὶ τὰς πατρίους θυσίας διοικεῖ ... προαγορεύει δὲ τοῖς ἐν αἰτίᾳ ἀπέχεσθαι μυστηρίων καὶ τῶν ἄλλων νομίμων.

(Origo: Svend Aage Pallis: Greek Religious Texts, København (Povl Branner) 1948, 91)

Pollux: Onomasticum 8, 90

Sammen med lederne står basileus i spidsen for mysterierne og for Lenaierne og væddekampene ved fakkelskær, og han sørger for det der vedrører de traditionelle ofre … og han bekendtgør offentligt, at alle der er skyldbesmittede skal holde sig borte fra mysterierne og de andre ritualer.

(Origo: Vagn Duekilde: Hellas i klassisk tid. Tekster til græsk religion, København (Spektrum) 1997, 172)

Andokides: Om Mysterier 111-116 – Bestemmelser vedr. ritualet

[111] ἐπειδὴ γὰρ ἤλθομεν Ἐλευσινόθεν καὶ ἡ ἔνδειξις ἐγεγένητο, προσῄει τοῖς πρυτάνεσιν1 ὁ βασιλεὺς περὶ τῶν γεγενημένων Ἐλευσῖνι κατὰ τὴν τελετήν, ὥσπερ ἔθος ἐστίν: οἱ δὲ πρυτάνεις προσάξειν ἔφασαν αὐτὸν πρὸς τὴν βουλήν, ἐπαγγεῖλαί2 τ᾽ ἐκέλευον ἐμοί τε καὶ Κηφισίῳ παρεῖναι εἰς τὸ Ἐλευσίνιον: ἡ γὰρ βουλὴ ἐκεῖ καθεδεῖσθαι ἔμελλε κατὰ τὸν Σόλωνος νόμον, ὃς κελεύει τῇ ὑστεραίᾳ τῶν μυστηρίων ἕδραν ποιεῖν ἐν τῷ Ἐλευσινίῳ. καὶ παρῆμεν κατὰ τὰ προειρημένα.

1 τοῖς πρυτάνεσιν add. Blass.
2 ἐπαγγεῖλαι Bekker: ἀπαγγεῖλαι codd.

[112] καὶ ἡ βουλὴ ἐπειδὴ ἦν πλήρης, ἀναστὰς Καλλίας ὁ Ἱππονίκου τὴν σκευὴν ἔχων λέγει ὅτι ἱκετηρία κεῖται ἐπὶ τοῦ βωμοῦ, καὶ ἔδειξεν αὐτοῖς. κᾆθ᾽ ὁ κῆρυξ ἐκήρυττε τίς τὴν ἱκετηρίαν καταθείη, καὶ οὐδεὶς ὑπήκουεν. ἡμεῖς δὲ παρέσταμεν, καὶ οὗτος ἡμᾶς ἑώρα. ἐπειδὴ δὲ οὐδεὶς ὑπήκουεν καὶ ᾤχετο εἰσιὼν ὁ1 ἐπεξελθὼν Εὐκλῆς οὑτοσί, — καί μοι κάλει αὐτόν. πρῶτα μὲν οὖν ταῦτα εἰ ἀληθῆ λέγω, μαρτύρησον, Εὔκλεις."Μαρτυρία"2

1 ὁ add. Blass. Post ei)si/wn interpungunt alii, inter praeconem Euclemque distinguentes.
2 Μαρτυρία add. Ald.

[113] ὡς μὲν ἀληθῆ λέγω, μεμαρτύρηται: πολὺ δέ μοι δοκεῖ τὸ ἐναντίον εἶναι ἢ οἱ κατήγοροι εἶπον. ἔλεξαν γάρ, εἰ μέμνησθε, ὅτι αὐτώ με τὼ θεὼ παραγάγοιεν1 ὥστε θεῖναι τὴν ἱκετηρίαν μὴ εἰδότα τὸν νόμον, ἵνα δῶ δίκην. ἐγὼ δέ, ὦ ἄνδρες, εἰ ὡς μάλιστα ἀληθῆ λέγουσιν οἱ κατήγοροι, ὑπ᾽ αὐτοῖν με2 φημὶ τοῖν θεοῖν σεσῶσθαι.

1 παραγάγοι

[114] εἰ γὰρ ἔθηκα μὲν τὴν ἱκετηρίαν, ὑπήκουσα δὲ μή, ἄλλο τι ἢ αὐτὸς μὲν αὐτὸν ἀπώλλυον τιθεὶς τὴν ἱκετηρίαν, ἐσῳζόμην δὲ τῇ τύχῃ διὰ τὸ μὴ ὑπακοῦσαι, δῆλον

ὅτι διὰ τὼ θεώ; εἰ γὰρ ἐβουλέσθην με ἀπολλύναι τὼ θεώ, ἐχρῆν δήπου καὶ μὴ θέντα με τὴν ἱκετηρίαν ὁμολογῆσαι. ἀλλ᾽ οὔτε ὑπήκουσα οὔτ᾽ ἔθηκα.

[115] ἐπειδὴ δ᾽ ἔλεγε τῇ βουλῇ Εὐκλῆς ὅτι οὐδεὶς ὑπακούοι, πάλιν ὁ Καλλίας ἀναστὰς1 ἔλεγεν ὅτι εἴη νόμος πάτριος, εἴ τις ἱκετηρίαν θείη ἐν τῷ Ἐλευσινίῳ, ἄκριτον ἀποθανεῖν, καὶ ὁ πατήρ ποτ᾽ αὐτοῦ Ἱππόνικος ἐξηγήσαιτο2 ταῦτα Ἀθηναίοις, ἀκούσειε δὲ ὅτι ἐγὼ θείην τὴν ἱκετηρίαν. ἐντεῦθεν ἀναπηδᾷ Κέφαλος οὑτοσὶ καὶ λέγει:

1 ἀναστὰς Baiter: στὰς codd.
2 ἐξηγήσαιτο Dobree: ἐξηγήσατο codd.

[116] "ὦ Καλλία, πάντων ἀνθρώπων ἀνοσιώτατε, πρῶτον μὲν ἐξηγῇ Κηρύκων ὤν,1 οὐχ ὅσιον ὄν2 σοι ἐξηγεῖσθαι: ἔπειτα δὲ νόμον πάτριον λέγεις, ἡ δὲ στήλη παρ᾽ ᾗ ἕστηκας χιλίας δραχμὰς κελεύει ὀφείλειν, ἐάν τις ἱκετηρίαν θῇ ἐν τῷ Ἐλευσινίῳ. ἔπειτα δὲ τίνος ἤκουσας ὅτι Ἀνδοκίδης θείη τὴν ἱκετηρίαν; κάλεσον αὐτὸν τῇ βουλῇ, ἵνα καὶ ἡμεῖς ἀκούσωμεν." ἐπειδὴ δὲ ἀνεγνώσθη ἡ στήλη κἀκεῖνος οὐκ εἶχεν εἰπεῖν ὅτου ἤκουσε, καταφανὴς ἦν τῇ βουλῇ αὐτὸς θεὶς τὴν ἱκετηρίαν.

1 Κηρύκων ὤν Reiske: κηρύκων ὦν codd.
2 ὄν add. Frohberger.
(Origo:
http://www.perseus.tufts.edu/hopper/text?doc=Perseus%3Atext%3A1999.01.0017%3Aspeech%3D1%3Asection%3D116)

Andokides: Om Mysterier 111-116

111. Da vi vendte tilbage fra Eleusis og anmeldelsen var sendt ind, kom basileus til aflæggelse af forklaring om udførelsen af ritualet i Eleusis, som det er sædvane. Byrådsmedlemmerne sagde, at de ville bringe ham for rådet og beordrede ham til at stævne mig og få Kephisios til at møde op ved Eleusinion. Rådet skulle holde møde der i overensstemmelse med Solons lov, som foreskriver, at rådet holder

møde i Eleusinion en dag efter mysteriefesten, og vi dukkede op ifølge instrukserne.

112. Da rådet var mødt fuldtalligt op, stod Kallias, søn af Hipponikos, op i sin embedsdragt og sagde, at en olivengren var blevet lagt på alteret, og han viste den til dem. Herolden kaldte så personen frem, som havde lagt olivengrenen, og ingen svarede. I mellemtiden stod vi tæt på, og Kallias kunne se os. Da ingen svarede, og Eukles gik ind igen efter at have foretaget under-søgelsen – vær venlig at kalde på ham. Vær først og fremmest mit vidne om at jeg taler sandhed i denne sag, Eukles.

Vidneudsagn.

113. Det er blevet bevidnet, at jeg taler sandhed. Og det ser ud til, at den sandhed er ganske det modsatte af det, som mine anklagere siger. De sagde, hvis I husker det, at de to gudinder selv forvirrede mig og drev mig til at lægge olivengrenen i ukendskab til loven, så at jeg kunne blive straffet. Jeg, derimod, kære dommere, hævder til gengæld, at jeg, selv om mine anklagere siger den fulde sandhed, er blevet reddet af de to gudinder selv.

114. Antag, at jeg virkelig lagde olivengrenen, men ikke svarede herolden, ville det så ikke være mig, der ødelagde det for mig selv ved at lægge olivengenen, og blev jeg ikke reddet af heldet, min tavshed, som helt klart skyldtes de to gudinder? Hvis de to gudinder havde ønsket at ødelægge mig, burde jeg selvfølgelig have indrømmet forbrydelsen, selv om jeg ikke havde lagt olivengrenen. Men jeg hverken svarede herolden eller lagde grenen.

115. Da Eukles fortalte rådet, at ingen havde svaret herolden, stod Kallias op igen og sagde, at det var en fædrene lov, der sagde, at den, der lægger en olivengren i Eleusinion, skal dømmes til døden uden retssag, og at hans far Hipponikos havde

fortalt denne fortolkning til athenienserne, og at han havde hørt, at det var mig, der havde lagt olivengrenen. Da sprang Kephalos op og sagde:

116. ”Kallias, du den ugudeligste af alle mænd, først giver du fortolkninger som en af Kerykerne, selv om det ikke er tilladt dig at give fortolkninger, og så taler du om en fædrene lov, når den stele, som du står ved, foreskriver en bøde på 1.000 drachmer til enhver, der lægger en olivengren i Eleusinion. Til sidst, af hvem har du hørt, at Andokides lagde olivengrenen? Kald ham frem for rådet, så at også vi kan høre ham.” Da teksten på stelen blev læst højt og Kallias ikke kunne redegøre for, hvor han havde hørt det, stod det klart for rådet, at han havde lagt olivengrenen selv.

Pollux: Onomasticum 8, 90 – Optakten til mysteriefesten i Eleusis

ὁ δὲ βασιλεὺς μυστηρίων προέστηκε μετὰ τῶν ἐπιμελητῶν καὶ Ληναίων καὶ ἀγώνων τῶν ἐπὶ λαμπάδι, καὶ τὰ περὶ τὰς πατρίους θυσίας διοικεῖ ... προαγορεύει δὲ τοῖς ἐν αἰτίᾳ ἀπέχεσθαι μυστηρίων καὶ τῶν ἄλλων νομίμων.
(Origo: Svend Aage Pallis: Greek Religious Texts, København (Povl Branner) 1948, 91)

Pollux: Onomasticum 8, 90

Sammen med lederne står basileus i spidsen for mysterierne og for Lenaierne og væddekampene ved fakkelskær, og han sørger for det der vedrører de traditionelle ofre ... og han bekendtgør offentligt, at alle der er skyldbesmittede skal holde sig borte fra mysterierne og de andre ritualer.
(Origo: Vagn Duekilde: Hellas i klassisk tid. Tekster til græsk religion, København (Spektrum) 1997, 172)

Plutarch: Alcibiades 22.3 – Om helligbrøde mod Eleusis

[3] τὴν μὲν οὖν εἰσαγγελίαν οὕτως ἔχουσαν ἀναγράφουσι: ‘Θεσσαλὸς Κίμωνος Λακιάδης Ἀλκιβιάδην Κλεινίου Σκαμβωνίδην εἰσήγγειλεν ἀδικεῖν περὶ τὼ θεώ, τὴν Δήμητραν καὶ τὴν Κόρην, ἀπομιμούμενον τὰ μυστήρια καὶ δεικνύοντα τοῖς

αὑτοῦ ἑταίροις ἐν τῇ οἰκίᾳ τῇ ἑαυτοῦ, ἔχοντα στολὴν οἵανπερ ὁ ἱεροφάντης 1 ἔχων δεικνύει τὰ ἱερά, καὶ ὀνομάζοντα αὑτὸν μὲν ἱεροφάντην, Πουλυτίωνα δὲ δᾳδοῦχον, κήρυκα δὲ Θεόδωρον Φηγαιᾶ, τοὺς δ᾽ ἄλλους ἑταίρους μύστας προσαγορεύοντα καὶ ἐπόπτας παρὰ τὰ νόμιμα καὶ τὰ καθεστηκότα ὑπό τε Εὐμολπιδῶν καὶ Κηρύκων καὶ τῶν ἱερέων τῶν ἐξ Ἐλευσῖνος.'...

Plutarch: Mod Alkibiades 22.3

Anklagen [mod Alkibiades] lyder således: »Thessalos, Kimons søn, fra demen Lakiade, anklager Alkibiades, Kleinias' søn, fra demen Skambonide, for at have forbrudt sig mod de to gudinder, Demeter og Kore, idet han har parodieret mysterierne og vist dem frem for sine venner i sit eget hjem. Iført en stola af samme slags som den, hierofanten bærer når han fremviser det hellige, kaldte han sig selv for hierofant, Pulytion for daduch, og Theodoros for keryks. De øvrige tilstedeværende tiltalte han som myster og epopter, altsammen i modstrid med de regler og påbud, som holdes i hævd af eumolpider og keryker og af præsterne i Eleusis«. ...

(Origo: Vagn Duekilde: Hellas i klassisk tid. Tekster til græsk religion, København (Spektrum) 1997, 173)

Athenaios: Deipnosophistae 11, 93 – Om den eleusinske mysteriefests sidste dag Plemochoai

ΠΛΗΜΟΧΟΗ σκεῦος κεραμεοῦν βεμβικῶδες ἑδραῖον ἠσυχῇ, ... χρῶνται δὲ αὐτῷ ἐν Ἐλευσῖνι τῇ τελευταίᾳ τῶν μυστηρίων ἡμέρᾳ, ἣν καὶ ἀπ᾽ αὐτοῦ προσαγορεύουσι Πλημοχόας: ἐν ᾗ δύο πλημοχόας πληρώσαντες τὴν μὲν πρὸς ἀνατολάς, τὴν δὲ πρὸς δύσιν .... ἀνιστάμενοι ἀνατρέπουσίν τε ἐπιλέγοντες ῥῆσιν μυστικήν . ...

(Origo: http://www.perseus.tufts.edu/hopper/text?doc=Perseus%3Atext%3A2013.01.0001%3Abook%3D11%3Achapter%3D93)

Athenaios: Deipnosophistae 11, 93

Et par udsagn hos Athenæus (2./3. årh. e.v.t.) omtaler et ritual, som finder sted på festens sidste dag og som åbenbart ikke hører til det der skal ties om:

Plemochoe er et lerkar af form som en top ... Man bruger det i Eleusis på mysteriernes sidste dag, som også efter det bliver kaldt plemochoai. På den dag fylder man to plemochoer og stiller den ene mod øst, den anden mod vest. Så vælter man dem over ende og siger dertil en mystisk formel. ...

(Origo: Vagn Duekilde: Hellas i klassisk tid. Tekster til græsk religion, København (Spektrum) 1997, 185)

Proclus: In Platonis Timaeum commentarius 5, 293 C - Om den eleusinske mysteriefests formel

... ὃ δὴ καὶ οἱ θεσμοὶ τῶν Ἀθηναίων εἰδὸτες προσέταττον οὐρανῷ καὶ γῆ προτελείν τοὺς γάμους, εἰς δὲ τούτους βλέποντες καὶ ἐν τοῖς Ἐλευσινίοις ἱεροῖς εἰς μὲν τὸν οὐρανὸν ἀναβλέποντες ἐβόων \ὕε\, καταβλέψαντες δὲ εἰς τὴν γῆν τὸ \κύε\, διὰ πατρὸς καὶ μητρὸς τὴν γένεσιν εἶναι πάντων γινώσκοντες.

(Origo: Svend Aage Pallis: Greek Religious Texts, København (Povl Branner) 1948, 103)

Proclus: Kommentar til Platons Timaios 5, 293 C

Proclus (5. årh. e.v.t.) bringer i sin Platonkommentar en oplysning, som meget vel kan være den ovenfor omtalte mystiske formel

... [athenæernes forordninger] pålægger himmel og jord at fuldbyrde ægteskabet forud, og med henblik på dette [ægteskab] plejede de også ved den eleusinske fest først at se op mod himlen og råbe »hye« [»regn!«], dernæst ned mod jorden og råbe »kye« [»bliv frugtsommelig!«], idet de herved erkendte, at altings

tilblivelse er som af en fader og en moder.
(Origo: Vagn Duekilde: Hellas i klassisk tid. Tekster til græsk religion, København (Spektrum) 1997, 186)

Kommentar

Hele festprogrammet og processionen til Eleusis den 19. Boedromion, som er den egentlige mysterienat, findes i IG II/III^2 1078 = SIG 885 = L58. Det vigtigste er, at logens hemmeligheder forbliver hemmelige og at kun mysterne får lov til at se dem; derved opretholdes skellet mellem myster og ikke-myster = ikke-indviede. Det er hierofanten, ἱεροφάντης, der, som ordet siger, viser de hemmelige genstande frem for mysterne.

Basileus i Athen har opsyn med mysterierne i Eleusis. Han og efeberne, der organiserer processionen, skal være indviet. Stedet er Eleusis, i dag 21 km NV for Athen, og de gamle slægter Eumolpiderne og Kerykerne stillede hierofanten og dadouchen, δᾳδοῦχος, fakkelbæreren, den næstvigtigste præst i ritualet efter hierofanten. Ilden kendetegner lyset, som måske symboliserer håbet om et lykkeligt liv efter døden, den ene af de gaver, man bad Demeter om. Den anden gave er frugtbarhed og korn (Demeter-hymnen v. 134-135).

Hierophantes fra Eumolpidernes genos fremviser hiera, ἱερά, de hellige genstande, udtaler formlen, der åbner for adgang til mysterierne og lukker for mordere og ikke-grækere; derefter er der Demeter-præstinden fra Philleide-genos, mindst lige så vigtig som hierophantes; dadouchos, fakkelbæreren fra kerykernes genos ledsager hierofanten ved åbning af mysterierne; fjerde mand er alterpræsten fra kerykerne, som våger over ritualernes gennemførelse; de er udnævnt på livstid med privilegier, prohedria, samt indtægter.

Hver myste kommer med en pattegris, χοῖρος. For demeterfesten er grisen et almindeligt offer som starten på hele ritualet, προτέλεια. Kvinderne fejrer også thesmoforiefesten, også afholdt for Demeter, med et griseoffer, men her bliver de kastet ned i gruber, μέγαρα, til videre behandling. Hades røver jo Kore, og samtidig blev Eubouleus' grise revet med ned i dybet. Rovet er symbolet på et pigeoffer. Man kan tolke det som et pigeoffer, fordi χοῖρος også betyder vagina. Griseofferet erstatter pigeofferet symbolsk. Myten og kulten for Demeter er en transformation af offerritualet til et agrarisk offer; i stedet for offeret kommer en høstfest.

De Små og de Store mysterier

De Små mysterier

De små mysterier foregår i Agrai ved Ilissosfloden, øst for Akropolis den 20. Anthesterion, 7 måneder før de Store Anthesterier; festivalen omhandler renselse, forberedende indvielse med de fire vigtige præster: hierofanten, dadouchen, hierokeryks, den hellige herold/budbringer, og Demeterpræstinden. Det er første trin i indvielsen.

De Store mysterier

Disse finder sted ½ år senere i Boedromion med en 10 dages højtidelighed, som starter med en procession fra Eleusis til Eleusinion ved foden af Akropolis med de hellige genstande, hiera, i kistai, κίσται, kurve med låg, under ledsagelse af efeberne. Ankomsten meldes til Athenes præstinde.

Festen begynder dagen før fuldmåne med mysternes samling, eller prorrhesis, πρόρρησις, proklamation, hvor hierofant og dadouchos åbner højtiden. Efter den rituelle vask træder de tilladte gæster ind i Eleusinion.

Næste dag, Halade mystaí, ἅλαδε μύσται, 'Til havet, myster!', går de til Phaleron og ofrer en gris, renser den og brænder den. Mysterne vasker sig i havet, tager nye klæder på, og bekranset med myrter går de tilbage til Athen og sonofrer.

Den 19. Boedromion bringes hiera tilbage til Eleusis i en lang procession. I spidsen har man Iakchos' statue, hvis skikkelse Dionysos antager, derefter vognen med hiera, præsterne og mysterne, derefter embedsmænd, areopagdomstolens medlemmer, de 500 medlemmer af rådet, borgerne ordnet efter fyler og demer. Målet for processionen er Telesterion, indvielseshallen, som kan modtage 3000 mennesker.

Som nævnt finder de sted i Eleusis med et pattegrisoffer og en indvielse, myesis, μύησις. Der startes med en indledningsceremoni for dem, der skal indvies, θρόνωσις (= at sætte sig/sidde på tronen eller tronstolen), med bind for øjnene.

Mysten sidder tilhyllet på en bænk på et vædderskind, en præstinde træder til og holder en kornsigte, der skiller kærne og aks, og en fakkel; det skal symbolisere katharsis, renselse, gennem luften og ilden; se Demeterhymnen 192-8.

Næste trin består i, at mysten i prægtigt tøj med et risknippe træder frem foran Demeter. Hun sidder på en κίστη, en kurv med låg, som en slange vrider sig omkring. En kvinde træder til med en fakkel, som symboliserer Persefone fra underverdenen.

I kurven er der bygkorn, en morter og en morterkølle, som er kykeon-redskaber; de bruges til at lave bygdrikken eller byggrøden, kykeon, κυκεών, som mysten drikker (Theophrast hos Porphyrios. Abst. 2, 6), mens han siger kodeordet (= symbolon, σύμβολον = synthema, σύνθημα).

Eleusis skal ifølge Burkert være et renhedens sted, et sted for kvinder, og symbolet for Eleusis er kvindens skød, κτείς, man skal være ἁγνεύειν, holde sig ren og sexfri. Derfor ligger Dionysos' lem i kisten, taget op og lagt tilbage, og kornsigten gemmer, ligeledes skjult, et fallos-symbol.

Clemens: Protreptikos 2, 22, 4 fortæller om Dionysos Bassaros' mysterier, at kisten indeholdt sesamkager, pyramidekager, kuglekager, mangenavlekager, saltgnochi (nudler), granatæbler, figengrene, narthex (= plantestængel, jf. Prometheus), efeu, rundkage, valmuekage, slange.

Indvielse til de Eleusinske mysterier

Dette er en indvielse ind i et nyt fællesskab. Der er tre trin. Det første er et renselsesoffer, κάθαρος, det næste er den egentlige indvielse, μύησις, og det tredje trin er ἐποπτεία, tilsynekomsten, hvor mysten står foran Demeter og Persefone. Bag ved mysten står den kvindelige præst, hierophantinden, der holder en λίκνον, en flettet kurv med korn, over hovedet på mysten. Hun ryster den, så kornene falder ned over hovedet på mysten (= καταχύσματα), som er forsoningsritualet. Mysten har bind for øjnene og sidder på et vædderskind, jf. Hom. hym. til Dem. nr. 2, v. 194 ff.

Offerhandlingen i Telesterion

Målet for indvielsen er vandringen til Eleusis og skuet af det, der sker i Telesterion i den hellige nat. Det er en massegudstjeneste. Der sker en individuel myesis, forberedelse eller belæring, τῆς τελετῆς παράδοσις, griseoffer og θρόνωσις, individuel renselse før processionen. Synthema (= symbolon) er kendetegn for den fuldendte indvielse, og derfor må kurv og kiste og dermed kykeon, κυκεών, høre til afslutningen af festivalen. Der foreligger ingen oplysning om, hvornår kykeon blev drukket, så det hører nok også til den hemmelige del af ceremonien.

Myster og epopter

Myesis er det vigtige ritual og den afgørende forskel i initiandens (= katechoumenos, κατηχούμενος, katechoumene, κατηχουμένη, elev) liv. Epoptia, ἐποπτεία, gentager, fornyer og fordyber ritualet. Det hellige skue har mysten, μύστης, også oplevet, men i initiationsritualets første gang; epopten, ἐπόπτης, ser det anden gang. ὁρᾶν (første gang) er ikke ἐφορᾶν (anden gang). Så myesis og epoptia kan ikke sidestilles.

Burkert opstiller som hypotese, at mysterne skulle dække sig til med bind for øjnene og lade ske med sig, hvad præsterne gjorde ved dem. Epopterne fik lov til at se, hvad der virkeligt foregik. Mysterne blev ledsaget af en gudfar, en mystagogos, μυσταγωγός, ind i Telesterion. Dette foregik under opsyn af en epimelétes, ἐπιμελητής, en opsynsmand. Vi kender mange enkeltheder, men helhedsforståelsen mangler. Men måske kan myten i hymnen hjælpe: Demeter kommer til Eleusis for at søge sin datter. Mysten gør det samme. Processionen til Eleusis viser Demeters søgen. I Eleusis finder hun sin datter. Fakler tændes. Hierofanten afslutter ritualet i Telesterion. Det lille rum anaktoron, ἀνάκτορον, spiller en rolle. Indenfor stod hierofantens trone. Kun hierofanten måtte betræde rummet, som ildens lys kom ud fra. Der var en røglem i taget, τὸ ὀπαῖον. ἀνάκτορον svarer til det gamle μέγαρον, hovedrummet i huset. Ilden skal rense de døde, ofrene, og gaverne til guderne ved at brænde dem op (= fortære dem). I Eleusis er offeret hemmeligt, ἄρρητος θυσία.

19. Boedromion

Processionen, der dengang strakte sig 20 km fra Athen til Eleusis og udgøres af myster med kvistknipper, βάκχοι, går over Kephissos-broen i Athen, mens den hånes på mange måder her med γεφυρισμοί, vittigheder, mens deltagerne råber "Ἴακχ' ὦ Ἴακχε". Præstinderne bærer κίσται på hovedet med de hellige instrumenter og bygkorn. I klassisk tid blev Iakchos en dæmon, der ofte blev identificeret med Dionysos. Ved solnedgang når man så til Eleusis, og faklerne slukkes, mørket er et symbol på underverdenen, og hierofanten, dadouchen, hierokeryksen og Demeterpræstinden leder det hele.

Demeters vrede over rovet af Kore kræver et offer. Demeter tager den eleusinske kongesøn Demophon, senere Triptolemos, og lægger ham i ilden, iflg. myten for at gøre ham udødelig, men hans mor ved, at det er vejen til døden og afbryder Demeters forehavende. Så han overlever, men bliver ikke udødelig. På tilsvarende vis er der i Eleusis et barn, en dreng, som udvælges til indvielse, hvilket er en udmærkelse for barn og forældre, ἀφ' ἑστίας (= 'den fra ildstedet viede dreng'). Man holder fakler helt hen til barnet, som måske er gjort rolig med opiumkapsler; disse kapsler hører nemlig også til Demeters univers.

Startofferet er griseofferet som symbol på rovet af Kore, og det forsøgte barnemord på Demophon (= Triptolemos) er det andet offer. Men i stedet for barnemordet træder nu et vædderoffer som erstatning. Demeter sidder jo på et vædderskind. Selve offeret hører til ἄρρητον, det usigelige. En vædder slagtes, flås og brændes på den store ild i Telesterion, som er et offer for Kore, idet vædderen opretter forbindelsen til de døde ligesom i Odysseen.

Clemens Protreptikos 2, 15, 1-2: Demeter er vred på Zeus, som har voldtaget hende; man laver bønfaldende gestus med uldomvundne grene, en drik af galle, man river hjertet ud, så kommer det usigelige: Zeus river testiklerne af vædderen og kastede dem hen i Demeters skød for at yde bod, som om han kastrerer sig selv. Her møder vi skyld og bøn som forsoning, aggression og straf, men når genitalierne lander i gudindens skød, slår kastrationen om til Det hellige bryllup. Hierofanten smører skarntyde på sine genitalier og bliver eunuk; det åbner for en polar spænding mellem en eunuktilstand og seksuelle fantasier. Der foregår et møde mellem hierofanten og Demeterpræstinden i mørke. I den orfiske skildring af Demeter præsenterer Baubo, tjenestekvinden, sit skød sådan, at det ser ud som et barneansigt. Vagina bliver et frugtbarhedssymbol.

Når Kore kommer op fra underverdenen igen, slår hierofanten på sin bronzegong. Hvad så man? Der var σχήματα, figurer, gestus eller dansetrin, som den eleusinske indvielse består af. I det helligste øjeblik viser hierofanten et afskåret kornaks frem for mysterne. Man råber: ' Brimo Brimos! En hellig dreng har herskerinden født, Brimo Brimos (den stærke (kvinde) en stærk (dreng))', se Hippolyt. Ref. 5, 8, 40: "Ἱερον ἔτεκε πότνια κοῦρον, Βρίμω Βριμόν", τουτέστιν ἰσχυρὰ ἰσχυρόν", (efter Burkert, p. 318 n. 70). Den vrede Demeter kunne være Brimo, Hekate kunne også være Brimo. Brimo er ikke fundet i Eleusis, og vi ved heller ikke, hvem drengen, der fødes i sangen, er; er det

a) Iakchos = Dionysos, Persefones søn?

b) Plutos, Demeters søn?

c) Et symbolsk barn som symbol på restituering af livet?

Magna Mater, Meter Megale, Kybele, fremstilles også fødende. Er hun kornmoderen, der bliver til Demeter?

Man ved ikke, hvilken slags åbenbaring der sker, fordi den er aporrheton, ἀπόρρητον, forbudt at tale om, se Demeterhymnen 479-483.

Aristoteles skriver et sted, at kulten ikke bygger på en speciel teologi eller et specielt dogme, men skaber en tilstand af følelser, man hensættes i. Der sker en indre forvandling, som er en klargørelse til et møde med det guddommelige.

Nat

Nu går deltagerne ud på engen (Aristophanes: Ranae 340-353, Euripides: Ion 1074-86) og spiser offermåltidet med masser af kød. Efeberne løfter oksen op på alteret før slagtningen. Så nu er der ofret en gris, en vædder og en okse, eller snarere mange af slagsen.

Næste morgen

Et par udsagn hos Athenæus (2./3. årh. e.v.t.) omtaler et ritual, som finder sted på festens sidste dag og som åbenbart ikke hører til det der skal ties om:

Tekster

Clemens Alexandrinus: Protrepticus 2, 18 – Om formlen brugt ved den eleusinske mysteriefest

... κἄστι τὸ σύνθημα Ἐλευσινίων μυστηρίων˙ «ἐνήστευσα, ἔπιον τὸν κυκεῶνα, ἔλαβον ἐκ κίστης, ἐργασάμενος ἀπεθέμην εἰς κάλαθον καὶ ἐκ καλάθου εἰς κίστην.»...

(Origo: Svend Aage Pallis: Greek Religious Texts, København (Povl Branner) 1948, 102)

Clemens Alexandrinus: Protrepticus 2, 18

Og dette er den formel som skal siges ved de eleusinske mysterier: »Jeg har fastet, jeg har drukket kykeon, jeg har taget fra skrinet og virket dermed(ἐργασάμενος),

jeg har lagt ned i kurven, og fra kurven ned i skrinet«.
(Origo: Vagn Duekilde: Hellas i klassisk tid. Tekster til græsk religion, København (Spektrum) 1997, 182)

Athenaios: Deipnosophistae 11, 93 – Om den eleusinske mysteriefests sidste dag Plemochoai

ΠΛΗΜΟΧΟΗ σκεῦος κεραμεοῦν βεμβικῶδες ἑδραῖον ἡσυχῇ, ... χρῶνται δὲ αὐτῷ ἐν Ἐλευσῖνι τῇ τελευταίᾳ τῶν μυστηρίων ἡμέρᾳ, ἣν καὶ ἀπ᾽ αὐτοῦ προσαγορεύουσι Πλημοχόας: ἐν ᾗ δύο πλημοχόας πληρώσαντες τὴν μὲν πρὸς ἀνατολάς, τὴν δὲ πρὸς δύσιν .... ἀνιστάμενοι ἀνατρέπουσίν τε ἐπιλέγοντες ῥῆσιν μυστικήν . ...
(Origo:
http://www.perseus.tufts.edu/hopper/text?doc=Perseus%3Atext%3A2013.01.0001%3Abook%3D11%3Achapter%3D93)

Athenaios: Deipnosophistae 11, 93

Plemochoe er et lerkar af form som en top ... Man bruger det i Eleusis på mysteriernes sidste dag, som også efter det bliver kaldt plemochoai. På den dag fylder man to plemochoer og stiller den ene mod øst, den anden mod vest. Så vælter man dem over ende og siger dertil en mystisk formel. ...
(Origo: Vagn Duekilde: Hellas i klassisk tid. Tekster til græsk religion, København (Spektrum) 1997, 185)

Proclus (5. årh. e.v.t.) bringer i sin Platonkommentar en oplysning, som meget vel kan være den ovenfor omtalte mystiske formel:

Proclus: In Platonis Timaeum commentarius 5, 293 C - Om den eleusinske mysteriefests formel

... ὃ δὴ καὶ οἱ θεσμοὶ τῶν Ἀθηναίων εἰδότες προσέταττον οὐρανῷ καὶ γῇ προτελεῖν τοὺς γάμους, εἰς δὲ τούτους βλέποντες καὶ ἐν τοῖς Ἐλευσινίοις ἱεροῖς εἰς μὲν τὸν οὐρανὸν ἀναβλέποντες ἐβόων \ὕε\, καταβλέψαντες δὲ εἰς τὴν γῆν τὸ \κύε\, διὰ πατρὸς καὶ μητρὸς τὴν γένεσιν εἶναι πάντων γινώσκοντες.

(Origo: Svend Aage Pallis: Greek Religious Texts, København (Povl Branner) 1948, 103)

Proclus: Kommentar til Platons Timaios 5, 293 C

... [athenæernes forordninger] pålægger himmel og jord at fuldbyrde ægteskabet forud, og med henblik på dette [ægteskab] plejede de også ved den eleusinske fest først at se op mod himlen og råbe »hye« [»regn!«], dernæst ned mod jorden og råbe »kye« [»bliv frugtsommelig!«], idet de herved erkendte, at altings tilblivelse er som af en fader og en moder.

(Origo: Vagn Duekilde: Hellas i klassisk tid. Tekster til græsk religion, København (Spektrum) 1997, 186)

Libationen, kandeofferet udføres: 2 kander, χόες, hældes ud, en mod øst, en mod vest, mens man synger formlen: "ὕε! – κύε!" – "Regn! (vendt mod himlen) – Modtag! (vendt mod jorden)".

Selv kornet kommer jo fra de døde. Kredsen er sluttet, og indvielsen er blevet til fuldførelsen, τέλος.

Litteratur

Walter Burkert: *Homo Necans. Interpretationen altgriechischer Opferriten und Mythen*, 2. überarb. Aufl., de Gruyter, Berlin-New York 1997, p.274-327

Demeter – Thesmophoria-højtiden og de Eleusinske mysterier med et blik på Arrephoria-institutionen

De to højtider for Demeter, Thesmophoriafesten og de Eleusinske mysterier, viser både primærreligiøse og sekundærreligiøse træk, idet den ene kult indeholder et frugtbarhedsritual, da Demeter er kornets gudinde og hendes datters, Persephones, tilværelse er lig med kornets cyklus: 1/3 af året i underverdenen hos Hades og 2/3 af året over jorden som afgrøde; den anden kult består af et initiationsritual I Eleusis' Telesterion, hvor mange tusinde grækere hvert år blev indviet i det hemmelige som myster, og netop denne ceremoni gør, at mysten efter initiationen opnår en anden tilstand, der skaber forventninger om en lykkelig(ere) tilværelse, ikke kun efter døden, men også efter indvielsen til Demeter. Jeg undgår ordet 'frelse', fordi det vækker alt for tætte allusioner til den kristne religion. Demeter bliver et billede på den pluralitet, der hersker i den græske religiøse gudedyrkelse, når hun kan være den centrale guddom i to forskellige kulter. Thesmophoria-højtiden er et kalenderritual i en polis; den vender altså tilbage hvert år med frugtbarheden som centralt fokus. Alligevel er der specielle elementer i ritualet, der viser hen til en mysteriekults træk. Ved siden af Hades' bortførelse af Persefone til underverdenen finder vi Eubouleus' grise, der ryger med ned i hullet til underverdenen, og i ritualet kastes døde grise ned i grotter, ligger der og forrådner, og bliver så taget op igen og blandes med det nye såkorn for at forbedre den senere høst. Råddenskaben er her et middel til at forbedre høsten modsat mange andre ritualer, hvor snavset skal fjernes. Grisene kommer ned i grotterne og hentes op igen, hvad der svarer til Persefones rov og bortførelse ned i underverdenen og Demeters krav om, at hun skal op til jorden igen; cyklusserne passer sammen her, grisene tages op, blandes med sædekornet og skaber frugtbarhed, ligesom Persefone skaber frugtbarhed, når hun er på jorden igen. Død og råddenskab er nødvendig for frugtbarhed. Orfikerne badede i mudder og slam som del af deres initiationsritual, hvor urenheden også er et vigtigt tema. Den homeriske hymne til Demeter indeholder altså både primær- og sekundærreligiøse træk. Og kvinderne, der graver grisene op, antlétriai, ἀντλήτριαι, skal være rituelt rene, de står altså i skarp modsætning til det rituelle objekt, grisene, og netop denne kontrast skaber den rituelle virkning, se Podemann Sørensen: *"I begyndelsen var snavset: Snavs, råddenskab og anomisk adfærd som forløsende i traditionelle ('præ-axiale') religioner"*, in: Rel.vid. Tidsskrift 69, Kbh. 2019, s. 30-44 og L. Albinus: *"De orfiske mudderbade: Esoteriske renhedsforestillinger i oldtidens Grækenland"*, in: Rel.vid. Tidsskrift 69, 2019, s. 45-62.

Det liminale rum under Thesmophoria-højtiden er altså bl.a. i grisenes grotter, fordi der her ligger nogle af ritualets vigtige objekter, som skaber ritualets effikacitet og religiøse potentiale, se J. Podemann Sørensen: *Komparativ religionshistorie*, Books on Demand, København 2006, s. 60-96, især s. 79. Grotterne er forbindelsen til underverdenen. Grisenes forrådnede tilstand betyder, at de hverken er i live eller begravede eller brugt som kød, så de er liminale i højeste potens.

Grotter og liminalitet finder man også i Arrephoria-højtiden, der symboliserer giftefærdige unge kvinder, der lever på Akropolis, mens de væver Athenes nye dragt; det er et frugtbarhedsritual for kvinderne, så de føder mange og sunde børn. Her finder også en nedstigning sted på bagsiden af Akropolis, og man går forbi Afrodites og Eros' helligdom for frugtbarhedens skyld.

Og i de Eleusinske mysterier finder der også en nedstigning sted ned til det hellige rum, anaktoron, i Telesterion i Eleusis, hvor hierofanten tænder et strålende lys og viser de hellige objekter frem, så i alle tre kulthandlinger finder vi temaer som forbindelsen til underverdenen, seksualitet og frugtbarhed, alle sammen dedikeret til Demeter. I Sylloge nr. 83 om førstegrødeofferet er der ofringer af korn i underjordiske siloer, altså igen en nedstigning til det underjordiske:

Dittenberger: Sylloge³ nr. 83 – Førstegrødeofre ved den eleusinske mysteriefest

... ἀπάρχεσθαι˙ ἐγλέγεν δὲ [τὸς δ]εμάρχος κατὰ τὸς δέμος καὶ παραδιδόναι τοῖς ἱεροποιοῖς τοῖς Ἐλευσινόθεν Ἐλευσῖνάδε˙ οἰκοδομε͂σαι δὲ σιρὸς τρε͂ς Ἐλευσῖνι κατὰ τὰ πάτρια, ὁπο ἂν δοκεῖ τοῖς ἱεροποιοῖς καὶ τοῖ ἀρ[χ]ιτέκτονι ἐπιτέδειον ἒναι, ἀπὸ τõ ἀργυρίο τõ τοῖν Θεοῖν, τὸ[ν δὲ κα]ρπὸν ἐνθαυθοῖ ἐμβάλλεν ὃν ἂν παραλάβοσι παρὰ τõν δεμάρ[χον]. ἀπάρχεσθαι δὲ καὶ τὸς χσυμμάχος κατὰ ταὐτά˙ ...

... Demarcherne skal indsamle [kornet] i demerne og levere det til de eleusinske hieropoier i Eleusis ... Man skal anlægge tre (underjordiske) kornsiloer i Eleusis efter traditionen, hvor det synes formålstjenligt for opsynsmændene og bygmesteren, for de penge, som bliver samlet ind til de to gudinder, og frugten, som man får af demarcherne, skal man lægge dér. Også forbundsfællerne skal ofre førstegrøde på samme måde. ...

Nedstigningen er altså et centralt element i alle de nævnte kulter og gør underverdenen, symboliseret ved grotten, til det liminale rum i disse Demeter-relaterede kulter. Underverden og frugtbarhed for afgrøder, dyr og mennesker er forbundet i disse kulter.

Hybriditeten i Demeterkulterne kendetegnes ved både materielle elementer, der skal fremme frugtbarheden for korn, dyr og mennesker i polis, og immaterielle elementer, nemlig individuel søgen efter at opnå et godt efterliv efter mysteindvielsen og efter døden, så der er både almene, gældende for hele samfundet, og individuelle elementer i Demeter-kulterne.[1]

[1] Jeg takker Magnus Gammelgaard Madsen for den interessante sammenstilling og tolkning af Demeterkultens elementer (2021)

Transformationer af græsk kultur og religionsudøvelse

1.De eleusinske mysterier

Ordet 'mysterier' blev oprindeligt også brugt om de Eleusinske Mysteriers festival for Demeter og Kore, men det blev senere brugt om mange forskellige kulter fra Isis til Mithras med fokus på initiation, hemmeligheder og interesse for 'efterlivet', se Scarpi 2002. Grundlaget er myten om Demeter i den homeriske hymne til Demeter fra slutningen af 7. årh. f.Kr., som blev opført og spillet i den første nat efter processionen fra Athen til Eleusis med faste og renselsesritualer. Den 2. nat skete selve initiationen med epopteia, tilsynekomst, idet hierofanten, lederen af kulten, viser et enkelt høstet kornaks frem. Formålet med initiationen er ifølge hymnen velstand i dette liv og en velsignet status i efterlivet, se v. 480-489. Rigdommen blev af athenienserne fortolket som at kornet var en gave fra guddommen, og den blev forbundet med Triptolemos, en eleusinsk konge; han blev i Athens storhedstid betragtet som attisk kulturheros, der lærte menneskene korndyrkningen; efter storhedstiden blev vægten mere lagt på eskatologiske temaer, efterlivstanker, men mysterierne voksede i popularitet, og Platon bruger mange eleusinske realia og udtryk i sine dialoger Symposium og Phaedrus. Demeterkulten var tidligt populær i Ionien og på Peloponnes. Her var der en skønhedskonkurrence, hvad der tyder på et initiations-ritual, mens der i Ionien med kongelige familier og en administration af kulten fordelt på to genê, slægter eller klaner, Eumolpiderne og Kerykerne, var en slægtskult. Kombineret med ritualet af en dreng, der 'blev indviet fra (statens) ildsted (på markeds-pladsen)', kunne dette tyde på et oprindeligt pubertetsritual inden for en genos, se Burkert 1983: 280-281.

En lignende udvikling fra indvielsesritual til mysteriekult ses i Phlya, hvor Themistokles genopbyggede en helligdom for mysterieritualer, telestêrion, for sin slægt, Lykomiderne, se Pausanias; 4, 1, 5-9. Andre mysteriekulter fandtes på Samothrake, på Lemnos og i Theben, de sidste to er Kabeiroi-mysterier. Κάβειροι, 'De Store', blev opfattet som khthoniske guddomme af begge køn, der var forbundet med frugtbarhed, søfart og smedehåndværk. Som Μεγὰλοι Θεοί, De Store Guder, blev de dyrket på Samothrake, Imbros og Lemnos. De regnedes for børn af Kabeiro, Den Store Moder, datter af havguden Proteus. Efter at hun var blevet forstødt fra Olympen, avlede Hefaistos tre sønner med hende. Grækerne identificerede hende med bl.a. Rhea, Demeter, Hekate og Afrodite.

Tekst

Pausanias 4. 1. 5 + 7-9

[5] πρῶτοι δ᾽ οὖν βασιλεύουσιν ἐν τῇ χώρᾳ ταύτῃ Πολυκάων τε ὁ Λέλεγος καὶ Μεσσήνη γυνὴ τοῦ Πολυκάονος. παρὰ ταύτην τὴν Μεσσήνην τὰ ὄργια κομίζων τῶν Μεγάλων θεῶν Καύκων ἦλθεν ἐξ Ἐλευσῖνος ὁ Κελαινοῦ τοῦ Φλύου. Φλῦον δὲ αὐτὸν Ἀθηναῖοι λέγουσι παῖδα εἶναι Γῆς: ὁμολογεῖ δέ σφισι καὶ ὕμνος Μουσαίου Λυκομίδαις ποιηθεὶς ἐς Δήμητρα

[7] ὡς δὲ ὁ Πανδίονος οὗτος ἦν Λύκος, δηλοῖ τὰ ἐπὶ τῇ εἰκόνι ἔπη τῇ Μεθάπου. μετεκόσμησε γὰρ καὶ

Μέθαπος τῆς τελετῆς ἔστιν ἅ: ὁ δὲ Μέθαπος γένος μὲν ἦν Ἀθηναῖος, τελεστὴς δὲ καὶ ὀργίων καὶ παντοίων συνθέτης. οὗτος καὶ Θηβαίοις τῶν Καβείρων τὴν τελετὴν κατεστήσατο, ἀνέθηκε δὲ καὶ ἐς τὸ κλίσιον τὸ Λυκομιδῶν εἰκόνα ἔχουσαν ἐπίγραμμα ἄλλα τε λέγον καὶ ὅσα ἡμῖν ἐς πίστιν συντελεῖ τοῦ λόγου

[8] "ἥγνισα δ᾽ Ἑρμείαο δόμους σεμνῆς τε κέλευθα
Δάματρος καὶ πρωτογόνου Κούρας, ὅθι φασὶ
Μεσσήνην θεῖναι Μεγάλαισι θεαῖσιν ἀγῶνα
Φλυάδεω κλεινοῖο γόνου Καυκωνιάδαο.
θαύμασα δ᾽ ὡς σύμπαντα Λύκος Πανδιόνιος φὼς
Ἀτθίδος ἱερὰ ἔργα παρ᾽ Ἀνδανίῃ θέτο κεδνῇ"

[9] τοῦτο τὸ ἐπίγραμμα δηλοῖ μὲν ὡς παρὰ τὴν Μεσσήνην ἀφίκοιτο ὁ Καύκων ἀπόγονος ὢν Φλύου, δηλοῖ δὲ καὶ τὰ ἐς τὸν Λύκον τά τε ἄλλα καὶ ὡς ἡ τελετὴ τὸ

ἀρχαῖον ἦν ἐν Ἀνδανίᾳ. καί μοι καὶ τοῦτο εἰκὸς ἐφαίνετο, τὴν Μεσσήνην μὴ ἑτέρωθι, ἀλλὰ ἔνθα αὐτή τε καὶ Πολυκάων ᾤκουν, καταστήσασθαι τὴν τελετήν.

Pausanias 4. 1. 5 + 7-9

5. Lelex' søn Polykaon og hans hustru Messene var som sagt den første konge og dronning i dette land. Og det var fra Eleusis til Messene, at Kelaunos' søn Kaukon, sønnesøn af Flyos, bragte De Store Gudinders hemmelige ritualer. Denne Flyos var søn af GE (Jorden), fortæller athenerne, og den hymne til Demeter, som Musaios skrev til Lykomiderne, er han enig med dem i dette udsagn.

7. At denne Lykos var søn af Pandion, fremgår af digtet på Methapos' statue. Han ændrede visse forhold i mysterierne, han var athener af fødsel og satte alle slags indvielser og mysterier sammen, bl.a. indvielsen hos Kabeirerne i Theben – og i Lykomidernes helligdom opstillede han en statue med følgende lange indskrift, der støtter mine udtalelsers troværdighed:

8. Hermes's hus [***] og Demeters veje jeg vied'
og hendes førstefødte, Kore, just dér, hvor man siger,
kulten blev skabt af Messene for begge De Store Gudinder,
hjulpet af Kaukon, strålende søn af den velkendte Flyos.
mærkeligt synes det mig, at Lykos, søn af Pandion,
gav til det ædle Andania samtlige attiske riter.

9. Denne indskrift viser, at Kaukon var Flyos' efterkommer og kom til Messene, og den viser samtidig forholdene omkring Lykos, blandt andet at der fra gammel tid var indvielser i Andania. Det forekommer mig i øvrigt også sandsynligt, at Messene har etableret indvielserne, hvor hun selv og Polykaon boede, og ikke andre steder.
(Origo: Pausanias: Beskrivelse af Grækenland, på dansk ved Erik Worm og Carsten Weber-Nielsen, udgivet og indledt af Thomas Heine Nielsen og Chr. Gorm Tortzen, SHKO og Museum Tusculanums Forlag, København 2022)

Andania-indskrifterne

(Origo: Vinciane Pirenne-Delforge: "Mnasistratos The 'Hierophant' at Andania (IG 5.1. 1390 and Syll.[3] 735)", in: J. Dijkstra/J.Kroesen/Y. Kuiper (eds.): Myths, martyrs, and Modernity. Studies in the History of Religions in Honour of Jan N. Bremmer, Brill, Leiden-Boston 2010, pp. 219-235)

Indledning

Landsbyen Andania ligger ved Messene i landskabet Messenien på Peloponnes. Tidligere i forskningen blev indskriften sat til at være skrevet 92/91 f.Kr., men senere forskning sætter indskriften til at være skrevet 24 e.Kr. De store guder, Dioskurerne, blev fejret her, men også Demeter, Apollo Karnaios, Hermes og Hagna, som Pausanias sidestiller med Kore. Kulten blev reguleret efter en reform, som et orakel gav Messene på Mnasistratos' foranledning, Syll.[3] 735, 17-28.

Andania lå i ruiner, da Pausanias besøgte det, i det nordøstlige Messene, og der var stadige stridigheder mellem Arkadien og Messene, og efter et mislykket oprør i 182 f.Kr. blev Andania og Pylkana del af det achaiiske koinon, og Megalopolis gjorde fordring på de to byer. Det blev bekræftet af seks milesiske dommere, at det var messensk land. Og mødestedet Karneiasion nær ved Andania var del af dette stykke jord. Karneiasion er en helligdom for den doriske gud Apollon Karneios, som der var en statue af i den hellige lund ved siden af statuer for Hermes og Hagna, forårets gudinde. I Andania-forskrifterne skal Apollon modtage et vildsvin som offer, og hans gudinde deltager i fællesmåltidet efter offerceremonien. En indskrift fra det tidlige 3. årh. f.Kr. viser, at kulten for Apollon Karneios var etableret på det tidspunkt, se Hesych s. v. Καρνεάται.

Hieroi og hierai, der nævnes i indskriften og som kendes fra Messene og Lakonien, synes at være udvalgt gennem lodtrækning i hver af de doriske stammer/fyler for at udføre præcist definerede opgaver inden for en bestemt kult. Og ud fra Andania-indskriften var det opgaven for disse årligt udvalgte agenter inden for det religiøse domæne at udføre Karneia-ritualet hhv. mysterieceremonien.

Nu er der fundet en ny indskrift ved Argos af franske arkæologer for 100 år siden, der fortæller, at der er givet et orakel fra Apollon Pythaios til Mnasistros, kaldet hierophant, for at spørge guden om to ting, det traditionelle offer til Megaloi theoi og mysterierne til ære for guderne.

Dateringen gælder det nævnte 55sindstyvende år, som hidtil er dateret til den achaeiske tid, nemlig 92/91 eller 91/90 f.Kr. P. Themelis, der har gravet i Messene, sætter derimod perioden til den aktaiiske periode og når frem til år 24 e.Kr. Dermed får man mere vidnesbyrd om Mnasistros, søn af Philoxenidas, der kendes fra en indskrift fra 42 e.Kr., idet han har givet et bidrag til kejserens kult og den offentlige kasse. Synedroi er den vigtigste regeringsinstitution, hvis sekretær havde en betydningsfuld post.

(Origo: Græsk tekst: Sylloge Inscriptionum Graecarum: 735, engelsk overs.: Syll 735 : Translation of inscription (attalus.org))

Sylloge 735

ἐπὶ γραμματέος τῶν
συνέδρων Ἱέρωνος τοῦ
v Ἐπικύδεος,
ἱερέος δὲ τοῦ Πυθαέος
v Δαμοσθένεος τοῦ Νικοκρά-
τεος Παιονίδα,
v προμαντίων δὲ Σωιβίου τοῦ
vv Σωιβίου, Ἀντιγένεος τοῦ
vv Πολυκράτεος Ναυπλιαδᾶν
v γροφέων δὲ Θερσαγόρου τοῦ
vv Νικοφαέος, Φιλοκλέος τοῦ
vv Ξενοφάντου Δμαιππιδᾶν
v πυροφόρου Τιμαγόρου τοῦ Χα-
vv ριτίμου Κλεοδαίδα,

v προμάντιος Φιλοκρατείας vv τᾶς Λυσίωνος Αἰθαλέες· vvvv χρησμός vvvv v ὁ γενόμενος τᾷ πόλει τῶν Μεσ- vv σανίων ἀνεγράφη κατὰ τὸ ψά- vv φισμα τῶν ἀρχόντων καὶ συνέ- vv δρων, μαντευομένου Μνασιστρά- vv του τοῦ ἱεροφάντα περὶ τᾶς θυσί- vv ας καὶ τῶν μυστηρίων· v ὁ θεὸς ἔχρησε· Μεγάλοις Θε- vv οῖς Καρνείοις καλλιεροῦντι κα- vv τὰ τὰ πάτρια· λέγω δὲ καὶ Μεσ- vv [σανί]ο[ι]ς ἐπ[ι]τελεῖν τὰ μυστή- vv [ρια ..?..] [..?..]

(CGRN File (ulg.ac.be))

Sylloge 735

Da Hieron, søn af Epikydes, var sekretær af rådmændene, og præst for Apollon Pythaeus, Damosthenes Parionidas, søn af Nikokrates, fra klanen Paionidai; og seerne var Soibios, søn af Soibios og Antigenes, søn af Polykrates, begge fra klanen Baupliadai; og skriverne var Therssagoras, søn af Nikophaes, og Philokles, søn af Xenophantos, begge fra klanen Dmahippidai; og ildbæreren var Timagoras Kleodaidas, søn af Charotimos, fra klanen Kleodaidai; og seerinden var Philokrateia, datter af Lysion, fra klanen Anthaleis; oraklet, som blev givet til byen Messene, blev indskrevet i overensstemmelse med arkonternes og rådmændenes dekret, efter at Mnasistratos, hierofanten, havde rådspurgt oraklet mht. offeret og mysterierne.

Guden svarede: (Det ville være bedre for dig) hvis du ofrer med gode varsler til de Store Guder Karneioi i tråd med forfædrenes tradition. Jeg siger også til messenierne, at de skal afholde mysterierne ...

Den tidligere datering

Den gamle datering – 91/90 f.Kr. – beror på en læsning af Pausanias 4. 1-30 om Messene og den tinplade, rullet sammen i en hydria (4. 27. 3), ifølge hvilken ritualet blev genoplivet i den karnasianske grotte, som hørte til Messene nær ved Andania. Pausanias fortæller, at han stadig kunne se bronzehydriaen i midten af 2. årh. e.Kr. (4. 33-4. 5). Nyere forskning mener, at Pausanias følger en atheniensisk version, der er lånt fra Lykomidae-slægten.

Men den anden side af historien bygger på det epigrafiske materiale om Andania-mysterierne, der er indeholdt i den berømte Andania-indskrift på 194 linjer i 26 afsnit, der omhandler mange forskrifter, der skal overholdes under selve ritualet, men dog ikke siger noget om mysteriernes indhold. Det skal jo være hemmeligt. Den eneste person, der er nævnt med navns nævnelse, er Mnasistros, der har en række helt bestemte opgaver, og han har givet 6.000 drachmer til byen for en krans som dens offer til guderne. Han skulle så være medlem af en præsteklan, der har arbejdet for mysterierne i århundreder.

Andania-festivalen

Selve Andania-indskriften er usædvanlig pga. sin udførlige detailrigdom mht. riter og forskrifter, men da vi mangler indledningen, kan man ikke se den præcise religiøse kontekst for ritualet.

Forskrifterne for kultritualer plejer at falde i tre modi: den første modus beskriver de rituelle praksisser, der hviler på traditionen og sædvaner, nomima og patria; det er skikke, som der ikke kan afviges fra; den anden modus afhænger af nomos og beskriver de lokale instruktioner for offerritualet; den tredje modus beskriver de praktiske reguleringer af ritualet, der kan forandres i den aktuelle version af årets højtid.

Mht. Andania-indskriften er der ingen henvisning til tradition og sædvane, idet det semantiske ordfelt for πάτριος ikke forekommer nogen steder. Feltet for νομίζειν forekommer kun 1 gang i afsnit 19, hvor der er tale om, at præsterne skal tage kødet fra offerdyret til det senere fællesmåltid.

Der er to ting at tage i betragtning: offeret til guderne og afholdelsen af mysterierne. Da udtrykket 'ofringerne og mysterierne' forekommer flere gange i Andania-indskriften (39; 74; 75; 85-86; 183-184), må det være udtryk for det apollinske ritual her; til den anden modus, nomos, hører den specifikke beskrivelse af ritualets omstændigheder, edsaflæggelse, klædedragt, telte, etc.; i den tredje modus, den aktuelle udførelse af ritualet, hører vi kun om processionen, som Mnasistratos er anfører for. Hvis dette skulle være en genetablering af det traditionelle ritual fra Messenes grundlæggelse, som Pausanias postulerer, er det mærkeligt, at traditionen og sædvanen, den første modus, overhovedet ikke nævnes.

I anden sektion, l. 11-12, finder vi παραδόσιος, overgivelsen af 'bogkapslen og bøgerne', som Mnasistratos gav sammen med alt andet, der var nødvendigt for afholdelsen af mysterierne. I sektion 17, som drejer sig om Hagna-kilden, er han ansvarlig for kilden og statuen ved den, og han vil modtage, hvad de ofrende lægger på offerbordet samt skindet fra de ofrede dyr (l.84-86). Konklusionen må være iflg. V. Pirenne-Delforge, at den rige Mnasistratos havde sat sig for at promovere den gamle kult for Karneiasion, det traditionelle offer bekræftet af oraklet, med et nyt ritual i den tidlige kejsertid, hvor mysterier blev promoveret og vist i nye kontekster. Rituelle fornyelser og adapteringer til kejsertiden var kendte fænomener i kejsertidens Grækenland.

Mnasistratos er altså en af mange rigmænd, der yder et væsentligt bidrag til Hagna-kulten og Karneiasion-højtiden. Han fornyede ritualet med en ny teleté, τελετή, på basis af eksisterende kulter og egne undersøgelser. Den ny kult krævede en bekræftelse gennem et orakelsvar, og indskriften med det argiviske Apollon-orakel gav ham status som nygrundlægger af mysterierne ved at kalde ham hierophantés, 'ιεροφαντής, 'den, der underviser i ritualer'. Man formoder dog, at det kun er en ærestitel, fordi han ikke hørte til en præstefamilie med hierofanter før Andania-indskriften og heller ikke havde denne stilling bagefter.

Det at guderne kaldes synbómoi, συνβόμοι, antyder, at der er en relation mellem kejseren og de hernævnte guder, som er en almindelig måde at integrere kejseren på i byens pantheon. Det tyder på, at hele indskriften stammer fra 24 e.Kr.

Personalet

Der var en præst og en præstinde, 10 udvalgte mænd over 40 år, hellige mænd og kvinder, ἱεροί, ἱεραί, repræsenterede byens bydele, og de var udpeget gennem lodtrækning. 20 hellige mænd fungerede som køllebærere, ῥαβδοφόροι, der skulle sørge for ro og orden. Andre hellige mænd, funktionærer, fungerede som lederne, μυσταγωγοί, for initianderne. De hellige kvinder repræsenterede tre aldersklasser, piger, giftefærdige kvinder, gifte kvinder, og der var opsynsmænd for kvinderne, γυναικονόμοι. Derudover var der en herold, ἀγονοθήτης, en markedsopsynsmand, ἀγορανόμος, musikere samt en bygningsinspektør.

De hellige funktionærer sørgede for at lave en kontrakt med opdrætterne af offerdyrene, og dyrene blev kontrolleret 10 dage, før mysterierne begyndte, l. 64-73; de hyrede også musikere, oboister og kitharister, til ofringerne og mysterierne, l. 73-75. Festen blev holdt tidligt i efteråret og varede mindst 2 dage. Kvinder og mænd blev taget i ed dagen før af en præst i Apollon Karneios' tempel i Messene. Telte blev stillet op i helligdommen i Andania, l. 34-41, handlende bragte varer til markedet, l. 99-103, og bortløbne slaver greb muligheden for at søge asyl i helligdommen, l. 80-84.

Kultbestemmelserne siger ikke noget om mysterierne, renselser og initieringen; vi får kun noget at vide om eden af funktionærerne, processionen og ofringerne.

Processionen starter i Messene i Apollon Karneios' helligdom, og ender i det hellige Karneiasion i Andania, i alt 21 km. Det kaldes en centrifugal procession, fordi den går fra hovedbyen til den mindre by, ligesom processionen fra Athen til Eleusis under de Eleusinske mysterier, eller fra Sparta til Amyklai under Hyakinthia-festivalen.

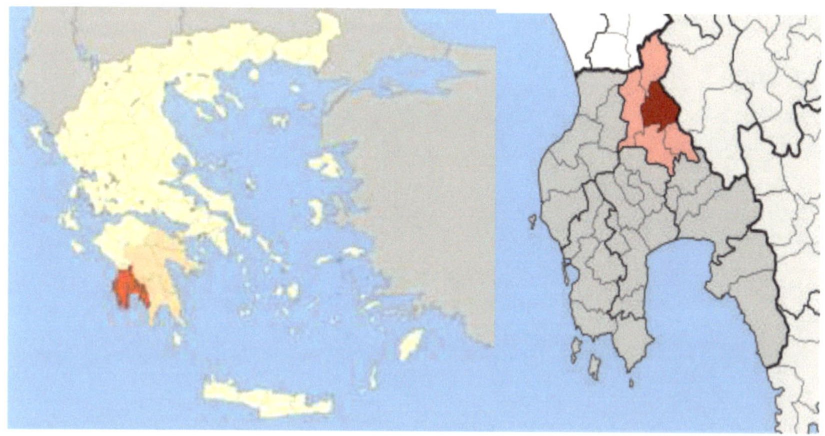

Andania var en by i det gamle Messenien på den sydvestlige kyst af Peloponnes og hovedsæde for Leleges-slægtens konger. Ved slutningen af den 2. messenske krig i 660-650 f.Kr. mellem Messenien og Sparta, som Sparta vandt og således fik overherredømmet over Messenien, blev byen mindre og endte som en landsby, fordi indbyggerne var flygtet til Ira-befæstningen, se Hom. Il. 9, 150; 9, 292. Livius beskriver Andania som en lille by, parvum oppidum, Livius A.U.C. XXXVI 31. Pausanias så kun ruinerne af den i det 2. årh. e.Kr., Pausanias 4, 33, 6. Den lå på vejen fra Messene til Megalopolis, og Pausanias identificerer den med Karnasion, Paus. 4, 1, 2, som kun ligger 6 stadier derfra, dvs. ca. 900-1200 m.

(origo: Megalopolis.Map and Directions (whitman.edu))

Mnasistratos, der var ansvarlig for reorganiseringen af kulten, førte processionen an, efterfulgt af præst og præstinde, ἀγονοθήτης, lederen af agonen, derefter offerpræsterne, ἱεροθύται, fløjtespillere, så kom de hellige piger, der førte vognene med mysteriernes hellige objekter, derefter kvinden, der organiserede banketten for Demeter, θοιαρμόστρια, med hendes assistenter, præstinderne for Demeters to kulter, de mandlige og kvindelige kultfunktionærer og til sidst offerdyrene.

Processionen afspejler altså samfundsstrukturen og er ordnet og reguleret af processionsopsynsmanden. Processionen varede i 3 timer til Karneiasion, hvor renselserne og renselsesofrene fandt sted, se l. 50 + 66 καθαρμός. Helligdommen blev renset, teltpladser indrettet, og teatret, hvor mysterierne fandt sted, blev ligeledes renset, se l. 68.

Overordnet gælder overholdelsen af de rituelle normer, l. 4; der er regler for klædedragten, l. 13-26, kranse for mændene og hvide hatte, πίλοι, lange rober, peploi, for kvinderne, et diadem, στλεγγίς, for initianderne i starten af initiationen, men laurbærkviste ved afslutningen, hvide peploi og ingen sko for initianderne, der er restriktioner for de kvindelige initiander og for de hellige kvinder mht. gennemsigtige klædedragter, dekoration med hvide bordurer, klædedragtens værdi samt brugen af juveler, frisure og make-up.

Hvad der skete efter renselsen, ved vi ikke, men sandsynligvis blev der ofret til Demeter, Hermes, De store guder, Apollon Karneios og Hagna, 'Den rene gudinde'. Derefter fulgte fællesmåltidet for kultfunktionærerne, ἱερὸν δειπνόν, l. 95-99. Initiationen skete efter offeret.

Festivalen var åben for mænd og kvinder, piger og gifte kvinder, frie og slaver.

Der er πρωτομύσται, dvs. de, der bliver initieret første gang, og de bærer en særlig tiara-lignende hovedbeklædning, som de fjernede, og de tog en krans på, når kultfunktionærerne påbød det. Der hører en agon, en konkurrence til, som bliver ledet af agonotheten, ἀγονοθήτης.

Statutten indeholder også regler for finansieringen af festivalen, af bygninger, for sikkerheden og orden samt regler for brugen af vandressourcer og for amnesti af slaver, l. 34-64 + 75-84 + 89-95 + 103-111.

Litteratur

Deshours, N.: *Les mystéres d'Andanía*, Bordeaux 2006

Dittenberger, Wilhelm: *Sylloge Inscriptionum Graecarum* II^3, Repr. Olms, Hildesheim 1960, Nr. 735+736

Meyer, Marvin W.: *The Ancient Mysteries. A Sourcebook*, Harper and Row, San Francisco 1987, p. 52-55

CGRN File (ulg.ac.be) (= Collection of Greek Ritual Norms) = CGRN.ulg.ac.be/file/222/ (https://doi.org/10.54510/CGRN222)

Teksten

Dittenberger: Sylloge3 nr. 736 – Den berømte mysterieindskrift fra Andania i Messenien 91 f.Kr. eller 23 e.Kr.

(Origo: J.-M. Carbon, S. Peels and V. Pirenne-Delforge, Collection of Greek Ritual Norms (CGRN), Liège 2015- (http://cgrn.ulg.ac.be, consulted in [2020])) = CGRN 222, l. x-x (http://cgrn.philo.ulg.ac.be/file/222/).

1. V. 1-10

[ὅρκος] ἱερῶν καὶ ἱερᾶν· ὁ γραμματεὺς τῶν συνέδρων τοὺς γενηθέντας ἱεροὺς ὁρκιζάτω παραχρῆμα, ἂμ μή τις ἀρρωσ[τεῖ], [ἱερῶ]ν καιομένων, αἷμα καὶ οἶνον σπένδοντας, τὸν ὅρκον τὸν ὑπογεγραμμένον· "ὀμνύω τοὺς θεούς οἷς τὰ μυστήρια ἐπιτε[λε]ῖται", ἐπιμέλειαν ἕξειν, ὅπως γίνηται τὰ κατὰ τὰν τελετὰν θεοπρεπῶς καὶ ἀπὸ παντὸς τοῦ δικαίου, καὶ μήτε αὐ[τ]ὸς μηθὲν ἄσχημον μηδὲ ἄδικον ποιήσειν ἐπὶ καταλύσει τῶν μυστηρίων μηδὲ ἄλλωι ἐπιτρέψειν, ἀλλὰ κατακολουθήσειν τοῖς γεγραμμένοις, ἐξορκίσειν δὲ καὶ τὰς ἱερὰς καὶ τὸν ἱερῆ κατὰ τὸ διάγραμμα

“εὐορκοῦντι μέν μοι εἴη, ἃ τοῖς εὐσεβέοις, ἐφιορκοῦντι δὲ τἀναντία”· ἂν δέ τις μὴ θέλει ὀμνύειν, ζαμιούτω δραχμαῖς χιλίαις καὶ ἄλλον ἀντὶ τούτου κλαρωσάτω ἐκ τᾶς αὐτᾶς φυλᾶς· τὰς δὲ ἱερὰς ὁρκιζέτω ὁ ἱερεὺς καὶ οἱ ἱεροὶ ἐν τῶι ἱερῶ[ι] τοῦ Καρνείου τᾶι πρότερον ἁμέραι τῶν μυστηρίων τὸν αὐτὸν ὅρκον καὶ ποτεξορκιζόντω· ”πεποίημαι δὲ καὶ ποτὶ τὸν ἄνδρα τὰν συμβίωσιν ὁσίως καὶ δικαίως”· τὰν δὲ μὴ θέλουσαν ὀμνύειν ζαμιούντω οἱ ἱεροὶ δραχμαῖς χιλίαις καὶ μὴ ἐπιτρεπόντω ἐπιτελεῖν τὰ κατὰ τὰς θυσίας μηδὲ μετέχειν
10. τῶν μυστηρίων, αἱ δὲ ὀμόσασαι ἐπιτελούντω· οἱ δὲ γεγενημένοι ἱεροὶ καὶ ἱεραὶ ἐν τῶι πέμπτωι καὶ πεντηκοστῶι ἔτει ὁμοσάντω τὸν αὐτὸν ὅρκον ἐν τῶι ἑνδεκάτωι μηνὶ πρὸ τῶν μυστηρίων.

Dittenberger: Sylloge3 nr. 736 – Den berømte mysterieindskrift fra Andania i Messenien 91 f.Kr. eller 23 e.Kr.

1. Om de hellige mænd og kvinder

Rådets sekretær skal tage dem, der er optaget blandt de hellige mænd, straks, undtagen hvis nogen er syg, mens offeret brænder og man ofrer blod og vin, i ed med følgende ord: ”Jeg sværger ved de guder, for hvem mysterierne fejres, at ville drage omsorg for, at mysteriefesten afholdes efter en for guden passende måde og ganske efter loven, og at jeg hverken selv vil gøre noget uanstændigt eller forkert til forstyrrelse af mysterierne, ejheller vil tillade nogen anden at gøre det, men vil følge forskrifterne og vil forsvare de hellige kvinder og præsten ifølge forordningen. Hvis jeg holder mig til eden, gid det så måtte ske for mig, hvad der sker for de fromme, hvis jeg handler modsat, det modsatte.” Hvis nogen ikke vil aflægge eden, skal sekretæren idømme ham 1000 drachmer og udvælge en anden fra den samme fyle gennem lodtrækning. De hellige kvinder skal præsten og de hellige mænd tage i ed i Karneios’ helligdom dagen før mysterierne, og de skal også lade dem sværge følgende: ”Jeg har også levet samlivet med min mand fromt og retfærdigt." Hende, som ikke vil aflægge ed, skal de hellige mænd idømme en straf på 1000 drachmer og forbyde hende at udføre offerritualerne og deltage i mysterierne, men de, som har aflagt ed, skal fejre med. De, som er hellige mænd og kvinder i år 55 (*af den makedoniske æra, hvis start ligger i 148, 146 eller 145*), skal aflægge den samme ed i den ellevte måned af året før mysterierne.

2. V. 11-13

v παραδόσιος· v τὰν δὲ κάμπτραν καὶ τὰ βιβλία, ἃ δέδωκε Μνασίστρατος, παραδιδόντω οἱ ἱεροὶ τοῖς ἐπικατασταθέντοις, παραδιδόντω δὲ καὶ τὰ λοιπά, ὅσα ἂν κατασκευασθεῖ χάριν τῶν μυστηρίων.

2. Ang. overdragelse

Kassen og de bøger, som Mnasistratos har givet, skal de hellige mænd overgive til dem, der af dem er blevet udpeget til det, og de skal også overdrage alle de øvrige ting, som bliver forberedt med henblik på mysterierne.

3. V.13-15

vστεφάνων· v στεφάνους δὲ ἐχόντω οἱ μὲν ἱεροὶ καὶ αἱ ἱεραὶ πῖλον λευκόν, τῶν δὲ τελουμένων οἱ πρωτομύσται στλεγγίδα· ὅταν δὲ οἱ ἱεροὶ παραγγείλωντι, τὰμ μὲν στλεγγίδα ἀποθέσθωσαν, στεφανούσθωσαν δὲ πάντες δάφναι.

3. Ang. kranse

Som hovedbeklædning skal de hellige mænd og kvinder bære en hvid filthat, af de indviede skal førstegangsmysterne bære et hovedsmykke. Men så snart de hellige mænd befaler det, skal de aflægge hovedsmykket, og alle skal bekranse sig med laurbærkranse.

4. V. 15-26

v εἱματισμοῦ· v οἱ τελούμενοι τὰ μυστήρια ἀνυπόδετοι ἔστωσαν καὶ ἐχόντω τὸν εἱματισμὸν λευκόν, αἱ δὲ γυναῖκες μὴ διαφανῆ μηδὲ τὰ σαμεῖα ἐν τοῖς εἱματίοις πλατύτερα ἡμιδακτυλίου, καὶ αἱ μὲν ἰδιώτιες ἐχόντω χιτῶνα λίνεον καὶ εἱμάτιον μὴ πλείονος ἄξια δραχμᾶν ἑκατόν, αἱ δὲ παῖδες καλάσηριν ἢ σινδονίταν καὶ εἱμάτιον μὴ πλείονος ἄξια μνᾶς, αἱ δὲ δοῦλαι καλάσηριν ἢ σινδονίταν καὶ εἱμάτιον μὴ πλείονος ἄξια δραχμᾶν πεντήκοντα· αἱ δὲ ἱεραί, αἱ μὲν γυναῖκες καλάσηριν ἢ ὑπόδυμα μὴ ἔχον σκιὰς καὶ εἱμάτιον μὴ πλέονος ἄξια δύο μνᾶν, αἱ δὲ [παῖδε]ς καλάσηριν καὶ εἱμάτιον μὴ πλείονος ἄξια δραχμᾶν ἑκατόν· ἐν δὲ τᾶι πομπᾶι αἱ μὲν ἱεραὶ γυναῖκες ὑποδύταν καὶ εἱμάτιον γυναικεῖον οὖλον, σαμεῖα ἔχον μὴ πλατύτερα ἡμιδακτυλίου, αἱ δὲ παῖδες καλάσηριν καὶ εἱμάτιον μὴ διαφανές· μὴ ἐχέτω δὲ μηδεμία χρυσία μηδὲ φῦκος μηδὲ ψιμίθιον μηδὲ ἀνάδεμα μηδὲ τὰς τρίχας ἀνπεπλεγμένας μηδὲ ὑποδήματα εἰ μὴ πίλινα ἢ δερμάτινα ἱερόθυτα· δίφρους δὲ ἐχόντω αἱ ἱεραὶ εὐσυΐνους στρογγύλους καὶ ἐπ'[α]ὐτῶν ποτικεφάλαια ἢ σπῖραν λευκά, μὴ ἔχοντα μήτε σκιὰν μήτε πορφύραν· ὅσα⟨ς⟩ δὲ δεῖ διασκευάζεσθαι εἰς θεῶν διάθεσιν, ἐχόντω τὸν εἱματισμόν, καθ' ὃ ἂν οἱ ἱεροὶ διατάξωντι· ἂν δέ τις ἄλλ⟨ω⟩ς ἔχει τὸν εἱματισμὸν παρὰ τὸ διάγραμμα, ἢ ἄλλο τι τῶν κεκωλυμένων, μὴ ἐπιτρεπέτω ὁ γυναικονόμος καὶ ἐξουσίαν ἐχέτω λυμαίνεσθαι, καὶ ἔστω ἱερὰ τῶν θεῶν. v

4. Ang. klædedragt

De, som afholder mysterierne, skal være barfodede og bære en hvid klædedragt, og kvinderne skal bære klæder, der ikke er gennemsigtige og hvis sømme ikke er bredere end en halv fingerbredde, og lægkonerne skal bære en linnedtunika og en linnedkjole, der ikke er mere værd end 100 drachmer, pigerne skal bære en tunika af linned eller bomuld og en kjole, der ikke er mere værd end 1 mine, slavinderne en tunika af linned eller bomuld og en kjole, der ikke er mere værd end 50 drachmer; af de hellige kvinder skal de gifte bære en tunika af linned

eller andet stof, som ikke er dekoreret, og en kjole, der ikke er mere værd end 2 miner, pigerne en linnedtunika og1 en kjole, der ikke er mere værd end 100 drachmer. Under processionen skal de hellige kvinder bære en tunika samt en kjole af tætvævet stof med sømme, der ikke er bredere end en ½ fingerbredde, og pigerne en tunika af linned og en kjole, der ikke er gennemsigtig. Ingen må bære guldsmykker eller rød eller hvid sminke eller et hårbånd eller en elegant frisure eller sko undtagen nogen af filt eller af læder fra offerdyr. Derudover skal de hellige kvinder have runde lænestole af pileflet og på dem hvide puder eller bolstre, men ikke dekoreret eller med purpurudsmykning.
De, som skal klæde sig ud for at forestille gudinderne, skal bære den klædedragt, som de hellige mænd bestemmer. Hvis en kvinde klæder sig anderledes, end det er foreskrevet her, eller bærer noget, der er forbudt, skal kvindeopsynsmanden ikke tillade det og have ret til at ødelægge det, og det forbudte tøj skal tilfalde guderne.
1 i indskriften: 'eller'

5. V. 26-28

ὅρκος γυναικονόμου· ν οἱ δὲ ἱεροὶ ὅταν καὶ αὐτοὶ ὀμό-
σωντι, ὁρκιζόντω τὸν γυναικονόμον ἐπὶ τῶν αὐτῶν ἱερῶν, εἶ μὰν ἕξειν ἐπιμέλειαν περί τε τοῦ εἱματισμοῦ καὶ τῶν λοιπῶν τῶν
ἐπιτεταγμένων μοι ἐν τῶι διαγράμματι".

5. Kvindevogterens ed

Når de hellige mænd også selv aflægger ed, skal de lade kvindevogteren sværge over de samme hellige ofre: "(Jeg sværger) sandelig at holde opsyn både mht. klædedragt og de øvrige ting, som er pålagt mig i forskriften."

6. V. 28-34

ν πομπᾶς· ἐν δὲ τᾶι πομπᾶι ἀγείστω Μνασίστρατος, ἔπειτεν ὁ ἱερεὺς τῶν θεῶν οἷς τὰ μυστήρια γίνεται, μετὰ τᾶς ἱερέας, ἔπειτα ἀγωνοθέτας, ἱεροθύται, οἱ αὐληταί· μετὰ δὲ ταῦτα αἱ παρθένοι αἱ ἱεραί, καθὼς ἂν λάχωντι

30. ἄγουσαι τὰ ἅρματα ἐπικείμενας κίστας ἐχούσας ἱερὰ μυστικά· εἶτεν ἁ θοιναρμόστρια ἁ εἰς Δάματρος καὶ αἱ ὑποθοιναρμόστριαι αἱ ἐμβεβακυῖαι, εἶτεν ἁ ἱέρεα τᾶς Δάματρος τᾶς ἐφ' ἱπποδρόμωι, εἶτεν ἁ τᾶς ἐν Αἰγίλᾳ· ἔπειτεν αἱ ἱεραὶ κατὰ μίαν, καθώς κα λάχωντι, ἔπειτεν οἱ ἱεροί, καθώς κα οἱ δέκα διατάξωντι· ὁ δὲ γυναικονόμος κλαρούτω τάς τε ἱερὰς καὶ παρθένους καὶ ἐπιμέλειαν ἐχέτω, ὅπως πομπεύωντι, καθώς κα λάχωντι· ἀγέσθω δὲ ἐν τᾶι πομπᾶι καὶ τὰ θύματα, καὶ θυσάντω τᾶι μὲν Δάματρι σῦν ἐπίτοκα, Ἑρμᾶνι κριόν, Μεγάλοις Θεοῖς δάμαλιν, σῦν, Ἀπόλλωνι Καρνείωι κάπρον, Ἅγναι οἶν·

6. Processionen

Under processionen skal Mnasistratos (= medlem af den gamle præsteslægt; han opgav sit præsteembede mod visse æresrettigheder) gå forrest, derefter præst for de guder, som mysterierne afholdes for, sammen med præstinden, så lederen af væddekampene, offerpræsterne og fløjtespillerne; bagefter trækker de hellige jomfruer i den rækkefølge, der blev fundet gennem lodtrækning, den kærre med en kiste, der indeholder de hellige genstande. Dertil slutter sig festmåltidsøkonomaen fra Demetertemplet og hendes hjælpere, som er tiltrådt deres embede, desuden Demeters præstinder ved Hippodromen og Demeters præstinder i Aigila; dem følger de hellige kvinder enkeltvis, sådan som loddet har afgjort deres orden, derpå de hellige mænd, sådan som de ti mænds kommission ordner dem. Kvindeopsynsmanden skal bestemme rækkefølgen af de hellige kvinder og jomfruer gennem lodtrækning og sørge for, at de i processionen indtager den plads, som er tilfaldet dem gennem lodtrækningen. Man skal også føre offerdyrene med i processionen, og man skal ofre en drægtig so til Demeter, en vædder til Hermes, en ung gris til de Store Guder, en orne til Apollon Karneios og et får til Hagna.

7. V. 34-37

σκανᾶν· σκανὰν δὲ μὴ ἐπιτρεπόντω οἱ ἱεροὶ μηθένα ἔχειν ἐν τετραγώνωι μείζω ποδῶν τριάκοντα, μηδὲ περιτιθέμεν ταῖς σκαναῖς μήτε δέρρεις μήτε αὐλείας, μηδέ, ἐν ὧι ἂν τόπωι περιστεμματώσωντι οἱ ἱεροί, μηθένα τῶν μὴ ὄντων ἱερῶν ἔχειν σκανάν· μηδὲ παρερπέτω μηθεὶς ἀμύητος εἰς τὸν τόπον, ὅν κα περιστεμματώσωντι· χωραξάντω δὲ καὶ ὕδρανας· ἀναγραψάντω δὲ καί, ἀφ' ὧν δεῖ καθαρίζειν καὶ ἃ μὴ δεῖ ἔχοντας εἰσπορεύεσθαι.

7. Teltene

De hellige mænd skal ikke tillade nogen at have et telt, der er større end 30 fod i kvadrat eller at beklæde teltene med tæpper og forhæng, eller at en, der ikke hører til de hellige mænd, på det sted, hvor de hellige mænd har trukket grænsen, slår et telt op. Og ingen uindviet må snige sig ind på den plads, som de har afgrænset. På et sted skal de også stille vievandskar, og de skal skrive op, hvad man skal være renset for og hvad man ikke må tage med, når man vil træde ind (i det hellige rum).

8. V. 37-39

ν ἃ μὴ δεῖ ἔχειν ἐν ταῖς σκαναῖς· μηθεὶς κλίνας ἐχέτω ἐν τᾶι σκανᾶι μηδὲ ἀργυρώματα πλείονος ἄξια δραχμᾶν τριακοσιᾶν· εἰ δὲ μή, μὴ ἐπιτρεπόντω οἱ ἱεροὶ, καὶ τὰ πλειονάζοντα ἱερὰ ἔστω τῶν θεῶν.

8. Hvad der ikke må være i teltene

Ingen må have sofaer i teltet eller sølvtøj, der er mere værd end 300 drachmer. I modsat fald skal de hellige mænd forbyde det, og de ting, der er mere værd, skal tilfalde guderne.

9. V. 39-41

νάκοσμούντων· v ὅταν δὲ αἱ θυσίαι καὶ τὰ μυστήρια συντελεῖται, εὐφαμεῖν {ι} πάντας καὶ ἀκούειν τῶν παραγγελλομένων· τὸν δὲ ἀπειθοῦντα ἢ ἀπρεπῶς ἀναστρεφόμενον εἰς τὸ θεῖον μαστιγούντω οἱ ἱεροὶ καὶ ἀποκωλυόντω τῶν μυστηρίων.

9. Ang. dem, der ikke opfører sig ordentligt

Når ofringerne forrettes og mysterierne fejres, skal alle overholde religiøs/kultisk tavshed og adlyde de ordrer, der er givet. Den, der ikke adlyder eller opfører sig upassende over for guderne, skal de hellige mænd piske og forbyde adgang til mysterierne.

10. V. 41-45

v ῥαβδοφόρων· v ῥαβδοφόροι δὲ ἔστωσαν ἐκ τῶν ἱερῶν εἴκοσι καὶ πειθαρχούντω τοῖς ἐπιτελούν- τοις τὰ μυστήρια καὶ ἐπιμέλειαν ἐχόντω, ὅπως εὐσχημόνως καὶ εὐτάκτως ὑπὸ τῶν παραγεγενημένων πάντα γίνηται, καθὼς ἂν παραγγέλλωντι οἱ ἐπὶ τούτων τεταγμένοι· τοὺς δὲ ἀπειθοῦντας ἢ ἀπρεπῶς ἀναστρεφομένους μαστιγούντω· ἂν δέ τις τῶν ῥαβδοφόρων μὴ ποιεῖ, καθὼς γέγραπται, ἢ ἄλλο τι ἀδικοῖ ἢ ποιοῖ ἐπὶ καταλύσει τῶν μυστηρίων, κριθεὶς ἐπὶ τῶν ἱερῶν, ἂν κατακριθεῖ, μὴ μετεχέτω τῶν μυστηρίων.

10. Ang. stokkebærerne (= betjentene)

Der skal være 20 stokkebærere, udvalgt blandt de hellige mænd, og de skal adlyde dem, der leder mysterierne, og de skal sørge for, at alt bliver gjort anstændigt og ordentligt af dem, der deltager, således som de, der står over dem, beordrer (dem til). De skal piske dem, der er ulydige eller opfører sig upassende. Hvis en af stokkebærerne ikke gør det, som det er foreskrevet, eller gør noget andet ulovligt eller noget til skade for mysterierne, må han, hvis han dømt i nærvær af de hellige mænd bliver fundet skyldig, ikke deltage i mysterierne.

11. V. 45-64

περὶ τῶν διαφόρων· ν τὰ δὲ πίπτοντα διάφορα ἐκ τῶν μυστηρίων ἐγλεγόντω οἱ κατασταθέντες ὑπὸ τοῦ δάμου πέντε· νείσφερόντω δὲ οἱ ἄρχοντες ἀνάνκαι πάντες, μὴ δὶς τοὺς αὐτούς, τίμαμα ἔχοντα ἕκαστον μὴ ἔλασσον ταλάντου, καὶ τῶν κατασταθέντων παραγραψάτω ἁ γερουσία τὸ τίμημα, ὡσαύτως δὲ καὶ τὸ τῶν εἰσενεγκάντων· τοῖς δὲ ἐγλογευόντοις τὰ διάφορα λειτουργείτω ὁ ἀργυροσκόπος· ὅταν δὲ ἐπιτελεσθεῖ τὰ μυστήρια, ἀπολογισάσθωσαν ἐμ πάντοις ἐν τᾶι πρώται συννόμωι συναγωγᾶι τῶν συνέδρων, καὶ γραφὰν ἀποδόντω τῶι ἐπιμεληταῖ παραχρῆμα γράφοντες ἐπ’ ὀνόματος τὰ πεπτωκότα δι[ά]φορα ἀπὸ τοῦ καθαρμοῦ, καὶ ἀπὸ τῶν πρωτομυστᾶν τὸ ὑποστατικόν, καὶ ἄν τι ἄλλο πέσει, καὶ τὴν γεγενημέναν ἔξοδον, καί τι ἂν εἶ λοιπόν, καὶ ἀριθμησάντω παραχρῆμα τῶι ταμίαι καὶ ἔστωσαν ὑπόμαστροι, ἄν τι εὑρίσκωνται ἀδικοῦντες, διπλασίου καὶ ἐπιτιμίου δραχμᾶν χ[ι]λιᾶν, καὶ οἱ δικαστ[αὶ] μὴ ἀφαιρούντω μηθέν· οἱ δ’ ἐν τῶι πέμπτωι καὶ πεντηκοστῶι ἔτει κατεσταμένοι ἐξοδιασάντω καὶ Μνα-[σισ]τράτωι τὸ διδόμενο[ν αὐτῶι] διάφορον εἰς τὸν στέφανον ὑπὸ τῆς [πό]λεος, δραχμὰς ἑξακισχιλίας, ἀποδόντω δὲ τῶι ταμίαι καὶ ὅσα κα εἶ [πρ]οεξωδιασμένα διάφορα [ὑπ]ὸ τοῦ ταμίου ἐ[ν τῶι πέμπτωι καὶ πεντηκοστῶι] ἔτε[ι εἰς] τὰ κ[α]τασκευαζόμ[εν]α ἐν [τῶ]ι Καρνειασίωι ἢ δαπανούμενα χάριν τῶν μυστηρίων· τὸ δὲ [λοιπὸν ἐκ τῶν προεξωδιασμένων διαφόρων] ἐξοδιαζόντ[ω οἱ πέντε εἰς τὰ] ἐπισκε[υα]-ζόμενα ἐν τῶι Καρνειασίωι, καὶ ἄν τινος ἔτι χρεία εἶ [παρὰ ταύτας τὰς] ποθόδους, φερόντω γράφοντες ῥη[τῶς εἰς] ὃ ἂν χρεία εἶ, καὶ οἱ ἄρχοντες καὶ οἱ σύνεδροι δογματοποιείσθωσαν, ὅτι δεῖ τὸν ταμίαν [διδόμ] εν τὰ διάφορα· ἀπὸ δὲ τῶν πιπτόντων ἐκ τῶν μυστηρίων ἀποκαθιστάσθω τῶι ταμίαι τὰ διάφορα, καὶ ἀποδόντω γραφὰν τῶι ἐπιμελητᾶι, περὶ ὧν κα διοικήσωντι, καὶ ἔστωσαν ὑπόμαστροι, ἄν τι ἀδικήσωντι, καθὼς ἐπάνω γέγραπται· v ὁ δὲ ταμίας, ὅσον κα παραλάβει διάφορον λοιπὸν ἐκ τούτων, γραφέτω ἐν ὑπεχθέματι εἰς τὰν ἐπισκευὰν τῶν ἐν τῶι Καρνειασίωι, καὶ μὴ ἀναχρησάσθω εἰς ἄλλο μηθέν, μέχρι ἂν ἐπιτελεσθεῖ, ὅσων χρεία ἐστὶ ποτὶ τὰν τῶν μυστηρίων συντέλειαν· μηδὲ γραψάτω μηθεὶς δόγμα, ὅτι δεῖ ταῦτα τὰ διάφορα εἰς ἄλλο τι καταχρήσασθαι· εἰ δὲ μή, τό τε γραφὲν ἀτελὲς ἔστω, καὶ ὁ γράψας ἀποτεισάτω δραχμὰς δισχιλίας· ὁμοίως δὲ καὶ ὁ ταμίας, ὅ τί κα ἐξοδιάσει, διπλοῦν καὶ δραχμὰς δισχιλίας· καὶ οἱ δικασταὶ μὴ ἀφαιρούντω μηθέν, καὶ τὰ πίπτοντα ἐκ ταυτᾶν τᾶν κρισίων διάφορα ὑπαρχέτω εἰς τὰν ἐπισκευὰν τῶν ἐν τῶι Καρνειασίωι· ὅταν δὲ ἐπι{σ}τελεσθεῖ, ὅσων χρεία ἐστὶ ποτὶ τὸ συντελεῖν τὰ μυστήρια, ὑπαρχέτω τὰ πίπτοντα διάφορα τῶν μυστηρίων εἰς τὰς τᾶς πόλεος ἐ<σ>όδους.

11. Ang. indsamling af midler

De fem personer, valgt af folket, skal indsamle de penge, som kommer ind fra mysterierne; alle embedsmænd må nødvendigvis nominere personer, – dog ikke de samme personer to gange –, der hver har en formue på ikke mindre end et talent, og ældsterådet skal bogføre formuen af de nominerede, ligesom også formuen af de personer, der har nomineret dem. Sølvkontrollanten (argyroskopos = argyrognōmōn) s kal assistere dem, der samler penge ind; når mysterierne er afsluttet, skal de aflægge regnskab i alle forhold på den første ordinære forsamling af rådmændene (synedros) og straks aflevere det nedskrevne regnskab til

tjensthavende embedsmand i finanssektoren (epimelētēs) idet de aflægger regnskab punkt for punkt for de beløb, der er kommet ind fra renselsesceremonien, og for billetindtægten fra førstegangsmysterne, samt hvis der eller er kommet noget beløb ind, og for den opståede udgift og for hvad der ellers måtte være til rest, og de skal på stedet foretage indbetalingen til kassemesteren, og de skal være juridisk ansvarlige over for finansloven (hypomastroi = hypeuthynos), hvis de findes skyldige i uretmæssig adfærd, med en bøde på det dobbelte beløb (af forseelsen) samt 1000 drachmer oveni; og dommerne må ikke reducere bøden overhovedet.
De, der er nomineret i det 55. år, skal også i fuldt mål betale (eksodiasantō) til Mnasistratos den sum penge, der er bevilliget ham af byen for kransen, 6000 drachmer, og de skal også tilbagebetale til skattemesteren, hvad der var udbetalt som forskud af skattemesteren i det 55. år til udførelse af arbejder i Karneiasionlunden eller til udgifter i forbindelse med mysterierne. De fem må udbetale resten af de forudbetalte summer til forberedelserne i Karneiasion-lunden, og hvis der er behov for et tillæg til disse udgifter, skal de på skrift specificeret redegøre for, hvad der er behov for, og arkonterne og finans-embedsmændene skal beslutte, om skattemesteren skal udbetale beløbet. Af de summer, der er kommet ind fra mysterierne, skal beløbet overføres til skatte-mesteren, og de skal redegøre over for finansembedsmændene (epimelētēs) om de forhold, som de administrerer og er juridisk ansvarlige for, hvis de handler mod loven, ligesom det er beskrevet ovenfor.
Skattemesteren skal aflægge regnskab i en supplerende rapport (hypechthema), hvor stor en restsum han end modtager fra fonden (= de indsamlede beløb) til genetablering af tingene i Karneiasion-grotten, og han må ikke bruge dem til noget som helst andet, indtil det beløb er udbetalt helt og holdent, som er nødvendigt for afholdelsen af mysterierne.

Ingen må overhovedet indgive et forslag om, at disse beløb skal bruges til noget andet; i modsat fald skal forslaget være ugyldigt, og forslagsstilleren skal erlægge 2000 drachmer i bøde, ligeledes skal skattemesteren betale det dobbelte af, hvad der var udbetalt, og 2000 drachmer oveni. Og dommerne må ikke reducere dem overhovedet, og summerne, der er kommet ind fra disse domme, skal gå til reparation af tingene i Karneiasion-lunden. Hvis han betaler fuldt og helt, hvad der er nødvendigt for at afholde mysterierne, skal beløbene, der kommer ind fra mysterierne, indgå i byens indtægter.

12. V. 64-73

ν θυμάτων παροχᾶς· οἱ ἱεροὶ μετὰ τὸ κατασταθῆμεν προκαρύξαντες ἐγδόντω τὰν παροχὰν τῶν θυμάτων, ὧν δεῖ θύεσθαι καὶ παρίστασθαι ἐν τοῖς μυστηρίοις, καὶ τὰ εἰς τοὺς καθαρμούς, ἐγδιδόντες, ἄν τε δοκεῖ συνφέρον εἶμεν ἐπὶ τὸ αὐτὸ πάντα τὰ θύματα, ἄν τε κατὰ μέρος, τῶι τὸ ἐλάχιστον ὑφισταμένωι λάμψεσθαι διάφορον· ἔστι δὲ ἃ δεῖ παρέχειν πρὸ τοῦ ἄρχεσθαι τῶν μυστηρίων, ἄρνας δύο λευκούς, ἐπὶ τοῦ καθαρμοῦ κριὸν εὔχρουν καί, ὅταν ἐν τῶι θεάτρωι καθαίρει, χοιρίσκους τρεῖς, ὑπὲρ τοὺς πρωτομύστας ἄρνας ἑκατόν, ἐν δὲ τᾶι πομπᾶι Δάματρι σῦν ἐπίτοκα, τοῖς δὲ Μεγάλοις Θεοῖς δάμαλιν διετῆ σῦν, Ἑρμᾶνι κριόν, Ἀπόλλωνι Καρνείωι κάπρον, Ἅγναι οἶν· ὁ δὲ ἐγδεξάμενος κατεγγυεύσας ποτὶ τοὺς ἱεροὺς λαβέτω τὰ διάφορα καὶ παριστάτω τὰ θύματα εὐίερα καθαρὰ ὁλόκλαρα, καὶ ἐπιδειξάτω τοῖς ἱεροῖς πρὸ ἁμερᾶν δέκα τῶν μυστηρίων· τοῖς δὲ δοκιμασθέντοις σαμεῖον ἐπιβαλόντω οἱ ἱεροί, καὶ τὰ σαμειωθέντα παριστάτω ὁ ἐγδεξάμενος· ἂν δὲ μὴ παριστᾶι ἐπὶ τὰν δοκιμασίαν, πρασσόντω οἱ ἱεροὶ τοὺς ἐγγύους αὐτὸ καὶ τὸ ἥμισυ, τὰ δὲ θύματα αὐτοὶ παρεχόντω καὶ ἀπὸ τῶν πραχθέντων διαφόρων κομισάσθωσαν τὰν γενομέναν δαπάναν εἰς τὰ θύματα.

12. Ang. forsyningen af offerdyr

De hellige mænd skal efter udnævnelsen og efter at have proklameret den offentligt, udlicitere forsyningen af de offerdyr, som skal fremskaffes til og ofres under mysterierne, samt af dem (offerdyrene) til renselsesritualerne, idet de lader kontrakterne under overvejelse af, om det synes fordelagtigt, at alle dyr indgår på den samme kontrakt eller skal indgå på separate kontrakter, gå til den, der tilbyder at forlange den mindste sum. Dette er, hvad der er nødvendigt at blive fremskaffet før starten af mysterierne: to hvide lam; til renselsesritualet en vædder med en sund kulør, og når nogen vasker sig i teatret tre pattegrise; for førstegangsinitianderne 100 lam; i processionen en drægtig so for Demeter, for de to Store Guder (kabeiroi) en ung to-årig gris, en vædder for Hermes, en orne for Apollon Karnaeios, et får for Hagna; når kontrahenten har stillet kautionister for de hellige mænd, skal han modtage pengene, skaffe offerdyr, som er sunde, rene og offerklare, og vise dem til de hellige mænd 10 dage før mysterierne begynder; og de hellige mænd skal markere de undersøgte dyr med et mærke, og kontrahenten skal præsentere de offerdyr, som er mærkede. Hvis han ikke præsenterer dem til undersøgelsesterminen, skal de hellige mænd indkræve selve beløbet fra kautionisterne plus det halve oveni; de skal selv fremskaffe offerdyrene og dække de forefaldende udgifter for offerdyrene med de indkomne summer.

13. V. 73-75

ν τεχνιτᾶν εἰς τὰς χοριτείας· ν οἱ ἱεροὶ προγραφόντω κατ᾽ ἐνιαυτὸν τοὺς λειτουργήσοντας ἔν τε ταῖς θυσίαις καὶ μυστηρίοις αὐλητὰς καὶ κιθαριστάς, ὅσους κα εὑρίσκωντι εὐθέτους ὑπάρχοντας, καὶ οἱ προγραφέντες λειτουργούντω τοῖς θεοῖς.

13. Ang. danseartisterne
De hellige mænd skal hvert år udnævne fløjte- og citarspillerne både til offerritualerne og til mysterierne, så mange som de finder egnede til funktionen, og, de, der er nomineret, skal optræde for guderne.

14. V. 75-78
v ἀδικημάτων· v ἂν δέ τις ἐν ταῖς ἁμέραις, ἐν αἷς αἵ τε θυσίαι καὶ τὰ μυστήρια γίνονται, ἁλῶι εἴτε κεκλεβὼς εἴτε ἄλλο τι ἀδίκημα πεποιηκώς, ἀγέσθω ἐπὶ τοὺς ἱερούς· καὶ ὁ μὲν ἐλεύθερος, ἂν κατακριθεῖ,
ἀποτινέτω διπλοῦν, ὁ δὲ δοῦλος μαστιγούσθω καὶ ἀποτεισάτω διπλοῦν τὸ κλέμμα, τῶν δὲ ἄλλων ἀδικημάτων ἐπιτίμιον δραχμὰς εἴκοσι· ἂν δὲ
μὴ ἐκτίνει παραχρῆμα, παραδότω ὁ κύριος τὸν οἰκέταν τῶι ἀδικηθέντι εἰς ἀπεργασίαν· εἰ δὲ μή, ὑπόδικος ἔστω ποτὶ διπλοῦν.
14. Ang. lovovertrædelser
Hvis nogen i de dage, hvor offerritualerne og mysterierne finder sted, tages i at have stjålet eller have gjort noget andet ulovligt, skal han føres frem for de hellige mænd. Og hvis en fri mand findes skyldig, skal han betale det dobbelte beløb; en slave skal piskes og betale den dobbelte værdi af den stjålne ting, og bøden for de øvrige forseelser er 20 drachmer; hvis han ikke betaler bøden umiddelbart, skal ejeren overgive slaven til den forurettede, så han kan arbejde bøden af; hvis han ikke gør det, skal han være hjemfalden til at betale det dobbelte.

15. V. 78-80
v περὶ τῶν κοπτόντων ἐν τῶι ἱερῶι· v μηδεὶς κοπτέτω ἐκ τοῦ ἱεροῦ τόπου· ἂν δέ τις ἁλῶι, ὁ μὲν δοῦλος μαστιγούσθω ὑπὸ τῶν ἱερῶν, ὁ δὲ ἐλεύθερος ἀποτεισάτω, ὅσον κα οἱ ἱεροὶ ἐπικρίνωντι· ὁ δὲ ἐπιτυχὼν ἀγέτω
80 αὐτοὺς ἐπὶ τοὺς ἱεροὺς καὶ λαμβανέτω τὸ ἥμισυ.

15. Ang. dem, der hugger brænde i helligdommen

Ingen må hugge brænde i det hellige område; hvis nogen gribes på fersk gerning, skal han piskes af de hellige mænd, hvis han er en slave, eller, hvis det er en fri mand, skal han betale den sum, som de hellige mænd beslutter; den, der finder sådanne lovovertrædere, skal føre dem for de hellige mænd og skal modtage halvdelen af bødesummen.

16. V. 80-84

ν φύγιμον εἶμεν τοῖς δούλοις· ν τοῖς δούλοις φύγιμον ἔστω τὸ ἱερόν, καθὼς ἂν οἱ ἱεροὶ ἀποδείξωντι τὸν τόπον, καὶ μηθεὶς ὑποδεχέσθω τοὺς δραπέτας μηδὲ σιτοδοτείτω μηδὲ ἔργα παρεχέτω· ὁ δὲ ποιῶν παρὰ τὰ γεγραμμένα ὑπόδικος ἔστω τῶι κυρίωι τᾶς τοῦ σώματος ἀξίας διπλασίας καὶ ἐπιτιμίου δραχμᾶν πεντακοσιᾶν, ὁ δὲ ἱερεὺς ἐπικρινέτω περὶ τῶν δραπετικῶν, ὅσοι κα ἧνται ἐκ τᾶς ἁμετέρας πόλεος, καὶ ὅσους κακατακρίνει, παραδότω τοῖς κυρίοις· ἂν δὲ μὴ παραδιδῶι ἐξέστω τῶι κυρίωι ἀποτρέχειν ἔχοντι.

16. At der er et tilflugtssted for slaverne

Helligdommen skal være et tilflugtssted for slaverne, således som de hellige mænd skal anvise stedet, og ingen må huse de bortløbne slaver eller give dem mad eller arbejde; den, der handler mod forordningen, skal være ansvarlig over for ejeren for den dobbelte værdi af slaven og for en bøde på 500 drachmer. Præsten skal afgøre mht. de bortløbne slaver, hvor mange der kan få amnesti fra vores by, og hvor mange han skal udlevere til deres ejere; men hvis han ikke udleverer nogen, skal det være tilladt ejeren at gå bort med slaven som ejendom.

17. V. 84-89

ν περὶ τᾶς κράνας· ν τᾶς δὲ κράνας τᾶς ὠνο{ι}μασμένας διὰ τῶν ἀρχαίων ἐγγράφων Ἅγνας καὶ τοῦ γε[γε]νημένου

85. ποτὶ τᾶι κράναι ἀγάλματος τὰν ἐπιμέλειαν ἐχέτω Μνασίστρατος, ἕως ἂν ζεῖ, καὶ μετεχέτω μετὰ τῶν ἱερῶν τᾶν τε θυσιᾶν καὶ τῶν μυστηρίων, καὶ ὅσα κα οἱ θύοντες ποτὶ τᾶι κράναι τραπεζῶντι, καὶ τῶν θυμάτων τὰ δέρματα λαμβανέτω Μνασίστρατος, τῶν τε διαφόρων, ὅσα κα οἱ θύοντες ποτὶ τᾶι κράναι προτιθῆντι ἢ εἰς τὸν θησαυρόν, ὅταν κατασκευασθεῖ, ἐμβάλωντι, λαμβανέτω Μνασίστρατος τὸ τρίτον μέρος· τὰ δὲ δύο μέρη, καὶ ἄν τι ἀνάθεμα ὑπὸ τῶν θυσιαζόντων ἀνατιθῆται, ἱερὰ ἔστω τῶν θεῶν· ὁ{ι} δὲ ἱερεὺς καὶ οἱ ἱεροὶ ἐπιμέλειαν ἐχόντω, ὅπως ἀπὸ τῶν διαφόρων ἀναθέματα κατασκευάζηται τοῖς θεοῖς, ἃ ἂν τοῖς συνέδροις δόξει.

17. Ang. kilden

Mnasistratos skal føre opsyn med kilden, som er kaldt Hagna i de gamle skrifter, og med statuen, som står nær kilden, sålænge han lever, og han skal deltage sammen med de hellige mænd i ofringerne og mysterierne og hvad end de ofrer ved kilden samt offerdyrenes skind skal Mnasistratos modtage. Af de bidrag, hvilke end de ofrende ved kilden ofrer eller giver til skattekammeret, når det er bygget, skal Mnasistratos have en tredjedel. De øvrige to tredjedele skal være helliget guderne sammen med de gaver, der er opstillet af de ofrende; præsten og de hellige mænd skal holde opsyn med, at tempelgaverne bringes til guderne fra de bidrag, hvilke end der besluttes af rådmændene.

18. V. 89-95

ν θησαυρῶν κατασκευᾶς

90· ν οἱ ἱεροὶ οἱ κατεσταμένοι ἐν τῶι πέμπτωι καὶ πεντηκοστῶι ἔτει ἐπιμέλειαν ἐχόντω μετὰ τοῦ ἀρχιτέκτονος, ὅπως κατασκευασ[θ]ῆντι θησαυροὶ λίθινοι δύο κλαικτοί, καὶ χωραξάντω τὸν μὲν ἕνα εἰς τὸν ναὸν τῶν Μεγάλων Θεῶν, τὸν δ' ἄλλον ποτὶ τᾶι κράναι, ἐν ὧι ἂν τόπωι δοκεῖ αὐτοῖς ἀσφαλῶς ἕξειν, καὶ ἐπιθέντω κλᾶϊκας, καὶ τοῦ μὲν παρὰ τᾶι κράναι ἐχέτω τὰν ἀτέραν κλᾶϊκα Μνασίστρατος, τὰν δὲ ἄλλαν οἱ ἱεροί, τοῦ δὲ ἐν τῶι ναῶι ἐχόντω τὰν κλᾶϊκα οἱ ἱεροί, καὶ ἀνοιγόντω κατ' ἐνιαυτὸν τοῖς μυστηρίοις καὶ τὸ ἐξαριθμηθὲν διάφορον ἐξ ἑκατέρου τοῦ θησαυροῦ χωρὶς γράψαντες ἀνενεγκάντω· ἀποδόντω δὲ καὶ Μνασιστράτωι τὸ γινόμενον αὐτ[ῶ]ι διάφορον, καθὼς ἐν τ[ῶι] διαγράμματι γέγραπται.

18. Ang. bygning af skatkamre

De hellige mænd, udnævnt i det 55. år, skal sammen med bygningsdirektøren holde opsyn med, at to stenskatkamre bygges, som kan låses; og de skal placere det ene i de Store Guders helligdom, den anden ved kilden, hvor det end synes dem at være sikkert. Og de skal installere låsemekanismer; og for det ene skatkammer ved kilden skal Mnasistratos have den ene nøgle, den anden de hellige mænd;

for pengeskabet i templet skal de hellige mænd have nøglen, og de skal åbne det hvert år under mysterierne og indberette indtægterne, når de er talt sammen fra hver helligdom og nedskrevet separat. Og de må give Mnasistratos den indkomst, der tilkommer ham, således som det står skrevet i forordningen.

19. V. 95-99

vv ἱεροῦ δείπνου vv· οἱ ἱεροὶ ἀπὸ τῶν θυμάτων τῶν ἀγομένων ἐν τᾶι πομπᾶι ἀφελόντες ἀφ' ἑκάστου τὰ νόμιμ[α] [μέρη] τοῖς θεοῖς [τὰ λοι]πὰ κρέα καταχρησάσθωσαν εἰς τὸ ἱερὸν δεῖπνον μετὰ τᾶν ἱερᾶν καὶ παρθένων, καὶ παραλαβόντω τόν τε ἱερῆ [καὶ τὰν] ἱέρεαν κ[αὶ τὰ]ν ἱέρεαν τοῦ Καρνείου καὶ Μνασίστρατον ν καὶ τὰν γυναῖκα τε καὶ τὰς γενεὰς αὐτοῦ καὶ τῶν τεχνιτᾶν τοὺς λει-[τουργή]σαντας [ἐν τα]ῖς χορείαις καὶ τᾶν ὑπηρεσιᾶν τοὺς λειτουργοῦντας αὐτοῖς· καὶ εἰς τὰ λοιπὰ δαπανάματα μὴ πλεῖον ἀνάλωμα [π]οιοῦντες δραχμᾶν *vacat*

19. Ang. det hellige måltid

Efter at de hellige mænd har fjernet de traditionelle portioner til guderne fra hvert enkelt af offerdyrene, ført i processionen, skal de bruge resten af kødet til det hellige måltid sammen med de hellige kvinder og de unge piger, og de skal invitere præsten og præstinden samt præstinden for (Apollon) Karneios og Mnasistratos og både hans kone og hans børn samt af artisterne dem, der gør tjeneste i dansene og af tjenerne dem, der gør tjeneste som hjælpere for dem; og i forhold til de resterende udgifter må de ikke bruge en større sum end .... drachmer.

20. V. 99-103

ἀγορᾶς· v οἱ ἱεροὶ τόπον ἀποδειξάντω, ἐν ᾧ πραθήσεται πάντα· ὁ δὲ ἀγορανόμος ὁ ἐπὶ πόλεος [επ[ι]]

100. [ἐ]πιμέλειαν ἐχέτω, ὅπως οἱ πωλοῦντες ἄδολα καὶ καθαρὰ πωλοῦντι καὶ χρῶνται σταθμοῖς καὶ μέτροις συμφώνοις ποτὶ τὰ δαμόσια, καὶ

μὴ τασσέτω μή[τε] πόσου δεῖ πωλεῖν, μηδὲ καιρὸν τασσέτω μηδὲ πρασσέτω μηθεὶς τοὺς πωλοῦντας τοῦ τόπου μηθέν· τοὺς δὲ μὴ πω-

λοῦντας καθὼς γέγραπται, τοὺς μὲν δούλους μαστιγούτω, τοὺς δὲ ἐλευθέρους ζαμιούτω εἴκοσι δραχμαῖς· καὶ τὸ κρίμα ἔστω ἐπὶ τῶν ἱε-

[ρῶν].

20. Ang. torvet

De hellige mænd skal udpege et sted, hvor alle varer kan sælges. Byens torveopsynsmand skal holde opsyn med, at sælgerne sælger ufordærvede og rene varer og bruger vægte og mål, der svarer til de offentlige, men han må hverken fastsætte prisen, til hvilken de bør sælges, ejheller fastsætte tidspunktet, og ingen må kræve husleje fra sælgerne for salgsstedet. Dem, der ikke sælger, således som det står foreskrevet, må han piske, hvis de er slaver, og hvis de er frie mænd, skal han idømme dem en bøde på 20 drachmer; og dommen skal falde i nærvær af de hellige mænd.

21. V. 103-106

ν ὕδατος· ν ἐχέτω δὲ ἐπιμέλειαν ὁ ἀγορανόμος καὶ περὶ τοῦ ὕδατος, ὅπως κατὰ τὸν τᾶς παναγύριος χρόνον μηθεὶς κακοποιεῖ μήτε [τὸ β]ήλημα μήτε τοὺς ὀχετοὺς μήτε ἄν τι ἄλλο κατασκευασθεῖ ἐν τῶι ἱερῶι χάριν τοῦ ὕδατος, καὶ ὅπως, καθὼς ἂν μερισθεῖ, ῥεῖ τὸ ὕδωρ καὶ μη-[θεὶς ἀ]ποκωλύει τοὺς χρωμένους· ἂν δέ τινα λαμβάνει ποιοῦντά τι τῶν κεκωλυμένων, τὸν μὲν δοῦλον μαστιγούτω, τὸν δὲ ἐλεύθερον [ζαμιούτω] εἴκοσι δραχμαῖς· καὶ τὸ κρίμα ἔστω ἐπὶ τῶν ἱερῶν.

21. Ang. vand

Torveopsynsmanden har mht. vandet ansvaret for, at ingen under festivalen hverken ødelægger slusen eller kanalerne eller der etableres noget andet for at få fat i vand, og sørge for, at vandet flyder, som det er tildelt (borgerne), og at ingen hindrer dem i at få fat i det; hvis han griber nogen i at gøre noget forbudt, skal han piske ham, hvis det er en slave, eller idømme ham en bøde på 20 drachmer, hvis det er en fri mand; og dommen skal falde i nærvær af de hellige mænd.

22. V. 106-111

ν ἀλείμματος καὶ λουτροῦ· ν ὁ ἀγορανόμος ἐπιμέλειαν ἐχέτω, ὅπως οἱ θέλοντες [βαλανεύε]ιν ἐν τῶι ἱερῶι μὴ πλεῖον πράσσωντι τοὺς λουομένους δύο χαλκῶν καὶ παρέχωντι πῦρ καὶ μάκραν εὔκρατον καὶ τοῖς κατακλυ-[ζομένοις ὕ]δωρ εὔκρατον, καὶ ὅπως ὁ ἐγδεξάμενος τῶν ξύλων τὰν παροχὰν εἰς τὸ ἀλειπτήριον παρέχει ξύλα ξηρὰ καὶ ἱκανὰ τοῖς ἀλει-[φομένοις] κατ' ἀμέραν ἀπὸ τετάρτας ὥρας ἕως ἑβδόμας· δοῦλος δὲ μηθεὶς ἀλειφέσθω· οἱ δὲ ἱεροὶ ἐγδιδό{ι}ντω τὰν παροχὰν τῶν ξύλ[ω]ν [τῶν εἰς τ]ὸ ἀλειπτήριον· ἂν δέ τις τῶν ἐγδεξαμένων ἢ τῶν βαλανέων μὴ ποιεῖ καθὼς γέγραπται, τὸν μὲν δοῦλον μαστιγούτω ὁ ἀγορανό-[μος, τ]ὸν δὲ ἐλεύθ<ε>ρον ζαμιούτω καθ' ἕκαστον ἀδίκημα εἴκοσι δραχμαῖς·

καὶ τὸ κρίμα ἔστω ἐπὶ τῶν ἱερῶν.

22. Ang. salvning og badning

Torveopsynsmanden har ansvaret for, at de, der vil bestyre badet i helligdommen, ikke forlanger mere af badegæsterne end 2 chalkoi og skaffer ild og et veltempereret badekar og tempereret vand til dem, der vasker sig; og at den, der er indkøbsmanager vedr. forsyningen af brænde til salverummet, skaffer tørt brænde, egnet til dem, der smører sig ind hver dag fra den 4. til den 7. time. Ingen slave må smøre sig selv ind; de hellige mænd udliciterer forsyningen af brænde til salverummet. Hvis nogen manager eller bademester ikke gør som foreskrevet, skal torveopsynsmanden piske ham, hvis han er slave, eller idømme ham en bøde på 20 drachmer for hver enkelt forseelse, og afgørelsen skal falde i nærvær af de hellige mænd.

23. V.111-113

v συνέσιος ἀναφορᾶς· v οἱ ἱε-
[ροὶ ὅ]σα κα διοικήσωντι ἐν τᾶι παναγύρει ἢ κατακρίνωντί τινας, σύνεσιν ἀνενεγκάντω εἰς τὸ πρυτανεῖον· ἀναγραψάντω δὲ καὶ
[εἰς τ]ὸν οἶκον τὸν ἐν τῶι ἱερῶι, οὓς ἂν κατακρίνωντι καὶ ἐπὶ ποίωι ἀδικήματι.

23. Ang. referatet af den samlede forordning

De hellige mænd skal, hvilke sager de end administrerer i festivalen eller hvilke domme de end pålægger nogen, rapportere afgørelserne til rådhuset. Og de skal også indskrive på helligdommens bygning, hvilke folk de dømmer og for hvilke forseelser.

24. V.113-115

ν ἀντίγραφον ἔχειν τοῦ διαγράμματος· ν οἱ κατεσταμέ[νοι ὥ]στε γράψαι τὸ διάγραμμα, καθὼς ἂν δοκιμασθεῖ, δόντω τοῖς νομοδείκταις ἀντίγραφον· οἱ δὲ λαβόντες ἐπιδεικνυόντω τῶι [χρε]ίαν ἔχοντι· καὶ ἐν τοῖς μυστηρίοις συνλειτουργούντω τοῖς ἱεροῖς καὶ ὁ κᾶρυξ καὶ αὐλητὰς καὶ μάντις καὶ ἀρχιτέκτων.

24. At der skal være en kopi af forordningen

De, der er udnævnt til at indskrive forordningen, således som det er godkendt, skal give en kopi til lovkonsulenterne (nomodeiktai); de, som modtager den, skal vise den til den, der har behov for det; og i mysterierne skal herolden, fløjtespilleren, seeren og bygningsdirektøren gøre tjeneste sammen med de hellige mænd.

25. V. 116-179

[τᾶς κατα]στάσιος τῶν δέκα· οἱ δαμιοργοὶ τοῦ ἕκτου μηνὸς τᾶι δωδεκάται, πρὸ τοῦ τὸν κ<λᾶ>ρον τῶν ἱερῶν νν [κ]αὶ τᾶν ἱερᾶν γίνεσθαι, ἀποδόντ[ω] τῶι δάμωι χειροτονίαν, ὅπως καταστάσει ἐκ πάντων τῶν πολιτᾶν δέκα, μὴ νεωτέρους ἐτῶν τεσσαράκοντα μη[δ]ὲ δὶς τοὺς αὐτοὺς τ[ό]ν γ' ἰὸν ἐνιαυτόν· π[ο][τ]εισφερόντω δὲ οἵ τε ἄρχοντες καὶ τῶν ἄλλων ὁ θέλων, εἰσφέροντες, ἐξ ὧν γέγραπται τοὺς ἱεροὺς κλαροῦσθαι· τοὺς δὲ κατασταθέντας ὁ[ρ]κιξάτω ὁ γραμματεὺς τῶν συνέδρων τὸν ὅρκον, ὃν οἱ ἱεροὶ ὀμν[ύ]οντι· ἐχόντω δὲ οἱ κατασταθέντες ἐπιμέλειαν περὶ πάντων, ὧν δεῖ ἐν τοῖς μυστηρίοις συντελεῖσθαι, καὶ φροντιζόντω, ὅσων χρεία ἐστὶ εἰς τὸ ἐπιτελεῖσθαι τὰ μυστήρια· προγραφόντω δὲ ἐκ τῶν ἱερῶν καὶ ῥαβδοφόρους τοὺς εὐθετωτάτους, ὁμοίως δὲ καὶ μυσταγωγούς· τοὺς δὲ συνλειτουργήσοντας μετὰ Μνασιστρά[τ]ου προγραφόντω, ἄν [τ]ινας εὑρίσκωντι εὐθέτους ὑπάρχοντας καὶ τῶν μὴ ὄντων ἱερῶν· καὶ οἱ προγραφέντες πειθαρχούντω καὶ ἐπιτελούντω, ὃ ἂν

προγραφῆντι· τὸν δὲ
μὴ ποιοῦντα κατακρι-
νάντω εἴκοσι δρα-
[χ]μαῖς καὶ ἐγγραψάν-
[τω] εἰς τοὺς πολεμάρ-
Χους· οἱ δὲ ῥαβδοφόροι
μαστιγούντω, οὕς κα
οἱ δέκα κελεύωντι·
οἱ δὲ κατασταθέν-
τες δέκα κρινόντω
[τ]ὰ κ[ρίμα]τα π[άντα]·

25. Ang. udnævnelsen af De Ti Mænds Råd

De offentlige funktionærer (demiourgoi) skal på den 12. dag af den 6. måned, før terminen (for udnævnelsen) af de hellige mænd og kvinder finder sted, give folket lejlighed til at stemme på ti mænd blandt alle borgere, ikke yngre end 40 år og aldrig den samme person to gange, for et år ad gangen. Arkonterne og hvem der end vil, skal offentliggøre nomineringer blandt dem, som det er blevet registreret, at de er udpeget som hellige mænd gennem lodtrækning.

Embedsmændenes sekretær skal lade de udnævnte sværge den ed, som de hellige mænd sværger. De udnævnte skal have opsyn med alt, som er nødvendigt at blive gennemført under mysterierne, og overvåge, hvad der er nødvendigt for at gennemføre mysterierne. De skal også blandt de hellige mænd proklamere udnævnelsen af de bedst kvalificerede stokkebærere og ligeledes også mystagogerne. De skal nominere nogen til at yde tjeneste sammen med Mnasistratos, hvis de finder nogen egnede, endda blandt dem, der ikke er hellige mænd. Og de udpegede skal adlyde de tjensthavende embedsmænd og fuldføre, hvad der bliver pålagt dem af opgaver. Den, der ikke gør det, skal de idømme en bøde på 20 drachmer og registrere (hans navn) til polemarcherne. Stokkebærerne skal piske enhver, som de Ti befaler (dem at piske). De udnævnte Ti skal fælde alle domme.

(26.)

[ἂν δὲ χρεία εἶ πε]-
ρί τινος διαβούλιον [γί]-
νεσθαι, συναγόντω
οἱ δέκα πάντες τοὺς ἱ-
ερούς[175], καὶ καθὼς τοῖς
πλειόνοις δόξαι, ἐπιτε-
λείσθω· φορούντω δὲ οἱ
δέκα ἐν τοῖς μυστηρί-
οις στρόφιον πορφύριον.

(26.)

Hvis det er nødvendigt med en rådslagning om et emne, skal alle de Ti mødes med de hellige mænd, og ligesom det bliver besluttet af majoriteten, skal beslutningen fuldføres. De Ti skal bære et purpurhårbånd under mysterierne.

(27.) 26. V. 180-194

180. ἀγράφων· ν εἰ δέ τινα
ἄγραφά ἐστι ἐν τῷ δι-
αγράμματι ποτὶ τὰν
τῶν μυστηρίων καὶ
τᾶν θυσιᾶν συντέλει-
αν185, βουλευέσθωσαν οἱ
σύνεδροι, μὴ μετακι-
νοῦντες ἐπὶ καταλ[ύ]-
σει τῶν μυστηρίων μ[η]-

θὲν τῶν κατὰ τὸ διά-
γραμμα190· εἰ δὲ μή, τὸ
γραφὲν ἀτελὲς ἔστω·
τὸ δὲ διάγραμμα κύρι-
ον ἔστω εἰς πάντα τὸν
χρόνον.

(27.) 26. Manglende bestemmelser

Hvis der mangler noget i denne forordning om afholdelsen af mysterierne eller om ofringerne, så skal rådet træffe beslutning desangående, men dog uden at ændre på nogen af bestemmelserne i denne forordning, der kunne forstyrre mysteriernes afholdelse; hvis rådet gør det, skal beslutningen være ugyldig. Denne forordning skal være gyldig til evig tid.

Bendis nye hjem i det fremmede

(Origo: Maria Deoudi: "Bendis' neue Heimat in der Fremde", in: AWE 8 (2009), p. 223-233

Bendis var nok den betydeligste kvindelige guddom fra Thrakien, men er kun kendt gennem den græske overlevering. Hun blev af de græske forfattere regnet for en fremmed gudinde fra det barbariske nord. Arkæologiske kilder og litterære kilder stammer fra Attika, men nu er der kommet nye arkæologiske fund i Lilleasien, der kaster nyt lys over hende.

Hun afbildes normalt siddende på en klippe, mens hun læner sig op ad et træ med en dobbeltlanse i hånden; ved siden af hende ligger en hund. Pga. dobbeltlansen kaldes hun dilonchos, δίλογχος, hos Hesych, s.v. δίλογχον. Og da hun kommer fra norden, afbildes hun med den såkaldte frygiske hue, høje støvler og et hjorteskind som frakke; ledsaget bliver hun ofte af en hind og en hund. Derfor fortolkes hun som jagtgudinde og identificeres med Artemis.

Museum Collection	Musem of Fine Arts, Boston
Catalogue No.	Boston 1983.553
Beazley Archive No.	N/A
Ware	Apulian Red Figure
Shape	Krater, Bell
Painter	Name vase of the Bendis Painter
Date	ca. 370 - 360 B.C.
Period	Late Classical

(Origo: Bendis, Apollo & Hermes - Ancient Greek Vase Painting (theoi.com))

Abb. 3: Ausschnitt des Skyphos aus Würzburg. Abgebildet sind Thetis und Bendis, wobei die Thrakerin von einem Reh begleitet wird (nach P. Collart und P. Ducrey, *Philippes I. Les Reliefs Rupesters* [Paris 1975], S. 223, Abb. 224).

En kult opstår

I Hellas ligesom i Lilleasien opstår der i 5. årh. f.Kr. mange nye kulter, idet fremmede guder og nye religiøse ritualer blev indført af udlændinge. Derved ændrer sig offerkalenderne i forskellige poleis, fx Herakleia. I slutningen af det 19. årh. e.Kr. blev der på Mounichiahøjen i Piraeus fundet et relief med en indskrift, som drejede sig om Bendis, som højen var viet til. Billedet på stenstøtten viser Bendis med den thrakiske heros Deloptes, som ofte ledsager hende. Teksten på støtten handler om, at kultforeningen til ære for Bendis af den attiske regering havde fået lov til at erhverve jord og etablere en helligdom for Bendis. Processionen gik fra Prytaneion på Agora og sluttede ved Bendideion i Piraeus, gudindens helligdom. Thukydid skriver (2, 29, 4), at denne ret blev indrømmet kultens medlemmer, fordi thrakerne indgik en alliance med athenienserne under den peloponnesiske krig. Men kulten var og blev altid en kult for thrakere, selv om ateniensere også kunne deltage i ritualerne, som blev afholdt hvert år på den 20. dag af Thargelion.

Tekster

IG II^2 1283 midten af 3. årh. f.Kr. (240/239 f.Kr.)

Orgeonerne i Bendis IG II^2 1283 ante med. s. III a.

θεοί.
ἐπὶ Πολυστράτου ἄρχοντος μηνὸς Ἑκατομβαιῶνος ὀγδόη-
ι ἱσταμένου· ἀγορᾶι κυρίαι· Σωσίας Ἱπποκράτου εἶπεν· νν
ἐπειδὴ τοῦ δήμου τοῦ Ἀθηναίων δεδωκότος τοῖς Θραιξὶ μ-
όνοις τῶν ἄλλων ἐθνῶν τὴν ἔγκτησιν καὶ τὴν ἵδρυσιν τοῦ
ἱεροῦ κατὰ τὴν μ[α]ντείαν τὴν ἐγ Δωδώνης καὶ τὴν πονπὴν π-
ένπειν ἀπὸ τῆς ἑστίας τῆς ἐκκ τοῦ πρυτανείου καὶ νῦν οἱ
ἡι[ρη]μένοι ἐν τῶι ἄστει κατασκευάσασθαι ἱερὸν οἴοντα-
ι δεῖν οἰκείως διακεῖ[σθ]αι πρὸς ἀλλήλους· ὅπως ἂν οὖν φα-
[ίν]ωνται καὶ οἱ ὀργεῶνες τῶι τε τῆς πόλεως νόμωι πειθαρ-
χοῦντες ὃς κελεύει τοὺς Θρᾶικας πέμπειν τὴμ πομπὴν εἰ-
[ς Π]ε[ι]ραιᾶ καὶ πρὸς τοὺς ἐν τῶι ἄστει ὀργεῶνας οἰκείως [δ]-
ιακείμενοι· ν ἀγαθεῖ τύχει δεδόχθαι τοῖς ὀργεῶσιν ν [τὴ]-
[ν μὲν] πονπὴ[ν ὡ]ς ἂν [ἕ]λωνται οἱ ἐν τῶι ἄστει συνκαθι[στάνα]-
ι τὴμ πομπὴν καὶ τήνδε <ο>ὖν ἐκ τοῦ πρυτανείου εἰς Πει[ραιᾶ]

πορεύεσσθαι ἐν τῶι αὐτῶι τοῖς ἐκ τοῦ Πειραιέως· τ[οὺς δὲ ἐ]- ν τῶι Πειραιεῖ ἐπιμελητὰς ὑποδέχεσσθαι τούτου[ς παρέ]- χοντας ἔν τε τῶι Νυμφαίωι σφ<ό>γγους καὶ λεκάνας κ[αὶ ὕδωρ] καὶ στεφάνους καὶ ἐν τῶι ἱερῶι ἄριστον καθάπερ [καὶ ἑαυ]- τοῖς παρασκευάζουσιν· ὅταν δὲ ὦσιν αἱ θυσίαι εὔ[χεσθαι] τὸν ἱερέα καὶ τὴν ἱέρειαν πρὸς ταῖς εὐχαῖς ἃς εὔ[χονται] καὶ τοῖς ὀργεῶσι τοῖς ἐν τῶι ἄστει κατὰ ταὐτά, ὅ[πως ἂν τού]- των γινομένων καὶ ὁμονοοῦντος παντὸς τοῦ ἔθ[νους αἵ τ]- ε θυσίαι γίνωνται τοῖς θεοῖς καὶ τὰ ἄλλα ὅσα πρ[οσήκει] κατά τε τὰ πάτρια τῶν Θραικῶν καὶ τοὺς τῆς πόλ[εως νόμου]- ς καὶ ἔχει καλῶς καὶ εὐσεβῶς παντὶ τῶι ἔθν[ει τὰ πρὸς τοὺ]- ς θεούς· εἶναι δ’ αὐτοῖς καὶ ἐὰν περὶ ἄλλο[υ τινὸς βούλωντ]- αι προσιέναι πρὸς τοὺς ὀργεῶνας πρ[όσοδον ἀεὶ πρώτοις] μετὰ τὰ ἱερὰ καὶ ἐάν τινε[ς βούλωνται τῶν ἐν τῶι ἄστει] ὀργεώνων ἐπεισιέ[ναι εἰς τοὺς ὀργεῶνας ἐξεῖναι αὐτοῖ]- ς εἰσιέναι κ[αὶ λαμβάνειν καὶ μὴ τελοῦντας τὴν φορὰν διὰ] βίου τὸ μέρ[ος —]

(Origo: https://epigraphy.packhum.org/text/3497)

Orgeonerne i Bendis IG II^2 1283

Guder!

I arkont Polystratos' embedsår (240/39 f.Kr.), på den 8. Hekatombeion stillede Sōsias, Hippokrates' søn, på den ordinære folkeforsamling følgende forslag: da det athenske folk havde garanteret thrakerne alene af alle folk retten til at opkøbe jord og grundlægge en helligdom i overensstemmelse med orakelsvaret fra Dōdōnē og retten til at lede en procession fra rådhusets arne og da nu de mænd, der har fået hvervet at etablere en helligdom i byen, har til hensigt at gå ind for et gensidigt venskabeligt forhold; for at nu orgeonerne kan ses både at adlyde statens lov, som byder thrakerne at lede processionen til Piraeus, samt at gå ind for et venskabeligt forhold til orgeonerne i byen; til alt held har orgeonerne (i Piraeus) mht. processionen besluttet, at orgeonerne i byen, som de har ønsket sig, må deltage i processionen og altså må ledsage den fra rådhuset til Piraeus sammen med dem (= orgeonerne) fra Piraeus; funktionærer i Piraeus skal modtage dem (= orgeonerne fra byen), idet de forsyner dem med svampe, vaskebaljer, vand og kranse i nymfernes helligdom samt forbereder en frokost i helligdommen for dem, således som de plejer at forberede den for sig selv; når ofringerne foretages, skal præsten og præstinden ud over de bønner, som de plejer at bede, også føje en bøn til gavn for orgeonerne i byen på samme måde, for at, når disse ting (= beslutninger) er sket og hele (den thrakiske) folkegruppe er enig, ofringerne for guderne og de øvrige ting, som hører til sagen, kan ske i overensstemmelse med thrakernes fædrene traditioner og statens love og for at forholdet til guderne kan være godt og pligtopfyldende for hele (den thrakiske) folkegruppen; men det skal også være muligt for dem (= orgeonerne fra byen), hvis de vil rådføre sig om et anliggende, at få umiddelbart foretræde for orgeonerne (i Piraeus) som de første efter gennemførelsen af ofret og rådslagning om de hellige forhold, og hvis nogle af orgeonerne i byen vil blive medlem/melde sig ind i (Piraeus-orgeonernes) forening, skal det være tilladt dem at melde sig ind og modtage deres andel af ofrene hele deres liv uden at betale afgift.

Kultforskrifter for Orgeonerne i Bendis. Piræus, 4. årh. Inscriptiones Graecae II^2 nr. 1361

— —

#^{7}#^{7}#^{7} — — — — — ẹναικε — — — — — #^{7}E#^{7}#^{7} — — — — — ας ὁπόσοι ἐν τῆ[ι στήλ]-
η[ι ἐ]γ[γεγρα]μμένοι εἰσὶν ἢ το[ὺς τ]ούτων ἐκγόνους ννν· ἐὰν δέ τις θύηι
τῆι θεῶι τῶν ὀργεώνων οἷς μέτεστιν τοῦ ἱεροῦ ἀτελεῖς αὐτοὺς θύειν·
[ἐ]ὰν δὲ ἰδιώτης τις θύηι τῆι θεῶι διδόναι τῆι ἱερέαι γαλαθηνοῦ μὲν :Ι⍰
[κ]αὶ τὸ δέρμα καὶ κωλῆν διανε[κ]ῆ δεξιάν, τοῦ δὲ τελέου ⁝ΙΙΙ: καὶ δέρμα καὶ
[κ]ωλῆν κατὰ ταὐτά, βοὸς δὲ :Ι⍰: καὶ τὸ δέρμα· διδόναι δὲ τὰ ἱερεώσυνα τῶ-
[ν μὲ]ν θηλ[ε]ιῶν τῆι ἱερέαι, τῶν δὲ ἀρρένων τῶι ἱερεῖ· παραβώμια δὲ μὴ
[θύ]ειν [μ]ηδένα ἐν τῶι ἱερῶ[ι ἢ] ὀφείλε[ι]ν :⍰: δραχμάς. ν ὅπως δ' ἂν ἡ οἰκία καὶ
τὸ ἱερὸν ἐπισκε[υ]άζηται, τὸ ἐν[οίκιον τῆ]ς οἰ[κίας] καὶ τὸ ὕδωρ ὅσου ἂμ πραθῆι, ε-
[ἰς τὴν ἐ]πισκευὴν τοῦ ἱεροῦ [καὶ τῆς] οἰκίας, εἰς ἄλλο δὲ μηδὲν ἀναλίσκειν, ἕ-
[ως] ἂν [τὸ ἱερὸ]ν ἐπισκευ[ασ]θῆι κ[αὶ ἡ οἰκία], ἐὰν μή τι ἄλλο ψηφίσωνται οἱ ὀργεῶνε[ς]
..#^{7}#^{7}#^{7}....ν εἰς τὸ ἱερόν. νν ὑπολι[μπά]νειν δὲ ὕδωρ τῶι ἐνοικοῦντι ὥστε χρῆσθ[αι].
[ἐὰ]ν δ[έ τι]ς [ε]ἴπ[ηι] ἢ ἐπιψηφίσηι παρὰ τόνδε τὸν νόμον, ὀφειλέτω :⍰: δραχμὰς τῆι
[θεῶι] ὅ τ[ε εἰπὼν καὶ] ὁ ἐπιψηφίσας καὶ μὴ μετέστω αὐτῶι τῶν κοινῶν. ἀναγράφειν δ-

[ἐ αὐτὸν ὀφείλο]ντα τῆι θεῶι τοῦτο τὸ ἀργύριον εἰς τὴν στήλην τοὺς ἐπιμελητά[ς]. ἀγο[ρὰν δὲ κ]αὶ [ξ]ύ[λλ]ογον ποιεῖν τοὺς ἐπιμελητὰς καὶ τοὺς ἱεροποιοὺς ἐν τῶι ἱερ-[ῶι] πε[ρὶ τῶν κοιν]ῶν τῆι δευτέραι ἱσταμένου τοῦ μηνὸς ἑκάστου. vv διδόναι δὲ [τοῖς ἱ]εροποιοῖς εἰς τὴν θυσίαν :□□: δραχμὰς ἕκαστον τῶν ὀργεώνων οἷς μέτεστι [το]ῦ [ἱε]ροῦ τοῦ Θαργηλιῶνος πρὸ τῆς ἕκτης ἐπὶ δέκα, ὃς δ’ ἂν ἐπιδημῶν Ἀθήνη-[σι] καὶ ὑγιαίνων μὴ συνβάλληται, ὀφειλέτω :□□: ἱερὰς τῆι θε[ῶι]. v ὅπως δ’ ἂν ὠ-[ς πλ]εῖστοι ὦσιν ὀργεῶνες τοῦ ἱερο[ῦ], ἐξεῖναι [τῶι] βουλομένωι εἰσεν[έ]γκαντι [— δ]ραχμὰς μετεῖναι αὐτῶι τοῦ ἱεροῦ καὶ εἰς τὴν στήλην ἐγγράφεσθαι, τ[οὺς] [δὲ γεγραμ]μένους εἰς τὴν στήλην δο[κιμά]ζειν τοὺς ὀργεῶνας καὶ παρ[α —] [— ... το]ῦ Θαρ[γηλ]-[ιῶνος — ...]

(Origo: https://epigraphy.packhum.org/text/3577?&bookid=5&location=7)

– –

#[7]#[7]#[7] — — — — — ε̣ναικε — — — — — #[7]Ε#[7]#[7] — — — — — ας ὁπόσοι ἐν τῆ[ι στήλ]-
η[ι ἐ]γ[γεγρα]μμένοι εἰσὶν ἢ το[ὺς τ]ούτων ἐκγόνους vvv· ἐὰν δέ τις θύηι
τῆι θεῶι τῶν ὀργεώνων οἷς μέτεστιν τοῦ ἱεροῦ ἀτελεῖς αὐτοὺς θύειν·
[ἐ]ὰν δὲ ἰδιώτης τις θύηι τῆι θεῶι διδόναι τῆι ἱερέαι γαλαθηνοῦ μὲν :ΙC
[κ]αὶ τὸ δέρμα καὶ κωλῆν διανε[κ]ῆ δεξιάν, τοῦ δὲ τελέου :ΙΙΙ: καὶ δέρμα καὶ
[κ]ωλῆν κατὰ ταὐτά, βοὸς δὲ :ΙC̣: καὶ τὸ δέρμα· διδόναι δὲ τὰ ἱερεώσυνα τῶ-
[ν μὲ]ν θηλ[ε]ιῶν τῆι ἱερέαι, τῶν δὲ ἀρρένων τῶι ἱερεῖ· παραβώμια δὲ μὴ
[θύ]ειν [μ]ηδένα ἐν τῶι ἱερῶ[ι ἢ] ὀφείλε[ι]ν :𐅃: δραχμάς. v ὅπως δ' ἂν ἡ οἰκία καὶ
τὸ ἱερὸν ἐπισκε[υ]άζηται, τὸ ἐν[οίκιον τῆ]ς οἰ[κίας] καὶ τὸ ὕδωρ ὅσου ἂμ πραθῆι, ε-
[ἰς τὴν ἐ]πισκευὴν τοῦ ἱεροῦ [καὶ τῆς] οἰκίας, εἰς ἄλλο δὲ μηδὲν ἀναλίσκειν, ἕ-
[ως] ἂν [τὸ ἱερὸ]ν ἐπισκευ[ασ]θῆι κ[αὶ ἡ οἰκία], ἐὰν μή τι ἄλλο ψηφίσωνται οἱ ὀργεῶνε[ς]
..#[7]#[7]#[7]....ν εἰς τὸ ἱερόν. vv ὑπολι[μπά]νειν δὲ ὕδωρ τῶι ἐνοικοῦντι ὥστε χρῆσθ[αι].
[ἐὰ]ν δ[έ τι]ς [ε]ἴπ[ηι] ἢ ἐπιψηφίσηι παρὰ τόνδε τὸν νόμον, ὀφειλέτω :𐅃: δραχμὰς τῆι
[θεῶι] ὅ τ[ε εἰπὼν καὶ] ὁ ἐπιψηφίσας καὶ μὴ μετέστω αὐτῶι τῶν κοινῶν. ἀναγράφειν δ-
[ὲ αὐτὸν ὀφείλο]ντα τῆι θεῶι τοῦτο τὸ ἀργύριον εἰς τὴν στήλην τοὺς ἐπιμελητά[ς].
ἀγο[ρὰν δὲ κ]αὶ [ξ]ύ[λλ]ογον ποιεῖν τοὺς ἐπιμελητὰς καὶ τοὺς ἱεροποιοὺς ἐν τῶι ἱερ-
[ῶι] πε[ρὶ τῶν κοιν]ῶν τῆι δευτέραι ἱσταμένου τοῦ μηνὸς ἑκάστου. vv διδόναι δὲ
[τοῖς ἱ]εροποιοῖς εἰς τὴν θυσίαν :⊦⊦: δραχμὰς ἕκαστον τῶν ὀργεώνων οἷς μέτεστι
[το]ῦ [ἱε]ροῦ τοῦ Θαργηλιῶνος πρὸ τῆς ἕκτης ἐπὶ δέκα, ὃς δ' ἂν ἐπιδημῶν Ἀθήνη-
[σι] καὶ ὑγιαίνων μὴ συνβάλληται, ὀφειλέτω :⊦⊦: ἱερὰς τῆι θε[ῶι]. v ὅπως δ' ἂν ὠ-
[ς πλ]εῖστοι ὦσιν ὀργεῶνες τοῦ ἱερο[ῦ], ἐξεῖναι [τῶι] βουλομένωι εἰσεν[έ]γκαντι
[— δ]ραχμὰς μετεῖναι αὐτῶι τοῦ ἱεροῦ καὶ εἰς τὴν στήλην ἐγγράφεσθαι, τ[οὺς]
[δὲ γεγραμ]μένους εἰς τὴν στήλην δο[κιμά]ζειν τοὺς ὀργεῶνας καὶ παρ[α —]
[— το]ῦ Θαρ[γηλ]-
[ιῶνος —]

(Origo: https://epigraphy.packhum.org/text/3577?&bookid=5&location=7)

Kultforskrifter for Orgeonerne i Bendis. Piræus

... så mange, som står indskrevet på stelen eller deres efterkommere.

2. Hvis en af Orgeonerne, som har andel i helligdommen, vil ofre til gudinden, må de ofre uden afgifter. Hvis en privatmand vil ofre til gudinden, skal han give præstinden for et endnu diende dyr: 1 drakme og 1 obol samt skindet og hele det højre lår; for et udvokset dyr: 3 drakmer samt skindet og lårbenet efter samme målestok; for en okse: 1 drakme og 1 obol samt skindet; disse andele af hunofferdyret skal gives til præstinden, af hanofferdyret til præsten; ved siden af alteret må ingen ofre i helligdommen, ellers skal han skylde 50 drakmer.

For at huset og templet kan sættes i stand, skal man bruge indtægterne fra huset og det solgte vand til istandsættelsen af helligdommen og huset og til intet andet, indtil templet og huset er sat i stand, medmindre Orgeonerne beslutter noget andet (mht. midlerne) for templet. Beboeren skal man forsyne med vand efter behov. Hvis nogen fremsætter en påstand eller forelægger en beslutning imod denne lov, skal han, som fremsætter påstanden eller forelægger beslutningen, skylde gudinden 50 drakmer, og han skal ikke længere deltage i de fælles anliggender. At han skylder gudinden denne sum penge, skal epimeleterne indskrive på en stele. Forsamling og borgermøde skal epimeleterne og offerpræsterne indkalde til i templet til drøftelse af de fælles anliggender på den anden dag i hver måned. Til offerpræsterne skal hver af Orgeonerne, der har andel i helligdommen, give 2 drakmer til offerkassen, nemlig før den 16. dag af Thargelion, og den, der befinder sig i Athen, er rask og ikke betaler, skal skylde 2 drakmer, som indvies til gudinden.

For at der er så mange Orgeoner som muligt, skal det være tilladt for enhver, som vil og indbetaler ... drakmer, at have andel i helligdommen og lade sig indskrive på stelen og orgeonerne skal kontrollere dem, der står indskrevet på stelen, og over[give navnene på dem, der er blevet kontrolleret, til sekretæren] i måneden Thargelion.

...

Ritualer – definitioner

Hvad gør et ritual til et ritual?

(Origo: Roy Rappaport: *Ritual and Religion in the Making of Humanity*, Cambridge Univ. Press, Cambridge 1999; Hans Jørgen Lundager Jensen: *"Roy Rappaport: Ritual and Religion in the Making of Humanity", in: RvT 43 (2003) 69-75)*

En religiøs ceremoni eller fest består af et komplekst ritual, som kræver et publikum og får dette publikum til at afbryde dets hverdagsrutiner inden for et signifikant tidsrum. Der er altså tre elementer i det: deltagere + kontekst + performans.

Det sakrale eller hellige består i det ikke-hverdagsagtige. Et ritual skabes ud fra konventioner, som deltagerne har kendskab til og handler i overensstemmelse med; ritualet bliver derfor en sum af konventionelle handlinger, på græsk kaldt lógoi, der måske danner en model for verdens opståen ud fra en forestilling om en usynlig numinøs erfaring, hvorved det guddommelige bliver bevidstgjort for deltagerne og det hellige bliver sanset af dem; samtidig opstår der betydningssystemer og -symboler, som det bliver videnskabens opgave at dechifrere.

Hvad adskiller ritualer fra hverdagshandlinger?

Der sker en standardisering eller en stereotypisering af handlinger, der skaber en bevidsthed om stabile handlinger uden hensyntagen til konkrete situationer, personer og formål. Ritualiseringen består i at vække deltagernes bevidsthed om, at deres handlinger har en særstatus; der kan være små variationer i udførelsen; selv en éngangshandling kan være et ritual. Konteksten for handlingerne skaber denne særlige bevidsthed. Catherine Bell skriver i *Ritual Theory, Ritual Practice*, Oxford Univ. Press, Oxford 1992, p. 74: "Ritualisering er en måde at handle på, som sigter imod at afgrænse og privilegere det, som bliver gjort, fra dagligdags aktiviteter."

Der findes foranderlige elementer i et ritual, fx de forskellige deltagere fra gang til gang i processionen, men deltagerne standardiserer sig gennem klædning og formler og gestus, og derved bliver den traditionelle form og performans opretholdt. Denne tilstand er en tilstand af communitas, man danner et rituelt fællesskab.

Ved at deltage i ritualet indgår man en forpligtigelse, en slags samfundskontrakt. På den måde skaber deltagelsen en form for autoritet. Standardiseringen af ritualet indsnævrer dets spillerum, fordi ritualet er en strategi, hvis brug er underlagt snævre grænser. Det skaber en normativitet, som går ud over dets udførelse; forpligtigelsen gælder mere end bare deltagelsen i ritualet.

Den intensive tiltale, bønnen, til en død eller en guddom, gør den dødes eller guddommens eksistens plausibel, selv om hverken den ene eller den anden svarer og man ikke kan se dem.

Tid og rum

Ritualet sker i et strengt afgrænset tidsrum, den liminale fase, og i et strengt afgrænset rum, fx augurens templum eller hierophantens telesterion og anaktoron, og dets gentagelse er fastlagt i kalenderen. Mindesmærker, gravmæler, steler og stenbunker gør, at tiden ophæves og bliver til evighed. Ritualet skaber konventioner og stabiliserer sig selv, men skaber også andre samfundsmæssige konventioner, endda subkulturelle kontekster, idet en kult påvirker en anden kult mht. handlinger, ofringer, bønner, hymner. Her viser sig ritualets kommunikationsfunktion og indeksikalitet, dvs. henvisning til ikke-rituelle sociale forhold. Den rituelle kommunikations intensitet styrker samfundet, fællesskabet eller gruppen, phratria, confarreatio-ægteskabet, hvor præsteskaberne udgør den ene part af ritualet og de deltagende familier den anden part. Samtidig bliver det del af en politisk strategi, hvor præsteskaberne kan påvirke den politiske proces i senatet eller boulé.

Den, der former og udfører ritualer og afbryder hverdagshandlinger til visse tidspunkter og på visse steder (pontifices, basileús), skaber autoritet og sætter rumlige, tidslige og sociale grænser.

Ritualer – definitioner (Stollberg-Rilinger og Burkert)

En definition af et ritual kunne være:

"Ritualet er en serie af menneskelige handlinger, som er kendetegnet ved en standardisering af den ydre form, gentagelser, performativitet, (dvs. det skal kunne opføres og ses, JPJ) og symbolkarakter; desuden har det en socialt strukturdannende virkning." (Stollberg-Rilinger, Barbara: *Rituale*, Campus, Frankfurt-New York 2013, p. 9)

Ritualets performativitet og symbolkarakter viser sig ved, at handlingerne er kædet sammen på en sådan måde, at rækkefølgen er fastlagt, arten af aktioner er defineret og de verbale dele af ritualet, bønnerne, skal udføres uden fejl, idet hele handlingsrækkefølgen følges af offentligheden og er et identitetsskabende element i samfundet. Hvis handlingerne bliver udført isoleret og hver for sig på en ganske almindelig hverdag, fx at tænde ild i arnen, slagte en høne, koge den og spise den sammen med familien, er der intet religiøst eller rituelt over disse aktioner. Men hvis de udføres som handlingsstreng i et ritual for en gud med gudens officielle repræsentanter som ledere, altså præsterne, så bevæger man sig i den liminale fase og er i et kontaktfelt med det guddommelige. Ved hjælp af symbolsproget, bønnerne, og forskrifterne skabes der en social identitet gennem fællesskabsorienterede handlinger, fx indvielser af grænser, temenos, rituel udstødning af fremmede eller syndebuk-ritualer. Også initiationsritualer, som er overgangsritualer og markerer et statusskift, markeres rituelt og kan fremstilles som død og genfødsel.

Den kommunikative værdi af et ritual ligger ikke i at give deltagerne eller modtagerne ny information, men består i, at man gør noget:

"Ritualer er virksomme, fordi de producerer og fremstiller, hvad de viser, på samme tid. De fleste ritualer bevirker en forandring af den sociale virkelighed og etablerer den forpligtigelse, at deltagerne for eftertiden holder sig til det, som de i fællesskab har fremstillet symbolsk i ritualet." (Stollberg-Rilinger: *Rituale*, Campus, Frankfurt-New York 2013, p. 12)

Ritualets kommunikative indhold skaber en tilstand, som ud fra deltagernes tilsvarende opførsel manifesterer sig som ny realitet. En indvielse af bygrænsen eller markgrænsen får gyldighed, fordi deltagerne efterfølgende overholder kravet om grænsedragningen og respekterer den. Og fordi man har overværet ritualet i fællesskab, bidrager det til en følelse af fællesskab og samhørighed. Burkert skriver, at "et ritual er en standardiseret opførsel med en kommunikativ funktion, hvorved det pragmatiske grundlag i løbet af tiden kan blegne eller forsvinde helt". (Walter Burkert: *Die orientalisierende Epoche in der griechischen Religion und Literatur,* Carl Winter, Heidelberg, 1984, 28)

Det betyder, at man kan glemme ritualets oprindelse og urkontekst, fordi det bliver konventionaliseret igennem tiderne. Burkert bruger syndebuk-ritualet som eksempel på en sådan mekanisme, idet man i fortiden har pålagt et individ i samfundet årets skyld og negative potentiale, og på en bestemt dag fordriver man dette individ fra byen og fjerner på den måde al skyld fra byens indbyggere.

Græsk kult kender meget vel syndebuk-ritualet, idet pharmakos var indbegrebet af det onde i en menneskelig krop, hvilket kan forstås på to måder: personen blev udvalgt blandt de kriminelle, handicappede eller slaver, og det gjaldt både han- og hunkøn, hvorefter man rituelt pålagde den udvalgte at bære al ulykke ud af byen; den udvalgte blev så fordrevet og måtte ikke vende tilbage. Denne person blev kaldt pharmakos, φάρμακος, eller katharma, κάθαρμα, eller perikatharma, περικάθαρμα, eller peripsema, περίψημα, og hele processen blev kaldt katharsis, κάθαρσις. I Athen blev de to pharmakoi iklædt en rituel klædedragt, den ene sort, den anden hvid; efter en procession og en rundgang omkring byen, hvor alt ondt symbolsk blev opsamlet af de to personer, blev de drevet ud af byen, ofte med stenkast, og måtte ikke vende tilbage. Om de derefter virkelig blev ofret, er meget omstridt. Men symbolsk ligger der i hvert fald et dødselement i ritualet, fordi det negative skal dræbes. Ritualet blev afholdt under Thargelia-højtiden for Apollon og Artemis den 6. og 7. Thargelíon, ca. den 24. og 25. maj. Højtiden var en takkefest for de afgrøder, guderne skabte for menneskene, med et glædeligt indhold, men inden man tog af de nye afgrøder skulle by og folk renses, så det er først en renselsesfest, hvor de to pharmakoi kommer ind i billedet, der bærer urenheder ud af byen.

Sociale funktioner

Som nævnt mange gange er ritualer inden for det samfund, der udfører dem, relevante for fællesskabets stabilitet og sikkerhed; de skaber orden, da de gentages fra år til år.

Liminale funktioner

van Genneps studie fra 1909, Rites de passage, lagde grunden til studiet af de overgangsritualer, der findes i ethvert samfund: fødsel, indtræden i voksenalderen, bryllup, død er markante stadier i et individs liv, som markeres rituelt. Victor Turner og Terence Turner har så udvidet van Genneps model ved at fokusere på de kreative og dynamiske kræfter i udførelsen af sådanne ritualer.

Kommunikative funktioner

Ritualet forbinder på to måder de implicerede parter: horisontalt forbinder de deltagerne og medlemmerne af det samfund, der udfører ritualet; derudover forbinder det deltagerne med magter, der står uden for den menneskelige indflydelse; og ved at udføre ritualet kan man måske påvirke disse magter til at udføre handlinger, der fjerner negativt potentiale som krige, epidemier, klimakatastrofer fra menneskene: Denne positive holdning til gudernes handlevilje præger kommunikationen, både den verbale og den aktionelle, fra menneskenes side ved at rette sig mod præcis de guder, i hvis ansvarsområde det negative befinder sig. Menneskene forpligtiger sig over for guderne, hvis de hjælper, og derfor skal ritualerne udføres korrekt.

Kommunikation blandt mennesker

Da et ritual omfatter alle de tilstedeværende, både dem, der deltager aktivt, og dem, der ser på, skal al kommunikation være tydelig og synlig for alle; der skal tales højt, så alle kan følge med og være forpligtiget på den rituelle kommunikation.

Stabilitet og variation

Gentagelse og standardisering hører til de grundlæggende elementer i en ritualdefinition. Mennesker vender tilbage til et ritual, hvis de tror på effektiviteten af dets udførelse over for guderne. Forløbet af handlinger har et konkret performativt formål, dets symbolsprog koderer konkrete illokutioner, ud fra hvilke man kan tolke sukcés eller fallit af ritualets effekt. Oftest har også institutionaliserede instanser, fx præsteskaber og embedsmænd, ansvaret for dets udførelse, så at kompetencen til at afgøre, hvad der skal ske og om ritualet har virket, implicerer en politisk dimension. Dette kan kun lade sig gøre, hvis ritualet udføres ud fra en standardform. Men det kan også varieres, selv i statsligt regi, hvor ændringerne i ritualet nedfældes skriftligt. Og ændringerne begrundes med, at guden selv har ønsket en ændring eller at en religiøs autoritet har foreslået ændringen. I privat regi er det vanskeligere at notere forandringerne, fordi afvigelser og variationer kan ske spontant og individuelt. Der er altså kræfter i et ritual, der stabiliserer det og giver det identitet, nemlig den kollektive, på gentagelse baserede struktur, og samtidig er der kræfter, der over tid forandrer det, nemlig opfattelsen af ritualet som en konkret individuel handling. I familiens kreds er der mulighed for mere variation end i statens officielle regi.

Forholdet mellem stabilitet og variation kan måske beskrives som i nedenstående skema:

Stabilitet	**Variation**
Offentlige ritualer/statskulter	personaliserede eller private ritualer

Samfundsmæssig funktion	funktion for individer eller grupper
Kontrol gennem officielle instanser	ingen defineret kontrol-instans, selv om archon basileus også havde kontrol med det private religiøse domæne
Kobling med det politiske liv, idet kult-funktionærer også var medlemmer af politiske sammenslutninger	private bånd, gruppe-relationer

Ritualer – definition (Bremmer)

(Origo: Jan N. Bremmer: Greek Religion, sec. ed., Greece and Rome, New Surveys in the Classics no. 46, Cambridge Univ. Press 2021)

For Herodot er religion lig med ritual, og ritualer er kernen af græsk kultudøvelse, og grækerne havde hverken et ord for 'religion' eller for 'ritual'. Tre aspekter er væsentlige, når man ser på ritualer: 1. ta nomizómena = traditionen, 2. ritualer opkaldes efter det mest fremtrædende, saliente, træk, fx Choes (2. dagen) i st.f. Anthesteria, sphagia = skære halsen over, 3. mange ritualer kaldes heórtai = fester med god mad, godt selskab og god underholdning.

Fra 1900-tallet begyndte forskerne at bruge ordet 'ritual' om gentagne fastlagte handlinger, og forskningen har det problem, at kilderne kommer fra forskellige perioder, steder og genrer, og at antikke forfattere beskriver det usædvanlige, fordi det sædvanlige var kendt for alle og derfor ikke behøvedes at blive omtalt.

Elementer i en festival er danse, musik- og sportskonkurrencer, bønner og hymner, der består af en påkaldelse af guden, en hidkaldelse af ham, en lovprisning, en bøn om hjælp, et farvel, alt fremført med en bestemt stilling af kroppen, derudover processioner, der viser polis' magtstilling, fx Panathenaia, hvor forbundsfællerne skulle komme med gaver eller bære en phallos ved de Store Dionysia, og til sidst, men ikke mindst, blodige ofre.

Kilder til vores viden om ofringer er ud over de skriftlige kilder vasemalerier, votivrelieffer og rester af knoglerne ved altrene; disse er blevet et forskningsobjekt i de sidste årtier og kaldes zooarkæologi. Selv om okser var de fineste og dyreste offerdyr, blev der mest ofret får og geder; undtagelser herfra er Hestia, der må nøjes med et billigt offer, Demeter får en pattegris, Dionysos en gris, Eileithyia, Ares og Hekate får hunde, mens Aphrodite får fugle, Asklepios en hane og Priapus fisk. Uspiselige og billige dyr blev givet til guder i periferien af den sociale orden eller til guder, der var forbundet med urenhed. Grise hørte ikke til i tætbeboede områder, og det gør Demeters og Dionysos' templer derfor heller ikke; de ligger uden for byerne, så offerdyr og gudestatus hænger sammen.

Formålet med blodige ofre er ifølge Karl Meuli deres oprindelse i et jægersamfund, og dertil hører skyldfølelse over at have dræbt dyret, ansvarsforflygtigelse, ophængning af offerets kranie, ristning af små stykker kød, brænding af knogler, inspektion af indvolde og smagning af dem samt bevarelsen af skindet, alt dette har paralleller i et jægersamfund. Men grækerne var ikke et jægersamfund mere, de brækkede knoglerne itu for at få fat i marven, og de gav heller ikke knoglerne tilbage til Dyrenes Gud; de brugte korn til deres ofringer, tegn på et agerbrugssamfund. For Karl Meuli var det en rituel slagtning, for Walter Burkert betød fordelingen af offerkødet på alle medlemmer af samfundet til fællesspisning en fordeling af ansvaret for at have dræbt dyret; for Jean-Pierre Vernant var offeret af et dyr et simpelt drab for at få mad.

Ritualklasssifikation og offeret: Schjødt - van Gennep – Honko

(Origo: Jens Peter Schjødt: *Ritualstruktur og ritualklassifikation*, in: Religionsvidenskabeligt Tidsskrift 20, 1992, 5-23)

Et ritual institueres, når et individ eller et kollektiv eller et helt samfund vil i kontakt med den anden verden, og det kræver, at afsenderen eller afsenderne er i en communitas-tilstand, en fællesskabstilstand, hvor alle er ens som kontaktsøgende. Ritualet er en kommunikativ handling, som bliver religiøs, dvs. del af det religiøse domæne, ved at søge kontakt med 'den anden verden', hvis svar udgøres af en række fænomener, der opfattes som sendt fra den anden verden. Det svar kan tolkes umiddelbart, mens ritualet foregår (divination), eller efter at ritualet er afsluttet, efter finalfasen, fx årets gode afgrøder. Ritualet bygger altså på en kommunikativ reciprocitet.

Et subjekt bevæger sig ind i den anden verden som initiand eller som myste i en direkte kommunikation eller så tæt på som muligt til grænsen af den anden verden med et offer i en indirekte kommunikation.

Ifølge Victor W. Turner har vi en initialfase, der symboliserer orden, struktur og hverdag, som så i ritualet skal afbrydes med separationsriter, der skal gøre subjekterne parate til det nye enten gennem faste eller psykisk renselse, i overgangen til liminalfasen, der betegner ikke-orden og anti-struktur, fordi al normalitet er ophævet i den tilstand; efter liminalfasen, hvor berøringen sker med 'den anden verden', kommer den nye overgang med aggregationsriter, reintegrationsfasen, der leder til finaltilstanden, der betegner den nye orden, den nye struktur og hverdag. Vi har altså at gøre med fem faser i stedet for van Genneps tre.

Van Gennep lagde grunden til studiet af ritualets struktur, idet han i sin horisontale bevægelse som første trin havde rites de séparation, adskillelsesriter, der fjernede subjekterne fra hverdagen, rites de marge, selve liminalitetsfasen, hvor man er i berøring med 'den anden verden', og rites de agrégation, optagelsesriter, der opretter den nye orden. Men dertil føjer Terence S. Turner den vertikale akse, idet man er i direkte kontakt med 'den anden verden' via den vertikale akse i liminalfasen, altså fasen mellem initial- og finalfasen.

Den finske religionsforsker Lauri Honko klassificerer ritualer i rites of passage, overgangsritualer, som hellere skulle hedde initiationsritualer, calendrical rites, årstidsritualer, samt crisis rites, kriseritualer, fordi initialfasen og finalfasen kategorimæssigt er forskellige. Når overgangsritualer hellere skulle hedde initiationsritualer, skyldes det, at der er flere slags overgange; de mest markante er fødsel, pubertet, giftermål og død, men der er også, hvad Schjødt kalder erhvervsmæssige overgange som indvielse i krigerforbund, kongeindsættelser, præsteindvielser o. lign.

Når man skal klassificere ritualer efter initial- og finalfase, kan man sige, at ved initiationsriter går individet fra en gammel status til en ny status, fra 0 til 1, og der er identitet mellem subjekt og objekt (= subjekt), ved årstidsriter er der kun en gentagelse af sidste års resultat, fra 0 til 0, her kommer der et offer ind i billedet, mens kriseriter opstår af en nødsituation, som man vil have fjernet for at gå over til normalen, fra -1 til 0, hvor der også kommer et offer ind i billedet. På denne måde kan man adskille forskellige ritualer.

Offerets struktur

Offeret hører til den indirekte kommunikation med 'den anden verden', idet offeret er stedfortræder for initianden, og ligesom ritualet har offeret også en struktur. Hubert og Mauss har sat en tredeling, nemlig en indledning som forberedelse til helliggørelsen, væk fra profaniteten, selve udførelsen, der indbefatter offeret, fællesspisningen og renselsen, samt afslutningen, der er en afhelligelse ind i profaniteten. Her kunne man jo også ansætte 5 faser: initialfasen, der er profan – forberedelsesriter til liminalfasen, fx renselse, røgelse, libation o.lign. – selve liminalfasen med offeret, hvor præsten (= den religiøse embedsmand) er i funktion sammen med hjælperne – afslutningsriter, der gør kødet spiseligt igen, og renselse og libation, samt fællesmåltidet – finalfasen, hvor deltagerne er i profaniteten og i en ny orden.

Litteratur

Gennep, A. van: *Les Rites de Passage*, Paris 1909
Honko, L.: *"Theories Concerning the Ritual Process: an Orientation"*, in: L. Honko (ed.): *Science of Religion: Studies in Methodology*, The Hague, Paris, New York 1979
Hubert, H. and M. Mauss: *"Essai sur la Nature et la Fonction sociale du Sacrifice"*, in: L'Annee Sociologique II 1899
Schjødt, J.P.: *"Initiation and Classification of Rituals*", in: Temenos 22, 1986
Schjødt, J.P.: *Ritualstruktur og ritualklassifikation*, in: Religionsvidenskabeligt Tidsskrift 20, 1992, 5-23
Turner, Terence S.: *"Transformation, Hierarchy, and Transcendence. A Reformation of van Gennep's Model of the Structure of Rites de Passage*", in: Moore, S.F. and B.G. Meyerhoff (eds.): *Secular Ritual*, Assen, Amsterdam 1977
Turner, Victor W.: *The Forest of Symbols. Aspects of Ndembu Riutal*, Ithaka, London 1967
Turner, Victor W.: *The Ritual Process. Structure and Antistructure*, Ithaka 1969

Jan N. Bremmer - Et kretensisk initiationsritual

(Origo: Jan N. Bremmer: Greek Religion, 2nd. ed., Greece and Rome, New Surveys in the Classics no. 46, Cambridge Univ. Press 2021, 57 ff.)

Grækerne har intet ord for 'initiation', spartanerne kaldte den 'agöge', ἀγωγή, at trække en hest ved hånden. På Kreta var den aristokratiske elite organiseret i klubber, der spiste i 'Mændenes hus' (= andreia, ἀνδρεῖα), hvor unge kretensiske drenge sommer og vinter, klædt i det samme snavsede tøj, opvartede de voksne. De fik lidt mad og drikke og skulle slås indbyrdes. 17 år gammel samlede elitens sønner så så mange drenge som muligt i en agela, ἀγέλα (= hesteflok); billedet er, at de unge var vilde føl, der skulle tæmmes. Fædrene ledede flokken, der skulle løbe, jage, danse i kor, marchere og kæmpe i boksning i gymnasierne. Derudover skulle de lære love, sange og lovprisninger ifølge loven, se Platon: Leges 2. 666 D.

Den sidste fase indledtes med, at de snavsede klæder blev aflagt, så 'at afklæde sig' var lig med 'at forlade agelaen', = ekdysia, ἐκδύσια, ekdyein, ἐκδύειν: afklædning, at klæde sig af. De blev kaldt 'nøgne' = azôstoi, ἄζωστοι og 'meget nøgne' = panazôstoi, afhængig af hvor tæt de var på maturationen, skiftet til voksen og dermed til nyt tøj. Tøjfesten hedder Periblemaia ved Lyttos. Så der er tre faser i ritualet: ekdysia, afklædning – ἄζωστος, nøgenhed – periblema, περίβλημα, voksenklædedragt.

I tillæg til nøgenheden blev de aristokratiske unge bortført med henblik på et kort pæderastisk forhold for at være i en passiv seksuel rolle som kontrast til den voksne aktive rolle, de skulle indtage bagefter. Kamp og løb var en nødvendig øvelse for kretensiske mænd i Kretas bakkede terræn, så en voksen hedder på Kreta 'dromeus', δρομαῖος = en løber.

Tekster

Strabon: Geographika 10. 4. 18 (= Kilde: Ephores FGrH 70 F 149)

... τὰ δὲ συσσίτια ἀνδρεῖα παρὰ μὲν τοῖς Κρησὶν καὶ νῦν ἔτι καλεῖσθαι, παρὰ δὲ τοῖς Σπαρτιάταις μὴ διαμεῖναι καλούμενα ὁμοίως πρότερον: παρ᾽ Ἀλκμᾶνι γοῦν οὕτω κεῖσθαι "φοίναις δὲ καὶ ἐν θιάσοισιν ἀνδρείων παρὰ δαιτυμόνεσσι πρέπει παιᾶνα κατάρχειν".

Strabon: Geographika 10. 4. 18

... syssitia, fællesmåltidet, bliver stadigvæk kaldt Andreia hos kretenserne, men hos spartanerne fortsatte man ikke med den tidligere betegnelse; men hos Alkman findes endnu følgende: "til festivaler og muntre fester under Andreia sømmer det sig at begynde med paianen til ære for gæsterne".

Strabon: Geographika 10. 4. 20

τῶν Κρητικῶν τὰ κυριώτατα τῶν καθ᾽ ἕκαστα τοιαῦτα εἴρηκε. γαμεῖν μὲν ἅμα πάντες ἀναγκάζονται παρ᾽ αὐτοῖς οἱ κατὰ τὸν αὐτὸν χρόνον ἐκ τῆς τῶν παίδων ἀγέλης ἐκκριθέντες, οὐκ εὐθὺς δ᾽ ἄγονται παρ᾽ ἑαυτοὺς τὰς γαμηθείσας παῖδας, ἀλλ᾽ ἐπὰν ἤδη διοικεῖν ἱκαναὶ ὦσι τὰ περὶ τοὺς οἴκους: φερνὴ δ᾽ ἐστίν, ἂν ἀδελφοὶ ὦσι, τὸ ἥμισυ τῆς τοῦ ἀδελφοῦ μερίδος: παῖδας δὲ γράμματά τε μανθάνειν καὶ τὰς ἐκ τῶν νόμων ᾠδὰς καί τινα εἴδη τῆς μουσικῆς. τοὺς μὲν οὖν ἔτι νεωτέρους εἰς τὰ συσσίτια ἄγουσι τὰ ἀνδρεῖα: χαμαὶ δὲ καθήμενοι διαιτῶνται μετ᾽ ἀλλήλων ἐν φαύλοις τριβωνίοις καὶ χειμῶνος καὶ θέρους τὰ αὐτά, διακονοῦσί τε καὶ ἑαυτοῖς καὶ τοῖς ἀνδράσι: συμβάλλουσι δ᾽ εἰς μάχην καὶ οἱ ἐκ τοῦ αὐτοῦ συσσιτίου πρὸς ἀλλήλους, καὶ πρὸς ἕτερα συσσίτια: καθ᾽ ἕκαστον δὲ ἀνδρεῖον ἐφέστηκε παιδονόμος: οἱ δὲ μείζους εἰς τὰς ἀγέλας ἄγονται: τὰς δ᾽ ἀγέλας συνάγουσιν οἱ ἐπιφανέστατοι τῶν παίδων καὶ δυνατώτατοι ἕκαστος ὅσους πλείστους οἷός τέ ἐστιν ἀθροίζων: ἑκάστης δὲ τῆς ἀγέλης ἄρχων ἐστὶν ὡς τὸ πολὺ ὁ πατὴρ τοῦ συναγαγόντος, κύριος ὢν ἐξάγειν ἐπὶ θήραν καὶ δρόμους, τὸν δ᾽ ἀπειθοῦντα κολάζειν: τρέφονται δὲ δημοσίᾳ: τακταῖς δέ τισιν ἡμέραις ἀγέλη πρὸς ἀγέλην συμβάλλει μετὰ αὐλοῦ καὶ λύρας εἰς μάχην ἐν ῥυθμῷ, ὥσπερ καὶ ἐν τοῖς πολεμικοῖς εἰώθασιν, ἐκφέρουσι δὲ καὶ τὰς πληγὰς τὰς μὲν διὰ χειρὸς τὰς δὲ καὶ δι᾽ ὅπλων σιδηρῶν.

Strabon: Geographika 10. 4. 20

De vigtigste kretensiske love er hver for sig følgende, som Ephorus har fundet ud af: Alle kretensere, der på samme tid er trådt ud af flokken, agelê, ἀγέλη, tvinges til at indgå ægteskab med det samme; men de fører ikke de unge piger, som de har giftet sig med, straks til deres hjem, men først, når de er egnet til at varetage husholdningen. Medgiften består, hvis der er brødre, i halvdelen af broderens arvedel. Drengene skal lære at læse, (483) lære de af lovene foreskrevne sange og nogle musikgenrer. Man tager de endnu meget unge drenge med til fællesmåltiderne, kaldt Andreia, mandemåltider. Her spiser de maden sammen, siddende på jorden og klædt i det samme lurvede tøj om vinteren og om sommeren, og betjener både sig selv og de voksne mænd. Medlemmerne af det samme madfællesskab drager i kamp mod hinanden og mod de andre madfællesskaber. En pædonomos, en drengeopsynsmand, våger over hvert andreion, hver mandegruppe. Når de er blevet ældre, inddeles de i agelai, ungdomsgrupper; de, der udmærker sig mest, og de mægtigste af drengene går sammen i agelai, idet hver enkelt samler så mange, som han kan; lederen af hver ungdomsgruppe er oftest faderen til ham, der har bragt dem sammen, og har fuldmagt til at drive dem på jagt og til væddeløb og straffe den, der er ulydig; de bliver ernæret af det offentlige. På visse fastsatte dage drager den ene agela mod den anden med fløjte- og lyrespil i takt til kamp, sådan som de plejer i krigstider; de uddeler slag dels med hånden og dels med jernvåben.

Strabon: Geographika 10. 4. 21

[21] ἴδιον δ᾽ αὐτοῖς τὸ περὶ τοὺς ἔρωτας νόμιμον: οὐ γὰρ πειθοῖ κατεργάζονται τοὺς ἐρωμένους ἀλλ᾽ ἁρπαγῇ: προλέγει τοῖς φίλοις πρὸ τριῶν ἢ πλειόνων ἡμερῶν ὁ ἐραστὴς ὅτι μέλλει τὴν ἁρπαγὴν ποιεῖσθαι: τοῖς [p. 680] δ᾽ ἀποκρύπτειν μὲν τὸν παῖδα ἢ μὴ ἐᾶν πορεύεσθαι τὴν τεταγμένην ὁδὸν τῶν αἰσχίστων ἐστίν, ὡς ἐξομολογουμένοις ὅτι ἀνάξιος ὁ παῖς εἴη τοιούτου ἐραστοῦ τυγχάνειν: συνιόντες δ᾽, ἂν μὲν τῶν ἴσων ἢ τῶν ὑπερεχόντων τις ᾖ τοῦ παιδὸς τιμῇ καὶ τοῖς ἄλλοις ὁ ἁρπάζων, ἐπιδιώκοντες ἀνθήψαντο μόνον μετρίως τὸ νόμιμον ἐκπληροῦντες, τἆλλα δ᾽ ἐπιτρέπουσιν ἄγειν χαίροντες: ἂν δ᾽ ἀνάξιος, ἀφαιροῦνται: πέρας δὲ τῆς ἐπιδιώξεώς ἐστιν ἕως ἂν ἀχθῇ ὁ παῖς εἰς τὸ τοῦ ἁρπάσαντος ἀνδρεῖον. ἐράσμιον δὲ νομίζουσιν οὐ τὸν κάλλει διαφέροντα, ἀλλὰ τὸν ἀνδρείᾳ καὶ κοσμιότητι ... καὶ δωρησάμενος ἀπάγει τὸν παῖδα τῆς χώρας εἰς ὃν βούλεται τόπον: ἐπακολουθοῦσι δὲ τῇ ἁρπαγῇ οἱ παραγενόμενοι, ἑστιαθέντες δὲ καὶ συνθηρεύσαντες δίμηνον （οὐ γὰρ ἔξεστι πλείω χρόνον κατέχειν τὸν παῖδα） εἰς τὴν πόλιν καταβαίνουσιν. ἀφίεται δ᾽ ὁ παῖς δῶρα λαβὼν στολὴν πολεμικὴν καὶ βοῦν καὶ ποτήριον. ταῦτα μὲν τὰ κατὰ τὸν νόμον δῶρα ... καὶ ἄλλα πλείω καὶ πολυτελῆ, ὥστε συνερανίζειν τοὺς φίλους διὰ τὸ πλῆθος τῶν ἀναλωμάτων. τὸν

μὲν οὖν βοῦν θύει τῷ Διὶ καὶ ἑστιᾷ τοὺς συγκαταβαίνοντας, εἶτ᾽ ἀποφαίνεται περὶ τῆς πρὸς τὸν ἐραστὴν ὁμιλίας εἴτ᾽ ἀσμενίζων τετύχηκεν εἴτε μή, τοῦ νόμου τοῦτ᾽ ἐπιτρέψαντος, ἵν᾽ εἴ τις αὐτῷ βία προσενήνεκται κατὰ τὴν ἁρπαγήν, ἐνταῦθα παρῇ τιμωρεῖν ἑαυτῷ καὶ ἀπαλλάττεσθαι. τοῖς δὲ καλοῖς τὴν ἰδέαν καὶ προγόνων ἐπιφανῶν αἰσχρὸν ἐραστῶν μὴ τυχεῖν, ὡς διὰ τὸν τρόπον τοῦτο παθοῦσιν. ἔχουσι δὲ τιμὰς οἱ παρασταθέντες （οὕτω γὰρ καλοῦσι τοὺς ἁρπαγέντας） : ἔν τε γὰρ τοῖς χοροῖς καὶ τοῖς δρόμοις ἔχουσι τὰς ἐντιμοτάτας χώρας, τῇ τε στολῇ κοσμεῖσθαι διαφερόντως τῶν ἄλλων ἐφίεται τῇ δοθείσῃ παρὰ τῶν ἐραστῶν, καὶ οὐ τότε μόνον ἀλλὰ καὶ [p. 681] τέλειοι γενόμενοι διάσημον ἐσθῆτα φέρουσιν, ἀφ᾽ ἧς γνωσθήσεται ἕκαστος κλεινὸς γενόμενος: τὸν μὲν γὰρ ἐρώμενον καλοῦσι κλεινὸν τὸν δ᾽ ἐραστὴν φιλήτορα.

[22] ταῦτα μὲν τὰ περὶ τοὺς ἔρωτας νόμιμα.
(Origo: https://www.perseus.tufts.edu/hopper/text?doc=Perseus%3Atext%3A1999.01.0197%3Abook%3D10%3Achapter%3D4%3Asection%3D21)

Strabon: Geographika 10. 4. 21

Speciel for dem er deres skik med hensyn til erotiske tilnærmelser. De påvirker ikke deres begærsobjekter med overtalelse, men med bortførelse. Elskeren meddeler det den unge elsklings venner tre eller flere dage forud, at han vil fuldføre bortførelsen; og for dem ville det være den største skam at skjule elsklingen eller ikke lade ham gå den fastsatte vej, som om de derved ville indrømme, at elsklingen ville være uværdig til at finde en sådan elsker; de mødes, hvis bortføreren i rang hører til de drenge, der er lig med eller står over elsklingen, og yder svag modstand under forfølgelsen, kun for at følge loven, men ellers lader de ham glade bortføre elsklingen. Men hvis han er elsklingen uværdig, tager de elsklingen fra ham. Forfølgelsen får sin ende, når elsklingen er blevet ført ind i bortførerens mandesal, andreion. For elskværdig regner de ikke den, der udmærker sig gennem skønhed, men gennem mod og mådehold. ... (Efter at elskeren har taget venligt imod) elsklingen og givet ham gaver, fører han elsklingen til et sted efter eget forgodtbefindende. Men de, der var til stede under bortførelsen, følger ham, og efter at de i to måneder (for det er ikke tilladt at beholde elsklingen længere) har spist og været på jagt sammen, vender de tilbage til byen. Elsklingen sendes hjem efter at have modtaget som gaver en uniform, en okse og et drikkebæger; disse er gaver bestemt ifølge loven ... (men der kommer) også flere og kostbare gaver til, sådan at vennerne bidrager i forhold til størrelsen af udgifterne. Han ofrer nu oksen til Zeus og beværter dem, som har ledsaget ham; derefter fortæller han om elskerens opførsel, om han har været tilfreds med den eller ikke, idet loven bliver fulgt, for at han, hvis der under bortførelsen var begået vold mod ham, har mulighed for at hævne sig og at forlade (elskeren). For unge med et smukt udseende og af ædel herkomst er det en skændsel ikke at kunne finde en elsker, fordi (man ville tro, at) de oplever det pga. deres karakter. De, der er blevet sendt hjem, parastathentes, for sådan kalder man de bortførte unge, har visse æresrettigheder: til kordansene og væddeløbene har de de fornemste pladser, og det er tilladt for dem at iklæde sig den uniform, som de fik af elskeren, som udmærkelse over for de øvrige, og ikke blot på det tidspunkt, men også som voksne bærer de en karakteristisk klædedragt, som gør, at enhver bliver genkendt, der engang har været kleinos, 'den ærede'; for de kalder elsklingen for kleinos og elskeren for filetor, 'den der elsker'.

22. Dette er altså deres skikke hvad angår erotiske tilnærmelser.

Det græske offer

Indledning

Det praktiske formål er forsyning af befolkningen med spiseligt kød som tilskud til deres daglige måltid. I ægteskabsritualet bliver en κόρη/παρθένος til en γυνή, og offerkødet deles ud i pænt udskårne kødstykker. Guderne får offerdyrets brændte dele, ofret er en gave, θυσία er δόσις.

Når man deltager i en offerprocession, bevæger man sig fra det private rum til det offentlige rum, fra et profant rum til et indviet rum, hvad man kan se: man bærer hvide klæder, kranse, og dyrene er smykkede med bånd og guld på hornkvæget. Og det skal kunne ses, for både deltagere og tilskuere er del af fællesskabet ved ritualet. Kurven med byggryn og offerkniven bæres af kanephóros, vand bæres af hydrophóros rundt omkring alteret, og en glød fra alterilden dyppes i vandet, og med dette bliver offerdyr, deltagere og altret bestænket, og nu er alle indviet på lige vis. Vandet er det kontante tegn på, at man er del af ritualet.

Bønnen

Den siges højt af den ofrende, mens man kaster byggryn, οὐλαί, blandet med salt på offerdyr og alter. Byggryn identificeres med den første kulturføde, de kastes i ilden og blev altså ikke spist. Når byggrynene kastes, kommer offerkniven til syne, og det blodige offer indledes. Dermed er den nye fase i offeret også en ny fase i menneskenes liv; bønnen er den ensidige kommunikationsakt med guden; den siges højt, som alt, der ikke må skjules i antikke samfund – tavs tale blev betragtet som kriminel, - og er rettet til alle deltagere, tilskuerne og guden, og på den måde forsøger den bedende at genoprette den kosmiske orden.

Tekster

47. Homer: Odysseen 3, 417-472 – Slagtoffer

τοῖσι δὲ μύθων ἦρχε Γερήνιος ἱππότα Νέστωρ:
καρπαλίμως μοι, τέκνα φίλα, κρηήνατ᾽ ἐέλδωρ,
ὄφρ᾽ ἦ τοι πρώτιστα θεῶν ἱλάσσομ᾽ Ἀθήνην,
ἥ μοι ἐναργὴς ἦλθε θεοῦ ἐς δαῖτα θάλειαν.
ἀλλ᾽ ἄγ᾽ ὁ μὲν πεδίονδ᾽ ἐπὶ βοῦν, ἴτω, ὄφρα τάχιστα
ἔλθῃσιν, ἐλάσῃ δὲ βοῶν ἐπιβουκόλος ἀνήρ:
εἷς δ᾽ ἐπὶ Τηλεμάχου μεγαθύμου νῆα μέλαιναν
πάντας ἰὼν ἑτάρους ἀγέτω, λιπέτω δὲ δύ᾽ οἴους:
εἷς δ᾽ αὖ χρυσοχόον Λαέρκεα δεῦρο κελέσθω
ἐλθεῖν, ὄφρα βοὸς χρυσὸν κέρασιν περιχεύῃ.
οἱ δ᾽ ἄλλοι μένετ᾽ αὐτοῦ ἀολλέες, εἴπατε δ᾽ εἴσω
δμῳῇσιν κατὰ δώματ᾽ ἀγακλυτὰ δαῖτα πένεσθαι,
ἕδρας τε ξύλα τ᾽ ἀμφὶ καὶ ἀγλαὸν οἰσέμεν ὕδωρ.
ὣς ἔφαθ᾽, οἱ δ᾽ ἄρα πάντες ἐποίπνυον. ἦλθε μὲν ἂρ βοῦς
ἐκ πεδίου, ἦλθον δὲ θοῆς παρὰ νηὸς εἴσης
Τηλεμάχου ἕταροι μεγαλήτορος, ἦλθε δὲ χαλκεὺς
ὅπλ᾽ ἐν χερσὶν ἔχων χαλκήια, πείρατα τέχνης,
ἄκμονά τε σφῦραν τ᾽ ἐυποίητόν τε πυράγρην,
οἷσίν τε χρυσὸν εἰργάζετο: ἦλθε δ᾽ Ἀθήνη
ἱρῶν ἀντιόωσα. γέρων δ᾽ ἱππηλάτα Νέστωρ
χρυσὸν ἔδωχ᾽: ὁ δ᾽ ἔπειτα βοὸς κέρασιν περίχευεν
ἀσκήσας, ἵν᾽ ἄγαλμα θεὰ κεχάροιτο ἰδοῦσα.
βοῦν δ᾽ ἀγέτην κεράων Στρατίος καὶ δῖος Ἐχέφρων.
χέρνιβα δέ σφ᾽ Ἄρητος ἐν ἀνθεμόεντι λέβητι
ἤλυθεν ἐκ θαλάμοιο φέρων, ἑτέρῃ δ᾽ ἔχεν οὐλὰς

ἐν κανέῳ πέλεκυν δὲ μενεπτόλεμος Θρασυμήδης
ὀξὺν ἔχων ἐν χειρὶ παρίστατο βοῦν ἐπικόψων.
Περσεὺς δ᾽ ἀμνίον εἶχε: γέρων δ᾽ ἱππηλάτα Νέστωρ
χέρνιβά τ᾽ οὐλοχύτας τε κατήρχετο, πολλὰ δ᾽ Ἀθήνῃ
εὔχετ᾽ ἀπαρχόμενος, κεφαλῆς τρίχας ἐν πυρὶ βάλλων.
αὐτὰρ ἐπεί ῥ᾽ εὔξαντο καὶ οὐλοχύτας προβάλοντο,
αὐτίκα Νέστορος υἱὸς ὑπέρθυμος Θρασυμήδης
ἤλασεν ἄγχι στάς: πέλεκυς δ᾽ ἀπέκοψε τένοντας
αὐχενίους, λῦσεν δὲ βοὸς μένος. αἱ δ᾽ ὀλόλυξαν
θυγατέρες τε νυοί τε καὶ αἰδοίη παράκοιτις
Νέστορος, Εὐρυδίκη, πρέσβα Κλυμένοιο θυγατρῶν.
οἱ μὲν ἔπειτ᾽ ἀνελόντες ἀπὸ χθονὸς εὐρυοδείης
ἔσχον: ἀτὰρ σφάξεν Πεισίστρατος, ὄρχαμος ἀνδρῶν.
τῆς δ᾽ ἐπεὶ ἐκ μέλαν αἷμα ῥύη, λίπε δ᾽ ὀστέα θυμός,
αἶψ᾽ ἄρα μιν διέχευαν, ἄφαρ δ᾽ ἐκ μηρία τάμνον
πάντα κατὰ μοῖραν, κατά τε κνίσῃ ἐκάλυψαν
δίπτυχα ποιήσαντες, ἐπ᾽ αὐτῶν δ᾽ ὠμοθέτησαν.
καῖε δ᾽ ἐπὶ σχίζῃς ὁ γέρων, ἐπὶ δ᾽ αἴθοπα οἶνον
λεῖβε: νέοι δὲ παρ᾽ αὐτὸν ἔχον πεμπώβολα χερσίν.
αὐτὰρ ἐπεὶ κατὰ μῆρ᾽ ἐκάη καὶ σπλάγχνα πάσαντο,
μίστυλλόν τ᾽ ἄρα τἆλλα καὶ ἀμφ᾽ ὀβελοῖσιν ἔπειραν,
ὤπτων δ᾽ ἀκροπόρους ὀβελοὺς ἐν χερσὶν ἔχοντες.
τόφρα δὲ Τηλέμαχον λοῦσεν καλὴ Πολυκάστη,
Νέστορος ὁπλοτάτη θυγάτηρ Νηληϊάδαο.
αὐτὰρ ἐπεὶ λοῦσέν τε καὶ ἔχρισεν λίπ᾽ ἐλαίῳ,
ἀμφὶ δέ μιν φᾶρος καλὸν βάλεν ἠδὲ χιτῶνα,
ἔκ ῥ᾽ ἀσαμίνθου βῆ δέμας ἀθανάτοισιν ὁμοῖος:
πὰρ δ᾽ ὅ γε Νέστορ᾽ ἰὼν κατ᾽ ἄρ᾽ ἕζετο, ποιμένα λαῶν.
οἱ δ᾽ ἐπεὶ ὤπτησαν κρέ᾽ ὑπέρτερα καὶ ἐρύσαντο,

δαίνυνθ' ἑζόμενοι: ἐπὶ δ' ἀνέρες ἐσθλοὶ ὄροντο
οἶνον οἰνοχοεῦντες ἐνὶ χρυσέοις δεπάεσσιν.
(Origo:
http://www.perseus.tufts.edu/hopper/text?doc=Perseus%3Atext%3A1999.01.0135%3Abook%3D3%3Acard%3D447)

Homer: Odysseen 3, 417-472

Til dem talte da Nestor, den gamle Gereniske vognhelt:
"Skynd jer nu lidt, lille børn, og gør hvad jeg ønsker skal gøres
for at jeg straks kan bevare Athenes bevågenhed for os,
hende der viste sig for os ved festen vi holdt for Poseidon!
En skal begi sig til vænget og hurtigt hente en okse,
lade en kvæghyrde drive den til os så hurtigt som muligt.
En skal gå ned til den stolte Telemachos' tjærede fartøj,
indbyde alle hans mænd og blot lade tvende tilbage.
En skal gå hen og be forgyldermester Laerkes
komme og lægge guld på hornene på kreaturet.
Alle I andre bliver her og gir tjenestekvinderne ordre
til at berede os alle et prægtigt gilde i hallen,
sørge for stole og brænde og glimtende kildevældsvande."
Dette var Nestors ord. Og alle hans folk kom i fuldt sving.
Oksen kom fra sit vænge, og helten Telemachos' mandskab
fra hans betoftede skib, og guldblikkenslageren ankom.
Med sig bragte han alt sit kunstfrembringende værktøj,
ambolt og hammer og snildt forarbejde tænger af bronze
til sit guldslageri. Og til ofret kom også Athene.
Nestor gav mesteren guld, som han straks fik hamret til blade,
hvorpå han glitted det fint om hornene på kreaturet,
så at det ret var en fryd for gudinden at se hvor de skinned.

Så tog Echefron og Stratios fast om hornene på det,
mens Aretos kom til med håndtvættevand i et drevet
fad fra sit kammer og kerne af byg i sin kurv.
Og Thrasymedes, den modige helt, stod hos med en sleben
økse parat i sin hånd til slagtningen af kreaturet.
Perseus stod med skålen til blodet. Og Nestor begyndte
på ritualet med vandet og byggen og bad til Athene
mangen en bøn og slog hår fa offerets pande i ilden.
Men da de så havde bedt og kastet de hellige bygkorn,
trådte den dristige helt Thrasymedes frem mod oksen,
stod ved den side og og hugged med øksen dens sener i nakken
over med ét og løste den kraft. Da skingrede skriget
både fra Nestors døtre og svigerdøtre og hustru,
Klymenos' ældste datter og Nestors værdige dronning.
Sønnerne løftede dens hoved fra jorden der nærer os alle,
og mens de holdt det, stak Peisistratos oksen i struben.
Blodet strømmede sort, og livet forgik af dens knogler.
Hurtigt blev den parteret og køllerne skåret fra kroppen,
alt på den rigtige vis, og barderet med krøllefedtstrimler
to gang rundt og til sidst belagt med fileter af skært kød.
Det lod den gamle stege på kløv og stænkede rødvin
Over. De unge stod hos med femgrensgafler i hånden.
Snart var køllerne brændt og de ristede indvolde opædt,
så skar de resten i stykker, stak kød på spiddenes skafter,
holdt dem i deres hænder imens de så stegte kødet.
Alt imens fik Telemachos bad af den små Polykaste,
Nestors yndige datter og yngst i søskendeflokken.
Da han var skrubbet og ren og smurt med skinnende olie,
gav hun ham kjortel på kroppen og folderig kappe om skuldren,

så han kom ud fra sit bad så skøn som de evige guder.
Og han gik hen og tog plads hos Nestor, folkenes hyrde.
Og da nu kødet var færdigt og stegt og trukket af spiddet,
gik de til bords og spiste, mens dygtige svende drog omsorg
for at der stadig kom vin i alle de gyldne pokaler.

(Origo: Homers Odyssé v. Otto Steen Due, Klassikerforeningens Kildehæfter 2002)

Kommentar

Af de elementer, der nævnes som eksempler på sakralisering af de deltagende og offerdyret, hører man i v. 425 om, at der skal hentes en guldsmed for at udsmykke oksens horn med guldbånd, og hans arbejde nævnes igen v. 430 og v. 435. I det samme vers ser vi, at der bliver givet ordre om at forberede et måltid og om at hente stole; i v. 420 hørte vi desuden om, at størstedelen af besætningen skulle hentes; altså kan man se, at en del af formålet med slagtofferet er at bespise en større gruppe mennesker. I v. 440 hører man om, at der hentes vand til at vaske hænder i et udsmykket fad sammen med hellig (= indviet) byg. I det samme vers læser man, at to personer af høj status (Thrasymedes og Perseus) gør klar til at slagte dyret og opsamle blodet i et kar. Vandet og kornet fra v. 440 bruges i v. 445 til bl.a. ledsaget af en bøn at vie offeret til Athene. Herefter skæres en lok af oksen, som kastes i ilden, hvilket er endnu et klassisk træk ved det græske slagtoffer. Der bedes noget mere, og bygkornene drysses ud, hvorefter Thrasymedes slår offerdyret ihjel ved at hugge dets nakkesener over. I v. 450 hører vi om, at kvinderne bryder ud i 'jubelskrig' eller 'sørgeråb', da dyret slås ihjel. Det afhænger af fortolkningen, hvad der skal lægges i disse skrig. Sidst i verset samt i v. 455 skæres der i dyrets hals, og blodet flyder ned i karret. Herefter bliver oksen skåret for 'alt på den rigtige vis', og lårstykkerne pakkes ind i fedt og kødstykker, hvorefter de bliver brændt sammen med et vinoffer; denne praksis er et nøjagtigt billede af Hesiods myte om, at guderne snydes til at acceptere de mindre attraktive dele af dyret ved, at delene camoufleres med fedt. I v. 460 og v.

470 nævnes der så, at bl.a. dyrets indmad og det øvrige kød steges eller koges og spises af deltagerne ved et festmåltid; dette er den typiske afslutning på det græske slagtoffer, hvor man i en vis forstand spiser sammen med guderne. Imens kødet bliver stegt, bliver Telemachos, æresgæsten, badet og smykket 'som de evige guder'.

Det er ikke helt klart, om vi faktisk får at vide, at indvoldene bliver tjekket for fejl; vi hører heller ikke eksplicit om de deltagendes indvielse eller deres påklædning eller om der stænkes vand på dem som rituel renselse. Desuden beskrives det ikke, at vandet og kornet bæres rundt om alteret som led i ritualet, eller at der dyppes en gløg i vandet. Man hører heller ikke om, hvad der sker med det brændte kød, men fornemmelsen i starten af teksten giver indtryk af et mere eller mindre improviseret offer.

Homer: Odysseen 14, 418-438 - Eumaios' offerritual

ὣς ἄρα φωνήσας κέασε ξύλα νηλέϊ χαλκῷ,
οἱ δ᾽ ὗν εἰσῆγον μάλα πίονα πενταέτηρον.
τὸν μὲν ἔπειτ᾽ ἔστησαν ἐπ᾽ ἐσχάρῃ: οὐδὲ συβώτης
λήθετ᾽ ἄρ᾽ ἀθανάτων: φρεσὶ γὰρ κέχρητ᾽ ἀγαθῇσιν:
ἀλλ᾽ ὅγ᾽ ἀπαρχόμενος κεφαλῆς τρίχας ἐν πυρὶ βάλλεν
ἀργιόδοντος ὑός, καὶ ἐπεύχετο πᾶσι θεοῖσιν
νοστῆσαι Ὀδυσῆα πολύφρονα ὅνδε δόμονδε.
κόψε δ᾽ ἀνασχόμενος σχίζῃ δρυός, ἣν λίπε κείων:
τὸν δ᾽ ἔλιπε ψυχή. τοὶ δ᾽ ἔσφαξάν τε καὶ εὗσαν:
αἶψα δέ μιν διέχευαν: ὁ δ᾽ ὠμοθετεῖτο συβώτης,
πάντων ἀρχόμενος μελέων, ἐς πίονα δημόν,
καὶ τὰ μὲν ἐν πυρὶ βάλλε, παλύνας ἀλφίτου ἀκτῇ,

μίστυλλόν τ᾽ ἄρα τἆλλα καὶ ἀμφ᾽ ὀβελοῖσιν ἔπειραν,
ὤπτησάν τε περιφραδέως ἐρύσαντό τε πάντα,
βάλλον δ᾽ εἰν ἐλεοῖσιν ἀολλέα: ἂν δὲ συβώτης
ἵστατο δαιτρεύσων: περὶ γὰρ φρεσὶν αἴσιμα ᾔδη.
καὶ τὰ μὲν ἕπταχα πάντα διεμοιρᾶτο δαΐζων:
τὴν μὲν ἴαν νύμφῃσι καὶ Ἑρμῇ, Μαιάδος υἱεῖ,
θῆκεν ἐπευξάμενος, τὰς δ᾽ ἄλλας νεῖμεν ἑκάστῳ:
νώτοισιν δ᾽ Ὀδυσῆα διηνεκέεσσι γέραιρεν
ἀργιόδοντος ὑός, κύδαινε δὲ θυμὸν ἄνακτος:
(Origo:
http://www.perseus.tufts.edu/hopper/text?doc=Perseus%3Atext%3A1999.01.0135%3Abook%3D14%3Acard%3D401)

Odysseen 14, 418-438

Det var hans ord. Og han selv huggede brænde med bidende bronze.
Karlene kom med en galt der var fem år gammel og smækfed.
Den drev de hen så den stod ved arnen. Og svinenes hyrde
Husked de eviges ret. For hans hjerte var godt og forstandigt.
Allerførst skar han en tot af børster af panden på ornen,
Kastede totten i ilden og bad til samtlige guder
Om at den snilde Odysseus dog snart måtte komme tilbage.
Så slog han til med en egetræsgren han havde ladt ligge.
Livet forlod den med ét, og karlene stak den og sved den.
Snart var den renset og flækket. Eumaios parterede kroppen
Og skar af skanker og skinker, de ofre, der svøbt i et fedtlag
Og drysset over med byg skulle kastes i ilden på arnen.
Så skar de parterne op, stak stege på spiddenes skafter,
Stegte dem grundigt og godt og trak så spiddene af dem
Og tog dem hen på et forskærerbord. Eumaios begyndte

Selv at skære dem for. Thi han kendte den rigtige måde.
Og han gjorde da syv lige gode portioner parate,
Hvoraf han viede én til de hellige nymfer og Hermes,
Sønnen af Maja. Og alle hans mænd fik en af de andre.
Men for at hædre Odysseus gav svinenes herlige hyrde
Ham hele ryggen af galten og gjorde sin herre en glæde.
(Origo: Homers Odyssé v. Otto Steen Due, Klassikerforeningens Kildehæfter 2002)

Pausanias: Graeciae descriptio 1, 24, 4-5 – Om at ofre en okse til Zeus Polieus

[4] καὶ Διός ἐστιν ἄγαλμα τό τε Λεωχάρους καὶ ὁ ὀνομαζόμενος Πολιεύς, ᾧ τὰ καθεστηκότα ἐς τὴν θυσίαν γράφων τὴν ἐπ᾽ αὐτοῖς λεγομένην αἰτίαν οὐ γράφω. τοῦ Διὸς τοῦ Πολιέως κριθὰς καταθέντες ἐπὶ τὸν βωμὸν μεμιγμένας πυροῖς οὐδεμίαν ἔχουσι φυλακήν: ὁ βοῦς δέ, ὃν ἐς τὴν θυσίαν ἑτοιμάσαντες φυλάσσουσιν, ἅπτεται τῶν σπερμάτων φοιτῶν ἐπὶ τὸν βωμόν. καλοῦσι δέ τινα τῶν ἱερέων βουφόνον, ὃς κτείνας τὸν βοῦν καὶ ταύτῃ τὸν πέλεκυν ῥίψας—οὕτω γάρ ἐστίν οἱ νόμος— οἴχεται φεύγων: οἱ δὲ ἅτε τὸν ἄνδρα ὃς ἔδρασε τὸ ἔργον οὐκ εἰδότες, ἐς δίκην ὑπάγουσι τὸν πέλεκυν.
5. ταῦτα μὲν τρόπον τὸν εἰρημένον δρῶσιν. ...
(Origo:
http://www.perseus.tufts.edu/hopper/text?doc=Perseus%3Atext%3A1999.01.0159%3Abook%3D1%3Achapter%3D24%3Asection%3D4)

Pausanias: Grækenlands beskrivelse 1, 24, 4-5

4. Og der er statuer af Zeus, lavet af Leochares, og en, der er kaldt Polieus, byens beskytter, hvis sædvanlige måde at ofre til ham på jeg vil beskrive, mens jeg ikke beskriver den traditionelle begrundelse for ofringen. På Zeus Polieus' alter har de lagt byg, blandet med hvede og lader det være uden opsyn; og oksen, som de

allerede holder forberedt til ofringen, går til alteret og spiser af kornene. En af præsterne kalder de okseslagteren, som efter at have dræbt oksen og så kastet øksen til side, - for sådan er ritualet for ham, - løber bort. De andre bringer øksen for en domstol, som om de ikke kendte manden, som udførte dåden.
5. De udfører dette ritual på den omtalte måde.

Porphyrios: De abstinentia ab esu animalium 2, 29-30 – Sopatros' første slagtoffer

τὸ γὰρ παλαιόν, ὡς καὶ πρόσθεν ἐλέγομεν, καρποὺς τοῖς θεοῖς τῶν ἀνθρώπων θυόντων, ζῷα δὲ οὔ, οὐδὲ εἰς τὴν ἰδίαν τροφὴν καταχρωμένων, λέγεται κοινῆς θυσίας οὔσης Ἀθήνησιν Δίομον ἢ Σώπατρόν τινα, τῷ γένει οὐκ ἐγχώριον, γεωργοῦντα δὲ κατὰ τὴν Ἀττικήν, ἐπεὶ πελάνου τε καὶ τῶν θυλημάτων ἐπὶ τῆς τραπέζης ἐναργῶς κειμένων, ἵνα τοῖς θεοῖς ταῦτα θύοι, τῶν βοῶν τις εἰσιὼν ἀπ' ἔργου τὰ μὲν κατέφαγεν τὰ δὲ συνεπάτησεν, αὐτὸν δ' ὑπεραγανακτήσαντα τῷ συμβάντι, πελέκεώς τινος πλησίον ἀκονωμένου, τοῦτον ἁρπάξαντα, πατάξαι τὸν βοῦν. τελευτήσαντος δὲ τοῦ βοός, ὡς ἔξω τῆς ὀργῆς καταστὰς συνεφρόνησεν οἷον ἔργον ἦν εἰργασμένος, τὸν μὲν βοῦν θάπτει, φυγὴν δὲ ἑκούσιον ἀράμενος ὡς ἠσεβηκώς, ἔφυγεν εἰς Κρήτην. αὐχμῶν δὲ κατεχόντων καὶ δεινῆς ἀκαρπίας γενομένης, ἐπερωτῶσι κοινῇ τὸν θεὸν ἀνεῖλεν ἡ Πυτία, τὸν ἐν Κρήτῃ φυγάδα ταῦτα λύσειν, τόν τε φονέα τιμωρησαμένων καὶ τὸν τεθνεῶτα ἀναστησάντων ἐν ᾗπερ ἀπέθανε θυσίᾳ λῷον ἔσεσθαι γευσαμένοις τε τοῦ τεθνεῶτος καὶ μὴ κατασχοῦσιν. ὅθεν ζητήσεως γενομένης καὶ τοῦ [Σωπάτρου] μεταιτίου τῆς πράξεως ἀνευρεθέντος, Σώπατρος νομίσας τῆς περὶ αὐτὸν δυσκολίας ἀπαλλαγήσεσθαι ὡς ἐναγοῦς ὄντος, εἰ κοινῇ τοῦτο πράξειαν πάντες, ἔφη πρὸς τοὺς αὐτὸν μετελθόντας, δεῖν κατακοπῆναι βοῦν ὑπὸ τῆς πόλεως.

ἀπορούντων δὲ τίς ὁ πατάξων ἔσται, παρασχεῖν αὐτοῖς τοῦτο, εἰ πολίτην αὐτὸν ποιησάμενοι κοινωνήσουσι τοῦ φόνου. συγχωρηθέντων οὖν τούτων, ὡς ἐπανῆλθον ἐπὶ τὴν πόλιν, συνέταξαν οὕτω τὴν πρᾶξιν, ἥπερ καὶ νῦν διαμένει παρ’ αὐτοῖς. ὑδροφόρους παρθένους κατέλεξαν˙ αἳ δ’ ὕδωρ κομίζουσιν, ὅπως τὸν πέλεκυν καὶ τὴν μάχαιραν ἀκονήσουσιν. ἀκονησάντων δὲ ἐπέδωκεν μὲν τὸν πέλεκυν ἕτερος, ὃ δ’ ἐπάταξε τὸν βοῦν, ἄλλος δ’ ἔσφαξεν˙ τῶν δὲ μετὰ ταῦτα δειράντων, ἐγεύσαντο τοῦ βοὸς πάντες. τούτων δὲ πραχθέντων τὴν μὲν δορὰν τοῦ βοὸς ῥάψαντες καὶ χόρτῳ ἐπογκώσαντες ἐξανέστησαν, ἔχοντα ταὐτὸν ὅπερ καὶ ζῶν ἔσχεν σχῆμα, καὶ προσέζευξαν ἄροτρον ὡς ἐργαζομένῳ. κρίσιν δὲ ποιούμενοι τοῦ φόνου πάντας ἐκάλουν εἰς ἀπολογίαν τοὺς τῆς πράξεως κοινωνήσαντας. ὧν δὴ αἱ μὲν ὑδροφόροι τοὺς ἀκονήσαντας αὐτῶν ᾐτιῶντο μᾶλλον, οἱ δὲ ἀκονήσαντες τὸν ἐπιδόντα τὸν πέλεκυν, οὗτος δὲ τὸν ἐπισφάξαντα, καὶ ὁ τοῦτο δράσας τὴν μάχαιραν, καθ’ ἧς οὔσης ἀφώνου τὸν φόνον κατέγνωσαν. ἀπὸ δ’ ἐκείνου μέχρι τοῦ νῦν ἀεὶ τοῖς Διιπολείοις Ἀθήνησιν ἐν ἀκροπόλει οἱ εἰρημένοι τὸν αὐτὸν τρόπον ποιοῦνται τὴν τοῦ βοὸς θυσίαν. θέντες γὰρ ἐπὶ τῆς χαλκῆς τραπέζης πέλανον καὶ ψαιστά, περιελαύνουσι τοὺς κατανεμηθέντας βοῦς, ὧν ὁ γευσάμενος κόπτεται. καὶ γένη τῶν ταῦτα δρώντων ἔστιν νῦν˙ οἳ μὲν ἀπὸ τοῦ πατάξαντος [Σωπάτρου] βουτύποι καλούμενοι πάντες, οἳ δ’ ἀπὸ τοῦ περιελάσαντος κεντριάδαι˙ τοὺς δ’ ἀπὸ τοῦ ἐπισφάξαντος δαιτροὺς ὀνομάζουσιν διὰ τὴν ἐκ τῆς κρεανομίας γιγνομένην δαῖτα. πληρώσαντες δὲ τὴν βύρσαν, ὅταν πρὸς τὴν κρίσιν ἀχθῶσιν, κατεπόντωσαν τὴν μάχαιραν.
(Origo: Svend Aage Pallis: Greek Religious Texts, Povl Branner, 1948, 16-18)

Porphyrios: Om afholdenhed fra dyriske produkter 2, 29
I gamle dage, dengang menneskene som før sagt ofrede frugter til guderne, men ikke levende væsener, som de heller ikke anvendte til egen ernæring, da skete følgende, fortæller man: Ved et statsoffer i Athen havde en vis Diomos eller Sopatros, ikke indfødt af herkomst, men landbruger i Attika, offerkage [pelanos] og offersager [thylemata] liggende frit fremme på bordet, så han kunne ofre dem

til guderne, da en af okserne, som kom hjem fra markarbejdet, åd noget af dette og trådte andet ned. I raseri over tildragelsen greb han en økse, som blev slebet tæt derved, og slog oksen ned. Da oksen var død og han var faldet til ro efter sit vredesudbrud, indså han hvad det var for en gerning han havde gjort. Han begravede oksen, og eftersom det var en helligbrøde han havde begået, gik han i frivillig landflygtighed og tog ophold på Kreta. Men der kom tørke og slem misvækst, og da man søgte råd hos guden svarede Pythia, at flygtningen på Kreta skulle sone dette. Når de havde straffet morderen og oprejst den døde ved det selvsamme offer hvor den blev dræbt, så ville det være bedst for dem, om de spiste af den døde og ikke afholdt sig derfra. En eftersøgning blev sat i værk og gerningsmanden blev fundet. Men Sopatros tænkte, at han kunne slippe for at blive lagt for had som skyldig i blodsudgydelse, hvis han kunne få alle til at gøre dette i fællesskab. Han sagde derfor til dem der kom for at hente ham, at det var nødvendigt at en okse blev slået ned på statens vegne.
Da de spurgte hvem der skulle slå oksen ned, tilbød han at gøre det, hvis de gjorde ham til medborger og tog del i drabet. Det gik de med til, og da de var kommet tilbage til byen, fastlagde de den praksis som endnu består hos dem. Man udpegede unge piger til at bære vand; de bragte vand, så man kunne slibe øksen og kniven. Når øksen var slebet, rakte en anden den frem, en tog den og slog oksen ned, og en anden slagtede den. Når de efter dette havde flået den, spiste alle af oksen. Derefter syede de oksens hud sammen, stoppede den ud med hø og stillede den op i samme skikkelse som den havde i live, og de spændte en plov bagefter den som om den arbejdede. Der blev nu indledt retslig undersøgelse af drabet, og alle som havde taget del i handlingen blev indkaldt for at forsvare sig. Af dem lagde vandbærerne skylden på dem der sleb, de der sleb på den der rakte øksen frem, denne på ham der slagtede, og den der gjorde det [lagde skylden] på kniven. Eftersom den var stum blev den kendt skyldig i drabet. Fra dengang og lige indtil nu har de omtalte altid fulgt samme fremgangsmåde, når de udfører okseofringen på Akropolis ved Dipolieia i Athen. Thi når de på et bronzebord har

lagt offergrød [pelanos] og offerkager [psaista], driver de udvalgte okser omkring det, og den af dem der spiser deraf, slår de ned. De der udfører disse ting tilhører [bestemte] slægter: efterkommerne af ham der slog – Sopatros – kaldes alle butypoi [»okseslagere«, slagtere], de der nedstammer fra den der drev [okserne] omkring, kaldes kentriadai [»dem med pigkæp«] og de der stammer fra den som slagtede, kalder man daitroi [»udskærere«] på grund af det måltid [dais] der fandt sted som følge af kødfordelingen. Efter at de har udstoppet oksehuden, og når de er blevet ført for retten, kaster de kniven i havet.

(Origo: Vagn Duekilde: Hellas i klassisk tid. Tekster til græsk religion, København (Spektrum) 1997, 118-119)

Kommentar til Sopatros – Offerhandlinger

Dipolieia er en højtid for Zeus, byherskeren, Διὶ Πολιεῖ, som blev afholdt den 14. Skirophoríon i højsommeren på Akropolis med et oksedrab, et bouphonia, se Pausanias 1, 24, 4 og Porphyrios: De abstinentia 2, 28-30.

Det er et meget gammelt ritual, der sker på årets sidste fuldmåne, den 14. Skirophoríon, og Bouphonia er årets sidste store fest. Dipolieia forudsætter afslutningen af høsten. Nytåret falder mellem høstslut og udsåningsstart, alt i alt en markant afslutning på året. Embedsmændene skifter, og retssager kan ikke føres over i det nye år.

En flok okser drives op på borgen, unge piger, ὑδροφόροι, bærer vand til offeret, og κανεφόροι, ligeledes unge piger, bærer kurven med offerkornet og offerkniven. Okserne går rundt om altret, hvor bygkornofferet står som brød eller kager: πελανοὸν καὶ ψαιστά (Paul Stengel: *Opferbräuche der Griechen*, B. G. Teubner, Leizig/Berlin 1910, 66-72).

Kornet er et offer til guden, før man slagtede offerdyret. Men det er kun et forspil; øksen slibes i det medbragte vand. Når en af okserne har spist af kornet, har det brudt det tabu, som består i, at man ikke må spise af en gave til guderne.

Okseslagteren, βουτύπος, slår til og dyret falder. Legenden fortæller, at en from bonde, Sopatros eller Diomos, blev vred på oksen og dræbte den med et øksehug; det var det første oksedrab i historien, og Aratos 131-2 skriver, at dette drab betød enden på sølvalderen, idyllen er slut. Sopatros kaster øksen væk og flygter, da han nu er forbandet. Men oksen flås, indvoldene tages ud, kødet skæres ud af udskærerne, δαιτροί, og steges; det spises straks af deltagerne. Dermed er nu alle deltagere i oksedrabet. Sopatros gør drabet til en fælles handling, et fælles anliggende, og oraklet byder, at drabet skal gentages og der skal spises af offeret. Alle spiser af dyret undtagen ham, der har dræbt oksen. Knoglerne brændes på alteret, kun skindet bliver tilbage. Efterspillet er retssagen i Prytaneion ved statens ildsted. Da alle giver skylden til den næste i handlingsrækken, bliver øksen dømt, fordi den ikke kan forsvare sig. Ifølge Pausanias frikendes øksen, og den, øksen, πέλεκυς, eller kniven, μάχαιρα, sænkes i havet. Begge dele er nødvendige for et offer. Øksen opbevares på Akropolis som symbol på den hellige magt. Der er også en urplov som symbol på den første agerbrugskultur. På denne plov udspændes skindet, så det ligner en levende okse igen. Den gamle tilstand er restitueret formelt.

Religionssocialt udgangspunkt (V. Turner)

Offerritualer betegner sociale relationer. Det drejer sig om ritualer, der bekræfter og undertiden nyskaber et samfunds værdier, således som de opleves af samfundets borgere. Det drejer sig om, hvem der har ret til at fordele kødportionerne og dermed har alfa-positionen. Og hvem har ret til at tage først af offerkødet, på latin princeps, af primus og capio = jeg tager som den første.

Afkaldsteorien – kristen fortolkning

Afkaldsteorien er et kristent element, idet man giver afkald på offerdyret og giver det helt til guderne, dvs. holokaustos-varianten i en kristen fortolkning. Det enkelte individ opgiver sine egne ønsker til fordel for deltagelse i et fællesskab, der overskrider den sociale struktur med standsforskelle.

Holokaustos – antik fortolkning

Specielt offerritual i katastrofetider, og derfor giver man guderne hele offerdyret.

Offerritualer i Grækenland

(Origo: Gunnel Ekroth: *"Why does Zeus care about burnt thighbones from sheep. Defining the Divine and Structuring the World through Animal Sacrifice in Ancient Greece"*, in: History of Religions 58 (3), 2019: p. 225-250)

Vi betragter tiden fra 8. årh. til 1. årh. f.Kr. med hensyn til a) ritualer med dyreofre, b) offeret, der definerer guden og c) køduddelingen, der strukturerer verden ved at fremhæve hierarkier og standsforskelle.

Forskningen i offerritualer er startet i 1850'erne med en filologisk analyse af tekster fra Grækenland og Rom; fra 1900 inddrager forskningen epigrafikken med indskrifter, der indeholder love og kalendere; fra 1970 kommer ikonografisk forskning i vasemalerier og votivrelieffer til, og fra 2000 kommer der arkæologisk materiale til som dyreknogler, der er fundet i helligdommene.

Til offerelementerne hører dyr, fx okse, ged, gris, får, frugt, grøntsager, korn, blomster, ost, kager, brød, vin, vand, mælk, olie, honning og blod.

Typer af ritualer

Thysia

Dette er et blodigt offer med dyr, sorteret efter alder, køn og farve, afhængig af guden, der skal ofres til; verbet thyein, θύειν, betyder egentligt at røge, men derefter at ofre.

Dyrene føres til ofring i en procession, en pompé, πομπή, og stilles i en cirkel, og man udfører startritualer, katarchesthai, κατάρχεσθαι. Den ofrende vasker hænder i chernips, χέρνιψ, et vievandskar; derefter bestænker man sig selv, de øvrige deltagere og offerdyret med det, for at få offerdyret til at bevæge sig og nikke ja til dets ofring; så blev bygkorn strøet på dyret og deltagerne, og bønnen blev fremsagt. Dyret bliver dræbt, idet små dyr løftes op på alteret og får struben skåret over, mens større dyr får et kølleslag i hovedet og derefter får struben skåret over. Blodet samles i et kar, sphageion, σφαγεῖον, og noget af det stænkes på alteret. Senere bruges det til pølser, blodpølse og blodsuppe.

Skroget inspiceres, især indvoldene: lever, galde, hjerte, milt, lunger og nyrer = splanchna, σπλάγχνα. Lårbensknogler, meria eller meroi, μήρια eller μήροι, femora, bliver svøbt i fedtet fra maven, ta entera, τὰ ἔντερα, omentum, og bliver lagt i alterilden. Hvirvelsøjlen, ράχις, rachis, sacrum os, og halebenet, osphys, ὀσφῦς, vertebrae, blev også brændt for guderne. Det skabte en aromarig røg, κνίση, knise, og guderne inhalerede røgen. Når halen bøjede opad pga. varmen, var det et hieron kalon, ἱερόν κᾶλον, et smukt (= positivt) offer, et tegn på, at guderne modtog ofret.

Eksperimenter viser, at ilden skifter farve efter 6 minutter og varer ved i 7 minutter. Libationer blev hældt ud forskellige gange, og kager blev brændt på alteret. Indvoldene blev sat på spid og ristet og spist af deltagerne = sysplanchneuontes, συσπλαγχνεύοντες, de, der spiser indvolde sammen, nemlig indercirklen af deltagerne. Indvoldene kunne også placeres i hænderne på guden eller på knæene.

Skroget skulle nu skæres ud af en slagter eller kok, mageiros, μάγειρος. Kødet fordeles efter 2 principper: a) lår, tunge, lunge, de hele dele af dyret, b) kødet bliver skåret ud efter vægt = merida, μερίδα; præsten fik baglår og skind, gera, γέρᾶ.

Kødet blev spist på stedet inden for temenos, τέμενος. Noget blev taget med hjem eller solgt. Skindet blev solgt af præsten og var en indtægt for helligdommen og en del af præstens løn. Skulderbladet blev naglet på træer, templet eller private hjem som tegn på, at man var aktivt ofrende. Knoglerne blev liggende i helligdommen; fx var Zeusaltret i Olympia mere end 7 meter højt pga. offerdyrenes knogler.

Sådan så standardritualet ud.

Men så kunne der foregå andre ritualer samtidigt, mens thysía fandt sted. Råt kød kunne placeres på et bord foran alteret, trapezomata, τραπεζώματα, som består af forben, indvolde, tunger; dem tog præsten efter ceremonien.

Guderne kunne også få noget kød til theoxenia, θεοξένια, et gudemåltid, hvor guden blev placeret på en sofa foran et bord med vin, brød, ost og frugt. Theoxenia fandt nok sted, mens deltagerne spiste fællesmåltidet.

Holokaustos, ὁλόκαυστος, betegner den totale opbrænding af offerdyret og sker kun for Zeus og Herakles, som især får pattegris og lam; det efterfølges af et thysia.

Der findes også delvis holokaustos, moirokaustos, μοιρόκαυστος, som er ret usædvanlig og kun findes epigrafisk belagt på indskrifter.

Ved renselsesofre fik man heller ikke lov til at spise offerdyret. Man dyppede hænderne i blodet og holdt indvoldene i sine hænder, inden alt blev brændt. Ved store renselsesceremonier blev der ofret tyre, væddere og orner.

På slagmarken blev der oftest ofret en vædder, som heller ikke blev spist. Dyret dræbes og blodet flyder, og den blodstrøm analyseres af en seer.

Teoretiske udlægninger

At skelne mellem olympiske guder og ofringer til dem, thysia, over for khthoniske guder og ofringer til dem, holokaustos, er en for rigid opdeling. Zeus er fx normalt lysgud, men findes også som Zeus Khthonios. Thysia er den normale praksis, holokaustos er mindre udbredt. Thysia er den umarkerede offerhandling, holokaustos den markerede, fordi den er ekstraordinær, ligesom blodritualet, hvor kun blodet fra offerdyret bruges. Således bruges thysia til årligt tilbagevendende landlige ceremonier, astronomiske højtider, ritualer for fødsel og død og historiske begivenheder, mens holokaustos og de øvrige specielle ritualer bruges ved specielle begivenheder, katastrofer som krig, besmittelse og pest.

Formålet med et offer er at ære guden, takke guden, takke for en sejr i krig eller rense en helligdom.

Skellet mellem guder og mennesker bliver etableret gennem Prometheus ifølge J.-P. Vernant og M. Detienne ud fra Hesiods Prometheus-fortælling. Det er thysias egentlige funktion, at guderne får røg at leve af, mens menneskene lever af kød; desuden sker uddelingen af kødet til borgerne efter social stand, og på den måde får man en vertikal og horisontal differentiering.

Thysia viser adskillelsen mellem guder og mennesker mht. føde: de første får røg, de andre kød; trapezomata og theoxenia viser, at i urtiden spiste mennesker og guder sammen, men ved trapezomata er kødet råt, hvor guderne spiser kødet råt, dvs. er omestes, ὠμηστής, = den, der spiser råt kød, mens menneskene ikke spiser råt kød; og guderne får hoved, nyre, tunger, skulder, bagparti, baglår og indvolde, mens menneskene får det rene kød. Ved theoxenia spiser guder og mennesker sammen, og her er kødet kogt, efter at være grillet, og guderne får det samme som ved trapezomata, og kogningen viser, at kødet serveres for almindelige mennesker, da forskellen i kødet mister sit præg ved kogning; forskellene udlignes. Kogning skjuler kødets kvalitet ligesom Prometheus forsøgte over for Zeus. Således strukturerer kødet forholdet mellem guder og mennesker og også mellem mennesker i forhold til deres stand. Fordelingen af kødet og distributionen af det viser de sociale forskelle; distribution af kødet til deltagerne hedder kreanomia, κρεανομία.

En athensk borger kunne få gratis kød fra staten gennem ofringer hver 9. dag. Ofringer var forbeholdt borgere, ofte kun mænd. Kvinder fik ikke kød og var ekskluderet fra den religiøse kult; fremmede, metøker, og slaver var ekskluderet på forhånd.

Offerlogik

Hvad har ofring af dyr og mennesker med menneskets kommunikation med guderne at gøre?

Rituel aktivitet har en visuel, verbal, rumlig og tidslig dimension samt en sansning af lyd og lugt og smag og følelse/berøring + gentagelser af handlingerne

Universet er todelt:

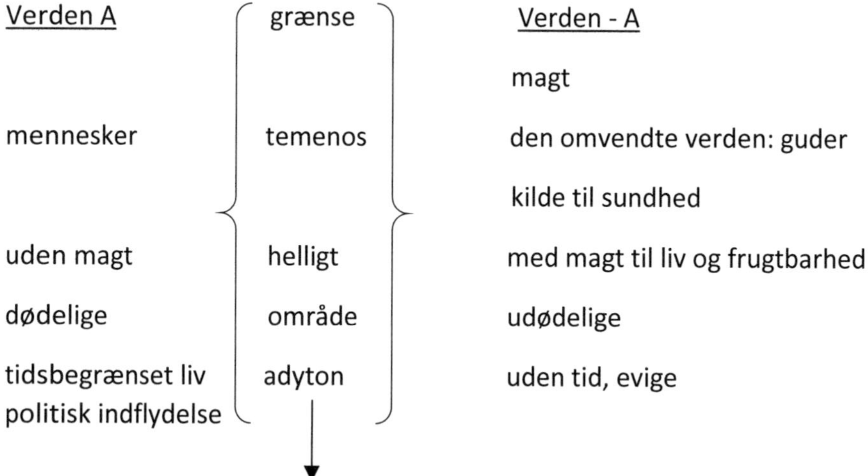

Område for rituel aktivitet, befolket af hellige personer: præster, sibyllen, seere, etc.

Hvordan kommer menneskene i kontakt med denne magt?

Et offer må gå samme vej som sjælene. Offeret er en symbolsk gave: selve offerhandlingen er en måde at give gaver til guderne på. Det er udtryk for et gensidigt forhold, ikke en byttehandel. Offerhandlingen betyder, at man lader et menneske i grænseområdet, præsten, føre et dyr ind i grænseområdet, ofre det, og på den måde slår bro mellem menneske- og gudeverden, så at magten kan komme til mennesket.

Ved slagtofferet træder offerdyret i stedet for initianden, og det repræsenterer også den ofrende, som begge bliver renset og initieret til deres nye status. Den liminale fase er en renselsesproces, der skiller urenhed fra renhed. Initianden går renset videre. Ofringen er en magisk handling, som bringer hele processen over i det nye stadium, og offeret er en grænsemarkering i den sociale tid.

Offer og begravelse

Kød og ben skilles ad, og det gælder både offerdyret og mennesket, men med modsat orden: ved offerdyret brændes ben og fedt til guderne som offer, mens kødet ristes for deltagerne, de levende, til fællesmåltidet. Det er køkkenet med en spiselig okse. Hos mennesker brændes kødet ved en kremation, mens benene, knoglerne begraves; det er antikøkkenet med et uspiseligt menneske.

Verden dels op i natur, kultur og gudeverden. Til naturen hører de vilde dyr, til kulturen hører husdyr, og dermed offerdyrene, og menneskene, og til gudeverdenen guderne. Naturen fungerer uden ild, dyrene spiser kødet råt, til kulturen hører ilden, menneskene forbereder maden på ildstedet, og offerdyrenes kød brændes, mens guderne indtager nektar og ambrosia uden ild. Dionysos-tilhængerne og kynikerne er tilhængere af råt kød som det mest naturnære, følger altså naturen; det er det, der kaldes omophagia, råtkødspisen og allelophagia, kannibalisme; de radikale pythagoræere og orfikerne afviser kød som offer og mad og er vegetarer, de moderate pythagoræere betragter okse og får som kød, hvad de afviser at spise og ofre, mens gris og ged betragtes som ikke-kød og derfor både ofres og spises. Der opstår altså flere bevægelser med modsatrettede ideologier mod poliskulturens traditioner.

Kritik af offerets betydning

(Origo: M. Detienne and J.-P. Vernant: *La cuisine du sacrifice en pays grec* (Bibliothèque des Histoires.) Gallimard, Paris 1979, s. 28ff.)

Offeret, sacrificium, siger Detienne og Vernant, er blevet opstiliseret til det vigtigste element i kulten. Men i virkeligheden er det bare ét led i ritualsekvensen ved siden af divination, bøn, dans og øvrige riter. Offertyper er afhængige af samfundsstrukturen.

Hos sumererne blev menneskene skabt for at give næring til guderne, men dette gælder ikke for grækerne, for her får guderne kun røg fra offeret; men fællesmåltidet er et økonomisk omfordelingssystem af føde til borgerne og deltagerne i ritualet. Det er et redistributionssystem og ikke et ødelæggelsesritual.

Holokaustos er et offerritual, hvor guderne får alt, menneskene intet; det betyder, at det styrker solidariteten blandt menneskene; alle er lige i det tilfælde.

Men normalt udgør fordelingen af kødet et privilegium for eliten, de privilegerede ligemænd, homoioi, ὁμοίοι; gennem statusdifferencen blev polis-strukturen, det sociale kosmos, reorganiseret.

Offertyper

Der findes forskellige formål med offeret:

1. offermåltid
2. renselsesoffer
3. førstegrødeoffer
4. votivoffer
5. ildoffer
6. libation

Grænserne er flydende, fordi alle typer hænger sammen og bliver blandet.

Offerritualer er bundet til historiske, økonomiske og sociokulturelle kontekster, og der kan ikke opstilles en almen offerteori. Offer og kultur kan ikke adskilles.

Ofre gives til guderne, men også mod dem. De skal forsones og blive gunstigt stemte, eller de skal holdes på afstand, enten er det en forenende eller en adskillende funktion; det olympiske spiseoffer er en forenende funktion, mens pharmakós-ritualet er en adskillende funktion. Her lægger man samfundets dårligdom på en af samfundet udvalgt syndebuk, ofte en kriminel person, og fordriver den fra byen; dermed skulle det onde være væk for det år.

Selve offerhandlingen har en statusdifference i sig: den overnaturlige adressat kan nægte at modtage gaven fra den menneskelige giver.

Et offerritual kan inddeles i tre dele:

Sakrale elementer	**Kommunikation**	**Ritualister**
Guder Ånder Aner Døde	Forenende riter Adskillende riter Den rituelle proces: Bønner Recitation Dans, trance, musik Drab Gavegivning Kødfordeling = statusdifference Tilberedning: Kogning + stegning Spisning med guderne Spisning med deltagerne	a. aktører specialister præster sandsigere slagtere kokke øvrigt personale b. deltagerne c. passanter

Offeret betegner også en overgangsfase mellem det profane og det sakrale, men selve offerhandlingen befinder sig i den liminale fase efter indvielsesfasen. Indvielsesfasen betegner sakralisationen, og udtræden af den liminale fase betegner desakralisationen. Offerdyret får en sakralisationsstatus, en guddommelig karakter, gennem konsekrationshandlinger, bånd på hornene, libationer, immolatio, bestænkning med helligt vand; når dyret dræbes, er det endegyldigt adskilt fra den profane verden. De efterfølgende soningsritualer er tegn på, at de ofrende føler skyld over drabet, som derfor kræver en forsoning.

Selve offerhandlingen

En flok okser drives op på borgen, unge piger, ὑδροφόροι, bærer vand, andre, κανηφόροι, bærer kurve med byg og offerkniven. Okserne går rundt om alteret, hvor kornofferet står som grød eller kager, πελανὸν καὶ ψαιστά (Stengel (1910) 66-72). Kornet er offer til guden, før man slagtede dyret. Øksen slibes i det medbragte vand. Når en af okserne spiser af offerkornet, har den brudt tabuet: man må ikke spise af en gave til en gud. Okseslagteren, βουτύπος, slår til og dyret falder. Legenden fortæller, at en from bonde, Sopatros, blev vred over den grådige okse og dræbte den som det første oksedrab i historisk tid. For Aratos, 131-132, betyder det drab enden på sølvalderen; idyllen er slut. Okseslagteren kaster øksen bort og flygter; φυγή, flugt, betyder her forbandelse; dyret flås, indvoldene tages ud, kødet skæres ud i portioner af udskærerne, δαιτροί, steges straks og spises. Alle er nu deltagere i offerdrabet. Hos Porphyrios byder oraklet, at drabet skal gentages og at alle skal spise af offeret. Sopatros gør drabet til en fælles handling og et fælles anliggende. Alle spiser af dyret, undtagen ham, som har dræbt oksen. Knoglerne brændes på alteret, kun skindet bliver tilbage. Det mytologiske efterspil består i en retssag i Prytaneion, rådhuset, om, hvem der skal anklages for mordet. Alle skyder skylden på den, der kom først, og til sidst bliver øksen dømt, fordi den ikke kan tale. Selve gerningsmanden er flygtet og borte. Iflg. Pausanias frikendes øksen, iflg. Porphyrios sænkes øksen, πέλεκυς, eller kniven, μάχαιρα, ned i havet. Begge dele er nødvendige for ofret. Øksen opbevares på Akropolis som symbol på den hellige magt. Der er også en lerplov som symbol på den første agerbrugskultur. På denne plov udspændes skindet, så det ligner en levende okse igen. Formelt er den gamle tilstand restitueret, men der har været et offer til guden imellem den gamle tilstand og den nye.

Det her er en uskyldskomedie, en farce, grækerne kalder det 'dipolieagtigt', 'fuld af bouphonier', oksedrab, = fjolleri, dvs alt er vendt op og ned ved årets slutning.

På den 14. Skirophorion ved fuldmåne faldt Bouphonia eller Dipolieia, den sidste store fest i årets løb. Den forudsætter afslutningen af høsten, og nytåret falder mellem høstslut og udsåningsstart. Embedsmændene skifter, og retssager kan ikke føres over i det nye år, men skal være afsluttet i det gamle. Altså en markant afslutning på det gamle år.

Slagtning og udskæringen af offerdyret

(Origo: Jake Morton: *From the butcher's knife to god's ears. The leg and tail in Greek sacrifice*, in: Jan Mathieu Carbon/Gunnel Ekroth (eds.): *From snout to tail*, Skrifter utgivna af Svenska Institutet I Athen, 4, 60, Athen 2024)

Homer beskriver her ofringen af lårbensknogler, svøbt i fedt, som det centrale element i offeret, se Homer: Iliade I 460-461; II 423-424; Odysseen 3. 457-458; 12. 361-362. Forfatterne i klassisk tid siger det samme, se Aischylos: PV 496-499, Sofokles: Antigone 1005-1011 og Aristofanes: Aves 1230-1233. Vasebilleder bekræfter det, se fx attisk rødfigurs klokkekrater ca. 450-425 f.Kr. af London-maleren, London, British Museum E 494.

Vasebilleder bekræfter det: Attisk rødfigurs klokkekrater ca. 450-425 f.Kr., London-maleren, London, British Museum E 494 (Origo: Vase / Catalogue of Vases in the British Museum (E494). https://www.britishmuseum.org/collection/object/G_1847-0806-54)

Græske offerritualer synes at have fulgt et relativt fast mønster fra udvælgelsen af det perfekte offerdyr til slagtningen af det og til fællesmåltidet som afslutningen på ceremonien (Auffarth 2005). Det viser vasemalerier og afbildninger af offerritualet. Vi ser de mest relevante personer i ritualet afbildet, præster, præstinder, offertjenerne, der fører offerdyrene frem, samt andet kultpersonale, fx musikere. Hvad vi ser meget sjældent, er selve slagteøjeblikket, hvor kniven stikkes i offerdyrets hals.

Til v. *Sphagia* sacrifice in connection with war. Fragmentary Athenian red-figure kylix, *c.* 490–480 BC, Cleveland, Museum of Art.

Til h. Mageiros preparing the meat for consumption. The sphageion is placed under the table on top of which the animal is being cut up. Note the blood that has spilled over the sides of the sphageion. Athenian red-figure lekythos, c. 475–450 BC, Munich, Staatliche Antikensammlungen und Glyptotek.

Fig. 7. Preparations for the killing of a piglet. Athenian red-figure kylix, *c.* 525–550 BC, Paris, Louvre. From Stengel 1920, pl. 3, fig. 12.

Alle billeder (fig. 11+9+7) er taget fra Gunnel Ekroth: The Sacrificial Rituals of Greek Hero-Cults in the Archaic to the Early Hellenistic Period - Chapter III. The use and meaning of the rituals in a wider perspective - Presses universitaires de Liège (openedition.org), Liege 2013; selve bogen er udkommet 2002 (Origo: The Sacrificial Rituals of Greek Hero-Cults in the Archaic to the Early Hellenistic Period - Presses universitaires de Liège (openedition.org))

Litteratur

Auffarth, C.: *"How to Sacrifice Correctly, without a Manual"*, in: Hägg and Alroth 2005, pp. 11-21

Gebauer G.: *Pompe und Thysia. Attische Tieropferdarstellungen auf schwarz- und rotfigurigen Vasen*, Ugarit, Münster 2002

Gill, D.: *Greek Cult Tables*, Garland, New York 1991

Hägg, R. and Alroth, B. (eds.): *Greek Sacrificial Ritual, Olympian and Chthonian*, Svenska Institutet I Athen, Stockholm 2005

Stengel, Paul: *Opferbräuche der Griechen*, Teubner, Berlin 1910

Straten, F. T. van: *"The God's Portion in Greek Sacrificial representations: Is the Tail Doing Nicely?"*, in: R. Hägg/N. Marinatos/G. C. Nordquist (eds.): *Early Greek Cult Practice*, Svenska Institutet I Athen, Stockholm 1988, p. 51-68

Der er følgende trin i udskæringen af offerdyret:

Første fase:

Offerdyret slagtes, hvorefter brystet skæres op og indvoldene tages ud, bl. a. splanchna, σπλάγχνα (= hjerte, lunger, lever, milt og nyrer) og δημός, omentum, en fedtmembran, der omslutter indvoldene. En seer inspicerer dem, og når de er godkendt, bliver splanchna lagt på alteret. Derefter flås dyret og hovedet skæres af. Hovene hugges også af. Mens dyret hænger i en krog, skæres benet af, som udgør οὐρά, cauda vertebrae, hale, ἰσχίον, vertebra, hofteben, μηρός, femur, lårbens-knoglen, κόγχη, patella, knæskallen, og κνήμη, tibia, skinneben. Dermed er alt, hvad der skal bruges til offerritualet, skåret af kroppen, nemlig lårben og hale samt splanchna, og resten af slagtekroppen kan nu forberedes til fællesmåltidet for deltagerne.

Anden fase

Nu skal halen og lårbenet skæres væk af benet, og først skæres hoftebenet ud, hvorved halen kan skæres fri samt lårbensknoglen.

Tredje fase

Nu fjernes femur, lårbensknoglen, fra benet. Nu har man lårbensknoglen, halen og et stykke fedt fra toppen af låret klar til brug på alteret. Resten af benet gives til præsten eller til en udvalgt deltager.

Brændingen på alteret

Fedtet er svøbt omkring femur, og Jake Mortons eksperimenter viser, at mindst 200 gr. fedt får alterbålet til at flamme op efter 2 minutter, og den største flammevirkning holder i ca. 6-7 min. Efter 13 min. er fedtet brændt op; eksperimenterne viser, at det er vigtigt, at lårbenet er skåret frit for kød og at der er fedt nok svøbt omkring. Selve flammevirkningen er vigtig for deltagerne, fordi det viser gudens accept af offeret. Et eksempel, hvor det går galt, findes i Soph. Ant. 1005-1011; her virker ritualet ikke, fordi offeret ikke flammer op.

Den anden del af ritualet er halens opadrettede bøjning, som ligeledes er et tegn på gudens accept. Og halen lægges foran lårbenet med fedtet, så at flammerne ikke dækker for halens rejsning, når det sker, og det sker ca. 3 min., efter at halen er lagt på det brændende bål, og halens krumning holder sig i ligeledes 3 min. Det hører til ritualets spænding, at halen først ser ud til at bøje nedad, inden den pludselig krummer opad. Så her er to tegn på, at guden har accepteret ofret. Ud fra Aristofanes: Pax 1039 og 1054-1055 kan man slutte, at hale og lårben lægges på alteret samtidigt. Det er i øvrigt Aristofanes: Pax/Freden, der viser forløbet af et dyreoffer mest nøjagtigt, se vv. 922-1126. Det ser også ud til, at splanchna lægges på bålet sammen med lårben og hale, så at flammerne fra fedtet rister splanchna i ca. 8-10 min. Det betyder, at selve brændingen af offerstykkerene til guden finder sted samtidigt og afgiver de tegn, som er nødvendige for, at ritualet betragtes som vellykket.

Selve offerritualet er anden del af ritualet, som er blevet indledt med en bøn til guden om at komme og høre efter, hvad præsten senere beder om, og efter selve brændingen følger nu den bøn, der gør rede for, hvad man ønsker sig af hjælp fra guden; nu har guden jo fået en gave, så nu kan deltagerne bede om hjælp. Proceduren kan ses i Apollodorus: Bibliotheca 1. 7. 2. om Deukalion.

Indvolde. kød og tarme

(Origo: Bartek Bednarek: *μέχρι σπλάγχνων: what is that?*, in: Jan Mathieu Carbon/Gunnel Ekroth (eds.): *From snout to tail*, Skrifter utgivna af Svenska Institutet I Athen, 4, 60, Athen 2024)

Berthiaume (1982, 44-49) fandt ud af, at der var tydelige forskelle mellem splanchna og kød og de øvrige indvolde, kaldt τὰ ἔντερα, som består af fordøjelseskanalen, altså tarmene og maven, κοιλία og στόμαχος og ἔντερον (Arist. Part. Anim. 4. 4-5. 678-678b) samt Aesch. Agamemnon 1219-1222 og en indskrift fra Kos CGRN 86 (= LSCG 151), A l. 33-35, og Aristoteles: Partes Animalium 3. 9. 672b8-9 giver svaret: τὰ σπλάγχνα er περὶ μὲν οὖν τῆς καρδίας καὶ πλεύμονος εἴρηται, καὶ ἥπατος καὶ σπληνὸς καὶ νεφρῶν, dvs. hjerte, lunger, lever, milt og nyrer; derudover skriver han, at de består af en blodlignende substans: Arist. Part. Anim. 3. 4. 665b6: ἐξ αἱματικῆς ὕλης. Tarmene bliver brugt som pølseskind, hvorfor de skal vaskes, hvilket var et arbejde for folk af lavere status.

Andre offersubstanser

Undertiden blev der ikke brugt splanchna, men blodet eller τάμια, som jo betyder afskårne dele og kunne være testiklerne; der er altså tale om en kastration på det døde offerdyr. Et sådant offer er ganske forskelligt fra det normale offer, thysia, θυσία.

Refleksioner over offer og offerritual i Grækenland

(Origo: A. Henrichs: *"Dromena und Legomena. Zum rituellen Selbstverständnis der Griechen"*, in: Fr. Graf (Hrsg.): *Ansichten griechischer Rituale, Festschrift Walter Burkert*, Stuttgart 1998, 33-71)

Religion er et historisk fænomen, der bygger på traditioner inden for staten, og samtidig et socialt fænomen, der fremmer kommunikation mellem gruppen af tilbedere. En modsætning til den er kristendommen, hvor individet møder gud.

Græsk religion er ikke så gammel som ægyptisk eller sumerisk religion, men det er den mest kendte af de gamle religioner, selv om der ikke er så mange kilder. Hovedemnerne inden for den græske religion er jagt-, offer- og døderitualer, hvor den gamle tilstand, det gamle år, går i opløsning og den nye tilstand, det nye år, introduceres. Dionysos-festerne og Demeter-mysterierne er struktureret efter offerhandlingens rytme.

Drab, slagtning og spisning er hovedelementerne med bøn, sang, dans som ekstraingredienser. Slagtning af offerdyrene er det hellige centrale moment (ἱερεύειν af ἱερεῖα), (ῥέζειν = at handle > at ofre, θύειν = at ryge kød eller fisk > at ofre, se Paul Stengel: *Opferbräuche der Griechen*, Leipzig 2010, 95-155)). I

Grækenland er det pythagoræerne, der afviser at spise kød, men offerdyr måtte for dem godt slagtes, fordi de ikke repræsenterede reinkarnerede mennesker.

Offerritualer er intensive, kommunikative handlinger, der sigter mod en reciprok forbindelse mellem hierarkisk forskellige niveauer:

a) mennesker – dyr

b) aktive – passive deltagere

c) samfund – guderne

Succés ved ofringen afhænger af ortopraksi, korrekt udførte handlinger, men også af en kommunikativ interaktion. Eksempler på mislykkede ofringer er Caesar den 15. marts 44 (Sueton: Iulius 81,4), der trods mislykkede ofringer går ind til senatsmødet og bliver dræbt. Xenophon (Anabasis 6, 4, 12-27 + 6, 5, 2) fortæller om Neon, af hvis 2000 mand 500 blev dræbt, fordi offerresultatet ikke tillod at marchere videre til fods; det blev fejlfortolket med det sørgelige resultat til følge.

Der er altså to fejlmuligheder:
a) kommunikationen med guden mislykkes, fordi offeret ikke fungerer;
b) man ignorerer, at offeret ikke fungerer og handler alligevel;
(Chr. Auffarth: *"How to sacrifice correctly"*, in: Hägg/Alroth (eds.): *Greek Sacrificial Ritual*, Gøteborg, 2005, 11-21).
Ritualet består i en afvaskning, rene klæder, smykker, kranse på hovedet, seksuel abstinens under festligheden, procession og sang, offerdyrene er smykket med bånd og forgyldte horn, røgelse brændes af, musik, især fløjtespil, en ung pige, kanephóros, bærer kurven med byg, offerkniven, samt en ung pige med et vievandskar, loutrophóros.

Den kommunikative funktion starter med processionen, som er opbygget efter bestemte regler med de forskellige samfundsgrupper i en bestemt orden (jf. Andanía-indskriften IG V, 1, 390, 28-34): γυναικονόμος overvåger kvindens påklædning, processionslederen ordner grupperne, fx προπομπεία, som er den forreste plads i processionen, der er forbeholdt vigtige personer. (Se også Athenaios 5, 196-203 om ptolemæernes procession i Alexandria, se Folkert T. van Straaten: *Hierà Kalá: Images of Animal Sacrifice in Archaic and Classical Greece*, Brill, Leiden-New York-Köln 1995, Abb. 2 V 55 (s. 197, note 34)). De performative aspekter er vigtige: den rigtige klædedragt, ingen smykker, udsmykning af offerdyr, processionens forløb. Høre- og synssansen er vigtig for tilskuerne: de deltager lige så meget som de handlende i processionen, δρώμενα = handlinger modsat λεγόμενα = ord, bønner, hymner.

Præsten eller præstinden er mediator mellem gud eller gudinde og mennesker, giver håndtryk og fører processionslederen ind i det sakrale område ved alteret. Præstinder afbildes med nøgle til templet som kleidouchos, κλειδοῦχος, den nøglebærende; det bliver standardafbildningen, selv om præster jo også havde nøgle. Præster afbildes som standard med offerkniven, han bliver slagteren, μάγειρος. Standard er altså på vasebilleder, at manden er den aktive offerpræst med kniv, og kvinden er nøglebæreren, der åbner ind til helligdommen.

Ved ankomsten til det hellige sted markeres der en kreds, offerkurv og vievandskar bæres rundt om de forsamlede deltagere, hvilket symboliserer afgrænsningen af det profane fra det indviede, hellige område; der vaskes hænder, offerdyret bestænkes med vand, og fordi det bliver forskrækket, bevæger det sig, og bevægelsen tolkes som et 'ja' til at blive ofret; bygkorn, οὐλαί, tages op af kurven, og under høje råb kastes de på offerdyret, alteret og jorden, og nu tager ἱερεύς, den fungerende præst, kniven op af kurven, skærer pandehår af offerdyret og brænder dem som indledning til offeret (ἄρχεσθαι = at begynde på den hellige handling); så kommer stødet med kniven, kvinderne skriger deres ololyge, ὀλολύγη, klage- eller jubelråb, og overdøver dyrets dødsrallen; blodet skal flyde ned over alteret og ildstedet og ned i offergraven. Små dyr løftes op, så blodet kan flyde ned, mens man ved store dyr, fx en okse, løfter halspartiet og struben og holder det over alteret. Dyret slagtes, flås, deles (P. Stengel, 73-78), hjertet lægges på alteret, leveren vises til seeren, der skal inspicere den, lårbens-knogler, hvor kødet er skåret fra (= μηρία), samt bækkenknogler med halen (= ὀσφύς) lægges på alteret i den rigtige orden, så at dyrets struktur kan ses. Dette er gudernes andel, og de brændes helt op. Indvoldene, σπλάγχνα, ristes på ilden af splanchnopterne og spises straks af deltagerne. Vinofre, libationer, hældes i ilden og på jorden, kager brændes ligeledes. Kødet fordeles blandt de fine slægter efter en bestemt plan eller sælges til gavn for helligdommen og præsten. Skindet sælges ligeledes til fordel for helligdommen eller som løn for præsten.

Ritualet kan ses som en tredeling af den hellige handling:

a) sakralisationen som de indledende riter til selve offerhandlingen på det hellige område,

b) derefter selve offerhandlingen, den liminale fase, hvor alt er i spil og kommunikationen med guddommen skal oprettes,

c) og til sidst desakralisationen, hvor man vender tilbage til det profane område og liv; de hellige genstande og offerdyrets kødskal profaneres igen, afhelliggøres ved simpel håndspålæggelse fra præstens side, så at kødet kan spises af deltagerne.

Problemer ved det græske offerritual

(Fritz Graf: *"What is new about Greek sacrifice?"* in: *Kykeon. Studies in Honour of H. S. Versnel*, ed. by H.F.J. Horstmanshoff, H. W. Singor, F. T. Van Straten, and J. H. M. Strubbe, *Religions in the Graeco-Roman World,* Volume: 142, Brill, Leiden, p. 113-126)

Forskning om det græske offerritual har to problemer, i hvert fald tekstmæssigt. Materialet er fragmentarisk, og kilderne taler ikke om det ordinære, rutinemæssige, men om det afvigende og usædvanlige. Arkæologien hjælper i dag på disse problemer, og detaljerne skal forstås ud fra den græske kultur.

Yderpositionerne i ritualforskningen har været, at Edmund Leach opfattede ritualer som ren kommunikation med indhold, mens Fritz Staal har betragtet dem som ren form uden indhold. Graf hævder over for disse synspunkter, at ritualet skaber forandring i verden, er mere end kommunikation, og betydningen ligger i symbolværdien.

Ritualet er en kæde af symboler med henblik på kommunikation. Symbolerne er gruppebaserede, fordi hvert medlem i gruppen (genos, phratria, demos) kan se en fejl i udførelsen af ritualet, hvis der altså er fejl. Ritualet er overleveret med traditionen fra generation til generation, og er bundet til kulturen på det tidspunkt. Deraf kan sluttes følgende:

a) symboler er kollektivt baserede, ikke individuelle;

b) da indholdet er videregivet inden for en given kultur, skal fortolkningen basere sig på denne kultur. Det samme symbol, ritualelement, kan altså have forskellig betydning i to forskellige kulturer. Det passer til de Saussures opfattelse, at betydning ikke ligger givet i tegnet, men er arbitrært, dvs. kulturelt konstrueret.

Kommunikation med guder virker kun inden for en religiøs kultur; uden for denne kultur har guddommen ingen betydning. Zeus har ingen betydning i en kristen kultur i det store perspektiv, præsten har ingen myndighed uden for ritualet; da er han et ganske almindeligt menneske.

Kommunikation har altid to akser: en horisontal, mellem gruppens medlemmer, og en vertikal, mellem gruppen og guderne.

Det blodige offer er kvintessensen af et offerritual i antikke civilisationer, og det er svært at finde et ideelt skema for ofringerne trods Hom. Od. 3, 417 ff. eller Hom. Od. 14, 418 ff.

Hvad er normen for et offer, og hvad er afvigelserne fra normen? Fx er fløjtespilleren med ved de fleste ofringer, men hvornår begynder han at spille, og hvad sker der, hvis der ingen fløjtespiller er? Festmåltidet afsluttede ritualet for deltagerne ved, at alle deltagere spiste sammen af offerkødet og drak vin til. Men ved en ceremoni ved Poseidon-templet på Aigina tog man kødet med hjem og spiste det i tavshed uden slavernes tilstedeværelse.

90 % af offerdyrene var okser, får, geder og svin; usædvanlige ofre er hundeofre; der er kun få, og knoglerne, der er fundet ved altret, kan jo også stamme fra hunde, der tilfældigvis er døde, da de spiste kødrester. Ekstraordinære dyr ofres til ekstraordinære guder; således får Ares, krigsguden, Hekate, gudinde for korsveje og Genetyllides, fødselsgudinde et hundeoffer.

Det ideelle græske offer

a) Der er et praktisk sigte: forsyning af spiseligt kød til deltagerne af demos;

b) guderne får offerdyret(s brændte dele) splanchna (= indvolde) /σπλάγχνα: offeret, θυσία, er en gave til guden, δόσις ; statuer på Chios og i Athen får splanchna lagt i hænderne eller på deres knæ.

Offerprocessionen går fra det private rum til det offentlige rum, fra et profant rum til et helligt rum. Man bærer hvide klæder, kranse, og hornene på dyrene er smykket med guldbånd. Offertingene, byg, offerkniven og vievand bæres rundt om alteret, en glød fra alterilden dyppes i vandet båret af hydrophoros, som bestænker alter, mennesker og dyr. Så er alle indviet på lige vis.

Bønnen siges højt af den/de ofrende, mens man kaster bygkorn, οὐλαί, på dyr og alter. Byg identificeres med den første agerdyrknings kulturføde. Den kastes i ilden, men bliver ikke spist. Kniven kommer til syne. Her kommer en ny fase i offeret og menneskenes liv ind i billedet. Det blodige offer er en ny fase i livet.

Bønnen er den ulige kommunikationsakt med en gud; den siges højt, altså til alle deltagere og til guden, og forsøger at genskabe den kosmiske orden.

Slagtningen

Den ofrende skærer en hårlok af dyret og kaster den i ilden; dette er et symbol på hele ofringen, før slagteren, σφαγεύς, dræber det. Kvinderne, som danner deres egen gruppe, råber deres sørge- eller jubelråb, ὀλολύγη.

Offerets strube løftes, halsen skæres over (= σφάττειν), blodet løber ned i et kar og hældes på alteret. Dyret forbindes med alteret gennem blodet. Dyret skæres op, og skindet flås af: gudens dele, lårbenene, skæres ud og dækkes med fedt og med stykker af hver del af dyret, ὠμοθετείν. Derefter sker der en inspektion af indvoldene, især af leveren, så bliver indvoldene, σπλάγχνα, ristet og spist af den/de ofrende og gruppen. Resten af dyret skæres ud og koges. Mens det sker, tager æresgæsten et bad, eller der synges hymner til guddommen. Måltidet spises sammen, resterne tages med hjem eller sælges af præsterne. Offeret er slut. Desakralisation sker om nødvendigt ved, at præsten rører ved det indviede kød med hånden, hvorefter det er afhelliget, profaneret, hvorefter kødet kan fjernes fra det hellige område, temenos, ud i samfundet igen.

Walter Burkert om græske offerritualer

(Origo: Walter Burkert: *Homo Necans - The Anthropology of Ancient Greek Sacrificial Ritual and Myth*, Univ. of California Press, Berkeley 1983, orig. tysk udg. 1972, W. B.:*Homo Necans: Interpretationen Altgriechischer Opferriten Und Mythen: 2., Um Ein Nachwort Erweiterte Auflage* (Religionsgeschichtliche Versuche und Vorarbeiten, Vol 32) de Gruyter, Leiden 1997)

Burkert sætter homo religiosus lig med homo necans, det religiøse menneske lig med det dræbende (= ofrende) menneske, og selve sacrum i offerhandlingen, er offerslagtningen, sacrificium; ῥέζειν betyder at handle, i religiøs kontekst at ofre = operari; selve det at slagte offerdyrene hedder ἱερεύειν eller θύειν, der egl. betyder 'at røge' og derefter glider over til at betyde at ofre.

Offerritualet har en tredelt struktur

a) sakralisation = indledningsriter til sacrum, den hellige handling,

b) derefter drabet på offerdyret med kvindernes ololygé, hvorefter

c) desakralisationen, afslutningsriterne, følger.

Burkert sætter offerritualerne ind i jægersamfundets opførsel, nemlig et mandesamfund, der søger mad; offerritualet skal opfattes som et narrativ, der danner en tradition og binder samfundet sammen, fordi man alle deltager i det og fortæller det videre. Phratrier, slægtsfællesskaber, etableres omkring offerritualer. Resterne af det ses ved μεῖον og κούρειον under Apatouria-højtiden, hvor drengene optages i phratrierne og dermed optages i de voksnes rækker og i demos.

Desto tættere bindingen skal være, desto stærkere skal ritualet virke; den, der aflægger ed, skal røre ved offerets blod og træde på de afskårne testikler af offerdyret: στὰς ἐπὶ τῶν τομίων, se Paul Stengel: *Opferbräuche der Griechen*, Teubner, Leipzig-Berlin 1910, p. 78-85.

Under offeret adskiller deltagerne sig fra tilskuerne; deltagerne indtager forskellige roller ved fuldførelsen af ritualet, fra begyndelsen, κατάρχεσθαι, til bøn, slagtning, flåning, udskæring og fordeling af kødet; offerfællesskabet er et billede på det rangdelte samfund, idet den aktuelle opdeling under festen viser samfundets rangdeling og dermed har social betydning. Måltidet efter offeret bliver dermed til en ceremoni, hvor fordeling, gave og retten til at tage kød er reguleret ved en hellig orden.

Efter drabet kommer gengældelsen, idet skylden for drabet skal kompenseres ved, at man samler offerdyrets knogler igen: kraniet og horn og geviret hænges op, knoglerne gengiver dyrets struktur. Ritualet skal forvandle drabet symbolsk til et nyt liv for deltagerne.

Ritualer er overførte eller metaforiske performansskemaer, der tjener kommunikationen mellem mennesker og guden. Dermed er vi i en tegnkultur, hvor ting, templer, korn, frugter, vin, billeder, råb og bønner bliver symboler i kontakten mellem guden og mennesker.

Når man dræber et offerdyr eller en fjende, er det dødens frygtelige syn og glæden ved at overleve selv, der er det vigtige element for den ofrende/dræbende. Måltidet hører til drabet, for drabet er forudsætningen for mad til livets opretholdelse i en jægerkultur. Således også i offersituationen: måltidet bliver fællesskabets forbindende element; kødet spises af deltagerne under fællesmåltidet, mens blodet strømmer ned i gruben til den døde eller til guddommen.

Jagtritualet: drab på dyret, dets opskæring og tilberedelsen af måltidet bliver til et offerritual; det døde dyr brændes, for at man kan samle knoglerne og begrave dem, ὀστᾶ λέγειν, ossa legere. Man giver under højtiden til de døde mælk, honning, olie, vin og vand og hælder det ud som libation i et samfund, der mangler disse ting eller skal arbejde hårdt for at få fat i dem. Man kan læse Plutarch: Arist. 21 som den udførligste beskrivelse af et offer til de døde krigere.

Tekst

Plutarch: Aristides, 21, 1-5

[1] ἐκ τούτου γενομένης ἐκκλησίας κοινῆς τῶν Ἑλλήνων ἔγραψεν Ἀριστείδης ψήφισμα συνιέναι μὲν εἰς Πλαταιὰς καθ᾽ ἕκαστον ἐνιαυτὸν ἀπὸ τῆς Ἑλλάδος προβούλους καὶ θεωρούς, ἄγεσθαι δὲ πενταετηρικὸν ἀγῶνα τῶν Ἐλευθερίων. εἶναι δὲ σύνταξιν Ἑλληνικὴν μυρίας μὲν ἀσπίδας, χιλίους δὲ ἵππους, ναῦς δ᾽ ἑκατὸν ἐπὶ τὸν πρὸς βαρβάρους πόλεμον, Πλαταιεῖς δ᾽ ἀσύλους καὶ ἱεροὺς ἀφεῖσθαι τῷ θεῷ θύοντας ὑπὲρ τῆς Ἑλλάδος

[2] κυρωθέντων δὲ τούτων οἱ Πλαταιεῖς ὑπεδέξαντο τοῖς πεσοῦσι καὶ κειμένοις αὐτόθι τῶν Ἑλλήνων ἐναγίζειν καθ᾽ ἕκαστον ἐνιαυτόν. καὶ τοῦτο μέχρι νῦν δρῶσι τόνδε τὸν τρόπον: τοῦ Μαιμακτηριῶνος μηνός, ὅς ἐστι παρὰ Βοιωτοῖς

Ἀλαλκομένιος, τῇ ἕκτῃ ἐπὶ δέκα πέμπουσι πομπήν, ἧς προηγεῖται μὲν ἅμ᾽ ἡμέρᾳ σαλπιγκτὴς ἐγκελευόμενος τὸ πολεμικόν,

[3] ἕπονται δ᾽ ἅμαξαι μυρρίνης μεσταὶ καὶ στεφανωμάτων καὶ μέλας ταῦρος καὶ χοὰς οἴνου καὶ γάλακτος ἐν ἀμφορεῦσιν ἐλαίου τε καὶ μύρου κρωσσοὺς νεανίσκοι κομίζοντες ἐλεύθεροι: δούλῳ γὰρ οὐδενὸς ἔξεστι τῶν περὶ τὴν διακονίαν ἐκείνην προσάψασθαι διὰ τὸ τοὺς ἄνδρας ἀποθανεῖν ὑπὲρ ἐλευθερίας:

[4] ἐπὶ πᾶσι δὲ τῶν Πλαταιέων ὁ ἄρχων, ᾧ τὸν ἄλλον χρόνον οὔτε σιδήρου θιγεῖν ἔξεστιν οὔθ᾽ ἑτέραν ἐσθῆτα πλὴν λευκῆς ἀναλαβεῖν, τότε χιτῶνα φοινικοῦν ἐνδεδυκὼς ἀράμενός τε ὑδρίαν ἀπὸ τοῦ γραμματοφυλακίου ξιφήρης ἐπὶ τοὺς τάφους προάγει διὰ μέσης τῆς πόλεως,

[5] εἶτα λαβὼν ὕδωρ ἀπὸ τῆς κρήνης αὐτὸς ἀπολούει τε τὰς στήλας καὶ μύρῳ χρίει, καὶ τὸν ταῦρον εἰς τὴν πυρὰν σφάξας καὶ κατευξάμενος Διῒ καὶ Ἑρμῇ χθονίῳ παρακαλεῖ τοὺς ἀγαθοὺς ἄνδρας τοὺς ὑπὲρ τῆς Ἑλλάδος ἀποθανόντας ἐπὶ τὸ δεῖπνον καὶ τὴν αἱμοκουρίαν. ἔπειτα κρατῆρα κεράσας οἴνου καὶ χεάμενος ἐπιλέγει: ‘προπίνω τοῖς ἀνδράσι τοῖς ὑπὲρ τῆς ἐλευθερίας τῶν Ἑλλήνων ἀποθανοῦσι.’ ταῦτα μὲν οὖν ἔτι καὶ νῦν διαφυλάττουσιν οἱ Πλαταεῖς.
(Origo:
https://www.perseus.tufts.edu/hopper/text?doc=Perseus%3Atext%3A1999.01.0182%3Achapter%3D21%3Asection%3D5)

Plutarch: Aristides, 21, 1-5

1. Derefter blev der afholdt en almindelig folkeforsamling blandt hellenerne, hvor Aristeides fremsatte følgende beslutningsforslag: a) at deputerede og gesandter fra hele Hellas hvert år skulle mødes i Plataiai samt at der skulle afholdes konkurrencer under Eleutheria-Frihedsfesten hvert fjerde år; b) at der skulle være en hellensk militærstyrke bestående af 10.000 skjolde, 1.000 heste og 100 skibe med henblik på krig mod barbarerne; c) at plataierne skulle være ukrænkelige og hellige, fordi de ofrer til guden for Hellas.

2. Da disse forslag var blevet vedtaget, påtog plataierne sig at ofre hvert år for de hellenere, der var faldet og lå begravet dér. Og dette gør de stadigvæk på denne måde: den 16. maimakterion, som er alalkomenios-måneden hos boioterne, afholder de en procession, som påbegyndes ved daggry af en trompetist, der forkynder krigssignalet;

3. vogne, fyldt med myrtegrene og blomsterkranse, følger efter, derpå en sort tyr og frie unge mænd, der bærer vin- og mælkeofre i amforaer og kar med olie og myrra; det er ikke tilladt for en slave at røre ved noget af gudstjenestens genstande, fordi mændene døde for friheden;

4. som leder for alle er plataiernes arkont, for hvem det til andre tider er forbudt at røre ved jern eller bære andet end hvidt tøj, på dette tidspunkt klædt i en purpurtunika, har grebet en vandkande fra byens arkiv og går med sværdet i hånd midt igennem byen til gravene;

5. og efter at have øst vand fra kilden vasker han selv gravstenene og smører dem med myrra; efter at have slagtet tyren ved offerbålet og bedt til Zeus og Hermes Chthonios opfordrer han de tapre mænd, som døde for Hellas, til at komme til festmåltidet og dødeofferet. Efter at have blandet vinen i krateret, siger han, mens han udgyder vinofferet: "jeg skåler for de mænd, der døde for hellenernes kamp for friheden!" Disse ritualer overholder plataierne endnu den dag i dag.

Ublodige ofre - Tekster

Pausanias: Graeciae descriptio 8, 42, 11-12 – Et ublodigt offer

[11] ταύτης μάλιστα ἐγὼ τῆς Δήμητρος ἕνεκα ἐς Φιγαλίαν ἀφικόμην. καὶ ἔθυσα τῇ θεῷ, καθὰ καὶ οἱ ἐπιχώριοι νομίζουσιν, οὐδέν: τὰ δὲ ἀπὸ τῶν δένδρων τῶν ἡμέρων τά τε ἄλλα καὶ ἀμπέλου καρπὸν καὶ μελισσῶν τε κηρία καὶ ἐρίων τὰ μὴ ἐς ἐργασίαν πω ἥκοντα ἀλλὰ ἔτι ἀνάπλεα τοῦ οἰσύπου, ἃ τιθέασιν ἐπὶ τὸν βωμὸν τὸν ᾠκοδομημένον πρὸ τοῦ σπηλαίου, θέντες δὲ καταχέουσιν αὐτῶν ἔλαιον, ταῦτα ἰδιώταις τε ἀνδράσι καὶ ἀνὰ πᾶν ἔτος Φιγαλέων τῷ κοινῷ καθέστηκεν ἐς τὴν θυσίαν.
[12] ἱέρεια δέ σφισίν ἐστιν ἡ δρῶσα, σὺν δὲ αὐτῇ καὶ τῶν ἱεροθυτῶν καλουμένων ὁ νεώτατος: οἱ δέ εἰσι τῶν ἀστῶν τρεῖς ἀριθμόν. ...
(Origo:
http://www.perseus.tufts.edu/hopper/text?doc=Perseus%3Atext%3A1999.01.0159%3Abook%3D8%3Achapter%3D42%3Asection%3D11)

Pausanias: Graeciae descriptio 8, 42, 11-12
11. På grund af denne Demeter kom jeg først og fremmest til Phigalia og ofrede til gudinden, som de indfødte også gør, intet andet: frugterne fra forædlede træer, og vindruer og bivokskager og uld, som ikke er forarbejdet endnu, men endnu fuld af snavs, som de lægger på altret, som er bygget op foran hulen, og så hælder de endda olivenolie ud over det; det er sædvane både ved de private ofre og årligt ved Phigaleernes fælles offer.

12. Det er en præstinde, der fuldfører handlingen, og den yngste af de såkaldte hierothyter; det er borgere, tre i antal. ...

Pausanias: Graeciae descriptio 5, 15, 10 – Om libationer, kandeofre

[10] ἑκάστου δὲ ἅπαξ τοῦ μηνὸς θύουσιν ἐπὶ πάντων Ἠλεῖοι τῶν κατειλεγμένων βωμῶν. θύουσι δὲ ἀρχαῖόν τινα τρόπον: λιβανωτὸν γὰρ ὁμοῦ πυροῖς μεμαγμένοις μέλιτι θυμιῶσιν ἐπὶ τῶν βωμῶν, τιθέασι δὲ καὶ κλῶνας ἐλαίας ἐπ᾽ αὐτῶν καὶ οἴνῳ χρῶνται σπονδῇ. μόναις δὲ ταῖς Νύμφαις οὐ νομίζουσιν οἶνον οὐδὲ ταῖς Δεσποίναις σπένδειν οὐδὲ ἐπὶ τῷ βωμῷ τῷ κοινῷ πάντων θεῶν. μέλει δὲ τὰ ἐς θυσίας θεηκόλῳ τε, ὃς ἐπὶ μηνὶ ἑκάστῳ τὴν τιμὴν ἔχει, καὶ μάντεσι καὶ σπονδοφόροις, ἔτι δὲ ἐξηγητῇ τε καὶ αὐλητῇ καὶ τῷ ξυλεῖ.

(Origo: http://www.perseus.tufts.edu/hopper/text?doc=Perseus%3Atext%3A1999.01.0159%3Abook%3D5%3Achapter%3D15%3Asection%3D10)

Pausanias: Grækenlands beskrivelse 5, 15, 10

10. Éngang om måneden ofrer eleerne på alle de nævnte altre. Men de ofrer på en gammeldags måde, idet de nemlig brænder røgelse sammen med honningmarinerede hvedekorn på altrene, de lægger også oliventræskviste på dem og bruger vin som kandeofre. Kun når det drejer sig om nymferne, er det ikke tilladt at foretage kandeofre, ejheller når det drejer sig om herskerinderne eller på det fælles alter for alle guder. Ansvaret for ofringerne påhviler ritualmesteren, theekolos, som har hvervet i den pågældende måned, samt seerne og kandeofferbærerne, desuden fortolkeren, fløjtespilleren og brændehuggeren.

Kommentar

Ublodige ofre består af brød, frugter, kager, grøntsager, parfumerede olier, der brændes på alteret, se fx Pausanias 8, 42, 11 om Demeter Melaina i Phigalia i Arkadien; thargelos er således brød, lavet af årets første korn, der ofres under Thargelia-højtiden: desuden er der en sammenkogt ret af bønner, der ofres til

Apollon om efteråret under Pyanopsia/Pyanepsia-højtiden; ordet kommer af pyanos, πύανος, bønne, og hepsein, ἕψειν, at koge.

Orfikerne ofrede ublodigt korn og honning i modsætning til demens normale offerpraksis med det formål at genoprette den tabte enhed med naturen og guderne; pythagoræerne delte sig i to grupper, a) den gruppe, der gjorde ligesom orfikerne, b) den gruppe, der ofrede ged og svin, men ikke okser eller væddere.

Libation: drikoffer, der betegner start og slut på alle slags ritualer: man hælder vinen på jorden og drikker så selv af den. En libation kan bestå af ren vin, vin og vand, vin, vand og honning.

Χόαι af χεω: vinen hældes over graven ned til de døde; hvis det er rent vand, der ofres, hedder det choai nephaliai, χόαι νηφάλιαι eller ἄοινοι, aoinoi, se Paus. 5, 15, 10.

Fordeling af kødet i græske offerritualer

(Origo: Gerhard J. Baudy: *"Hierarchie oder die Verteilung des Fleisches"*, in: B. Gladigow/H. G. Kippenberg (Hrsgg.): *Neue Aspekte in den Religionswissenschaften*, München 1993, 131-174

Mennesket er, hvad det spiser, sagde Ludwig Feuerbach, men ud over at stille sulten er spisning og måltidet identitetsskabende: man tilhører den gruppe, som spiser det samme; man står udenfor, hvis man spiser noget andet. Fremmede folkeslag benævnes efter deres spisevaner: ὀριοφάγοι: slangespisere, ἱππομολγοί: hestemalkere, ἀκριδοφάγοι: græshoppespisere; i Sparta skulle man deltage i syssitierne, spisefællesskaberne, hvis man ville være borger, jf. Aristoteles: Politik 2, 1271a, 25 ff.

Ordet 'kompagnon', som bliver til 'kumpan', kommer af ordet for brød 'panis' og ordet for sammen 'cum' på latin: en kammerat eller partner er den, man deler sit brød med.

Bordfællesskabet indeholder distributionsregler, som forener og adskiller de spisende deltagere, idet man underkaster sig den, der har autoriteten ved bordet.

Under Anthesteria i Attika skete det, at deltagerne på Chloé-dagen (Kandedagen) drak den nye vin i tavshed, hvert medlem af familien med sin kande og ved hvert sit bord (Eur. Iph. Taur. 949 ff.); Dikaiarch fr. 59 (Wehrli) og fr. 72. At maden anrettedes i portioner på individuelle borde, skyldtes mangel på mad, hvad der jo førte til udvandringen fra Grækenland i ca. 200 år fra 750 f.Kr.; men først førte det til, at de rige undertrykte de svage, fordi de havde mere mad, og den tilstand førte til vold. Først distributionsreglerne for offerkødet afskaffede volden mellem klasserne. Athenaios skriver i Deipnosophistae 1, 12 f., at portionering af mad og distributionsregler adskiller os fra de vilde dyr; distribution af føden er et basalt kendetegn for menneskelig kultur.

Et spisefællesskab afspejler en samfundsmæssig orden og etablerer et gruppesammenhold samtidig med fastsættelsen af rangforskelle blandt deltagerne. Offerfesterne i det arkaiske samfund er kosmogonier i menneskeligt format; de skal gentages, ellers destabiliseres den samfundsmæssige orden; rangforskellene viser hierarkiet blandt deltagerne, jf. ἱερὰ ἄρχειν = at styre de sakrale ritualer.

Jægerne i et jæger-samler-samfund måtte gå med til at dele deres bytte efter bestemte regler, og sådan opstod spisereglerne i en stammekultur. Den jæger, der havde skudt flest dyr, fordelte byttet, og sådan gik man fra egoisme over til altruisme og dannede på den måde et samfund. Og den, der gav kød, fik mere prestige, fordi han gav afkald.

Forholdet mellem mandligt og kvindeligt

Jægeren repræsenterer det mandlige kød, mens kvinden repræsenterer havebrugets grøntsager i et jæger-samler-samfund; i et agerbrugssamfund repræsenterer manden kornet og kvægavlen, mens kvinden repræsenterer grøntsagerne; på den måde kunne man i logisk efterfølge betragte ofringen af blodige ofre som den mandlige side, mens de ublodige ofre hører til kvinderne.

Det indiske ṛta (= offer) bliver til latin: ritus (= offerritual). De mest ansete, konger, embedsmænd, får lov til at dele kødet ud, og derved får vi en rangorden i samfundet. Klassehierarkiet institueres. På latin betyder princeps, der på dansk bliver til 'prins', førstemanden til at dele kødet ud eller tage af kødet først under offerceremonien.

Nomos = magt

Hvis man ser på, hvem der har magten i samfundet, så er det i mykensk tid kongerne, efter Mykene er det adelen, i arkaisk tid er det de rige, som ikke er adelige, og i demokratiet er det folket. I demokratiet er det demos, kommunen, der fordeler kødet, fordi folk er fattige og ikke kan skaffe offerdyr, betale for dem og dele kødet ud. Demos bliver distributør. Archon basileus var embedsmanden i demos på det religiøse område og stod dermed for køduddelingen; derfor hedder han også konge efter stillingen i mykensk tid, se Arist. Athen. Pol. 57, 1.

Dyrene hedder hiereía, hellige dyr, ἱερεία. Ordet ἱερός betyder egentlig vigtig, betydningsfuld. Xenophon skriver i Anabasis 5, 3, 9 ff., at han erhvervede jord i Selinus ved Olympia, byggede alter og tempel for Artemis og ofrede 1/10 af kornet til hende. Han beværtede hele befolkningen med slagtekvæg fra den hellige eng, νομός, og vilddyr, skudt i det hellige område.

I Attika blev kødmængderne skaffet af rige borgere i form af liturgier og af skattepligtige byer, se Herodot 5, 82. Hieropoioi, templets ledende præster, købte kvæg til den panathenæiske højtid med penge fra demos' offentlige forpagtninger (Dittenberger 1917, nr. 241). Prytanerne fik 5 dele som medlemmer af det regerende byråd, arkonterne fik 3 dele som ministerielle embedsmænd, og kultembedsmændene fik 1 del. Slagtning og distribution af kødet til athenerne påhvilede hieropoioi. Det blev fordelt efter demoi; hver demos sendte et antal folk, som modtog kødet for demos' befolkning.

Præsterne opstillede en siddeorden for spisedeltagerne, som jo både var guder og mennesker. I Chalkedon fik præsten med ansvar for de 12 guder alle huder og lårene (Dittenberger, Sylloge 1010).

Undertiden måtte præsten tage hierai moirai, ἱεραὶ μοῖραι, de hellige portioner til guden, fra altret. Ellers fik præsten det samme som guden, den ene det venstre lår, den anden det højre. Hos Homer hedder slagtekvæg ἱερήια, helligt kvæg (Hom. Od. 23.11), selv om det ikke skal ofres (Paul Stengel: *Opferbräuche der Griechen*, Teubner, Berlin-Leipzig 1910, 1). I Sparta kontrollerede kongerne siddeorden ved δεῖπνον, måltidet, og fik dobbelt så store portioner som deltagerne (Herodot 6, 51).

Kødandelen viser status i demos. Visse demer var så specificerede, at bestemte erhverv fik bestemte kødandele. Smedene på Kos og keramikerne fik offerdyrets hoved (Dittenberger, Sylloge 1025, 55). At sige nej til kød var en afvisning af den sociale orden; man stillede sig uden for fællesskabet. At spise kødet betød en underkastelse under og accept af demos' regler.

Nómos, νόμος, betegner i arkaisk og klassisk tid retsorden, men ikke hos Homer. νέμειν, som nómos er afledt af, betyder at fordele, nemlig kødet fra vildtbyttet og jorden og under det rituelle fællesmåltid opdelingen og tildelingen af det stegte kød til deltagerne. Hesiod skriver i Værker og Dage v. 276 ff., at fisk, rovdyr og fugle lever efter den nomos, at de æder hinanden; Zeus har tildelt dyrene retten til at æde hinanden; menneskene derimod fik en nomos, bestemt af δίκη, retfærd, dvs. civiliserede mennesker øver ikke vold mod hinanden, jf. Dikaiarchs tese. Theognis v.54 ff. taler med foragt om opkomlinge, som tidligere kendte hverken retfærd, dike, eller nomoi, siddeordninger ved bordet, og gik ude på engene og hyttede kvæget, ἐνέμοντο, klædt i gedeskind; νομή betyder 'eng', som hyrden, νομεύς, tildeler kvæget; νέμεσθαι betyder 'græsse', men egentlig betyder det 'at få tildelt'; kvæget får tildelt engen af hyrden. Det betyder også 'at bo', hvad der kommer af 'at opholde sig på mad-/foderområdet'. Ordet 'nomos' betegner altså oprindeligt en fordelingsorden af offerkødet, og derefter betegner det den herskende tilstand af lov og orden. Når Hesiod i Theogonien 417 skriver, at ofrene forrettes κατὰ νόμον, betyder det, at distributionsordningen er gældende.

Når musikken kaldes νόμος, skyldes det, at den oprindelig hørte til offerritualet, og udtrykket θεούς νομίζειν betyder, at man giver guderne deres andel af offerkødet; derefter glider betydningen til 'at ære og tilbede guderne' og videre til 'at tro på dem' og til den mere generelle betydning 'at tro, at formode'.

Gudenavne i forhold til fordelingsordningen

Eunomía er datter af Themis og søster til Dike, Eirene og Morierne, og navnet kan fortolkes som personifikation af den adækvate fordelingsordning, altså den positive pol.

Dysnomía er datter af Eris, søster til Nemesis, og kan fortolkes som den inadækvate fordelingsordning, altså den negative modpol til Eunomía.

Nemesis er hævnens gudinde og kommer også af νέμειν, der udvikler sig til νεμεσάειν, at rase, at bære nag; navnet kan fortolkes som personifikation af vrede over at være blevet forfordelt ved fordelingen af offerkødet.

Solon forklarer socialt oprør med κόρος, umættelighed, begærlighed, dvs. man overfylder maven med mad. 'Zeus Aisa' (Solon, fr. 3. 2. Diels) betyder 'Zeus' portion', dvs. den portion, som Zeus tildeler menneskene, opretholder samfundsordenen. Men oprørerne er ifølge Solon besat af hybris, indbildskhed, hovmod, der skaber lidelse, jf. Solon, fr. 3. 7 f.: "De forstår ikke at tøjle deres umættelighed (κατέχειν κόρον), ejheller at finde en orden for de nuværende glæder i måltidets ro" (οὐδὲ παρούσας εὐφροσύνας κοσμείν δαιτός ἡσυχίη, Solon, fr. 3. 9f. Diels): bordordenen bliver destabiliseret, fordi kóros, at spise ud over mæthedsfornemmelsen, ødelægger daís, fordelingen af maden, en tilstand af δυσμονίη (Solon, fr. 3. 31 Diels), mens εὐνομίη fører kaos til kosmos (Solon, fr. 3. 32-35 Diels). Solon siger dermed, at man med nomos' magt har forvandlet vold til ret, dvs. man har med en ny fordelingsorden skabt kosmos.

Herdodot 3, 80, 1-6: isonomia (= ligelig fordeling) er det ældste udtryk for demokrati, som det fremgår af Otanes' tale som led i historiens første forfatningsdiskussion:

'[6] πλῆθος δὲ ἄρχον πρῶτα μὲν οὔνομα πάντων κάλλιστον ἔχει, ἰσονομίην, δεύτερα δὲ τούτων τῶν ὁ μούναρχος ποιέει οὐδέν: πάλῳ μὲν ἀρχὰς ἄρχει, ὑπεύθυνον δὲ ἀρχὴν ἔχει, βουλεύματα δὲ πάντα ἐς τὸ κοινὸν ἀναφέρει. τίθεμαι ὦν γνώμην μετέντας ἡμέας μουναρχίην τὸ πλῆθος ἀέξειν: ἐν γὰρ τῷ πολλῷ ἔνι τὰ πάντα.'

"Men hvis flertallet/mængden hersker, så har dette for det første den smukkeste af alle navne, isonomi, og for det andet gør den intet af alt det, som monarken begår; den besætter embederne gennem lodtrækning, embedsmændene skal aflægge regnskab, og alle beslutninger bringes for fællesskabet. Derfor mener jeg, at vi bør afskaffe monarkiet og løfte flertallet; for alle ting er mulige i mængden." (Origo: https://kups.ub.uni-koeln.de/6483/1/Die_erste_Verfassungs-Debatte__Herodot%2C_Histor%C3%ADe%2C_III_80-82_2003.pdf)

Euripides: Hiketides 429 ff. Man hader tyranner, fordi der ingen νόμοι κοινοί er. En tyran bryder princippet om lighed, når kun én hersker og monopoliserer nomos: εἷς τὸν νόμον κεκτημένος αὐτὸς παρ' αὑτῷ« (431):

Θησεύς
οὐδὲν τυράννου δυσμενέστερον πόλει,
ὅπου τὸ μὲν πρώτιστον οὐκ εἰσὶν νόμοι
κοινοί, κρατεῖ δ' εἷς τὸν νόμον κεκτημένος
αὐτὸς παρ' αὑτῷ: καὶ τόδ' οὐκέτ' ἔστ' ἴσον.
γεγραμμένων δὲ τῶν νόμων ὅ τ' ἀσθενὴς
ὁ πλούσιός τε τὴν δίκην ἴσην ἔχει,
ἔστιν δ' ἐνισπεῖν τοῖσιν ἀσθενεστέροις
τὸν εὐτυχοῦντα ταὔθ', ὅταν κλύῃ κακῶς,
νικᾷ δ' ὁ μείων τὸν μέγαν δίκαι' ἔχων.

Theseus

Intet er så fjendtligt for byen som tyranniet,
hvor der ingen fælles love er, men kun én
person, der selv tilraner sig magten og loven for sig selv,
og der hersker ikke længere lighed.
Hvor lovene er skrevet ned, har den svage
og den rige den samme rettighed,
og det er tilladt for de svagere at bruge samme sprogbrug
over for den velbeslåede, når han bliver overfuset af ham,
og den mindre sejrer over den store, hvis han har retten på sin side.

Plutarch: Quaestiones convivii 644 C (= 2. 10. 2):
... ἀλλ᾽ ὅπου τὸ ἴδιον ἔστιν, ἀπόλλυται τὸ κοινόν; ὅπου μὲν οὖν μὴ ἴσον ἔστιν 1: οὐ γὰρ οἰκείου κτῆσις ἀλλ᾽ ἀφαίρεσις ἀλλοτρίου καὶ πλεονεξία περὶ τὸ κοινὸν ἀδικίας ἦρξε καὶ διαφορᾶς, ἣν ὅρῳ καὶ μέτρῳ τοῦ ἰδίου καταπαύοντες οἱ νόμοι τῆς ἴσα νεμούσης εἰς τὸ κοινὸν ἀρχῆς καὶ δυνάμεως ἐπώνυμοι γεγόνασιν. ...
(Origo:https://www.perseus.tufts.edu/hopper/text?doc=Perseus%3Atext%3A2008.01.0311%3Astephpage%3D644c)

... men hvor det kun er ejendom, der tæller, går fællesskabet tabt; hvor den (= holdning) er, er der ingen lighed; for ikke ejerskabet over ens ejendom, men røveri af fremmed ejendom og grådighed efter det, der er fællesskabets, er årsagen til uretfærdighed og stridigheder, som lovene forsøger at begrænse inden for rammerne af ejendomsretten, de love, som har fået deres navn ifølge deres formål at være den officielle faktor til skabe lighed for fællesskabet...

Nomos bevæger sig fra fordelingsorden til moralbegreb, og det begynder allerede hos Hesiod: Værker og Dage 278: πεδίων νόμος (= regler for markarbejdet) over for Hesiod: Theogoni 66: νόμοι καὶ ἤθεα (= gudernes levevis); se Homer: Iliaden 6,

511: ἤθεα καὶ νομόν (= det sted, hvor hestene finder næring), nemlig på engen. Retfærdiggørelsen af den statslige nomos sker altså gennem madfordelingen. Νομός betyder eng, mens νόμος betyder et socialt struktureret liv, som får sin struktur gennem madtildelingen.

Skæbnebegreber som projektioner af siddeordenen

De ældste begreber om skæbne er moria og aisa, som betegner en del af offerkødet. En daimon er en afledning af dais, måltid, og er altså en tildeler og en ligæder, der parterer liget (= deler det i stykker); moiraerne er hos Hesiod Theogonien 211 og 900 f. knyttet til Eunomia, den gode fordeling, og til Dysnomia, den dårlige fordeling.

I Odysseen 3, 40; 8, 470; 15, 140 betyder moria en kødportion, og i den homeriske Hermeshymne, 121 ff., deler Hermes offerkødet i 12 moiraer, gudernes æresandele: μείρεσθάι = at få som andel, μοίρα, afledt substantiv, Heimarmene = skæbne, men oprindeligt den andel, man har modtaget, se Homer: Odysseen 8, 469 ff., Iliade 4, 340 ff.; 7, 321; Diodor 5, 28, 4: gallerne er de tapreste mænd med de bedste kødstykker.

Med moira, kødandelen, følger det krav, at modtageren lever efter sin moira, dvs. hans livsstil skal svare til kvaliteten af kødstykket. Den, der ikke lever op til det, handler ὑπὲρ μόρον (= μοίραν), se Hom. Od. 1, 32 ff., fordi han kræver en større del end han har krav på. Så begår man hybris, som udfordrer guderne, de øverste autoriteter. Hos Hom. Il. 24, 33 ff. overskrider Achilleus de grænser for adfærd, som kommer fra etiketten ved bordet, som bestemmes ud fra de tildelte kødportioner.

Moralbegrebet forplanter sig fra måltidet til andre livsområder, især krigsbytte- og jordfordeling, se Hom. Il. 9, 318; Hom. Od. 11, 534; Hom. Il. 15, 195; Pindar Ol. 7, 75 f. Den vægt, som Zeus bestemmer en persons skæbne med, er oprindelig en vægt, som kødhandleren bruger, idet Zeus optræder som den kødfordelende patriark. Hos Homer hedder guderne ofte δαίμονες, sønderdelere eller findelere, et theriomorft billede af et rovdyr, der sønderriver sit bytte. Dette dyr bliver så tæmmet til at være beskyttelsesmagt for personer = tildeler af skæbne. Og dette overføres så til de antropomorfe skæbnemagter, guderne, se Hom. Il. 11, 792, Hom. Od. 2, 134; her hjælper en daimon menneskene, og denne daimon kan så blive til en indre psykisk kraft, hvorved mennesket kan kaldes εὐδαίμων.

I Odysseen overlades findelingen og tildelingen af kødet til en tjener, δαιτρός, Hom. Od. 17, 330. Undertiden tager husherren sig af kødfordelingen, efter at daitros har skåret det ud, Hom. Od. 4, 57 + 65 f. Den del, som gæsten får af husherren, hedder δαὶς εἴση = passende portionsstykke, Hom. Il. 1, 468. Moira = aisa, kødandelen, og det overføres til δαίμονος αἶσα, Hom. Od. 11, 63, den del af dæmonen, der indgår i mennesket; i kejsertiden opstår udtrykket ἴδιος δαίμων, den individuelle dæmon i et menneske, og hos Platon er εὐδαίμων et menneske, hvis dæmon fungerer godt; daimon inderliggøres hos Platon til en sjælelig instans, der styrer mennesket, Politikos 271 d ff.

Den strukturalistiske fortolkning

(Vernant, Jens-Pierre: *"At Man's Table"*, in: M. Detienne and J.-P. Vernant (eds.): *Cuisine of Sacrifice among the Greeks*, trans. P. Wissing. Chicago 1989, 21–86;
Vernant, Jens-Pierre: *"The Myth of Prometheus in Hesiod",* in: *Myth and Society in Ancient Greece*, trans. J. Lloyd. New York 1988, 183–201)

Et offer hører til offerkøkkenet, som følger en streng næringskode. Prometheus' forsøg på at narre Zeus ved at tilbyde ham en sæk knogler, lagt i maven, som Zeus gennemskuer, men alligevel vælger, over for en sæk med kødet, viklet ind i skindet, som menneskene får, fører så til, at Zeus tager ilden fra menneskene; den hugger Prometheus fra ham og giver tilbage til menneskene, hvorpå Zeus fabrikerer Pandora med hjælp fra gudekollegerne, forsynet med alskens onder i hendes æske, som Epimetheus, Prometheus' bror, åbner efter giftermålet med hende, og derpå flyver alle onder ud i verden, før han får lukket æsken igen; kun håbet forbliver i den. Ifølge Jean-Pierre Vernant symboliserer kødet forgængelighed, træthed, alderdom, ældning, død for menneskene, mens modpolen er røg og lugt, der symboliserer udødelighed, evigt liv, nektar og ambrosia for guderne. På denne måde får man en tredeling af klodens levende væsener: dyrene lever af råt kød, de ikke tilbereder: det er naturen; menneskene lever af stegt og kogt kød, altså tilberedt: det er det civiliserede liv; guderne lever af røg fra knoglerne og spiser intet: det er det himmelske liv; mellem deltagerne sørgede tilberedningen af kødet også for en forskel; de privilegerede, sysplanchneúontes, συσπλαγχνεύοντες, fik ristede splanchna, σπλάγχνα, indvolde, mens alle de andre deltagere fik kogt kød, fordi man så ikke kunne se, hvilket kød der var finere end andet; på denne måde blev den sociale forskel i samfundet fremhævet.

Dionysos – kynikere - pythagoræere – orfikere

Mod poliskulturens normale offerritualer opstår disse fire bevægelser med modsatrettede ideologier, hvad angår blodige ofre.

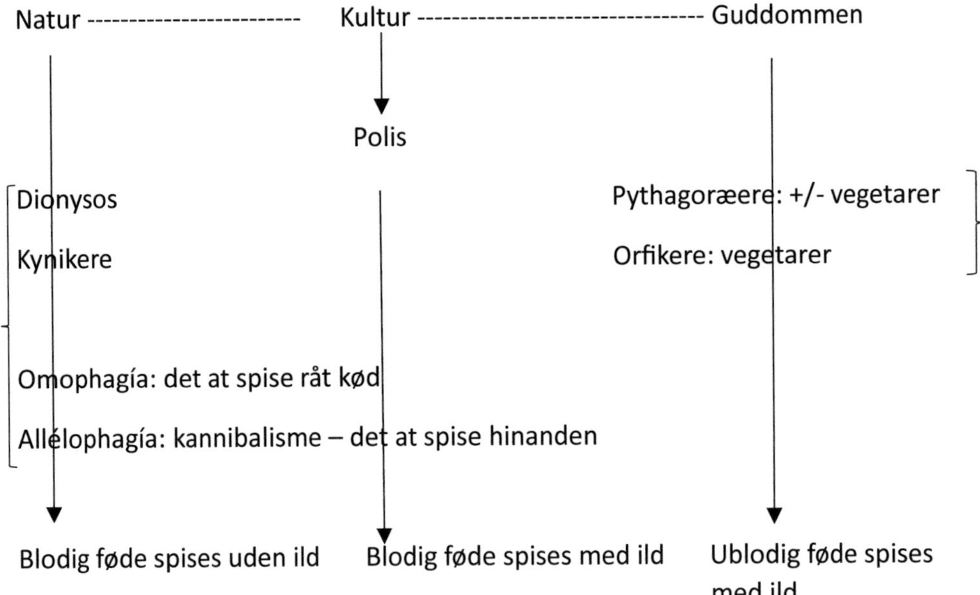

Askese som antihierarkisk regression

Den antikke verdensorden er en ekstrapolation af siddeorden/etikette. Mennesket går fra en natur- til en kulturtilstand, når magistraten fordeler kød og deltagerne spiser det. Hos Hesiod: Værker og dage 112 spiste mennesker og guder vegetarisk i guldalderen, indtil Prometheus narrede Zeus med sit offer. Kynikerne, pythagoræerne og nyplatonikerne er vegetarer, fordi de ønsker guldalderen tilbage, hvor guderne spiste nektar og ambrosia, se Diogenes Laertios 6, 46 + 6, 105 + 2, 67 f. og Porphyrios: De abstinentia 1, 47; se Johannes Haussleiter: *Der Vegetarismus in der Antike*, de Gruyter, Berlin-Boston 1935.

Vegetaren er en asket i forhold til kødspisning og dermed en rollefornægter, som står uden for den traditionelle hierarkiske siddeorden og etikette. Han underordner sig ikke gud og offerpræst, men vil spise som guderne, nemlig korn og grøntsager. Dette er den ene form for protest mod samfundets normale orden.

Den anden protestform er mænadernes omofagi; de er dionysostilhængere, der sønderriver det mandlige dyr og spiser det råt; det mandlige dyr symboliserer her den mandlige autoritet, og protesten er vendt mod mandens kødfordelings-autoritet; det er en kannibalisme vendt imod manden.

Sammenfatning

(Origo: Charles H. Stocking: *The Politics of Sacrifice in Early Greek Myth and Poetry*, CUP, Cambridge 2017, heri: Introduction: The Paradox of Sacrifice and the Politics of Feasting)

Et offer er en gave til en guddommelig modtager og er mad for guden. I Grækenland ofres der gennem henlæggelse, deposition, og ild. Ifølge myten spiser græske guder nektar og ambrosia. Spørgsmålet er så, hvorfor man skal ofre kød og korn til dem, når de ikke spiser det?

Hos Hesiod i Theogonien fremstilles Prometheus' svindel som oprindelsen til offeret (v. 556-7), men værket skjuler kun ritualets betydning i en konflikt og i svindel, og Hesiod giver kun en mytisk årsag. Hvis vi ser på Hesiod, Hymnen til Demeter og til Hermes og Homers Odyssé, ser vi tre stadier i en mytisk historie om offeret, der rækker fra kosmisk oprindelse til en praksis mellem dødelige for guderne. I hvert værk er der en konkurrence, en agon, mellem Prometheus og Zeus, mellem Demeter og Zeus, mellem Hermes og Apollon og mellem Odysseus og bejlerne. Protagonisten gennemlever en kønsbaseret trajektor (= sti), fra fødslens kvindelige rum til patriarkatets symbolske sociale orden. Zeus går fra Rheas livmoder og Kretas hule til sit eget patriarkalske herredømme. Persephone og Demeter gennemløber samme bevægelse fra kvindeligt til mandligt rum trods Demeters modstand. Hermes bevæger sig fra Majas hule til patrilineal genkendelse som søn af Zeus. Odysseus bevæger sig fra Kalypsos hule til fædrelandet Ithaka. Offeret udgør en medierende instans i denne kønsbetingede bevægelse.

På den ene side er offeret beviset for forskellen mellem status og retten til offerkødet. På den anden side er offeret stedet for kampen mellem mande- og kvindekønnet. Offeret er del af mavens politik, hvor mave både betegner den kvindelige livmoder og den mandlige mave, som begge skal modtage føde for at kunne fungere.

Adskillelsen mellem guder og mennesker viser sig i deres madbehov og madvaner. Det er ikke Prometheus, der etablerer offerritualet, men Zeus' intelligens, der sætter menneskets dødelige skæbne. Menneskene skal have mad, guderne behøver ikke mad og kan nøjes med røgen; de har ambrosia og nektar. Zeus har den intellektuelle overmagt. Kødet er ifølge Vernant en 'dødelig portion', altså et måltid for dødelige. Det benægtes af Louise Bruit Zaidman, som siger, at guderne både får kød og grøntsager på trapezomata, mens Gunnel Ekroth skelner mellem indviet kød, sakralt, der er del af den rituelle offerproces, og helligt kød, der er uden for den rituelle proces, idet hver slagtning betragtes som hellig.

For at løse problemet skal man ifølge Stocking se den symbolske værdi af føde og festival. Festivalen er iflg. R. Parker det fælles måltid mellem deltagerne, et fælles offer. Parker mener, at offeret er opfattet som et middel til at skabe association mellem dødelige og udødelige, snarere end mellem dødelige indbyrdes, som Burkert og Vernant hævder. Under alle omstændigheder skaber et religiøst festmåltid i hvert fald et communitas, et fællesskab.

M. Dietler 2001 kalder det gastro-politik, der vedrører magtforhold, idet konsumption, fortæring af mad, drejer sig om status og magtposition hos den, der spiser maden. Mad og indtagelsen af kød har tre dimensioner: 1. ernæring, 2. produktion og 3. byttehandel; indtagelsen af mad er et udtryk for hierarkier og magtforhold inden for samfundets politiske økonomi. I Mykene viser madfordelingen paladsets hierarkiske strukturer, og hos Homer viser måltidet sociale relationer; dais, δαῖς, er et festmåltid, daiesthai, δαίεσθαι, betyder at fordele ikke bare madportioner, men også ærestitler, timai. Timé, τίμη, betyder både portion og ærestitel, se Ekroth 2011. dais eïsë viser en aristokratisk ideologi derved, at portionerne ikke er lige store, men socialt proportionale, forholdsmæssige efter status; laverestående borgere ekskluderes af aristokraterne. Denne form lever videre i den klassiske tids symposion; de store fester var også ekskluderende i klassisk tid, idet madportioner, timai, også var æresbevisninger. Naiden og Zaidman siger, at selv under Panathenaia-festivalen var kød en mangelvare, der kun blev distribueret til eliten som præster, politikere og parasitoi, aristokratiets lobby. Mad skaber altså ikke social sammenhæng, men social status i en gruppe. Den skaber asymmetrier i relationer mellem folk, som skal genforhandles gennem symbolske praksisser, se Dietler 2001, 77. Fester skaber hierarkier i sig selv efter Bourdieu og Foucault, agoner om magt. I det lys bliver Prometheus en agon om magt, idet mennesker og guder mødes i Mekone for at etablere en fast magtrelation, diakrinesthai, διακρίνεσθαι, Theogonien 535+ 882, der handler om uddeling af timai efter Titanomachien. Gennem Prometheus' list bliver festen en konfrontation; fra nu af bliver magtrelationerne ustabile og baseret på konflikt og forhandlinger. Offeret skal nu oprette en stabil relation i magtforholdet mellem guder og mennesker.

Det kønsbaserede aspekt i offeret beror på, at offermåltidet har en symbolsk rolle i skabelsen af patrilineære slægtskabsstrukturer efter Nancy Jay. Offeret er et symbolsk middel til at etablere slægtslinje mellem far og søn for at sikre kontrol over både produktion og reproduktion, Jay 1992, 37. Han, p. 42, siger, at agnater er personer, som ofrer sammen; de bliver agnater, fordi de ofrer sammen. Slægtskab er ikke et spørgsmål om biologiske relationer, men om sociale, økonomiske og politiske relationer, Godelier 2011, 83. Marshall Sahlins formulerer det sådan, at slægtskab er et kulturelt aspekt, snarere end et biologisk fænomen. Et offer har altid et kønsaspekt, idet det etablerer faderens rettigheder over og imod mor, et maskulint supplement til den kvindelige fødselsproces. I patriarkalske samfund skal offeret overføre fødselsrelationer ind i en maskulint orienteret økonomi. Fx udgør far, børn og phratriemedlemmerne under Apatouria-festivalen et patrilinealt slægtskab, og phratrierne var et middel til at kontrollere og fordele rigdom, især gennem arv. Og for oikos', husholdets, vedkommende er der et mandligt overhoved, der har overtaget oikos gennem arv, og selve offerhandlingen binder medlemmerne af oikos sammen, og det gælder både på Homers tid og i klassisk tid. Faderskabet etableres gennem et offer, idet det og fællesmåltidet udgør barnets sociale fødsel, således at der er en basal homologi mellem de rituelle procedurer i oikos og i phratrierne, og denne procedure viser sig med fødslen af barnet, amphidromia, vandringen omkring ildstedet, hestiasis, fællesmåltidet, samt dekaté, ti-dages-festen, på niendedagen efter fødslen, hvor navngivningen af drengebarnet finder sted. I homerisk poesi, i arkaiske og klassiske symposier var der kun mænd til stede ud over de kvindelige entertainere, og rummet hed andron, ἄνδρῶν, mandesalonen.

Til trods for de kvindelige præster og Thesmophoria afhang valget af et kvindeligt præsteembede af den patrilineale arv, og Thesmophoria var begrænset til borgernes hustruer, målt i patrilineale termer. Redfield 2003, 43 skriver, at et 'legitimt ægteskab er en relation mellem to patrilinjer'. 'Det er ikke kønnet, men den patrilineale afstamning, der er den afgørende faktor for deltagelse i den symbolske økonomi af ære og prestige i Grækenland for mænd og kvinder', skriver

Blok 2009. Og offeret er et af de rituelle midler, hvormed et patrilinealt slægtskab opbygges i det græske samfund.

Litteratur

Blok, J. H.: *"Becoming Citizens: Some Notes on the Semantics of 'Citizen"*, in: *"Archaic Greece and Classical Athens,"* Klio 87.1 (2005), 7–40

Blok, J. H.: *"Citizenship in Action: 'Reading' Sacrifice in Classical Athens",* in: C. Mann, M. Haake, and R. von den Hoff (eds.): *Rollenbilder in der athenischen Demokratie*, Wiesbaden, 2009, 89–111

Bruit Zaidman, L.:*"Offrandes et nourritures: repas des dieux et repas des hommes en Gréce ancienne"*, in: S. Georgoudi, R. Koch Piettre, and F. Schmidt (eds.): *La cuisine et l'autel: les sacrifices en questions dans les sociétés de la Méditerraée ancienne*, Turnhout 2005, 31–44

Bruit Zaidman, L.:*"Ritual Eating in Archaic Greece: Parasites and Paredroi",* in: J.Wilkins, F. D.Harvey, and M. J.Dobson (eds.): *Food in Antiquity*, Exeter 1995, 196-203

Burkert, W.: *Homo Necans: The Anthropology of Ancient Greek Sacrificial Ritual and Myth*, trans. P. Bing. Berkeley 1983

Burkert, W.: *"Sacrificio–sacrilegio: il trickster fondatore"*, in: Studi storici 25 (1984), 835–845

Burkert, W.: *Greek Religion*, trans. J. Raffan, Cambridge, MA 1985

Dietler, M.: *"Theorizing the Feast: Rituals of Consumption, Commensal Politics, and Power in African Contexts"*, in: M. Dietler and B. Hayden (eds.): *Feasts: Archaeological and Ethnographic Perspectives on Food, Politics, and Power,* Washington, DC 2001, 65–114

Ekroth, Gunnel:*"Meat in Ancient Greece: Sacrificial, Sacred, or Secular?"* in: Food and History 5.1 (2007), 249–272

Ekroth, Gunnel: *"Burnt,Cooked, or Raw? Divine and Human Culinary Desires at Greek Animal Sacrifice"*, in: E. Stavrianopoulou, A. Michaels, and C. Ambos (eds.):

Transformations in Sacrificial Practices: From Antiquity to Modern Times, Berlin 2008, 87–111

Ekroth, Gunnel: *"Meat, Man and God: On the Division of Meat at Greek Animal Sacrifices"*, in: A. P. Matthaiou and I. Polinskaya (eds.): *Mikros hieromnemon: Meletes eis mnemen Michael H. Jameson* (Horos. Hemikre bibliotheke 3), Athens 2008, 259–290

Ekroth, Gunnel: *"Meat for the Gods"*, in: Vinciane Pirenne-Delforge and Francesca Prescendi (eds.): *Nourir les dieux? Sacrifice et representation du divin*, Liége 2011, 15–42

Ekroth, Gunnel: *"What we Would Like the Bones to Tell us: A Sacrificial Wish List"*, in: G. Ekroth and J. Wallensten (eds.): *Bones, Behaviour, and Belief: The Zooarchaeological Evidence as a Source for Ritual Practice in Ancient Greece and Beyond*, Stockholm 2013, 15–30

Godelier, M.: *The Metamorphoses of Kinship*, trans. N. Scott, New York 2011

Jay, Nancy B.: *Throughout your Generations Forever: Sacrifice, Religion, and Paternity,* Chicago 1992

Naiden, F. S.: *"Blesséd are the Parasites"*, in: C. A. Faraone and F. S. Naiden (eds.): *Greek and Roman Animal Sacrifice: Ancient Victims, Modern Observers*, Cambridge 2012, 55–83

Naiden, F. S.: *Smoke Signals for the Gods: Ancient Greek Sacrifice from the Archaic through Roman Periods*, New York 2013

Redfield, J.: *"Homo Domesticus"*, in: J.-P. Vernant (ed.): *The Greeks*, Chicago 1995, 153–183

Redfield, J.: *The Locrian Maidens: Love and Death in Greek Italy*, Princeton 2003

Sahlins, Marshall: *What Kinship is . . . and is not*, Chicago 2013

Smith, W. Robertson: *Religion of the Semites: The Fundamental Institutions*, New York 1972 [1984]

Vernant, Jean-Pierre: *"Food in the Countries of the Sun,"* in: M. Detienne and J.-P. Vernant (eds.): *Cuisine of Sacrifice among the Greeks*, trans. P. Wissing. Chicago 1989, 164–169

Vernant, Jean-Pierre: *"A General Theory of Sacrifice and the Slaying of the Victim in the Greek Thusia,"* in: F. I. Zeitlin (ed.): *Mortals and Immortals*, Princeton 1991, 290–302

Bønnen som et af de centrale fænomener i kultpraksis

Bønnen udgør den ene af de to former for kommunikation, nemlig den verbale del, ved siden af den ikke-verbale, den handlingsorienterede del af et ritual. Dermed er bønnen et socialiseringsfænomen, og ritualet har et socialt sigte, et socialt indhold og er en social handling.

en teksttype, dvs. en samling ord rettet mod et guddommeligt væsen:	**en tekshandling = en tale- eller sproghandling, dvs. en kommunikativ handling:**	**et ritual i sig selv eller del af et ritual, der beskrives og diskuteres:**
bøn om noget> δέησις påkaldelse> εὐχή bønfaldelse> εὐχή, ἱκετεία forbøn, fx førhøstoffer, ἀπαρχαί, πρόθυμα taksigelse, fx votiv lovprisning, fx hymne, ὕμνος dedikation, fx af et offerdyr, et tempel, τελετή, τέλος soning = supplicatio, ἐξιλασμός (velsignelse) kristent (skriftemål) kristent	anråbe> εὔχομαι navngive> ὀνομάζω hengive, love, fx πείθομαι forbande, fx καταδεύω erklære> καθίστημι indvie> τελέω, κατάρχεσθαι bevæge til at gøre noget, befale> κελεύω	filosofiske og teologiske diskussioner, fx Platon håndbøger, fx Aristoteles beskrivelse af bedemetoder, beskrivelse af tilbedelsesforskrifter, handleforskrifter, fx orakelsvar, χρησμός
fokuseret indhold - lokution	**performativ handling i ord – illokution + ønske om perlokution**	**led i en tradition**
semantik	**pragmatik**	**tradition**

(Origo: Sam Gill, in: *The Encyclopedia of Religion*, 2005, 2. ed., edited by Lindsay Jones, Detroit, MI: Thomson Gale, s.v. prayer) - **Lokution**: selve ordene og deres betydning i bønnen (semantik); **illokution**: den egentlige handling, der ønskes aktiveret i selve ordlyden; performativitet (pragmatik); **perlokution**: ønsket om et resultat af den mundtlige henvendelse (= bønnen).

Derudover kan bøn karakteriseres som dels en social, en psykologisk og en biologisk adfærd, hvor der sociale vedrører relationen til polis og medborgerne, det psykologiske vedrører den bedendes mentale tilstand, og det biologiske vedrører konkrete aktiviteter i selve ritualet.

Bøn som social adfærd:	**Bøn som psykologisk adfærd:**	**Bøn som biologisk adfærd:**
Kropslige handlinger, positurer og orientering, fx den bedendes stilling under bønnen Tidslige = kalendermæssige, og stedlige = geografiske og fysiske = arkitektoniske kontekster, fx poliskalenderens regulering af byens højtider Rituelle kontekster, fx regler for, hvilke offerdyr der må ofres til hvilke guder Reguleringer gennem sociale institutioner, fx Rådets opsyn med præsternes embedsår Bekræftelse af bestående institutioner og magtrelationer, fx køduddeling, siddeorden, etikette, se diverse indskrifter, fx Andania-indskriften Fremstilling af kulturelle, sociale og religiøse ideer og ideologier, fx Platon og Aristoteles Identitetsmarkør, fx mysterieindvielser, de Eleusinske mysterier, Isiskult	Opmærksomhed Stilhed Musik Koncentration Angst Lindring Frygtindgydelse, fx forbandelser Ærefrygt Veneration Taknemmelighed, fx votiv Enhedsfølelse, fx orficisme Mystisk forening, fx Isis Ekstase, fx Bacchus-kulten, Dionysos	Faste Festmåltid, fx syssitia, symposia Seksuel afholdenhed (Origo: Armin W. Geertz: "Bøn som analytisk kategori", in: Den sammenklappelige tid – Festskrift til Jørgen Podemann Sørensen, 2012, Forlaget Chaos)

Bønneterminologi i græske bønner og hymner

εὐχή: 'bøn', er nok hovedbegrebet i betydningsfeltet 'at bede'
εὔχομαι: a) at gøre sig bemærket (W. Burkert); b) juridisk: at forkynde et retmæssigt krav (J.N. Bremmer)
ἄρα: kan være en bøn med positivt eller negativt indhold, altså en forbandelse
ἀράομαι: at fremføre en positiv 'Vær velsindet!' eller negativ bøn 'Vær forbandet!'
λίσσομαι: λίτομαι, bønfalder
λιτή, mest pl. λιταί, bøn i sorg og anger, bønfaldelse

Hvem beder til guderne? En officiel eller en privatperson?

Alle kan henvende sig til guderne, mand og kvinde, fri og slave, borger og fremmed. Men en bøn har oftest repræsentativ karakter, fordi den forkyndes for en by eller for en bestemt gruppe af personer. Så er det repræsentanter for byen og gruppen, der taler. Det er jo privatfolk, der vælges til et embede for et år ad gangen eller har arvet det som medlem af en bestemt slægt eller har købt sig til det. Bønnen er oftest mundtlig; man kender ritualet fra familien, så det er ikke nødvendigt at skrive noget ned. Eksempler på privatfolk, der beder, se følgende: Hom. Il. 16, 233; Hom. Il. 10, 284 f.; Hom. Il. 2, 400 f.; Hom. Il. 7, 177 f.; Aischylos: Choephorer 1 ff.; Aristophanes: Skyerne 1478 ff.

Hjemme er det ægtemanden, husherren, der forretter ritualet og forkynder bønnen. Konen og børnene må godt tale med, men det er husherren, der styrer ritualet. I dette offentlige rum, altså bøn i et tempel, er det præsterne og præstinderne, der taler, se Aristophanes: Fuglene 879 ff.; Sokolowski 1969 nr. 69; L. Ziehen 1896/1906, nr. 1423.

Ofte er der ikke brug for kultfunktionærer, når man vil bede. Undtagelsen er specielle former for kontakt-åbning, fx i orakelvæsenet, hvor der er brug for profeter som medium, ikke så meget for at tale til guden, men for at afkode gudens svar, jf. Pythia i Delphi.

Der er ingen bønneformalisme i græske bønner, altså fastsatte formularer for henvendelse til guderne; traditionen gør selvfølgelig sit og udvikler visse standarder, men ikke som et krav.

Kommunikation med guden

Hvad skal den bedende gøre for at nå guden og i det hele taget for at få kontakt? Guderne hos Homer er ikke almægtige, de er ikke alvidende, de er ikke venligsindede på forhånd, og de er ikke omnipræsente. Dette gudebillede holder sig til senantikken. Så det første krav er at råbe guden op, at nå hans/hendes øre. I Hom. Od. I 22 er Poseidon rejst til etioperne og ved derfor ikke, hvad der foregår på Olympen. Da Hera får Zeus med sine elskovskys til at sove på Ida-bjerget, mærker han intet af kampene ved Troja, se Hom. Il.14, 153-353. Og da Demeters datter Persephone (= Kore) bliver bortført af Hades ned i underverdenen og hun råber højt, hører Zeus intet, for han er ved at modtage offergaver fra menneskene, se Hom. Hym. til Demeter 26. Derfor "Κλῦθί μευ! Hør mig! Lyt til mig!"

Hidkaldelse

Det næste skridt er at få guden derhen, hvor den bedende befinder sig, da de som nævnt ikke er omnipræsente. Så den næste opfordring er ''Ελθε! Kom herhen!"

Specielle hymner, der skal lokke guden til, kaldes ὕμνοι κλητικοί; se Kallimachos: Apollonhymne v. 1 ff., hvor tærsklen dirrer, da guden træder ind. Når guden er ankommet, skal han tiltales, og her følges bønnens og hymnens struktur ad.

En hymnes og en bøns struktur

En hymne, som er en hyldestsang til en gud eller en gudinde følger en nogenlunde fast struktur uden dog at være bundet af for mange faste formler; der er dog visse ord, der kommer igen ofte.

1. Invocatio

Første del er en invocatio, en påkaldelse af guddommen. Her identificeres guddommen med sit navn og oftest med flere tilnavne.

2. Aretaiologi

Den næste del består i den positive omtale af guden, hvor tilnavnene kommer i brug. Omtalen kan foregå i 3. person, 'guden er den største', eller i 2. person, 'du er den største'.

Tilnavnene kan være epiteter, fx Pan Medeōn, beskrivende adjektiver, 'den største', 'den mægtigste', 'Zeus Meilichios', titler, stedsangivelser, fx fødested, fx 'Apollon Delios', eller kultsted, fx Apollon Pythios, eller andre epikleseis, tilnavne. Græske guder hersker i himlen eller under jorden, men de er født et sted og opholder sig mange steder på jorden; derfor skal de undertiden hidkaldes af den bedende til dennes opholdssted. Ofte nævnes også ledsagere til guden, fx Pan, der er dansepartner for Dionysos' nymfer.

Ofte følger der en lovprisning af guden, en eulogia, og en euphemia, brug af positive ord. Det vigtige i denne præsentation af guddommen er den udsigelse, som den bedende benytter sig af; det kan være en essentiel prædikation, hvor man beskriver guddommen som den, han/hun er, ser ud, fremtræder, og det kan være en dynamisk præsentation, hvor den bedende beskriver guddommens kraft, effektivitet og handlemuligheder.

En udbygning af præsentationen kunne desuden være hypomneseis, påmindelser, idet den bedende nævner de gange, guden har hjulpet vedkommende før; mest berømt er Sapfos bøn til Afrodite, hvor Sapfo minder hende om, at hun har hjulpet hende før. Hertil kommer diegeseis, fortællinger fra gudens liv, fx om gudens fødsel, fx hymnen om Zeus og Koureterne, triumfer fra kampe, o.lign.

Når der bruges så mange ord om guden, kan det skyldes, at den bedende bruger alle kræfter på at komme i kontakt med guden og gøre denne velvillig over for den bedende ved at sige mange positive ting om guden; derudover bruges der ord, der viser gudens handlekraft, for det er jo den, der skal aktiveres, når den bedende ønsker hjælp; derudover foregår hymnen jo ikke i enrum, men i et fællesskab, som hører hymnen; det giver anseelse til den, der fremfører hymnen; der er altså en vertikal målrettethed mod guddommen og en horisontal mod deltagerne i ceremonien. Der er altid to modtagere af en hymne eller bøn.

3. Bønnen

Den tredje del af en hymne består af selve bønnen, som også udgør afslutningen på hymnen. Her fremføres en bøn om hjælp og støtte eller et råb om hjælp. Man starter med et 'Kom!', for det er ikke sikkert, at guden lige er der, hvor den bedende er og hvor festligheden afholdes. Det sker med en række standardidiomer: 'δεῦρο, ἐλθε, μόλε, φάνηθι ='Ὕμνος κλητικός, dvs. en tilkaldelseshymne. Der kan bruges instrumenter til fremførelse af hymnen, et kor kan lave dansetrin, og ordvalg og emner i sangen bliver nøje afvejet af den bedende for at hidkalde guden og komme i kontakt med ham.

Χάρις er udtryk for hymnens og bønnens reciprocitet

En vigtig ordgruppe er χάρις, χαίρω, χαίρομαι, κεχαρισμένος, som betyder 'glæde', 'glæder nogen', 'glæder mig', 'efter at være blevet glad', og denne ordgruppes semantik betegner en reciprok højstemthed. Den bedende vil gøre guden glad med sin hymne, og hvis det er en bøn, sker det med den bedendes offer, og til gengæld håber den bedende så på gudens gunst og velvillighed, og begge dele udtrykkes med ordfamilien χάρις.

Forskellen mellem en bøn og en hymne er, at hymnen mest er en lovsang til guden og en lovprisning af gudens eller gudindens egenskaber, mens bønnen er et råb om hjælp i en bestemt situation. En hymne er et verbalt offer, en verbal gave til guden, som fremføres offentligt og giver stor anseelse i byen.

Stedet – templet

Til de store ofre og gudstjenester forsamlede man sig uden for templet ved altret, hvor ritualet foregik, men det er ikke sådan, at templerne er lukkede hele tiden. Der er flere eksempler på, at den, der ønskede at bede, kunne gøre det foran gudebilledet og endda kunne røre ved det, se Hom. Il. 6, 297 ff.; Herondas: Mimiamben 4, 55 f.; Chariton 2, 2, 7; Prudentius: Contra Symmachon 1, 208-10.

Regler

Der var regler for, hvad man måtte lægge ved gudebilledet; normalt skulle man have tilladelse fra tempeltjeneren til at lægge en votivtavle, for man måtte ikke dække gudebilledet til; der skulle være frit udsyn til det for de bedende, se Herondas: Mimiamber 4, 19 f.

Måden at bede på

Det ser ud til, at man har bedt stående, hænderne rakte man opad mod himmelske guder og nedad mod underjordiske guder. Desuden beder man højt; lydløs bøn er et kristent fænomen. Man læser jo også højt i antikken. Hvis man mumler en bøn, gør man sig mistænkelig og kan anklages for magi og trylleri. Desuden kunne man sætte sig selv i scene som politiker ved at fremføre bønnen for byen. Deltagelse i bønnen skaber det fællesskab, som er nødvendigt for at kommunen, demen, kunne bestå og vise sit sammenhold.

Litteratur

Collection of Greek Ritual Norms = CGRN (CGRN Collection of Greek Ritual Norms (ulg.ac.be))

Furley, William D./Bremer, Jan Maarten: *Greek Hymns I + II. Studien und Texte zu Antike und Christentum*, 10, Mohr Siebeck Tübingen 2001, heri: Epithets and Attributes of the gods, s. 391-401; Sacred Places, s. 403-407; Index of Greek Words, s. 411-435

LSAM = F. Sokolowski: *Lois sacrées de l'Asie Mineure* (École française d'Athènes, Travaux et mémoires des anciens membres étrangers de l'École et de divers savants 9), Paris 1955.

LSCG = F. Sokolowski: *Lois sacrées des cités grecques* (École française d'Athènes, Travaux et mémoires des anciens membres étrangers de l'École et de divers savants 18), Paris 1969.

LSS = F. Sokolowski: *Lois sacrées des cités grecques*. Supplément (École française d'Athènes, Travaux et mémoires des anciens membres étrangers de l'École et de divers savants 11), Paris 1962.

Ziehen, Ludwig: *Leges Graecorum sacrae e titulis collectae*. *Pars prior*. Leipzig 1896 (Dissertation Bonn 1893)

Ziehen, Ludwig: *Pars altera. Leges Graeciae et insularum*. Leipzig 1906, genoptryk Chicago, Ares Publ. 1988

Kommunikationsteoretisk analyse af bønner og hymner

Roman Jakobson: "*Linguistics and Poetics*", in: Thomas A. Seboek (ed.): *Style in Language*, Cambridge, Mass., MIT Press, 1960, pp. 62-94; opr. præsenteret på en konference på Indiana University i foråret 1958, derefter revideret og udgivet 1960.)

Før vi går videre med hymner og bønneritualer, vil vi se på de sproghandlinger, der udspiller sig i en hymne- eller bønnetekst. Hertil har vi brug for Roman Jakobsons (1897-1982) kommunikative funktioner, også kaldet talehandlinger eller sproghandlinger.

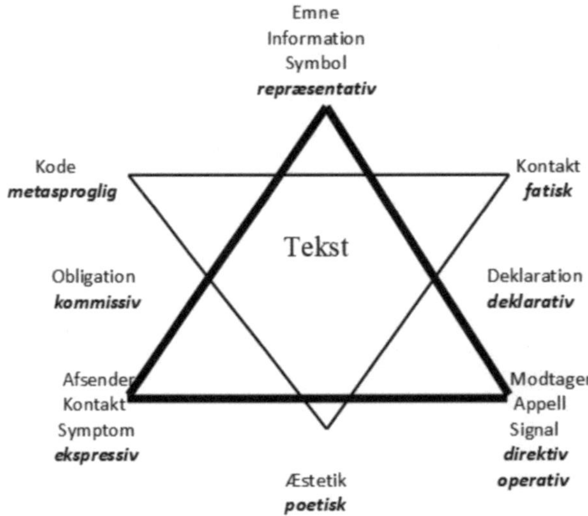

Kommunikationsformel, udvidet i forhold til romerske/græske bønneformularer:

Hvem siger +hvad +til hvem +for hvem +på hvilken måde +med hvilke midler +i hvilken mængde +med hvilket formål +på grund af hvilken årsag +med hvilket ønskværdigt resultat?

Legende

Enhver ytring, mundtlig eller skriftlig, udtrykker en eller flere kommunikative funktioner; ellers ville man jo ikke åbne munden for at sige noget eller sætte sig ned og skrive en tekst. Roman Jakobson har så fundet 6 funktioner, og der er så føjet 2 til, som vi har brug for i vores analyser.

Den ekspressive eller emotive funktion udgår fra taleren/skriveren, altså afsenderen, og udtrykker hans/hendes holdninger, følelser og ønsker; værdiladede ord er typisk for ekspressive tekster.

Den direktive eller konative eller operative funktion retter sig mod den tiltalte, altså modtageren, for at få ham til at handle, agere efter talerens ønske. Funktionen har så mange navne, fordi man vil udtrykke den direkte henvendelse til modtageren, forsøget på at få modtager til at handle, kaldes konativt, og 'operativ' lægger vægt på handlingen, afsenderen vil have modtager til at udføre. En tekstgenre med denne funktion kan være en ordre, en lov el.lign. Den informative eller referentielle funktion omhandler sagsforhold, der fremstilles neutralt og fagligt og refererer til den virkelighed, afsender og modtager befinder sig i. En typisk tekstgenre med informativ funktion er et leksikon, en ordbog eller en videnskabelig artikel.

Den metasproglige funktion vedrører de sprogkoder, som afsender og modtager bruger og som i så høj grad som muligt skal være forståelige for afsender og modtager. Fremmedsprog skal forstås af begge parter, ellers bryder kommunikationen sammen. Typiske genrer, hvor denne funktion har betydning, er ordbøger, begrebsdefinitioner og leksika. Man taler om sproget og dets ord.

Den fatiske funktion etablerer kontakten mellem afsender og modtager, holder den vedlige gennem forskellige mekanismer og afslutter også kontakten. 'fatisk' betyder, at man taler sammen, fra latin 'fari', at tale.

Den poetiske funktion vedrører den måde, meddelelsen er formuleret på, altså samtlige stiltræk og det ordvalg, man anvender i en tekst. Hertil hører bl.a. versemål, ordspil, ordvalg, formler, rytme. 'poetisk' dækker alt, hvad der kan gøres med ord, fra græsk 'poiein', at gøre.

Den kommissive funktion, som er en af to tilføjelser til Jakobsons skema, betegner en forpligtigelse, som afsenderen indgår med sig selv over for modtageren. Han forpligtiger sig til en handling eller en ydelse, hvis modtageren har gjort gengæld inden.

Den deklarative funktion skal udføres af personer, der er udstyret med en af samfundet anerkendt autoritet, der bemyndiger dem til at erklære visse forhold for hermed etableret, fx dåben af et barn eller udnævnelsen af en embedsmand eller en krigs- eller fredserklæring. Så det er ledende embedsmænd, regenter, konsuler, der har den myndighed.

Kommentar til Roman Jakobsons sprogfunktionsskema

Jakobson har opstillet dette skema over sprogfunktionerne, hvor meddelelsen går fra afsender til modtager i et bestemt rum, nemlig konteksten. Meddelelsen er talt eller skrevet eller vist i en bestemt kode, og kommunikationen kan være gensidig (= tovejs) eller bare ensrettet (= envejs).

Hvis man vil fremhæve et af de ovennævnte aspekter, kan man bruge visse sproglige træk og virkemidler for at fremhæve det. Disse sproglige træk benævnes

referentiel for kontekstens vedkommende

poetisk " meddelelsens "

ekspressiv " afsenderens "

konativ/operativ " modtagerens "

fatisk " kontaktens "

metalingvistisk " kodens "

kommissiv " forpligtigelsens "

deklarativ " autoritetens "

Det betyder,
1. at ***konteksten*** behandles sprogligt eller bliver sat i sprogligt fokus ved at have henvisninger, referencer til omverdenen,
2. at ***meddelelsen*** sættes i fokus ved at ændre på formen (ordvalg, stil, digt, prosa, etc.),
3. at ***afsenderen*** sættes i fokus ved at udtrykke følelser, hensigter o.lign.,
4. at ***modtageren*** sættes i fokus ved at sprogligt at blive påvirket af afsenderen til at handle eller gøre noget eller mene noget bestemt,
5. at ***kontakten*** sættes i fokus gennem ord, der holder kommunikationen i gang, fx øh, hallo, hvad mener du, godt vejr i dag, o.lign., og
6. at ***koden*** sættes i fokus ved at man taler om ordene som elementer i et leksikon eller en ordbog,
7. at ***forpligtigelsen*** sættes i fokus ved at afsender afgiver et løfte til modtageren,
8. at ***autoriteten*** sættes i fokus ved at afsender har myndighed til at erklære et nyt forhold for etableret.

Der vil altid kunne opstå støj i kommunikationen, fordi der er problemer med alle de nævnte faktorer; der er sikkert også flere på spil, når man analyserer tekst og tale nærmere, men Jakobson har i hvert fald givet en ramme for en sproglig tekstanalyse.

I det følgende skema forsøges der at skabe en sammenhæng mellem en bøns eller en hymnes struktur, som traditionelt har en tredeling, nemlig påkaldelse, invocatio, beskrivelse af guddommens egenskaber, aretaiologi, samt selve bønnen, ønsket om hjælp eller venligsindethed, preces, εὐχή, og Jakobsons sprogfunktioner, som her er udvidet med den kommissive og den deklarative funktion.

Kommunikationsanalyse af en bøn eller hymne

Tema	Tekst	Funktion efter Jakobson
påkaldelse	Goddag til guden	Kontakt - fatisk
identifikation		Modtager – referentiel
bøn om handling		Modtager – direktiv
aretaiologi		Prædikation – essentiel eller dynamisk - referentiel/repræsentativ
bøn om positiv modt. af offer		Modt. – direktiv
aretaiologi: handling og karakter	Sammenhæng ml. aretai og direktiv	Prædikation – positive egenskaber Dynamiske/essentielle - repræsentativ
funktion som gud/gudinde		Prædikation - dynamisk - referentiel
pos. karakt. i handl. og udseende		Prædikation – pos. egenskaber repræsentativ
status		Prædikation – essentiel - repræs.
oprindelse - herkomst		Prædikation - essentiel – repræs.
afkom - børn		Prædikation – essentiel – repræs.
pos. karakt. – aretaiologi neg. karakt. aktiv/passiv		Prædikation – essentiel eller dynamisk – repræs.
påkaldelse – afslutning: NB! cirkelstruktur	Farvel til guden	Kontaktopretholdelse – fatisk
aretaiologi - begrundelse		Appel – direktiv – modt.
bøn om handling		Appel – direktiv – modt.
aretaiologi - positiv	Gudens egenskaber skal bruges til at udføre afsenders formål	Prædikation – pos. egensk. Sammenhæng ml. aretaiologi og direktiv
bøn - funktionalitet		Appel – direktiv – modt.
bønnens formål	Skabe kontakt til en gud	" " "
finalt formål	Skabe goder for afsender	" " "
påkaldelse og aretaiologi om magt		Kontakt samt prædikation – essentiel eller dynamisk - referentiel Hersker/herskerinde, graduering af egenskaber!
hymnens struktur, ordvalg, fremførelse		Æstetik – poetisk funktion
hymnens forståelighed og leksikon		Kode - metasproglig funktion

Tekster

Hymne til Zeus Kouros på Kreta. Zeus' stilling som hersker over guderne

Fundet på en indskrift fra 2./3. årh. e.Kr., digtet i det 4. årh. f.Kr. med et indhold, der rækker tilbage til det 2. årtusinde f.Kr.

Ἰὼ μέγιστε Κοῦρε, χαῖρε μοι, Κρόνειε,
πανκρατὲς γάνους, βέβακες δαιμόνων ἀγώμενος
Δίκταν ἐς ἐνιαυτὸν ἕρπε καὶ γέγαθι μολπᾶ,

1. τάν τοι κρέκομεν πακτίσι μείξαντες ἅμ' αὐλοῖσιν
καὶ στάντες ἀείδομεν τεὸν ἀμφὶ βωμὸν εὐερκῆ. Ἰὼ μέγιστε κτλ.
2. ἔνθα γάρ σε παῖδ' ἄμβροτον ἀσπί[δεσσι Κούρητες
πὰρ Ῥέας λαβόντες πόδα κ[υκλῶντες ἀπέκρυψαν. Ἰὼ μέγιστε κτλ.
3. [...]
[...τᾶ]ς καλᾶς Ἀος. Ἰὼ μέγιστε κτλ.
4. Ὧραι δὲ ? β]ρύον κατῆτος καὶ βροτὸς Δίκα κατῆχε
καὶ πάντα δι]ῆπε ζώ < ι > ἁ φίλολβος Εἰρήνα. Ἰὼ μέγιστε κτλ.
5. ἀ[μῶν δὲ θόρ' ἐς ποί]μνια καὶ θόρ' εὔποκ' ἐ[ς μῆλα
κὲς λάϊ]α καρπῶν θόρε κὲς τελεσ[φόρος οἴκος Ἰὼ μέγιστε κτλ.
6. θόρε κὲς] πόληας ἀμῶν, θόρε κὲς ποντο(π)όρος νᾶας,
θόρε κὲς ν[έος πο]λείτας, θόρε κὲς Θέμιν κλ[ηνάν. Ἰὼ μέγιστε κτλ.

(Origo: J. M. Bremer: "Greek Hymns", in: H. S. Versnel: Faith, Hope and Worship. Aspects of Religious Mentality in the Ancient World, Leiden (E. J. Brill) 1981, 193-215)

Hymne til Zeus Kouros på Kreta.

Omkvæd:
"Oh, du mægtigste Kouros, vær hilset, Kronos' søn,
med absolut magt over stråleglansen. Du er gået for at tage føringen over guderne.
Kom til Dikte på denne årsdag og hør med glæde vores sang,
Str. 1: som vi væver for dig med vores harper, som vi blander med fløjter;

Og vi synger den stående rundt omkring dit velbyggede alter.
Oh, ...
Str. 2: for det var her, at Koureterne tog dig, udødelige barn,
væk fra Rhea og skjulte dig, dansende med deres skjolde omkring dig.
Oh, ...
Str. 3: ... af den smukke morgenrøde.
Oh, ...
Str. 4: Årstiderne var frugtbare hvert år, og Retfærdigheden herskede over de dødelige,
Og Freden regerede over alle levende skabninger, sammen med velstand.
Oh, ...
Str. 5: Spring på vores flokke og spring på vores uldne får,
Spring ind på vores kornmarker og i vores huse, så de bliver fuldendt.
Oh, ...
Str. 6: Og spring ind i vores byer og på de søfarende skibe,
Og spring på de unge mænd i vores byer og på den berømte Themis.
Oh, ...”

Homerisk hymne til Zeus nr. 23
Εἰς Ὕπατον Κρονίδην
Ζῆνα θεῶν τὸν ἄριστον ἀείσομαι ἠδὲ μέγιστον,
εὐρύοπα, κρείοντα, τελεσφόρον, ὅστε Θέμιστι
ἐγκλιδὸν ἑζομένῃ πυκινοὺς ὀάρους ὀαρίζει.
ἵληθ᾽, εὐρύοπα Κρονίδη, κύδιστε μέγιστε.
(Origo:
http://www.perseus.tufts.edu/hopper/text?doc=Perseus%3atext%3a1999.01.0137%3ahymn%3d23)

Homerisk hymne til Zeus nr. 23
Til den øverste Kronide

Zeus, den bedste af guderne vil jeg besynge, den største.
Viden om skuer han, han har magten, fører alt til ende.
Themis sidder ved siden af ham, og han mumler sine beslutninger til hende.
Kronide, du meget berømte, viden om skuende, største, vær velsindet!

Mini-hymne til Pan fra et skolion

ὦ Πάν, Ἀρκαδίας μεδέων κλεεννᾶς,
ὀρχηστὰ βρομίαις ὀπαδὲ νύμφαις,
γελάσειας ὦ Πάν, ἐπ' ἐμαῖς
εὔφροσι ταῖσδ' ἀοιδαῖς κεχαρημένος.
(Origo: Jan M. Bremer: "Greek Hymns", in: H. S. Versnel: Faith, Hope and Worship. Aspects of Religious Mentality in the Ancient World, Leiden (E. J. Brill) 1981, 207)

Mini-hymne til Pan fra et skolion

Oh, Pan, du, som hersker over det berømte Arkadien,
dansepartner for de dionysiske nymfer,
jeg beder dig om, at du må le ad mine muntre sange,
efter at have fundet behag i dem.

Orficisme og Bakchos

Orficismen opstod i Grækenland i det 6.-5. årh. f.Kr. som religiøs kult med sangeren Orpheus som centralperson, og kulten bredte sig til Syditalien og til Sortehavskysten. Orficismen stammer måske fra Thrakien, som regnedes for Orpheus' hjemland, men af grækerne blev betragtet som barbarland.
Uklart er forholdet til en række andre fænomener i den græske religion som pythagoræerne, de eleusinske mysterier, Dionysos-kulten og førsokratikeren Empedokles. Der mangler entydige beviser, men det er nok sandsynligt, at orficisme og pythagoræisme øvede indflydelse på hinanden; dog kan man ikke se politiske motiver i den orfiske bevægelse i modsætning til pythagoræismen, til gengæld kan den betragtes som en protest- og reformbevægelse, der distancerede sig fra de almindelige religiøse ritualer i Grækenland.

Orpheus

Orpheus er søn af musen Kalliope og en thrakisk konge eller Apollon; i så fald er Linus hans halvbror. Han har mange funktioner i græsk mytologi. Han er argonaut, altså Jasons skibsmatros, han er sanger, magiker, initiator af mysterier, kæreste til Eurydike. Skråningerne ved Olympen og landskabet Pieria, musernes tilholdssted, og fødebyen Leibethra, Λειβήθρα, er hans områder. Λειβηθρίδες er musernes tilnavn, fordi Leibethra var deres yndlingssted.

I Olbia ved Sortehavet er der fundet knogleplader med orfiske termer i en dionysisk kontekst. Orfiske og bakchiske elementer hører til det samme kompleks, og begge guder blev betragtet som 'ekscentriske' i det græske pantheon. Teogonien i Derveni-papyrussen (se senere) starter med Natten som første element. Men den første konge kaldes Protogonos i den såkaldte rhapsodiske orfiske teogoni fra ca. 350 f.Kr. Der har altså været konkurrerende versioner tidligt i bevægelsen. I senere versioner avler Zeus Dionysos med Persephone, resultatet af incesten, og titanerne sønderriver Dionysos, utilfredse som de er med hans magtstilling, og han bliver reddet af Athene eller Demeter-Rhea, jf. Osiris i den ægyptiske Isis-myte. Pindar nævner 'Persephones gamle sorg' (frg. 133) og den rhapsodiske teogoni handler om menneskets oprindelse, nemlig efterkommerne af titanernes aske, der blev brændt ihjel af Zeus' lyn. Der står ikke noget om reinkarnation, genfødsel, i papyrussen, en tanke, der tillægges orficismen i senere kilder. Derveni-papyrussen giver en genealogi og fokuserer på Zeus: 'Zeus er hovedet, midten, gennem Zeus sker alt' (Aristoteles: De mundo 7, 401a).

Modsætningerne i forhold til den græske mainstream religion er i orficismen bl.a. menneskehedens oprindelse, efterlivstanker, gammel skyld pga. blodige ofre, vegetarianisme samt orfiske bøger, der vendte sig imod det traditionelle, oralt orienterede samfund; skeptiske sofister blev associeret negativt pga. deres forhold til bøger, se Parker 2011: 18-20 og Eur. Hipp. 954, men orficismen havde succes og påvirkede de Eleusinske og Thebanske mysterier.

(Origo: Orphiker – Wikipedia) Orpheus omgivet af dyr. Romersk mosaik fra det 3. årh. e.Kr.
(Palermo: Det arkæologiske Regionsmuseum

Orfisk kosmogoni og teogoni

De talrige skrifter, der er overleveret fragmentarisk under orficismens navn, er påbegyndt i det 5. årh. f.Kr. og fortsætter til senantikken. Litteraturen drejer sig om mytiske skildringer af kosmogonien, verdens fødsel, theogonien, gudernes fødsel, samt hymner. Og den ældste orfiske theogoni, der skildrer oprindelsen af kosmos, guder og mennesker, stammer fra Eudemos.

A. Eudemos fra Rhodos (4. årh. f.Kr.)

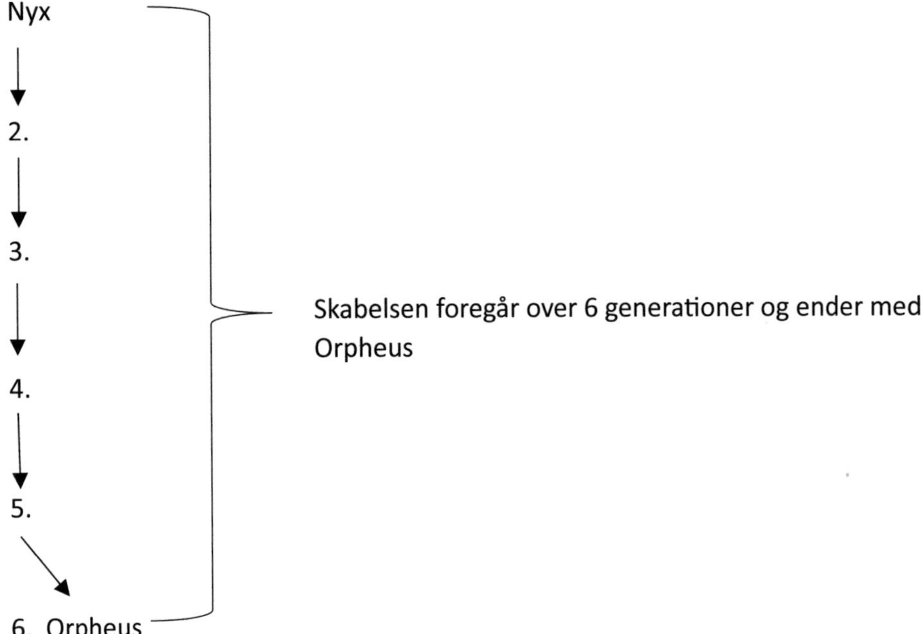

Den senantikke nyplatoniker Damaskios henviser til Eudemos og til ”Hieroi logoi i 24 rhapsodier”, tekster fra 2. årh. til 2. årh. e.Kr., bevaret i 176 fragmenter, og også til flere varianter af myten.

B. Damaskios (455-536 e.Kr.): Den rhapsodiske kosmogoni

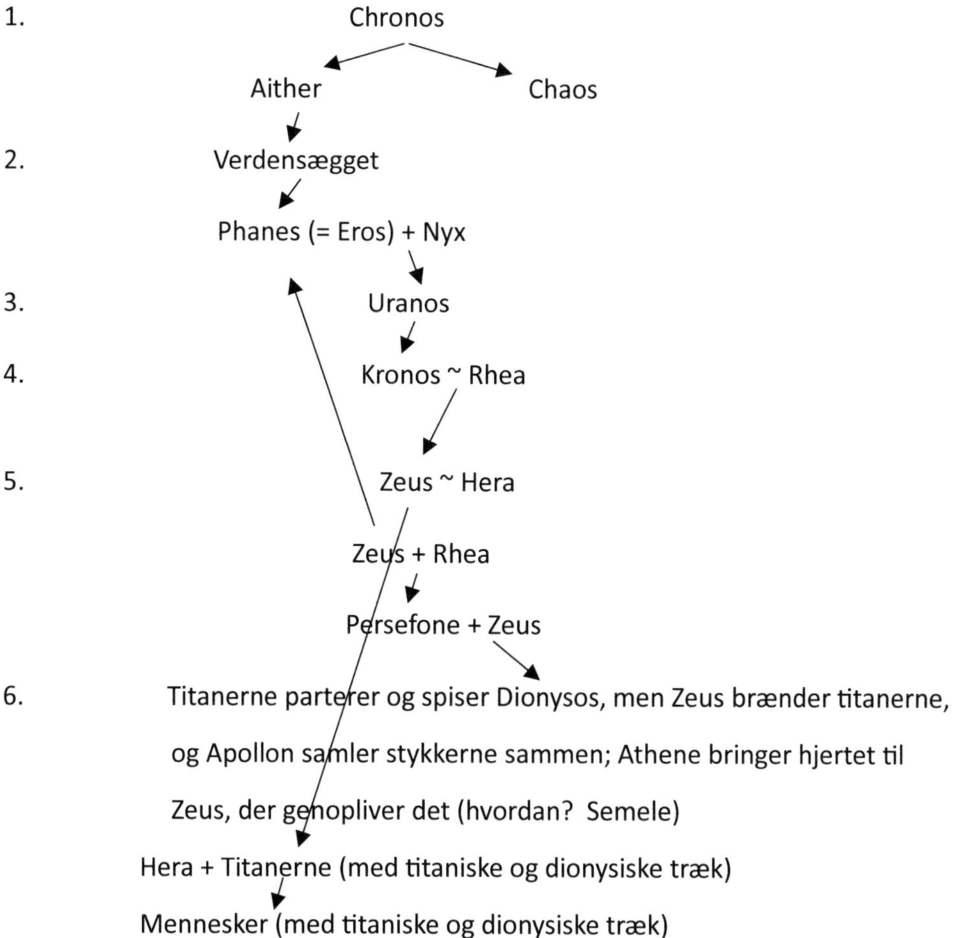

B. Chronos er oprindelsen til alt og frembringer to urprincipper, Aither og Chaos. Den anden fase opstår, da Chronos skaber verdensægget ud fra Aither. Ud af verdensægget fødes den vingede lysgud Phanes, hovedgud for orfikerne, identificeret med Eros; hans partnerske er Nyx, som føder Uranos, der bliver hersker i tredje fase. Sønnen Kronos detroniserer Uranos og indleder fjerde fase. Zeus følger som femte trin. Zeus sluger Phanes og får derved hans magt og indflydelse. Med sin mor Rhea avler han Persefone, med sin datter Persefone avler han Dionysos. Senere overlader han magten til den unge Dionysos, hvad der udgør den sjette fase. Zeus' misundelige kone Hera opildner titanerne mod Dionysos. Titanerne dræber og spiser Dionysos, men brændes op af Zeus' lyn. Derved opstår sod, og af det lader Zeus menneskene opstå med en dobbeltnatur af dionysiske, guddommelige, og titaniske, ødelæggende, træk.

C. Damaskios' 2. variant bygger på to forfattere, Hellanikos og Hieronymos, og ifølge dem er der to urprincipper, vandet som spredningselement og jorden som samlingselement. Af dem udgår som tredje princip en drage med navnet Chronos og Herakles, hvis partner er Ananke, nødvendighedens princip. Chronos er far til Aither og Chaos, og senere lader Chronos verdensægget opstå af Aither, Chaos og Erebos, mørket.

Damaskios: Dubitationes et solutiones de primis principiis, 123 bis

... τριπλήγονον Αἰθέρα, φησὶ νοερὸν καὶ Χάος ἄπειρον, καὶ τρίτον ἐπὶ τούτοις Ἔρεβος ὁμιχλῶδες, ..., ἀλλὰ μὴν ἐν τούτοις, ὡς λέγει, ὁ Χρόνος ᾠὸν ἐγέννεσεν... καὶ τρίτον ἐπὶ τούτοις θεόν ἀσώματον, πτέρυγας ἐπὶ τῶν ὤμων ἔχοντα χρυςᾶς, ὃς ἐν μὲν ταῖς λαγόσι προσπεφυκυίας εἶχε ταύρων κεφαλάς, ἐπὶ δὲ τῆς κεφαλῆς δράκοντα πελώριον παντοδαπαῖς μορφαῖς θηρίων ἰνδαλλόμενον.
(Origo: Svend Aage Pallis: Greek Religious Texts, København (Povl Branner) 1948, 107)

Damaskios: Dubitationes et solutiones de primis principiis, 123

··· den tredobbelte* [?] Æther, det grænseløse Chaos, og dertil som den tredje det tågede Erebos...
Men blandt disse, fortælles det, bragte Chronos et æg til verden...

Og dertil, som den tredje, en ulegemlig gud, med gyldne vinger på skuldrene, tyrehoveder voksende ud fra flankerne, og på hovedet en enorm drage, som antog skikkelse af alskens vilde dyr.
tredobbelte*: forf. i.st.f. fugtige: V. Duekilde
(Origo: Vagn Duekilde: Hellas i klassisk tid. Tekster til græsk religion, København (Spektrum) 1997, 192-193)

D. Efter en anden variant af denne myte, som den kristelige forfatter Athenagoras fra Athen har overleveret, er vandet det eneste urprincip; af det fremgår jorden som mudder. Verdensægget deles i to dele, hvoraf den øverste del bliver til himlen, den nederste til jorden

Litteratur

Damaskios: *Über die ersten Prinzipien* 123, in: L. G. Westerink: *Damascius: Traité des premiers principes*, vol. III, Paris 1991, 159-165 ff.

C. Damaskios' version 2 ud fra Hellanikos og Hieronymos

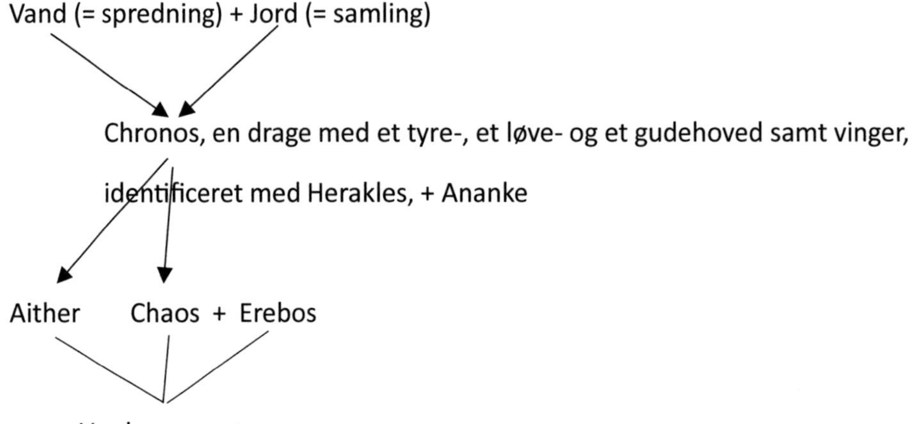

D. Athenagoras, kristen forfatter (2. årh. e.Kr.)

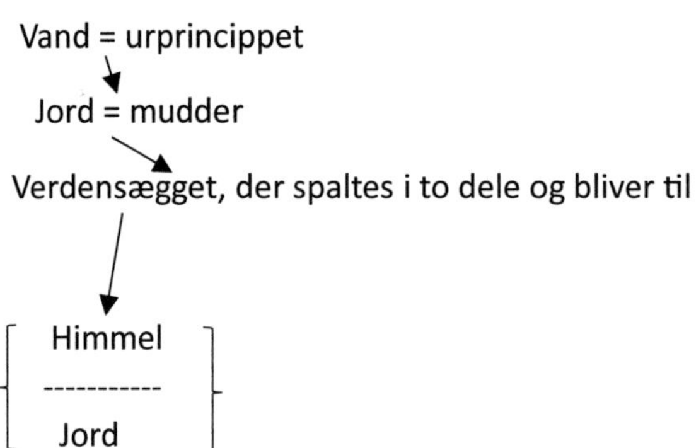

Arkæologiske fund

Orficisme har at gøre med begravelsesritualer, hvor de døde fik guldlameller eller knogleplader med i graven, og de stammer fra 5./4. årh. f.Kr. til 3. årh. e.Kr., de fleste tekster stammer fa det 4. årh. f.Kr. Guldlamellerne, Lamellae Orphicae, indeholder anvisninger til de dødes sjæl om, hvordan sjælen kan hjælpes til guddommelig frelse. Nogle af lamellerne viser et tilhørsforhold til Dionysos-kulten; de døde var altså Bakchos-tilhængere. På nogle lameller er det den døde, der taler om ønsket at blive i de udødeliges rige, på andre bliver den døde tiltalt og får råd om, hvordan døden åbner for en genfødsel som guddom. Døden er en åbning til et nyt liv, jf. citaterne 'liv – død – liv', 'Nu er du død, og nu er du blevet til <igen>, du trefold salige, på denne dag'. Citater som 'Gud vil du være i stedet for en dødelig', eller 'Ja, også jeg praler med at være af jeres salige slægt' vidner om en optimisme blandt tekstforfatterne, nemlig at sjælen er guddommelig. Det ældste arkæologiske fund stammer fra Olbia på nordkysten af Sortehavet fra det 5. år. f.Kr., fundet i 1978.

De orfiske guldtavler

Guldtavler med orfiske motiver er fundet i grave i Italien, på Kreta, Thessalien og på Lesbos, men ikke i Attika; her havde de eleusinske mysterier fortrinssret mht. efterlivsteorier. Der er to grupper af guldtavler: A. den afdøde sjæl henvender sig til dødens magter, og B. der gives instruktioner til den døde.

Tavlerne fra Pelinna, fundet 1987 kombinerede A+B og forbandt orfisk antropogoni og bakchiske mysterier ifølge teksten: "Fortæl Persephone, at Bakchios (= Persephones søn) selv har løst dig". Og på de sidst fundne tavler blev der nævnt Brimo (= Demeter), hvad der tyder på ekstatiske ritualer. Det er uklart, hvornår tavlerne blev brugt: til begravelse eller til indvielser i mysterierne, og de litterære kilder til bakchiske mysterier er fåtallige. Tavlerne er fundet i rige kvinders grave, altså er der tale om et rigt klientel, jf. Platon: Staten 2. 364 D-E, der taler om tiggerpræster og sandsigere, der samler penge ind ved rige mænds døre. Indskriften fra Cumae fra det 5. årh. f.Kr. med påbuddet om at være indviet, bebakcheumenon, βεβακχευμένον, hvis man vil begraves der, vidner måske om en loge, en forening af indviede medlemmer.

Begravelsesforbud, udstedt af et bakchant-kollegium, fra Cumae i Kampanien, midten af 5. årh. f.Kr. (Pfohl, 18)

Οὔ θέμις ἐν-
τοῦθα κεῖσθ-
αι ἰ μὲ τὸν
βεβαχχευμένον

Begravelsesforbud

Det er forbudt at begrave nogen her, medmindre han er indviet til Bakchosmysterierne.

Fra den sydlige kirkegård i Pherai i Thessalien, 350-300 f.Kr. (= Pherae 1)
(Bernabé, OF 493 (= L 13)) (Graf/Johnston 38-39)

Σύμβολα˙ Ἀν<δ>ρικε-
παιδόθυρσον, ἀνδρικεπαι-
δόθυρσον˙ Βριμώ, Βριμώ. εἴσιθ<ι>
ἱερὸν λειμῶνα˙ ἄποινος
γὰρ ὁ μύστης.
ΓΑΠΕΔΟΝ (skrevet på hovedet)

Fra den sydlige kirkegård i Pherai (= Pherai 1)

Kodeord: mand-og-barn-thyrsos, mand-og-barn-thyrsos.

Brimo, Brimo, træd ind på den hellige eng; thi forløst
er mysten.

Derveni-indskriften

Derveni-papyrussen er måske det ældste litterære vidnesbyrd i Europa, vurderet til at være 2.500 år gammel fra anden halvdel af 5. årh. f.Kr. og fundet 1962 i grav A af Derveni-gravene i Makedonien i det nordlige Grækenland. Der er 266 fragmenter bevaret, der udgør 18% af hele teksten, som måske har fyldt mere end en papyrusrulle. 1. del indeholder en beskrivelse af religiøse ritualer, der kommenteres af den ukendte forfatter. 2. del indeholder en fortolkning af den orfiske theogoni i et heksameterdigt, tilskrevet Orfeus og brugt i en mysteriekult for Dionysos af orfiske initiativtagere, og der er en del lighedspunkter med Anaxagoras og Diogenes fra Apollonia. Først 2006 udkom der en fuldstændig kritisk udgave af teksten, og i 2015 kunne Richard Janko bidrage med en ny forbedret udgave pga. forbedringer i mikroskopi-teknikken. Forfatteren forsøger at overbevise tilhørerne om, at teksten ikke skal forstås bogstaveligt, men metaforisk og allegorisk. Theogonien i tekstens anden halvdel beskriver, at Nyx føder Ouranos, der bliver den første hersker. Chronos overtager magten, der overgår til Zeus, der får magten over hele universet, fordi han lytter til oraklerne fra Nyx' helligdom. Ved slutningen af teksten voldtager Zeus sin mor Rhea. Her standser papyrussen. I den anden rulle skulle der så have stået, at Zeus voldtog Demeter, frugten af Rheas voldtægt, der føder Persefone, som gifter sig med Dionysos. Det formoder man, fordi Olympiodorus og andre fragmenter fortsætter myten.

Litteratur

Hladký, V.: *On the gods and the world: Orpheus and the Presocratics in the Derveni papyrus*, Oxford Univ. Press, Oxford 2024
Kotwick, M. E./Janko, R. (eds.): *Der Papyrus von Derveni*, De Gruyter, Berlin-Boston 2017

Kouremenos, Th./Parássoglou, G. M./Tsantsanoglou, K. (eds.): *The Derveni papyrus*, Leo S. Olschki, Firenze 2006

Most, G. W. (ed.): *Studies on the Derveni Papyrus*, vol. 2, Oxford Univ. Press, Oxford 2022

Piano, V. (ed.): *Il Papiro di Derveni tra religione e filosofia*, (Studi e testi per il Corpus dei papiri filosofici greci e latini, vol. 18) Leo. S. Olschki Editore, Firenze 2016

Tekster

Guldtavlen fra Pelinna i Thessalien (slutn. af 4. årh. f.Kr.)

νῦν ἔθανες
καὶ νῦν ἐγ-
ένου, τρισόλβ-
ιε, ἄματι τῶιδε.
εἰπεῖν Φερσεφόν-
αι σ̣' ὅτι Β<άκ>χιος αὐτὸς
ἔλυσε. τα{ι}ῦρος {[26]ταῦρος}[26]
εἰς γάλ<α> ἔθορες. αἶ-
ψα εἰς γ<ά>λα ἔθορες.
<κ>ριὸς εἰς γάλα ἔπεσ<ες>.
οἶνον ἔχεις εὐ-
δ<α>ι̣μ̣ονατιμν
κα̣ὶ σ̣ὺ μὲν
εἶς ὑπ̣ὸ̣
γῆν τε-
λέ<σ>ας ἅ-
περ ὄλ-

βιοι ἄλ-
λοι.

(Origo: SEG 37:497A Thessalia (Hestiaiotis) — Pelinna? (Petroporos-Palaiogardiki) — late 4th c. BC — Hellenika 38 (1987) 3-16) (https://epigraphy.packhum.org/text/296911)

Guldtavlen fra Pelinna

Nu er du afgået ved døden, og nu, trefoldigt lykkelige, er du blevet genfødt,
trefolddigt lykkelige, på denne dag.
Sig til Persephone, at Bakchios selv har forløst dig.
Som tyr styrtede du i mælk.
Hurtigt styrtede du i mælk.
Som vædder faldt du i mælk.
Vin har du som lykkebringende hæder,
og du vil komme under jorden,
efter at have fuldført de riter,
ligesom de andre salige.

Kommentar til guldtavlen fra Pelinna

Guldtavlen fra Pelinna omtaler Bakkhios (dvs. Dionysos) som den, der har forløst (éluse) initianden i forbindelse med den symbolske relation til mælken. Orfikerne har med andre ord indoptaget – eller reformeret – dele af Dionysos-kulten og omsat den fra en frugtbarhedskult til en personlig indvielseskult. Den orfiske initiand, der drager til dødsriget, identificeres altså med Dionysos-barnet, der selv har gennemgået en lignende proces. Dionysos præsenteres som lysiōs (forløseren).

Den oplagte parallel er de vidt berømte indvielser i Eleusis til ære for Demeter og hendes datter (Kore), der på samme måde har sit udspring i en vegetationskult, men som allerede i Den homeriske hymne til Demeter, ofte dateret til omkring 600 år f.v.t., fremstilles som en mysteriekult, der skaffer de indviede en bedre lod efter døden.

Desuden omfatter en guldtavle fra Timpone Grande i Thurii en henvendelse til den afdøde, som lyder:

Tumulus (Timpone Grande) i Thurii (= Thurii 1)

(Graf, Fritz/Johnston, Sarah Iles: Ritual Texts for the Afterlife. Orpheus and the Bacchic Goldtablets, 2. ed., Routledge, London-New York 2013, 8-9)

ἀλλ’ ὁπόταμψυχὴ προλίπῃ φάος ἀελίοιο,
δεξιὸν [ε.θιας ὁ] ἐξιέναι πεφυλαγμένον
εὖ μάλα πάντα˙ χαῖρε παθὼν τὸ πάθη-
μα˙ τὸ δ’ οὔπω π[ρ]όσθε ἐπεπόνθεις˙ θεὸς ἐγ-
ένου ἐξ ἀνθρώπου, ἔριφος ἐς γάλα
ἔπετες. χαῖρ<ε>, χαῖρε, δεξιὰν ὁδοιπόρ[ει]
λειμῶνάς τε ἱεροὺς καὶ ἄλσεα
Φε[ρ]σε[φ]ονείας.

Tumulus (Timpone Grande) i Thurii (= Thurii 1)

”Men så snart sjælen har forladt solens lys,
gå da [direkte] til højre, idet du har været påpasselig
med alting; glæd dig, du har erfaret den (smertelige) erfaring,
du ikke havde erfaret tidligere; en gud
er du blevet fra at have været et menneske. Som et kid faldt du
i mælken. Glæd dig, glæd dig, følg vejen til højre
til Persefones hellige enge og lunde”.

Det sande liv er ikke livet på jorden, men det liv, der følger i underverdenen (i klar modsætning til det homeriske Hades).

Bentavler fra Olbia

A.

Βίος Θάνατος Βίος Ζ(?)
Ἀλήθεια
Ζα(γρεύς?) Ζ(?)
Διό(νυσος) Ὀρφικοί.

(Origo: IGDOlbia 94,a - N. Black Sea — Olbia — 5th c. BC — SEG 28.659 — cf. SEG 50.699,2) (https://epigraphy.packhum.org/text/184168)

A.

Liv – død – liv – Z(?)
Sandhed
Za(greus?) Z(?)
Dionysos – orfikere

B.

Εἰρήνη Πόλεμος
Ἀλήθεια Ψεῦδος
Διόν(υσος)
A

B.

Fred – krig
Sandhed – løgn
Dionysos

(Origo: IGDOlbia 94,b - N. Black Sea — Olbia — 5th c. BC — SEG 28.660 — cf. SEG 50.699,2) (https://epigraphy.packhum.org/text/184169?bookid=233&location=1684)

C.

Διό(νυσος) {[27]Διο(νύσῳ)}[27] Ζ {[27]Ζ(αγρεύς)?}[27]

ἀλήθεια

ΙΑ ψυχή

A

C.

Dionysos – Til Dionysos – Zagreus?

Sandhed

Sjæl

(Origo: N. Black Sea — Olbia — 5th c. BC — VDI (1978.1) pp. 87-104 — cf. SEG 32.796 - https://epigraphy.packhum.org/text/338274?bookid=172&location=1684)

Kommentar

Det sande liv er det liv, der følger efter den fysiske død, hvilket utvivlsomt er forklaringen på, at ordet alētheia (sandhed) optræder sammen med indskriften 'liv – død – liv' på bentavlen fra Olbia. Zagreus er navnet på det barn, som Zeus fik med Persephone og som Hera fik titanerne til at flå i stykker og spise med undtagelse af hjertet. Athene reddede hjertet, og Zeus plantede det i Semele, og dette barn, som Zeus reddede ud af Semele, da hun døde, og plantede i sit lår indtil fødslen, blev kaldt Dionysos. Meget tyder på, at dette postmortale liv finder sin rituelle iscenesættelse i den orfiske initiation, hvis katabasis kan udlægges som en imitatio mortis, en efterligning – eller gennemlevelse – af døden (Albinus 2000, 141-152). 'Døden' er farlig og uren, som et lig er det, men ved døden – forstået som rituelt etableret helligsfære – skal en renselse samtidig finde sted. Det udgydte blod, der manifesterer initiandens synd eller besmittelse, er samtidig renselsens element, som mudderet er det. Samtidig lægger man mærke til de modsætninger, der forbindes med Dionysos-skikkelsen, hvis epiteter netop afspejler guddommens modsætningsfyldte karakter.

Lamella aurea Peteliae reperta. Fundet i Kalabrien fra det 4. årh. f.Kr.

Εὑρήσσεις δ' Ἀίδαο δόμων ἐπ' ἀριστερὰ κρήνην,
πὰρ δ' αὐτῆι λευκὴν ἑστηκυῖαν κυπάρισσον˙
ταύτης τῆς κρήνης μηδὲ σχεδὸν ἐμπελάσειας.
εὑρήσεις δ' ἑτέραν, τῆς Μνημοσύνης ἀπὸ λίμνης
φυχρὸν ὕδωρ προρέον˙ φύλακες δ' ἐπίπροσθεν ἔασιν.
εἰπεῖν˙ «γῆς παῖς εἰμι καὶ οὐρανοῦ ἀστερόεντος,
αὐτὰρ ἐμοὶ γένος οὐράνιον˙ τόδε δ' ἴστε καὶ αὐτοί˙
δίφηι δ' εἰμὶ αὖη ἀπόλλυμαι˙ ἀλλὰ δότ' αἶψα
φυχρὸν ὕδωρ προρέον τῆς Μνημοσύνης ἀπὸ λίμνης».
καὐ<τοί σο>ι δώσουσι πιεῖν θείης ἀπ<ὸ κρήν>ης,
καὶ τότ' ἔπειτ' ἄ<λλοισι μεθ'> ἡρώεσσιν ἀνάξει<ς>.
(Origo: Svend Aage Pallis: Greek Religious Texts, København (Povl Branner) 1948, 110)

(tillæg efter Graf/Johnston 2007, 6):
[Μνημοσύ]νης τόδ<ε> ἔ(ργον - - -
θάνείσθ[αι - -] τόδε γραψ[- -
i marg. - -]τογλωσειπα σκότος ἀμφικαλύψας

Guldlamel fra Petelia i Kalabrien, 4. årh. f.Kr.

Du vil finde til venstre for Hades' bolig en kilde,
ved hvilken der står en hvid cypres.
Denne kilde må du ikke nærme dig!
Men du vil finde en anden ved erindringens sø,
koldt vand der strømmer frem; der står vagter foran den.

Du skal sige: »Jeg er barn af jorden og den stjernebestrøede himmel,
men jeg er af himmelsk slægt, det véd I også selv!
Jeg plages af tørst og er ved at omkomme, giv mig straks
det kølige vand der strømmer fra erindringens sø!«
Og de skal selv give dig at drikke fra den hellige kilde,
og siden skal du herske sammen med de andre heroer.
(Origo: Vagn Duekilde: Hellas i klassisk tid. Tekster til græsk religion, København (Spektrum) 1997, 193)
Dette er Mnemosynes værk.
Når du skal til at dø ... skriv dette ...
.... mørket har omgivet

Kommentar til guldtavlen

Vandet: At gå til højre er godt, at gå til venstre er dårligt I Hades. Man står med ansigtet vendt mod nord, ryggen mod syd. Man skal fortsætte med at gå til den rigtige kilde.
Det dårlige liv er et uetisk liv og ligger på venstre side af Hades; det gode liv er etisk og fører til Forglemmelsens kilde, Lethe, Λήθη, som den første kilde;
Det supergode liv fører til et etisk liv og en initiation ved den anden kilde, Erindringens vand, Mnemosynes kilde, Μνημοσύνη.
Den hvide cypres hører til i underverdenen; den hvide farve hører til i underverdenen og er begravelsesdragtens farve; men den er farlig, fordi den fører til Forglemmelsens kilde.
Ved Erindringens kilde er der ingen hvid cypres; den er sikker. Der er vagter foran kilden, der spørger, hvorfor man kommer til Hades og hvad man ønsker.
Barn af jord og himmel: der består et slægtskab mellem guder og mennesker, der har del i samme natur.

Fra en gravhøj i Pharsalos, Thessalien, 350-300 f.Kr. = Pharsalos
(Bernabé, OF 477 (= L 4); Zuntz B 2; Pugliese Carratelli 2001, 1 A 3) (Graf/Johnston 34-35)

Εὑρήσεις Ἀΐδαο δόμοις ἐνδέξια κρήνην,
πὰρ δ' αὐτῆι λευκὴν ἐστηκυῖαν κυπάρισσον.
ταύτης τῆς κρήνης μηδὲ σχεδόθεν πελάσηισθα.
πρόσσω δ' εὑρήσεις τὸ Μνημοσύνης ἀπὸ λίμνης
ψυχρὸν ὕδωρ προ(ρέον), φύλακες δ' ἐπύπερθεν ἔασιν.
οἵδε σ' εἰρήσονται ὅ τι χρέος εἰσαφικάνεις.
τοῖς δὲ οὐ εὖ μάλα πᾶσαν ἀληθείην καταλέξαι.
εἰπεῖν˙ Γῆς παῖς εἰμι καὶ Οὐρανοῦ ἀστε(ρόεντος),
Ἀστέριος ὄνομα, δίψηι δ' εἰμ' αὖος˙ ἀλλὰ δότε μοι
πίεν' ἀπὸ τῆς κρήνης.

Fra en gravhøj i Pharsalos
Du vil finde til højre i Hades' hjem en kilde,
og stående ved siden af den en hvid cypres.
Lad være med at nærme dig denne kilde!
Længere fremme vil du finde fra Erindringens sø
sprudlende koldt vand; der vil være vogtere foran den.
De vil spørge dig, hvorfor det var nødvendigt for dig at komme her.
Fortæl dem endelig hele sandheden.
Sig: "Jeg er barn af Gaia og den stjernebestrøede Ouranos,
mit navn er Stjernebesat. Jeg tørster efter vand, men tillad mig
at drikke af kilden!"

Kommentar
Ser man på de to tekster, fremgår det, at indvielsen til en lykkelig og guddommelig skæbne ikke gælder alle, men alene dem, der beder om vand fra Erindringens kilde og som i relation hertil demonstrerer fastholdelsen af en erindring om, at de selv stammer fra det guddommelige forældrepar, himlen og jorden. De, der forledes til at drikke af den første kilde (Lethe pr. implikation), føres derimod i glemsel tilbage til en ny eksistens på jorden. Noget kunne tyde på, at der hermed

sigtes til de uindviede sjæle, der orienterer sig inden for det traditionelle univers af homeriske helte, tyranner og lign., og som stiller sig tilfreds med jordelivets fortjenester.

Lamella aurea Thuriis in agro Sybaritico reperta, fra det 4. årh. f.Kr. (= Thurii 3)

(Origo: Fritz Graf and Sarah Iles Johnston: Ritual Texts for the Afterlife. Orpheus and the Bacchic Gold Tablets, (Routledge) London and New York, 2007, 20132, 12-13) (Bernabé, OF 488; Zuntz A 1; Pugliese Carratelli 2001, II B 1)

Ἔρχομαι ἐκ κοθαρῶ<ν> κοθαρά, χθονί<ων> βασίλεια,
Εὐκλῆς Εὐβολεύς τε καὶ ἀθάνατοι θεοὶ ἄλλοι.
καὶ γὰρ ἐγὼν ὑμῶν γένος ὄλβιον εὔχομαι εἶμεν.
ἀλά με Μο<ι>ρα ἐδάμασε καὶ ἀθάνατοι θεοὶ ἄλλοι
καὶ ἀσστεροβλῆτα κεραυνόν.
κύκλο δ' ἐξέπταν βαρυπενθέος ἀργαλέοιο,
ἱμερτο δ' ἐπέβαν στεφάνο ποσὶ καρπαλίμοισι
Δεσσποίνας δὲ ὑπὸ κόλπον ἔδυν χθονίας βασιλείας.
ἱμερτο δ' ἐπέβαν στεφάνο ποσὶ καρπαλίμοισι.
ὄλβιε καὶ μακαριστέ, θεὸς δ' ἔσηι ἀντὶ βροτοῖο.
ἔριφος ἐς γάλ' ἔπετον.

Fra en mindre gravhøj i Thurii (= Thurii 3)

Jeg kommer ren fra de rene, dronning over de chthoniske væsener,
Eukles, Euboleus og de andre udødelige guder.
Og jeg hævder også at være af jeres lykkelige slægt.
Men Moira betvang mig sammen med de andre udødelige guder
og ham, der slynger lynet og tordenkilen.
Jeg er fløjet ud af den tunge, smertefulde kreds,
og har nærmet mig den eftertragtede krans med lette fødder

og er sunket ned under Herskerindens, den chthoniske dronnings, bryst.
Jeg har nærmet mig den eftertragtede krans med lette fødder.
"Lykkelige og velsignede, du vil blive en gud i stedet for en dødelig."
Som kid faldt jeg i mælken.

Et par af de andre – i øvrigt mindre fuldstændige – lameller af denne type har mellem ovenstående teksts linje 3 og 4 en linje, som lyder:

'Jeg har betalt bod for uretfærdige handlinger.'

(Origo: Vagn Duekilde: Hellas i klassisk tid. Tekster til græsk religion, København (Spektrum) 1997, 193-194)

Kommentar til Thurii 3

'Jeg kommer ren fra de rene': det betyder, at 'jeg er del af de indviede myster'; renhed betyder fravær af urenhed og besmittelse og dermed del af de indviede.
Eukles: 'det gode ry' = epitet til Hades;
Eubouleus: 'den gode rådgiver' = epitet til Zeus eller Dionysos;
'at være af jeres lykkelige slægt': menneskene er af samme slægt som guderne
Lyn: 'ham, der slynger lynet og tordenkilen': jf. titanerne om deres behandling af Dionysos; initianden ender som en helt.
'den tunge smertefulde kreds': cirkel = cyklus betegner reinkarnationens cyklus;
'den eftertragtede krans med lette fødder': billedet stammer fra atleterne, der fik en krans på hovedet for at have vundet.
'og er sunket ned under ...': Persephone er dronningen, og verset betyder: 'Jeg har opnået Persephones beskyttelse', se fx Hom. hymne til Demeter 187.
"Lykkelige og velsignede, du vil blive en gud i stedet for en dødelig": ønsket om at komme til 'de renes sæder' (se Thurii 4) ser ud til at blive opfyldt her; den indviede kommer i de lyksaliges rige. Og det skyldes også, at vedkommende har betalt straffen for uretmæssige handlinger (se Thurii 4), dvs. sonet bestemte lovovertrædelser, hvis karakter man desværre ikke kender præcist.

'Jeg faldt som et kid i mælk': idiom om en lykkelig tilværelse, makarismos, μακαρισμός.

Fra en mindre gravhøj i Thurii, 4. årh. f.Kr. (= Thurii 4)

(Bernabé, OF 489; Zuntz A 2; Pugliese Carratelli 2001, II A 1) (Graf/Johnston 14-15)

Ἔρχομα<ι> ἐκ <κ>α<θα>ρῶν {σχονων} καθαρά, χθονί<ων> βασίλ{η}ει<α>,
Εὖκλε καὶ Εὐβουλεῦ καὶ θεοὶ <καὶ> δαίμονε<ς> ἄλλοι.
καὶ γὰ<ρ> ἐγὼν ὑμῶ<ν> γένο<ς> εὔχομαι ὄλβιον εἶναι.
πο<ι>νὰν δ' ἀνταπέ{ι}τε<ισ'> ἔργων ἕνεκα οὔτι δικα<ί>ων.
εἴτε με Μο<ι>ρα ἐδαμά<σ>σατο εἴτε ἀστεροπῆτα κ<ε>ραύνων.
νῦν δ ἱκέτ<ις> ἥκω πα<ρα>ὶ ἁγνη<ν> Φε<ρ>σέφονειαν,
ὥς με{ι} πρόφρων πέμψη<ι> ἕδρας ἐς εὐαγέ{ι}ων.

Fra en mindre gravhøj i Thurii (= Thurii 4)

Jeg kommer ren fra de rene, dronning af de chthoniske væsener
Eukles, Euboleus, guderne og de andre daimoner.
Og jeg hævder også at være af jeres lykkelige slægt.
Jeg har betalt straffen for uretmæssige gerninger.
Enten har Moira betvunget mig eller ham, der slynger lyn og tordenkiler.
Nu kommer jeg som bønfaldende til den hellige Persephone,
så at hun gunstig stemt må sende mig til de renes sæder.

Urvandet

Hos orfikerne spiller vandet derimod en rolle, der strukturelt svarer til mudderbadningen. Begge dele skal ses i et kosmologisk perspektiv. Menneskets kødelige eksistens svarer til blandingen af vand og jord, nemlig mudder og slam. På den ene side kan mennesket gennem indtagelsen af vand fra Mnemosynes kilde genkalde sig dets eget rene ophav i tidens og vandets ublandede eksistens, på den anden side er det i kraft af sin legemlighed bundet til jorden. At være sjæl og legeme på samme tid er at være i en tilstand af mudder og slam, en underverdensmodus, der gør den jordiske eksistens til en levende død. Pēlos og bórboros, mudder og slam, er, som vi har set, de hyppigt anvendte ord for en uren tilstand i underverdenen. At rense sig for denne urenhed, der forhindrer én i at blive guddommelig, sker ved først at søle sig i den for derefter at kunne vaske den af sig. Denne samme dobbelthed knytter sig til vandet, dog med den forskel, at den 'afdøde' skal undgå den første kilde. Til gengæld er indtagelsen af erindringens kilde, parallelt med mudderafvaskningen, ensbetydende med indtagelsen af det rene, guddommelige element.

I orfikernes kosmogoniske tænkning vender ideen om urvandet i den form tilbage, at alle levende væsener opstår af de to former for vand, Okeanos og Tethys, som lever sammen i søskendeægteskab. Dog havde de mistet deres oprindelige status, for ifølge orficismen producerer Natten et æg, hvis skaller udgør Himmel og Jord, hvoraf Eros fødes. Okeanos og Tethys bliver nu til børn af Himmelen, Ouranos, og Jorden, Gaia, se Aristophanes: Aves 690-703; Platon: Kratylos 402b-c.

De dødes rige placeres på et sted mellem jord og urvand: Dette rige er ikke adskilt helt fra jorden, men står i forbindelse med urvandet gennem en flod. Denne flod hører til den gængse forestilling, at de døde skal gå over floden for at komme ind i deres andet liv, nemlig den fuldendte død. Vandet fører her til døden, jf. Styx i traditionel græsk forståelse.

Blod – legeme – mudder – urenhed – skyld indgår her i tætte metonymiske relationer og angiver tilfangetagelsen i det jordiske liv. Det er denne 'levende død', som iscenesættes i det ritual, hvis formål samtidig er at overvinde tilstanden. Således må initianden i indvielsen dø fra den jordiske tilværelse for at kunne opnå den rensede eksistens, det sande, sorgløse liv blandt guderne.

Sjælelære – sjælen efter døden

Allerede hos Homer findes der et livgivende princip, der overlever kroppen, psyké, og flyver ned til Hades som et skyggebillede af kroppen; tilværelsen er kedelig og ubehagelig i Hades. I orficismen forlader sjælen kroppen og går over til flere kroppe efter hinanden som sjælevandring. Det gør den, fordi den skal sone nogle forbrydelser, hvis art vi ikke kender. Sjælen hører altså ikke til en bestemt krop, men får autonomi, en guddommelig natur, fjernet fra kroppens legemlige natur. Sjælen har ikke noget med kroppens lidelser at gøre, kroppen bliver sjælens fængsel på dens vandring, se Platon: Kratylos 400 c; sjælens mål er en salig eksistens i efterlivet, en forløsning og frigørelse fra det jordiske liv, hvad der svarer til dens natur.

Når vi dertil føjer det orfiske forbud mod at slå dyr ihjel og referencen til den orfiske livsform (orfikos bíos), som er vegetarisk, begynder der at tegne sig et billede af, hvori renselsen først og fremmest består. Når der tilbydes renselser for forfædrenes synder, hænger det sammen med, at denne skyld binder efterkommerne til fødslernes cyklus. Det efterstræbelsesværdige er imidlertid at undslippe dette kredsløb og tage ophold blandt guder og heroer (OF B1.11; Pindar Fr. 133).

Orpheus bliver grundlæggeren af denne kult, fordi han var nede i dødsriget for at hente Eurydike, hvad der imidlertid mislykkedes, men han vendte levende tilbage og kunne fortælle om de dødes verden og havde dermed en særlig viden og autoritet.

Orfisk fællesskab

Nyere forskning peger på, at det var en kult med et verdensbillede, der med Orpheus som autoritet og kultcentrum etablerede en rituel praksis, der skulle give et bedre liv efter døden. Lokale orfiske kulter delte det samme sæt af religiøse overbevisninger. Platon beskriver orfiske livsregler, bl.a. en etisk funderet vegetarisme pga. en højere påskønnelse af værdien af dyreliv, se Platon: Nomoi 782 c-d. Kødspisning og blodige ofre var tabu, fordi det medførte rituel urenhed. Det tidsmæssigt sene forbud mod at spise æg hænger muligvis sammen med forestillingen om verdensægget. Rituel renselse var i hvert fald en af betingelserne for sjælens frelse.

Kritik af orfikerne

Orficismen blev kritiseret og nedvurderet af mange. Her finder vi Euripides: Hippolytos 952-955; Platon: Politeia 364b-365a; Aristophanes: Aves fra 414 f.Kr. og Androtion, athensk historiker, 4. årh. f.Kr., hævder, at Orpheus ikke kunne skrive, fordi han var barbar; Diodor 1, 92, 3; 1, 96, 1-3; 4, 25, 3 siger, at orficismen var en ægyptisk tradition; Aristoteles tror ikke på sjælevandringen og anser skrifterne for uægte, hvorimod Cicero mener, at Orpheus er en opdigtet person og aldrig har levet. Plutarch kommer med en teologisk udlægning og betragter Orpheus som teolog, et syn, som nyplatonikerne viderefører. Damaskios var den sidste leder af den nyplatoniske filosofskole i Athen; de hellige taler, Ἱεροὶ λόγοι, indeholder den på hans tid accepterede skabelseshistorie (Damaskios: *Über die ersten Prinzipien* 123, in: L. G. Westerink: *Damascius: Traité des premiers principes*, vol. III, Paris 1991, 159-165 ff.).

Orfiske hymner

Som orfiske hymner betegnes tekster i hymneform inden for den orfiske litteratur; blandt disse er der overleveret et fragment, der indeholder en hymne til den orfiske Zeus (Aristoteles: De mundo 7, 401a-401b), samt et fragment med en hymne til Dionysos, hvor denne ligestilles med Zeus, Helios og de orfiske guddomme Phanes, Eubouleus og Antauges (Macrobius: Saturnalia 1.23.21; 18.12.17; 18.12.22). Endelig fortæller Pausanias, at præsterne af Lykomide-slægten i Phlya i Attika sang korte hymner, som man anså Orpheus som forfatter til (Pausanias 9.27.2; 9.30.12).
Derudover findes der et korpus af 87 hymner, som kaldes Orfiske hymner, overleveret sammen med de Homeriske hymner, Kallimachos' hymner og Proklos' hymner, fra det 2. årh. e.Kr., skrevet af en enkelt forfatter til en orfisk menighed måske i Lilleasien. Hymnernes indhold viser træk, der går tilbage til det 5. årh. f.Kr. Samlingen begynder med et digt 'Hymne til Musaeus', der regnes for samlingens proømium eller prolog, hvor Orpheus taler til sin foretrukne elev; denne prolog har 44 linjer, der uden overgang går over i 'Hymne til Hekate' på ti linjer.

Til fortolkningen af hymneteksterne henvises til kapitlet 'Bønnen som et af de centrale fænomener i kultpraksis' med Roman Jakobsens analysemodel i denne bog samt til kapitlet 'Dionysos-kulten', især afsnittet 'Inddeling af Dionysos' epiteter = epikleser'.

Tekster

Aristoteles: Περὶ κόσμου 7 - De universo 7, p. 401 a – 401 b

401 a ... 7. Εἷς δὲ ὢν πολυώνυμός ἐστι, κατονομαζόμενος τοῖς πάθεσι πᾶσιν, ἅπερ αὐτὸς νεοχμοῖ. καλοῦμεν δὲ αὐτὸν καὶ Ζῆνα καὶ Δία, παραλλήλως χρώμενοι τοῖς ὀνόμασιν, ὡς ἂν εἰ λέγοιμεν «δι' ὃν ζῶμεν.» Κρόνου δὲ παῖς καὶ χρόνου λέγεται, διήκων ἐξ αἰῶνος ἀτέρμονος εἰς ἕτερον αἰῶνα˙ ἀστραπαῖός τε καὶ βρονταῖος καὶ αἴθριος καὶ αἰθέριος κεραύνιός τε καὶ ὑέτιος ἀπὸ τῶν ὑετῶν καὶ κεραυνῶν καὶ τῶν ἄλλων καλεῖται˙ καὶ μὴν ἐπικάρπιος μὲν ἀπὸ τῶν καρπῶν, πολιεὺς δὲ ἀπὸ τῶν πόλεων ὀνομάζεται, γενέθλιός τε καὶ ἕρκειος καὶ ὁμόγνιος καὶ πατρῷος ἀπὸ τῆς πρὸς ταῦτα κοινωνίας˙ ἑταιρεῖός τε καὶ φίλιος καὶ ξένιος, καὶ στράτιος καὶ τροπαιοῦχος, καθάρσιός τε καὶ παλαμναῖος καὶ ἱκέσιος καὶ μειλίχιος, ὥσπερ οἱ ποιηταὶ λέγουσι, σωτήρ τε καὶ ἐλευθέριος ἐτύμως˙ ὡς δὲ τὸ πᾶν εἰπεῖν, οὐράνιός τε καὶ χθόνιος, πάσης ἐπώνυμος ὢν φύσεώς τε καὶ τύχης, ἅτε πάντων αὐτὸς αἴτιος ὤν˙ διὸ καὶ ἐν τοῖς Ὀρφικοῖς οὐ κακῶς λέγεται

Ζεὺς πρῶτος γένετο, Ζεὺς ὕστατος ἀρχικέραυνος˙
Ζεὺς κεφαλή, Ζεὺς μέσσα˙ Διὸς δ' ἐκ πάντα τέτυκται˙
(401 b) Ζεὺς πυθμὴν γαίης τε καὶ οὐρανοῦ ἀστερόεντος˙
Ζεὺς ἄρσην γένετο, Ζεὺς ἄμβροτος ἔπλετο νύμφη˙
Ζεὺς πνοιὴ πάντων˙ Ζεὺς ἀκαμάτου πυρὸς ὁρμή˙
Ζεὺς πόντου ῥίζα˙ Ζεὺς ἥλιος ἠδὲ σελήνη˙
Ζεὺς βασιλεύς, Ζεὺς ἀρχὸς ἁπάντων ἀρχικέραυνος˙
Πάντας γὰρ κρύψας αὖθις φάος ἐς πολυγηθές
Ἐξ ἱερῆς κραδίης ἀνενέγκατο, μέρμερα ῥέζων.

Aristoteles: Om verden 7, p. 401 a – 401 b

401 a. En er han og bærer alligevel mange navne, fordi han opkaldes efter alle de begivenheder, som han selv udtænker på ny. For vi kalder ham 'Zeus' og 'Zen' (= at leve), hvorved vi bruger navnene i flæng, som om vi ville sige: 'ham, på grund af hvem vi lever.' Kronos' søn, dvs. søn af Chronos (tiden), hedder han, fordi han strækker sig fra den ene grænseløse evighed til den anden: 'lynkasteren' og 'tordneren', 'herre over himlens klarhed', 'æterens herre', 'han med tordenkilen', 'den, der giver regn' efter regnbygerne, lynnedslag og andre naturfænomener. Og desuden bærer han navnet 'frugtgiver' efter markens afgrøder, 'byens beskytter' efter kommunerne, 'slægtens beskytter', 'husets værner', 'beskytter af familien', 'fadergud', fordi han har del i de således opkaldte fællesskaber, 'beskytter af forbund og venskaber', 'beskytter af gæstevenskabet', 'beskytter af hæren', 'sejrherre', 'renseren', 'hævneren', 'beskytter af de bønfaldende', som digterne siger, 'redningsmand' og 'befrier' i sandhed; for at sige det resumeagtigt, han er 'himlens herre' og 'jordens herre', navngivende for enhver skabning og enhver livssituation, da han er ophav til alt. Derfor hedder det også i de orfiske digte meget rammende:

"Zeus er den første og Zeus er den sidste, lynets hersker,
Zeus er toppen, Zeus er midten, ud af Zeus er alt skabt.
(401 b) Zeus er jordens og også den stjernefunklende himmels basis,
Zeus er mand og Zeus er også en udødelige pige,
Zeus er åndepustet gennem altet, Zeus er den rastløse ilds fremdrift,
Zeus er havets oprindelse, Zeus er solens og månens lys.
Zeus er fyrste, Zeus er konge over altet, i lynstrålens glans;
alt, ja, indeholder han i sig og bringer det atter frem til det klare lys
fra hovedets renhed med vidunderlig virkning." ...

Pausanias 9.30.12

[12] ὅστις δὲ περὶ ποιήσεως ἐπολυπραγμόνησεν ἤδη, τοὺς Ὀρφέως ὕμνους οἶδεν ὄντας ἕκαστόν τε αὐτῶν ἐπὶ βραχύτατον καὶ τὸ σύμπαν οὐκ ἐς ἀριθμὸν πολὺν πεποιημένους: Λυκομίδαι δὲ ἴσασί τε καὶ ἐπᾴδουσι τοῖς δρωμένοις. κόσμῳ μὲν δὴ τῶν ἐπῶν δευτερεῖα φέροιντο ἂν μετά γε Ὁμήρου τοὺς ὕμνους, τιμῆς δὲ ἐκ τοῦ θείου καὶ ἐς πλέον ἐκείνων ἥκουσι.

12. Hvem der end har hengivet sig til studiet af poesi, ved, at Orpheus' hymner alle er meget korte og at det samlede antal af dem ikke er stort. Lykomiderne kender dem og synger dem for ritualdeltagerne. Mht. poetisk skønhed kan de regnes som nummer to efter Homers hymner, fordi de endda har været mere afholdt af guderne.

Macrobius: Saturnalia 1.18.12

12. Orpheus quoque solem volens intellegi ait inter cetera:
Τήκων αἰθέρα δι' ὂν, ἀκίνητον πρὶν ἐοντα,
ἐξανέφηνε θεοῖσιν ὁρᾶν κάλλιστον ἰδέσθαι,
ὃν δὴ νῦν καλέουσι Φάνητά τε καὶ Διόνυσον
Εὐβουλῆα τ' ἄνακτα καὶ Ἀνταύγην ἀρίδηλον·
ἄλλοι δ' ἄλλο καλοῦσιν ἐπιχθονίων ἀνθρώπων.
Πρῶτος δ' ἐς φάος ἦλθε, Διόνυσος δ' ἐπεκλήθη,
οὕνεκα δινεῖται κατ' ἀπείρονα μακρὸν Ὄλυμπον·
ἀλλαχθεὶς δ' ὄνομ' ἔσχε, προσωνυμίας πρὸς ἕκαστον
παντοδαπὰς κατὰ καιρὸν, ἀμειβομένοιο χρόνοιο.

Macrobius: Samtaler under Saturnaliefesten 1.18.12.

12. Også Orpheus, der ønsker, at man tænker på solen, siger bl.a.:
Han, 'Skaberen', tøede Æteren op, der før var fast,

og lod guderne se det smukkeste syn,
ham, som man nu dels kalder Phanes, dels Dionysos
og Herskeren Eubouleus samt den Strålende Antauges (Glans).
Men andre af de jordboende mennesker kalder ham noget andet.
Som den første trådte han ud i lyset og blev kaldt Dionysos,
fordi han kredser omkring den grænseløse, store Olymp.
Dog ændrede han sit navn og fik flere tilnavne alt efter
de skiftende tiders omstændigheder.

Orfisk hymne nr. 29 – Til Persephone

(Hymnes orphiques, texte établi et traduit par Pierre Chuvin, Marie-Christine Fayant, avec la contribution de Francis Vian, Paris (Les Belles Lettres) 2014)

29. ὙΜΝΟΣ ΠΕΡΣΕΦΟΝΗΣ
Φερσεφόνη, θύγατερ μεγάλου Διός, ἐλθέ, μάκαιρα,
μουνογένεια θεά, κεχαρισμένα δ᾽ ἱερὰ δέξαι,
Πλούτωνος πολύτιμε δάμαρ, κεδνή, βιοδῶτι,
ἣ κατέχεις Ἄιδαο πύλας ὑπὸ κεύθεα γαίης,
Πραξιδίκη, ἐρατοπλόκαμε, Δηοῦς θάλος ἁγνόν,
Εὐμενίδων γενέτειρα, ὑποχθονίων βασίλεια,
ἣν Ζεὺς ἀρρήτοισι γοναῖς τεκνώσατο κούρην,
μῆτερ ἐριβρεμέτου πολυμόρφου Εὐβουλῆος,
Ὡρῶν συμπαίκτειρα, φαεσφόρε, ἀγλαόμορφε,
σεμνή, παντοκράτειρα, κόρη καρποῖσι βρύουσα,
εὐφεγγής, κερόεσσα, μόνη θνητοῖσι ποθεινή,
εἰαρινή, λειμωνιάσιν χαίρουσα πνοῇσιν,
ἱερὸν, ἐκφαίνουσα δέμας βλαστοῖς χλοοκάρποις,
ἁρπαγιμαῖα λέχη μετοπωρινὰ νυμφευθεῖσα,

[ζωὴ καὶ θάνατος μούνη θνητοῖς πολυμόχθοις,
Φερσεφόνη. φέρβεις γὰρ ἀεὶ καὶ πάντα φονεύεις.
Κλῦθι, μάκαιρα θεά, καρποὺς δ᾽ ἀνάπεμπ᾽ ἀπὸ γαίης
Εἰρήνῃ θάλλουσα καὶ ἠπιοχείρῳ Ὑγείᾳ
καὶ βίῳ εὐόλβῳ λιπαρὸν γῆρας κατάγοντι
πρὸς σὸν χῶρον, ἄνασσα, καὶ εὐδύνατον Πλούτωνα.

Orfisk hymne nr. 29 – Til Persephone
Persefone, datter af den mægtige Zeus, kom, velsignede,
du, den enbårne gudinde, tag imod de dig velundte ofre,
Ploutons vidtberømmede hustru, fuld af omhu og livgivende,
som styrer Hades' porte under jordens afgrunde.
Du, som straffer retfærdigt, smuktlokkede, Demeters rene spire,
mor til Eumeniderne, dronning over de underjordiske,
den pige, som Zeus ved et hemmeligt samleje satte i verden,
mor til den larmende Euboulos med de mange skikkelser,
legekammerat for Årstiderne, lysbringeren, af skønneste skikkelse,
ærværdige, almægtige, en pige, der blomstrer med sine frugter,
klart strålende, hornbesat, den eneste længsel for de dødelige,
forårets gudinde, glad over de duftende enge,
du viser din skikkelse iblandt grønne skud,
tvunget til ægteskab om efteråret på det skjulte leje,
du alene er liv og død for de hårdtbelastede dødelige,
Persefone; for du nærer og dræber til stadighed alt.
Hør på os, velsignede gudinde, send os frugter op fra jorden,
lad det spire for Fred og den milde Sundhed
og for et rigt liv, så at en velsignet alderdom fører
os til dit hjem, dronning, og til mægtige Plouton.

Orfisk hymne nr. 40 – Til Demeter i Eleusis

(Hymnes orphiques, texte établi et traduit par Pierre Chuvin, Marie-Christine Fayant, avec la contribution de Francis Vian, Paris (Les Belles Lettres) 2014)

ΔΗΜΗΤΡΟΣ ἘΛΕΥΣΙΝΙΑΣ
Θυμίαμα. στύρακα
Δηώ, παμμήτειρα θεά, πολυώνυμε δαῖμον,
σεμνὴ Δήμητερ, κουροτρόφε, ὀλβιοδῶτι,
πλουτοδότειρα θεά, σταχυοτρόφε, παντοδότειρα,
εἰρήνῃ χαίρουσα καὶ ἐργασίαις πολυμόχθοις,
σπερμεία σωρῖτι, ἀλωαία, χλοόκαρπε,
ἣ ναίεις ἁγνοῖσιν Ἐλευσῖνος γυάλοισιν
ἱμερόεσσ', ἐρατή, θνητῶν θρέπτειρα προπάντων,
ἡ πρώτη ζεύξασα βοῶν ἀροτῆρα τένοντα
καὶ βίον ἱμερόεντα βροτοῖς πολύολβον ἀνεῖσα,
αὐξιθαλής, Βρομίοιο συνέστιος, ἀγλαότιμος,
λαμπαδόεσσ' ἁγνή, δρεπάνοις χαίρουσα θερείοις,
σὺ χθονία, σὺ δὲ φαινομένη, σὺ δὲ πᾶσι προσηνής,
εὔτεκνε, παιδοφίλη, σεμνή, κουροτρόφε κούρα,
ἅρμα δρακοντείοισιν ὑποζεύξασα χαλινοῖς,
ἐγκυκλίοις δίναις περὶ σὸν θρόνον εὐάζουσα,
μουνογενής , πολύτεκνε θεά, πολυπότνια θνητοῖς,
ἧς πολλαὶ μορφαί, πολυάνθεμοι, ἱεροθανεὶς.
Ἐλθέ, μάκαιρ', ἁγνή, καρποῖς βρίθουσα θερείοις,
Εἰρήνην κατάγουσα καὶ Εὐνομίην ἐρατεινὴν
καὶ Πλοῦτον πολύολβον, ὁμοῦ δ' Ὑγίειαν ἄνασσαν.

Orfisk hymne nr. 40 – Til Demeter i Eleusis

Røgelse. Harpiksbalsam af styrakstræet.

Demeter, Moder til alt, guddom med de mange navne,
ærværdige Demeter, den drengenærende, lykkebringende,
rigdomsskænkende gudinde, kornaksnærende, givende alt,
glad for freden og værker, frembragt med flid,
givende frø i fylde, sædekornets gudinde, rig på frugt,
du, som bor i Eleusis' hellige grotter,
begæret og elsket, amme for alle dødelige skabninger,
du lagde som den første åg på de pløjende okser
og sendte menneskene det længselsfuldt ventede lykkelige liv ned,
du blosternærende, den Larmendes bofælle, højtærede,
ren fakkelbærerske, glad for sommerens segl,
du, jordens gudinde, som træder frem, gunstig stemt over for alle,
børnevenlig, drengeveninde, ærværdige, drengenærende jomfru,
som har gjort vognen køreklar med drageudstyr,
der med evoi-råb drejer i hvirvlende kredse om din trone,
enbårne, børnerige gudinde, magtfuld over for de dødelige,
med mange skikkelser, blomstrende, hævet over de dødelige.
Kom, velsignede, hellig-rene, belæsset med sommerens frugter,
led Freden og den elskelige Orden
og velstandens Rigdom, ligesom Sundheden, dronningen.

Litteratur

Athanassakis, Apostolos N. (Ed.):*The Orphic hymns. Text, translation and notes,* Scholars Press, Missoula (Montana) 1988

Bernabé, Alberto: *Orphei hymnorum concordantia,* Olms-Weidmann, Hildesheim 1988

Calame, Claude: *Orphik, Orphische Dichtung* II C, in: *Der Neue Pauly* (DNP), Band 9, Metzler, Stuttgart 2000, Sp. 58–69

Fayant, Marie-Christine (Ed.): *Hymnes orphiques.* Les Belles Lettres, Paris 2014

HellenicGods.org - THE ORPHIC FRAGMENTS OF OTTO KERN

Graf, Fritz and Johnston, Sarah Iles: *Ritual Texts for the Afterlife – Orpheus and the Bacchic Goldtablets*, 2nd ed., Routledge, London and New York 2013

Kölligan, Daniel/Macedo, José Marcos/Barbieri, Pedro: *Polyṓnymoi – A Lexicon of the Divine Epithets in the Orphic Hymns*, Würzburg 2021, DOI:10.25972/WUP-978-3-95826-155-6.

Morand, Anne-France: *Études sur les Hymnes Orphiques*, Brill, Leiden u. a. 2001

Plassmann, Joseph O.;*Orpheus. Altgriechische Mysterien.* Diederichs, München 1992, 1. ed. Jena 1928

Rudhardt, Jean: *Opera inedita. Essai sur la religion grecque & Recherches sur les Hymnes orphiques* (= Kernos. Supplément 19). Centre International d'Étude de la Religion Grecque Antique, Liège 2008, s. 157–325, 335–346

Segal, Charles: *"Dionysos and the Gold Tablets from Pelinna"*, in: Greek, Roman, and Byzantine Studies 1991, 411-419 - Greek, Roman, and Byzantine Studies https://grbs.library.duke.edu › article › download

Torjussen, Stian S.: "Milk as a Symbol of Immortality in the "Orphic" Gold Tablets from Thurii and Pelinna", in: Nordlit 33, 2014, 35-46, med omfattende litteratur-liste

Torjussen, Stian S.: Metamorphoses of Myth: A Study of the "Orphic" Gold Tablets and the Derveni Papyrus, Diss. Univ. of Tromsø 2008 - https://www.academia.edu/3773025/Metamorphoses_of_Myth_A_Study_of_the_Orphic_Gold_Tablets_and_the_Derveni_Papyrus

Dionysos-kulten

Anthesteria

Højtiden er en forårsfest for Dionysos i Athen – 'blomstring af vinranker'. Måneden Anthesterion findes i hele Ionien og er ældre end ioniernes indtagelse af Lilleasien. Sammen med Dionysos og vinen er Dionysos som vingud fast etableret omkr. 1000 f.Kr., se Linear B-tekster fra Pylos med Dionysos-navnet.

1. dag = Pithoigia, Πιθοίγια (Fadåbningsdag) = 11. anthesterion

2. dag = Choes, Χόες (Kandedag) = 12. anthesterion = hoveddagen

3. dag = Chytroi, Χύτροι (Pottedag) = 13. anthesterion

Aften og nat på dag 1 regnes som optakt til 2. dag, aften og nat på dag 2 regnes som optakt til 3. dag.
Der kommer ingen penge fra kommunen til festen, så folk skal selv betale, modsat de Landlige og de Store Dionysia, som er officielle fester.
Templet 'Dionysos i sumpen' – τὸ τοῦ ἐν Λίμναις Διονύσου – bruges kun denne ene gang om året og stammer fra en tid, hvor der endnu var sumpe i Athen.
Der er en børnefest, hvor de 3-4-årige får legetøj; det er også en dødefest, idet man antager, at dødsånderne kommer op fra underverdenen for så at blive jaget væk på tredjedagen. Derudover sker der et hieros gamos, et helligt bryllup, da archon basileus' kone, basilinna, giftes med guden Dionysos rituelt.

Pithoigia – 1. dag

Ankrene, πίθοι, åbnes efter at have været forseglet i flere måneder under gæringsperioden. Fællesskabet åbner dem og smager på vinen sammen, det er et fælles anliggende. Templet er åbent på 2. dagen, men da aftenen før regnes med til hoveddagen, åbnes templet og ankrene ved solnedgang på 1. dag. Folk kommer kørende hele dagen med pithoi, forsamles foran templet og åbner dem om aftenen.

Choes - 2. dag

2. dagen er konkurrencedrikning, idet alle, også slaver og daglejere, får en kande vin på 2½ liter at drikke. Så lyder der et trompetsignal, og man drikker i tavshed, og alle sidder isoleret ved ens eget bord, ikke et fælles bord. Det er en besmittelsesdag, en μιαρὰ ἡμέρα, og dørene blev malet med beg for at afværge ondt. Man tygger hvidtjørn for at fordrive de onde ånder. Alle helligdomme er lukket, hvilket betyder, at der ikke kunne foretages handler, kontrakter, bryllupper. Man mødes hjemme, hvor husherren leder ceremonien, mens embedsmændene mødes i archontens kontor, Themotheteion ved Areopag, og basileus leder ritualet.

Børn på 3-4 år blev præsenteret for phratrien samme år som deltagelsen i Choefesten, og de får også en lille kande vin som symbol på indtræden i samfundets liv. Var barnet dødt før dets 3. år, fik det choe-kanden med i graven, ligesom dem, der døde før deres bryllup og fik loutrophoros-karret med sig på graven; loutrophoros-karret indeholdt vievandet, som man skulle vaske sig med før bryllup.

Fortolkning af drikkekonkurrence

Det er en offerhandling med følgende seks bemærkelsesværdige træk: 1. tavsheden, 2. det isolerede bord, 3. alle får den samme mængde, 4. beg på døren mod besmittelse, 5. tygning af blade mod uheld, 6. alle starter samtidig. Alt dette består i en katharsis, en renselse, inden det hellige måltid begynder for alle deltagere.

Fødsel – choe-festen – ephebi – bryllup var de fire vigtigste stationer i en ung atheners udvikling. Initiationen sker gennem deltagelse i en offerhandling; tilknytningen sker gennem symbolsk skyld: Orestes dræber sin mor Klytaimnestra, og han kommer til Athen, forfulgt af erinyerne. Kong Demophon åbner sit hus for ham, men skal undgå kontakt med en morder: derfor enkeltmandskrus, enkeltborde, ingen ord: Orestes fejrer den første choefest sammen med athenæerne. Alle helligdomme er lukket, fordi en morder ikke må betræde dem; man holder tavshed og er symbolsk i isolation: det er en besmittelsesdag. Den nye vin opstod ud fra en blodskyld, fordi man dræbte de aitolere, der kom med vinen. Folk blev fulde, og man troede, at det var gift, og dræbte aitolerne.

Chytroi - 3. dag

Alle folk kommer med deres tomme kander og afleverer dem til 'Dionysos i sumpene' (Aristophanes: Ranae 211-219). Alle er fulde og samler resterne af offeret (= vinen), og offeret restitueres på denne måde. 14 kvinder, γέραιραι, passer templet, indsat af basileus, og βασιλίσσα, βασιλίννα leder dem. Og i Boukolion, et hus ved Agora, gives hun til Dionysos som kone rent rituelt. Hvordan, ved vi ikke, da det er usigeligt, ἄρρητον. Det kan være en statue eller hendes mand, hun har samleje med, men i hvert fald er sex restitution af offeret af Dionysos. Lenæervaser viser masker af Dionysos, hængt op på en pæl med dragt omkring sig og kager, måske også en restitution af den døde Dionysos.

Potterne bruges til at koge alle slags korn, der sødes med honning, panspermia, πανσπερμία. Det er hele korn, ikke malede, samt naturens eget sødemiddel, honning, verdens ældste vegetarmåltid. Alle athenienserne spiser grøden, undtagen præsterne, der i stedet ofrer til Hermes Khthonios, da alle andre templer er lukkede. Offeret sker om natten, og Hermes er den, der bringer Dionysos ned til dødsriget og op igen. Han er formidleren mellem det jordiske og det hinsidige. Korngrøden restituerer dagens orden. Man spiser ved dagslys.

Man lukker festen med ordene Θυραζε Κᾶρες: Gå væk, Karer/Kerer!, og slaver og daglejere sendes hjem på arbejde og maskerne aflægges. Urbeboerne hedder Karere, Κᾶρες, på attisk og Κῆρες på ionisk, mens spøgelser, ånder hedder Κῆρ, Καρός, pl. Κῆρες. Det samme ord for urbeboerne og dødsånderne, Κῆρες, viser, at forhistorie og dødekult smelter sammen i ritualet og at begge dele har betydning for højtiden. De oprindelige beboere kommer på festdagen ind til byen, og gæstevenskabsretten giver dem lov til det. Legenden findes i karnevallet og maskeforklædningen: folket med masker på har som urbeboere krav på mad, når de banker på døren. Maskerne ses så til de Store Dionysia ved komedie- og tragedieopførelserne.

Processionenes formål – De Store Dionysia

De Store Dionysia finder sted i Elapheboliόn (marts-april) og varer 3 dage. Archon eponymos er ansvarlig for denne højtid, og byen udvælger ti leitourgoí, liturger, λειτουργοί, der betaler for afholdelsen af alle aktiviteter; byen udvælger ligeledes de digtere, hvis værker skal opføres, skuespillerne og dommerne. Teateropførelserne er led i ritualet for Dionysos, idet teatret er del af hans helligdom; derfor står hans statue også på scenen. Der opføres tragedier, komedier, satyrspil og dithyramber, og rækkefølgen afgøres gennem lodtrækning. Opførelsen starter ved daggry, tilskuerne bærer kranse, æresgæster sidder på prohedriai, προεδρίαι, ærespladser, det samme gælder for rådsmedlemmer, efeber og dommere. Der uddeles tre priser: en til digteren, hvis værker har vundet, en til choregen, der har ledet koret, og en til bedste mandlige hovedrolle, protagonisten.

Processionen går fra Dionysos-templet i nærheden af teatret og fører gudestatuen til templet ved gymnasiet ved Akademiet. På andendagen bæres den tilbage til helligdommen på sydskråningen af Akropolis, og på tredjedagen bæres den til teatrets orchestra. I den officielle procession bæres der en stor fallos gennem byen ligesom ved de Landlige Dionysier og ender med en ofring af mange dyr ved Dionysos-helligdommen; i år 333 f.Kr. blev der således ofret 240 dyr. Enten er det polis, der betaler, eller også er det ti af borgerne, de nævnte leitourgoí, der påtager sig hvervet, liturgien.

Så finder der også en anden procession sted, komos, κῶμος, som er mindre formel, ved slutningen af festmåltidet, som følger efter de officielle ofringer.

Formålet er igen at samle alle deltagerne, som således bliver en del af højtiden, og man mindes i fællesskab gudens gode gerninger og tager byens areal i besiddelse igen, hvorved man bekræfter forbindelsen mellem guden og byen. Og her er kult og politik smeltet sammen, både mht. skuespillene, men også i organiseringen.

Indledning til Euripides' Bacchae

Indledning

Euripides var 76 år gammel, da han var færdig med tragedien Orestes i 408 f.Kr. og, skuffet over sin hjemby Athens politik, forlod den og tog til Pella i Makedonien efter en indbydelse fra kong Archelaos. I denne egn, der af grækerne blev anset som barbarisk og hvor Dionysos-kulten havde holdt sig i sin oprindelige form, kunne digteren se den udfolde sig i højere grad end i Athen, hvor den blev svækket, efter at tyrannen Peisistratos havde integreret den i statens højtider, dels for at kunne regulere og styre deltagerens udfoldelser, dels for at tilfredsstille folkets behov; ritualerne blev afholdt til ære for Dionysos, og de sidste tre dage af de fem festdage blev viet til dramakonkurrencerne, hvor digterne lod deres tragedier og senere også komedier og satyrspil opføre. I Pella nåede den gamle digter at skrive Archelaos, Iphigenie i Aulis, som ikke blev færdiggjort, samt Bakchantinderne. Han døde i 406 f.Kr. og nåede ikke at se den sidste opført; det gjorde til gengæld hans søn eller nevø, Euripides den Yngre, der vandt førstepræmien ved uropførelsen i 406 f.Kr.

Indhold

Efter mange års rejser er guden Dionysos, nu i menneskeskikkelse, vendt tilbage til Theben, hvor hans mor Semele ligger begravet nær kongepaladset. Hun blev besvangret af Zeus, aborterede, da hun blev ramt af Zeus' lyn, men Zeus syede fostret ind i sit lår, så Hera ikke opdagede det, og fødte ham så som sønnen Dionysos. Denne vil nu indføre sin kult og sine riter i Theben efter sine rejser til Persien, Arabien og Lilleasien sammen med sine kvindelige tilhængere fra Lilleasien. Men Semeles søstre benægtede, at han var søn af Zeus, hvorfor han gjorde dem vanvittige sammen med alle andre kvinder i Theben, og beklædt med et skind af hjortekalve og udrustet med efeubeklædte spyd jog dem op i bjergene til tjeneste for ham, nu i skikkelse af en smuk yngling. Han vil vise dem og især kong Pentheus, Kadmos' barnebarn, som nægter at ære ham som gud, at han er en gud. Den blinde seer Teiresias og ekskonge Kadmos vil gerne hylde guden, fordi han forener unge og gamle. Pentheus kommer ind, er vred over deres sympati for guden, og befaler, at han skal fanges, fordi han forfører kvinderne til sex og orgier med dans og vin. Dionysos lader sig arrestere og bliver forhørt af Pentheus om, hvad der sker om natten og hvad kvinderne gør. Han truer med at skære Dionysos' lange lyse lokker af og spotter ham for hans lyse hud, og han kan ikke se, at guden står over for ham i menneskeskikkelse. Denne siger, at hvad man gør mod ham, vil guden straffe. Da Dionysos er sat i fængsel, ødelægger et jordskælv paladset. Pentheus sidder foran resterne og undrer sig, at både Dionysos og bakchantinderne kunne befri sig selv. En hyrde beretter om kvinderne i bjergene, at de sov roligt og fredeligt og ikke beruset af vin og sex. De var smykket med efeu og de unge mødre, der havde efterladt deres børn i byen, diede ulveunger og rådyrkid. Hvor de kradsede klippen med fingerneglene eller stødte spyddene i jorden, strømmede vin, mælk og honning frem. Kvæg- og fårehyrderne, fortæller hyrden, besluttede at bortføre Agave, Pentheus' mor, for at lefle sig ind hos kongen. De gemte sig og så den vilde kult, hvor alle danser, både kvinder og dyr. Da hyrden forsøgte at gribe Agave, skreg hun og bakchantinderne kastede sig over mændene, der undslap. Til gengæld flåede de okserne i stykker, overfaldt landsbyer og røvede børnene. Hyrden råder Pentheus til at optage Dionysos i sin by.

Pentheus vil dræbe bakchantinderne, og han indlader sig på Dionysos' opfordring til at iagttage dem i skjul, forklædt som bakchantinde i lang kjole, paryk, hjortekalvskind og spyd, og dermed føre dem tilbage til byen. Herolden, som ledsagede Pentheus og Dionysos, fortæller, at de to iagttog kvinderne, men da Pentheus ikke kunne se noget, trak Dionysos en gran ned og lod Pentheus tage plads. Da træet stod oprejst igen, kunne alle se kongen, og nu råbte Dionysos, at

kvinderne skulle straffe den mand, der forhånede hans kult. De rev Pentheus i tusind stykker og Agave spiddede hans hoved på sit spyd.
Agave vender hjem til Theben og viser sit jagtbytte i den tro, at det var et løvehoved. Kadmos fortæller hende, at det er hendes egen søn, og langsomt forstår hun, hvad der er sket. Han og Agave sendes af Dionysos i forbandelse som morale for menneskene, at man ikke skal foragte guderne i overmod.

Fortolkningsmuligheder
Modsat Euripides' øvrige dramaer, hvor troen på guderne blev betragtet kritisk af digteren, finder man her en gud, der styrer alt, har magten og ødelægger Pentheus både som social og som fysisk person.

a) Hvad betyder gudens hævn? Er det en kritik af den traditionelle religions magt over menneskene eller er det digterens omvendelse til tradition og tro på, at guderne har den endegyldige magt?
b) Er kampen mellem Pentheus og Dionysos et psykologisk symbol på de forskellige drivkræfter i mennesket, det irrationelle og kaotiske i bakchantindernes vilde ritualer, eller Pentheus' rationelle, samfundsregulerende sind?
c) Er det et politisk billede af en hersker, der både kan være fredelig og tolerant, retfærdig og social, men også intolerant, tyrannisk og aggressiv?
d) Er det i forlængelse af c) et billede af et politisk svigt i styringen af en polis?
e) Interessant er forholdet mellem form og indhold i tragedien. Således kan Pentheus' forvirring efter ødelæggelsen af paladset ses i hans sprogbrug og syntaks: korte spørgsmål, interjektioner og stakåndede udsagn. Og da mange dele af handlingen refereres gennem hyrder og budbringere, er et andet emneområde også forholdet mellem iagttagelse, realitet og forvrængning.
f) Et problem er vv. 1381-1397: Indeholder de en fornægtelse af Dionysosreligionen gennem Agave og de thebanerinder, der vil forlade byen, eller skal man tolke dem som et ønske om at bringe Bakchos-kulten derhen, hvor den endnu ikke er nået, jf. optativerne v. 1387, og jf. Nonnos, Dionysiaca 46, 364ff.,

hvor Agave og Autonoe drager til Illyrien for at bringe kulten videre ligesom Dionysos og hans lilleasiatiske følgere kom til Theben som kultbærere?

Tekster

Renhedsforskrifter i en Dionysos-kult med relationer til orfikerne

Fundet måske i Smyrna, 2./3. årh. e.Kr.

(Origo: R. Merkelbach/Josef Stauber (Hrsgg.): Steinepigramme aus dem griechischen Osten, Bd. 1. Die Westküste Kleinasiens von Knidos bis Ilion, (B.G. Teubner) Stuttgart und Leipzig 1998) (Merkelbach/Stauber, 502-503)

[...].. της Μενάνδρου ὁ θεοφάντης ἀνέθηκεν
[πάν]τες ὅσοι τέμενος Βρομίου ναούς τε περᾶτε,
τεσσαράκοντα μὲν ἤματα ἀπ’ ἐχθέσεως πεφύλαχθε
νηπιάχοιο βρέφους, μὴ δὴ μήνειμα γένηται,
ἔκτρωσίν τε γυναικὸς ὁμοίως ἤματα τόσσα˙
ἢν δέ τιν’ οἰκείων θάνατος καὶ μοῖρα καλύψῃ,
εἴργεσθαι μηνὸς τρίτατον μέρος ἐκ προπύλοιο˙
ἢν δ’ ἄρ’ ἀπ’ ἀλλοτρίων οἴκων τι μίασμα γένηται,
ἠελίους τρισσοὺς μεῖναι νέκυος φθιμένοιο,
μηδὲ μελανφάρους προσίναι βωμοῖσι ἄνακτ[ος],
μηδ’ ἀθύτοις θυσίαις ἱερῶν ἐπὶ χῖρας ἰάλ[λειν],
μηδ’ ἐν Βακχείοις ᾠὸν ποτὶ δαῖτα τ[ίθεσθαι ?]
καὶ κραδίην καρποῦν ἱεροῖς βωμοῖς [ἀθέμιστον˙]
ἡδεόσμου τ’ ἀπέχεσθαι, ὃν Δημ[ήτηρ ἀμάθυνεν˙ ?]
ἐχθροτάτην ῥίζαν κυάμων ἐκ σπέ[ρματος ?]
Τειτάνων προλέγειν μύσταις [πράξεις ἀλέασθαι˙]
καὶ καλάμοισι κροτεῖν οὐ θέσ[μιόν ἐστιν ἐκείνοις]

ἤμασιν, οἷς μύσται θυσί[ας]
[μηδ]ὲ φορεῖν ΣΥ (?) [ ]

Renhedsforskrifter i en Dionysos-kult
[...].. , theophanten, søn af Menander, har bestemt følgende:
Alle I, som betræder Bromios' hellige område og templer, overhold dette:
En frist på 40 dage efter udsættelsen af en nyfødt,
for at der ikke skal opstå grund til vrede,
ligeledes lige så mange dages frist ved en kvindes abort;
hvis døden og skæbnen har ramt (egt. tilhyllet) en af slægtningene,
skal man holde sig væk fra indgangen i sidste tredjedel af måneden;
hvis der foreligger en besmittelse fra fjernere medlemmer i husstanden,
skal man holde sig væk tre dage efter et menneskes død,
man skal ejheller nærme sig herskerens altre klædt i sorte frakker,
man skal heller ikke lægge hånd på de endnu ikke ofrede dele af offerdyrene,
eller under bakchiske festmåltider sætte et æg frem som måltid;
og det er ikke tilladt at brænde et hjerte på de hellige altre;
man skal holde sig væk fra mynten, som Demeter har tilintetgjort;
den meget forhadte rod af bønners sædekim [...];
man skal sige til mysterne, at de skal holde sig fra titanernes gerninger,
og at det ikke er tilladt at larme med sivrør på de dage,
hvor mysterne [...] ofre [...]
ejheller at bære [...]

Euripides: Bacchae 135-166 – Dionysos' fødsel

ἡδὺς ἐν ὄρεσιν, ὅταν ἐκ θιάσων δρομαί-
ων πέσῃ πεδόσε, νε-
βρίδος ἔχων ἱερὸν ἐνδυτόν, ἀγρεύων
αἷμα τραγοκτόνον, ὠμοφάγον χάριν, ἱέμε-
νος ἐς ὄρεα Φρύγια, Λύδι', ὁ δ' ἔξαρχος Βρόμιος,
εὐοῖ.
ῥεῖ δὲ γάλακτι πέδον, ῥεῖ δ' οἴνῳ, ῥεῖ δὲ μελισσᾶν
νέκταρι.
Συρίας δ' ὡς λιβάνου κα-
πνὸν ὁ Βακχεὺς ἀνέχων
πυρσώδη φλόγα πεύκας
ἐκ νάρθηκος ἀίσσει
δρόμῳ καὶ χοροῖσιν
πλανάτας ἐρεθίζων
ἰαχαῖς τ' ἀναπάλλων,
τρυφερόν τε πλόκαμον εἰς αἰθέρα ῥίπτων.
ἅμα δ' εὐάσμασι τοιάδ' ἐπιβρέμει:
Ὦ ἴτε βάκχαι,
ὦ ἴτε βάκχαι,
Τμώλου χρυσορόου χλιδᾷ
μέλπετε τὸν Διόνυσον
βαρυβρόμων ὑπὸ τυμπάνων,
εὔια τὸν εὔιον ἀγαλλόμεναι θεὸν
ἐν Φρυγίαισι βοαῖς ἐνοπαῖσί τε,
λωτὸς ὅταν εὐκέλαδος
ἱερὸς ἱερὰ παίγματα βρέμῃ, σύνοχα
φοιτάσιν εἰς ὄρος εἰς ὄρος: ἡδομέ-

να δ᾽ ἄρα, πῶλος ὅπως ἅμα ματέρι
φορβάδι, κῶλον ἄγει ταχύπουν σκιρτήμασι βάκχα.

(Origo: http://www.perseus.tufts.edu/hopper/text?doc=Perseus%3Atext%3A1999.01.0091%3Acard%3D135

Euripides: Bacchae 135-166

Epode/Eftersang

Glad er han at se på, når han i bjergene
efter de vilde danse segner til jorden,
svøbt i rådyrets hellige skind,
begærlig efter bukkens blod,
og efter nydelsen af råt kød
på jagt ind i lydiske og frygiske bjerge,
Bromios, vor leder, euoi!
Sletten drypper af mælk
og af biernes nektar og vin.
Med en duft af syrisk røgelse
lader Bakchos ud af narthex-stænglen
skyde pinjeharpiksens luende flamme,
og opildner de omvandrende
kvinder til løb og dans
med jubelråb
og kaster de fyldige lokker mod himlen.
Samtidig brøler han jubelråbet højt:
"Afsted, bakchanter!
Afsted, bakchanter!
Den guldstrømmende Tmolos' pryd;
Lovpris guden Dionysos
under larmen fra de dumpt klingende pauker!

Lovpris med jubel den jublende gud
med frygernes råb og viser,
når den smukt klingende fløjte
spiller de hellige viser, som det er påbudt
og som ledsager bakchanterne, der stiger
op til bjerget! op til bjerget!"
Rørt til glæde som føllet ved siden af den græssende mor,
bevæger bakchanten lemmerne hurtigt i spring.

Euripides: Bacchae 677-750

Ἄγγελος
ἀγελαῖα μὲν βοσκήματ᾽ ἄρτι πρὸς λέπας
μόσχων ὑπεξήκριζον, ἡνίχ᾽ ἥλιος
ἀκτῖνας ἐξίησι θερμαίνων χθόνα.
ὁρῶ δὲ θιάσους τρεῖς γυναικείων χορῶν,
ὧν ἦρχ᾽ ἑνὸς μὲν Αὐτονόη, τοῦ δευτέρου
μήτηρ Ἀγαύη σή, τρίτου δ᾽ Ἰνὼ χοροῦ.
ηὗδον δὲ πᾶσαι σώμασιν παρειμέναι,
αἳ μὲν πρὸς ἐλάτης νῶτ᾽ ἐρείσασαι φόβην,
αἳ δ᾽ ἐν δρυὸς φύλλοισι πρὸς πέδῳ κάρα
εἰκῇ βαλοῦσαι σωφρόνως, οὐχ ὡς σὺ φῄς
ᾠνωμένας κρατῆρι καὶ λωτοῦ ψόφῳ
θηρᾶν καθ᾽ ὕλην Κύπριν ἠρημωμένας.

ἡ σὴ δὲ μήτηρ ὠλόλυξεν ἐν μέσαις
σταθεῖσα βάκχαις, ἐξ ὕπνου κινεῖν δέμας,
μυκήμαθ᾽ ὡς ἤκουσε κεροφόρων βοῶν.
αἳ δ᾽ ἀποβαλοῦσαι θαλερὸν ὀμμάτων ὕπνον

ἀνῇξαν ὀρθαί, θαῦμ᾽ ἰδεῖν εὐκοσμίας,
νέαι παλαιαὶ παρθένοι τ᾽ ἔτ᾽ ἄζυγες.
καὶ πρῶτα μὲν καθεῖσαν είς ὤμους κόμας
νεβρίδας τ᾽ ἀνεστείλανθ᾽ ὅσαισιν ἀμμάτων
σύνδεσμ᾽ ἐλέλυτο, καὶ καταστίκτους δορὰς
ὄφεσι κατεζώσαντο λιχμῶσιν γένυν.
αἳ δ᾽ ἀγκάλαισι δορκάδ᾽ ἢ σκύμνους λύκων
ἀγρίους ἔχουσαι λευκὸν ἐδίδοσαν γάλα,
ὅσαις νεοτόκοις μαστὸς ἦν σπαργῶν ἔτι
βρέφη λιπούσαις: ἐπὶ δ᾽ ἔθεντο κισσίνους
στεφάνους δρυός τε μίλακός τ᾽ ἀνθεσφόρου.
θύρσον δέ τις λαβοῦσ᾽ ἔπαισεν ἐς πέτραν,
ὅθεν δροσώδης ὕδατος ἐκπηδᾷ νοτίς:
ἄλλη δὲ νάρθηκ᾽ ἐς πέδον καθῆκε γῆς,
καὶ τῇδε κρήνην ἐξανῆκ᾽ οἴνου θεός:
ὅσαις δὲ λευκοῦ πώματος πόθος παρῆν,
ἄκροισι δακτύλοισι διαμῶσαι χθόνα
γάλακτος ἑσμοὺς εἶχον: ἐκ δὲ κισσίνων
θύρσων γλυκεῖαι μέλιτος ἔσταζον ῥοαί.
ὥστ᾽, εἰ παρῆσθα, τὸν θεὸν τὸν νῦν ψέγεις
εὐχαῖσιν ἂν μετῆλθες εἰσιδὼν τάδε.

ξυνήλθομεν δὲ βουκόλοι καὶ ποιμένες,
κοινῶν λόγων δώσοντες ἀλλήλοις ἔριν
ὡς δεινὰ δρῶσι θαυμάτων τ᾽ ἐπάξια:
καί τις πλάνης κατ᾽ ἄστυ καὶ τρίβων λόγων
ἔλεξεν εἰς ἅπαντας: Ὦ σεμνὰς πλάκας
ναίοντες ὀρέων, θέλετε θηρασώμεθα
Πενθέως Ἀγαύην μητέρ᾽ ἐκ βακχευμάτων

χάριν τ᾽ ἄνακτι θώμεθα; εὖ δ᾽ ἡμῖν λέγειν
ἔδοξε, θάμνων δ᾽ ἐλλοχίζομεν φόβαις
κρύψαντες αὑτούς: αἳ δὲ τὴν τεταγμένην
ὥραν ἐκίνουν θύρσον ἐς βακχεύματα,
Ἴακχον ἀθρόῳ στόματι τὸν Διὸς γόνον
Βρόμιον καλοῦσαι: πᾶν δὲ συνεβάκχευ᾽ ὄρος
καὶ θῆρες, οὐδὲν δ᾽ ἦν ἀκίνητον δρόμῳ.

κυρεῖ δ᾽ Ἀγαύη πλησίον θρῴσκουσά μου:
κἀγὼ 'ξεπήδησ᾽ ὡς συναρπάσαι θέλων,
λόχμην κενώσας ἔνθ᾽ ἐκρυπτόμην δέμας. ἣ
δ᾽ ἀνεβόησεν: Ὦ δρομάδες ἐμαὶ κύνες, θηρώμεθ᾽
ἀνδρῶν τῶνδ᾽ ὕπ᾽: ἀλλ᾽ ἕπεσθέ μοι, ἕπεσθε
θύρσοις διὰ χερῶν ὡπλισμέναι.

ἡμεῖς μὲν οὖν φεύγοντες ἐξηλύξαμεν
βακχῶν σπαραγμόν, αἳ δὲ νεμομέναις χλόην
μόσχοις ἐπῆλθον χειρὸς ἀσιδήρου μέτα.
καὶ τὴν μὲν ἂν προσεῖδες εὔθηλον πόριν
μυκωμένην ἔχουσαν ἐν χεροῖν δίχα,
ἄλλαι δὲ δαμάλας διεφόρουν σπαράγμασιν.
εἶδες δ᾽ ἂν ἢ πλεύρ᾽ ἢ δίχηλον ἔμβασιν
ῥιπτόμεν᾽ ἄνω τε καὶ κάτω: κρεμαστὰ δὲ
ἔσταζ᾽ ὑπ᾽ ἐλάταις ἀναπεφυρμέν᾽ αἵματι.
ταῦροι δ᾽ ὑβρισταὶ κἀς κέρας θυμούμενοι
τὸ πρόσθεν ἐσφάλλοντο πρὸς γαῖαν δέμας,
μυριάσι χειρῶν ἀγόμενοι νεανίδων.
θᾶσσον δὲ διεφοροῦντο σαρκὸς ἐνδυτὰ
ἢ σὲ ξυνάψαι βλέφαρα βασιλείοις κόραις.

χωροῦσι δ᾽ ὥστ᾽ ὄρνιθες ἀρθεῖσαι δρόμῳ
πεδίων ὑποτάσεις, αἳ παρ᾽ Ἀσωποῦ ῥοαῖς
εὔκαρπον ἐκβάλλουσι Θηβαίων στάχυν

Euripides: Bacchae 677-750

Hyrden
Hjordene drev jeg allerede op ad bjergets
nøgne skrænter, da solguden tidligt på dagen
sendte de varmende stråler ned til jorden.
Tre skarer af kvindedansere så mit øje;
Den ene var Autonoé anfører for,
Agave, din moder, den anden, og Ino sidst.
Med udstrakte lemmer lå alle i søvne,
nogle med ryggen op ad pinjens stamme,
andre på egeblade hviled hovedet
trygt på jorden, ædru, - ikke som du har sagt,
beruset af vinpokaler og fløjtens klang
lokket af elskov ind i skovens ensomhed.
Kun din mor jublede højt i bakchantsværmen
vækkende de slumrende ud af deres søvn,
så snart hun fornam lyden af hornede tyre.
De rejste sig i hast af søvnen, den dybe,
og sprang op – et syn af vidunderlig skønhed, -
ugifte møer, piger og ældre kvinder.
Og på skuldrene først de lod håret falde,
og spændte bælter, hvor de var gået løs, på
hjortenes skind og bandt om det brogede skind
slanger, der ivrigt slikkede deres kinder.
Og andre bar vilde ulves afkom i arm

samt rådyr; dem dier de af spændte bryster
med den hvide mælk, mens nyfødte spædbørn
blev efterladt uden mad. Efeu kranser panden
samt egeløv og blomsterfyldte snerler.
Og en greb thyrsosstaven og ramte klippen,
så det dugfriske kildevand vældede frem.
Den anden stødte staven mod den grønne jord,
og guden lod hende strømme en kilde af vin.
Den, der forlangte en drik af mælken snehvid,
ridsede jorden med spidsen af neglen og
havde mælk i overflod, og honning drypped'
I strømme fra thyrsostavens efeugrønne træ,
så, havde du set det en face, du fromt i bøn
havde hyldet den gud, som du forhåner nu.
Vi oksehyrder mødtes med fårehyrder,
at tale sammen i dialog og fortælle,
hvad under der skete for øjnene af os,
og en, vant til at tale og ofte i byen,
tog ordet først: "I, beboere af hellige
bjerge, lad os da bortføre sammen Agave,
Pentheus' moder, væk fra Bakchosfesten her og
gøre os fortjent til tak fra kongen!" Vel talt
syntes vi, og skjult lagde vi os på lur
i buskenes løv. Da festens time kom, de
svingede deres thyrsosstave til Bakchos' fest,
og kaldte af deres lungers fulde kraft Zeus' søn
'Bakchos', mens bjerget og dyrene rundt omkring
istemte jubelråbet; alt skete i rask løb.
Nu kom Agave dansende tæt hen til mig.

Jeg sprang ufortøvet op for hende at gribe,
forlod krattet, hvor vi havde gemt os.
Da råbte hun højt: "I, mine hurtige hunde,
os forfølger disse mænd! Op med jer! Følg mig,
med thyrsosstaven som våben i hånd!"
Vi flygtede fra stedet og undslap sådan
bakchanternes rasen. Disse kastede sig
uden sværd over kvierne, som tyggede drøv.
Og en af dem kunne du se sønderrive
en fedekalv med sine hænders kraft, mens andre
sønderrev kvierne i et frygteligt blodbad.
Du kunne se et lår, den kløftede hov
flyve op og ned, og fra pinjernes gren og kvist
dryppede blodet fra sønderrevne lemmer.
Og tyre, som kamplystne sænkede hornet
i raseri, blev strakt til jorden, over-
mandet af den mangfoldige kvindehånd,
og hurtigere end du kan blinke, konge,
flåede de kødet af tyrenes kroppe.
Nu stormende frem i løb lig fuglenes flugt
dansede de hen over sletten, der ligger
ved Asopos' strøm og giver Thebens folk frugtbar høst.

Euripides: Bacchae 997-1023

Χορός
ὃς ἀδίκῳ γνώμᾳ παρανόμῳ τ᾽ ὀργᾷ
περὶ σὰ Βάκχι᾽, ὄργια ματρός τε σᾶς
μανείσᾳ πραπίδι

παρακόπῳ τε λήματι στέλλεται,
τἀνίκατον ὡς κρατήσων βίᾳ,
γνωμᾶν σωφρόνα θάνατος ἀπροφάσι-
στος ἐς τὰ θεῶν ἔφυ:
βροτείως τ᾽ ἔχειν ἄλυπος βίος.
τὸ σοφὸν οὐ φθονῶ:
χαίρω θηρεύουσα: τὰ δ᾽ ἕτερα μεγάλα
φανερά τ᾽: ὦ, νάειν ἐπὶ τὰ καλὰ βίον,
ἦμαρ ἐς νύκτα τ᾽ εὐ-
αγοῦντ᾽ εὐσεβεῖν, τὰ δ᾽ ἔξω νόμιμα
δίκας ἐκβαλόντα τιμᾶν θεούς.
ἴτω δίκα φανερός, ἴτω ξιφηφόρος
φονεύουσα λαιμῶν διαμπὰξ
τὸν ἄθεον ἄνομον ἄδικον Ἐχίονος
τόκον γηγενῆ.
φάνηθι ταῦρος ἢ πολύκρανος ἰδεῖν
δράκων ἢ πυριφλέγων ὁρᾶσθαι λέων.
ἴθ᾽, ὦ Βάκχε, θηραγρευτᾷ βακχᾶν
γελῶντι προσώπῳ περίβαλε βρόχον
θανάσιμον ὑπ᾽ ἀγέλαν πεσόν-
τι τὰν μαινάδων.

Euripides: Bacchae 997-1023

Antistrofe
Den, der rejser sig i retsløs tanke med forbryderisk sind
mod dine hellige riter, Bakchos, og Semeles,
den, der i sindet forstyrret, i rasende begær
vil tvinge den ubetvingelige

gud med magt,
ham lærer døden ubønhørligt
retmæssig tanke om guder,
den, der lever menneskeligt, lever smertefrit.
De kloges visdom ønsker jeg ikke, jeg nøjes
med det, der stort ligger åbent foran mig;
det giver dig større lykke,
hvis du dag og nat
hengiver dig ren til det hellige, afviser
uretfærd og ærer guderne.
Kom frem, retfærd! Kom frem bevæbnet med sværdet!
Myrd ham, bor struben helt igennem på ham,
den gudløse, tøjlesløse, retsløse skurk,
Echions jordfødte søn.

Epode
Kom frem for os som tyr eller som mangehovedet
slange eller som ildspyende løve!
Gå, Bakchos, fang bakchantindernes jæger
leende med det dødelige net,
når han falder i hænderne
på mænadernes sværm!

Euripides: Bacchae 1114-1147

πρώτη δὲ μήτηρ ἦρξεν ἱερέα φόνου
καὶ προσπίτνει νιν: ὃ δὲ μίτραν κόμης ἄπο
ἔρριψεν, ὥς νιν γνωρίσασα μὴ κτάνοι

τλήμων Ἀγαύη, καὶ λέγει, παρηίδος
ψαύων: Ἐγώ τοι, μῆτερ, εἰμί, παῖς σέθεν
Πενθεύς, ὃν ἔτεκες ἐν δόμοις Ἐχίονος:
οἴκτιρε δ᾽ ὦ μῆτέρ με, μηδὲ ταῖς ἐμαῖς
ἁμαρτίαισι παῖδα σὸν κατακτάνῃς.

ἣ δ᾽ ἀφρὸν ἐξιεῖσα καὶ διαστρόφους
κόρας ἑλίσσουσ᾽, οὐ φρονοῦσ᾽ ἃ χρὴ φρονεῖν,
ἐκ Βακχίου κατείχετ᾽, οὐδ᾽ ἔπειθέ νιν.
λαβοῦσα δ᾽ ὠλένης ἀριστερὰν χέρα,
πλευραῖσιν ἀντιβᾶσα τοῦ δυσδαίμονος
ἀπεσπάραξεν ὦμον, οὐχ ὑπὸ σθένους,
ἀλλ᾽ ὁ θεὸς εὐμάρειαν ἐπεδίδου χεροῖν:
Ἰνὼ δὲ τἀπὶ θάτερ᾽ ἐξειργάζετο,
ῥηγνῦσα σάρκας, Αὐτονόη τ᾽ ὄχλος τε πᾶς
ἐπεῖχε βακχῶν: ἦν δὲ πᾶσ᾽ ὁμοῦ βοή,
ὃ μὲν στενάζων ὅσον ἐτύγχαν᾽ ἐμπνέων,
αἳ δ᾽ ἠλάλαζον. ἔφερε δ᾽ ἣ μὲν ὠλένην,
ἣ δ᾽ ἴχνος αὐταῖς ἀρβύλαις: γυμνοῦντο δὲ
πλευραὶ σπαραγμοῖς: πᾶσα δ᾽ ᾑματωμένη
χεῖρας διεσφαίριζε σάρκα Πενθέως.

κεῖται δὲ χωρὶς σῶμα, τὸ μὲν ὑπὸ στύφλοις
πέτραις, τὸ δ᾽ ὕλης ἐν βαθυξύλῳ φόβῃ,
οὐ ῥᾴδιον ζήτημα: κρᾶτα δ᾽ ἄθλιον,
ὅπερ λαβοῦσα τυγχάνει μήτηρ χεροῖν,
πήξασ᾽ ἐπ᾽ ἄκρον θύρσον ὡς ὀρεστέρου
φέρει λέοντος διὰ Κιθαιρῶνος μέσου,
λιποῦσ᾽ ἀδελφὰς ἐν χοροῖσι μαινάδων.

χωρεῖ δὲ θήρᾳ δυσπότμῳ γαυρουμένη
τειχέων ἔσω τῶνδ᾽, ἀνακαλοῦσα Βάκχιον
τὸν ξυγκύναγον, τὸν ξυνεργάτην ἄγρας,
τὸν καλλίνικον, ᾧ δάκρυα νικηφορεῖ.

Euripides: Bacchae 1114-1147

Da var det moren, der indledte offermordet
og kastede sig over sønnen. Han rev smykket
af sit hår, så mor kunne genkende og
ikke myrde ham, rørte så ved hendes kind
og råbte: ”Det er mig, mor, mig Pentheus, din søn,
som du engang har født i Echions haller.
Forbarm dig, o mor, over mig, og dræb dog
for mine forseelser ikke din egen søn!”
Hun rullede afsindigt gal sine øjne,
tænkte ikke mere på, hvad der sømmede sig,
hun blev revet væk af Bakchos og hørte intet.
Med sine arme greb hun hans venstre hånd,
satte med vold sin fod på staklens krop og rev
skuldren af kroppen, – dog ikke af egen kraft;
guden var det, der gav armene sådan styrke,
mens Ino sønderrev lemmerne til højre.
Med hele flokken af bakchai var Autonoé
meget flittig; alle brølede med samme lyd.
Pentheus – endnu i live – stønnede dumpt,
og bakchanterne jublede. Én bar væk en arm,
en anden en fod med skoen på. Sønderrevet
blev hans halve krop; den ene kastede
med blodig hånd som bolde Pentheus’ lemmer hen.

Sønderrevet lå liget dels på højtliggende fjeldtoppe, dels i skovens tætte krat, ikke nemt at finde. Staklens ulykkelige hoved greb moderen med hånden og spiddede det på sin thyrsosstav og bar det som løvens hoved, født på bjerget, midt igennem Kithairons skov og lod sine søstre blive blandt bakchanterne. Hun trak sig, stolt over sin ulykkelige fangst, ind i disse mures rum og påkaldte guden: ”Bakchos! Jagtkammerat! Medhjælper!” og ”Sejrsyder!”, - han gav hende tårer som pris.

Euripides: Bacchae 1381-1392

Ἀγαύη
ἄγετ', ὦ πομποί, με κασιγνήτας
ἵνα συμφυγάδας ληψόμεθ' οἰκτράς.
ἔλθοιμι δ' ὅπου
μήτε Κιθαιρὼν ἔμ' ἴδοι μιαρὸς
μήτε Κιθαιρῶν' ὄσσοισιν ἐγώ,
μήθ' ὅθι θύρσου μνῆμ' ἀνάκειται:
Βάκχαις δ' ἄλλαισι μέλοιεν.
Χορός
πολλαὶ μορφαὶ τῶν δαιμονίων,
πολλὰ δ' ἀέλπτως κραίνουσι θεοί:
καὶ τὰ δοκηθέντ' οὐκ ἐτελέσθη,
τῶν δ' ἀδοκήτων πόρον ηὗρε θεός.
τοιόνδ' ἀπέβη τόδε πρᾶγμα.

Euripides: Bacchae 1381-1392

Agave
Led mig hen, ledsagere, der hvor jeg møder
mine stakkels søstre, i eksil med mig!
Der vil jeg hen, hvor Kithairon ikke kan
øjne mig, besmittet af mig,
1385. og hvor Kithairon ikke stedse kan se mig.
Ej vil jeg derhen, hvor en thyrsosstav mindes,
lad det være en sag for andre bakchanter.
Kor
1388. I mange former guddommen sig viser,
og ofte guder afgør mod forventning.
1390. Hvad end vi forventer, det ej bliver opfyldt.
Hvor intet vi håbede, dér guden fandt på råd.
Således er skæbnen også denne gang hændt.

Plutarch: De Iside et Osiride, 35 (365 A) – Dionysos som ophav til den fugtige natur

καὶ Δελφοὶ τὰ τοῦ Διονύσου λείψανα παρ᾽ αὐτοῖς παρὰ τὸ χρηστήριον ἀποκεῖσθαι νομίζουσι: καὶ θύουσιν οἱ Ὅσιοι θυσίαν ἀπόρρητον ἐν τῷ ἱερῷ τοῦ Ἀπόλλωνος, ὅταν αἱ Θυιάδες ἐγείρωσι τὸν Λικνίτην, ὅτι δ᾽ οὐ μόνον τοῦ οἴνου Διόνυσον, ἀλλὰ καὶ πάσης ὑγρᾶς φύσεως Ἕλληνες ἡγοῦνται κύριον καὶ ἀρχηγόν, ἀρκεῖ Πίνδαρος 1 μάρτυς εἶναι λέγων δενδρέων δὲ νομὸν Διόνυσος πολυγαθὴς αὐξάνοι, ἁγνὸν φέγγος ὀπώρας.

1 Πίνδαρος] Bergk. 1 p. 433(Origo: http://www.perseus.tufts.edu/hopper/text?doc=Perseus%3Atext%3A2008.01.0238%3Astephpage%3D364f)

Plutarch: Om Isis og Osiris 35 (365 A)

... folk i Delfi tror, at de jordiske rester af Dionysos ligger begravet hos dem tæt ved oraklet; og hosioi ofrer et hemmeligt offer i Apollon-templet, når thyiaderne opvækker Liknites. For at vise, at hellenerne betragter Dionysos som herre over og ophav til ikke blot vinen, men til alt af fugtig natur, er det nok at citere Pindar, som siger [frgm. 140] »Måtte den muntre Dionysos øge træernes grøde, frugternes rene glød«.

(Origo: Vagn Duekilde: Hellas i klassisk tid. Tekster til græsk religion, København (Spektrum) 1997, 156)

Plutarch: De Iside et Osiride 35 (364 F) – Dionysos i tyreskikkelse

...διὸ καὶ ταυρόμορφον 1 Διόνυσον ποιοῦσιν ἀγάλματα πολλοὶ τῶν Ἑλλήνων. αἱ δ᾽ Ἠλείων γυναῖκες καὶ παρακαλοῦσιν εὐχόμεναι ‘ποδὶ βοείῳ 3 τὸν θεὸν ἐλθεῖν’ πρὸς αὐτάς. Ἀργείοις δὲ βουγενὴς Διόνυσος ἐπίκλην, ἐστίν: ἀνακαλοῦνται δ᾽ αὐτὸν ὑπὸ σαλπίγγων ἐξ ὕδατος, ἐμβάλλοντες εἰς τὴν ἄβυσσον ἄρνα τῷ Πυλαόχῳ τὰς δὲ σάλπιγγας ἐν θύρσοις ἀποκρύπτουσιν...

(Origo: http://www.perseus.tufts.edu/hopper/text?doc=Perseus%3Atext%3A2008.01.0238%3Astephpage%3D364f)

Plutarch: Om Isis og Osiris 35 (364 F) – Dionysos i tyreskikkelse

Mange af hellenerne afbilder Dionysos i skikkelse af en tyr. Og de eleiske kvinder anråber guden og beder ham komme til sig »på tyrefod«. Hos argeerne har Dionysos tilnavnet »den oksefødte«. De kalder ham op af vandet med trompetstød, idet de kaster et lam i dybet som offer til Dørvogteren. Trompeterne skjuler de i thyrsosstave ...

(Origo: Vagn Duekilde: Hellas i klassisk tid. Tekster til græsk religion, København (Spektrum) 1997, 157)

Pausanias: Graeciae descriptio 10, 4, 3 – Om thyiaderne

[3] τὸ ἕτερον δὲ οὐκ ἐδυνήθην συμβαλέσθαι πρότερον, ἐφ᾽ ὅτῳ καλλίχορον τὸν Πανοπέα εἴρηκε, πρὶν ἢ ἐδιδάχθην ὑπὸ τῶν παρ᾽ Ἀθηναίοις καλουμένων Θυιάδων. αἱ δὲ Θυιάδες γυναῖκες μέν εἰσιν Ἀττικαί, φοιτῶσαι δὲ ἐς τὸν Παρνασσὸν παρὰ ἔτος αὐταί τε καὶ αἱ γυναῖκες Δελφῶν ἄγουσιν ὄργια Διονύσῳ. ταύταις ταῖς Θυιάσι κατὰ τὴν ἐξ Ἀθηνῶν ὁδὸν καὶ ἀλλαχοῦ χοροὺς ἱστάναι καὶ παρὰ τοῖς Πανοπεῦσι καθέστηκε: καὶ ἡ ἐπίκλησις ἡ ἐς τὸν Πανοπέα Ὁμήρου ὑποσημαίνειν τῶν Θυιάδων δοκεῖ τὸν χορόν.

Origo: http://www.perseus.tufts.edu/hopper/text?doc=Perseus%3Atext%3A1999.01.0159%3Abook%3D10%3Achapter%3D4%3Asection%3D3)

Pausanias: Grækenlands beskrivelse 10, 4, 3

... jeg kunne ikke forstå, hvorfor han [Homer] taler om »Panopeus med de skønne dansepladser«, før jeg lærte Athens såkaldte thyiader at kende. Thyiaderne er attiske kvinder, som hvert andet år drager til Parnassos, hvor de selv og kvinderne fra Delfi fejrer orgierne for Dionysos. Det er skik for thyiaderne, at de flere steder på vejen fra Athen opfører danse, således også ved Panopeus. Homers tilnavn til Panopeus synes at hentyde til thyiadernes dans.

(Origo: Vagn Duekilde: Hellas i klassisk tid. Tekster til græsk religion, København (Spektrum) 1997, 156)

Claudius Aelianus: Varia historia 3, 42 - Minyas' døtre modstår Dionysos' orgiasme

42. Ἐλέγη καὶ Κελαινὴ Προίτου θυγατέρες. μάχλους δὲ αὐτὰς ἡ τῆς Κύπρου βασιλὶς εἰργάσατο, ἐπὶ μέρους δὲ τῆς Πελοποννήσου ἔδραμόν φασι γυμναὶ μαινόμεναι, ἐξεφοίτησαν δὲ καὶ ἐς ἄλλας χώρας τῆς Ἑλλάδος, παράφοροι οὖσαι ὑπὸ τῆς νόσου. ἀκούω δὲ ὅτι καὶ ταῖς Λακεδαιμονίων γυναιξὶν ἐνέπεσέ τις οἶστρος βακχικὸς καὶ ταῖς τῶν Χίων. καὶ αἱ τῶν Βοιωτῶν δὲ ὡς ἐνθεώτατα ἐμάνησαν καὶ ἡ τραγῳδία βοᾷ.

μόνας δὲ ἀφηνιάσαι τῆς χορείας ταύτης λέγουσι τοῦ Διονύσου τὰς Μινύου θυγατέρας Λευκίππην καὶ Ἀρσίππην καὶ Ἀλκιθόην. αἴτιον δὲ ὅτι ἐπόθουν τοὺς γαμέτας, καὶ διὰ τοῦτο οὐκ ἐγένοντο τῷ θεῷ μαινάδες. ὃ δὲ ὀργίζεται, καὶ αἳ μὲν περὶ τοὺς ἱστοὺς εἶχον, καὶ ἐπονοῦντο περὶ τὴν Ἐργάνην εὖ μάλα φιλοτίμως: ἄφνω δὲ κιττοί τε καὶ ἄμπελοι τοὺς ἱστοὺς περιεῖρπον, καὶ τοῖς ταλάροις ἐνεφώλευον δράκοντες, ἐκ δὲ τῶν ὀρόφων ἔσταζον οἴνου καὶ γάλακτος σταγόνες. τὰς δὲ οὐδὲ ταῦτα ἀνέπειθεν ἐλθεῖν ἐς τὴν λατρείαν τοῦ δαίμονος. ἐνταῦθά τοι καὶ πάθος εἰργάσαντο ἔξω Κιθαιρῶνος, οὐ μεῖον τοῦ ἐν Κιθαιρῶνι: τὸν γὰρ τῆς Λευκίππης παῖδα ἔτι ἁπαλὸν ὄντα καὶ νεαρὸν διεσπάσαντο οἷα νεβρὸν τῆς μανίας ἀρξάμεναι αἱ Μινυάδες, εἶτα ἐντεῦθεν ἐπὶ τὰς ἐξ ἀρχῆς ᾖξαν μαινάδας: αἳ δὲ ἐδίωκον αὐτὰς διὰ τὸ ἄγος. ἐκ δὴ τούτων ἐγένοντο ὄρνιθες, καὶ ἣ μὲν ἤμειψε τὸ εἶδος ἐς κορώνην, ἣ δὲ ἐς νυκτερίδα, ἣ δὲ ἐς γλαῦκα.

(Origo: http://www.perseus.tufts.edu/hopper/text?doc=Perseus%3Atext%3A2008.01.0591%3Abook%3D3%3Achapter%3D42)

Claudius Aelianus: Varia historia 3, 42

Elege og Kelaine var døtre af Proitos. Cyperns dronning gjorde dem sexgale, og man siger at de i vanvid løb omkring på Peloponnes splitternøgne. Også til andre egne af Hellas føjtede de, drevet af deres brynde. Og jeg hører, at også lakedaimoniernes kvinder blev ramt af en slags bakchisk rasen, og ligeledes dem på Chios. Og at boioterinderne rasede i vild besættelse, det har tragedien jo gjort bekendt. Det fortælles, at de eneste, der satte sig imod at deltage i denne dans for Dionysos var Minyas' døtre, Leukippe, Arsippe og Alkithoe. Grunden hertil var, at de holdt af deres ægtemænd, og derfor blev de ikke gudens mænader. Han blev grebet af vrede, mens de blev ved deres væve og med største flid dyrkede vævekunsten. Pludselig slyngede vedbend og vinranker sig om vævestolene, i kurvene lå slanger skjult, og ned fra loftet faldt dråber af vin og mælk. Men end ikke dette fik dem til at gå ud for at dyrke guddommen. Da anstillede de imidlertid en ulykke her uden for Kithairon, som ikke var mindre end den på Kithairon, thi

Minyas-døtrene blev grebet af vanvid og sønderrev Leukippes endnu spæde søn, som om han var en hjortekalv. Og derpå fór de ud til dem, der lige fra begyndelsen havde været mænader. Men de forfulgte dem på grund af blodskylden. Siden blev de forvandlet til fugle, den ene blev til en krage, den anden til en flagermus, den tredje til en ugle.

(Origo: Vagn Duekilde: Hellas i klassisk tid. Tekster til græsk religion, København (Spektrum) 1997, 154-155)

Diodorus Siculus: Bibliotheca historica 4, 3, 1-3 – Kvinders deltagelse i Dionysos-festen

[1] στρατεύσαντα δ᾽ εἰς τὴν Ἰνδικὴν τριετεῖ χρόνῳ τὴν ἐπάνοδον εἰς τὴν Βοιωτίαν ποιήσασθαι, κομίζοντα μὲν λαφύρων ἀξιόλογον πλῆθος, καταγαγεῖν δὲ πρῶτον τῶν ἁπάντων θρίαμβον ἐπ᾽ ἐλέφαντος Ἰνδικοῦ.

[2] καὶ τοὺς μὲν Βοιωτοὺς καὶ τοὺς ἄλλους Ἕλληνας καὶ Θρᾷκας ἀπομνημονεύοντας τῆς κατὰ τὴν Ἰνδικὴν στρατείας καταδεῖξαι τὰς τριετηρίδας θυσίας Διονύσῳ, καὶ τὸν θεὸν νομίζειν κατὰ τὸν χρόνον τοῦτον ποιεῖσθαι τὰς παρὰ τοῖς ἀνθρώποις ἐπιφανείας.

[3] διὸ καὶ παρὰ πολλαῖς τῶν Ἑλληνίδων πόλεων διὰ τριῶν ἐτῶν βακχεῖά τε γυναικῶν ἀθροίζεσθαι, καὶ ταῖς παρθένοις νόμιμον εἶναι θυρσοφορεῖν καὶ συνενθουσιάζειν εὐαζούσαις καὶ τιμώσαις τὸν θεόν: τὰς δὲ γυναῖκας κατὰ συστήματα θυσιάζειν τῷ θεῷ καὶ βακχεύειν καὶ καθόλου τὴν παρουσίαν ὑμνεῖν τοῦ Διονύσου, μιμουμένας τὰς ἱστορουμένας τὸ παλαιὸν παρεδρεύειν τῷ θεῷ μαινάδας.

(Origo: http://www.perseus.tufts.edu/hopper/text?doc=Perseus%3Atext%3A2008.01.0540%3Abook%3D4%3Achapter%3D3%3Asection%3D3)

Diodorus Siculus: Historisk bibliotek 4, 3, 1-3

Han foretog nu et felttog til Indien, hvorfra han vendte tilbage til Boiotien i det tredje år, medbringende en betragtelig mængde bytte, og som den første nogensinde holdt han triumftog, siddende på en indisk elefant. Og til minde om togtet til Indien har boioterne og de andre hellenere og thrakerne indstiftet ofringer hvert andet år for Dionysos, og de mener, at guden på dette tidspunkt åbenbarer sig for menneskene. Derfor samles hvert andet år i mange af de hellenske byer bakchiske grupper af kvinder, og det er tilladt for de unge piger at bære thyrsosstav og tage del i begejstringen ved at råbe »euoi!« og prise guden. Kvinderne ofrer i bestemte sammenslutninger til guden og fejrer hans fest og priser i det hele tager Dionysos' nærvær, idet de efterligner de mænader, om hvem det fortælles, at de i gamle dage var gudens ledsagere.

(Origo: Vagn Duekilde: Hellas i klassisk tid. Tekster til græsk religion, København (Spektrum) 1997, 155)

Athenaeus: Deipnosophistae XIV, 16 – Om Dionysos-processionen og ithyphalloi

... οἱ δὲ ἰθύφαλλοι, φησί, καλούμενοι προσωπεῖα μεθυόντων ἔχουσιν καὶ ἐστεφάνωνται, χειρῖδας ἀνθινὰς ἔχοντες: χιτῶσι δὲ χρῶνται μεσολεύκοις καὶ περιέζωνται ταραντῖνον καλύπτον αὐτοὺς μέχρι τῶν σφυρῶν. σιγῇ δὲ διὰ τοῦ πυλῶνος εἰσελθόντες, ὅταν κατὰ μέσην τὴν ὀρχήστραν γένωνται, ἐπιστρέφουσιν εἰς τὸ θέατρον λέγοντες 'c. pop. 7 B':'

ἀνάγετ', εὐρυχωρίαν ποιεῖτε τῷ θεῷ: ἐθέλει γὰρ
[ὁ θεὸς] ὀρθὸς ἐσφυδωμένος
διὰ μέσου βαδίζειν.

οἱ δὲ φαλλοφόροι, φησίν, προσωπεῖον μὲν οὐ λαμβάνουσιν, προσκόπιον δ' ἐξ ἑρπύλλου περιτιθέμενοι καὶ παιδέρωτος ἐπάνω τούτου ἐπιτίθενται στέφανον [τε] δασὺν ἴων καὶ κιττοῦ: καυνάκας τε περιβεβλημένοι παρέρχονται οἱ μὲν ἐκ παρόδου, οἱ δὲ κατὰ μέσας τὰς θύρας, βαίνοντες ἐν ῥυθμῷ καὶ λέγοντες

῾c. pop. 8 B':'
σοί, Βάκχε, τάνδε μοῦσαν ἀγλαΐζομεν,
ἁπλοῦν ῥυθμὸν χέοντες αἰόλῳ μέλει,
καινάν, ἀπαρθένευτον, οὔ τι ταῖς πάρος
κεχρημέναν ᾠδαῖσιν, ἀλλ᾽ ἀκήρατον
κατάρχομεν τὸν ὕμνον.
εἶτα προστρέχοντες ἐτώθαζον οὓς [ἂν] προέλοιντο, στάδην δὲ ἔπραττον: ὁ δὲ φαλλοφόρος ἰθὺ βαδίζων καταπασθεὶς αἰθάλῳ.'
(Origo:
http://www.perseus.tufts.edu/hopper/text?doc=Perseus%3Atext%3A2013.01.0001%3Abook%3D14%3Achapter%3D16)

Athenaeus: Deipnosophistae XIV, 16

… de såkaldte ithyphalloi, siger han, bærer fulde-mands-masker og er bekransede; de har brogede handsker, deres chiton er hvidstribet, og rundt om livet har de svøbt et let og luftigt klæde, som dækker dem indtil anklerne. De træder ind i tavshed, og når de er nået til midten af orchestra vender de sig mod publikum og siger:

Gå til side, gør plads for guden!
Thi han vil skride frem midt iblandt jer,
højt på koturner
Men fallosbærerne, siger han, anvender ikke masker. De bærer en propolion [?] af timian og kristtorn, og oven på den sætter de en tyk krans af violer og vedbend. De kommer ind hyllet i kapper, nogle ad sideindgangen, andre gennem midterdørene. De marcherer i takt, idet de siger:

Til dig, Bakchos, bringer vi denne hyldest,
en enkel sang, som vi fremfører i skiftende melodi,

ny er den, jomfruelig, aldrig brugt tidligere,
det er en ganske frisk hymne vi istemmer.
Derpå løber de frem og spotter tilfældigt udvalgte personer; de står stille mens de gør det. Men fallosbæreren fortsætter med at marchere lige ud, indsmurt i sod [?].
(Origo: Vagn Duekilde: Hellas i klassisk tid. Tekster til græsk religion, København (Spektrum) 1997, 160)

Begravelsesforbud, udstedt af et bakchant-kollegium, fra Cumae i Kampanien, midten af 5. årh. f.Kr.

(Origo: Gerhard Pfohl (Hrsg.): Griechische Inschriften als Zeugnisse des privaten und öffentlichen Lebens, (Ernst Heimeran Verlag) München 1966, spätere Ausgabe bei Walter de Gruyter GmbH, Berlin und Boston 2014)(Pfohl, 18)

Οὔ θέμις ἐν-
τοῦθα κεῖσθ-
αι ἰ μὲ τὸν
βεβαχχευμένον

Begravelsesforbud

Det er forbudt at begrave nogen her, medmindre han er indviet til Bakchosmysterierne.

Den 18-årige Dionysosmyste Ioulianos

τὸν ἀδαῆ Κύπριδος καὶ ἀλλότριον κακότητος
εἵλατό με Βρόμιος σὺν Μοίραισιν τὸν ἑταῖρον,
συνμύστην εἵν' ἔχῃ με χορείαις ταῖς ἰδίαισιν.
οὔνομά μοι Ἰουλιανός, ἔτη δὲ ἔζησα δέχ' ἑπτά.
Ἰουλιανὸς δὲ πατήρ, μήτηρ δέ μου Ἄφφιον ἦεν,
οἵ με θανόντα τάφῳ καὶ στήλλῃ τῇδε ἐνέγραψαν.

Ἀσκληπιάδης ὁ πάτρως καὶ Ἰουλιανὴ ἡ πάτρα καὶ Διονύσιος ὁ μήτρων καὶ
Ἀμμιανὸς καὶ Στρατόνεικος ἐτείμησα[ν].
ἔτους τκε', μη(νὸς) Περιτίου βι'.

Den 18-årige Dionysosmyste Ioulianos
Mig, der var uvidende om kærlighed og ganske fremmed over for ondskab,
rev Bromios sammen med Moiraerne væk som kammerat,
for at han kunne have mig som medmyste i sine kædedanse.
Mit navn er Joulianos, og jeg levede 17 år.
Min far var Joulianos, min mor Apphion,
som har begravet mig i denne grav og sat tekst på stelen.
Asklepiades, onkel på fars side, og Jouliane, tante på fars side, samt Dionysios,
onkel på mors side og Ammianos og Stratoneikos har vist mig denne ære.
I det 325nde år (*240/1 e.Kr.*) den 12. dag i måneden Peritios.

Myten om Dionysos efter Olympiodorus og andre orfiske fragmenter
(Origo: Fritz Graf and Sarah Iles Johnston: *Ritual Texts for the Afterlife – Orpheus and the Bacchic Goldtablets*, London and New York 2013, Routledge, 2nd ed., p. 67)

'Dionysos var barn af Zeus og Zeus' datter Persefone.' Dionysos efterfulgte Zeus som konge; 'Zeus selv satte barnet på sin trone og udnævnte ham til kosmos' nye konge.' Titanerne, der var misundelige på Dionysos' nye magtstilling og måske ansporet af Hera, 'brugte forskelligt legetøj, og et spejl, til at lokke Dionysos væk fra sin vogtere, Koureterne,' og sønderlemmede ham. 'De kogte hans kød' og spiste det. Zeus, der var rasende over dette, dræbte titanerne, og fra deres rester opstod menneskeheden. 'Fordi menneskeheden opstod af materiale, der mest var titanisk af natur, er hvert menneske født med et spor af titanernes forbrydelse', men en levning af Dionysos gennemsyrer blandingen. 'Hvert menneske må udsone titanernes forbrydelse ved at udføre ritualer til ære for Dionysos og Persefone, som stadig lider under den gamle sorg at have mistet sit barn; ved at gøre det kan menneskene få et bedre liv efter døden. I mellemtiden blev Dionysos på en måde genoplivet eller genfødt.'

Fortolkning

Dionysos er født tre gange i den orfiske tradition. Først bliver Persephone eller Demeter gravid med Zeus som far, men titanerne sønderlemmer og spiser ham, se Kallimachos frg. 643. Men han bliver genoplivet og hans legemsdele bliver samlet af Apollon. Hans hjerte bliver brugt til at forme en ny Dionysos i Semele, som Zeus elsker med; hun dør, fordi hun bliver ramt af Zeus' lyn; han er vred over, at hun ikke vedkender sig forholdet til Zeus; men Zeus planter Dionysos ind i sit lår og fødes på den måde tre gange, da han kommer ud af låret. Ino, Semeles søster, opfostrer ham, klæder ham som en pige for at undgå Heras forfølgelse, og han flygter selv til Grækenland og til Østen. Tidligere forskning ville se Dionysos som en fremmed gud, der kom til Grækenland, men nyere forskning ser hans væsentlige funktion som et forsøg på at vise det anderledes i grækerne selv, 'den Anden' i moderne teori, og at lære grækerne at erkende det i kultens omgivelser. Han blander grænserne, optager modsætningerne i sig og blander kategorierne, han er altså non-binær: satyrer er mennesker og dyr, som menneske er han mand og kvinde, idet han ser ud som kvinde og bærer peplos. Oschophoria-vinfesten i oktober afholdes til ære for ham, hvor de unge mænd, der bærer druer og forbereder processionen for Dionysos, er klædt ud som piger. Deltagerne under komoi, κῶμοι, festoptogene, under de Store Dionysia bærer kvindetøj, og deltagerne er frie borgere, slaver, børn og kvinder.

Processionerne for Dionysos er mere ordnede end de maniske manifestationer i litteraturen, og de mænadiske thiasoi, θίασοι, kultforeninger, optager modstanderne af den officielle græske religionskultur, især kvinder, som medlemmer. Trancen følger bestemte forskrifter, og løbet over bjergene bliver til en procession med en kurv, hvori der er lagt et stykke råt kød, symbolet på omofagos, ὠμόφαγος, en, der spiser råt kød. Komos, κῶμος, procession og gadefest for mændene, består i vin, dans og fløjtemusik med lyre, barbitos/barbiton, βάρβιτος/βάρβιτον, mens mainaderne bærer thyrsoi, θύρσοι, kranse af efeu, samt kantharoi, κάνθαροι, drikkebægre.

Trance er et ritualiseret, socialt opførelsesmønster for at opnå en anden form for eksistens; det kan ske gruppevis i thiasoi eller individuelt, face-to-face med guden.

I Boiotien i landskabet Chaironeia i byen Agrionia var der kultfester, i Sparta er der leukippider og dionysiader, kvindeforeninger, i Alea i Arkadien og i Elis foregik der forfølgelser, piskninger, ekstatiske danse, ofre og fester, orgia, hvor kvinderne er deltagere; Theoinia, Θεοίνια, og Iobakcheia, Ἰοβάκχεια, er Dionysosfester, hvor basilinna, βασίλιννα, hustru til archon Basileus, ἀρχόν βασιλεύς, fuldfører ritualerne, omgivet af 14 præstinder, hvor hun hengiver sig til guden i det hellige bryllup, hieros gamos, ἱερὸς γάμος.

I starten af Euripides' Bakchai deltager de lydiske kvinder i en thiasos, en kontrolleret social opførsel, i modsætning til de thebanske kvinder omkring Agave og Pentheus, som ikke anerkender guden og som er grebet af ukontrolleret raseri, lyssa, λύσσα. Der er altså forskel mellem det rituelle vanvid og det morderiske vanvid. Eksemplet er Minyaderne, prinsesser fra Orchomenos, der vægrer sig ved at følge Dionysos' kald og bliver ved deres vævestole i stedet for at holde fri fra arbejde og dyrke guden. Alle andre kvinder går op i bjergene med hjorteskind, efeukranse, thyrsoi, tamburiner og fløjter, den normale udrustning for bakchantinderne. Minyaderne bliver grebet af vanvid og river deres børn i stykker; det er prisen for ikke at se guden i øjnene og dermed sig selv. På de lenæiske vaser ses Dionysos stående på en søjlestump i peplos og hjorteskind med bælte; det er mainadens klædedragt.

Dionysos er vinstokkens gud, forbundet med yppig vegetation og fugtighed, men inden Attikas beboere lærer at dyrke vin og forædle den, må Ikarios dø, vinens opfinder, beruset, dræbt af hyrderne, der også er berusede og troede, at de var blevet forgiftet af Ikarios; hans datter Erigone hænger sig af sorg, og pigerne i Attika bliver ramt af vanvid.

Rå mad + omofagi + vindrikning + mand og kvinde (= nonbinaritet) + trance: mennesket skal finde ud af, hvor meget man er anderledes: han symboliserer den Anden i os. Teatret, som Dionysos er skytsgud for, er som et spejl for mennesket, og man kan spille en anden rolle end den, man spiller til daglig.

I Delphi møder vi Dionysos som udtryk for begejstring og besættelse med det fortryllede blik over for Apollon, stemmens gud, der formidler det talte ord.

Inddeling af Dionysos' epiteter = epikleser

(Origo: Anton Bierl: *"Der vielnamige Dionysos. Wesen und Funktion des Gottes im Spiegel seiner Beinamen"*, in: *Dionysos. Rausch und Ekstase.* Ausstellung und Katalog, herausgeg. vom Bucerius Kunst Forum und den Staatlichen Kunstsammlungen Dresden, Hamburg und Dresden 2013/14, Ss. 30-39, bes. 38-9)

Dionysos er en gud af modsætninger, mand og kvinde, gud, heros, menneske og dyr, lys og mørke, polis og natur, ude og inde, fremmede og hjemstavn, græker og barbar, civilisation og vild natur, kosmos og kaos, idyl og vold, glæde og sorg, grin og klage, ro og oprør, orden og ødelæggelse, selvbeherskelse og vanvid, seksuel afholdenhed og seksuel udskejelse, festlighed og ekstase; Dionysos står som mediator af alt dette, da han forbinder begge poler. Det passer også med de 475 tilnavne, som universitetet i Rennes har noteret, selv om tilnavnene kan gentages (Banque de Données des Epicléses Grecques, Université Rennes II; www.sites.univ-rennes2.fr/lahm/crescam/recherche-generale.php; note 12, p. 39).

Løsningen må være, at guden skifter tilnavn alt efter den kontekst, han befinder sig i. Allerede hos Euripides i Bakchantinderne bliver han tilskrevet henoteistiske træk, som gør ham de andre guder overlegen og sådan set inkorporerer dem, (Papyrus Gurob I, 23 = Orphicorum et Orphicis similium testimonia et fragmenta 578, 23b og i den orfiske hymne ibid. 543; note 17, p. 39).

Fordi han integrerer alle andre guder i sit væsen, bliver han et billede på anderledesheden, den anden, i forhold til de andre guder. Det anderledes består i, at han har en dødelig som mor, hvad der gør ham til heros, dernæst blev han født to gange (egl. tre gange, hvis titanerne regnes med), han er udsat for død og lidelse, selv om guderne i princippet er udødelige; han udsætter sine følgere for vanvid og er selv mainomenos, besat af det, og sidst, men ikke mindst møder han modstand, fordi de andre guder ser ham som en trussel, der truer civilisationen. Hans ansvarsområder er 1. vin og beruselse, 2. den vilde natur, vegetation og animalitet, 3. vanvid og ekstase, 4. underverdenen og døden, hvor mysterierne åbner for perspektiver på et bedre liv i dødsriget, 5. erotik, seksualitet og kærlighed, 6. dans, musik og performans, 7. maske og forklædning samt 8. fiktion, illusion, imagination, vision og undere.

Anton Bierl forsøger med det nedenstående skema at kategorisere Dionysos' forskellige tilnavne og sætte dem i relation til gudens funktion. Flere epiteter optræder i forskellige kategorier, og en omfattende analyse ville kræve en nøjagtig undersøgelse af konteksten for hver af disse tilnavne.

Den Anden = Det anderledes hos guden i forhold til guder og mennesker

Vital energi og animalitet (= havende dyrs egenskaber): Bassareus, Βασσαρεύς, 'Ræve-Bakchos', 'Rævepels', Enorches, Ἐνόρχης, 'Den liderlige buk';

Epifaniens gud: epiphanestatos theos, ἐπιφανέστατος θεός, 'Tilsynekomstens gud';

Performans, dans: Bromios, Βρόμιος, 'Den larmende', choreios, χορεῖος, 'Den dansende';

Skrig: Bakchos, Βάκχος, 'Den vanvittige'; Euios, Εὔιος, 'Euoi-råbets gud';

Vanvid, ekstase: mainomenos, μαινόμενος, 'Den rasende';

Vin, efeu, røg, vegetation: dendreus, δενδρεύς, 'Den buskede'; eukarpos, εὔκαρπος, 'den, der giver god frugt'; Kisseus, Κισσεύς, 'Den efeubeklædte':

Seksualitet, fallosmani: gynaimanes, γυναιμανής, 'Den, der gør kvinder rasende'; Phallen, Φαλλήν, 'Den falliske'; problastos, πρόβλαστος, 'den, der spirer frem';

Død og overvindelse af død: Eubouleus, Εὐβουλεύς, 'Den, der giver gode råd'; ploutodotes, πλουτοδότης, 'Den, der giver rigdom';

Opløsning af orden, vildskab, omophagi, sparagmos: agrionios, ἀγριώνιος, 'Den vilde'; Omadios, Ὠμάδιος, 'råtkødspiseren';

Teater, maske, illusion: Apatenor, Ἀπατήνωρ, 'Snyderen';

Selvet

Polis, orden: aisymnetes, αἰσυμνήτης, 'kampdommer'; Polites, Πολίτης, 'Borgeren';

Hus: Oikouros, Οἰκουρός, 'Husvogteren';

Enkelte aspekter

Dyr – menneske – heros -gud: Bougenes, Βουγενής, 'Den oksefødte'; Tauros, Ταῦρος, 'Tyren'; Theos megas, Θεός μέγας, 'Den store gud';

Mand – kvinde: Androgynos, Ἀνδρόγυνος, 'Hermafrodit'; thelymorphos, θηλύμορφος, 'af kvindelig skikkelse';

Lys – mørke: Lampter, Λαμπτήρ, 'Lygten'; Nyktelios, 'den, der fejrer om natten';

Krig – fred: doratophoros, δορατοφόρος, 'spydbæreren'; polemokelados, πολεμοκέλαδος, 'den krigstordnende';

Musik: Auloneus, Αὐλωνεύς, 'den, der bor i huler'; Mousagetes, Μουσαγέτης, 'Musernes anfører';

Helbredelse: Iatros, Ἰατρός, 'Lægen'; katharsios, καθάρσιος, 'den rensende';

Vegetation, høst: Antheus, Ἀνθεύς, 'Den blomstrende'; eukarpos, εὔκαρπος, 'den, der kommer med god frugt'; Sykeates, Συκεάτης, 'Den, der hører til figner';

Vin: Botrys, Βότρυς, 'Druen'; methymnaios, μεθυμναῖος, 'vindrikkende'/beruset'; Staphylites, Σταφυλίτης, 'Druebeskytteren';

Offer: anthroporrhaistes, ἀνθρωπορραίστης, 'menneskeødelæggende'; Omestes, Ὠμηστής, 'Den råtkødspisende';

Sted

Ude i naturen, i bjergene, i sumpen, på havet: aktaios, ἀκταίος, 'den, der hører til kysten'; halieus, ἁλιεύς, 'fiskeren/sømanden'; Limnaios, Λιμναῖος, 'Den sumpede'; Oreios, Ὄρειος, 'Den, som bor i bjergene'; pelagios, πελάγιος, 'den, som hører til havet';

Stedsbetegnelse

Kadmeios, Καδμεῖος, 'Kadmos'; Kresios, Κρήσιος, 'Kreteren'; Nyseus, Νυσεύς, 'Ham fra bjerget Nysa';

Kult

Kult: amphietes, ἀμφιετής, 'den helårsaktive/han, der er om sig hele året'; polygathes, πολυγάθης, 'glædesprederen';

Mysterier, guden som renser: katharsios, καθάρσιος 'renseren'; Mantis, Μάντις, 'Seeren'; Mystes, Μύστης, 'Den indviede';

Væddekamp: Enagonios, Ἐναγώνιος, 'Væddekæmperen';

Myte

alocheutos, ἀλόχευτος, 'den ikke naturligt fødte'; dissotokos, δισσότοκος, 'den to gange fødte'; Semelios, Σεμελήιος, 'Søn af Semele';

Den ydre fremtoning af guden

Dasyllios, Δασύλλιος, 'Den, der giver vinstokke løv'; Kissokomes, Κισσοκόμης, 'Den efeubehårede'; Morychos, Μόρυχος, 'Den snavsede'.

Forsøg på en inddeling af Dionysos' epiteter

(Origo: Anton Bierl: *"Der vielnamige Dionysos.Wesen und Funktion des Gottes im Spiegel seiner Beinamen"*, in: *Dionysos. Rausch und Ekstase*, hrsgg. v. Bucerius Kunst Forum und Staatl. Kunstsamml. Dresden, Hirmer, Hamburg und Dresden 1013/2014, p. 30-39, her p. 38)

Kult	*Mediering*	*Myte*
vin, festglæde	ekstase	mænader, omofagi, sparagma, blod
lys		mørke
liv	mysterier	død og Hades
idyl		kaos
intern (græsk)		ekstern (fremmed, barbarisk)
polis		den vilde natur
Athen	Delphi	Theben
polisstabiliserende funktioner		perversion af orden i myten
orden		mani, ekstase
kunst, teater, musik, kordans		den omvendte verden i teatret, musik, der frembringer vanvid, ekstatiske danse
gud	heros, menneske	dyr
forbindelse til Apollon		forbindelse til Ares og andre khthoniske kræfter
fred		krig
gammel		ung
mild		vild

Klassificering af tilnavne og epiteter

Det nedenstående er et forsøg på at opstille nogle stikord til inddeling af de mange epiteter og epikleser, som følger antikkens guder og gudinde. Det kunne være:

A. Enkeltaspekter

Hvilke af de nævnte modsætninger er typisk for guddommen?

Græsk (inde) – ikke-græsk (ude, barbarisk)

Dyr, menneske, heros, gud

Mand-kvinde

Gammel – ung

Mild - vild

Lys-mørke

Fred-krig

Mor - far

Liv – død

Musik - kunst

Vegetation – høst - vin

Offer

B. Sted

Hvor hører guddommen hjemme, og hvilket sted er han/hun beskytter for?

Inde i byen, polis - Uden for byen

Civilisation, orden - vildnis

Polisstabiliserende - polisnedbrydende

Bjerg - sump - sø

C. Det ydre

Hvordan skildres guddommens ydre?

D. Relation til myten

Hvilke træk i guddommens beskrivelse svarer til elementerne i den myte, som guddommen spiller hovedrollen i?

E. Relation til kulten

Hvilke elementer i beskrivelsen af guddommen svarer til kultens elementer?

Mysteriekult

Renselseskult

Frugtbarhedskult

F. Specielle aspekter med fokus på guddommens særpræg

Eksempel: Dionysos: Hvilke elementer er typiske for denne guddom?

Den anden/ det anderledes

Energi

Performans, dans

Råb og larm

Vanvid, ekstase

Vin, efeu, røg, vegetation

Seksualitet

Død og dødsovervindelse

Opløsning af orden, vildskab, omofagi, sparagmos

Teater, illusion, maske – den omvendte verden i teatret

Marcel Detienne om Dionysos

Den lille Dionysos bliver myrdet af titanerne; det betragter M. Detienne som orfikernes protest mod det blodige offer. Titanerne parterer Dionysos, koger ham og rister ham til sidst. De spiser ham, men Zeus dræber dem med sit lyn og redder resterne af Dionysos, især hjertet. Af titanernes aske opstår menneskene. Dyr er uciviliserede, fordi de ikke tilbereder deres føde; menneskene tilbereder føden ved at koge og stege den. Titanerne koger Dionysos, før de steger/rister ham. 'titanos' betyder 'ler', 'kalk', dvs. deres ansigter er dækket af det, og det viser forbindelsen til jorden og til menneskene, som opstår af deres aske. De må ikke spise hjertet, fordi det er livsprincippet, genéseos arché, γενέσεως ἀρχή, for den menneskelige eksistens. Det står i modsætning til den officielle kult, hvor hjertet hører med til splanchna. Fænomenerne diasparagmós, omophagía, manía og enthousiasmós betegner fra Dionysos-tilhængernes side en benægtelse af det traditionelle offer i det officielle samfund.

Litteratur

Detienne, Marcel: *Dionysos mis á mort*, Paris 1977, engl. overs.: *Dionysos Slain*, Johns Hopkins Univ. Press 1979
Detienne, Marcel: *Dionysos á ciel ouvert*, Hachette, Paris 1986, engl. overs.: *Dionysos at large*, Harvard Univ. Press, Cambr. (MA) – London, Engl. 1989, tysk overs.: *Dionysos – Göttliche Wildheit*, Campus Verl., Frankf./Main 1992, Ppback., DTV, München 1995

Hymner og hymneanalyse - Tekster

Der findes et korpus af 87 hymner, som kaldes Orfiske hymner, overleveret sammen med de Homeriske hymner, Kallimachos’ hymner og Proklos’ hymner, fra det 2. årh. e.Kr., skrevet af en enkelt forfatter til en orfisk menighed måske i Lilleasien. Hymnernes indhold viser træk, der går tilbage til det 5. årh. f.Kr.

Til fortolkningen af hymneteksterne henvises til kapitlet ’Bønnen som et af de centrale fænomener i kultpraksis’ og til Roman Jakobsens analysemodel i denne bog.

Orfisk hymne nr. 45 – Til Dionysos Bassareus på treårsdagen

ὙΜΝΟΣ ΔΙΟΝΥΣΟΥ ΒΑΣΣΑΡΕΩΣ ΤΡΕΤΗΡΙΚΟΥ
Ἐλθέ, μάκαρ Διόνυσε, πυρίσπορε, ταυρομέτωπε,
Βάσσαρε καὶ Βακχεῦ, πολυώνυμε, παντοδυνάστα,
ὃς ξίφεσιν χαίρεις ἠδ’ αἵματι Μαινάσι θ’ ἁγναῖς,
εὐάζων κατ’ Ὄλυμπον, ἐρίβρομε, μανικὲ Βάκχε,
θυρσεγχής, βαρύμηνι, τετιμένε πᾶσι θεοῖσι
καὶ θνητοῖσι βροτοῖσιν, ὅσοι χθόνα ναιετάουσιν .
ἐλθέ, μάκαρ, σκιρτητά, φέρων πολὺ γῆθος ἅπασι.

Orfisk hymne nr. 45 – Til Dionysos Bassareus på treårsdagen
Kom, velsignede Dionysos, avlet af ild, med en tyrs pande,
Bassareus og Bakchos, vidtberømt og i stand til alt,
som fryder sig ved sværd og blod og de hellige mænader,
når du jubler på Olympen, larmende og henrykte Bakchos,
bærer af thyrsosstaven, rasende, æret af alle guder
og de dødelige mennesker, som bebor jorden.

Kom, velsignede, danseglade, og bring glædens fylde til alle.

Orfisk hymne nr. 52 – Til den treårige gud

TRIETHRIKOY
Θυμίαμα. ἀρώματα
Κικλήσκω σε, μάκαρ, πολυώνυμε, μανικέ, Βακχεῦ,
ταυρόκερως , Ληναῖε, πυρίσπορε, Νύσιε, Λυσεῦ,
μηροτρεφής, Λικνῖτα, θυηπόλε καὶ τελετάρχα,
νυκτέρι', Εὐβουλεῦ, μιτρηφόρε, θυρσοτινάκτα,
ὄργιον ἄρρητον, τριφυές, κρύφιον Διὸς ἔρνος,
Πρωτόγονον', Ἠρικεπαῖε, θεῶν πάτερ ἠδέ καὶ υἱέ,
ὠμάδιε, σκηπτοῦχε, χοροιμανές ἀγέτα κώμων,
βακχεύων ἁγίας τριετηρίδας ἀμφὶ γαληνάς,
ῥηξίχθων, πυριφεγγές, ἐπάφριε, κοῦρε διμάτωρ,
οὐρεσιφοιταλέος, νεβριδοστόλε, ἀμφιέτηρε,
Παιὰν χρυσεγχής, ὑποκόλπιε, βοτρυόκοσμε,
Βάσσαρε, κισσοχαρής, πολυπάρθενε καὶ διάκοσμε
ἐλθέ, μάκαρ, μύσταισι βρύων κεχαρημένος αἰεί.

Orfisk hymne nr. 52 – Til den treårige gud

Røgelse. Krydderier.
Jeg påkalder dig, velsignede, med de mange navne, Bakcheus, som skaber begejstring,
tyrehornede, vinpressens gud, avlet i ild, frelser fra Nysa, Lyseus,
korngud, Liknites, offerpræst og –fuldfører,
natlig, Eubouleus, mitrabærer, thyrsossvinger,
med et hemmeligt ritual, trefoldigt og skjult afkom af Zeus,

førstefødte, Erikepaios, far og søn til guderne,
modtager af menneskeofringer, bærer af sceptret, vild med dans og fører af sværmene,
som overalt ophidser de rolige hvertandet år tilbagevendende fester til bakchantisk raseri,
du, som splitter jorden ad, ildstrålende, frådende, søn af to mødre,
omstrejfer på bjergene, klædt i dyreskind, fejret hvert år,
Paian, bærer af thyrsosstaven, i moders skød, smykket med druer,
Bassareus, efeuglad, rig på jomfruer, universets skaber,
kom, velsignede, fryd dig fuld af gunst sammen med de indviede.

Orfisk hymne nr. 53 – Til den årligt tilbagevendende gud

ἈΜΦΙΕΤΟΥΣ
Θυμίαμα. πάντα πλὴν λιβάνου καὶ σπένδε γάλα
Ἀμφιετῆ καλέω Βάκχον, χθόνιον Διόνυσον,
ἐγρόμενον κούραις ἅμα Νύμφαις εὐπλοκάμοισιν,
ὃς παρὰ Περσεφόνης ἱεροῖσι δόμοισιν ἰαύων
κοιμίζει τριετῆρα χρόνον Βακχήιον ἁγνόν.
Αὐτὸς δ’ ἡνίκα τὸν τριετῆ πάλι κῶμον ἐγείρῃ,
εἰς ὕμνον τρέπεται σὺν ἐυζώνοισι τιθήναις
εὐνάζων κινῶν τε χρόνους ἐνὶ κυκλάσιν ὥραις.
Ἀλλά, μάκαρ, χλοόκαρπε, κερασφόρε, κάρπιμε Βάκχε,
βαῖν’ ἐπὶ πάνθειον τελετὴν γανόωντι προσώπῳ
εὐιέροις καρποῖσι τελεσσιγόνοισι βρυάζων.

Orfisk hymne nr. 53 – Til den årligt tilbagevendende gud

Røgelse. Alt undtagen fønikisk harpiks samt et mælkeoffer.
Jeg påkalder dig Bakchos, du, som vender tilbage hvertandet år, jordherskeren

Dionysos,
som vågner op sammen med ungdommelige nymfer med skønne lokker,
når han hviler sig i Persefones hellige hus,
for at sove den hellige Bakchosnat igennem ifølge toårsfristen.
Men når han atter vækker til live det toårlige festoptog,
så hvirvler han rundt til festsangen sammen med de smart klædte ammer,
jublende, mens han sætter dansene i gang i horernes kreds.
Kom så, velsignede, pyntet med grønne frugter, hornbærende, frugtbringende Bakchos,
skrid frem til alle gudernes fest med strålende åsyn
rigt prydet med indviede og fuldmodne frugter

Anthologia Palatina, 9. bog, kap. 524 – ὕμνος εἰς Διόνυσον

μέλπωμεν βασιλῆα φιλεύιον, εἰραφιώτην,
ἁβροκόμην, ἀγροῖκον, ἀοίδιμον, ἀγλαόμορφον,
Βοιωτόν, βρόμιον, βακχεύτορα, βοτρυοχαίτην,
γηθόσυνον, γονόεντα, γιγαντολέτην, γελόωντα,
Διογενῆ, δίγονον, διθυραμβογενῆ, Διόνυσον,
εὔιον, εὐχαίτην, εὐάμπελον, ἐγρεσίκωμον,
ζηλαῖον, ζάχολον, ζηλήμονα, ζηλοδοτῆρα,
ἤπιον, ἡδυπότην, ἡδύθροον, ἠπεροπῆα,
θυρσοφόρον, Θρήικα, θιασώτην, θυμολέοντα,
Ἰνδολέτην, ἱμερτόν, ἰοπλόκον, ἰραφιώτην,
κωμαστήν, κεραόν, κισσοστέφανον, κελαδεινόν,
Λυδόν, ληναῖον, λαθικηδέα, λυσιμέριμνον,
μύστην, μαινόλιον, μεθυδώτην, μυριόμορφον,
νυκτέλιον, νόμιον, νεβρώδεα, νεβριδόπεπλον,
ξυστοβόλον, ξυνόν, ξενοδώτην, ξανθοκάρηνον,

ὀργίλον, ὀβριμόθυμον, ὀρέσκιον, οὐρεσιφοίτην,
πουλυπότην, πλαγκτῆρα, πολυστέφανον, πολύκωμον,
ῥηξίνοον, ῥαδινόν, ῥικνώδεα, ῥηνοφορῆα,
σκιρτητόν, Σάτυρον, Σεμεληγενέτην, Σεμελῆα,
τερπνόν, ταυρωπόν, Τυρρηνολέτην, ταχύμηνιν,
ὑπνοφόβην, ὑγρόν, ὑμενήιον, ὑλήεντα,
φηρομανῆ, φρικτόν, φιλομειδέα, φοιταλιώτην,
χρυσόκερων, χαρίεντα, χαλίφρονα, χρυσεομίτρην,
ψυχοπλανῆ, ψεύστην, ψοφομηδέα, ψυχοδαϊκτήν,
ὥριον, ὠμηστήν, ὠρείτροφον, ὠρεσίδουπον.
μέλπωμεν βασιλῆα φιλεύιον, εἰραφιώτην.

Anthologia Palatina, 9. bog, kap. 524 – Hymne til Dionysos

Lad os med sang hylde den euoi-jublende hersker, kong Eirafiotes*,
med yndefuldt lokket hår, som holder til på markerne, sanger med en smuk krop,
boiotier, larmende, bakchantleder, med klaselignende krøller,
glad, frugtbar, gigantdræber, grinende,
søn af Zeus, dobbeltfødt, fejret med dithyramber, Dionysos,
Euios med det smukke hår, god vinkyper, som indbyder til drikkegilder,
jaloux, kolerisk, jalousibærende og –skabende,
velvillig, vinglad, blid, drillepind,
thyrsossvinger, fra Thrakien, leder af foreninger, modig som en løve,
inderdræber, afholdt, med violet hår, kong Eirafiotes*,
festlig, hornbesat, vedbendomkranset, larmende,
lyder, vinperser, fordriver af sorger og kummer,
myste, afsindig, vingiver i mange skikkelser,
nattesværmer, hyrdegud, hjortekalvsagtig, klædt i hjortekalvsskind,
kaster af spyd, vært for fremmede, lyshåret,

vredladen, voldsom, jagende i bjergene,
vinglad, en, der narrer sindet, kransebærer, svirebror,
forvolder af hjertesorg, slank, rynket, klædt i fåreskind,
som springer rundt, satyr, Semeles ægte afkom,
lystig, tyreøjet, tyrrhenerdræber, hidsig,
søvnslukker, fugtig, bryllupsgud, skovgud,
elsker af de vilde dyr, frygtindgydende, venligsindet, vagabond,
smykket med horn og gyldne bånd, mild, sorgløs,
spilopmager, bedrager, ballademager, sjælesplitter,
årstidernes gud, råt kød spisende, larmende opfostret i bjergene,
lad os med sang hylde den euoi-jublende hersker, kong Eirafiotes*.

*Eirafiotes: epitetet er ikke gennemskueligt; a) født ud af låret (på Zeus); b) gedekidsagtig; c) tyreagtig; d) viklet ind i uld

Litteratur

Bernabé Pajares, Alberto (ed.): *Redefining Dionysos*. Walter de Gruyter, Berlin 2013

Bierl, Anton F. Harald: *Dionysos und die griechische Tragödie: politische und „metatheatralische" Aspekte im Text* (= Classica Monacensia Band 1). Narr, Tübingen 1991 (Dissertation Universität München 1990)

Burkert, Walter: *Ancient Mystery Cults*. Harvard University Press, Cambridge 1987 (tysk udg.: *Antike Mysterien: Funktionen und Gehalt*. 4. Auflage. Beck, München 2003)

Carpenter, Thomas H./Faraone, Christopher A. (eds.): *Masks of Dionysus*. Cornell University Press, Ithaca/London 1993

Carpenter, Thomas H.: *Dionysian Imagery in Fifth-Century Athens*, Oxford 1997

Detienne, Marcel: *Dionysos mis á mort*. Paris 1977 (tysk udg.: *Dionysos. Göttliche Wildheit*. dtv, München 1995)

Dionysos. Rausch und Ekstase. Ausstellung und Katalog. M. Philipp, Bucerius Kunst Forum in Zus.arb. m. Kordelia Knoll und Seb. Oesinghaus, Skulpturensammlung, Staatliche Kunstsammlungen Dresden

Dionysus - https://en.wikipedia.org/wiki/Dionysus. Meget omfattende artikel om Dionysos

Dodds, Eric R. (ed.): *Euripides: Bacchae*. Clarendon, Oxford 1944, ny udg. 1989

Gallistl, Bernhard: *"Der Zagreus-Mythos bei Euripides"*, in: Würzburger Jahrbücher. 7, 1981, S. 235–252

Giebel, Marion: *Das Geheimnis der Mysterien. Antike Kulte in Griechenland, Rom und Ägypten.* Artemis, Zürich/München 1990, (ny udg. Patmos, Düsseldorf/Zürich 2003), S. 55–88

Hamdorf, Friedrich Wilhelm: *Dionysos-Bacchus. Kult und Wandlungen des Weingottes.* Callwey, München 1986

Henrichs, Albert: *Greek Maenadism from Olympias to Messalina*, in: Harvard Studies in Classical Philology. 82, 1978, S. 121–160 (JSTOR:311024)

Ley, Anne: *"Dionysos"*, in: *Der Neue Pauly* (DNP). Band 3, Metzler, Stuttgart 1997, Sp. 651–664

Loyen, Ulrich van/Regn, Gerhard: *"Dionysos"*, in: Moog-Grünewald, Maria (ed.): *Mythenrezeption. Die antike Mythologie in Literatur, Musik und Kunst von den Anfängen bis zur Gegenwart* (= Der Neue Pauly. Supplemente. Band 5). Metzler, Stuttgart/Weimar 2008, s. 230–246

Otto, Walter F.: *Dionysos – Mythos und Kultus*. Klostermann, Frankfurt am Main 1933.

Rohde, Erwin: *Psyche. Seelencult und Unsterblichkeitsglaube der Griechen*, Mohr, Freiburg in Breisgau 1894 (genoptrykt: Wissenschaftliche Buchgesellschaft, Darmstadt 1991).

Seaford, Richard: *Dionysos*, Routledge, London/New York 2006

Ritualer med afvigende kommunikationsfunktioner

Forbandelsesritualer

Nogle ritualer har netop ikke fokus på fællesskabet, men på individet; hertil hører den sorte magi eller hekseri, som vi finder på forbandelsestavler. Disse defixiones, katadeseis, κατάδεσεις, er de mest tydelige og håndgribelige tegn på negativ magi, og de er eksempler på individuelle, ikke-institutionelle ritualer, der beror på hemmeligholdelse over for den person, som det skal gå ud over og som adressanten, afsenderen af forbandelsestavlen, beder de underjordiske guder om at skade fysisk, psykisk, erhvervsmæssigt, sportsmæssigt eller erotisk; guderne bliver effikatorer af afsenderens ønske. Afsenderen henvender sig altså til guderne om at skade en navngiven person, uden at denne må få nys om den onde plan. For hvis han eller hun får det, kan vedkommende iværksætte en modaktion, og så bliver magien kraftløs. Og katadeseis, defixiones, er jo anlagt sådan, at de på analog vis skal fremkalde de skader, som står på blytavlen, eller er indridset i den, som også kan være gennemboret så mange steder, som man ønsker kontrahenten skadet; tydeligst ses det med lerdukker, der bliver stukket med nåle dér, hvor kontrahenten skal skades. Denne analoge fremgangsmåde har Frazer kaldt sympatetisk magi, nemlig det princip, at et element fremkalder det samme element hos målpersonen; på latin hedder det simile similibus, og omtales som Law of Simularity.

De performative modaliteter beskriver Daniel Schwemer 2015, p. 19:
(Origo: Schwemer, Daniel: "The Ancient Near East", in: The Cambridge History of Magic and Witchcraft in the West. From Antiquity to the Present, ed. D. J. Collins, Cambridge Ma.: Cambridge University Press, 2015, 17–51)

"It may thus be acceptable to describe magic as an activity consisting of symbolic gestures (e.g. the burning of a substitute figurine), usually accompanied by recitations, performed by an expert (relying on transmitted knowledge) with the goal of effecting an immediate change and transformation of the object of the activity (e.g. the cure of an ill person or the removal of an agent of evil from a house)."

Her ser vi, at magi både kan være negativ, som vi ser det på forbandelsestavler, men også positiv, som vi ser det på votivtavler, hvor man beder en guddom om hjælp og lover at indfri det løfte, som man giver guddommen i og med tavlen og på den måde siger tak for hjælpen.

Magi i oldtiden

Magi, μαγεία, udøves af en μάγος. Ordet findes siden slutningen af det 6. årh.; det er persisk og betegner en specialist i religiøse forhold. Magien kan både opfattes positivt, men også negativt, fx hos Heraklit, der sammenstiller dem med bakchanter, mænader og myster. Ødipus kalder Teiresias en ἀγύρτης, en omvandrende tiggerpræst, og lidt senere en μάντης, en seer, og en μάγος er for ham en tiggerpræst, der kun er ude på penge. En ἀγύρτης er dog ikke en officiel, af polis ansat, religiøs person i modsætning til en μάντης, som er officiel.

I Derveni-payrussen med en orfisk kosmologi kobles μάγοι sammen med besværgelser, ἐπῳδαί, der rettes mod dæmoner, som kan omstemmes til at gøre gode ting. Her forbindes μαγεία med mysterieritualer, ikke i Eleusis, men i dionysiske ritualer.

Tryllepapyri er vigtige kilder, især fra det græske Ægypten, og her forbindes μαγεία med trylleformularer. De skal forbinde gudeverdenen med menneskeverdenen som Eros i Platons Symposion, og derfor står det for divination, præsternes teknik mht. ofringer og indvielser, besværgelser, profetier og alle slags γοητεία. En γοῆς udfører γοητεία = hekseri. Menon bebrejder Sokrates for at have forhekset ham og være en γοῆς. Platon remser i Staten aktiviteterne op som forførelse af levende og døde sjæle, ulykkestrylleri med ritualer, ofringer, bønner og besværgelser; de sidste er typisk magiske. For Platon er en μάγος et menneske, der er vendt tilbage til ikke-civilisationen, urtiden, og er blevet dyrelignende, θηριώδης; γοητεία er lig med μαγεία i Gorgias' lovprisning af Helena. Platon skelner mellem magi, dvs. man vil tvinge guderne til noget, og religion, dvs. man hengiver sig til/underkaster sig guderne. Der sker altså en ny konnotering af magi i det 5. årh. Nu bliver den negativ og adskilt fra den officielle polisreligion, og Platon mener, at magoi anser guderne for bestikkelige og forsømmelige. Pseudo-Hippokrates mener, at μαγοί, καθάρται, renselsespræster, ἀγύρται, tiggerpræster, og γοῆτες, charlataner, har gjort epilepsien, den hellige sygdom, overnaturlig, og han distancerer sig således fra magien.

Typer af forbandelser

1. defixiones iudiciariae: procesforbandelser
2. defixiones amatoriae: elskovstrolddom
3. defixiones agonisticae: konkurrencetryllerier
4. forbandelser mod tyve og bagtalere
5. forbandelser mod rivaler i forretningslivet

Sproglige træk

a) afsender taler i 1. person singular
b) tiltale til en overnaturlig magt, ofte i imperativ
c) parallelisering af to handlinger, den aktuelle situation og den ønskede effekt på offeret = similia similibus = analogi, hvad Frazer kalder sympatetisk magi
d) bindeformel som trylleformular
e) eventuelt en bøn om retfærdighed

Ritual

a) Den rituelle handling består i bindingen af ofret, idet tavlen forbindes med 365 snore og knuder
b) Offeret overgives til en overnaturlig magt
c) Opfordring til den overnaturlige magt om at holde offeret fast eller gøre noget andet alvorligt ved offeret

Henvendelsen sker til de underjordiske guder Kore, Demeter, Pluton og nymferne.

Ordliste

καταδεσμός: forbandelse
φάρμακον: tryllemiddel; dødebesværgelser og bindinger til dødsriget er del af pharmakeia.
καταγράφειν og ἐγγράφειν: skrive ned
καταδεῖν og καταδεῖσθαι: binde nedad
κατέχειν: holde nedad, gøre ubevægelig
ἀνατιθέναι + ἀνιερούν: indvie
ἀπογράφειν. udradere
ὀρκίζειν + ἐξορκίζειν: besværge
φιλτροκατάδεσμος θαυμαστός: et trolddomsagtigt erotisk trylleri er et kærlighedsmiddel gennem binding
ἀβρασάξ: 'abrasax' er et symbol på en bogstavrebus = tal = 365 dage, som også kan symbolisere de 365 knuder på tavlen.
διαβολαί: bagtalelsesbønner: man fortæller guden en usand historie om en person, offeret, der har handlet ondt mod guden. Guden skal så straffe vedkommende.

Religiøs kommunikation i forbandelser

(Origo: Kai Brodersen (Hrsg.): *Gebet und Fluch, Zeichen und Traum: Aspekte religiöser Kommunikation in der Antike. LIT Verlag, Münster, 2001*

Forskningshistorien kort

Richard Wünsch offentliggjorde i 1897 220 græske forbandelsestavler fra Attika; bogen er blevet genoptrykt 1976 i Chicago og 1977 i Berlin. Derefter kom Auguste Audollent 1904 med 305 tavler, hvoraf 166 er latinske, og bogen blev genoptrykt i Frankfurt/M. 1967. Men der er for tiden ikke overblik over, hvor mange tavler forskningen og museerne i virkeligheden er i besiddelse af, så den nuværende tilstand beskrives som kaotisk.

Indledning

Libanios havde ifølge det nedennævnte afsnit en skriveblokade, fordi han var blevet forbandet med en kamæleon, hvis hoved var hugget af, dens forben var skåret af og det ene var stoppet i munden på den; Libanios kunne altså hverken tænke, sige noget eller bruge hænderne, så han var totalt ukampdygtig som retor og politiker.

Kamæleonen er her det af forbanderen valgte kommunikationsmiddel, mediet mellem den, der ytrer forbandelsen, og de underjordiske guder; den, der bliver forbandet, må ikke kende til det.

Libanios, (300-400 e.Kr.) 1. tale (= hans autobiografi), 243-250:

Ἡμέραι τε ἅπασαι πικραί, νυξί δὲ χάριν ᾐδειν τοῦ ὕπνου, φανείσα δὲ ἡμέρα τὸ ἐκόμιζεν ... ἐν τούτοις δὲ ὄντι μοι γίνεται ὄναρ° ... φάρμακα δὲ καὶ μαγγανεύματα καὶ πόλεμον ἀπὸ γοήτων ἀνδρῶν ταῦτα ἐδόκει δηλοῦν - καὶ εἵπετο δὲ τὸ ἔργον, φόβοι τε ἐκεῖνοι καὶ πλῆν τελευτῆς οὐδενὸς ἐπιθυμία ... ἰατροί δὲ τὴν τούτων ἴασιν ἄλλοθι ζητεῖν ἐκέλευον, ὡς οὐκ ὄντων σφίσι τῶν τοιοῦτων ἐν τῇ τέχνῃ φαρμάκων. ... καίτοι χαμαιλέων ἀναφανείς - οὐκ οἶδ' ὁπόθεν, ἐν τῷ τῶν λόγων χορῷ, πολὺς μὲν τούτῳ τῷ χαμαιλέοντι χρόνος καὶ μηνῶν ὁ νεκρὸς οὐκ ὀλίγων, ποδῶν δὲ ἐν μέσῳ τῶν ὀπίσω κειμένην ἑωρῶμεν τῆν κεφαλήν, τῶν δὲ ἑτέρων ὁ μὲν ἦν οὐδαμοῦ, τὸ στόμα δὲ ἅτερος εἰς σιωπήν ἔκλειεν. ... τύχης τοίνυν εὐμενεστέρας ἃ κατωρώρυκτο κεῖσθαι ὑπὲρ γῆν τοῖς βουλομένοις ὁρᾶν.

"Dagene var alle bitre; natten var jeg taknemmelig for pga. søvnen, men med dagen kom ondet igen. ... I denne tilstand havde jeg en drøm; ... den syntes at vise gift, magiske handlinger og angreb fra magikere - og opfyldelsen fulgte også, nemlig de nævnte angstanfald og ønsket om intet andet end døden ... Lægerne beordrede mig til at søge helbredelse for disse ting andetsteds, fordi der ifølge dem ikke var nogen lægemidler i lægekunsten mod sådanne ting. ... Da viste sig en kamæleon – jeg ved ikke hvorfra, i auditoriet, den må have været lang tid i denne tilstand og må have været død i flere måneder. Hovedet så vi ligge mellem bagbenene, af forbenene manglede det ene, det andet lukkede munden, hvad der betød tavshed. ... Så var det en heldig skæbne, at det, der var gravet ned, til sidst kom til at ligge på jorden synlig for alle, der ville se det."

Kommunikationsmodellen ser altså ud på følgende måde:

Den, der ytrer forbandelsen, er adressanten, der vælger et medium, som bliver skadet på en sådan måde, som forbanderen ønsker den forbandede blive skadet på, altså helt analogt; mediet overdrages de underjordiske guder med en formelagtig bøn; det er altså guderne, der er modtagere af meddelelsen, der indeholder et ønske om, at guderne forandrer adressatens, altså den forbandedes, liv og levned. Mediet må ikke være synligt for adressaten eller andre mennesker, så mister det sin virkning. Det ser vi i Libanios' tekst; da kamæleonen ender på jordens overflade, så den bliver synlig, ser Libanios den og forstår, hvad der er sket; og så er mediet virkningsløst, og Libanios kan tale og skrive igen.

Af medier nævner Tacitus, Annales 2, 69, 3, jf. Cassius Dio 57, 189 blytavler, aske, ligdele, smurt ind i urin, trylleformularer med forbandelser. Blytavler, tabulae, som på bestemte steder, hyppigt grave, bliver sømmet fast, defixae, eller gravet ned eller sænket ned i brønde. Især bly blev brugt, men også kobber, bronze, papyri, klædestof, jern, guld og sølv, se fx Pap. Lond. BL gr. 121):

Papyrus London, BL gr. 121 (PGM VII) 1. 397ff.

Λαβὼν μόλιβον ἀπό ψυχροφόρου σωλῆνος
ποίησον λάμναν καὶ ἐπίγραφε χαλκῷ γρα-
φείῳ, ὡς ὑπόκειται, καὶ θὲς παρὰ ἄωρον.

"Efter at have taget bly fra en koldtvandsledning
lav en tavle ud af det og skriv på den med en bronzegriffel,
hvad der følger, og læg den (i graven) af en for tidlig afdød."

Elementer i kommunikationen på tavlerne

1. Navne eller navnelister
Navne i akkusativ, fordi de er direkte objekt for καταδῶ, 'jeg binder ned';

SEG 30, 1980, 325.2

Πλει[σ]τ[...]
Πλείσταρχον Εὐπόλεμον, Κάσσα[ν]δρον
Δημήτ[ριον] Φ[αλ]η[ρέα] [..]ΚΝΗ{...}
Πειρ<α>ιέα
Pleist[...]

(Jeg binder ned) Pleistarchos, Eupolemos, Kassandros, Demetrios fra Phaleron, [...] kne[...] fra Piraeus

2. Forbandelser mod jurister
En af de tidligste tavler er fra det 6. årh. f.Kr. i Selinus på Sicilien og handler om advokater, der forbandes, så at de ikke kan hjælpe deres klienter; her er vi altså i det juridiske domæne.

SEG 26, 1976/77, 1113

a) Τὰν Εὐκλέος γλ[οσαν καὶ τὰν Ἀριστοφάνιος καὶ τὰν Ἀνγείλιος καὶ τὰν Ἀλκίφρονος καὶ τὰν hαγεστράτο° τ[ον συνδίκον τ[ον Ευκλίος καὶ τ[ον Ἀριστοφάνεος τὰς γλ[οσας καὶ τᾶν ¤...¦ονος γλ[οσαν.
b) Καὶ τὰν Οἰνοθέο καὶ τὰν Α[...] γλ[οσαν.

a) (jeg binder ned) Eukles' og Aristophanis' og Angeilis' og Alkiphrons og Hagestratos' tunge. Advokaternes, nemlig Eukles' og Aristophanis', tunger og [...]os' tunge.
b) og tungen af Oinotheos og af A[...].

I forbindelse med en proces i Athens havneby Piraeus finder vi

DTA 86 (= Wünsch 1897)

a) Καταδῶ Εὐάρατον° καὶ ὅσοι σύνδικοι καὶ Τελεσῖνον τὸν Ἰδώτου καὶ τὴν ψυχῆν καταδῶ Ἰδιώτου, γλῶτταν καὶ αὐτὸν° μετ' Εὐαράτου συνπράττουσι καὶ ὅσοι ἄν σύνδικος μετ' Εὐαράτου καὶ τοὺς Εὐαράτου καὶ τὴν ψυχῆν καὶ γλῶτταν.
b) Καὶ εἴ τις ἐνατία εἰ τὰ τούτων ἐστὶ ἄλλος πράττιει ἐμοί.

a) Jeg binder ned Euaratos og alle hans advokater og Telesinos, søn af Idiotos, og hans sjæl binder jeg, Idiotos', tungen og ham; de, som samarbejder med Euaratos og alle, som er advokat for Euaratos, og folkene omkring Euaratos og (deres) sjæl og tunge.
b) Og hvis der er en anden, som vil gøre sådanne ting mod mig.

3. Ved siden af juridiske forhold møder vi **rivalitet i handel og erhverv, i teatret, i sporten og i cirkus,** fx hestevæddeløb samt i kærligheden, hvor adressanten beder guderne om at adskille kvinden eller manden fra sin partner, fordi adressanten selv i lag med partneren.

DT 86 (= Audollent 1904)

A

[.....π]αρατίθομαι Ζο-
ίλα(ν) τὴν Ἐρε[τ]ρικὴν
[τ]ὴν Καθείρα(ν) γυναῖκα
... καὶ [τ]ῶ [Ἑ]ρμῆ τὰ βρόμ-
[ατα] αὐτῆς, τὰ ποτά, τ(ὸ) νυ-
... φον, αὐτῆς τὸν γέλωτα

.... πάροδον ......

[.....] jeg overgiver Zoila fra Eretria, Kabeiras hustru, [...] og til Hermes: hendes mad, hendes drikke, hendes sø(vn), [...], hendes latter [...], hendes optræden, [...]

DT 68 (= Audollent 1904), se Graf 1996, 136

A

[Κα]ταδῶ Θε[ο]δώρα[ν9 πρὸς [τ]ὴ-
[ν] παρὰ Φε[ρρ]εφάττηι καὶ πρὸς
[το(ὺ)ς] ἀτελ[έ9στο(υ)ς. ἀτελὴς [ε]ΐ[η] α[ὐτὴ
κα]ὶ ὅτι ἂμ πρὸς Καλλίαν διαλ[έγειν] μελ-
[ληι καὶ πρ]ὸς Χαρίαν ὅτι ἂν διαλέγ[ειν μέλληι
καὶ ἒ]τγα καὶ ἒπη καὶ ἐργασίας. .α πρ
. ἒπη λόγον ὅν ἂμ πο[τε] καὶ λέ[γηι. καταδῶ(?)

Θεο]δώραν πρὸς Χαρίαν ἀτελῆ αυτὴ(ν) ε[ΐν]αι
[καὶ ἐπι]λαθέσθαι Χαρίαν Θεοδὼρα[ς] καὶ το[ῦ π]α[ι-
δί}ο(υ) τοῦ Θεοδὼρας ἐπιλαθέσ[θ]αι Χαρί[α]ν
[καὶ τὴς] κοίτης τῆς [π]ρὸς Θε[οδώ]ρα[ν.]

B

[Καὶ ὡς] οὖτος [ὁ νεκρὸς] ἀ[τ]ε[λ]ὴς κ[εῖται
οὗτως] ἀτελεστα ε[ΐ]ναι Θεοδώραι πάντ-
[α κα]ὶ ἒπη καὶ ἒ]τγα τὰ πρὸς Χαρίαν καὶ πρὸς
[το(ὺ)ς ἄ]λλο(υ)ς ἀνθρώ[π]ο(υ)ς. καταδῶ [Θ]ε[ο]δώρ[αν
Π]ρὸς τὸν Ἑρμῆν τὸ(γ) χθόνι[ον] καὶ πρὸς το(ὺ)ς
[ἀτε]λέστο[(υ)ς] καὶ πρὸς τὴν [Τ]ηθύν. [π]άντα [καὶ
ἒπη κ]αὶ ἒτγα τὰ πρὸς Χαρίαν καὶ το(ὺ)ς ἄλλο(υ)ς
[ἀνθ]ρώπο(υ)ς καὶ [τὴν] κοίτην τὴν π[ρ]ὸς Χαρίαν
[ἐπι]λαθέσ[θ]αι Χαρίαν τῆς κ[οί]της. [Χ]αρ[ίαν}

καὶ. το(ῦ) παιδίο(υ) [Θ]ε[οδ]ώ[ρας ἐπιλαθέ-
σθαι ἧσ]π[ερ] ἐρᾶ[ι] ἐκε[ῖνος]

ἀτέλεστοι = de ufuldendte, 1. underverdenens guder eller 2. døde, der ikke har været gift

A)

"Jeg binder ned Theodora til hende ved siden af Persephone (Hekate) og til de ugifte. Gid hun må være ugift, og hvornår hun end vil tale med Kallias og med Charias og hvornår hun end vil tale om gerninger og ord og arbejde [...] ... ord og tale, hvad han end måtte sige.

Jjeg binder ned) Theodora, at hun (må) forblive ugift med Charias, og (jeg binder ned) Charias, at han må glemme Theodora og at han glemmer barnet, nemlig Theodoras, Charias, og samlejet med Theodora.

B)

Sådan som dette lig ligger ugift/unyttigt, således skal alle ord og gerninger fra Theodora være ugifte/nytteløse i forhold til Charias og de andre mennesker. Jeg binder ned Theodora til den khthoniske Hermes og til underverdens guder/ de ugifte døde og til Tethys. (Jeg binder ned) alt, hendes ord og hendes gerninger over for Charias og de andre mennesker og samlejet med Charias, og at Charias skal glemme samlejet (med hende); Charias skal glemme pigen, netop hende, som han elsker."

Adressanten forsøger at bringe et elskende par fra hinanden. De skal glemme at sove med hinanden, og for en sikkerheds skyld forbander han også sin Theodoras samtaler med en vis Kallias. Theodora skal forblive ἀτελής, 'ufuldendt', dvs ugift, hvad Hermes og Thetys og ἀτέλεστοι, dvs. enten underverdenens guder eller de i nærheden begravede ugifte døde, skal sørge for. Det er dem, forbanderen binder de elskende ned til.

DTA 78 fra Athen i det 4. årh. f.Kr.

Ἀριστοκύδη καὶ τὰς φανομένας αὐτῷ γυναῖκας μήποτ' αὐτὸν γῆμαι ἄλλην γυναῖκα μηδὲ παίδα.

"(Jeg binder ned) Aristokydes og de kvinder, som man ser sammen med ham. Gid han ikke må gifte sig med en anden kvinde eller ung pige."

Her vil den kvindelige adressant have mulighed for at gifte sig med en mand, som kvinderne er vilde med, og de forhold skal han hindres i.

4. Konkurrence blandt erhvervsfolk
Ziebarth 1934, 1032, nr. 5, fra Athen i det 4. årh. f.Kr.

Κίττον τὸν στιγματίαν δικτυοπλόκον καὶ τὴν ἐργασίαν αὐτοῦ καὶ τὸ ἐργαστήριον° Εὐφροσύνην τὴν δικτυοπλόκον καὶ τὴν ἐργασίαν αὐτῆς καὶ τὸ ἐργαστήριον° Φιλόμηλον Φιλομήλου Μελιτέα καὶ Φιλ[...]α Μελιτέα Εὐγείτονα Εὐγείτονος Ἀρχανέα.

(jeg binder ned) Kittos, den brændemærkede slave, som fletter net, og hans arbejde og værksted; Euphrosyne, som fletter net, hendes arbejde og hendes værksted; Philomelos, søn af Philomelos, fra Melite, og Phil[...] fra Melite og Eugeiton, søn af Eugeiton fra Acharnai.

Wilhelm 1904, 120 ff.

Θεοί. Ἀγαθῇ τύχῃ. καταδῶ καὶ οὐκ ἀναλύσω Ἀντικλέα Ἀντίφανος καὶ Ἀντιφάνην Πατροκλέος καὶ Φιλοκλέα καὶ Κλεοχάρην καὶ Φιλοκλέα καὶ Σμικονίδην καὶ Τιμάνθην καὶ Τιμάνθην. καταδῶ τούτους ἅπαντες πρὸς τὸν Ἑρμῆν τὸν τὸν (!) χθόνιον καὶ τὸν δόλιον καὶ τὸν κάτοχον καὶ τὸν ἐριούνιον καὶ οὐκ ἀναλύσω.

"Guder. Held og lykke. Jeg binder ned og løser ikke Antikles, søn af Antiphanes, og Antiphanes, søn af Patrokles, og Philokles og Kleochares og Philokles og Smikonides og Timanthes og Timanthes. Jeg binder dem alle ned til Hermes, den khthoniske, den listige, den fastholdende og den lykkebringende gud, og jeg vil ikke løse dem."

I denne tekst bruges de offentlige indskrifters formel: Θεοί. Ἀγαθῇ τύχῃ: 'Guder. Held og lykke!', selv om det er en forbandelsestavle.

5. Guder som direkte modtagere
Der findes tavler, hvor guderne er de direkte modtagere af budskabet, formuleret til dæmonerne og Persephone:

Ziebarth 1934, 1039, nr. 20

Πρὸς τὰς Πραξιδίκας πρ[ὸς Ἑρμῆν ...

Til Praksidike, til Hermes ...

Litteratur

Audollent, Auguste: *Defixionum tabellae*, Fontemoing, Paris 1904
DT = Audollent 1904
DTA = Wünsch 1897
SEG = Supplementum Epigraphicum Graecum, Brill, Leiden
Wilhelm, Adolf: *Über die Zeit einiger attischer Fluchtafeln*, Winter Verlag, Heidelberg 1904
Wünsch, Richard: *Defixionum tabellae Atticae*, Georgium Reimerum, 1897
Ziebarth, Erich: *Neue Verfluchungstafeln aus Attika, Boiotien und Euboia*, Verlag der Akademie der Wissenschaften, Berlin 1934

Tekster

Nr. 1
Tavle fra Amorgos, måske 2. årh. f.Kr. - Bøn til Demeter om at lade gerningsmanden tilstå sin forbrydelse gennem en straf, sendt fra hende

Κυρία Δημήτηρ βασίλισσα, ἱκέτης σου προσπίπτω... ἐπὶ σὲ καταφεύγω σοῦ εὐιλάτου τυχεῖν καὶ ποιῆσαι με τοῦ δικαίου τυχεῖν. μὴ παιδὶν κλαύσαιτο μὴ τράπεζαν ἱλαρὰν θεῖτο, μὴ κύων ὑλακτήσαιτο, μὴ ἀλέκτωρ κοκκύσαιτο, σπείρας μὴ θερίσαιτο. μὴ γὴ μὴ θάλασσα καρπὸν ἐνέγκαιτο. ἀπόλοιτο, καὶ τὰ παρ᾽ αὐτοῦ πάντα. κυρία Δημήτηρ, λιτανεύω σε παθὼν ἄδικα. ἐπάκουσον, θεά, καὶ κρῖναι τὸ δίκαιον... βασίλισσα, ἐπάκουσον ἡμῖν παθοῦσι, κόλασαι τοὺς ἡμᾶς τοιούτους ἡδέως βλέποντας.

(Origo: H. S. Versnel: "Religious Mentality in Ancient Prayer", in: H. S. Versnel (ed.): Faith, Hope and Worship. Aspects of Religious Mentality in the Ancient World, Leiden (E. J. Brill) 1981, 32)

Tavle fra Amorgos, måske 2. årh. f.Kr.
Herskerinde Demeter, dronning, jeg kaster mig som bønfaldende for dine fødder ... jeg søger min tilflugt hos dig for at bede om din gunst; garantér, at jeg får retfærdighed. ... (Gid det, der følger, må ske for min fjende): at intet barn nogensinde vil græde over for ham, at han aldrig kan sætte et tilfredsstillende alterbord op, at ingen hund må gø ad ham, at ingen hane kykylikyer ad ham, at han ikke høster det, som han har sået. At hverken land eller hav må bringe ham afgrøde. At han selv og alle hans ting må gå til grunde. Herskerinde Demeter, jeg beder til dig, fordi jeg har lidt uret. Lyt, gudinde, og døm en retfærdig dom, ... dronning, lyt til os, der har lidt, straf dem, der ser med glæde på os i denne situation.

Abrasax – Forbandelser
De nedenstående eksempler stammer fra Merkelbach, R./Totti, M. (Hrsgg.): Abrasax: Ausgewählte

Papyri religiösen und magischen Inhalts. Band 1 (Abh. d. Rhein.-Westfäl. Akad. d. Wiss., 17/1, Ppback. Köln 1990, og Band 2: Gebete (Fortsetzung) (Abh. d. Rhein.-Westfäl. Akad. d. Wiss., 17/2, Ppback. 1991

Nr. 2

καταγράφω Εἰσιάδα τὴν Α[ὐ]τοκλέας
πρὸς τὸν Ἑρμῆ τὸν κάτοχον.
κάτεχε αὐτὴ[ν] παρὰ σα[υ]τόν.

Jeg skriver Isias, datter af Autoklea, ned
til Hermes Katochos.
Hold hende fast ved din side!

Nr. 3

καταδεσμεύω Εἰσιάδα πρὸς τὸν Ἑρμῆ
τὸν κάτοχον· [χ]ε̃ρες,
πόδες Εἰσιάδος, σῶμα ὅλον.
Jeg binder Isias ned til Hermes
Katochos: hænderne, Isias' fødder, hele kroppen.
Ἀρι[σ]τοκύδη καὶ τὰς φανο[υ]μένας
αὐτῶι γυναῖκας.
μήποτ' αὐτὸν γῆμαι ἄλλην γυναῖ[κα] μηδὲ παῖδα.

[Jeg binder] Aristokydes og de kvinder,
som man vil se sammen med ham.
Lad ham ikke gifte sig med en anden kvinde eller pige!

Nr. 4

Ἄβρασαρξ, παρατίθεμαι σοι Ἄδιεκτον ὅν ἔτεκτεν Κουμείτα, ἵνα ὅσον χρόνον ὧδε κείται μηδὲν πράσσοι, ἅλλα ὡως οὐ νεκρὸς εἵ, οὕυτως κἄκινος μετὰ σοῦ είς ὅποσον χρόνον ζῇ.

Abrasarx, jeg overgiver dig Adjektos, som Kumeita fødte, for at han ikke kan gøre noget, så længe (denne tekstplade) ligger sådan, men således som du er død, så skal også den (= teksten) [ligge] sammen med dig, så længe den lever.

Nr. 5

Forbandelsestavle fra Neapolis i Karien i det sydvestlige Lilleasien, måske 1. årh. e.Kr.

[v. Δημ]ῃ̣τριος Παπαρίωνος Μάκρωṿ [κα]-
[τεσκ]ẹύασεν τὸ μνημεῖον ἑαυτῷ τε καὶ γυναικὶ κ̣α̣[ὶ]
[τέκ]ṿοις καὶ ἐγγόνοις καὶ γυναιξὶν αὐτῶν. εἰ δέ
[τις] ἕ̣τερος βιάση̣ṭαι καὶ θάψεị εἰς τὴν σορὸν, τούτωι
[μήτ]ẹ γῆς εὐκα̣[ρ]π̣ία γένοιτο̣ μήτẹ τέκνων ἔν-
[δικ?]ọς διαδοχὴ μ̣[ή]ṭẹ γυ̣ναικὸς ἀγ̣. νῆς κοίτηι
[μήτε] φίλων εὔνοια σ̣υ̣μ̣π̣α̣θὴς μήτε θεῶν
[ἵλ]α̣ος ἐφόρασις μήτε θα̣λάσσης πλωτὸν ὕ-
[δ]ω̣ρ μήτε ἐργασίας μήτẹ [σώ?]φρονος ἐπισ-
[τή]μης μήτε γαστέρ̣ο̣ς σ̣υ̣[να]π̣όλαυσις. ἐξώ-
[λη]ς δὲ καὶ πανώλης γένο[ιτ]ο. vac. ζῇ vac.

Forbandelsestavle fra Neapolis i Karien

Demetrios Makron, søn af Paparaion, rejste gravmælet for sig selv, for konen og børnene, for børnebørnene og deres koner. Men hvis en anden overtræder (denne bestemmelse) og begraver nogen i sarkofagen, så skal der for ham hverken blive frugtbarhed fra jordens side eller retmæssige efterkommere af børn eller en ærbar kvindes samleje eller vennernes hjertelige velvilje eller gudernes gunstigt stemte holdning eller havets sejlbare vand eller nytten af det daglige arbejde eller af fornuftig indsigt eller af maven. Han skal helt og holdent og fuldkommen gå til grunde. ... I levende live. ...

[κα]-[τεσκ]ẹύασεν: κατασκευάζω, udstyrer, færdiggør, 3. sg. aor. ind. akt.
μνημεῖον: mindesmærke, gravmonument, minde, n. sg. akk.
ἐγγόνοις: ἔγγονος, barnebarn, m./f. pl. dat.
βιάσηṭαι: βιάζω, øver vold imod, 3. sg. aor. konj. med.
θάψεịː θάπτω, begraver, 3. sg. aor. konj. akt.
σορὸν: σορός, urne, f. sg. akk.
εὐκạ[ρ]πḷία: frugtbarhed, f. sg. nom.
ἔν- [δικ?]ọς: adj., legitim, m./f. sg. nom.
διαδοχὴ: efterslægt, f. sg. nom.
ἁγνῆς: ἁγνός, ærbar, hellig, ren, kysk, f. sg. gen.
κοίτηι =κοίτη, samleje, f. sg. nom.
εὔνοια, goodwill, gunst, velvilje, f. sg. nom.
σ̣υ̣μ̣π̣α̣θὴς, adj., hjertelig, m./f. sg. nom.
[ἵλ]ạος: adj., velvillig, gunstig
ἐφόρασις: observation, holdning f. sg. nom.
πλωτὸν: πλωτός, adj., sejlbar, n. sg. nom.
ἐργασίας: ἐργασία, arbejde, erhverv, produktiion, f. sg. gen.
[σώ?]φρονος, σώφρων, adj., moderat, vis, sober, f. sg. gen.
ἐπισ-[τή]μης: ἐπιστήμη, erfaring, viden, f. sg. gen.
γαστέρ̣ọς: γαστήρ, mave, f. sg. gen.
σ̣υ̣[να]π̣όλαυσις: nytte, fælles glæde, f.sg. nom.
ἐξώ-[λη]ς: adj., ruineret, ganske ødelagt, m./f. sg. nom.
πανώλης: adj., altødelæggende, m./f. sg. nom.
ζῇ: ζάω, er i live, lever, 3. sg. præs. ind. akt.

Forbandelsestavler - Demeter

Nr. 6

Dittenberger Sylloge[3] nr. 1178 – Forbandelsestavle fra Demeterhelligdommen i Knidos

[ἀνατίθημι] Δάματ[ρι καὶ Κού]ραι καὶ θεοῖς τοῖ[ς παρὰ Δά]ματρι τοὺς ἐπ' ἐμὲ ἐλ[θόντ]ας καὶ μαστιγώσαντ[ας] καὶ δήσαντας, καὶ το[ὺς ἐκ]καλέσαντας˙ μὴ ἐξ[αλύξαι]εν, [ἐμο]ὶ δὲ καθαρὸν [εἴη--].

Dittenberger Sylloge[3] nr. 1178

Jeg indvier dem til Demeter og Kore og til guderne hos Demeter, som har angrebet og tortureret og bundet mig, samt dem, som har lokket mig ud. Gid de ikke må komme fri, men lad der være renhed for mig.

Nr. 7

Dittenberger: Sylloge[3] nr. 1180 – Forbandelsestavle fra Demeterhelligdommen i Knidos

[ἀνα]τίθημι Δάματρι καὶ Κούραι τὸν κατ' ἐμοῦ [ε]ἴπ[α]ντα ὅτι ἐγὼ τῶι ἐμῶι ἀνδ[ρὶ] φάρμακα ποιῶ θανά[σιμα]˙ παρὰ Δάματρα πεπρημένος μετὰ τῶν αὐτοῦ [ἰδίων] πάντων ἐξαγορεύων, καὶ μὴ τύχηι εὐιλάτου [Δ]άματρος καὶ Κούρας μηδὲ τῶν θεῶν τῶν παρὰ Δά[μα]τρος, ἐμοὶ δ' ε[ἰ]η ὅσια καὶ ἐλεύθερα ὁμοστεγησάσηι ἢ ὧι πο[τε] τρόπωι ἐπιπλεκομένηι˙ ἀνατίθημι δὲ καὶ τὸν κατ' ἐ[μοῦ] γράψαντα ἢ καὶ ἐπιτάξαντα˙ μὴ τύχοι Δάματρος καὶ [Κ]όρας μηδὲ θεῶν τῶν παρὰ Δάματρος εὐιλάτων, ἀλλ' ἀ[ν]α[β]αῖ μετὰ τῶν ἰδίων πάντων παρὰ Δάματρα πεπρημένος.

Dittenberger: Sylloge[3] nr. 1180

Jeg indvier ham til Demeter og Kore, som har sagt om mig, at jeg forbereder en dræbende gift til min mand. For Demeter skal han ruineret for alt, hvad han ejer, tilstå, og han skal ikke møde Demeter og Kore eller nogen af de andre guder hos Demeter med et forsonligt sind, men for mig skal der være renhed og frihed, når jeg bor under samme tag med dem eller på anden vis træffer på dem. Jeg forbander også den, der har skrevet det om mig eller har sat det i gang. Gid han må møde Demeter og Kore og de øvrige guder hos Demeter med uforsonligt sind, og gid han må fremstå for Demeter som ruineret for alt, hvad han ejer.

Nr. 8

Forbandelsestavle fra Knidos i Lilleasien, lagt ved Demeters statue

Ἀνιεροῖ Ἀρτεμεὶς Δάματρι Κούρα[ι θεο]ῖς παρὰ Δάματρι πᾶσι ὅστις τὰ ὑπ' ἐμοῦ καταλιφθέντα ἱμάτια καὶ ἔνδυμα καὶ ἀνάκω[λ]ον, ἐμοῦ ἀπαιτ[ησά]σας οὐκ ἀπέδ[ωκέ] μοι. ἀνενέγκα[ι] αὐτὸς παρὰ Δ[άμ]ατρα καὶ εἴ τι[ς ἄλλος] τἀμὰ ἔχ[ει πεπρη]μένος ἐξ[αγορεύ]ων, ἐμο[ὶ δ ὲ ὅσια κ]αὶ ἐλεύ[θερα..........] καὶ συμπιεῖν καὶ συμφαγεῖν καὶ ἐπ[ὶ τὸ α]ὐτὸ στέγος ἐ[λθ]εῖν. ἀδίκημαι γὰρ Δέσπο[ι]να Δάματερ.....

(Origo: H. S. Versnel: "Religious Mentality in Ancient Prayer", in: H. S. Versnel (ed.): Faith, Hope and Worship. Aspects of Religious Mentality in the Ancient World, Leiden (E. J. Brill) 1981, 21-22)

Forbandelsestavle fra Knidos i Lilleasien

Artemis (ikke guddommen) indvier (= forbander) til Demeter, Kore og alle guder sammen med Demeter den person, som ikke vil aflevere til mig de klædningsgenstande, som jeg overlod ham, skønt jeg bad om dem. Lad ham selv bringe dem tilbage til Demeter, og hvis nogen anden har mine ejendele, lad ham så, fortæret af ild(?) forkynde det offentligt. Men lad mig nu ikke overtræde nogen guddommelig lov og lad mig være fri ... til at drikke og spise sammen og bo under det samme tag (med den forbandede). For jeg har lidt uret, oh herskerinde Demeter …

Nr. 9

Tavle fra Amorgos, måske 2. årh. f.Kr. - Bøn til Demeter om at lade gerningsmanden tilstå sin forbrydelse gennem en straf, sendt fra hende

Κυρία Δημήτηρ βασίλισσα, ἱκέτης σου προσπίπτω... ἐπὶ σὲ καταφεύγω σοῦ εὐιλάτου τυχεῖν καὶ ποιῆσαι με τοῦ δικαίου τυχεῖν. μὴ παιδὶν κλαύσαιτο μὴ τράπεζαν ἱλαρὰν θεῖτο, μὴ κύων ὑλακτήσαιτο, μὴ ἀλέκτωρ κοκκύσαιτο, σπείρας μὴ θερίσαιτο. μὴ γὴ μὴ θάλασσα καρπὸν ἐνέγκαιτο. ἀπόλοιτο, καὶ τὰ παρ' αὐτοῦ πάντα. κυρία Δημήτηρ, λιτανεύω σε παθὼν ἄδικα. ἐπάκουσον, θεά, καὶ κρῖναι τὸ δίκαιον... βασίλισσα, ἐπάκουσον ἡμῖν παθοῦσι, κόλασαι τοὺς ἡμᾶς τοιούτους ἡδέως βλέποντας.

(Origo: H. S. Versnel: "Religious Mentality in Ancient Prayer", in: H. S. Versnel (ed.): Faith, Hope and Worship. Aspects of Religious Mentality in the Ancient World, Leiden (E. J. Brill) 1981, 32)

Tavle fra Amorgos, måske 2. årh. f.Kr.

Herskerinde Demeter, dronning, jeg kaster mig som bønfaldende for dine fødder … jeg søger min tilflugt hos dig for at bede om din gunst; garantér, at jeg får retfærdighed. … (Gid det, der følger, må ske for min fjende): at intet barn nogensinde vil græde over for ham, at han aldrig kan sætte et tilfredsstillende alterbord op, at ingen hund må gø ad ham, at ingen hane kykylikyer ad ham, at han ikke høster det, som han har sået. At hverken land eller hav må bringe ham afgrøde. At han selv og alle hans ting må gå til grunde. Herskerinde Demeter, jeg beder til dig, fordi jeg har lidt uret. Lyt, gudinde, og døm en retfærdig dom, … dronning, lyt til os, der har lidt, straf dem, der ser med glæde på os i denne situation.

Nr. 10

Papyri Graecae Magicae V, 305ff. = Papyrus I 46 = TM 64368 (Preisendanz 1928)

(Origo: Digitised Manuscripts (bl.uk))

Λαβὼν […] μολυβοῦν πέταλον καὶ σιδηροῦν κρίκον […] γράψον […] τὸ ὄνομα, τοὺς δὲ χαρακτῆρας […] καὶ ὅτι “καταδεθήτω αὐτοῦ ἡ φρόνησις ἐπὶ τῷ μὴ ποιῆσαι τὸ δεῖνα πρᾶγμα” […]. κεντῶν κατὰ τῶν χαρακτήρων τῷ καλάμῳ καὶ δεσμεύων λέγε: “καταδεσμεύω τὸν δεῖνα πρὸς τὸ δεῖνα: μὴ λαλησάτω, μὴ ἀντισπ<ας>άτω, μὴ ἀντειπάτω, μή μοι δύναιτο ἀντιβλέψαι ἢ ἀντιλαλῆσαι, ὑποτεταγμένος δέ μοι ἤτω, ἐφ᾽ ὅσον οὗτος ὁ κρίκος κέχωσται. καταδεσμεύω δὲ αὐτοῦ τὸν νοῦν καὶ τὰς φρένας, τὴν ἐνθύμησιν, τὰς πράξεις, ὅπως νωχελὴς ᾖ πρὸς πάντας ἀνθρώπους.” ἐὰν δὲ γυναῖκα: “ὅπως μὴ γαμήσῃ τὸν δεῖνα ἡ δεῖνα” (κοινά). εἶτα ἀπενέγκας αὐτὸ εἰς ἀώρου μνῆμα ὄρυξον ἐπὶ δ′ δακτύλους καὶ ἔνθες καὶ λέγε: “νεκυδαίμων, ὅστι[ς] [ποτ᾽ οὖν] εἶ, παραδίδωμί σοι τὸν δεῖνα, ὅπως μὴ ποιήσῃ τὸ δεῖνα πρᾶγμα.” εἶτα χώσας ἀπέρχου. κρεῖσσον δὲ ποιεῖς σελήνης μειουμένης. […] ὁ δὲ κρίκος καὶ εἰς φρέαρ βάλλεται ἀχρημάτιστον ἢ παρὰ ἄωρον.

Tag … en blytavle og en jernring … skriv … det navn, trylletegn … og (følgende): ”Lad hans forstand være bundet, så at han ikke kan udføre NN ting”. … Gennembor trylletegnene med griflen og fuldfør bindingen med ordene: ”Jeg binder NN mht. følgende: Han skal ikke kunne tale, ikke gøre modstand, ikke tale imod, ikke se på mig og ikke tale mig imod, men skal være underkastet mig, så længe denne ring ligger begravet. Jeg binder hans sind og hans tanker, hans ånd, hans handlinger, så at han er passiv over for enhver.” Men hvis du forbander en kvinde, sig også: ”For at NN ikke gifter sig med NN” (tilføj de sædvanlige ord). Bær det så væk hen til en grav af en for tidligt afdød, grav 4 fingre dyb, læg det ned og sig: ”Dødsdæmon, hvem du end er, jeg overgiver dig NN, så at han ikke kan udføre

NN ting." Hæld så jord på og gå væk. Bedst handler du ved aftagende måne. ... Ringen kan også lægges i en ubenyttet brønd eller i en grav af en for tidligt afdød.

πέταλον, plade, tavle, n. sg. akk. μόλυβος, adj., af bly, n. sg. akk. σιδήρεος, adj., af jern, m. sg. akk. κρίκος, ring, m. sg. akk. καταδέω, v., binder nedad, 3. sg. aor. imperat. pass. ποιέω, gør, udfører, aor. inf. pass. δεῖνα, NN, det og det, n. pl. akk. κεντάω, v., prikker hul i, stikker hul i, m. sg. nom. præs. part. akt. δεσμεύω, v., binder fast, m. sg. nom. præs. part. akt. κάλαμος, griffel, m. sg. dat. λαλέω, v., taler, 3. sg. aor. imperat. med. ἀντισπάω, v., gør modstand, 3. sg. aor. imperat. med. ἀντεῖπον, v., taler imod, 3. sg. aor. imperat. med. δύναμαι, v., kan, 3. sg præs. opt. mp. ἀντιβλέπω, v., ser direkte i øjnene på, aor. inf. akt. ὑποτάσσω, v., underkaster, m. sg. nom. perf. part. mp. εφ οσον, så længe som χόω, v., kaster, 3. sg. perf. ind. mp. φρήν, mellemgulv, sæde for hjerte og tanker, f. pl. akk. ἐνθύμησις, vurderingsevne, f. sg. akk.	νωχελής, adj., sløv, m. sg. nom. εἰμί, uregelm. v., 3. sg. præs. konj. akt. γαμέω, v., gifter mig med, 3. sg. præs. konj. akt. κοινός, adj., fælles, frivillig, n. pl. akk. ἀποφέρω, v., bærer bort, m. sg. nom. aor. part. akt. ἄωρος aadj., for tidlig, m./f., sg. gen. ὀρύσσω, v., graver, 2. sg. aor. imperat. akt. δάκτυλος, finger, m. pl. akk. ἐντίθημι, v., lægger ned, putter ned i, 2. sg. aor. imperat. akt. παραδίδωμι, v., overgiver, 1. sg. præs. ind. akt. ποιέω, v. gør, udfører, 3. sg. aor. konj. akt. ἀπέρχομαι, v., går bort, 2. sg. præs. imperat. mp. κρείσσων, adj., bedre, n. sg. akk. komp. σελήνη, måne, f. sg. gen. μειόω, v., bliver mindre, aftager, f. sg. gen. præs. part. mp. φρέαρ, brønd, n. sg. akk. βάλλω, v., kaster, 3. sg. præs. ind. mp. ἀχρημάτιστος, adj., ikke mere i brug, n. sg. akk.

Votivgaver

En anden form for afvigende kommunikation er votivgaver, hvad man kunne kalde den positive form for kommunikation med guderne i modsætning til forbandelses-tavlerne. Når en person lider af en sygdom, er i livsfare, eller har nogle specielle ønsker, søger man helbredelse, frelse eller opfyldelse af ønsker ved at love guddommen en gave. Der vil altså være en afsender, en modtager, et løfte om en konkret gave, en verbal tak eller en bøn nævnt på votivtavlen, i Roman Jakobsons terminologi en ekspressiv, en fatisk, en direktiv, en kommissiv, en repræsentativ funktion, alt sammen i en fastlagt sproglig ramme, en poetisk funktion iflg. Jakobson.

Tekster

Dittenberger: Sylloge[3] vol. 3 nr. 1144/1145 – Votivtavle fra Asklepios' helligdom i Epidauros

(Origo: W. Dittenberger: Sylloge inscriptionum Graecarum, vol. 1-3, ed. quarta, Hildesheim (Olms) 1960 (= ed. tertia, Stuttgart (S. Hirzel) 1915)

1144.

τῇ Ὑγείᾳ Γάϊος ἴατρα

1145.

τῷ Τελεσφόρῳ Γάϊος ἴατρα

Dittenberger: Sylloge[3] vol. 3 nr. 1144/1145

1144.

Til sundhedens gudinde givet af Gaios som tak for helbredelsen.

1145.

Til den gud, der bringer en i mål, givet af Gaios som tak for helbredelsen.

Herondas: Mimiamber 4, 11-19 - Votivgave til Asklepios

(Origo: Otto Crusius: Die Mimiamben des Herondas, 2. Aufl., gänzlich umgearbeitet und mit griech. Test und Abb. versehen von Rudolf Herzog, Leizig (Dieterich'sche Verlagsbuchhandlung) 1926, 110+116)

11-19

καὶ θεαί, πάτερ Παίηον˙ ἵλεῳ δεῦτε
τοῦ ἀλέκτορος τοῦδ' ὅντιν' οἰκίης τοίχων
κήρυκα θύω τἀπίδορπα δέξαισθε
οὐ γάρ τι πολλὴν οὐδ' ἕτοιμον ἀντλεῦμεν,
ἐπεὶ τάχ' ἂν βοῦν ἢ νενημένην χοῖρον
πολλῆς φορίνης κοὐκ ἀλέκτορ' ἴητρα
νούσων ἐποιεύμεσθα, τὰς ἀπέψησας.
ἐκ δεξιῆς τὸν πίνακα, Κοκκάλη, στῆσον
τῆν Ὑγιείης.

11-19.

Og gudinder, fader Paieon, kom og modtag nådigt denne hane, herolden på
husets mur, som jeg ofrer til jer som tillægsmenu.
For vi øser ikke af et righoldigt og foreliggende forråd,
ellers ville vi nok give en okse eller et opfedet svin
med et tykt spæklag og ikke en hane som offer
som tak for helbredelse fra de sygdomme, som du viskede væk fra os.
Sæt votivtavlen, Kokkale, på højre side af Hygieia!

Dittenberger: Sylloge[3] nr. 1160 – Indskrift fra Dodona

Ἡρακλ[ε]ίδας αἰτεῖ τὸν Δία καὶ τὴν Διώνην τύχην ἀγαθὴν καὶ τὸν θεὸν ἐπερωτᾶι περὶ γε<ι>νεῆς, ἦ ἔστα[ι] ἐκ τῆς γυναικὸς Α[ἴ]γλης τῆς νῦν ἔχει.

Dittenberger: Sylloge^3 nr. 1160

Herakleidas beder Zeus og Dione om held og lykke og beder guden om et svar om efterkommere, om der vil komme nogen fra kvinden Aigle, som han har nu.

Taknemmelighedstavler

(F. T. van Straten: "Gifts for the gods", in: H. S. Versnel: Faith, Hope and worship, Aspects of Religious Mentality in the Ancient World, Leiden (E. J. Brill) 1981, 65-78)

A.

μνᾶμα τόδ' Ἑρμήσανδρος ὑπὲρ κράνας ὁ Φίλωνος
θῆκε θεᾶι θύσας Ἀρτέμιτος τελετᾶι
βοῦς ἑκατὸν κατάγων καὶ ἴκατι˙ τῶι τάδε κεῖται
κόσμος καὶ μνᾶμα καὶ κλέος εὐδόκιμον.

A.

Hermesandros, søn af Philon,
satte dette minde over den kilde,
da han ofrede 120 okser som offer til gudinden Artemis på hendes festdag; og det står her
som et smykke, et mindesmærke og et hæderssymbol for ham.

B.

Ἀπολλώνιος Ῥοιμητάλκου εὐξάμενος καὶ ἐπιτυχὼν Ἀπόλλωνι Αὐλαρχην(ῷ) εὐχαριστήριον.

B.

Apollonios, søn af Rhoimetalkes, som har bedt og har modtaget gudens gunst, til Apollon Aularchenos, som et tegn på taknemmelighed.

C.

καὶ πάλιν, Εἰλήθυια, Λυκαινίδος ἐλθὲ καλεύσης

εὔλοχος ὠδίνων ὧδε σὺν εὐτοκίῃ˙
ὡς τόδε νῦν μέν, ἄνασσα, κόρης ὕπερ, ἀντὶ δὲ παιδὸς
ὕστερον εὐώδης ἄλλο τι νηὸς ἔχοι.

C.

Og kom igen, Eileithyia, når Lykainis kalder,
idet du lindrer veerne og garanterer en god fødsel.
Ligesom du nu, frue, har modtaget dette som tak for en datter, således
vil dit velduftende tempel modtage noget andet som tak for en søn.

D.

Ἀθηνάαι Μένεια ἀνέθηκεν ὄψιν ἰδοῦσα ἀρετὴν τῆς θεοῦ.

D.

Meneia har viet dette til Athene, efter at have set gudindens fortræffelighed i et syn.

E.

Παλάδι Ἀθαναίαι Λύσον ἀνέθεκεν ἀπαρχὲν
ὅν αὐτο κτ[εά]νον τεῖ δὲ θεῶι χαρίεν.
Θεβάδες ἐπ[οίεσεν ὁ Κ]ύ[ρ]νο παῖς τόδ’ ἄγαλμα.

E.

Lyson har indviet dette til Pallas Athene som førstegrødeoffer
af sine egne afgrøder, behagelig for gudinden.
Thebades, søn af Kyrnos, har fremstillet dette kunstværk.

Liste over græske religiøse termini

Ábaton (ἄβατον): 'et sted, der ikke må betrædes', helligt sted, hvortil adgangen er forbudt; også = ἱερὸν ἄβατον, samt et sted, hvor lynet har slået ned, og lynet sendes af Zeus Kataibátes, 'han, som farer ned med lynet'.

Adelphos (ἀδελφός): 'bror', indviet kultmedlem.

Ádyton (ἄδυτον): 'som ikke må betrædes'; hemmeligt eller det inderste rum, hvortil kun gudens præster og personale har adgang; stedet i Delphi, hvor Pythia opholder sig.

Ágalma (ἄγαλμα): statue, billede, kunstværk, indviet til en guddom.

Agathós: (ἀγαθός): god, ædel, lykkelig.

Agaués (ἀγαυός): ædel.

Agéla (ἀγέλα): 'hestehjord', på Kreta de unge mænd før deres indtræden i de voksne mænds rækker, altså grupper af drenge, der i et initiationsritual blev betragtet som utæmmede føl. Disse agelai kæmpede så mod hinanden i forskellige konkurrencer, se agéle, ekdysia og periblemaia.

Agéle (ἀγέλη): efebgrupper, der deltog i overgangsritualet til voksenalderen, agogaía, ἀγωγαία, på Kreta, i Sparta og på Chios, som var et nødvendigt ritual for at blive optaget i en phratria og dermed opnå borgerret.

Ágeustoi thysíai (ἄγευστοι θυσίαι): ofringer af offerdyr uden smag, = uden at menneskene får lov til at smage på kødet.

Agízo (ἁγίζω): at indvie til guderne.

Ágnostos theós: (ἄγνωστος θεός): ukendt gud.

Agogaía (ἀγωγαία): overgangsritual til voksenalderen, se agéle.

Agogé (ἀγωγή): 'at føre hesten med hånden', spartansk udtryk for initiationsrite af en efebgruppe, se agéle.

Agón (ἀγών): 'væddekamp, konkurrence, leg' af sportslig eller musisk karakter.

Agonízein (ἀγωνίζειν): at konkurrere i en agon, at kæmpe.

Agonothesía (ἀγωνοθεσία): en leitourgia til afholdelse af en agón, se denne og se agonothétes.

Agonothétes (ἀγωνοθέτης): ansvarlig embedsmand for organiseringen og finansiering af en agón.

Agorá (ἀγορά): 'markedsplads, forsamlingsplads', sted, hvor mange kulthandlinger finder sted.

Agoranómos (ἀγορανόμος): 'opsynsmand for torvet', embedsmand, der holder opsyn med de officielle og religiøse aktiviteter på byens torv.

Ágos (ἄγος): 'besmittelse, forbrydelse' i betydningen, at man forbryder sig mod det forbud, at man skal holde sig absolut fri for enhver skadelig indflydelse, se hagios.

Ágos (ἄγος): negativt tabu, provokeret af mened, mord, asylovertrædelse, deraf religiøs bekymring, besmittelse, skyld, forbandelse, som kræver et religiøst udsoningsoffer.

Agrenon (ἀγρηνόν): netlignende ulden kåbe, båret af bakchantinder og seere

Agreus (Ἀγρεύς): jæger

Agriónia (ἀγριώνια): vild og blodig fest i Boiotien til ære for Dionysos.

Ágrios (ἄγριος): 'vild, udyrket' i modsætning til civiliseret = medlem af et samfund, og dyrket land.

Agrotéra (αγροτέρα): landet uden for byen.

Agyrmós (ἀγυρμός): samling af mysterne på dagen før næste fuldmåne som indledning til initiationsfesten ved de Eleusinske mysterier, se prorrhesis.

Aidoíos (αἰδοῖος): at være ærbødig, at have respekt.

Aïdoneús (Ἀϊδωνεύς): = Hades.

Aidós (αἰδώς): 'skamfølelse, anstændighed, respekt'.

Aigís (αἰγίς): gyldent gedeskind, brugt som skjold, som Zeus bruger til at fremkalde tordenvejr.

Aióra (αἰώρα): fest for Erigone, hvis far Ikarios havde bragt vinen til Attika og sidenhen var blevet myrdet, og som havde hængt sig pga. faderens død.

áisa (ἆισα): Skæbnens gudinde, der tildeler hvert menneske sin lod, eller gudindernes skæbnesvangre beslutning, betegnelse for skæbnen, menneskets lod.

Aischrologia (αἰσχρολογία): 'uanstændig tale'; ritual under Thesmophoria-festen; øvelse i obskønitet.

Aiskulapstav (ράβδος τοῦ Ασκληπιού): det er en stav omsnoet af en slange og er symbol på lægekunsten. Slangen er knyttet til lægeguden, fordi slangen ved at skifte ham genvandt sin ungdom.

Aisymnétes (αἰσυμνήτης): = stephanephóros, se dette, i Milet.

Aither (αἰθήρ): Chaos' afkom. Aither er den evigt oplyste himmel, der ikke kender til nat. Modsætningen til Aither er Erebos.

Aition (αἴτιον): 'årsag'; fortæller om oprindelsen til myter, ritualer og begivenheder.

Akatharsía: ἀκαθαρσία: uren tilstand i religiøs henseende.

Akesios (ἀκέσιος): 'den, der afværger onder', epitet til Apollon, se alexikakos, apotropaios, archegetes.

Akropolis (ἀκρόπολις): 'byens borg'.

Alástor: ἀλάστωρ: 'den, der ikke glemmer'; en hævner, forfølger.

Aletheia (Ἀλήθεια): sandhedens gudinde.

Alexikakos (Ἀλεξίκακος): 'den, der afværger onder', epitet til Apollon, se apotropaios, akesios, archegetes.

Alitaínesthai (ἀλιταίνεσθαι): at begå forseelser mod guderne.

Alitérios: ἀλιτήριος: en, der krænker guderne.

Alitrós (ἀλιτρός): den, der begår forseelser mod guderne.

Álsos (ἄλσος): hellig lund.

Áltis (Ἄλτις): hellig lund i Olympia.

Ambrosía (ἀμβροσία): spise forbeholdt guderne.

Ámbrotos (ἄμβροτος): udødelig.

Améleia (ἀμέλεια): forsømmelse af gudsdyrkelse.

Amphiéteros (ἀμφιέτηρος): årlig, især brugt om Dionysos' festival.

Amphiktyoneía (ἀμφικτυονεῖα): sammenslutning 'rundt om helligdommen' af byer og folkeslag til fælles forvaltning og vedligeholdelse af en helligdom.

Amphiphóntes (ἀμφιφῶντες): runde kager, besat med lys; offerkager til Artemis, som blev givet i midten af Pyanopsion på Chios; det er et lysritual til Artemis Phosphóros, og ritualet markerer den 15. i måneden, altså midten.

Amphípoloi (ἀμφίπολοι): tjenere for en guddom.

Amphithalés (ἀμφιθᾶλής): 'blomstrende til begge sider', ung mand, hvor begge forældre lever endnu, deler brød ud til bryllupsgæsterne på bryllupsdagen og bærer en krans med tornede planter og agern, mens hans gentager: "Jeg er flygtet fra det onde og har fundet det bedste."

Anábasis tes theoú (ἀνάβασις τῆς θεοῦ): en guds himmelfart.

Anagízo (ἀναγίζω): se hagnízo.

Ánakes (Ἄνακες): 'hjælperne', guddomme i Mantineia.

Anáktoron (ἀνάκτορον): 'palads', kapel i det indre af Telestérion, hvor de eleusinske mysteriers hiera opbevares.

Anakalyptéria (ἀνακαλυπτήρια): foræring til bruden til afsløringsfest, hvor bruden bliver vist for brudgommen uden det jomfruelige slør.

Anánke (ἀνάγκη): 'nødvendighed'.

Anarrhýsis (ἀναρρύσις): 2. dag i Apatourie-festen.

Ánassa (ἄνασσα): herskerinde, frue.

Anáthema (ἀνάθημα): votivgave, det opstillede objekt i helligdommen, gaven til guden.

Anáthema (ἀνάθεμα): ting eller menneske, der er tabuiseret rituelt, forbandelse.

Anatithénai (ἀνατιθέναι): at forbande nogen, at stille en votivgave op i en helligdom.

Ánax (ἄναξ): hersker, herre, ’konge’ hos Homer, gudetitel.

Andreia (ἀνδρεία): ’mandehus’, spisested for aristokraternes foreninger på Kreta, hvor fattige kretiske drenge serverede for eliten.

Andreión (ἀνδρειών): se andrón.

Andrón (ἀνδρών): mandesal på Kreta, se syssitia.

Andrógynes (ἀνδρόγυνες): væsener, som menneskene nedstammer fra.

aneĩle (ἀνεῖλε): ’guden tog op’; guden forkyndte et orakel.

Ánemoi (ἄνεμοι): vindguderne.

Ángelos, ångélteira (ἄγγελος, ἀγγέλτειρα): budbringer.

Aniarízein (ἀνιαρίζειν): at forbande nogen.

Aníeros (ἀνίερος): ikke hellig, forbandet, se hierós.

Anieroún (ἀνιεροῦν): at forbande nogen.

Anikonisk statue: ’billedløs’, brugt om statuer af fx Apollon Agyieus på mønter, der kun afbilder en konisk søjle, og Eros’ billede i Thespiai, der kun var en rå sten.

Ánodos (ἄνοδος): ’opstigning’, 1. dag i Thesmophorie-festen, hvor kvinderne steg op til Demeter-helligdommene, der lå på høje eller bjerge.

Anósios (ἀνόσιος): ikke hellig = besmittet, fx om en morder.

Antheĩa (Ἀνθεία): en af de mindre gudinder, som i fællesskab er kendt som chariter. Gudinde for blomster og blomsterkranse.

Anthesphória (ἀνθεσφόρια): en festival til ære for Persefone, som blev taget og bortført af Hades.

Anthesphóroi, Anthestrídes (ἀνθεσφόροι, ἀνθεστρίδες): blomsterbærere, blomsterpiger. Ἀνθεστρίδες kan også være det man kalder piger, der skal indgå ægteskab.

Anthestéria (Ἀνθεστήρια): dødefest til ære for Dionysos, som finder sted den 11., 12. og 13. Anthesterion, dvs. i slutningen af februar.

Anthroporrháistes (Ἀνθρωποῤῥαίστης): 'den, der flår mennesker', brugt om Dionysos på Tenedos.

Áoroi (ἄωροι): børn, der er døde, før de har nået voksenalderen, får specielle æresbevisninger, ligesom euergétes, en afdød velgører, eller biaiothánatoi, βιαιοθάνατοι, de myrdede ofre.

Aparchaĩ (ἀπάρχαι): 'begyndelser', 'første offer' i en serie ofringer i et offerritual, gaver før det egentlige offer, primitialofringer, førstegrødeofre.

Aparché (ἀπαρχή): begyndelsen af en offerhandling, ofring af årets første udbytte.

Apárchesthai (ἀπάρχεσθαι): at ofre årets første udbytte.

Apatoúria (Ἀπατούρια): jonisk højtid, der afholdes af alle phratrier i Attika i Pyanopsion om efteråret i 3 dage med det formål at skaffe flere medlemmer til phratrien.

Apéllai (ἀπέλλαι): dorisk højtid for Apollon i Sparta på den 7. dag i hver måned, når det spartanske råd mødtes.

Apellaía (ἀπελλαῖα): et offer for den unge mand som kommende voksen i Delphi.

Aphagnízo (ἀφαγνίζω): at rense rituelt, at gøre profant efter en renselse.

Apheroízein (ἀφηρωίζειν): at gøre den døde til héros, heroisering.

Aphosioúmai (ἀφοσιοῦμαι): at forrette et forsoningsoffer, at rense sig selv for skødesløshed over for guderne, at gøre sig hósios, se dette, = at respektere de guddommelige grænser.

Aphrodítai (Ἀφροδῖται): Aphrodite-gudinder, begær, elskov, skønhed.

Aphrodíte (Ἀφροδίτη): kærlighedens gudinde, født ud af det skum, som opstod af de blodsdråber, der faldt i havet, da Kronos kastrerede sin far Uranos.

Aphrodite Melainis (Ἀφροδίτη Μελαινίς): 'den sorte', som underjordisk gudinde.

Aphrodite Symmachia (Ἀφροδίτη Συμμαχια): 'den, der bistår', skytsgudinde for et militært forbund.

Apobatéria (ἀποβατήρια): tilnavn til Artemis, som den, der sørger for, at skibene kommer sikkert i havn; offer ved frabordgåen.

Apolymaínesthai (ἀπολυμαίνεσθαι): at rense sig i rituel forstand.

Apónimma (ἀπόνιμμα): vand til at gøre de døde eller de 'urene' ren med.

Apophrás/apophrádes (ἀποφράς/ἀποφράδες): 'urene' dage i den Athenske kalender; relation til Plynteria, selvmordsretssager, måneløse dage og andre uheldsvarslende begivenheder; templerne forbliver lukkede, og officielle aktiviteter blev undgået.

Apórrhetoi thysíai (ἀπόρρητοι θυσίαι): ofringer, der skulle hemmeligholdes.

Apórrheton (ἀπόρρητον): 'forbudt, forbudt (at sige) inden for mysteria.

Apostátes (ἀποστάτης): 'den frafaldne'.

Apotrópaios (ἀποτρόπαιος): 'den, der afværger onder', epitheton til Apollon, se alexikakos, akesios, archegetes; et apotropæisk ritual skal holde den, der udfører den, borte fra al dårlig indflydelse.

Ará (ἀρά): velsignelse eller forbandelse.

Arásthai: ἀρᾶσθαι: at bede, at afgive et løfte, at bede for nogen, at ønske noget for nogen.

Arché (ἀρχή): begyndelse.

Archegétes (Ἀρχηγέτης): 'grundlægger af byer', 'første anfører'; gud eller heros, der regnes for grundlæggeren af en apoikie/apoikia; epitet til Apollon, der er skytsgud for de græske kolonier, se alexikakos, apotropaios, akesios.

Árchesthai (ἄρχεσθαι): at begynde på offerhandlingen, fx ved at vaske hænder.

Archiereús (ἀρχιερεύς): en 'ærkepræst', den øverste præst; svarer til den romerske Pontifex Maximus.

Architheorós (ἀρκιθεωρός): øverste theorós, se dette; leder af gesandterne, der også finansierer dem ved en leitourgía, se theorós og leitourgía.

Árchon basileús (ἄρχων βασιλεύς): 'kongeembedsmand', den embedsmand, der er ansvarlig for de af forfædrene overleverede kulter; han leder de eleusinske mysterier og kulthandlingerne ved Lenæer-festen.

Árchon epónymos (ἄρχων ἐπώνυμος): 'den embedsmand, efter hvem året bliver opkaldt'. Han var ansvarlig for de senere indførte fester i Athen: de Store Dionysier, festgesandtskabet til Delos (= theoría), processionen til ære for Asklepiós og for Zeús Sotér, og Thargelie-festen til ære for Apóllon Pýthios.

Árchon (ἄρχων): 'den første', 'ledende embedsmand'; den person, der har ansvaret for en forening eller en by; i Athen er der ni årligt skiftende embedsmænd: den eponyme archon, som året opkaldes efter, basileus, polemarchos og seks thesmotheter.

Árchousai (ἄρχουσαι): de to kvindelige ledere under Thesmophoria-festen.

Archiyperétes, (ἀρχιυπηρέτης): 'chefassistent'; se hyperétes (ὑπηρέτης).

Áres (ἄρης): kamp, krig; Krigens gud.

Arésasthai (ἀρέσασθαι): at forsøge at vinde gudernes gunst.

Arestéres (ἀρεστῆρες): offerkager.

Aretér (ἀρητήρ): den præst, der udtaler ará, se dette.

Argeiphóntes (ἀργεϊφόντης): Argos-dræberen; et tilnavn til Hermes, idet han dræber uhyret Argos.

Árgmata (ἄργματα): de første bidder af offerdyrets kød lægges til side til guden og brændes så.

Argoi líthoi (ἀργοὶ λίθοι): ubearbejdede sten til opstilling i témenos.

Agoraĩos (Ἀγοραῖος): gud for markedspladsen.

Áristos (ἄριστος): meget ædel.

Árktoi (ἄρκτοι): 'hunbjørne', i demen Brauron i Attika boede adelige piger et stykke tid i Artemis-helligdommen og tilbragte tiden med dans, vævning og løb som en initiationsperiode til voksenverdenen.

Arrhephoreín (ἀρρηφορεῖν): at bære Athenes hellige ting (fx hendes peplos).

Arrhephória (Ἀρρηφόρια): Kekrops' tre døtre, Aglauros, Pandrosos og Herse, voksede op i paladset på Akropolis, og så trods Athenes forbud den nyfødte Erichthonios/Erechtheus og to slanger, hvorefter de kastede sig ud fra Akropolis.

Erichthonios/Erechtheus er den første dødelige konge i Athen, og den tradition holdes vedlige af arrhephoroi, se arrhephoroi.

Arrhephóroi (ἀρρηφόροι): i Athen boede 4 adelige piger i nogle måneder på Akropolis som en initiationsperiode til voksentilværelsen.

Árrhetos (ἄρρητος): usigelig, uudtalelig, hemmelig, som ikke må siges højt, usagt.

Árrhetos thysía (ἄρρητος θυσία): hemmelig ofring, som der ikke må tales om.

Asébeia (ἀσέβεια): 'religiøs forbrydelse, skam' i betydningen, at man ikke respekterer de ritualer og religiøse opfattelser, som deles af polis' indbyggere; gudløshed, ufromhed, profanitet; asebeia kan altså både referere til skadelige handlinger og skadelige holdninger over for polis' fællesskab; modsætningen er eusebeia, se dette; forsømmelse eller bevidst forseelse mod guderne, mod en helligdom eller mod præster.

Asebés (ἀσεβής): 'vanhellig', se asébeia; profan, ufrom, gudløs.

Aspháleios (Ἀσφάλειος): 'den ubevægelige', brugt om Poseidon i det jordskælvsramte Lilleasien; han er gud for sikkerhed mod jordskælv.

Áspondoi thysíai (ἄσπονδοι θυσίαι): offer uden libation.

Astynómos (ἀστυνόμος): 'byens opsynsmand', politidirektør; embedsmand med ansvar for bygningsopsyn og politiopgaver.

Asylía (ἀσυλία) se asylon; fritagelse af personer og ejendom for tvangsmæssig udpantning (syle), indrømmet individer og kommuner.

Ásylon (ἄσυλον): på et asylon kan man ikke blive pågrebet; personer, der søger tilflugt i en helligdom, som ofte har status af asylon, nyder immunitet; formuer og skatter, lagret dér, er beskyttet.

Áte (ἄτη): datter af Zeus, som styrter menneskene i ulykke.

Atelés (ἀτελής): 'fritaget for skat eller afgifter'.

Atéleia (ἀτέλεια): 'afgiftsfrihed/skattefrihed'; fritagelse for alle eller specificerede afgifter eller ydelser til staten.

Athánatoi (ἀθάνατοι): de udødelige = guderne.

Athéna Areía (Ἀθήνα Αρεία): gudinden Athene som gudinde for edsaflæggelser.

Átheos (ἄθεος): gudløs, en, der fornægter guder, en, der er opgivet af guderne, en, der ikke har en relation i guderne.

Autóchthon (αὐτόχθων): opstået af jorden, af original race.

Ázesthai (ἄζεσθαι): at stå i ærefrygt, respekt over for (specielt overfor en gud eller sine forældre).

Bakch-: βακχ-: roden henviser til Dionysoskulten, til raseri, vanvid og ekstase; ordet er af uvis herkomst.

Bakchanter: dionysostilhængere, se bakchos.

Bakcheía (βακχεία): 'bakchantisk ekstase', raseritilstand som afslutning på indvielsen til Dionysos.

Bakcheúein (βακχεύειν): 'at afholde et orphisk ritual', at rase, være vanvittig, være i ekstase inden for Dionysos-kulten.

Bakcheutés (βακχευτής): bakchant

Bákchos (βάκχος): 'bakchant', tilhænger af Dionysos-kulten. Navnet stammer fra gudens epitet: Bákchos.

Bákchos, Bákcheus (Βάκχος, βάκχευς): = Dionysos.

Basíleia (βασίλεια): dronning

Basileús (βασιλεὺς): konge; den anden af Athens archonter med ansvar for offentlig kult og ledelsen af retsvæsenet; den archon, der varetager det gamle monarkis sakrale funktioner.

Basilínna (βασιλίννα): 'dronning', hustruen til Archon Basileus, forener sig med guden Dionysos i et hieros gamos, omgivet af 14 præstinder, og fuldfører hemmelige ritualer for at sikre byen bedst mulig fremgang. Dette sker under Anthesteria-, Theoinia- og Iobakcheia-festerne.

Basilíssa (βασιλίσσα): dronning, se Basilinna.

Bebakcheuménos (βεβακχευμένος): 'indviet til Bakchos' i den orphiske tradition.

Bébelon (βέβηλον): det profane område, modsat témenos.

Bendídeia (Βενδίδεια): højtid for Bendis-kulten, hvor i modsætning til andre kulter hele byen må deltage.

Blasphemía (βλασφημία):'skadelig tale'; ethvert upassende ord i en offersammenhæng, se euphemía.

Bomós (βωμός): 'alter' for en guddom, se eschara og koinòs bomós.

Bothros (βόθρος): grube i jorden til at opsamle offerdyrets blod i.

Boulé (βουλή): 'byrådet', i Athen bestående af 500 medlemmer.

Bouleutérion (βουλευτήριον): 'rådhus'.

Bouphónos (βουφόνος): okseslagtning/okseofring.

Boutes (βούτης): en hyrde.

Boutypos (βουτύπος): 'okseslagteren', den, der deltager i det blodige slagtoffer.

Bouzyges (βουζύγης): navnet på en græsk mytologisk helt, som var den første til at bruge oksen til landbrug i Attika.

Bretas (βρέτας): træskulptur til rituel brug, se xoanon, = hédos, se dette.

Briaros, Briaréos (Βριαρέως): uhyre med hundrede arme.

Brimó (Βριμώ): 'den skrækkelige', tilnavn til Persephone.

Brómios (βρόμιος): 'den larmende', tilnavn til Dionysos.

Brotoí (βροτοί): de dødelige = mennesker.

Bryllichistaí (βρυλλιχισταί): træmasker for Artemis i Orthia-helligdommen.

Kerykeion (Κηρύκειον): Hermes' stav, som to slanger slynger sig omkring.

Chalkoús (χαλκοῦς): 'kobbermønt', i Athen 1/8 af en obol.

Cháos eller Káos (χάος): urgud, bundløs, ubegrænset og formløs afgrund.

Charistérion (χαριστήριον): taknemmelighedsgave.

Chárites (χάριτες): de tre gratier: Aglaía, Euphrosýne, Thalía, gudinder for skønhed og ynde.

Cháron (Χάρων): færgemanden i underverdenen, der mod betaling af 1 obol sejler de døde over Styx.

Chéein (χέειν): at foretage en libation, se choé.

Chére (χήρη): 'den adskilte'; tilnavn til Hera.

Chérnips (χέρνιψ): indviet vand til at vaske hænderne i før et offer; vask af hænderne, før offerritualet går i gang.

Chloaía (χλοαῖα): spiringsfest.

Chóe áoinos (χόη ἄοινος): vievandsoffer, der bliver hældt på jorden eller på gravhøjen uden vin.

Chóe nephália (χόη νηφάλια): vievandsoffer, der bliver hældt på jorden eller på gravhøjen uden vin.

Chóe, choaí (χόη, χοαί): vievandsoffer, der bliver hældt på jorden eller på gravhøjen, med eller uden vin; flydende ofre til de underjordiske guder; libation af honning, olie eller vand, som hældes ud på jorden til de døde, idet man vipper et stort kar omkuld; se også spondé.

Choéphoroi (χοήφοροι): 'kandebærere', se choé.

Chóes (Χόες): 'kander' af choús (χούς), 'kande', 2. dag i Anthesterie-festen, 'kandedag'. En konkurrence om at drikke mest finder sted, og der afholdes en fest; se chytroi og pithoigia.

Choregós (χορηγός): den person, der er ansvarlig for udnævnelsen af kormedlemmer og direktionen af koret som forberedelse til teaterspillene til ære for Dionysos. Funktionen er en leitourgia; siden det 4. årh. understøttes han af agonothéter, se dette.

Choregía (χορηγία): den liturgi, ritualforskrift, som choregen står for; se choreg.

Chresmológos (χρησμολόγος): person, der overleverer de hellige tekster og fortolker dem.

Chresmós (χρησμός): en guds råd, et orakelsvar.

Chrestérion (χρηστήριον): stedet, hvor guden giver råd, orakelsvar.

Chthón (χθών): 'jord'

Chthonía (χθόνια): gud for jorden.

Chthónioi theoí (χθόνιοὶ θεοί): 'de underjordiske guder'.

Chthónios (χθόνιος): 'hvad der vedrører underverdenen', afledt af chthon: 'jord', jordisk, underjordisk.

Chýtroi (Χύτροι): 'potter', 'pottedag', 3. dag af Anthesterie-festen, se pithoigia og choes. Den har navn efter Chytroi, som er gryder til suppekogning, og suppen ofres til Hermes Chthónios, også kaldet Psychopompos, ledsager af de døde.

Daidoúchos (δᾳδοῦχος): 'fakkelbærer', en af de præster, der gør tjeneste ved de eleusinske mysterier, udvalgt blandt kerykes-slægten.

Daímon (δαίμων): 'dæmon, ånd, guddommelig magt', hverken gud eller heros, men et overnaturligt væsen med skiftende fremtoning, der kan gribe ind i menneskets liv på en gunstig eller skadebringende måde. Platon adskiller mellem guder, dæmoner, heroer og afdøde og sætter dem op imod menneskene; se heros.

Daitros (δαιτρός): en forskærer.

Damiorgós (δαμιοργός): = att. demiourgós (δημιουργός), 'aktiv for kommunen'; et magtfuldt, ofte eponymt embede i de doriske kommuner på Peloponnes.

Daphnephoría (δαφνηφορία): fest, hvor der bæres laurbærgrene. Apollons laurbærfest.

Daphnephóros: laurbærbærer, tilnavn til Apollon.

Deisidaímon (δεισιδαίμων): 'overtroisk', dæmonfrygtig = overtroisk, se deisidaimonia.

Deisidaimonía (δεισιδαιμονία): 'overtro' i betydningen, at man prøver på at være ekstrem påpasselig over for guderne og ritualerne, gentager ritualerne mange gange, nærer stor nervøsitet for varsler og tegn fra guderne; ordet betegner altså en overdreven frygt for ikke at varetage polis' religiøse fællesskab.

Dekáde (δεκάς): måneden bliver visse steder, fx i Athen og Priene, inddelt i tre grupper: 'stigende' måned, den 11.-20. dag, og 'aftagende' måned, i oversættelser benævnes disse 1., 2. og 3. dekade.

Dekáte (δεκάτη): 'tiendedel', den tiendedel af offerdyrets kød, som i Athen blev udbetalt til prytanerne, og den tiendedel af krigsudbyttet, som gives til guden som tak; se også akrothínia.

Demiourgós (δημιουργός): 'håndværker, skaber'; = theorós, se dette og se damiorgós.

Démos (δῆμος): 'folk', betegnelsen for helheden af borgere i et samfund; 'by- eller landsbyfællesskabet/fællesskaber'; sogn, kommune; i Attika en af de over 100 kommuner.

Demotelé (δημοτελῆ): de kulter, der vedrører alle demer i polis, se demotiká.

Demotiká (δημοτικά): de kulter, der vedrører den enkelte demos, se demotelé.

Dendromanteía (δενδρομαντεῖα): 'spådomskunst ved hjælp af træer', som blev udøvet i Zeus' Dodona-helligdom.

Dendrophóros (δενδροφόρος): 'træbærer'.

Deó (Δηώ): kortform af Demeter.

Dexiós (δεξιός): 'til højre', 'på den højre side'; heldig, med gode varsler; betydningen skyldes, at de græske augurer så mod nord, så at de heldige varsler ifølge fugletyderne, augurerne, kom fra øst, altså fra højre side, solopgangsretningen, mens de uheldige varsler kom fra vest, altså fra venstre side, solnedgangsretningen. I modsætning til grækerne vendte de romerske augurer mod syd, hvor de heldige varsler altså også kom fra øst, men det var jo så den venstre side.

Diabatéria (διαβατήρια): offer for en lykkelig overfart, inden man går ombord på skibet.

Diamastígosis (διαμαστίγωσις): piskning i Sparta, rituel kamp mellem grupper af unge mænd.

Diasparagmós (διασπαραγμός): form for offer i Dionysos-kulten, hvor et levende dyr bliver flået i stykker med de bare hænder.

Diasýstasis (διασύστασις): overdragelse af en helligdom fra en endnu levende far til sin søn, som stiller en kautionist og betaler en afgift, epónion, til staten.

Dichomenía (διχομηνία): 15. dag i måneden med ritualet amphiphóntes, lyskager, se dette; halvdelen af måneden højtideligholdes med offer til Artemis Phosphóros.

Díkaios (δίκαιος): 'retfærdig; den, der overholder normerne og loven i en (rets)sag mellem to parter, og 'retfærdig' i betydningen, at man overholder menneskelig lov, se hosios, og har respekt for guderne.

Díke (δίκη): 'retfærdighed'.

Dios kóidion (Διὸς κῴδιον): vædderskind, brugt i renselsesritualer.

Dióskouroi (Διόσκουροι): Zeus' sønner Kastor og Polydeukes.

Dipolíeia (Διπολίεια): en festival i Athen til Zeus Polieus.

Dithýrambos (διθύραμβος): ritual og hymne til ære for Dionysos, der også har det som epitet; det bliver fremfør af et kor, der ledes af en mand, der giver tegn til dans, og ledsages af et offer. Den ene af de fire dramatiske discipliner hos grækerne, som derudover har tragedien, komedien og satyrspillet.

Dókana (δόκανα): 2 horisontale pæle eller lign., der er forbundet i toppen. Et symbol på tvillingerne Kastor og Polydeukes.

Dokimasía (δοκιμασία): undersøgelse, som kommunen sætter i gang for at se, om kandidaten til et embede har borgerret og om han deltager i kulten for Zeus Herkeios og Apollon Patroos.

Dóron (δῶρον): votivgave.

Dorpeía (Δορπεία): 1. dag i Apatouria-festen.

Doúle theás (δούλη θεᾶς): slavinde i en helligdom, tempeltjenerinde.

Doúlos toú theoú (δοῦλος τοῦ θεοῦ): slave i en helligdom, tempelslave.

Drachmé (δραχμή): 'en håndfuld'; møntenhed i sølv; 1 drakme svarer i Athen til 6 oboler og regnes for en håndværkers dagløn i klassisk tid; 2 drakmer udgør 1 stater, 100 drakmer udgør 1 mine, og 6000 drakmer udgør 1 talent; den mindste enhed er khalkoús, som der går 8 af på en obol.

Dromena (δρώμενα): 'de gjorte ting'; Legómena kai drómena (λεγόμενα και δρώμενα): i forbindelse med mysterierne i Eleusis; groft oversat "De sagte og gjorte ting"; en slags kodeord eller ritual en indviet skulle fremføre eller fuldføre for at bevise, at han/hun virkelig var indviet.

Eileíthyia (Εἰλείθυια): gudinde med funktion af fødselshjælper og jordemor.

Einálios (εἰνάλιος) hørende til havet, hav-.

Eiréne (εἰρήνη): 'fred'; Fredens gudinde.

Eiresióne (Εἰρεσιώνη): ritual under Pyanepsion-festen i Athen; unge mænd bærer en med uldbånd omvundet olivengren, hvorfra der hænger frugter som votivgaver for Apollon, rundt, mens de synger: "Et mål honning, et mål olie, et bæger af ublandet vin, for at gå beruset i seng;" bagefter blev den hængt op over husdøren.

Eís Zeús Sárapis (εἷς Ζεὺς Σάραπις): 'Zeus og Sarapis er den samme'.

Eisagógeia (εἰσαγώγεια): overgangsritual fra teenager til voksen i Athen, se agéle.

Ekdýsia (ἐκδύσια): 'at klæde sig af', fest for gudinden Leto i Phaistos og sidste del af den kretensiske initiationsrite, hvor de unge kretiske drenge aflægger deres gamle klæder, står nøgne, og tager deres voksenklæder på, se periblemaia og agela.

Ekphorá (ἐκφορά): det at bære den døde ud af sit hus; det ligtog, der bringer en afdød fra sit hjem til begravelsespladsen.

Ékstasis (ἔκστασις): tilstanden af 'at være trådt ud af sig selv'.

Ekthýomai (ἔκθύομαι): at udsone med ofre (om mennesker); at være forsonet (om en gud).

Élegos (ἔλεγος): klagesang over en afdød, fremført af en professionel under fløjteledsagelse.

Elýsion (Ἠλύσιον): de saliges ø i det yderste vesten af verden.

En Límnais (ἐν Λίμναις): 'i dammene'; navn for et tempel for Dionysos i Athen, der kun er åbent den 12. Anthesterion.

Enagés (ἐναγής): at være i en uren tilstand pga. mord, besmittelse, se ágos, eller fordi man ikke har overholdt et løfte; det kræver et religiøst udsoningsoffer at blive ren igen; det er ikke ubetinget en religiøs besmittelse, men også et sækulært brud på normale samfundsnormer.

Enágisma (ἐνάγισμα): ofring af næringsmidler, som indvies over den dødes grav.

Enagismós (ἐναγισμός): total destruktion af offerdyret i ritualet.

Enagízein (ἐναγίζειν): 'ofre' med vægt på, at offerdyret dør; se sphagizein og thyein; at indvie = at gøre tabu = at bringe et offer til de døde. Dyret brændes helt = holocaust; der bliver altså ingen dele tilbage til ritualdeltagerne.

Enchytrístria (ἐγχυτρίστρια): offerdele, lagt frem i en potte eller pande.

Éndora (ἔνδορα): gaver skjult i skind.

Enkoimetérion (ἐγκοιμητήριον): tempelrum, hvor pilgrimme kan tilbringe natten, hvis de er indviede til guden. Rummet er et abaton, altså et sted, der er forbudt for dem, der ikke er rene.

Enkómios (ἐγκώμιος): hørende til en Dionysos-festival, hvor guden blev ført hjem i procession.

Ennosigaios (Ἐννοσιγαιος): 'jordrysteren', tilnavn til Poseidon.

Entemnein (ἐντέμνειν): at skære ind i ilden = at bringe ofre til de døde.

´Entera (ἔντερα): de tarme fra offerdyret, der bliver lagt til side inden offeret, så at man senere kan bruge dem til at lave pølser af.

Entheázein (ἐνθεάζειν): at tyde et tegn ved at blive inspireret af en gud.

Éntheos (ἔνθεος): 'en gud inde i en'; psykisk undtagelsestilstand.

Enthousiasmós (ἐνθουσιασμός): tilstand, hvor guden taler igennem et medium, som guden er inde i.

Enthýmios (ἐνθύμιος): i religiøs forstand 'en gud 'i ens sind'.

Epeuázon (ἐπευάζων): som glæder sig, som fejrer med råbet 'euoi'.

Epeúchesthai (έπεύχεσθαι): at bede, at love, at afgive et løfte, at forbande.

Éphebos (ἔφηβος): teenager mellem pubertet og optagelse blandt neoí eller de voksne mænd; de blev forberedt på borgeropgaverne gennem ofre, processioner og paramilitære øvelser.

Éphoros (ἔφορος): højeste myndighed i doriske kommuner, især de fem éphoroi i Sparta.

Ephthon me optan (ἑφθὸν μὴ ὀπτᾶν): kogt, ikke stegt.

Epikoōs (Επικοως): epitet til bl.a. Zeus; 'den, der lytter'.

Epiméleia (ἐπιμέλεια): = therapeía: gudedyrkelse, kult.

Epimelétes (ἐπιμελήτης): 'en, der sørger for noget, bekymrer sig om noget, opsynsmand', en betegnelse for dem, der hjælper Archon Basileus ved forberedelsen af de eleusinske mysterier. Han holder opsyn med mystagogoi, der vejleder mystes under forberedelserne til initiationen i de Eleusinske mysterier. Underordnet embedsmand med begrænset myndighed. Revisorer, der reviderer templets finanser.

Epiménios (ἐπιμήνιος): 'månedlig'; betegnelse for præster eller embedsmænd med en månedlig embedsperiode.

Epipháneia (ἐπιφάνεια): tilsynekomst af en gud.

Epípnoia (ἐπίπνοια): inspiration.

Epíprasis (ἐπίπρασις): finansiel transaktion, underordnet prásis, se dette; betydningen er omstridt: måske videreforpagtning af en helligdom til en lejer, som er ansvarlig over for hovedforpagteren.

Epistátes (ἐπιστάτης): 'forstander', betegnelse for forvalterne af de hellige genstande og de embedsmænd, der førte regnskab med kultvæsenet. I Athen den dagligt skiftende leder af prytanerne.

Epitáphios agón (ἐπιτάφιος ἀγών): begravelsesfestspil.

Epítheta, ta (ἐπίθετα, τὰ): de senere til polis indførte fester, som árchon epónymos er ansvarlig for: de Store Dionysier, festgesandtskabet til Delos (= theoria), processionen til ære for Asklepios og for Zeus Soter, og Thargelie-festen til ære for Apollon Pythios.

Epitheton (ἐπίθετον): 'smykkende eller karakteriserende adjektiv.'

Epónion (ἐπώνιον): afgift til staten ved overtagelse af en helligdom.

Epónymos (ἐπώνυμος): 'den, som lægger navn til året eller en kortere embedsperiode'; gud eller heros, som en græsk by eller en slægt er opkaldt efter. Embedsmand eller præst, efter hvem polis daterer kalenderen.

Epops (ἔποψ), epóptai (ἐπόπται): 'tilskuer'; de myster, der mindst for anden gang oplever ceremonien.

Epopteía (ἐποπτεία): afsluttende ceremoni under de eleusinske mysterier, hvor de hellige genstande, hiera, bliver vist frem for mysterne.

Epóptes (ἐπόπτης): 'den, der har adgang til mysteriernes fremvisning af de hellige genstande'.

Epopteúein (ἐποπτεύειν): 'at blive epoptes'.

Epouránios (ἐπουράνιος): himmelsk, i pl. guder.

Éranos (ἔρανος): kultforening, der hviler på tanken om gensidighed, sammenskud og gensidig hjælp til medlemmerne fra sammenskudsgilder til lån af penge;

medlemmerne er fælles om økonomiske, samfundsmæssige og religiøse anliggender.

Ergáne (Ἐργάνη): 'arbejder, håndværker'; tilnavn til Athene.

Ergasámenos (ἐργασάμενος): udøvende, arbejdende.

Ergasía (ἐργασία): arbejde, virksomhed.

Ergastínai (ἐργαστῖναι): unge piger, der væver den nye peplos til Athene i Erechtheion, som hun får hvert år til de Små Panathenaia.

Ergatínes (ἐργατίνης): 'arbejdsom, virksom'; håndværker, handyman.

Éris (ἔρις): strid, eller Stridens gudinde.

Eros (ἔρως): Kærlighedens gud, Aphrodites ledsager

Eschára (ἐσχάρα): alter for en heros, se bomós; fladt alter eller korsformet grube, hvorover man udfører ofringer til de chthoniske guder; ildsted lig med jordoverfladen til ofringsbrug.

Essénes (ἐσσῆνες): 'bikonger'; mandeloge for Artemis-Upis-kulten, forpligtet til kyskhed; de mødes til offermåltider.

Éthnos (ἔθνος): 'folk, stamme'; også om forbund, se koinón.

Euagés (εὐαγής): 'ren, fri for besmittelse', at være forliget med ágos, se dette; = hósios.

Euántetos (εὐάντητος): vel modtaget, venlig, imødekommende.

Euás (εὐάς): som råber 'euoi' eller bliver hyldet med 'euoi'-råb.

Euasteíra (εὐαστείρα): hun, som råber 'euoi', hun, som bliver hyldet med 'euoi'-råb.

Euastér (εὐαστήρ): han, som råber 'euoi', han, som bliver hyldet med 'euoi'-råb.

Euastés (εὐαστής): han, som råber 'euoi', han, som bliver hyldet med 'euoi'-råb.

Euázo (εὐάζω): at råbe 'euoi'.

Eubouleús (Εὐβουλεύς): epitet til Dionysos.

Eucharisteín (εὐχαριστεῖν): at takke, at være taknemmelig.

Eucharistérion (εὐχαριστήριον): takkegave.

Eucharistía (εὐχαριστία): tak, taknemmelighed.

Euché (εὐχή): 'højt råb'; bøn, ønske, løfte, løfte om votivgave

Eúchesthai (εὔχεσθαι): 'at råbe højt'; at bede, at indvie en ting til en gud, at love, at gøre sig bemærket som tegn på hengivelse til en gud.

Eucholé (εὐχωλή): bøn, løfte.

Eudaímon (εὐδαίμων): velsignet med en god daimon (δαίμων).

Eúios (Εὔιος): Evios, den, man fejrer med råbet 'euoi'.

Eumeníder (Εὐμενίδες): formildende navn for hævngudinderne, erinyerne.

Éumolpos (Εὔμολπος): stamfar til slægten eumolpiderne i Eleusis.

Euphemeín (εὐφημεῖν): at bruge ord, der varsler godt.

Euphemía (εὐφημία): 'god tale'; ethvert passende ord i en offersammenhæng, se blasphemía. Hyldest til guden uden forstyrrende klager.

Eusébeia (εὐσέβεια): 'fromhed' i betydningen, at man respekterer de ritualer og religiøse opfattelser, som deles af polis' indbyggere; eusebeia kan altså både referere til respektfulde handlinger og ditto holdninger over for polis' fællesskab;

modsætningen er asebeia, se dette. Respekt over for guderne, fromhed; respekt for traditioner og skik og brug, tilbageholdenhed.

Eusébeia synechés (εὐσέβεια συνεχής): vedvarende, kontinuerlig respekt over for guderne.

Eusebés (εὐσεβής): 'from', se eusebeia, respektfuld, om ting: hellig, indviet til guderne.

Eutokía (εὐτοκία): en lykkelig fødsel, en ukompliceret fødsel.

Enkatakoimásthai (ἐγκατακοιμᾶσθαι): at lægge sig ned og falde i søvn, fx under et ritual.

Exágistos (ἐξάγιστος): ukrænkelig, tabu, indviet til guderne.

Exédra (εξέδρα): halvrund bænk, på hvis ryglæn der ofte er sat statuer.

Eksegetés (ἐξηγητής): 'fortolker' af orakelsvar, magistrat i Athen = fortolker af sakralretten.

Gámela (γάμελα): ofre ved et bryllup i Athen, når gommen annoncerer sit bryllup; også selve festmåltidet.

Gamelía (Γαμηλία): offer og festmåltid, som en atheniensisk borger inviterer sin phratria til for at forkynde sit bryllup, bryllup.

Gamostólos (γαμοστόλος): den, der forbereder et bryllup, tilnavn til Hera.

Genésia (γενέσια): forældredage, hvor kommunen fejrer sine afdøde hvert år; i Athen en højtid for de døde, der afholdes den 5. Boedromion.

Génos (γένος): 'slægt'; visse præstestillinger er bundet til bestemte familier; Eteoboutaderne stiller præster til Athena Polias og Poseidon Erechtheus, Eumolpiderne og Kerykerne leder de eleusinske mysterier. Storfamilien.

Gephyrismoí (γεφυρισμοί): groteske udtryk; mellem Athen og Eleusis var der en bro, hvor folk ved det hellige område efter gammel skik lod deres spot få frit løb i form af parodiske ytringer.

Gérairai (γέραιραι): 14 'ærværdige' kvinder, der hører til Dionysos-helligdommen En límnais, se dette; forstanderinde er hustruen til árchon basileús, der tager de 14 kvinder i ed, hvorefter hun gives til guden som hustru; dette 'samleje' finder sted i Boukolion, oksehyrdehuset ved Agora i Athen.

Géras (γέρας): den del af offeret, der tilfalder præsten. Hertil hører skélos, lårknoglen, og kolé, stykke af benet, hoved og indvolde; ofte får han også skindet, tà dérmata, men dette hører ikke til tà trapezómata; pris, ærespræmie, privilegium.

Gynaikonómos (γυναικονόμος): embedsmand, der skal overvåge kvinders og pigers ærbarhed, klædedragt og opførsel ved fester og ritualer samt uddele bøder.

Hádes = Aĩs = Aídes (ᾍδης -Ἀΐς -Ἀιδης): underverdenen, de dødes rige, underverdenens gud.

Hágios (ἅγιος): 'hellig' i betydningen af rituel renhed, brugt om templer og helligdomme, ritualer og kultgenstande; den rituelle renhed betyder, at man træder ud af dagligdagens handlinger og betegner et forbud om strikt at holde sig fra enhver skadelig indflydelse, at være hellig, ren, ubesmittet, indviet til guderne.

Hagisteúo (ἅγιστεύω): at udføre ritualer, heraf: at være from.

Hagízo (ἁγίζω): at indvie til guderne, at gøre hellig.

Hagnà thýmata (ἁγνα θύματα): ublodigt offer, egl. rent offer.

Hagnè theá (ἁγνή θεά): 'hellig-ren' gudinde, anvendt om Demeter og Kore som kyskhedssymboler under Thesmophoria-festen.

Hagneía (ἁγνεία): det at have respekt for guddommen; tilstanden at være hagnós, se dette.

Hagnítes (ἁγνίτης): en, der renser ved at ofre.

Hagnízo (ἁγνίζω): at rense, at ofre, at sone med et holokaust-offer.

Hagnós (ἁγνός): 'hellig' om menneskene ren, kysk, ubesmittet, indviet til guderne, ren i rituel forstand, se sémnos; det betegner den rituelle renhed og et strikte forbud mod enhver skadelig indflydelse; se 'hagios'; hellig = ren; den, der undgår kontakt med blod, død, fødsel, mord og sex; især om kyskhedskravet til unge piger.

Hágos (ἅγος): se ágos.

Haimakouría (αἱμακουρία): 'blodmætning': blodet fra offerdyret trænger ned i jorden via bóthros, se dette, til de døde.

Haimássein (αἱμάσσειν): at væde altret med offerdyrets blod.

Hálade mýstai (ἅλαδε μύσται): 'Til havet, myster!' betegner mysternes andendags-procession til havet under initiationsfesten.

Hálios (ἅλιος): hørende til havet.

He hosíe kreáon (ἡ ὁσῖη κρεάων): den del af offerdyret, som det er tilladt menneskene at spise.

Hebdomaíon (ἑβδομαίον): månedligt offer til Apollon.

Hédos (ἕδος): gudens kultbillede, og også undertiden en statue, der viser en bundet gud eller en guddom, der er låst inde i en kasse, så guden ikke kan sprede uheld.

Hekatómbe (ἑκατόμβη): 'ofring af hundrede dyr', 'offer af 100 okser', ikke i bogstavelig forstand, men om en handling, der indbringer 100 okser, dvs. en meget betydningsfuld handling.

Hékatos (ἕκατος): fjerntrammeren; epitet for Apollon.

Hellás (Ἑλλάς): oprindeligt navnet på et landområde i det sydlige Thessalien, senere betegnelsen for hele Grækenland.

Hemérai apophrádes (ἡμέραι ἀποφράδες): helligdage, hvor det ikke er tilladt at holde retsmøder eller afholde folkeforsamling, modsat hemérai katharaí, se dette.

Hemérai katharaí (ἡμέραι καθαραί): arbejdsdage, hvor det er tilladt at afholde folkeforsamling og holde retsmøder, modsat hemérai apophrádes, se dette.

Heorté (ἑορτή): religiøs fest.

Héra teleía (Ἥρα Τελεία): 'den fuldendte, den fuldkomne', som tegn på, at med ægteskabets indgåelse har kvinden opnået sin modenhed. Brylluppet fejres i gamelion, januar-februar, hvor også Theogamia-festen finder sted til ære for Zeus' og Heras bryllup. Hera er skytsgudinde for alt lovmæssigt og kontraktmæssigt vedrørende ægteskabet, som gør kvinden til en legitim ægtehustru.

Herkeíos (ἑρχείος): 'beskytter af hegnet', tilnavn til Zeus som skytsgud for oikos, hjemmet, og han har sit alter midt på gårdspladsen. Han er garant for overholdelsen af gæstevenskabets love, xenia.

Hérma (ἕρμα): stendynge som mindesmærke; stenstøtte med en byste og en phallos.

Hermaíon (ἑρμαῖον): uventet held, fordel; Hermes blev betragtet som forårsager af dette held.

Hermés Propýlaios (Ἑρμῆς προπύλαιος): en af oikos' skytsguder. Han fremstilles som en stenstøtte, hvor man kan lægge en ekstra sten som hilsen til Hermes på vej ud på marken.

Heróon (ἡρῷον): gravsted for en heros og centrum for kulten, der dyrker ham.

Héros (ἥρως): a) helt i de gamle epos; b) i senere sprogbrug afdød, der fra sin grav indvirker på en god eller dårlig måde på samfundet og kræver en tilsvarende tilbedelse. Kendt eller ukendt død, der engang har tjent fællesskabet, polis, og hvis liv og ærefulde død hører til en forgangen tid. En heros kendes på sin kult med dens mange og betydningsfulde kulthandlinger, der praktiseres af fællesskabet i polis. Centrum for kulten er heroon, heroens gravsted.

Héros ktístes (ἥρως κτίστης): helten som grundlægger af en by, som får navn efter ham.

Hestía (Ἑστία): ildstedet i huset som i byen, hvor den evige ild brænder; byens ildsted betegnes som hestia koine og er et helligt sted, hvor der afholdes ritualer.

Hestía koiné (ἑστία κοινῆ): 'fælles ild', hele byens hellige ildsted, hvor der afholdes ritualer.

Hestíasis (ἑστίασις): en leitourgia, hvor der ved bestemte højtider i byen gives et offentligt måltid, specielt afholdelsen af ofringer og festmåltider under Panathenæer-festen og måske også Dionysos-festen.

Hestiátor (ἑστιάτωρ): 'gæstgiver, vært', ansvarshaver for ofrene og fordelingen af kødet inden for kultforeningerne.

Hestiatórion (ἑστιατόριον): hus med ildsted ved siden af templet til forberedelse af offerkødet og til madlavning.

Hetaireía (ἑταιρεία): på Kreta = phratria, se dette.

Hetaíros (ἑταῖρος): kammerat, ledsager, følgesvend.

Hidrýein (ἱδρύειν): at rejse et tempel, et alter, et kultbillede, at grundlægge, at oprette, at stifte.

Hídrysis (ἵδρυσις): grundlæggelse, oprettelse, stiftelse.

Hierá (ἱερά): 'hellige genstande', som vises frem ved afslutningen af de eleusinske mysterier; kulthandlinger, offerdyr, helligdomme.

Hierá hodós (ἱερὰ ὁδός): den hellige vej op til templet.

Hieraphóros (ἱεραφόρος): 'bærer af det hellige'.

Hierásthai (ἱερᾶσθαι): at være præst, at tjene som præst.

Hiéreia (ἱέρεια): præstinde; religiøs embedskvinde.

Hiereúein (ἱερεύειν): at gøre hellig = at ofre til guderne

Hiereús (ἱερεύς): præst, religiøs embedsmand, der har foretager kulthandlingerne, ta hierá.

Hieródoulos (ἱερόδουλος): 'slave, viet til en gud'; slaver, der ejes af en gud, dvs. lever på den jord, som templet ejer, eller slaver, som er forpligtet til at gøre tjeneste for guden pga. en gave eller en offentlige forordning, eller slaver, som blev solgt til guden gennem et fiktivt køb.

Hierogamía (ἱερογαμία): 'helligt bryllup', ægteskab mellem to guder.

Hierokéryx (ἱεροκῆρυξ): ' herold for det hellige', hellig herold i Eleusis.

Hieromenía (ἱερομηνία): månedens helligdag.

Hierómenos (ἱερώμενος): ’gjort hellig’, givet til guden.

Hieromnémon (ἱερομνήμων): ’hellig mindemand’, sakral embedsmand, der holder opsyn med byens kulter; medlem af amphiktyoniens råd i Delphi, mange steder eponym embedsmand.

Hierón (ἱερόν): ’helligdom’, det hellige i modsætning til det profane; et helligt sted, hvor menneskelig adgang og menneskeligt arbejde er forbudt.

Híeròn hýdor (ἱερὸν ὕδωρ): vievand.

Hierón metéxein (ἱερῶν μετέχειν): at tage del i ofringerne

Hierophántes (ἱεροφάντης): ’fremviser af det hellige, de hellige genstande’, vigtigste præst i Eleusis-kulten, udvalgt blandt Eumolpide-slægten, derfor leder han også initiationens højdepunkt, fremvisningen af hiera. Han bliver bistået af Demeters præstinde, udvalgt blandt Philleide-slægten, og ledsaget af daidouchos, fakkelbæreren, udvalgt blandt Kerykes-slægten; også den fjerde vigtige præst, ’alterets præst’ bliver valgt blandt Kerykes-slægten.

Hieropoiós (ἱεροποιός): ’han, som forretter offeret’, ’kultembedsmand’, underordnet stilling i statskult eller privatkult, der varetager de religiøse opgaver; i Athen udgør de et kollegium på ti mand, i andre byer forvalter de byens helligdom. Offeragenter i organisering af ofre, indkøb af offerdyr og salg af offerdyrenes skind.

Hierós (ἱερός): hellig, forbundet med guderne, et ganske overordnet begreb; at være i en guds tjeneste.

Hierós Gámos (Ἱερός Γάμος): ’helligt bryllup’, bryllup mellem to guder; rituelt samleje på festens højdepunkt.

Hieròs lógos (ἱερὸς λόγος): 'hellig lov', religiøs forordning, hellig tale.

Hierosylía (ἱεροσυλία): tempelran.

Hierósylos (ἱερόσυλος): tempelrøver.

Hierotamías, hierotamíai (ἱεροταμίας, ἱεροταμίαι): 'kasserer for den hellige kasse`; embedsmandstitel; revisorer, der reviderer templets finanser.

Hierothýtes (ἱεροθυτης): 'offerpræst'; embedsmandstitel.

Hierourgía (ἱερουργία): religiøs tjeneste, offer, tilbedelse.

Hikesía (ἱκεσία): en bønfaldendes bøn, procession, valfart.

Hikésios (ἱκέσιος): 'bønfaldende', gud som beskytter af fremmede.

Hiketéríos (ἱκετήριος): se hikésios.

Hílaos (ἵλαος): velvillig, gunstig, nådig.

Hiláskesthai (ἱλάσκεσθαι): at forsone sig med guderne, at udføre et forsoningsoffer, at holde døde ved godt humør med gaver, at bringe guderne i godt humør.

Holókaustos (ὁλόκαυστος): et offer eller en gave til guden fortæres helt og holdent af ilden.

Homoíosis theói (ὁμοίωσις θεῷ): det at være lige med en gud.

Hóra (Ὥρα): årstid.

Horaia (ὡραῖα): det årlige høstoffer.

Hórkos (ὅρκος): 'ed', som embedsmændene aflægger før tiltrædelse, vidnerne i retten, de unge mænd som epheber, etc.

Hóros (ὅρος): ’grænsesten’, der afgrænser temenos, det hellige område.

Hósia (ὅσια): ’hellighed, fromhed’, gode gerninger i rituel forstand.

Hosió (ὁσιῶ): at rense, i mere generel betydning end kathaíro, se dette.

Hósios (ὅσιος): ’hellig’, ren i rituel forstand, indviet til guderne, givet til guderne, fastus = tilladt af guderne; det, at man anerkender de hellige grænser; også brugt i betydningen, at man overholder guddommelig lov, se dikaios. Men ordet kan også stå i modsætning til ’hieros’ og betegne en afsakraliseret, tilladt og dermed profan tilstand, desakraliseret efter at være blevet sakraliseret (hierós).

Hyakinthia (Ὑακίνθια): fest til ære for heroen Hyakinthos og den spartanske Apollon fra Amyklai, som er en folkefest, panegyris i anledning af indvielsen af en ny peplos.

Hýbris (ὕβρις): ’umådeholdenhed, overmod’.

Hýdor híerón (ὕδωρ ἱερόν): vievand.

Hydría (ὑδρία): ’vandkrukke’; også anvendt som afstemningsurne.

Hydrophoría (ὑδροφόρια): fest for vandhenterne, idet templerne krævede vand fra bestemte kilder.

Hydrophóros (ὑδροφόρος): vievandsbærende pige.

Hýe – kýe (ὕε – κύε): tilråb ved Eleusis-mysterierne: ’Send regn!’ (rettet mod himlen), og ’Modtag!’ (rettet mod jorden), mens man hælder et kar ud vendt mod vest og et andet kar, vendt mod øst.

Hyétios (ὑέτιος): regn-.

Hygieía (ὑγιεία): ’sundhed, helbred’.

Hýmnos charistérios (ὕμνος χαριστήριος): takkehymne.

Hýmnos kletikós (ὑμνος κλητικός): hymne som anråbelse af eller påkaldelse af guden.

Hýmnos (ὕμνος): hymne, festsang, lovsang.

Iakchagogós (ἰακχαγωγός): 'Iakchos' leder'.

Íakchos (Ἴακχος): processionsgud, identificeres ofte med Dionysos.

Iámbe (Ἰάμβη): i Demeterhymnen en tjenestepige.

Iatreía (ἰατρεία): 'helbredelse i templet', medicinsk behandling, helbredelse gennem en gud.

Ichór (ἰχώρ): væske, der flyder i gudernes årer, gudeblod.

Ikmaíos (Ἰκμαῖος): tilnavn til Zeus: 'Regnguden'.

Iobákcheia (ἰοβάκχεια): fest til ære for Dionysos, se basilínna.

Ithýphalloi (ἰθύφαλλοι): en fallos, som man bærer under ritualer ved Bacchus-festivalerne.

Kabarnoí (Κάβαρνοι): mandeforbund for Demeter på Paros.

Kábeiroi (Κάβειροι): havguddomme, sønner af Hephaistos, som er smede; mysteriekulter på Lemnos og i Theben, hvor vin spillede en stor rolle i ritualerne.

Kakodaimonistaí (κακοδαιμονισταί): 'tilbeder af den onde skæbne', forening for religionsafvisende medlemmer.

Kalamaïa (καλαμαία): halmspiringsfest.

Kalathískoi (καλαθίσκοι): drenge og én pige, der går med vifteformede bladkroner ved Karneia-festen i Sparta.

Kálathos (κάλαθος): 'åben kurv', en lille flettet kurv uden låg til rituel brug, se kíste.

Kaliás (καλιάς): hytte, skrin til en statue.

Kalligeneía (Καλλιγενεία): 'hun, der føder smukt', fødselsgudinde i Athen, 3. dag i Thesmophorie-festen, hvor kvinderne hentede rådne rester fra smågrise ud af huler, megara eller magara, hvor de havde ligget et stykke tid, og lagt på altrene som gødningsmiddel, altså et frugtbarhedssymbol for jorden, og i Athen bliver Kalligeneía påkaldt som fødselsgudinde, altså også et frugtbarhedssymbol for menneskene.

Kallyntéria (Καλλυντήρια): den begivenhed, at man udsmykker templet for Athena Poliás.

Kanephóros (κανηφόρος): 'kurvebærerske', ung pige, der deltager i ritualerne til ære for Athene og Artemis i Athen og bærer kurve eller kar med de genstande, som er nødvendige for at gennemføre ritualet. De skulle komme fra en ordentlig familie, være ugifte og leve i seksuel afholdenhed; de var fint påklædte, og hår og klæder var besat med guld og ædelsten og pudret med hvidt bygmel og en kæde med figner.

Kanoun (κανοῦν): 'kurv' med tre hjørner, som indeholder bygkorn og den slagtekniv, som er dækket af kornene og skal bruges til at dræbe offerdyret med.

Kántharos (κάνθαρος): drikkebæger med to store, opadbuede hanke, Dionysos' attribut.

Karneãtai (καρνεᾶται): fem ugifte fra hver phyle i Sparta, der betaler for Karneiafesten, dens ofre og dens kor.

Karneia (Κάρνεια): fest for seeren Karnos i Sparta.

Katabásion (καταβάσιον): nedgang, fx til underverdenen.

Katábasis (κατάβασις): 'nedstigning til underverdenen'.

Katáchysma (κατάχυσμα): 'sovs', en bryllupsskik, hvor man hælder nødder og tørrede figner over brudens hoved, stående ved familiens ildsted.

Katádesis (κατάδεσις): forbandelse, fæstnelse til underverdenen, defixio; 'at binde nedad', 'at fæstne til jorden/det underjordiske'; forbandelse af nogen.

Kataibátes (καταιβάτης): den, der kaster tordenkilen; epitet til Zeus.

Katárchesthai (κατάρχεσθαι): at begynde på offerhandlingen, fx ved at kaste bygkorn efter bøn og påkaldelse af guden, eller ved at klippe pandehåret af offerdyret og ofre det.

Katástroma (κατάστρωμα): bænk i et tempelområde, temenos.

Kathagízo (καθαγίζω): at indvie til guderne med et holokaust-brandoffer, at forrette et holokaust-brandoffer.

Kathaírein (καθαίρειν): at rense, egl. at ryge, at rense et sår; heraf at rense et helligt sted med et offer, se katharmós.

Kátharma (κάθαρμα): affald, udskud, bærme, resterne efter et brandoffer, et sted, der er blevet renset efter de relevante ritualer.

Katharmós (καθαρμός): 'renselse', ritual eller middel til religiøs renselse, renselse af et helligt sted med et offer efter en besmittelse eller forurening, se míasma.

Katharós (καθαρός): 'ren' i betydningen 'fri for snavs', ren i rituel forstand, tilladt af guderne: ren, fri, klar, perfekt.

Kathársion (καθάρσιον): renselsesoffer, fx pharmakós, se dette.

Kátharsis (κάθαρσις): 'renselse, udsoning', Apollon er gud for renselsen og bærer epitetet Katharsios.

Kathartaí (καθαρταί): præster, der står for den rituelle renselse.

Káthédra (κάθεδρα): bænk inden for tempelområdet, temenos. Se lithóstroton, katástroma, sýstroma, stróma.

Kathosió (καθοσιῶ): at forrette et offer.

Katoché (κατοχή): '"internering" i et tempel', hindring, tilbageholdelse.

Kentriádai (κεντριάδαι): præster i Athen, der under Dipolieia-festen drev oksen til altret med pigkæppe.

Kér, kéres (κήρ, κῆρες): ulykkes- og dødsdæmoner, dæmoner, iført masker, der optræder som fremmede magter.

Kerameikós (Κεραμεικός): pottemagerkvarteret i Athen.

Kérnos (κέρνος): 'kultskål, kultkar'.

Kerýkeíon (κηρυκεῖον): heroldsstaven.

Kéryx (κήρυξ): 'herold', stamfar til slægten kerykerne i Eleusis; herold, forkynder, offertjener.

Kíste (κίστη): 'kurv med låg', den vigtigste kurv i ritualet, se kálathos; kurv med låg til rituel brug, offerkurv.

Kistephóros (κιστηφόρος): kurvebærer.

Kithára (κιθάρα): strengeinstrument.

Kledón (κληδών): en guds forkyndelse om fremtiden, = phéme.

Kleidoúchos (κληδοῦχος): præstinde som bærer af den hellige nøgle til templet, vogter af nøglerne.

Kleisíon (κλεισίον): 'klubhus' for Lykomiderne i Phlya, grundlagt af Themistokles, hvor man sang hymner til Orpheus og Demeter.

Kleromantéia (κληρωμαντεία): spådomskunst gennem lodtrækning.

Koinà hierá, tà (κοινὰ ἱερά, τὰ): fælles ofre.

Koinodíkaion (κοινοδίκαιον): 'fælles domstol' i det kretensiske koinón.

Koinón (κοινόν): 'fællesskab, det, der er fælles', betegnelse for et fællesskab, der varetager kultplejen for den ene eller den anden gud eller heros. Almindelig betegnelse for politiske og kultiske forbund.

Koinónia (κοινωνία): fællesskabet omkring offeret.

Koinòs bomós (κοινὸς βωμός): 'det fælles alter', et alter for alle guder i en polis.

Kõma (κῶμα): tryllesøvn i templet.

Komaíos (κωμαίος): tilnavn til Apollon som gud for kóme, gud for politiske og slægtsmæssige forbund, klaner.

Kóme (κώμη): 'landsby', bykvarter, organiseret omkring en helligdom; i peloponnesiske kommuner en bydel, se demos.

Kómos (κῶμος): ikke så formel en procession som pompé; den finder sted ved slutningen af dagen efter festmåltidet, som holdes efter offerritualet; bruges især om det dionysiske festoptog.

Kómos (κῶμος): = kóme, se dette.

Korágia (Κοράγια): fest for Kore = Persephone, Demeters datter, i Mantineia.

Koragoí (κοραγοί): deltagerne i korágia, den rituelle procession til korágion, templet for Kore=Persephone, i Mantineia.

Kórai (κόραι): = παῖδες: nymfer; betegnelse for statuer af unge piger.

Kóre (κόρη): ung pige, ung kvinde, datter; Demeters datter Persephone;

Kóros (κόρος): ung mand, dreng; betegnelse for en statue af en ung mand.

Kosmetés: 'ordner'; embedsmand, der har opsynet med en årgang af de attiske efeber.

Kosmogonia (κοσμογονία): 'verdens skabelse', fortælling om verdens skabelse.

Kósmoi (κόσμοι): kollegium af højere embedsmænd i kretensiske byer, hvis formand var eponym embedsmand.

Kósmos (κόσμος): verden, universet, gudehierarki.

Kótinos (κότινος): oliventræ i témenos i Olympia.

Koúre (κούρη): ung pige.

Koúreion (κούρειον): klipning af håret hos efeberne i Sparta, offer, som ledsager indvielsen, hvor de unge mænd vier deres hår til en gudinde, ofte Artemis, når de forlader barndomsfasen og træder ind i voksenverdenen.

Koureótis (κουρεῶτις): 3. dag i Apatouria-festen, hvor koúreion-offeret udføres.

Kouretes (κούρητες): den nyfødte Zeus' vogtere i myten om Zeus' fødsel.

Koureter: se Korybanter.

Koúros (κοῦρος): 'ung mand', betegnelse for en statue af en ung mand.

Kourotróphos (κουροτρόφος): amme for børn, den, som giver ungdommen vækst; tilnavn til Leto som beskytter af de fødende mødre; den 'drengeopfostrende' gudinde på Kos; den 'drengeopfostrende' gudinde, Athene, der skal vaskes i havet i en rituel renselsesakt, når templet er blevet besmittet af en død.

Kraterismós (κρατηρισμός): ritual med en kratér, blandingskarret til vin og vand, i sammenhæng med et fåre- eller vædderoffer.

Kreáon, he hosíe (κρεάων, ἡ ὀσίη): den del af offerdyret, som det er tilladt for menneskene at spise.

Kreopóles (κρεοπώλης): sælger af offerdyrets kød.

Kriobólion (κριοβόλιον): 'vædderoffer'.

Krokotós (κροκωτός): safranfarvet klædedragt, som de unge piger bærer, som overtager 'hunbjørnenes' rolle til ære for Artemis i templet i Brauron i Attika.

Kryptéia (κρυπτεία): et ritual i Sparta, der består i at skjule sig.

Ktésios (Κτήσιος): gud for gård og ejendom; se Zeus Ktesios.

Kýbeboi (κύβηβοι): Kybeles tiggerpræster.

Kykeón (κυκεών): 'bygsuppe', blandingsdrik, som bliver drukket af de indviede myster under højtiden i Eleusis.

Kyrittoí kómoi (κυριττοί κῶμοι): et ritual med procession, hvor man bærer træmasker for Artemis i Orthia-helligdommen.

Lampádarchos (λαμπάδαρχος): funktionær ansvarlig for gennemførelsen af kultiske fakkelløb; en leitourgía.

Lampadedromía (λαμπαδηδρομία): fakkelløb og lysfest ligesom i Artemiskultens amphiphóntes, se dette.

Lampadephoría (λαμπαδηφορία): se lampadedromía.

Latreía (λατρεία): dagleje, tjeneste mod hyre, rituel tjeneste ved templet, tilbedelse af guderne, tjeneste for guden.

Latreúein (λατρεύειν): at arbejde for hyre, for en dagløn, at tjene guderne.

Latreutés (λατρευτής): = látreuma (λάτρευμα): dagleje, tjeneste.

Látris (λάτρις): daglejer, hyret arbejdsmand, tjenestekvinde.

Lébes (λέβης): kedel til at koge de af offerdyrets dele, som ikke skulle ristes på spiddene, obeloi.

Legómena kai drómena (λεγόμενα και δρώμενα): i forbindelse med mysterierne i Eleusis. Groft oversat "De sagte og gjorte ting"; en slags kodeord eller ritual en indviet skulle fremføre eller fuldføre for at bevise, at han/hun virkelig var indviet.

Leíbein (λείβειν): se loibé og spondé; 'at hælde'.

Leítor (λείτωρ): præst, religiøs tjener for folket.

Leitourgía (λειτουργία): : 'tjeneste for folket'; overtagelse af en opgave i offentlig interesse gennem en enkelt person, som overtager ansvaret for udførelsen og finansieringen af opgaven; se choregia og hestiasis.

Leukopólos (λευκοπώλος): rytter på en hvid hest, tilnavn til Dioskurerne.

Libation: drikkeoffer.

Liknítes (Λικνίτης): tiltale til Dionysos; 'kornsigtens gud' med hentydning til et frugtbarhedsritual; se liknon.

Líknon (λίκνον): flettet 'kornsigte', der ved at blive rystet skiller kornaks og avner.

Liknophóros (λικνοφόρος): bærer af kornsigten.

Límne (λίμνη): indsø.

Litaí (λιταί): bønner.

Lithóstroton (λιθόστρωτον): bænk i et tempelområde.

Lochía (λοχία): gudinde for fødsel; tilnavn til Artemis Eiléithyia.

Lógos (λόγος): 'tale, ord, det, der bliver sagt', se mythos.

Lógos, alethinós (λόγος, ἀληθινός): 'den sande tale, fakta', se mythodes.

Loibé (λοιβή): se spondé.

Loutérion (λουτήριον): 'vievand' til at stænke på offerdyret.

Loutrón (λουτρόν): bad, badevand, drikoffer.

Loutrophória (λουτροφόρια): kvindernes procession til kilden Kallirhoe, hvor de henter vand til brudens bryllupsbad.

Loutrophóros (λουτροφόρος): vandbærerske med krav om kyskhed.

Loxías (Λοξίας): tilnavn til Apollon = 'Den krogede', fordi hans orakelsvar i Delphi var svært forståelige; loxos betyder 'skæv', 'bøjet'.

Lýgos (λύγος): piletræ, der ansås for at have antiafrodisisk virkning; kendt piletræ i témenos på Samos.

Lýsioi teletaí (λῦσιοι τελεταί): ritualer, der letter sindet.

Mágeiros (μάγειρος): specialist, der har ansvaret for drabet på offerdyret og udskæringen af kødet. Ordet dækker over en offertjener, kok og slagter.

Mainás (μαινάς): mainádes (μαϊνάδες): 'de rasende', kvinder, som udfører ritualer til ære for Dionysos; ordet fremhæver ekstasen (manía), som griber dem.

Maínesthai (μαίνεσθαι): at være besat eller rasende.

Mákar, Mákares (μάκαρ, μάκαρες): 'den/de salige'.

Makaría (μακαρία): 'salighed, tilstand af salighed'.

Makarismós (μακαρισμός): 'saligprisning'.

Manía (μανία): 'besættelse, raseri, vanvid', som griber den af guderne besatte person, især i Dionysos-kulten.

Manteíon (μαντεῖον): stedet, hvor guden giver råd, orakelsvar.

Mantiké (μαντική): spådomskunst.

Mántis (μάντις): spåmand, seer.

Megábyzos (μεγάβυζος): overpræst for Artemis-Upis-kulten i Ephesos, eunuk.

Megalónymos (μεγαλώνυμος): af stor anseelse.

Mégara = mágara (μέγαρα): kløfter, hvor votivgrise blev kastet ned til ære for Demeter i Athen.

Megarízein (μεγαρίζειν): at kaste grise ned i Demeters kløft.

Mégaron (μέγαρον): husmodel med et forrum og et hovedrum i mykensk kultur.

Meilíchios (μειλίχιος): gunstig stemt; epitet til Zeus.

Meilíssein (μειλίσσειν): at formilde de døde med gaver.

Meíon (μείον): fødselsoffer for barnet efter fødslen i Athen.

Melía (Μελία): asketræsnymfe; da Uranos' blod falder på jorden, Gaia, bliver hun befrugtet, og tre grupper af guddommelige magter opstår: erinyerne, hævngudinderne, giganterne og asketræsnymferne, Melíai.

Melissa, mélissai (μέλισσα, μέλισσαι): 'bi', medlem af præstegruppe.

Méros (μήρος): offerdyrets lårbensknogler, som brændes til ære for guderne.

Metageitnión (Μεταγειτνιών): august-september.

Méter (Μήτηρ): Den Store Moder.

Métis (μῆτις): datter af Okeanos, listens gudinde, gift med Zeus, indtil han slugte hende.

Metragýrtes (μητραγύρτες): 'Meter-gudindens tigger'.

Metragýrtai (μητραγύρται): tiggerpræster.

Miaínesthai (μιαίνεσθαι): at gøre sig uren i rituel forstand, se hagnós.

Miaíno (μιαίνω): at blive ramt af míasma, se dette.

Miarà heméra (μιαρὰ ἡμέρα): besmittelsesdag, led i Anthesteria-ritualet.

Miarós (μιαρός): person, ramt af míasma, se dette; personen er rituelt uren og må ikke gå ind i et tempel; årsagen kan være kontakt med et lig eller en morder. En person, der overtræder de normale regler, bl.a. forrædere og lovbrydere, er miaroí; ligeledes personer, der mister deres selvkontrol i byens sociale liv; men det er ikke en rituel besmittelse som sådan; modsat hagnós, se dette.

Míasma (μίασμα): 'besmittelse' i den betydning, at et element, fx blod, kommer i berøring med et andet element, fx jord eller snavs, som det skal holdes adskilt fra. Et element kan altså være ren i den ene sammenhæng, men uren i en anden sammenhæng; forurening, forringelse af en tings integritet eller en persons anseelse gennem uværdige handlinger eller gennem uhæderlighed; se hagnós.

Mine: gr. Mná (μνᾶ): vægt- og valutaenhed til en værdi af 600 oboler, 100 drachmer, 1/60 talent.

Mnemosýne (μνημοσύνη): 'erindring'; erindringens gudinde, mor til muserne og en titaninde.

Moíra (μοῖρα): 'lod, del', betegnelse for skæbnen.

Molpoí (μολποί): 'sangere'; i Milet kultforening i Apollon Delphinios' tjeneste; i spidsen stod aisymnetés (= stephanophóros).

Mónarchos (μόναρκος): eponym embedsmand på Kos.

Móros (μόρος): 'lod, del', betegnelse for skæbnen.

Mounychión (Μουνυχιών): april-maj, hvor der blev afholdt Mounychía-festival for Artemis Mounychía i byen af samme navn, beliggende på halvøen ved Athen.

Myeín (μυεῖν): 'at indvie'.

Mýesis (μύησις): 'indvielse'; indvielse af en initiand til et mysterium.

Mýsos (μύσος): besmittet = uren i rituel forstand, se hagnós.

Mystagogós (μυσταγωγός): 'den, der leder ind i hemmelighederne', vejleder for mysterne under forberedelserne til optagelsen i kulten.

Mystéria (μυστήρια): 'mysteriegudstjeneste'; ritual; kulter, der kræver en indvielse, en initiation, i deres hemmeligheder.

Mýstes (μύστης): kandidat til at blive indviet i kultens hemmeligheder og dermed optaget i kulten; den indviede, der oplever ceremonien for førte gang, se epóptes.

Mystikós (μυστικός): 'mystisk'.

Mystipoleúo (μυστιπολεύω): at festligholde mysterierne.

Mystipólos (μυστιπόλος): 'en, der fejrer mysteriegudstjeneste'; den, som festligholder mysterierne.

Mythódes (μυθώδης): 'det fantasifulde, det fiktive', se logos, alethinos.

Mýthos (μῦθος): 'det talte ord', se logos.

Naopoíes (ναοποίης): 'tempelbygger', embedsmand på Kos.

Naós (ναός): tempel eller mere specifikt det lukkede rum inde i templet, som også kaldes cella.

Nárthex (νάρθηξ): siv-plante, der leverer rør til thyrsos-staven.

Nekrópolis (νεκρόπολις): 'dødeby', gravpladsen uden for byens mure.

Néktar (νέκταρ): gudernes drik.

Nekýsia (νεκύσια): dødedage, på hvilke kommunen fejrer sine døde hvert år.

Némesis (νέμεσις): 'retfærdig gengældelse, straf', indignation, vrede over uretfærdighed og over ufortjent lykke. Gengældelsens gudinde.

Néoi (νέοι): 'de unge'; aldersklasse mellem epheber og mænd.

Neókoros (νεώκορος): 'tempelopsynsmand'; person, der er ansvarlig for et tempels og kultstatuens vedligeholdelse, pedel.

Neopoíes (νεωποίης): myndighed, der har ansvaret for tempelbyggeriet.

Nephália hierá (νηφάλια ἱερά): vinfrie ritualer, hvor kun vand, mælk og honning er tilladt.

Nesteía (Νηστεία): 'faste', 2. dag i Thesmophorie-festen, hvor kvinderne faster og sidder på jorden uden blomsterkranse.

Níke (Νίκη): Sejrsgudinden, der giver sejr.

Nómios (νόμιος): hyrde-, pastoral.

Nomizein theous (νομίζειν θεούς): at dyrke guderne.

Nomográphoi (νομογράφος): 'lovskriver'; i flere kommuner kommissioner til varetagelse af lovgivning, -revision og andre opgaver.

Nomophýlax (νομοφύλαξ): 'lovens vogter'; myndighed, der kontrollerer overholdelsen af lovene.

Nómos (νόμος): 'lov, sædvane, hellig ret', tradition, skik og brug, usus.

Nomothétes (νομοθέτης): 'lovgiver'; i Athen kommission til revision af lovene.

Noumenía (νουμηνία): nymånedag, den vigtigste af alle månedens dage.

Noús katharós (νοῦς καθαρός): et rituelt rent sind.

Nyktelia (Νυκτέλια): τilnavn til Dionysos, 'den natlige'.

Nýmphe (νύμφη): kvindelige guddomme af lavere status, der betegner personifikationer af naturguder: oreiader er bjerg-, grotte- og hulenymfer, najader er ferskvandsnymfer, hydriader er vandnymfer, hyader er regnnymfer, dryader er skov- og trænymfer, krenider er kildenymfer, epimeliderne beskytter kvæghjordene, napaier er dalnymfer, leimoniader er engnymfer.

Nympheuoméne (νυμφευομένη): den, som bliver ført som brud; tilnavn til Hera.

Nympheutéria (νυμφευτήρια): kvinde, der ledsager bruden på bryllupsdagen.

Nymphóleptos (νυμφόληπτος): 'besat af nymfer', udtryk for visse kulters ekstasetilstand.

Nýsa (Nῦσα): mytisk lokalitet, Dionysoskultens hellige bjerg.

Nýx (Νύξ): Natten; en urgudinde, født ud af Chaos.

Obeloí (ὀβελοί): spiddene, hvorpå offerdyrets kød og indvolde spiddes.

Obolós (ὀβολός): sølvmønt; 6 oboler udgør 1 drakme, se drakme; vægt- og valutaenhed; 1 obolos = 1/6 drachme = 1/600 mine = 1/36000 talent.

Oikónomos (οἰκόνομος): 'husforvalter'; forvalter af små eller store landgodser, økonomifunktionær inden for jordforvaltningen.

Oíkos (οἶκος): 'hus, husholdning', tempel til familieritualer.

Oímos (οἶμος): sang med speciel tilknytning til Apollon.

Oleíai (Ὀλεῖαι): kvindelige deltagere i ritualerne ved Orchomenos i Boeotia.

Ololygé (ὀλολυγή): 'skingert skrig, klageråb'; højlydt tungeslags-jubel; vilde sørgeskrig under slagtning af offerdyret.

Omádios (ὠμάδιος): 'den rå', brugt om Dionysos på Chios; den, der sluger råt kød.

Ómbrios (ὄμβριος): gud for regnen.

Omestés (ὠμηστής): 'den, der spiser råt kød', brugt om Dionysos på Lesbos.

Ómma (ὄμμα): øje, blik.

Omophagía (ὠμοφαγία): den skik, at man indtager rå mad, især råt kød, gælder specielt for Dionysos-kulten.

Omphalós (ὀμφαλός): 'navle', rå tilhugget sten, som befinder sig Apollon-templets adyton i Delphi og betegner verdens navle.

Óneiroi (Ὄνειροι): Drømme, sønner og/eller brødre til Hypnos.

Oneirokrítes (ὀνειροκρίτης): fortolker af drømme.

Oneiromanteía (ὀνειρομαντεία): spådomskunst ved hjælp af drømme, specielt drømmesøvnen på hellige steder.

Opisthódomos (ὀπισθόδομος): 'baghus'; som skattekammer fungerende baglokale i Athena-Parthenos-templet på Akropolis i Athen.

Ópsis (ὄψις): syn, vision, tilsynekomst, ydre fremtræden, ansigt.

oraía (ὡραῖα): det som årstiden fører med sig.

Órchis, órcheis (ὄρχις, ὄρχεις): testikel, testikler.

Oreibasía (ὀρειβασία): den skik i Dionysos-kulten, at man strejfer gennem bjergene.

Oreiogyádon (ὀρειογυάδων): tilnavn til Dionysos som den, der lever i bjergene som led i en oreibasía, en bjergvandring.

Orgeónai (ὀργεῶναι): grupper, der for egen regning ofrer til Attikas guder, heroer og fremmede kulter, Bendis, Magna Mater, Dionysos eller Hagne Aphrodite.

Órgia (ὄργια): hemmelige riter, specielt i forbindelse med Eleusis og Dionysos; selve ordet betyder 'det, der er fuldendt'.

Orgiázein (ὀργιάζειν): at højtideligholde intensivt.

Órgion: ὄργιον: fest, højtidelighed; ental af órgia: ὄργια.

Orgiophántes (ὀργιοφάντης): ritualpræst.

Orpheotelestés (ὀρφεοτελεστής): 'Orpheus' viede præst'.

Óschos (ὄσχος=ὤσχος): vinranke med vindrueklaser, båret af to unge mænd under Oschophoria-festen.

Oschophóroi (ὀσχοφόροι=ὠσχοφόροι): to unge mænd, der under Oschophória-festen til ære for Dionysos i Pyanopsión (oktober) går i spidsen for processionen; de bærer kvindeklæder og en vinranke med vindrueklaser, óschoi.

Osphýs (ὀσφύς): hofte, lænd.

Ostologeín (ὀστολογεῖν): at samle knogler.

Oschophoría (ὠσχοπηορία): fest, hvor der bæres vinranker.

Ou phorá (οὐ φορά): offerdyrets kød skal fortæres i helligdommen og må ikke tages med hjem.

Ou thémis (ου θέμις): forbudt, ikke tilladt skik.

Oulaí (οὐλαί): ikke malede bygkorn.

Oulochýtai (οὐλοχύται): ikke malede bygkorn.

Ouránioi theoí (οὐράνιοι θεοί): de himmelske guder.

Ouránios (οὐράνιος): himmelsk.

Ouranópais (Οὐρανόπαις): søn eller datter af Ouranos.

Paián (Παιάν): flerstemmig hymne, især for Apollon, men også brugt som kamp- og sejrssang; den kan både være en jubelsang og en sørgesang; heri adskiller den sig fra threnos.

Paideía (παιδεία): et offer for barnet i Delphi.

Paídes (παῖδες): nymfer.

Paidonómos (παιδονόμος): byembedsmand, hvis opgave det var at overvåge opdragelsen af ungdommen, især drengene (paídes).

Paidotríbes (παιδοτρίβης): 'drengetræner'; idrætslærer for drengene.

Paíon (Παίων): hymne, se paián.

Paionízein (παιωνίζειν): at synge paianen.

País aph’ hestías (παῖς ἀφ’ ἑστίας): barn af arnen. Om et ritual, hvor et barn bliver ”indviet” i hjemmet.

País (παῖς): pige, om Hera i Stymphalos.

Palamnaíos (παλαμναῖος): morder, person, der er skyldig i drab; en skyldig, der ikke er rituelt renset endnu.

Pallás (Παλλάς): tilnavn til Athene.

Pán (πᾶν): arkadisk landgud med gedehove, horn og en busket hale.

Panagés (παναγής): viet til guderne, sakrosankt.

Pándrosos (Πάνδροσος): datter af Kekrops.

Panegýris (πανηγύρις): folkefest; forsamling, fest for grækere og fremmede under religiøst fortegn, dvs. festlighed for en eller flere guder for hele datidens befolkning.

Panellénios (πανελλήνιος): gud for alle grækere.

Paniónion (Πανιόνιον): fælleskommunal Poseidon-helligdom for det Ioniske Forbund ved Mykale-bjergkæden; der blev Paniónia-festen afholdt.

Pannychis (παννυχίς): en festival for en gud, der varer hele natten; komedien bruger udtrykket om seksuelle udskejelser; Pannychis var også termen for en upper-class prostitueret.

Panspermía (πανσπερμία): ret fyldt med alskens kerner, serveret ved theoxénia, se dette, for Dioskurerne.

Pántheios (πάνθειος): for alle guder.

Pántheon (πάνθεον): gruppe af guder, inden for hvilken hver guddom har sit navn, sin identitet og sine funktioner. Orfikerne har deres eget pantheon, de tolv olympiske guder udgør et andet pantheon.

Parabómion (παραβώμιον): ved eller på altret.

Paragogeús (παραγωγεύς): en, der introducerer til et mysterium, til et ritual.

Paréchein (παρέχειν): 'overlade, tillade'; det betyder i rituelle sammenhænge, at offerdyr og offertilbehør som olie, vin, kager, træ, bliver fremskaffet, = tà nomizómena eìs tàs thysías pánta.

Páredros (πάρεδρος): 'en gudindes partner'.

Parnópios (Παρνόπιος): Apollon som beskytter mod græshopper.

Parthénos (παρθένος): jomfru.

Pastophóros (παστοφόρος): 'bærer af de små kapeller'.

Pastós (παστός): 'brudegemak, lille kapel'.

Peithó (Πειθώ): overtalelsens gudinde; hun ledsager Aphrodite, men har også en mørkere side som gudinde, der leder mennesket ind i døden.

Pelanós (πελανός): en kage, som man vier til en gud; i Delphi er pelanós blevet ændret til et gebyr, som man betaler kontant og derved får lov til at ofre i helligdommen; grødagtig blanding af mel, honning og olie.

Pémma, pémmata (πέμμα, πέμματα): offerkager.

Péplos (πέπλος): kappe, kåbe, lang kvindedragt af uld, der blev sat fast med to spænder på skulderen; athenienserne vier en broderet peplos til Athene ved Panathenæer-festen.

Periblémaia (περιβλήμαια): 'klædedragtens fest' i Lyttos på Kreta som afsluttende del af de unge drenges initiationsritual og indtræden i voksenrækkerne, se ekdysia og agela.

Períbolos (περίβολος): indfatningsmur omkring en helligdom.

Perídeipnon (περίδειπνον): gravøl, begravelsesgilde.

Perikathaíro (περικαθαίρω): at gøre rent.

Perikátharma (περικάθαρμα): affald, rituelt besmittet stof, en ussel person.

Perípsema (περίψημα): 'affald', i forbindelse med renselsesritualer.

Perirrhantérion (περιρραντήριον): stænkekar til vand til rituel brug, vievandsbækken.

Perístia, tà (τὰ περίστια): den rituelle renselse af folkeforsamlingen med et svineoffer.

Peristíarchos (περιστίαρχος): den, som foretager den rituelle renselse, tà perístia, der bestod i ofringen af et svin og brugtes ved renselsen af folkeforsamlingen. Funktionæren renser folkeforsamlingspladsen og teatret i Athen med griseblod efter at have skåret halsen over på svinet og skåret kønsdelene af og smidt dem bort.

Petamnyphánteirai (πεταμνυφάντειραι): kultfunktionærer.

Phaesímbrotos (φαεσίμβροτος): den, som oplyser de dødelige.

Phaesphóros (φαεσφόρος): lysbærer.

Phallophóroi (φαλλοφόροι): deltagere i en procession, der bærer en fallos.

phallós (φαλλός): 'penis'.

Phánes (φανής): 'den lysende'.

Pharmakeúo (φαρμακεύω): at praktisere tryllekunst, magi, at fortrylle nogen.

Phármakon (φάρμακον): 'lægemiddel', medicin.

Pharmakós (φαρμακός): betegnelse for en person, som rituelt blev drevet ud af byen til renselse af samfundet, 'syndebuk', (e)scapegoat; i ritualet udvælges et menneske, bespises med figner, grød og ost, piskes med figengrene og strandløg, især 7 gange på penis, og brændes så (*dette er omstridt*) eller jages ud over bygrænsen, for at ondet kan forsvinde fra byen.

Phegós (φηγός): egetræ i témenos i Dodona.

Phéme (φήμη): en guds forkyndelse om fremtiden.

Philommeidés (φιλομμειδής): tilnavn til Afrodite, 'den latter-elskende'.

Phoibáo (φοιβάω): at rense rituelt.

Phoíbe (Φοίβη): mor til gudinden Leto, der føder tvillingerne Artemis og Apollon.

Phoíbos (Φοῖβος): tilnavn til Apollon.

Phós (φῶς): lys som symbol på frelse og redning.

Phosphóreia (φωσφόρεια): fakkelløb og lysfest for Artemis.

Phosphóros (φωσφόρος): lysbærer; 'lysbringer', brugt om Artemis.

Phratría (φρατρία): 'broderskab'; slægtsoverordnet organisation; forening af personer, der opfatter sig som 'brødre', adelphoi, og udøver fælles kulthandlinger; disse foreninger spiller en vigtig rolle i byernes religiøse liv. Teenageren eller den fremmede opnår først gennem optagelse i en phratria borgerret.

Phratriárches (πατριάρχης): person, der står i spidsen af en phratria og har ansvaret for kulterne i byen.

Phylé (φυλή): 'stamme'; inddeling af borgerskabet i mange græske byer ved siden af demerne; kommunale opgaver varetages af phyler, således især i Athen (10 phyler) gennem prytaniet, se dette.

Pithoígia (Πιθοίγια): 'åbning af vinkrukkerne', 'fadåbningsdag'. 1. dag i Anthesterie-festen, se choes, chytroi. Man åbner de kar, hvor vinen har gæret siden efteråret.

Píthos (πίθος): en vinkande.

Plyntéria: det at vaske gudebilledet; vaskefest, renselsesfest i årets sidste måned, hvor Athenes træbillede renses.

Polémarchos (πολέμαρχος): embedsmand med oprindeligt militære funktioner, derpå sakrale og civile funktioner; i Athen skal han sørge for bestemte offerhandlinger: han er ansvarlig for ofringerne til Artemis Agrotera og til Enyalios, begravelsen af de faldne krigere og legene i forbindelse dermed, festen til minde om Marathon samt dødeofferet for Harmodios og Aristogeiton, de to athenæiske tyranmordere. I Athen er han ansvarlig for jurisdiktionen.

Poliás (πολιάς): en bys skytsgud eller -gudinde; eks. Athene Polias.

Polieús (πολιεύς): en bys skytsgud eller -gudinde.

Polioúchos: 'den gud eller gudinde, der ejer byen'.

Póloi: 'føl'; unge piger i Spartas Leukippidekult.

Polýmetis (πολύμητις): 'iderig', epitheton, brugt om Athena som skytsgudinde for håndværk, opfindelser og intellektualitet.

Pompás pémpein (πομπάς πέμπειν): at opstille eskorten, at organisere processionen.

Pompé (πομπή): 'procession', eskorte.

Poseidon Hippios (Ποσειδῶν Ἵππιος): 'Poseidon, der ligner en hest'.

Pótna (πότνα): ophøjet, se pótnia.

Pótnia (πότνια): ophøjet, herskerinde, frue, dronning.

Pótnia therón (πότνια θηρῶν): dyrenes herskerinde.

Práktor (πράκτωρ): 'inddriver': eksekutionsembedsmand.

Prásis (πρᾶσις): forpagtning af en helligdom gennem auktion til en privatmand for en vis periode; staten får en afgift, epónion, samt beløbet. Der stilles en kautionist, se diasýstasis.

Proágneusis (προάγνευσις): rensning før mysterierne.

Proȃgon (προάγων): i Athen et sceneshow et par dage, før de Store Dionysier gik i gang.

Proedría (προεδρία): første række af tilskuerpladserne ved festlegene; her sidder byens hædersgæster, medlemmer af boulé, epheberne, legenes dommere samt præsterne.

Proédros (πρόεδρος): 'formand'; medlem af styregruppen i den atheniensiske folkeforsamling.

Proerósia (προηρόσια): 'fest før udsåningen'; fest den 5. Pyanopsion i Athen, før man begynder at pløje.

Prokatharsis (προκάθαρσις): en renselse før noget.

Promanteía (προμαντεία): det privilegie at få fremskyndet sit spørgsmål til et orakel.

Propémpein (προπέμπειν): at sende bort, at ledsage, at lede i en procession, at føre en afdød til graven.

Prophétes (προφήτης): 'forkynder'; fortolker og forkynder af et orakelsvar.

Prórrhesis (πρόρρησις): 'forkyndelse, proklamation', på indvielsesfestens start dagen før næste fuldmåne proklamerer hierophanten starten på højtiden for de Eleusinske mysterier, se agyrmós.

Proseúchesthai (προσεύχεσθαι): at bede bønner eller afgive løfter til guderne, at tilbede.

Proskyneín (προσκυνεῖν): at falde på knæ, at tilbede guderne.

Proskýnema (προσκύνημα): tilbedelse.

Prospermeía (προσπερμεία): et ritual hvor man kaster med korn og frø.

Prostrópaios (προστρόπαιος): at vende sig mod en gud for at opnå udsoning efter en udåd; bønfaldende person.

Protéleia (προτέλεια): aftenen før brylluppet, hvor der ofres til ægteskabets skytsguder, Zeus, Hera, Artemis, Apollon og Peitho.

Prothesis (πρόθεσις): lit de parade i den dødes hjem af 1-2 dages varighed.

Protokósmos: eponym formand for kósmoi-kollegiet, se dette.

Protomýstai (πρωτομύσται): de, som for første gang bliver indviet i mysterierne.

Prytaneíon (Πρυτανεῖον): bystyrets sæde, prytanernes embedsbolig; ofte er også byens ildsted, hestia koine, i prytaneion.

Prytáneis (πρυτάνεις): de øverste embedsmænd i byen.

Prytaneía (πρυτανεία): det udvalg af phylemedlemmer, der udgør ledelsen i byrådet i Athen.

Prýtánis, -eis (πρύτανις): 'forstander'; den højeste embedsmand i græske byer, i Athen medlemmerne af en phyle, som hver i en tiendedel af året udgør det administrerende rådsudvalg, prytaniet.

Psaistá (ψαιστά): malede melprodukter som offerkager, offerflager, offergrød, offermel.

Psephísmata martyretikà kaì teimetiká (ψηφίσματα μαρτυρητικά καὶ τειμητικά): forslag til afstemning i folkeforsamlingen.

Psychopompós (ψυχοπομπός): leder af de dødes sjæle, tilnavn til Hermes.

Pyanopsion: gemysesuppe med bønner, som ofres til Apollon under Pyanopsia/Pyanepsia-festen.

Pyromanteía (πυρομαντεία): spådomskunst ud fra ild.

Pýrrha (Πύρρα): eneste overlevende kvinde efter Zeus' deukaliske oversvømmelse.

Pyrrhíche (πυρρίχη): våbendans, afholdt under festlegene på Kreta, Sparta og til Panathenaia-højtiden i Athen; det mandskab, der vinder, får en okse og 100 drachmer af byen.

Pythaīstaì paídes (Πυθαϊσταὶ παῖδες): de, der fortolker Apollons orakler.

Pythía (Πυθία): Apollons præstinde i Delphi, der forkyndte orakelsvarene for præsterne.

Pýthios (πύθιος): delphisk; i Sparta en af fire personer, der var udnævnt til at spørge oraklet i Delphi til råds med hensyn til statens anliggender; = theorós, se dette.

Pythó (Πῡθώ): andet navn for Delphi.

Sébas (σέβας): ærefrygt for guderne.

Sébesthai (σέβεσθαι): = aideĩsthai = házesthai: at respektere guderne, at angre, at føle skam, at være bange, at tilbede, at udføre tjeneste for en gud.

Sekos (σηκός): den indre mur i et tempel, på hvilken der øverst oppe kan løbe en frise, som fx ved Parthenontemplet i Athen; ellers et indviet areal, kapel, begravelsesplads.

Sélinon (σέλινον): krusblad, en slags selleri, som bruges til kranse.

Semnós (σεμνός): respektindgydende i sækulær forstand, modsat hagnós, se dette; respektfuld over for medborgerne, ærværdig, højtidelig, respektindgydende.

Sindonóphoros: 'bærer af linnedsklæder'; tjener ved den rituelle vask.

Skené (σκηνή): telte eller hytter som bolig for kvinderne under Thesmophoria-festen.

Skeptoúchos (σκηπτοῦχος): stokke-/stavbærer, scepterbærer.

Skiás (σκιάς): hytte eller telt til rituel brug i Sparta.

Skílla (σκίλλα): strandløg (drimia maritima); de skrælles, og intet bliver tilbage = symbol på, at et onde forsvinder.

Skíron (σκίρον): en hvid solskærm, som Athenes præstinder og Poseidons og Helios' præster bar ved skirophória-festen for Athene Skirás i måneden Skirophorión.

Smintheús (Σμινθεύς) Apollon: Apollon som beskytter mod mus.

Sóteira (σώτειρα): 'frelserinde', redningskvinde, brugt om Artemis.

Sotér (σωτήρ): frelser, redningsmand, et af flere tilnavne til Zeus.

Sotéria (σωτήρια): 'redningsfest, forløsningsfest'.

Sotérion (σωτήριον): redning, frelse, offer til gengæld for sikkerhed.

Sotérios (σωτήριος): frelser, redningsmand.

Sózein (σώζειν): at redde, at holde i live, at bevare, at bringe i sikkerhed.

Sparagmós (σπαραγμός): rivning, flåning af offerdyret.

Spéndein (σπένδειν): at foretage en libation, se spondé.

Sphageíon (σφαγείον): kar til at opfange offerdyrets blod.

Sphágia (σφάγια): offerdyr, slagtoffer.

Sphagízein (σφαγίζειν): 'ofre' med fokus på, at offerdyret stikkes ihjel.

Splánchna (σπλάγχνα): de indvolde, der består af hjerte, lunger, galle, lever og nyrer og som får en speciel behandling under offerceremonien.

Splánchna és gónata kaì es géras (σπλάγχνα ἐς γόνατα καὶ ές γέρας): afgift på Chios som en særlig form for trapezómata, som ikke blev lagt på bordet foran gudebilledet, men lagt på den siddende gudestatues knæ og i dens hænder; og disse dele, der blev givet til guden epí tèn trápezan, = trapezómata, tilfaldt præsten.

Spondaí (σπονδαί): 'forbundskontrakt', afledt af spondé, se dette, flydende ofre til de himmelske guder.

Sponde (σπονδή): drikkeoffer, som foregår sådan, at den ofrende hælder nogle dråber på jorden eller på alteret, mens han fremfører en bøn, libation af vin, som fra en kande hældes ud på jorden til de døde; se også choé.

Spondophóroi (σπονδοφόροι): 'kandebærere'; gesandter fra Olympia i sakrale anliggender, der bl.a. har til opgave at forkynde guds fred, dvs. en slags våbenstilstand, i deres hjemby for andre byer. Varigheden afgøres af, hvor lang tid det tager at gå op til helligdommen og nå hjem igen; se theoroí.

Staphylodrómoi (σταφυλοδρόμοι): 'drueløbere'; væddeløbsdeltagere ved Karneiafesten.

Statér (στατήρ): 'det dobbelte' af en vægt- og valutaenhed; mønt, der er 2 drakmer værd; især guldmønten med drachmens dobbelte vægt.

Stéle (στήλη): gravmonument i form af en rektangulær opadvendt plade, grænsesten.

Stelographeín (στηλογραφεῖν): at indskrive på en stele.

Stephanephoría (στεφανηφορία): værdigheden af at være kransebærer, se stephanephóros.

Stephanephóros (στεφανηφόρος): 'kransebærer'; oftest højtstillet, eponym præstetitel.

Stibás (στιβάς): leje af grene, brugt til forskellige højtider, fx Toneía, Thesmophoría og Dionysosfesterne.

Septérion (Σεπτήριον): fest for den pythiske Apollon i Delphi, der afholdes hvert niende år til ære for den Apollon, der dræbte Python, dragen, og for renselsen af drabet.

Stróma (στρώμα): bænk i et tempelområde, temenos.

Stróphion (στρόφιον): hårbånd for en præst.

Symbolé (συμβολή): retssikkerheds- og retsgarantikontrakt, som tillader retsprocesser mellem borgere i venskabsbyer.

Sýmbolon (σύμβολον): = symbolé, se dette; 'identitetstegn, kendingsmærke'; legitimationstegn for en person, der er berettiget til at modtage en pengesum eller et dokument.

Symmoría (συμμορία): phratria-lignende administrativ inddeling af borgerskabet på Teos.

Symmystes (συμμύστης): 'med-indviet' eller snarere medkandidat til initiationen.

Sympósion (συμπόσιον): sammenkomst til nydelse af vin under ledelse og til ære for Dionysos; almindeligvis den anden fase af et festmåltid, efter at spisningen er afsluttet.

Syndéxios (συνδέξιος): 'forbundet gennem håndtryk', kammerat.

Synieródoulos (συνιερόδουλος): med-tempelslave, tempelslave-kollega.

Sýnthema (σύνθημα): 'identitetstegn, kendingsmærke', løsen, password.

Synthýtes (συνθύτης): 'at ofre sammen med nogen', et fælles offer, foretaget af en gruppes medlemmer, af verbet synthýein.

Syssítia (συσσίτια): fællesmåltider for mænd på Kreta i andreĩon, se dette.

Sýstroma (σύστρωμα): bænk i et tempelområde, temenos.

Talent (τάλαντον): vægt- og valutaenhed i form af en sølvmønt til en værdi af 36.000 oboler, 6000 drachmer og 60 miner. 1 attisk talent = 26,196 kg. Værdien svarer til 6000 dagslønninger.

Taúroi (ταύροι): 'tyre'; unge mænd ved Poseidonfesten i Ephesos.

Telchínes (Τελχῖνες): guddomme for metalarbejde.

Teleía, Hera (τελεία, Ἥρα): 'den fuldendte'; tilnavn til Hera som bryllupsgudinde.

Teleía, hierá (τελεια, ἱερά): hellige ritualer/mysterier.

Telein (τελεῖν): 'at fuldføre et ritual, indvie', at bringe til ende, at gennemføre, at indvie til guderne.

Téleios (τέλειος): perfekt, fuldkommen, fuldstændig.

Teleísthai, telesthénai (τελεῖσθαι, τελεσθῆναι): at indvie en præst til tjeneste for guden.

Telesphóros (τελεσφόρος): den, som fuldfører ritualet, initiationen.

Telestérion (τελεστήριον): 'indvielsens sal', her finder de egentlige mysterier i Eleusis sted, de ceremonier, som er forbeholdt de velforberedte mystai.

Teléstes (τελέστης): 'den præst, der foretager indvielsen'.

Teletárches (τελετάρχης): leder af initiationen.

Teleté (τελετή): fuldførelse, højtideligholdelse af mysterier, indvielsen af en myste.

Télos (τέλος): 'mål, fest, indvielse, fuldførelse'.

Teloúmenoi (τελούμενοι): 'de, som bliver indviet'.

Témenos (τέμενος): 'helligt område, helligdom, egl. afgrænset', nemlig afgrænset fra det profane område.

Thalýsia (θαλύσια): høstfest.

Thámbos (θάμβος): 'forbavselse', som griber en, når man ser en guds tilsynekomst, epiphania.

Thánatos (θάνατος): 'død'.

Thárgelos (θάργηλος): brød, der er bagt af det først høstede korn og som ofres til Apollon under Thargelia-festen.

Thaúlios (Θαύλιος): tilnavn til Zeus.

Theékolos (Θεήκολος): ceremonimester, ritualmester.

Theiázein (θειάζειν): at tyde et tegn.

Theíon (θεῖον): guddom.

Theíos (θεῖος): guddommelig.

Thémis (θέμις): tilladt og gældende norm.

Theodaísia (θεοδαίσια): navn for Dionysia-festen på Kreta.

Theodaísios (θεοδαίσιος): tilnavn til Dionysos på Kreta.

Theogámia (θεογάμια): gudernes bryllup.

Theogonía (Θεογονία): beretning om gudernes herkomst.

Theoí (θεοί): 'guder' som athánatoi, udødelige væsener, i modsætning til thánatoi, dødelige, mennesker.

Theoí ouránioi (θεοὶ οὐράνιοι): de himmelske guder.

Theoínia (θεοίνια): fest til ære for Dionysos, se basilinna.

Theóleptos (θεόληπτος): inspireret.

Theología (θεολογία): 'teologi', religion, der hviler på en kanon af religiøse dogmer.

Theomoiría (θεομοιρία): = hierà moíra (ἱερὰ μοῖρα): gudens og præstens del af offerdyret, se trapezómata.

theõn timaí (θεῶν τιμαί): tilbedelse af guderne = religion.

Theophilés (θεοφιλής): elsket af guderne.

Theophoréo (θεοφορέω): at bære gud i sig, pass. at begejstres af gud.

Theoprópos (θεοπρόπος): = theorói, se dette; en seer, der tolker tegn.

Theoría (θεωρία): festgesandtskab i sakrale anliggender, se theoroi.

Theorodókos, dor. Thearodókos: borger, der giver logi og mad til de rejsende theóroi, se dette.

Theoroí (θεωροί): 1. gesandter i sakrale anliggender, der bl.a. har til opgave at forkynde guds fred, dvs. en slags våbenstilstand, i deres hjemby for andre byer. Varigheden afgøres af, hvor lang tid det tager at gå op til helligdommen og nå hjem igen; se spondophóroi. 2. De skal spørge oraklet om råd i en krisesituation. 3. festgesandt; grupper af theroí under ledelse af en architheorós forkynder for byerne i et bestemt område, at deres hjemby afholder fest. 4. i flere arkadiske poleis og på Thasos er theorós et højtstående forvalt-ningsembede.

Theós (θεός): gud.

Theoudés (θεουδής): gudfrygtig.

Theoùs nomízein (θεοὺς νομίζειν): a) at tro på guder, b) at opføre sig over for guder, som normen byder.

Theoxénia (θεοξένια): 'gudemåltid'; kultfest med madoffer, bl.a. for Apollon og dioskurerne; beværtning af en gud, gudemåltid.

Therapeía (θεραπεία): pleje, tjeneste, hverv, tilbedelse af guder, gudekult, -dyrkelse.

Therapeúein (θεραπεύειν): at tjene, at arbejde for, at pleje, at tilbede, at dyrke guderne.

Therapeutés (θεραπευτής): 'en gudsdyrker'; plejer, tjener, arbejdsmand, tilbeder af guder.

Therápon (θεράπων): tjener, kammerat, slave (på Chios).

Thesaurós (θησαυρός): offerbøsse til pengegaver; skatkammer til opbevaring af de gaver til guderne, som de besøgende kommer med.

Thesmophoriázein (θεσμοφοριάζειν): at deltage i Thesmophoria-festen.

Thesmophóros (θεσμοφόρος): tilnavn til Demeter, 'den lovgivende'.

Thesmós (θεσμός): lov, ret, juridisk institution.

Thesmothétes (θεσμοθέτης): 'retskyndig'; i Athen titel for 6 af de 9 archontes med særligt ansvar for retsplejen.

Thésphaton (θέσφατον): et tegn, tolket af en seer.

Thespioidós (θεσπιῳδός): syngen på en profetisk måde eller med profetisk indflydelse.

Thespízein (θεσπίζειν): at profetere eller at forudsige.

Thíasos (θίασος): 'forening, loge', kultfællesskab, gruppe af personer, der kommer sammen for at højtideligholde en bestemt kult. Det kan være en gruppe inden for phratrierne, fx thiasoi for Zeus Phratrios og for Athena Phratria, eller en kultforening eller de personer, der inden for Dionysos-kulten synger og danser.

Thnetoí (θνητοί): de dødelige = mennesker.

Thrénos (θρῆνος): 'sørgesang, klagesang' modsat paián, se paián.

Threskeía (θρησκεία): gudedyrkelse.

Thríambos (θρίαμβος): en hymne til Dionysos.

Thronismós (θρονισμός): 'det at sætte på tronen'.

Thrónosis (θρόνωσις): at sætte på en stol; om optagelse i korybanternes mysterier, hvor mysten blev sat på en stol.

Thyechóos (θυηχόος): tilnavn til Zeus, 'den, der modtager ofre'.

Thýein (θύειν): 'at ryge', at brænde til ære for guderne' er grundbetydningen af dette verbum, dernæst betyder det 'at give/ofre til guderne' og tjener både til at betegne selve offerhandlingen og det efterfølgende måltid.

Thyiádes, Thyiader (Θυιάδες): 'de, der stormer vildt af sted', bakchanter, mainadelignende kvinder i Dionysos-følget.

Thýma leúsimon (θῦμα λεύσιμον): ofring gennem stening.

Thymíama (θυμίαμα): røgelse, salver.

Thymián (θυμιᾶν): at brænde røgelse af.

Thymíasis (θυμίασις): det at brænde røgelse af.

Thymiatérion (θυμιατήριον): en røgelsesbrænder.

Thyoskóos (θυοσκόος): offerpræst.

Thýraze Káres/Kéres (θύραζε Κᾶρες / Κῆρες): 'Ud af døren, dødsguder!' Dødsånder, som bliver drevet ud af Athen som afslutning på anthesteria-højtiden.

Thýrsos (θύρσος): 'thyrsos-staven'; lang, med vinranker omvundet stav med et bundt af efeublade eller pinjekogler for oven, som bliver båret af Dionysos' tilbedere; oprindeligt en narthexstængel.

Thysía (θυσία): 'offer', se thyein, offer og festmåltid, som ofte betales af en privat kultforening. Se hestíasis.

Thysíai ágeustoi (θυσίαι ἄγευστοι): ofringer af offerdyr uden smag, = uden at menneskene får lov til at smage på kødet.

Thysíai (θυσίαι): ofre, egl. 'rygninger'.

Timé (τιμή): 'ære', respekt, ærbødighed, pris, ærespost, dvs. et embede, som er ulønnet.

Tómia (τόμια): ofre, der er skåret op; ofte brugt til at sværge en ed over.

Tragoidoí (τραγοιδοί): bukkesangere i en procession med en gedebuk.

Trápeza (τράπεζα): bord til at lægge offergaverne og skære offerdyret i stykker på.

Trapezómata (τραπεζώματα): bidrag til præsten, men camoufleret som spisegave til guden, der kun består af de spiselige dele af offerdyret; de på trápeza lagte offergaver til guderne, se trápeza.

Trietér (τριετήρ): se trietés.

Trieterís (τριετηρίς): som sker hvert andet år (på grund af inklusiv tælling).

Trietés (τριετής): i sit tredje år, dvs. to år gammel.

Trittýs (τριττύς): 'en tredjedel'; underafdeling af en phýle, dvs. enten kystområde, bjergområde eller indland.

Týche (Τύχη): 'lykke, skæbne'; personificeret til guddom.

Tymbídios (τυμβίδιος): vogter over gravstederne.

Týpoi katámaktoi (τύποι κατάμακτοι): tryk (en slags relieffer) placeret som votivgaver.

Xenía (ξενία): 'gæstevenskab' og de love, der gælder for det; Zeus Herkeios er skytsgud for xenía.

Xénios: gud, som beskytter af fremmede.

Xóanon (ξόανον): en lille statue af træ eller elfenben, som bruges i kulthandlinger og i ritualer.

Xyleús (ξυλεύς): af træ.

Zás/Zán, Zanós (Ζάς/Ζάν, Ζανός) = dor. for Zén, Zénos, gammel form for Zeús.

Zygía (ζυγία): den, der forener; tilnavn til Hera som bryllupsgudinde.